Michaela Berghaus
Erleben und Bewältigen von Verfahren zur Abwendung
einer Kindeswohlgefährdung aus Sicht betroffener Eltern

D1666683

Michaela Berghaus

Erleben und Bewältigen von Verfahren zur Abwendung einer Kindeswohlgefährdung aus Sicht betroffener Eltern

Mit einem Vorwort von Klaus Wolf

Die Autorin

Michaela Berghaus, Jg. 1983, Dr. phil., Diplom-Pädagogin und M. A. Sozialmanagement, ist wissenschaftliche Mitarbeiterin an der Fachhochschule Münster und freiberufliche Dozentin. Ihre Arbeitsschwerpunkte liegen in der Kinder- und Jugendhilfe, insbesondere in den Erziehungshilfen und im Kinderschutz.

Dieses Buch ist erhältlich als:
ISBN 978-3-7799-6369-1 Print
ISBN 978-3-7799-5675-4 E-Book (PDF)

1. Auflage 2020

© 2020 Beltz Juventa
in der Verlagsgruppe Beltz · Weinheim Basel
Werderstraße 10, 69469 Weinheim
Alle Rechte vorbehalten

Herstellung: Ulrike Poppel
Satz: Helmut Rohde, Euskirchen
Druck und Bindung: Beltz Grafische Betriebe, Bad Langensalza
Printed in Germany

Weitere Informationen zu unseren Autor_innen und Titeln finden Sie unter: www.beltz.de

Vorwort

Die Elternfrage ist ein wichtiger Topos in den verschiedenen Fachdiskussionen nicht nur im Kontext von Pflegefamilien und Heimerziehung. „Wie hast du's mit den Eltern?" ist dann eine Gretchenfrage Sozialer Dienste. Die Antworten fallen extrem unterschiedlich aus, sind aber fast immer mit eindeutigen hoch-emotionalen Konnotationen verbunden, oft in kontrastiven Aufladungen pro Eltern oder pro Kind – unterstellend man müsse sich dort klar auf eine Seite stellen.

Auch die wissenschaftliche Literatur und die Forschung sind oft hoch kon-trastiv positioniert, zum Beispiel hier die Erziehungsfähigkeit kritisch vermes-senden und die Mängel und Fehlleistungen der Eltern im Vergleich mit opti-malem Elternverhalten diagnostizierenden Zugänge, dort auf die hohe biografi-sche Relevanz der Beziehungen zu den Eltern und ihre exklusive Bedeutung für die Identitätsentwicklung fokussierend.

Die Elternfrage spielt zwar eine wichtige Rolle, aber über das Erleben der Eltern wissen wir nicht sehr viel. Sowohl in der deutschsprachigen Literatur (z. B. Josef Faltermeier) als auch in der internationalen gibt es einzelne Unter-suchungen dazu, wie Mütter und Väter Interventionen Sozialer Dienste erle-ben, aber breiter abgesicherte und miteinander verknüpfte Wissensbestände und eine unvoreingenommene Auseinandersetzung mit den Sichtweisen der Eltern bei den oft heiklen Verfahren fehlen weitgehend – wie Timo Ackermann zurecht konstatiert hat.

Diese wichtige Untersuchung von Michaela Berghaus füllt daher eine große Lücke in der Adressaten-/Adressatinnenforschung. Sie ist im Hardcore-Bereich von Interventionen angesiedelt: bei Verfahren vor dem Familiengericht, in denen Eltern eine kindeswohlgefährdende Praxis vorgeworfen wird und Ent-scheidungen über gravierende Eingriffe in ihre Elternrechte erfolgen. Die Ver-handlung selbst ist ein Kulminationspunkt einer längeren Entwicklung, hat das Potenzial für grundlegende und nachhaltig wirkende Weichenstellungen. Da erstaunt es doch, dass wir kaum Antworten hatten auf die Fragen: Wie erleben die Eltern den gesamten Entwicklungsprozess ihrer bedrohten Elternschaft? Wer sind in ihren Augen die wichtigen Akteure? An welchen Stellen sehen sie Handlungsmöglichkeiten und wo fühlen sie sich den Verhältnissen ausgelie-fert? Wie bewältigen sie in diesem Hochbelastungsbereich schwierige Situatio-nen?

In der Untersuchung von Michaela Berghaus finden wir interessante, an manchen Stellen Vorannahmen bestätigende, an anderen irritierende und neu-artige Einsichten. Datenbasis sind die Schilderungen der Väter und Mütter, die ihre Erfahrungen mit Jugendämtern und Familiengerichten rekonstruieren. Die Eltern sind Subjekte. Das ist eigentlich trivial, soll aber vorsichtshalber betont werden, da es in den pathologisierenden Beschreibungen von Eltern, die angeblich ihre Elternschaft verwirkt hätten, manchmal untergeht. Vor dem Hintergrund ihrer individuellen Lebenserfahrungen, ihrer aktuellen Lebensbedingungen und ihrer Deutungen erleben sie Zumutungen, Hilfe, Handlungsoptionen und machen vielfältige Ohnmachtserfahrungen. Die Antwort einer so sorgfältig durchgeführten qualitativen Studie kann daher nicht lauten „so ist das bei den Eltern im familiengerichtlichen Verfahren", sondern ein ganzes Spektrum an Erlebensmustern und Bewältigungsversuchen wird herausgearbeitet.

In der – oft aufgeregten und manchmal atemlosen – Debatte um den Umgang mit Kindeswohlgefährdungen stellt uns diese Untersuchung Ergebnisse vor, die nachdenklich machen können und der Profession deutliche Hinweise liefert, wo und wie die Kommunikation mit den Eltern scheitert und misslingt. Daraus lassen sich Konsequenzen für eine selbstreflexive und damit selbstkritische Profession und Praxis ableiten. Michaela Berghaus macht dazu interessante Vorschläge. Andere Professionen kaprizieren sich besonders gerne darauf, der Sozialen Arbeit gerade im Kinderschutz Fehler zuzuschreiben (bei sich selbst werden sie da deutlich seltener fündig). Eine sinnvolle Antwort auf die Kritik von außen erscheint mir, Befunde qualitativer Forschung für die Weiterentwicklung der eigenen Praxis und für eigenständige Qualitätsmerkmale zu nutzen. Dafür ist diese Untersuchung eine Schatzkiste. Nicht weil nur Misslungenes sichtbar wird, sondern weil wir die Feinmechanik eskalationsfördernder Prozesse viel besser verstehen können. Insofern ergänzen sich die Arbeit von Michaela Berghaus und die von Ingrid Klein („Ehemalige Pflegekinder als Eltern: Bewältigung infrage gestellter Elternschaft"), die parallel entstanden sind, sehr gut. Aus dem besseren Verstehen ergeben sich dann die neuen Handlungsoptionen für die Fachkräfte.

Diese Arbeit von Michaela Berghaus erfüllt alle Ansprüche an eine spezifisch sozialpädagogische Forschung und belegt ihre Leistungsfähigkeit: Sie betrachtet Menschen als Subjekte, die in spezifischen Verhältnissen lernen, sich die Welt erklären, um Handlungsmöglichkeiten kämpfen und ihr Selbstwertgefühl schützen wollen; sie untersucht Prozesse in Kontexten und zeigt komplexe Interdependenzgeflechte. Besonders interessant ist dies auch deswegen, weil Soziale Arbeit hier in einem Feld stattfindet, das besonders stark rechtlich formatiert ist. Sozialpädagogische Kategorien, Handlungsmodelle und Theorien treffen auf ein Feld, in dem andere – nämlich juristische – Kategorien und Handlungsmodelle dominieren.

Insbesondere die Fachkräfte der Sozialen Arbeit werden von den Eltern als treibende Kraft wahrgenommen, die ggf. das Gericht manipulieren und überwiegend die Fäden in der Hand halten. Dies widerspricht den oft geschilderten

Erlebensmustern der Sozialarbeiter/Sozialarbeiterinnen, die sich ihrerseits vom Familiengericht abhängig sehen. Hier wird ein Macht-Ohnmacht-Paradoxon deutlich, das es wohl in anderen Feldern der Sozialen Arbeit auch gibt.

Prozesse der Bewältigung – wie sie insbesondere Lothar Böhnisch theoretisch ausgearbeitet hat – werden hier in dem zugespitzten und für die Eltern besonders bedrohlichen Bereich untersucht. Insofern ist diese Arbeit auch ein wichtiger Beitrag zur Bewältigungsforschung in der Sozialpädagogik und bestätigt deren größere Reichweite im Vergleich zur psychologischen Analyse von Coping-Prozessen.

Das Buch ist auch ein gutes Beispiel für ein gelungenes kooperatives Promotionsprojekt: Michaela Berghaus hat zunächst ein Diplomstudium Erziehungswissenschaft an der Universität Münster abgeschlossen, dann ein Masterstudium in Sozialmanagement an der FH Münster und schließlich mit dieser Arbeit an der Universität Siegen erfolgreich promoviert. Viele Anregungen für die Promotion sind von Reinhold Schone ausgegangen und in einen menschlich sehr angenehmen und produktiven Prozess wissenschaftlicher Nachwuchsförderung eingeflossen.

Ich wünsche diesem Buch viele Leser und Leserinnen. Fachkräfte der Sozialen Arbeit – insbesondere im Kinderschutz –, Forscher und Forscherinnen, die sich für die Adressaten-/Adressatinnenperspektive, sozialpädagogische Forschung, Professionstheorie und die Theorie der Bewältigung interessieren, werden hier fündig werden. Obendrein müssen sie sich dafür nicht quälen: Es ist ein umfangreicher Text, aber er liest sich angenehm und macht neugierig auf weitere Veröffentlichungen der Autorin.

Klaus Wolf
Hamburg, im März 2020

„Einem Menschen begegnen heißt,
von einem Rätsel wachgehalten zu werden."
(Emmanuel Lévinas)

Inhalt

11

Abkürzungsverzeichnis

Abb.	Abbildung
Abs.	Absatz
ADHS	Aufmerksamkeits-Defizit-Hyperaktivitäts-Störung
AGJ	Arbeitsgemeinschaft für Kinder- und Jugendhilfe
AKJStat	Arbeitsstelle Kinder- und Jugendhilfestatistik
ASD	Allgemeiner Sozialer Dienst
Art.	Artikel
BGB	Bürgerliches Gesetzbuch
BKiSchG	Bundeskinderschutzgesetz
BMFSFJ	Bundesministerium für Familie, Senioren, Frauen und Jugend
BGH	Bundesgerichtshof
BVerfG	Bundesverfassungsgericht
BvR	Registerzeichen für Verfahren über Verfassungsbeschwerden nach Art. 93 Abs. 1 Nr. 4a sowie über Kommunalverfassungsbeschwerden nach Art. 93 Abs. 1 Nr. 4b GG
bzw.	beziehungsweise
ca.	circa
DFG	Deutsche Forschungsgemeinschaft
DIJuF	Deutsches Institut für Jugendhilfe und Familienrecht
DJI	Deutsches Jugendinstitut
DKSB	Deutscher Kinderschutzbund
d. h.	das heißt
ebd.	ebenda
et al.	und andere
etc.	und so weiter (et cetera)
e. V.	eingetragener Verein
FamFG	Gesetz über das Verfahren in Familiensachen und in den Angelegenheiten der freiwilligen Gerichtsbarkeit
FamRZ	Zeitschrift für das gesamte Familienrecht
FGG	Gesetz über die Angelegenheiten der freiwilligen Gerichtsbarkeit
f.	folgende (Seite)
ff.	fortfolgende (Seiten)
FH	Fachhochschule
GG	Grundgesetz
ggf.	gegebenenfalls
GmbH	Gesellschaft mit beschränkter Haftung

GVG	Gerichtsverfassungsgesetz
Hg.	Herausgeber/Herausgeberin und Herausgeberinnen
ISA	Institut für Soziale Arbeit
ISG	Institut für Sozialforschung und Gesellschaftspolitik
ISS	Institut für Sozialarbeit und Sozialpädagogik e. V.
JA	Jugendamt
Jg.	Jahrgang
JWG	Jugendwohlfahrtsgesetz
KICK	Kinder- und Jugendhilfeweiterentwicklungsgesetz
KindRG	Gesetz zur Reform des Kindschaftsrechts (Kindschaftsrechtsreformgesetz)
KiWoMag	Gesetz zur Erleichterung familiengerichtlicher Maßnahmen bei Gefährdung des Kindeswohls
KJHG	Kinder- und Jugendhilfegesetz
KKG	Gesetz zur Kooperation und Information im Kinderschutz
KOMDat	Kommentierte Daten
MGFFI	Ministerium für Generationen, Familie, Frauen und Integration
NORFACE	New Opportunities for Research Funding Agency Cooperation in Europe
NRW	Nordrhein-Westfalen
Nr.	Nummer
NZFH	Nationales Zentrum Frühe Hilfen
o.	ohne
OLG	Oberlandesgericht
§	Paragraf
%	Prozent
RJWG	Reichsjugendwohlfahrtsgesetz
S.	Seite(n)
SGB	Sozialgesetzbuch
sic	wirklich so
SPFH	Sozialpädagogische Familienhilfe
SPI	Sozialpädagogisches Institut
TU	Technische Universität
UN	United Nations (Vereinte Nationen)
URL	Uniform Resource Locator (Internetadresse)
usw.	und so weiter
vgl.	vergleiche
vs.	versus (gegen)
z. B.	zum Beispiel
z. T.	zum Teil

Abbildungsverzeichnis

1. Einleitung

„Und wie gesagt, ich habe mich nachher, nicht meine Kinder, vernachlässigt, muss ich dabei sagen, um meine Kinder habe ich mich weiterhin gekümmert, aber wie gesagt, die Wohnung war, (.) einfach nur noch Chaos hier gewesen, ne. Ja, wie gesagt, ich habe mich mehr um die Kinder gekümmert anstatt nachher um mich selber." (Herr Löwen, Gesprächspartner)

„Im Endeffekt war da nicht so wirklich Kindeswohlgefährdung, find ich immer noch; so schlimm fand ich das nicht." (Herr Cramer, Gesprächspartner)

„Also es geht um Kindeswohlgefährdung und die müssen dem nachgehen, konnte ich auch total verstehen. Aber hab ich es gesagt, es ist an den Haaren herbeigeführte Scheiße. Hier. Irgendwie." (Frau Riedel, Gesprächspartnerin)

„Weil bei mir waren sie nie gefährdet, nie. Klar, ich war oft weg, in Krankenhäusern oder Kliniken, aber das habe ich immer freiwillig gemacht, (.) um mir zu helfen. Ja, und das sehen die halt, (.) weiß ich nicht, letztens habe ich noch gehört von den Pflegeeltern: Borderliner sollten keine Kinder bekommen. Und das [I: Mhm.] hat schon gesessen so. […] Ich bin nicht drogenabhängig oder sonst irgendwas und ähm, ich bin eine gute Mutter, ich hatte jetzt, klar, diesen Selbstmordversuch, aber auch nur, weil ich gedacht habe, man nimmt mir die Kinder weg." (Frau Christ, Gesprächspartnerin)

Die Aussagen stammen von Müttern und Vätern, die in ihrer Biografie unfreiwillig mit einem Verfahren zur Abwendung einer Kindeswohlgefährdung konfrontiert waren. Sie offenbaren Emotionen, die dieser Prozess bei ihnen ausgelöst hat. Das staatliche Handeln erzeugt bei ihnen Unverständnis, Wut und Aggressionen. Vergleichbare Gefühle werden häufig ihnen als Eltern, die ihre Kinder offensichtlich gefährden, entgegengebracht. Öffentliche Diskussionen prägen individuelle und gesellschaftliche Vorstellungen von guten Eltern, glücklicher Kindheit und gelungenem Aufwachsen. Eltern, die diesen Konstruktionen nicht gerecht werden und die Entwicklung ihrer Kinder gefährden, werden oftmals stigmatisiert: Sie werden als „Rabeneltern", vernachlässigende oder gefährdende Eltern bezeichnet. In diesen Zuschreibungen schwingt der Vorwurf mit, an den erzieherischen Anforderungen gescheitert zu sein. Sie haben offenbar versagt, da der Staat eingreifen muss (vgl. Sommer 2012, S. 1). Diese Dynamiken veranschaulichen die emotionalen Komponenten des Kinderschutzes: Die Auseinandersetzungen mit dieser Thematik sind seit jeher emotional aufgeladen und mit Fragen nach Verantwortung und Schuld gekoppelt (vgl. Suess 2010, S. 213).

Zudem beeinflussen Medien die öffentliche Wahrnehmung und Beurteilung gesellschaftlich relevanter Themen. Mit ihrer selektiven Auswahl und skandalträchtigen Darstellung formen sie gezielt öffentliche Meinungen und politische Debatten über den Kinderschutz. Die mediale Aufbereitung sensationeller Einzelfälle konstruiert in der Öffentlichkeit ein Bild von betroffenen Eltern, das nicht der Wirklichkeit entspricht. Zweifelsohne gibt es Eltern, die mit ihrem Erziehungsauftrag massiv überfordert sind und die Entwicklung ihrer Kinder gefährden. Allerdings wird anhand dramatisierter Einzelfälle die Realität verzerrt: Durch Verallgemeinerungen werden betroffene Eltern als „Monster" etikettiert. Dabei werden in der Regel die Belastungen in ihren Biografien und Lebenswelten, die besondere Herausforderungen darstellen, ausgeblendet oder plakativ dargestellt.

Darüber hinaus werden brisante und unglücklich verlaufene Fälle als Exempel für das fachliche und organisatorische Versagen der Kinder- und Jugendhilfe im Kontext von Kinderschutz vorgeführt. Die Vorwürfe bewegen sich auf einem Kontinuum: Entweder das Jugendamt hat zu früh und zu massiv oder zu spät und zu schwach eingegriffen (vgl. Voll et al. 2008a, S. 12). Die öffentliche Skepsis gegenüber der Leistungsfähigkeit der Kinder- und Jugendhilfe erzeugt einen hohen Legitimations- und Erwartungsdruck aufseiten der zuständigen Fachkräfte.

Der Schutz von Kindern und Jugendlichen stellt unumstritten eine zentrale und fachlich anspruchsvolle Aufgabe der Kinder- und Jugendhilfe und angrenzender Handlungsfelder, z. B. Justiz und Gesundheitswesen, dar. Die Relevanz des Kinderschutzes ist angesichts der medialen Berichterstattung über Gefährdungen von Kindern und Jugendlichen weiter angestiegen (vgl. Wolff et al. 2013, S. 13). Seit einigen Jahren rücken zunehmend und hartnäckig Fragen des Kindeswohls in den Fokus des fachlichen und politischen Interesses (vgl. Pluto et al. 2012, S. 8; Retkowski et al. 2012, S. 9). An den breiten und interdisziplinär angelegten Debatten über die Fragen nach der Professionalisierung und Qualifizierung des Kinderschutzes waren und sind mit dem Kinderschutz befasste professionelle Akteure[1] aus unterschiedlichen Handlungsfeldern beteiligt (vgl. Retkowski et al. 2012, S. 10). Vertreter/Vertreterinnen aus Politik, Praxis und Wissenschaft sind anhaltend bemüht, den Kinderschutz in der Bundesrepublik

---

[1] Der Ausdruck „Akteur" bezieht sich in der vorliegenden Arbeit nicht ausschließlich auf Personen, sondern ebenfalls auf Organisationen (z. B. Jugendamt oder Familiengericht). Daher wird der Begriff im Rahmen dieser Arbeit nicht entsprechend einer geschlechtergerechten Sprache angepasst. Ferner wird die geschlechtergerechte Sprache von zitierten Textpassagen unverändert übernommen.

Deutschland zu verbessern (vgl. Wolff et al. 2013, S. 7). Die Bemühungen um die Weiterentwicklung des zivilen Kinderschutzes münden primär in „wohlfahrtsstaatlich veranlasste[…] und professionell organisierte[…] Interventionen" (Bode et al. 2012a, S. 39). Das Ziel besteht darin, „den Kinderschutz durch gesetzlich-administrative Regulierungen effektiver zu gestalten" (Turba 2012, S. 79). Diese gesetzlichen Transformationen beeinflussen das Verhältnis zwischen Staat und Familie, indem sie beispielsweise „eine[n] [...] engmaschigen, punktuell sogar überregulierten Kontrollautomatismus im Hinblick auf potenziell gefährdete Kinder" (Czerner 2012a, S. 48) befördern. Hierbei wird die bislang in der Praxis vorherrschende unterstützende und beteiligungsförderliche Dienstleistungsorientierung durch die Ausrichtung auf kontrollierende und eingreifende Handlungen zur Abwendung von Kindeswohlgefährdung – speziell in der Beziehungs- und Interaktionsgestaltung mit Adressaten/Adressatinnen – zunehmend verdrängt (vgl. Pluto et al. 2012, S. 8).

Im Zuge der Reflexion bestehender (Verfahrens-)Abläufe fehlt häufig eine unvoreingenommene Auseinandersetzung mit den Sichtweisen von betroffenen Eltern (vgl. Ackermann 2012, S. 126). Sie werden unzureichend in die Diskurse über die Qualifizierung des deutschen Kinderschutzsystems einbezogen. Daher ist bislang wenig darüber bekannt, wie sie das Verfahren zur Abwendung einer Kindeswohlgefährdung wahrnehmen und mit den daraus resultierenden Folgewirkungen umgehen. Ihr Erleben des (eigenen) Verhältnisses zu staatlichen Akteuren wurde bisher wenig erforscht (vgl. Pluto et al. 2012, S. 8; Czerner 2012a, S. 47). Obwohl Eltern als zentrale Beteiligte bzw. „Leidtragende" von besonderer Bedeutung für den Beginn, den Verlauf und das Ende des Prozesses sind, wurde ihnen in Forschung und Theorie (zu) wenig Aufmerksamkeit geschenkt. Da kaum nationale Studien zu ihrem subjektiven Umgang mit Verfahren zur Abwendung einer Kindeswohlgefährdung vorliegen, ist an dieser Stelle ein kurzer Blick auf Ergebnisse internationaler Studien sinnvoll.[2] Diese lassen die Schlussfolgerung zu, dass staatliche (Kontroll-)Interventionen mehrheitlich negativ von betroffenen Eltern bewertet werden. Väter und Mütter reagieren empfindlich auf Eingriffe in den Schutzraum ihrer Familie und bemühen sich, diese abzuwehren. Ein Großteil der Eltern tendiert dazu, sich zurückzuziehen oder Dritte zur Unterstützung einzubeziehen. Als Begründung führen die Betroffenen die Fragwürdigkeit des Verhaltens der Fachkräfte, der angewandten Methoden und Interaktionen an (vgl. Mey 2008, S. 145 f.). Diese kritischen Ergebnisse, die wegen der unterschiedlichen landesspezifischen Regelungen und Verfahren nicht ohne Weiteres auf Deutschland übertragen wer-

---

2   Die skizzierten Ergebnisse beziehen sich vorrangig auf Studien aus Großbritannien und Australien. Zudem fließen Erkenntnisse aus einer Untersuchung aus der Schweiz ein (vgl. Mey 2008, S. 145 f.).

den können, veranschaulichen die Notwendigkeit von Forschungsaktivitäten, die die subjektive Sichtweise der Eltern auf das deutsche Kinderschutzsystem erfassen. Das subjektive Erleben und Bewältigen von betroffenen Eltern ist von besonderem Interesse, weil sie als Beteiligte und Handelnde die Qualität der Praxis (mit-)definieren.

Vor diesem Hintergrund steht die folgende Forschungsfrage im Mittelpunkt der vorliegenden Arbeit: *Wie erleben und bewältigen betroffene Eltern das Verfahren zur Abwendung einer Kindeswohlgefährdung?*

Der Begriff „Erleben" bezieht sich in diesem Zusammenhang auf die individuellen und facettenreichen Wahrnehmungen, Emotionen und Kognitionen von betroffenen Eltern (vgl. Langfeldt/Nothdurft 2015, S. 13). Da Erleben in der Person liegende „Bewusstseinsvorgänge und -zustände" (Goller 2009, S. 202) repräsentiert, ist die Wirkung von fachlichem Handeln auf betroffene Eltern von außen nicht unmittelbar beobachtbar und zugänglich (vgl. Langfeldt/Nothdurft 2015, S. 36). Erst mithilfe einer Untersuchung „aus der *Erlebnisperspektive* oder der *Ersten-Person-Perspektive*" (Goller 2009, S. 37, Hervorhebung im Original) wird ihr individuelles Erleben greifbar und kann von außen rekonstruktiv erschlossen werden (vgl. Langfeldt/Nothdurft 2015, S. 22).

Um die Frage zu beantworten, wie Eltern Verfahren zur Abwendung einer Kindeswohlgefährdung erleben und bewältigen, werden Gespräche mit Betroffenen geführt. Es ist von zentraler Bedeutung, Väter und Mütter zu Wort kommen zu lassen und ihnen Gelegenheit zu geben, ihre Wahrnehmungen und Deutungen in einem geschützten Rahmen preiszugeben. Die Rekonstruktion ihres Erlebens bietet Erklärungsansätze für ihre gezeigten Verhaltensweisen und Bewältigungsstrategien. Sie fördert Verstehen *von* und im besten Fall Verständnis *für* Handlungen von betroffenen Elternteilen (vgl. Goller 2009, S. 35). Auf diese Weise leistet die Arbeit einen Beitrag dazu, den blinden Fleck der Forschung – die Wahrnehmungen und Deutungen der Eltern als Handelnde in dem Verfahren zur Abwendung einer Kindeswohlgefährdung – zu verringern. Die Auseinandersetzung mit der in fachlichen und öffentlichen Diskussionen bislang vernachlässigten Perspektive betroffener Eltern, die in wissenschaftlichen Diskursen und Forschungsprojekten zwar mitgedacht, aber selten unmittelbar erhoben wird, ist notwendig, um erstens die Professionalität zuständiger Fachkräfte multiperspektivisch auf den Prüfstand stellen und zweitens Ansatzpunkte für Veränderungen in den Verfahren zur Abwendung einer Kindeswohlgefährdung nutzen und in der Kinderschutzpraxis etablieren zu können (vgl. Voll 2008, S. 9). Die Erkenntnisse ermöglichen den Fachkräften in der Praxis einen Vergleich mit eigenen Erfahrungen vor Ort, die bestätigt oder widerlegt werden können. Erlebens- und Bewältigungsmuster betroffener Eltern, die in dieser Arbeit identifiziert und analysiert werden, bieten zudem Anhaltspunkte für eine kritische Überprüfung des Umgangs von Fachkräften der Jugendhilfe mit einer über das eigene Erleben hinaus medial und sozial oft stigmatisierten Elterngruppe. In diesem Sinne kann die vorliegende Arbeit auch zu einer Objektivierung der medial und politisch brisanten Debatten über gefährdende Eltern beitragen.

Kapitel 2 beinhaltet rechtliche, organisatorische und fachliche Aspekte des Verfahrens zur Abwendung einer Kindeswohlgefährdung. Zu Beginn werden die zentralen Begriffe Kinderschutz und Kindeswohlgefährdung erörtert und in Beziehung zueinander gesetzt. Daran anknüpfend folgt eine kritische Auseinandersetzung mit der Ausgestaltung des verfassungsrechtlich geregelten Verhältnisses von Elternrecht und staatlichem Wächteramt. Die abschließenden Explikationen über die Umsetzung des Verfahrens als Zusammenspiel von staatlichen Akteuren und Betroffenen veranschaulichen die rechtlichen Grundlagen und theoretischen Informationen. Kapitel 3 befasst sich mit Lebenssituationen von Eltern, Kindern und Jugendlichen, die in Verfahren zur Abwendung einer Kindeswohlgefährdung involviert sind. Da ihr subjektives Erleben maßgeblich durch ihre lebensgeschichtlichen und biografischen Erfahrungen und Entwicklungen sowie aktuellen sozialen Bezüge und Zusammenhänge beeinflusst wird, müssen diese Einflüsse bei der Analyse individuellen Erlebens und Bewältigens berücksichtigt werden (vgl. Langfeldt/Nothdurft 2015, S. 13). Der Fokus liegt auf Belastungen, die auf zwei Ebenen verortet werden können: Erstens stehen Belastungen im Mittelpunkt, die empirisch nachweisbar als Risikofaktoren für gelingendes Aufwachsen von Kindern und Jugendlichen sowie für eine förderliche Erziehung durch die Eltern wirksam werden können. Zweitens werden potenzielle Belastungen diskutiert, die aufgrund der strukturimmanenten Charakteristika des Kinder- und Jugendhilfesystems im Einzelfall im Kontakt zwischen Fachkraft und Familie entstehen können. In Kapitel 4 wird das theoretische Konstrukt Bewältigung analysiert. Basierend auf allgemeinen theoretischen Ausführungen über die facettenreiche Begriffe Belastung und Bewältigung, werden zwei theoretische Konzepte von Bewältigung eingeführt und erläutert: das Lebensbewältigungskonzept von Lothar Böhnisch und die Ressourcen-Belastungs-Balance von Klaus Wolf. Diese beiden Konzepte wurden ausgewählt, weil sie erstens ein offenes und wertfreies Verständnis von Bewältigungsverhalten ermöglichen und zweitens die zahlreichen und vielschichtigen Einflüsse von Biografie und Lebenswelt auf individuelle Verarbeitungs- und Umgangsweisen in belastenden Situationen berücksichtigen. Kapitel 5 widmet sich dem aktuellen nationalen Forschungsstand hinsichtlich des Verfahrens zur Abwendung einer Kindeswohlgefährdung. Neben einem allgemeinen Überblick werden Ergebnisse zentraler Forschungsprojekte zu ausgewählten Aspekten und Bestandteilen des Prozesses vorgestellt und mit Blick auf das eigene Forschungsvorhaben beleuchtet. In Kapitel 6 richtet sich der Blick auf das Forschungsdesign der eigenen Untersuchung. Die generellen Erläuterungen über den theoretischen, methodologischen und methodischen Rahmen zu Beginn ermöglichen die daran ausgerichtete Verortung des eigenen

Forschungsprozesses. Das eigene Vorgehen sowie wesentliche Entscheidungen und Handlungsschritte werden detailliert dargestellt. Angesichts des formulierten Anspruches, Eltern zu Wort kommen zu lassen, bilden Kapitel 7 und 8 das Herzstück der vorliegenden Arbeit. In Kapitel 7 stehen Herr und Frau Imhoff, Frau Tschick sowie Herr Sawatzki und Frau Cebeci als ausgewählte Einzelfälle im Mittelpunkt: Ihre einzigartigen Wahrnehmungen und Deutungen des erlebten Verfahrens zur Abwendung einer Kindeswohlgefährdung werden fallspezifisch sorgfältig untersucht. Die theoretischen Konstrukte Erleben und Bewältigen werden an den subjektiven Relevanzsystemen der befragten Eltern konkretisiert. Dazu werden aufbauend auf ihren individuellen Fallverläufen die für die Eltern interessanten und wichtigen Themen analysiert und interpretiert. In Kapitel 8 werden die fallspezifischen Ergebnisse fallübergreifend zu zentralen Erlebens- und Bewältigungsmustern gebündelt und theoretisch erläutert. Kapitel 9 fasst die gewonnenen Erkenntnisse zusammen und rundet die Arbeit mit einem Ausblick ab. Der Ausblick bezieht sich auf mögliche Fragestellungen für weitere Forschungsprojekte und schließt mit Anregungen und Perspektiven für einen zukünftigen Umgang mit betroffenen Eltern in der Praxis, der die Berücksichtigung ihrer subjektiven Wahrnehmungs- und Deutungsmuster fördert.

2. Das Verfahren zur Abwendung einer Kindeswohlgefährdung – Kinderschutz als gemeinsamer Auftrag von Kinder- und Jugendhilfe und Justiz

In diesem Kapitel steht das Verfahren zur Abwendung einer Kindeswohlgefährdung im Mittelpunkt der Aufmerksamkeit. In dieses sind primär das Jugendamt und das Familiengericht als staatliche Akteure und die Familien als Betroffene involviert. Dreh- und Angelpunkt für die Einleitung und Durchführung bildet in der Regel der fachliche Verdacht auf das Vorliegen einer Kindeswohlgefährdung.

Zu Beginn erfolgt ein theoretischer Diskurs über den Begriff Kinderschutz, um den Rahmen für das Verfahren zur Abwendung einer Kindeswohlgefährdung zu definieren. Darauf aufbauend werden der Terminus Kindeswohlgefährdung als Verhandlungsgegenstand und das verfassungsrechtlich definierte Verhältnis von Elternrecht und staatlichem Wächteramt analysiert. Abschließend wird das Verfahren mitsamt seinen rechtlichen Grundlagen sowie den Aufträgen und Rollen der einzelnen (staatlichen) Akteure skizziert.

2.1 Kinderschutz – eine definitorische Eingrenzung

Kinderschutz „ist ein genuiner und gesetzlich kodifizierter Auftrag für die Kinder- und Jugendhilfe" (Kaufhold/Pothmann 2018, S. 22).[3] Die Definition von Kinderschutz ist herausfordernd, da der Terminus erstens auf ein äußerst „sen-

---

3 Die Aufgaben der Kinder- und Jugendhilfe lassen sich in Leistungen und andere Aufgaben differenzieren. Bei Ersteren handelt es sich um Sozialleistungen für Eltern, Kinder und Jugendliche. Letztere inkludieren vorrangig hoheitliche Aufgaben, die – im Gegensatz zu den Leistungen – auch gegen den Willen der Eltern durchgesetzt werden können, sowie Mitwirkung in gerichtlichen Verfahren und administrative Aufgaben (vgl. Wabnitz 2009, S. 173 f.). Während die freien Jugendhilfeträger grundsätzlich die Leistungen erbringen, sind die öffentlichen Jugendhilfeträger primär in der Verantwortung, die hoheitlichen Aufgaben wahrzunehmen. In der Regel ist der Allgemeine Soziale Dienst (ASD) als Organisationseinheit des Jugendamtes als öffentlicher Jugendhilfeträger dazu verpflichtet, die Ausübung des Elternrechts und die Wahrnehmung der Pflichten zu kontrollieren und – falls notwendig – zugunsten der Entwicklung von Kindern und Jugendlichen einzugreifen (vgl. Schone 2008, S. 18).

sibles Thema" (Lohse/Meysen 2015, S. 27) verweist und zweitens uneinheitlich verwendet wird. In der Praxis sind folglich „Unsicherheiten und Uneindeutigkeiten [...] integraler Bestandteil des Kinderschutzes" (ebd., S. 27). In fachlichen Diskursen werden momentan drei Begriffsverständnisse von Kinderschutz differenziert, die nachfolgend erläutert werden. Die Unterscheidung basiert auf einer Analyse gesetzlicher Grundlagen sowie fachlicher Vorgaben und Stellungnahmen (vgl. Kindler 2016, S. 15).

Ursprünglich fand der Terminus Kinderschutz ausschließlich in einer engen Begriffsauslegung Anwendung (vgl. Merchel 2011, S. 191). Kinderschutz umfasst in diesem ersten Begriffsverständnis „organisierte Aktivitäten, um Fälle von Kindeswohlgefährdung zu erkennen und zu handhaben" (NZFH 2013, S. 15). Der Ausdruck „organisierte Aktivitäten" erfasst das professionelle Handeln zuständiger Fachkräfte in Jugendämtern und Familiengerichten, die im Einzelfall als Vertreter/Vertreterinnen des Kinderschutzsystems zuständig sind (vgl. Kindler 2009, S. 765). Im Mittelpunkt stehen das Erkennen und die Abwendung einer Gefährdung in Kooperation mit Eltern, Kindern und Jugendlichen. Schädigende Auswirkungen von gefährdenden Situationen auf Heranwachsende sollen reduziert und die Erziehungsfähigkeit der Eltern (wieder-) hergestellt werden (vgl. Kindler 2016, S. 24). Die enge Definition subsumiert Fälle, in denen sich wiederholt Gefährdungsmomente abzeichnen, oder Fälle, die aufgrund von Auffälligkeiten erstmalig bekannt werden (vgl. NZFH 2013, S. 15). Mit Betroffenen wird zwar eine Kooperation angestrebt, aber das Vorliegen einer Gefährdungssituation eröffnet – anders als in den nachfolgenden Begriffsauslegungen – die Option, Maßnahmen gegen den Willen der Eltern umzusetzen oder das Familiengericht anzurufen. Synonyme für das enge Begriffsverständnis sind reaktiver oder intervenierender bzw. interventiver Kinderschutz sowie „Kinderschutzverfahren beim Jugendamt" (Kindler 2016, S. 19; vgl. ebd., S. 16).

In einem weiteren Verständnis bezieht sich Kinderschutz neben den bereits skizzierten Fällen auf „alle Formen psychosozialer Unterstützung von Familien, die darauf abzielen, einem Entstehen von Kindeswohlgefährdung vorzubeugen" (NZFH 2013, S. 16). In dieser Lesart umfasst Kinderschutz auch präventive Maßnahmen, die der Abwendung potenzieller Gefährdungen des Kindeswohls in der Familie dienen (vgl. Böllert/Wazlawik 2012, S. 20). Die Ergänzung um mögliche Gefährdungen erweitert den Anwendungsbereich des Begriffs, sodass „die gesamte Kinder- und Jugendhilfe zu einem Konglomerat eines groß angelegten ‚Kinderschutzes' " (Merchel 2011, S. 191) wird. Dementsprechend können präventive und intervenierende Aktivitäten der Kinder- und Jugendhilfe dem Ziel des Schutzes von Kindern und Jugendlichen – mehr oder weniger – untergeordnet werden.

Neben diesen beiden Auslegungen findet sich ein drittes Verständnis, das Kindler als „entgrenzte[n] Kinderschutzbegriff" (Kindler 2016, S. 16) bezeichnet. In dieser Deutung enthält Kinderschutz allgemeine politische Initiativen, rechtliche Gesetzgebungen sowie fachliche Handlungen, die einen Beitrag zum Wohl von Kindern und Jugendlichen leisten. Für die initiierten Maßnahmen gibt es, anders als in den vorherigen Begriffsverständnissen, keinen konkreten Anlass in der Familie. Vielmehr soll sämtlichen denkbaren Gefahren, z. B. mithilfe von Gesundheitsförderung, vorgebeugt werden (vgl. ebd., S. 16).

Die sukzessive Ausweitung des inhaltlichen Begriffsverständnisses wird unter anderem von Merchel kritisiert, der die „Erosion der Bedeutung des Begriffs" (Merchel 2011, S. 192) befürchtet. Ohne eine bewusst gewählte und fachlich angezeigte Begrenzung kann der Begriff Kinderschutz in unterschiedlichen Zusammenhängen und Settings verwendet werden. Aufgrund der fehlenden Schwerpunktsetzung verschwimmen die Inhalte und die originäre Bedeutung ist – im schlimmsten Fall – nicht mehr erkennbar. Darüber hinaus sieht er die Gefahr einer „Instrumentalisierung der Chiffre" (ebd., S. 192). Vor allem in politischen Kontexten steigt das Risiko, den Begriff für unterschiedliche Zwecke zu nutzen. Angesichts der zunehmenden gesellschaftlichen und öffentlichen Bedeutung des Kinderschutzes, erhöht die Begriffsverwendung die Chance, Zustimmung für politische Programme zu erhalten. Die Ausweitung birgt die Gefahr, dass der Begriff überdehnt und unspezifisch wird. Daher plädiert Merchel für die Konzentration auf einen ausgewählten Bereich im Sinne eines engen Begriffsverständnisses. Die vorliegende Arbeit schließt sich seiner Argumentation an und legt das enge Begriffsverständnis zugrunde. Kinderschutz bezieht sich demnach auf die Abwendung einer kindeswohlgefährdenden Situation durch das zuständige Jugendamt und Familiengericht im Einzelfall (vgl. NZFH 2013, S. 17).

2.2 Kindeswohlgefährdung – eine begriffliche Annäherung

Kindeswohl und Kindeswohlgefährdung sind schillernde Begriffe, die in unterschiedlichen Kontexten und von diversen Professionen verwendet werden.[4] Im

---

4   Kindeswohl und Kindeswohlgefährdung sind inhaltlich aufeinander bezogen. Während der Begriff Kindeswohl eine positive Bestimmung dessen beinhaltet, was Kinder für eine altersangemessene und gesunde Entwicklung benötigen und welche Rahmenbedingungen dafür vorliegen müssen, gilt Kindeswohlgefährdung als dessen negative Bestimmung (vgl. DIJuF 2014, S. 5). Mit Blick auf die Definition differenziert Wutzler folgende Dimensionen zur Bestimmung von Kindeswohl bzw. Kindeswohlgefährdung: die körperliche, psychische, soziale und geistige Verletzbarkeit von Kindern, ihr Anspruch auf soziale Gerechtigkeit sowie eine Erziehung zur Autonomie (vgl. Wutzler 2017, S. 282). Daneben fasst die UN-Kinderrechtskonvention bedeutsame Bedürfnisse und anerkannte Rechtsansprüche von Kindern zusammen, die eine Orientierung für die Bestimmung des Kindeswohls bieten.

Gegensatz zu dem Terminus Kinderschutz handelt es sich bei Kindeswohl und Kindeswohlgefährdung nicht um Fach-, sondern um Rechtsbegriffe, deren Ursprung im Sozialgesetzbuch (SGB) VIII und im Familienrecht, z. B. im Bürgerlichen Gesetzbuch (BGB), verortet ist. Dass es sich um unbestimmte Rechtsbegriffe handelt, bedeutet, dass die juristischen Inhalte lediglich einen Rahmen und keine konkrete Definition vorgeben. Diese muss im Einzelfall und unter Berücksichtigung des anerkannten wissenschaftlichen, gesellschaftlichen und fachlichen Wissens formuliert werden (vgl. Meysen 2012, S. 21).

In theoretischen Diskursen werden die Unbestimmtheit der Termini kritisch erörtert und deren Nützlichkeit und Gefahren analysiert. Das zentrale Argument gegen eine allgemeingültige Definition bezieht sich auf die Grenzen rechtlicher Begriffsbestimmungen. Aus dieser Perspektive dominiert die Haltung, dass Kindeswohl und Kindeswohlgefährdung nicht pauschal bestimmt werden können, da die Begriffe „erst in der Individualität kindlicher Entwicklung, familiärer Beziehung und elterlicher Fürsorge" (DIJuF 2014, S. 6) konkretisiert werden. Darin liegt der Vorteil unbestimmter Rechtsbegriffe: Die Unbestimmtheit eröffnet einen ganzheitlichen Blick auf individuelle und familiäre Lebenssituationen sowie Entwicklungen von Kindern. Kindeswohl und Kindeswohlgefährdung werden als unbestimmte Rechtsbegriffe den vielschichtigen und dynamischen Situationen von Eltern, Kindern und Jugendlichen besser gerecht (vgl. Kindler 2016, S. 14). Sie ermöglichen eine flexible Anwendung, indem sie Raum bieten, veränderte Normvorstellungen, gesellschaftliche Entwicklungen sowie neue wissenschaftliche Erkenntnisse aus der Psychologie, Soziologie und den Erziehungswissenschaften etc. in die Auslegung der Begriffe aufzunehmen. So zeigt bereits ein Blick in die Historie, dass sich das Verständnis von Kindeswohl und Kindeswohlgefährdung gewandelt hat (vgl. Wutzler 2017, S. 282). Münder konstatiert in diesem Zusammenhang, dass die „ordnungspolitische und strafrechtliche Wurzel" (Münder 2007, S. 14) des Begriffs Kindeswohlgefährdung phasenweise in den Hintergrund gedrängt wurde und momentan wieder einen Bedeutungszuwachs erfährt. Schindler verweist auf die emotionale Vernachlässigung als eine spezifische Form von Kindeswohlgefährdung, die zu Beginn des zwanzigsten Jahrhunderts noch keine Bedeutung hatte. Im Gegensatz dazu wird kritisiert, dass die Unbestimmtheit eine Leerformel ist und für unterschiedliche Interessen instrumentalisiert werden kann. In der Praxis der Kinder- und Jugendhilfe hat die Unbestimmtheit mitunter dazu geführt, den fehlenden Inhalt mit zunehmenden Verfahrensstandards und Checklisten zu kompensieren (vgl. Wutzler 2017, S. 282).[5] Diese sollen Fach-

---

5   In der Praxis haben sich zahlreiche Checklisten und Leitfäden etabliert, welche die fachliche Gefährdungseinschätzung erleichtern sollen. Diese Listen stellen kein Messinstrument dar,

kräften organisatorisch und strukturell verankerte Maßstäbe für ihr professionelles Handeln bieten (vgl. Kindler 2007, S. 4). Allerdings fehlt häufig eine kritische Reflexion der Chancen und Grenzen der zur Verfügung gestellten Instrumente.

Die Verwendung von unbestimmten Rechtsbegriffen in zentralen gesetzlichen Bestimmungen des Kinderschutzes im engen Sinn (z. B. in den §§ 1666, 1666a BGB und in § 8a SGB VIII) erfordert in der Praxis professionelle Auslegungen im Einzelfall. Damit die Unterschiede in den Deutungen nicht zu groß werden, bietet die Rechtsprechung der Bundesgerichte Orientierung für die Praxis. Sie ermöglicht einen Abgleich von Deutungen und schafft so die Basis für eine Synchronisation in der Anwendungspraxis (vgl. Münder 2017a, S. 62). Der Begriff Kindeswohlgefährdung wurde höchstrichterlich bestimmt (vgl. Kindler 2009, S. 765): 1956 formulierte der Bundesgerichtshof (BGH) eine Definition von Kindeswohlgefährdung, die vom Bundesverfassungsgericht (BVerfG) übernommen wurde und – trotz veränderter gesellschaftlicher Umstände – in der aktuellen Rechtsprechung weiterhin Anwendung findet (vgl. Kindler 2016, S. 17). Kindeswohlgefährdung wird bestimmt als „eine gegenwärtige, in einem solchen Maße vorhandene Gefahr, dass sich bei der weiteren Entwicklung eine erhebliche Schädigung [des Kindes] mit ziemlicher Sicherheit voraussehen läßt [sic!]" (BGH, FamRZ, 1956, S. 350).

Erstmalig wurde der Wortlaut aus dem Jahr 1956 in der Rechtsprechung des BVerfG im Jahr 2014 mit Blick auf die Voraussetzungen einer Kindeswohlgefährdung erweitert: „[D]ie Annahme einer nachhaltigen Gefährdung eines Kindes setzt voraus, dass **bereits ein Schaden des Kindes eingetreten ist** oder eine Gefahr gegenwärtig in einem solchen Maße besteht, dass sich bei ihrer weiteren Entwicklung eine erhebliche Schädigung mit ziemlicher Sicherheit voraussehen lässt (z. B. BVerfG 24.3.2014 – 1 BvR 160/14)" (Münder 2017a, S. 66 f., Hervorhebung der Verfasserin). Bis dahin zeichnete sich die Deutung des Begriffs Kindeswohlgefährdung vorrangig durch eine Zukunftsorientierung aus. Die Frage, ob bereits ein Schaden eingetreten ist, war für die Annahme einer Kindeswohlgefährdung nachrangig. Entscheidend war vielmehr die Prognose einer Schädigung in der Zukunft. Die „neue" Rechtsprechung richtet die Aufmerksamkeit auf bestehende Schäden und betont deren Relevanz für die Feststellung einer Kindeswohlgefährdung. Zudem wurde in einem weiteren Beschluss aus dem Jahr 2016 der Wahrscheinlichkeitsgrad eines Schadenseintritts wie folgt modifiziert: „Eine Kindeswohlgefährdung im Sinne des § 1666 I BGB liegt vor, wenn eine gegenwärtige, in einem solchen Maß vorhandene Gefahr festgestellt wird, dass bei der weiteren Entwicklung der Dinge eine er-

---

sondern unterstützen lediglich professionelle Wahrnehmungen. Eine Reduktion des fachlichen Blicks auf das Ausfüllen von Listen erfüllt nicht die Professionalitätserwartungen.

hebliche Schädigung des geistigen oder leiblichen Wohls des Kindes **mit hinreichender Wahrscheinlichkeit** zu erwarten ist. An die Wahrscheinlichkeit des Schadenseintritts sind dabei umso geringere Anforderungen zu stellen, je schwerer der drohende Schaden wiegt" (BGH 23.11.2019 – XII ZB 408/18, Hervorhebung der Verfasserin). Dabei kann momentan noch nicht eingeschätzt werden, ob es sich bei diesen Modifikationen um einzelfallspezifische Formulierungen oder um eine neue Auslegung des Begriffs Kindeswohlgefährdung handelt, welche die Praxis nachhaltig prägen wird (vgl. Münder 2017a, S. 68).

Das etablierte Begriffsverständnis der Rechtsprechung aus dem Jahr 1956 fordert die Praxis auf, die Dauer und Intensität schädigender Einflüsse sowie die Art, Schwere und Eintrittswahrscheinlichkeit der antizipierten Schädigung einzuschätzen, damit der Begriff im Einzelfall an Kontur gewinnt (vgl. Lohse/ Meysen 2015, S. 25). Die Einschätzungen sind in hohem Maße abhängig von Alter und Geschlecht der Kinder, Ressourcen der Familie etc. Alle diese Faktoren sind bei der fachlichen Beurteilung der durch Beobachtungen, Berichte, Gespräche usw. erhobenen Sachverhalte individuell zu gewichten und zu beurteilen (vgl. Schone 2015, S. 23 f.). Basierend auf der Beschreibung der Lebenssituation der Familie, des elterlichen Handelns oder Unterlassens sowie der kindlichen Entwicklung werden gegenwärtig vorhandene Gefahren eingeschätzt und analysiert.

Kindler leitet aus dem höchstrichterlichen Begriffsverständnis zentrale Charakteristika ab, die gleichzeitig die Ansprüche an die Akteure im reaktiven Kinderschutz veranschaulichen (vgl. Kindler 2016, S. 17 f.). Die Auslegung einer Kindeswohlgefährdung umfasst eine relativ sichere Prognose der weiteren Entwicklung eines Kindes bzw. eines/einer Jugendlichen, die in Zusammenhang mit den aktuellen Gegebenheiten gesetzt wird (vgl. Schone 2008, S. 26; Wazlawik 2011, S. 16 f.). Die rechtliche Auslegung des Gefährdungsbegriffs fokussiert vorrangig „drohende erhebliche Schädigungen, also [...] Gefahren für Leib und Leben eines Kindes, für fortgesetzte erhebliche Schmerzen oder [...] ein sich abzeichnendes Scheitern an zentralen Sozialisationszielen" (Kindler 2016, S. 17) als Legitimation staatlichen Handelns. Im intervenierenden Kinderschutz geht es vorrangig nicht darum, optimale Erziehung oder bestmögliche Förderung für Kinder und Jugendliche durchzusetzen, sondern Heranwachsende vor gefährdenden Bedingungen und Situationen zu schützen. Deshalb steht die Frage im Fokus, ob die elterliche Fürsorge ausreichend ist. Vor der im Einzelfall zu definierenden Schwelle zu einer Kindeswohlgefährdung werden geringfügige Nachteile, Beeinträchtigungen oder Belastungen, die Kinder oder Jugendliche durch das elterliche Verhalten erfahren, geduldet. Dieser Ausrichtung liegt die Haltung zugrunde, dass Eltern und familiäre Lebensverhältnisse zum Schicksal und Lebensrisiko von Kindern und Jugendlichen gehören. Kein Kind hat im Rahmen des staatlichen Wächteramtes einen durchsetzbaren „Anspruch auf

Idealeltern" (Lack/Heilmann 2014, S. 313). Die Feststellung einer Kindeswohl-gefährdung impliziert also „nicht jedes Versagen oder jede Nachlässigkeit der Eltern" (Riegner 2014, S. 629), sondern ausschließlich ernsthafte Gefährdungen. Die relativ hohe Schwelle begrenzt staatliche Handlungsmöglichkeiten und stärkt das Elternrecht. Sie soll willkürliche oder kaum begründete Eingriffe des Staates vermeiden. Die Gefährdungseinschätzung soll die „tatsächlichen Um-stände der Gefährdungssituation […] [sowie] die Auswirkungen dieser Um-stände auf das Kindeswohl" (Lohse/Meysen 2015, S. 23) abbilden. Spekulatio-nen, Misstrauen oder Vermutungen sind nicht ausreichend für die Begründung einer Kindeswohlgefährdung, da „Eingriffe in Rechte nicht durch bloß subjek-tive Eindrücke, etwa das berühmte ungute Gefühl, gerechtfertigt werden kön-nen" (Kindler 2016, S. 22). Die Engführung soll eine kritische Reflexion för-dern. Als weitere Voraussetzung muss belegt werden, dass aktuell von den El-tern eine Gefahr ausgeht oder die Eltern als Sorgeberechtigte nicht in der Lage oder gewillt sind, die Gefahr abzuwenden.

Unter Kindeswohlgefährdung kann also kein „gegebener, objektiver und immer klar zu beschreibender Sachverhalt" (Heinitz 2009, S. 59) verstanden werden. Vielmehr handelt es sich um „ein normatives Konstrukt, das Interpre-tationsspielräume ermöglicht sowie Projektionsflächen anbietet" (DKSB NRW e. V. 2018, S. 10). Die Einschätzung im Einzelfall repräsentiert das Ergebnis einer Konstruktionsleistung, die von aktuell gültigen Normen und Werten sowie „kulturell, historisch-zeitspezifisch oder ethnisch geprägten Menschen-bildern" (Schone 2015, S. 14) beeinflusst wird. Diese werden wiederum von gesellschaftlichen und kulturellen Entwicklungen, die z. B. in Medien, Politik und Wissenschaft ihren Ausdruck finden, geprägt (vgl. Schone 2008, S. 26; Wazlawik 2011, S. 16 f.). Aufgrund von Wandlungsprozessen liegen dem Be-griff heutzutage andere Werte zugrunde als vor einigen Jahrzehnten (vgl. Ackermann 2012, S. 124, 137).

Die zuständigen Fachkräfte der Behörden und Gerichte sind in der Praxis aufgefordert, das Kindeswohl im Einzelfall, situativ und gemeinsam mit Eltern, Kindern und Jugendlichen inhaltlich zu deuten (vgl. Wutzler 2017, S. 283; Böl-lert/Wazlawik 2012, S. 21). Im Idealfall sind alle relevanten Akteure mitsamt ihren unterschiedlichen Vorstellungen an der Konstruktion beteiligt (vgl. Ackermann 2012, S. 126). Dabei obliegt nicht ausschließlich einer Profession oder Interessengruppe, z. B. Eltern, die Definitionsmacht, sondern die gemein-same, kooperativ angelegte Aushandlung ist – zumindest in der Theorie – ent-scheidend (vgl. Kindler 2016, S. 14 f.). Die ausgehandelten und formulierten Definitionen im Einzelfall können keine Allgemeingültigkeit beanspruchen (vgl. Heinitz 2009, S. 62), da ein „Blick auf die Praxis des Kinderschutzes […] deutlich [macht], dass allgemeine Definitionsversuche des Begriffs Kindes-wohlgefährdung in der Praxis ins Leere greifen" (Franzheld 2013, S. 92).

Sowohl zwischen Professionen als auch zwischen einer Profession und betroffenen Eltern zeigen sich tief greifende Unterschiede in dem Verständnis und der Auslegung des Begriffs. In der Praxis findet sich daher eine vielschichtige, zweckgebundene und multiperspektivische Definitionsvielfalt. Beteiligte Professionen blicken aus verschiedenen Perspektiven und Positionen auf die Thematik. In Abhängigkeit von theoretischen und rechtlichen Vorgaben wird der Terminus innerhalb der Grenzen beteiligter Professionen definiert. Die Verwendung des Begriffs hängt von den jeweils „spezifische[n] Relevanz- und Orientierungsmuster[n]" (ebd., S. 93) ab. Die professionsspezifische Sicht beeinflusst die Konstruktions- und Deutungsprozesse (vgl. ebd., S. 85). Die beteiligten Professionen schreiben demselben Begriff unterschiedliche Sachverhalte zu, sodass in der Praxis differente Begriffsverständnisse nebeneinander existieren (vgl. DKSB NRW e. V. 2018, S. 11). Angesichts der Verwobenheit von persönlichen und fachlichen Wahrnehmungen auf der einen und dem variablen Bedeutungsgehalt auf der anderen Seite kann kein einheitliches und professionsübergreifendes gemeinsames Begriffsverständnis formuliert werden (vgl. Franzheld 2013, S. 83 f.). Der Begriff Gefährdung wird beispielsweise in klinischen Kontexten weiter gefasst als in Arbeitsfeldern der Psychologie und Sozialen Arbeit (vgl. Kindler 2007, S. 4). Diese Definitionsvariabilität erhöht die Anforderungen an beteiligte Akteure (vgl. Heinitz 2009, S. 62). Der fehlende gemeinsame Blick erhöht die Gefahr von Missverständnissen und Schwierigkeiten in der disziplinübergreifenden Kommunikation und Kooperation (vgl. Franzheld 2013, S. 78 f.). Fachkräfte der Kinder- und Jugendhilfe müssen den von anderen Professionen und beteiligten Betroffenen zugewiesenen Bedeutungsgehalt entschlüsseln.[6] Trotz unterschiedlicher Auslegungen kann dem Begriff eine handlungsleitende Funktion innerhalb der Profession und professionsübergreifend zugesprochen werden (vgl. ebd., S. 85).

Ausgehend von fachlichen Diskussionen und rechtlichen Grundlagen definiert das Kinderschutz-Zentrum Berlin e. V. Kindeswohlgefährdung als „[e]in das Wohl und die Rechte des Kindes (nach Maßgabe gesellschaftlich geltender Normen und begründeter professioneller Einschätzung) beeinträchtigendes Verhalten oder Handeln bzw. das Unterlassen einer angemessenen Sorge durch Eltern oder andere Personen in Familien und Institutionen, das zu nicht-zufälligen Verletzungen, zu körperlichen und seelischen Schädigungen und/oder zu Entwicklungsbeeinträchtigungen eines Kindes führen kann, was die Hilfe und evtl. das Eingreifen von Jugendhilfe-Einrichtungen und Familiengerichten in

---

6 An dieser Stelle merkt Franzheld kritisch an, dass in der Praxis eine Auseinandersetzung mit dem inhaltlichen Verständnis von Kindeswohlgefährdung fehlt. Aus seiner Sicht werden definitorische Fragen ausschließlich in theoretischen Diskursen oder im Kontext von rechtlichen Bestimmungen geklärt.

die Rechte der Inhaber der elterlichen Sorge im Interesse der Sicherung der Bedürfnisse und des Wohls eines Kindes notwendig machen kann" (Kinderschutz-Zentrum Berlin e. V. 2009, S. 32).

Diese Definition veranschaulicht die Komplexität und Vielschichtigkeit des Begriffs: Kindeswohlgefährdung manifestiert sich in unterschiedlichen Facetten und Formen, die nicht trennscharf sind, sondern gleichzeitig und überlappend auftreten können. Münder et al. bestimmen Kindeswohlgefährdung als „Sammelkategorie" (Münder et al. 2000, S. 45), die diverse Nuancen inkludiert (vgl. Gräbedünkel 2017, S. 30). In der Literatur finden sich verschiedene Unterscheidungen. Die Differenzierung von Vernachlässigung, physischer und psychischer Misshandlung sowie sexuellem Missbrauch ist fachlich anerkannt. Diese sogenannten klassischen Formen sind seit Jahren etabliert, da empirisch nachgewiesen werden konnte, dass erhebliche und nachhaltige Schädigungen bei deren Vorliegen drohen (Kindler 2009, S. 767).[7] Als eine zentrale Erkenntnis ihrer empirischen Untersuchung konstatieren Münder et al., dass die klassischen Gefährdungsformen das Spektrum möglicher Nuancen von Kindeswohlgefährdung in der Praxis nicht abdecken. Sie erweitern die traditionellen Formen und führen zwei weitere Kategorien ein: die Autonomiekonflikte, die vorrangig als „Gefährdungslage des Jugendalters" (Jud 2008, S. 34) gelten, sowie Erwachsenenkonflikte ums Kind (vgl. ebd., S. 27 ff.; Münder et al. 2000, S. 45 ff.).

Die Begriffserklärung nimmt außerdem Bezug auf die Bestimmung des Verhältnisses von privater und öffentlicher Verantwortung. Basierend auf der normativen und relationalen Einschätzung von kindeswohlgefährdenden Situationen sowie der Prognose ernsthafter Schädigungen oder Entwicklungsbeeinträchtigungen können Eingriffe in die elterliche Erziehungsautonomie und somit Handlungen gegen den Willen der Eltern gerechtfertigt werden (vgl. Kindler 2009, S. 765). Die Feststellung einer Kindeswohlgefährdung bildet in Kombination mit einer fehlenden Bereitschaft oder unzureichenden Kompetenz der Eltern, die Gefährdungsmomente zu minimieren und/oder mögliche Schädigungen zu unterbinden, die Legitimationsgrundlage für staatliche Eingriffe in die bis dahin vorherrschende Elternautonomie und Privatheit der Familie (vgl. Bütow et al. 2014a, S. 1; DKSB NRW e. V. 2018, S. 14).

---

7 Darüber hinaus „existiert eine Vielzahl weiterer Problemlagen, wie etwa das Miterleben von Partnerschaftsgewalt, hochkonflikthafte Scheidungsverläufe oder das Aufwachsen mit einem alkoholabhängigen Elternteil, die nach gegenwärtigem Kenntnisstand regelhaft belastend wirken, aber für sich genommen nur bei einer, wenn auch substanziellen Minderheit betroffener Kinder mit langfristig erheblich negativen Folgen einhergehen" (Kindler 2009, S. 767). Zwischen dem Erleben von Gefährdungen und der Entstehung von Entwicklungs- oder Verhaltensauffälligkeiten von Kindern und Jugendlichen können folglich keine kausalen oder linearen Zusammenhänge konstatiert werden.

2.3 Das Verhältnis von Elternrecht und staatlichem Wächteramt

„Das Grundgesetz [GG] bildet das Dach des Kinderschutzes" (Sommer 2012, S. 13), indem der Artikel (Art.) 6 das subsidiäre Verhältnis zwischen Staat, Eltern und Kind verfassungsrechtlich regelt:[8]

> (1) Ehe und Familie stehen unter dem besonderen Schutze der staatlichen Ordnung.
> (2) Pflege und Erziehung der Kinder sind das natürliche Recht der Eltern und die zuvörderst ihnen obliegende Pflicht. Über ihre Betätigung wacht die staatliche Gemeinschaft.
> (3) Gegen den Willen der Erziehungsberechtigten dürfen Kinder nur auf Grund eines Gesetzes von der Familie getrennt werden, wenn die Erziehungsberechtigten versagen oder wenn die Kinder aus anderen Gründen zu verwahrlosen drohen.
> (4) Jede Mutter hat Anspruch auf den Schutz und die Fürsorge der Gemeinschaft.
> (5) Den unehelichen Kindern sind durch die Gesetzgebung die gleichen Bedingungen für ihre leibliche und seelische Entwicklung und ihre Stellung in der Gesellschaft zu schaffen wie den ehelichen Kindern.

Von Geburt an haben Kinder Grundrechte, die unter anderem im GG und im BGB[9] verankert sind. Neben dem Recht auf den Schutz der Menschenwürde in Art. 1 Abs. 1 GG verfügen sie gemäß Art. 2 Abs. 2 GG über das Recht auf körperliche Unversehrtheit. Im Kinderschutz im engen Sinn ist das Grundrecht von Kindern und Jugendlichen auf die freie Entfaltung ihrer Persönlichkeit gemäß Art. 2 Abs. 1 GG besonders bedeutsam. Für die Entwicklung zu einer gemeinschaftsfähigen Persönlichkeit benötigen sie während ihres Aufwachsens Schutz und Hilfe (vgl. Sommer 2012, S. 80). Gemäß Art. 6 Abs. 2 liegt die Verantwortung dafür zuvörderst bei ihren Eltern, die rechtlich aufgefordert sind, ihre elterlichen Pflichten wahrzunehmen und die Pflege und Erziehung ihrer Kinder sicherzustellen. Das Elternrecht wird als natürlich deklariert, weil davon ausgegangen wird, dass Väter und Mütter die Personen sind, denen das Wohl des Kindes am meisten am Herzen liegt (vgl. Meysen 2012, S. 18; Britz 2014a, S. 1070). Zwar dürfen sie ihre Elternverantwortung, also das natürliche Recht

---

8   Praktiker/Praktikerinnen und Forscher/Forscherinnen fordern – mit unterschiedlicher Intensität – die Aufnahme eigenständiger Kinderrechte in die Verfassung, um die Position der Kinder in familiengerichtlichen Verfahren sowie das Verhältnis von Familiengericht und Jugendamt im Sinne einer Fokussierung auf Kinderrechte maßgeblich zu fördern (vgl. Sommer 2012, S. 358).

9   Im BGB ist ihr Recht auf gewaltfreie Erziehung (§ 1631) und auf altersangemessene Beteiligung an relevanten Entscheidungen (§ 1626) niedergeschrieben.

und die Pflicht, grundsätzlich frei nach ihren individuellen Vorstellungen wahrnehmen, aber die Umsetzung – ihr Handeln – muss die Rechte der Kinder respektieren und wahren. Das Recht der Eltern ist demnach ein fremdnütziges Grundrecht, das dem Wohl des Kindes dienen soll und ihm untergeordnet wird (vgl. Sommer 2012, S. 13, 78).

Münder definiert das Elternrecht vornehmlich als „Abwehrrecht gegen staatliche Eingriffe" (Münder 2007, S. 11). Entsprechend dem Subsidiaritätsprinzip sind Eltern so lange primär für das Aufwachsen ihrer Kinder zuständig, wie das Wohl sichergestellt ist. Dem Staat obliegt die „Rolle eines subsidiären Wächters anstelle eines Miterziehers" (Coester 2015, S. 18). Aus dieser Rolle heraus akzeptiert er die gesetzlich verankerte Erziehungsautonomie der Eltern und wacht gleichzeitig über deren Erfüllung. Das Familienleben muss gemäß Art. 8 der Europäischen Menschenrechtskonvention respektiert werden (vgl. DIJuF 2014, S. 5). Erst wenn Eltern der gesellschaftlichen Erwartung, ihre Kinder zu eigenverantwortlichen und gemeinschaftsfähigen Persönlichkeiten zu erziehen, nicht gerecht werden, ihre Leistungen also nicht ausreichen bzw. sie ihren Rechten und Pflichten nicht nachkommen (können), ist der Staat verpflichtet, als Kontrollinstanz einzugreifen (vgl. Münder 2007, S. 13; Sommer 2012, S. 77).

Die Kombination des Art. 2 Abs. 1 GG in Verbindung mit Art. 6 Abs. 2 GG impliziert das Recht von Kindern und Jugendlichen auf die staatliche Gewährleistung elterlicher Pflege und Erziehung (vgl. Britz 2014, S. 552; Britz 2014a, S. 1070). Das sogenannte „Gewährleistungsgrundrecht des Kindes" (Britz 2014a, S. 1069) schreibt dem Staat eine besondere Verantwortung zu, die sich in drei Anforderungen widerspiegelt: Erstens sind Eltern vorrangig dabei zu unterstützen, ihre Erziehungskompetenzen wiederzuerlangen und auszubauen. Zweitens sind die Notwendigkeit und Eignung einer möglichen Trennung zwischen Heranwachsenden und Eltern als notwendiger staatlicher Eingriff kritisch und intensiv zu überprüfen, um unverhältnismäßige Trennungen mitsamt den damit verbundenen negativen Auswirkungen auszuschließen.[10] Die Legi-

---

10 In den letzten Jahren hat die Zahl der Beschwerden von Eltern, die beim BVerfG eingehen und sich vorrangig gegen familiengerichtliche Entscheidungen über Sorgerechtseingriffe wenden, kontinuierlich zugenommen. Das BVerfG prüft bei Sorgerechtsentzügen, die mit Trennungen einhergehen, im Allgemeinen, ob die §§ 1666 und 1666a BGB von den vorherigen Instanzen korrekt angewandt wurden. Dabei stehen die Fragen im Mittelpunkt, ob die Erörterung des Sachverhaltes Kindeswohlgefährdung Fehler aufweist und ob die familiengerichtlichen Entscheidungen aufgrund einer nicht zeitgemäßen Auslegung des Grundrechts fehlerhaft sind (vgl. Hammer 2014, S. 428 f.). Parallel zu dem Anstieg der Beschwerden kann die Zunahme der Stattgaben seitens des BVerfG beobachtet werden. Diese Entwicklung wird in der Literatur unterschiedlich beurteilt: Während einige Autoren/Autorinnen die Anzahl der Beschwerde stattgebenden Entscheidungen des BVerfG als unverhältnismäßig deklarieren, resümiert Britz, dass die vorliegenden „Zahlen zu klein [sind], als

timationsanforderungen sind relativ hoch. Ausschließlich die nachhaltige und anhaltende Gefährdungssituation für Kinder im Zusammenleben mit ihren Eltern kann eine räumliche Trennung legitimieren (vgl. Riegner 2014, S. 629). Im Zuge einer Trennung ist der Staat drittens dazu verpflichtet, die elterliche Sorge weiterhin zu ermöglichen (vgl. Britz 2014a, S. 1072 ff.). Diese Anforderungen veranschaulichen die „Achtung und [den] Schutz des Eltern-Kind-Verhältnisses" (ebd., S. 1074). Der Staat respektiert das Interesse des Kindes an seinen Eltern, garantiert gleichzeitig den bei Bedarf notwendigen Schutz vor den Eltern.

Der Begriff Kindeswohlgefährdung determiniert maßgeblich das Verhältnis von privater und öffentlicher Verantwortung und die Schwelle für den staatlich legitimierten Eingriff in das grundgesetzlich geschützte Eltern-Kind-Verhältnis (vgl. DIJuF 2014, S. 7; Oelkers 2011, S. 270). Er verweist also auf die Grenze des Elternrechts. Die elterlichen und staatlichen Verantwortlichkeiten sind im GG wechselseitig miteinander verbunden und aufeinander bezogen; sie wirken nicht gegeneinander.

Die Ausgestaltung des rechtlich definierten Verhältnisses zwischen Eltern und Staat wird durch historische, gesellschaftliche und rechtliche Entwicklungen beeinflusst. Oelkers zeichnet drei Entwicklungstendenzen in der Kinder- und Jugendhilfe nach, die aus historisch-gesellschaftlicher Perspektive das Verhältnis von Eltern und Staat sowie die Auseinandersetzung mit elterlichen Verhaltensweisen und der Sicherstellung des Kindeswohls geprägt haben (vgl. Oelkers 2011, S. 266).

1. „Mit der Verabschiedung des [Reichs-]Jugendwohlfahrtsgesetzes (RJWG) 1922/24 war der Staat umfassend berechtigt, in die Familie einzugreifen" (ebd., S. 267). Die Jugendfürsorge repräsentiert einen relativ alten Entwicklungszweig in der Kinder- und Jugendhilfe. Mithilfe von kontrollierenden Interventionen sollten kindeswohlgefährdende Situationen abgewendet und schädliche elterliche Erziehungspraktiken korrigiert werden. Dabei waren in erster Linie Familien, die dem „Proletariat" zugeordnet werden können, von

---

dass sich daraus sinnvoll Schlussfolgerungen ziehen oder gar politischer Handlungsbedarf ableiten ließe" (Britz 2014, S. 551). Hammer bewertet die Stattgaben des BVerfG als Urteil über Familiengerichte und Jugendämter. Die Rechtsprechung veranschaulicht aus seiner Sicht, dass die zentralen Organisationen des staatlichen Wächteramtes „zu schnell, ohne ausreichende Ermittlungen oder eingehende Begründung von ihren Eltern trennen bzw. nicht genügend Anstrengungen unternehmen fremd untergebrachte Kinder wieder in den elterlichen Haushalt zurückzuführen" (Hammer 2014, S. 428). Der mehrmals dargelegte Verweis des BVerfG auf eine defizitäre Sachverhaltsermittlung und die Kritik an ihrer Darstellungsform hat laut Münder positive Auswirkungen auf die Praxis. Er nimmt detailliertere Beschreibungen und Begründungen in aktuellen Beschlüssen der Familiengerichte wahr (vgl. Münder 2017a, S. 68).

kontrollierenden Maßnahmen betroffen, während bürgerlichen Familien ein hohes Maß an Autonomie zugesprochen wurde (vgl. Oelkers 2011, S. 266). Zentrale Leitformeln für das damalige fachliche Handeln waren „Wohl, Schutz und Fürsorge" (ebd., S. 267).

2. Diese dominierende Handlungsstrategie wurde von einer modernen Ausrichtung der Kinder- und Jugendhilfe – im Zuge der Einführung des SGB VIII als Dienstleistungsgesetz – abgelöst. An die Stelle von Kontrolle trat Unterstützung, die Eltern befähigen sollte, ihrer Verantwortung gerecht zu werden und ihre Pflichten zu erfüllen (vgl. ebd., S. 266). Diesem Verständnis lag die fachliche Überzeugung zugrunde, dass Hilfen nur dann erfolgreich sein können, wenn sie in Koproduktion erbracht werden. Der Schutzauftrag sollte über Gewährleistung von Hilfen oder Förderung von elterlichen Kompetenzen gewährleistet werden. Insgesamt „markierten die Gesetzesänderungen einen tendenziellen Rückzug des staatlichen Wächteramtes" (ebd., S. 269).

3. Seit Mitte bis Ende der 1990er Jahre zeichnet sich ein neuer Trend ab, die „Aktivierung und Responsibilisierung von Eltern" (ebd., S. 266), die losgelöst von persönlichen, materiellen und sozialen Lebenslagen eingefordert wird. Aus dieser Perspektive wird die Eigenverantwortung von Eltern vermeintlich gestärkt und an die gesetzlich zugeschriebenen elterlichen Pflichten appelliert. An die Erfüllung ihrer Pflicht als Eltern werden hohe Erwartungen gestellt. Eine mögliche Kindeswohlgefährdung bildet eine besondere Situation, in der das staatliche Wächteramt aktiviert wird. Das Jugendamt fordert Rechenschaft ein und überwacht das elterliche Tun (vgl. ebd., S. 270). Dieser andauernde Entwicklungstrend führt – so die These von Oelkers – zu einer erneuten Aufnahme von kontrollierenden und eingreifenden Handlungen innerhalb der Kinder- und Jugendhilfe. Im Kontext des dritten Entwicklungstrends kristallisiert sich ein Rückbezug auf ehemalige Zeiten heraus, d. h. die Maßnahmen zielen darauf ab, elterliche Handlungen zu kontrollieren und idealerweise zu korrigieren (vgl. ebd., S. 264).

Parallel dazu befördert aus Sicht von Thiersch die mediale Aufbereitung von misslungenen Kinderschutzfällen eine veränderte Haltung gegenüber der Kinder- und Jugendhilfe und ihrem Leistungspotenzial. Der professionelle, dienstleistungsorientierte Umgang mit betroffenen Eltern wird zunehmend als feige und wegschauend dargestellt, ein konsequenterer Umgang in Form von Kontrolle eingefordert. Während in dem zweiten Entwicklungstrend der Schutzauftrag zur Abwendung einer Kindeswohlgefährdung vermeintlich in den Hintergrund gedrängt wurde (vgl. Wiesner/Schindler/Schmid 2006, S. 25), besteht seit einigen Jahren die Gefahr, dass dieser die Praxis dominiert und die „Aufgaben des Förderns, Erziehens und Helfens […] gleichsam verschluckt" (Thiersch 2012, S. 54 f.). In Übereinstimmung mit Oelkers und Thiersch nimmt

Finke Veränderungen in der Aufgabenteilung zwischen sorgeberechtigten Eltern und Staat in Form einer Grenzverschiebung zwischen privater und öffentlicher Verantwortung wahr. Einerseits betonen Fachkräfte in Diskursen die elterliche Pflicht zur Pflege und Erziehung, andererseits etablieren sich im intervenierenden Kinderschutz freiheitseinschränkende und kontrollierende Maßnahmen im Hinblick auf die Wahrnehmung elterlicher Verantwortung (vgl. Finke 2015, S. 26 f.). Die Grenze zwischen den zwei unterschiedlichen Verantwortungsbereichen scheint sich zugunsten der staatlichen Verantwortung zu verschieben und in steigenden Kontrollmaßnahmen niederzuschlagen (vgl. Franzheld 2013, S. 77). Die Gefahr dieser Entwicklungen und unterschiedlichen Schwerpunktsetzungen liegt in einer einseitigen Ausrichtung, welche die ganzheitliche Betrachtung von Familien erschwert. Angesichts dieser Pendelbewegungen zeigt sich, „dass die ausgewogene Balance zwischen ‚Autonomie der Familie und staatlichem Wächteramt' nicht nur eine schwierige, sondern auch eine immer wieder neu – je nach gesellschaftlichen Entwicklungen und Auffassungen – zu justierende Aufgabe ist für den Gesetzgeber, aber auch für die für den Kindesschutz und die Kindesförderung verantwortlichen Gerichte und Behörden" (Coester 2015, S. 21).

Exkurs: Hilfe und Kontrolle

Infolge dieses spannungsgeladenen Verhältnisses zwischen Familie und Staat bewegt sich die Kinder- und Jugendhilfe seit jeher zwischen Hilfe und Kontrolle (vgl. Bütow et al. 2014a, S. 3). Sie „findet auf einem Kontinuum statt, wobei Jugendhilfe als sozialpädagogische Dienstleistung für Familien (Eltern und Kinder) eine Seite des Kontinuums ausmacht und der Eingriff zum Schutz der Kinder die andere Seite" (Schone 2008, S. 47). Die Gewährleistung sozialer Dienstleistungen und die Sicherstellung des Kindeswohls repräsentieren keine sich gegenseitig ausschließenden Arbeitsbereiche, sondern miteinander verflochtene Aspekte sozialpädagogischer Professionalität, deren Übergänge fließend sind (vgl. ebd., S. 47).

Hilfe und Kontrolle sind untrennbar miteinander verwoben und stellen in einer ausgewogenen Balance die zentrale Zielorientierung für Professionalität in der Kinder- und Jugendhilfe dar. Vor allem im reaktiven Kinderschutz ist ein reflektierter Umgang mit dem Verhältnis von Hilfe und Kontrolle eine immanente Herausforderung. Das Spannungsfeld darf weder in die eine noch in die andere Richtung aufgelöst werden, da eine nachhaltige Abklärung und Abwendung einer Kindeswohlgefährdung eine Verknüpfung von Hilfe und Kontrolle voraussetzt (vgl. Conen 2014, S. 48). Kontrolle erfüllt in der Kinder- und Jugendhilfe zwei instrumentelle Funktionen: Sie dient erstens der Evaluation erzieherischer Hilfen und zweitens der „Sicherstellung des Kindeswohls bei Nicht-Inanspruchnahme von Hilfen" (Schone 2008, S. 49).[11] Kontrolltätigkeiten stehen in Relation zu dem „Werben um freiwillige Inanspruchnahmen von Hilfen" (ebd., S. 14) und folglich in direkter Beziehung zu sozialpädagogischen Hilfeleistungen. Das Selbstverständnis von Fachkräften im Jugendamt darf sich nicht auf die Rolle eines „freundlich zuwartenden Dienstleisters" (Greese 2001, S. 9) beschränken. Wenn Eltern kindliche Bedürfnisse oder familiäre Probleme weder erkennen noch ihren rechtlichen Anspruch auf Leistungen umsetzen, birgt ein falsch verstandenes Dienstleistungsverständnis die Gefahr, Hilfen nicht zu gewähren, obwohl ein Bedarf indiziert ist (vgl. ebd., S. 9). Die Bereitstellung von Hilfen zur Sicherstellung des Kindeswohls legitimiert Kontrolle und behindert Repression und Bevormundung (vgl. Schone 2008, S. 14).

Nach Blandow repräsentiert Kontrolle angesichts des staatlichen Wächteramtes ein nicht aufzulösendes „Kerngeschäft der Jugendhilfe" (Blandow 2006, o. S.). Er ist davon überzeugt, dass sie nicht per se negativ zu beurteilen ist, da sie eine positive Wirkung entfalten kann, wenn sie verhältnismäßig ausgestaltet wird. Als Voraussetzung nennt er Respekt gegenüber der Elternautonomie und den Eigenlogiken von Familien. Die Kontrolltendenzen sind im Idealfall mit einer positiven Grundhaltung gegenüber betroffenen Familien gekoppelt und folgen nicht Verdächtigungen und Misstrauen (vgl. ebd., o. S.). Die Ausprägungen von Kontrolle bewegen sich auf einem Kontinuum von Achtsamkeit und Sensibilität gegenüber gefährdenden Situationen für Kinder bis hin zu einer „umfänglich überwachenden Kontrolle" (SPI 2004, S. 6). Die einseitige Fokussierung auf Kontrolle erschwert den Blick auf das Aufgabenspektrum und Potenzial der Kinder- und Jugendhilfe. In der Folge steigt die Gefahr einer fachlichen Bevormundung (vgl. Thiersch 2012, S. 54 f.; Wazlawik 2011, S. 15). Die exklusive Wahrnehmung der „Kontrollrolle" (Conen 2014, S. 48) erschwert ein ganzheitliches Fallverständnis und eine Hilfegewährung, die aktiv und produktiv von Eltern genutzt werden kann.

---

11 Die Kontrolle bezieht sich auf die Realisierung von Zielen im Zuge der Gewährleistung von Hilfen zur Erziehung gemäß § 27 SGB VIII und die Wahrnehmung des Schutzauftrages. Die Kontrollmomente bei der Gewährung von erzieherischen Hilfen entstehen beispielsweise, wenn diese ursprünglich als Hilfe konzipierten Maßnahmen ausschließlich aufgrund von Druck durch Institutionen, beispielsweise Schule, Jugendamt oder Kindergarten, von den Eltern angenommen werden. In diesem Fall stellen die Leistungsberechtigten keine „willigen Konsumentinnen und Konsumenten" (Teuber 2002, S. 24) dar. Sie agieren in einem von außen definierten Zwangskontext ohne tatsächliche Wahlmöglichkeiten (vgl. Schone 2008, S. 47). So beinhalten soziale Dienstleistungen zwar in einem geringeren, aber für die Eltern doch häufig spürbaren Ausmaß Kontrolle. Die Ausgestaltung von Kontrolle wirkt sich auf den Zugang zu Eltern, deren Akzeptanz der Hilfe sowie Motivation zur Kooperation aus.

Die Pendelbewegungen in dem Verhältnis von Hilfe und Kontrolle werden maßgeblich „von politischen Entscheidungen inhaltlich und strukturiert gerahmt und beeinflusst" (Wazlawik 2011, S. 25). Die praktische Ausgestaltung der Balance hängt demnach von gesellschaftlichen Erwartungen sowie politischen und fachlichen Einstellungen ab. Seit einigen Jahren zeichnet sich eine veränderte Gewichtung des Verhältnisses in der Jugendhilfe ab.

> „Aktuelle Entwicklungen verweisen in Deutschland [...] auf eine stärkere Bedeutung von sozialer Kontrolle [...]. Kontrolle wird – vor allem bei Fällen, denen eine besondere Schwierigkeit zugeschrieben wird – zusehends als legitime Form der Hilfe wahrgenommen." (Bütow et al. 2014a, S. 10)

Die Gefahr einer Kindeswohlgefährdung aktiviert aufseiten der Fachkräfte Kontrollen und drängt Beratung und Hilfen in den Hintergrund (vgl. Franzheld 2013, S. 82 f.). Diese Orientierung erhört den „Ruf nach harten, zupackenden und direkten Erziehungsformen und [...] einer neuen Intensität der Kontrollen" (Thiersch 2012, S. 54 f.). Die Kontrolle trifft nicht alle Eltern, sondern in der Regel bestimmte Elterngruppen, in deren Lebenswelten Risikofaktoren vorliegen (siehe Kapitel 3). Die sogenannten Risikoeltern werden verstärkt überwacht und kontrolliert (vgl. Wazlawik 2011, S. 15). Die im GG festgeschriebene Elternautonomie kollidiert mit diesen Entwicklungen, da die Freiheiten von Eltern sukzessiv beschnitten werden (vgl. ebd., S. 27). Die intensivierten Kontrolltätigkeiten zeigen sich zunehmend in „Politiken des Eingreifens" (Bütow et al. 2014a, S. 3), die mit schnelleren und intensiveren Interventionen einhergehen. Während die Dienstleistungsorientierung in den Hintergrund rückt, sind Ermittlungstendenzen auf dem Vormarsch. Die Gefährdungseinschätzung ist häufig das vorrangige Anliegen von Fachkräften und kontrollierende Tätigkeiten stehen nicht selten im Mittelpunkt ihrer Handlungen. Die Beurteilung dieser beobachtbaren Veränderungen ist in fachlichen Diskursen uneinheitlich (vgl. Pluto et al. 2012, S. 8).

Für die gestiegene Kontrollintensität werden unterschiedliche Erklärungen herangezogen, die sowohl von außen an die Profession herangetragen werden als auch dieser entspringen. Die verschiedenen (Hinter-)Gründe wirken nicht isoliert, sondern verstärken sich wechselseitig in ihrer Wirkung. Die medial und öffentlich diskutierten negativen Fallverläufe bieten in mehr oder minder regelmäßigen Abständen die Grundlage für Kritik an der Qualität des Kinderschutzes. Den Fachkräften wird vorgeworfen, die Bedürfnisse und Interessen der Kinder und Jugendlichen in ihrem Handeln nicht ausreichend zu berücksichtigen. Öffentlich dargestellte Eingriffe werden im zeitlichen Verlauf als zu früh oder zu spät eingeschätzt. In Einzelfällen wird deren Legitimation angezweifelt, sodass Fachkräfte unter Druck geraten (vgl. Bütow et al. 2014a, S. 1 f.). Die „unzureichende gesellschaftliche und politische Unterstützung und fehlende Anerkennung" (Wolff 2012, S. 225 f.) bündelt sich in einer erlebten Belastung. Eine weitere – nicht zu unterschätzende – Einflussgröße sind strafrechtliche Konsequenzen, die in Einzelfällen in der Vergangenheit gegen Fachkräfte verhängt wurden. Zunehmende Angst vor einer Verurteilung und Unsicherheiten im fachlichen Handeln finden ihren Ausdruck in Absicherungstendenzen und -strategien in der Fallbearbeitung. Zahlreiche Fachkräfte erleben einen Zuwachs an Handlungszwängen bei defizitärer Ressourcenausstattung (vgl. Bode et al. 2012a, S. 47). Die Fachkräfte fühlen sich gestresst und unter Druck angesichts der zunehmenden Fallzahlen, schwierigen Kooperationsverhältnisse und des immensen Arbeitsaufwandes im Zuge von Dienstanweisungen und methodischen Vorgaben. Gleichzeitig orientieren sie sich zunehmend an sogenannten Checklisten und Erfassungsbögen, die ihnen scheinbare (Handlungs-)Sicherheit bieten und sich vor allem angesichts veränderter rechtlicher Vorgaben sukzessiv etabliert haben (vgl. Wolff 2012, S. 225 f.; Wazlawik 2011, S. 24).

2.4 Rechtliche Grundlagen zur Abwendung einer Kindeswohlgefährdung

Die rechtlichen Bestimmungen für die Umsetzung des staatlichen Wächteramtes werden vorrangig in § 8a SGB VIII und dem Familienrecht des BGB konkretisiert. Während das SGB VIII die Aufgaben der Kinder- und Jugendhilfe definiert, legt das BGB primär die Aufgaben der Familiengerichte fest. Die nachfolgenden Ausführungen konzentrieren sich im Wesentlichen auf diese gesetzlichen Grundlagen. Flankierend werden ausgewählte rechtliche Bestimmungen erörtert, die für die Ausgestaltung des Verfahrens zur Abwendung einer Kindeswohlgefährdung ebenfalls bedeutsam sind, z. B. das *Bundeskinderschutzgesetz* (BKiSchG).

2.4.1 Kinder- und Jugendhilferecht

Seit den 1970er Jahren zielt das Leitbild der Kinder- und Jugendhilfe verstärkt auf die Begleitung und Unterstützung von Familien. Termini wie Lebensweltorientierung oder Beteiligung lösten in der Praxis sukzessiv zuvor dominierende Schlagwörter wie Fürsorge und staatliche Betreuung ab und spiegelten eine neue fachliche Haltung wider. Diese veränderte Einstellung implizierte Kritik an der inhaltlichen Ausrichtung des damals rechtlich verbindlichen Jugendwohlfahrtsgesetzes (JWG)[12], das in seinem Grundsatz ein polizei- und ordnungsrechtliches „Organisationsgesetz" (Münder 2019, S. 69) repräsentierte. Die Akteure der Kinder- und Jugendhilfe lehnten in ihrem sich wandelnden Selbstverständnis die „eingriffsorientierte Verlängerung des obrigkeitsstaatlichen Fürsorgestaates" (Rauschenbach 2010, S. 84) ab. Auch die vermeintlich selbstverständliche Anwendung von Repression, Zwang und Kontrolle bei abweichendem Verhalten von Kindern, Jugendlichen oder Eltern und im Zuge von Maßnahmen der freiwilligen Erziehungshilfe und Fürsorgeerziehung wurde infrage gestellt (vgl. Merchel 1998, S. 6).

Die Jahrzehnte andauernden Diskussionen um eine notwendige Neuordnung des Jugendhilferechts als Rechtsgrundlage für die Kinder- und Jugendhilfe mündeten in der Verabschiedung des *Kinder- und Jugendhilfegesetzes* (KJHG)[13], das in den neuen Bundesländern am 03. Oktober 1990 und in den alten Bundesländern am 01. Januar 1991 in Kraft trat (vgl. Bohler 2006, S. 48). Das KJHG kann als „Abbild und Ausdruck des gesellschaftlichen Wandels, als eine Reaktion auf die vielen Impulse sozialer Bewegungen und als Ergebnis einer neuen Fachlichkeit" (Rauschenbach 2010, S. 83) betrachtet werden. Die Implementierung zementierte den Einstellungswechsel: Die ehemalige fachliche Ausrichtung wurde zugunsten einer Leistungsorientierung weitestgehend aufgegeben. Das KJHG wurde als Achtes Buch in das SGB aufgenommen und als „Teil der staatlichen Leistungsverwaltung" (Schimke 2003, S. 118) integriert. Statt Bevormundung, Kontrolle und eingriffsorientierter Interventionen trug das Gesetz originär einen „sozialpädagogischen Sozialleistungscharakter" (Schone 2001, S. 51) in die Kinder- und Jugendhilfe. Münder beschreibt die Einführung des SGB VIII als Zäsur: „Mit dem SGB VIII [ist] die Zeit der Fürsorglichkeit zu Gunsten der Sozialpädagogik zu Ende gegangen" (Münder 2002, S. 9). Eine neue Philosophie professionellen Handelns wurde rechtlich legitimiert. Diese auf gesetzlicher und politischer Ebene angestoßene Neuorientierung, die bis heute in fachlichen Diskursen grundsätzlich eine breite Akzeptanz erfährt, wird als „Perspektiven- und Paradigmenwechsel [...] in der Jugendhilfe" (Wiesner 1998, S. 9) resümiert. Die Einführung des SGB VIII bildete die entscheidende Grundlage für Professionalisierungstendenzen (vgl. Bohler/

---

12 Das JWG vom 11. August 1961 basierte inhaltlich und systematisch auf dem RJWG vom 09. Juli 1922 und kann rückblickend als dessen Novellierung bezeichnet werden (vgl. Münder 2019, S. 69).

13 Das KJHG ist die offizielle Kurzbezeichnung des *Gesetzes zur Neuordnung des Kinder- und Jugendhilferechts* vom 26. Juni 1990. Das KJHG ist ein Artikelgesetz und bezieht sich neben dem zentralen Art. 1 SGB VIII auf weitere Artikel, die nachrangige Bedeutung haben. In Anlehnung an die Praxis und aus Gründen der Praktikabilität wird die strenge Differenzierung in der vorliegenden Arbeit nicht vorgenommen. Die Abkürzungen SGB und KJHG werden synonym verwendet (vgl. Münder 2019, S. 71; Münder/Meysen 2019, S. 80).

Engelstädter 2008, S. 114). Bohler spricht von „mehr Fachlichkeit in der Jugendhilfe und [...] mehr Professionalität in der Fallarbeit" (Bohler 2006, S. 48). Die Einführung des SGB VIII intendiert aus seiner Sicht „eine neue Kultur der Sozialen Arbeit: An die Stelle fürsorglich-paternalistischer, heteronomieunterstützender Interventionsformen sollen autonomieorientierte treten" (ebd., S. 48). Eltern, Kinder und Jugendliche werden in ihrer Subjektstellung und Position gegenüber Fachkräften gestärkt. Sie nehmen nicht länger die Rolle von Objekten staatlicher Einmischung ein, sondern sind Leistungsberechtigte[14], die einen rechtlich verankerten Anspruch auf Beratung, Unterstützung und Hilfe besitzen. Entsprechend dieser Philosophie bildet der Hilfegedanke in der Konzeption des SGB VIII den Schwerpunkt. Die Leistungsverpflichtung nach dem KJHG impliziert den Auftrag an die öffentliche Jugendhilfe, das Leistungsspektrum zu gewährleisten (vgl. Wiesner 2004, S. 245). Im Idealfall liegt der Gewährung der im Einzelfall passenden und erforderlichen Hilfe ein partizipativer, transparenter und partnerschaftlich-kooperativer Entscheidungs- und Aushandlungsprozess zugrunde (vgl. Schimke 2003, S. 121).

Bohler gibt jedoch zu bedenken, dass die neue Philosophie des SGB VIII, verstanden als Hilfe zur Selbsthilfe, voraussetzt, dass betroffene Familien mit ausreichend Ressourcen ausgestattet sind, um ihre Autonomie gestalten zu können. Er definiert diese Voraussetzung als Selbsthilfepotenzial. Das Selbsthilfepotenzial sowie Kommunikationsfähigkeiten und Kooperationsbereitschaft beeinflussen die Interaktion zwischen Fachkräften und Adressat/Adressatin und sind aus seiner Sicht maßgeblich dafür verantwortlich, ob und inwieweit die Jugendhilfe effektiv greifen und positive Wirkungen entfalten kann (vgl. Bohler 2008, S. 246 f.). Diese Voraussetzungen werden weder rechtlich noch fachlich präzisiert, sondern in der Praxis der Jugendhilfe unterstellt (vgl. Bohler 2006, S. 48).

Der zentrale Anspruch an die Kinder- und Jugendhilfe wird in § 1 Abs. 1 SGB VIII formuliert, in dem für jeden jungen Menschen *„ein Recht auf Förderung seiner Entwicklung und auf Erziehung zu einer eigenverantwortlichen und gemeinschaftsfähigen Persönlichkeit"* begründet wird. Basierend auf dieser Leit-

---

14   Die Verwendung des Begriffs Kunde/Kundin im Kontext der Sozialen Arbeit wird kritisch betrachtet, da er aus fachlicher Perspektive und unter Berücksichtigung der spezifischen Charakteristika der personenbezogenen sozialen Dienstleistungen speziell in der Kinder- und Jugendhilfe nicht geeignet ist, die Wirklichkeit treffend abzubilden. Dennoch wird ihm ein strategischer Nutzwert dahingehend zugesprochen, dass er eine modifizierte Einstellung aufseiten der Fachkräfte erzeugen kann, die sich in einem veränderten Umgang mit betroffenen Eltern, Kindern und Jugendlichen niederschlägt (vgl. Meinhold/Matul 2011, S. 43 f.). Aufgrund dieser kontrovers geführten Diskussion über die Verwendung des Begriffs werden in der vorliegenden Arbeit die als neutral geltenden Bezeichnungen Adressat/Adressatin, Leistungs- oder Hilfeempfänger/Hilfeempfängerin, Nutzer/Nutzerin oder Klient/Klientin synonym verwendet.

norm rezipiert § 1 Abs. 2 SGB VIII den Art. 6 Abs. 2 GG und nimmt Bezug auf das Dreieck Kindeswohl, Elternrecht und Wächteramt. Neben der Stärkung des Vorrangs der Elternverantwortung wird das staatliche Wächteramt definiert (vgl. Schone 2001, S. 54). Aus Sicht der Gesellschaft hat Jugendhilfe die Funktion, „soziale Normalität und gesellschaftliche Reproduktion zu sichern" (Schrapper 2012, S. 69). Im besten Fall gelingt es der Kinder- und Jugendhilfe, Gefahren bereits im Vorfeld zu vermeiden bzw. zu reduzieren (vgl. ebd., S. 70). Die zentralen Aufträge sozialpädagogischen Handelns in der Kinder- und Jugendhilfe werden in § 1 Abs. 3 SGB VIII wie folgt formuliert:

(3) Jugendhilfe soll zur Verwirklichung des Rechts nach Abs. 1 insbesondere
1. junge Menschen in ihrer individuellen und sozialen Entwicklung fördern und dazu beitragen, Benachteiligungen zu vermeiden oder abzubauen,
2. Eltern und andere Erziehungsberechtigte bei der Erziehung beraten und unterstützen,
3. Kinder und Jugendliche vor Gefahren für ihr Wohl schützen,
4. dazu beitragen, positive Lebensbedingungen für junge Menschen und ihre Familien sowie eine kinder- und familienfreundliche Umwelt zu erhalten oder zu schaffen.

Die nicht abschließende Auflistung der Aufgaben veranschaulicht die Vielschichtigkeit der Kinder- und Jugendhilfe: Auf der einen Seite des Kontinuums reagiert das System auf sozial anerkannte Probleme, auf der anderen Seite gestalten die Fachkräfte Lebensbedingungen mit. Die offensiven und defensiven Handlungsorientierungen müssen gut ausbalanciert werden, um Qualität herstellen und weiterentwickeln zu können (vgl. Münder/Meysen 2019, S. 79). Zwar wurde das SGB VIII in erster Linie als Leistungsgesetz konzipiert, es umfasst aber auch Schutzaufgaben. Somit zeichnet sich der Auftrag der Jugendhilfe durch ein Spannungsfeld aus, in dem professionell Handelnde agieren (vgl. Bohler 2006, S. 50; Sommer 2012, S. 14): Einerseits sollen Eltern bei der Erziehung beraten und unterstützt, andererseits Kinder und Jugendliche vor Gefahren für ihr Wohl geschützt werden (vgl. Schone 2008, S. 10). Diese scheinbare Ambivalenz spiegelt das doppelte Mandat wider, das ein konstitutives Merkmal der Kinder- und Jugendhilfe darstellt.

„Die Professionalisierung der Sozialen Arbeit und der Jugendhilfe ging in der alten Bundesrepublik Deutschland etwa 40 Jahre lang mit der Stärkung des Hilfegedankens und des Zurückdrängens der Kontrollaufgaben einher." (Bohler/Franzheld 2015, S. 190)

Durch den Einzug des sozialpädagogischen Gedankenguts in die rechtliche Neuordnung bot die Ratifizierung des KJHG die Chance, die Kinder- und Jugendhilfe neu zu profilieren. Rechtliche Bestimmungen prägen die fachlich-inhaltliche Ausgestaltung der Kinder- und Jugendhilfe. Allerdings muss knapp dreißig Jahre nach Einführung konstatiert werden, dass der gesetzlich vollzogene Perspektivwandel noch nicht bzw. nicht mehr durchgängig die Praxis auszeichnet. Zwar konnten positive Veränderungen für Kinder, Jugendliche und Eltern umgesetzt werden, aber die Möglichkeiten der fachlichen Weiterentwicklung und Verwendung von rechtlich zugesprochenen Gestaltungsspielräumen – im Sinne der Erbringung sozialer Dienstleistung – sind nicht in vollem Maße ausgeschöpft. Sowohl strukturelle und methodische Defizite als auch tradierte Haltungen und verstärkte Kontrollinteressen torpedieren den Übergang von der Eingriffs- zur Dienstleistungsorientierung (siehe Kapitel 2.3).

Seit Anfang der 2000er Jahre gerät die Haltung einer hilfeorientierten Kinder- und Jugendhilfe verstärkt in die Kritik. Das öffentliche Interesse an Kindeswohlgefährdung und die mediale Aufbereitung von tödlich verlaufenen Kinderschutzfällen führten zu vermehrter Kritik an dem fachlichen Vorgehen von Jugendämtern. Anlässlich unterschiedlicher Strafverfahren gegen Sozialarbeiter/Sozialarbeiterinnen sowie zunehmender Unsicherheiten in der Praxis gerieten öffentliche Träger sowie politische Entscheidungsträger unter Handlungsdruck (vgl. Kaufhold/Pothmann 2018, S. 23; siehe Kapitel 2.3).

Am 01. Oktober 2005 fand das *Gesetz zur Weiterentwicklung der Kinder- und Jugendhilfe (Kinder- und Jugendhilfeweiterentwicklungsgesetz)* (KICK) Eingang in das SGB VIII. Der damit eingeführte „Kinderschutzparagraph 8a SGB VIII" (Bohler/Franzheld 2015, S. 190) veranlasste rechtlich eine Abkehr von der vorherrschenden „Dienstleistungseuphorie" (Münder 2002, S. 10) und legte den Akzent auf den Kinderschutz. Mit der Einführung des § 8a SGB VIII *Schutzauftrag bei Kindeswohlgefährdung* wurde der § 50 Abs. 3 SGB VIII ersetzt. Der § 8a Abs. 2 SGB VIII hat den früheren § 50 Abs. 3 SGB VIII integriert und erweitert, indem die fehlende Bereitschaft der Eltern bei der Abklärung der Gefährdungseinschätzung aufgenommen wurde. Ergänzend zu der Einführung des § 8a SGB VIII wurden die vorläufigen Schutzmaßnahmen neu geordnet, um die hoheitlichen Aufgaben auf eine bessere gesetzliche Grundlage zu stellen. In dem neuen § 42 SGB VIII *Inobhutnahme von Kindern und Jugendlichen* wurde der frühere § 43 SGB VIII eingefügt. Der Begriff Inobhutnahme bezeichnet die Befugnis des öffentlichen Jugendhilfeträgers, ein Kind oder einen Jugendlichen/eine Jugendliche bei einer geeigneten Person oder in einer geeigneten Einrichtung unterzubringen. Diese Intervention umfasst einen kurz- bis mittelfristigen Zeitraum. Seit der gesetzlichen Veränderung kann die Inobhutnahme vom Jugendamt vorläufig ohne Erlaubnis der Eltern durchgeführt werden.

Die Aufwertung der Kinder- und Jugendhilfe als zentrale Instanz für die Sicherstellung des Kindeswohls findet in § 8a SGB VIII ihren Niederschlag (vgl. Sommer 2012, S. 22). In dem Paragrafen wurde erstmalig die verfassungsrechtliche Pflicht zur Ausübung des staatlichen Wächteramtes gesetzlich fixiert und mit detaillierten Verfahrensregelungen versehen. § 8a SGB VIII nimmt Bezug auf die Regelungen in dem § 1666 BGB. Diese gesetzlichen Grundlagen stehen in einem wechselseitigen Verhältnis zueinander und bilden zusammen das staatliche Wächteramt ab (vgl. Ernst 2007, S. 77).

Der *Schutzauftrag bei Kindeswohlgefährdung* definiert die „eigenständige Wächterfunktion und -verantwortung" (Coester 2015, S. 12) öffentlicher und freier Jugendhilfeträger. § 8a SGB VIII präzisiert primär die Anforderungen an Fachkräfte der öffentlichen Träger für die Umsetzung. So heißt es wortgetreu in dem § 8a SGB VIII:

(1) Werden dem Jugendamt gewichtige Anhaltspunkte für die Gefährdung des Wohls eines Kindes oder Jugendlichen bekannt, so hat es das Gefährdungsrisiko im Zusammenwirken mehrerer Fachkräfte einzuschätzen. Soweit der wirksame Schutz dieses Kindes oder dieses Jugendlichen nicht in Frage gestellt wird, hat das Jugendamt die Erziehungsberechtigten sowie das Kind oder den Jugendlichen in die Gefährdungseinschätzung einzubeziehen und, sofern dies nach fachlicher Einschätzung erforderlich ist, sich dabei einen unmittelbaren Eindruck von dem Kind und von seiner persönlichen Umgebung zu verschaffen. Hält das Jugendamt zur Abwendung der Gefährdung die Gewährung von Hilfen für geeignet und notwendig, so hat es diese den Erziehungsberechtigten anzubieten.

(2) Hält das Jugendamt das Tätigwerden des Familiengerichts für erforderlich, so hat es das Gericht anzurufen; dies gilt auch, wenn die Erziehungsberechtigten nicht bereit oder in der Lage sind, bei der Abschätzung des Gefährdungsrisikos mitzuwirken. Besteht eine dringende Gefahr und kann die Entscheidung des Gerichts nicht abgewartet werden, so ist das Jugendamt verpflichtet, das Kind oder den Jugendlichen in Obhut zu nehmen.

(3) Soweit zur Abwendung der Gefährdung das Tätigwerden anderer Leistungsträger, der Einrichtungen der Gesundheitshilfe oder der Polizei notwendig ist, hat das Jugendamt auf die Inanspruchnahme durch die Erziehungsberechtigten hinzuwirken. Ist ein sofortiges Tätigwerden erforderlich und wirken die Personensorgeberechtigten oder die Erziehungsberechtigten nicht mit, so schaltet das Jugendamt die anderen zur Abwendung der Gefährdung zuständigen Stellen selbst ein.

(4) In Vereinbarungen mit den Trägern von Einrichtungen und Diensten, die Leistungen nach diesem Buch erbringen, ist sicherzustellen, dass

1. deren Fachkräfte bei Bekanntwerden gewichtiger Anhaltspunkte für die Gefährdung eines von ihnen betreuten Kindes oder Jugendlichen eine Gefährdungseinschätzung vornehmen,

2. bei der Gefährdungseinschätzung eine insoweit erfahrene Fachkraft beratend hinzugezogen wird sowie

3. die Erziehungsberechtigten sowie das Kind oder der Jugendliche in die Gefährdungseinschätzung einbezogen werden, soweit hierdurch der wirksame Schutz des Kindes oder Jugendlichen nicht in Frage gestellt wird.

4. In die Vereinbarung ist neben den Kriterien für die Qualifikation der beratend hinzuzuziehenden insoweit erfahrenen Fachkraft insbesondere die Verpflich-

tung aufzunehmen, dass die Fachkräfte der Träger bei den Erziehungsberechtigten auf die Inanspruchnahme von Hilfen hinwirken, wenn sie diese für erforderlich halten, und das Jugendamt informieren, falls die Gefährdung nicht anders abgewendet werden kann.

(5) Werden einem örtlichen Träger gewichtige Anhaltspunkte für die Gefährdung des Wohls eines Kindes oder eines Jugendlichen bekannt, so sind dem für die Gewährung von Leistungen zuständigen örtlichen Träger die Daten mitzuteilen, deren Kenntnis zur Wahrnehmung des Schutzauftrags bei Kindeswohlgefährdung nach § 8a erforderlich ist. Die Mitteilung soll im Rahmen eines Gespräches zwischen den Fachkräften der beiden örtlichen Träger erfolgen, an dem die Personensorgeberechtigten sowie das Kind oder der Jugendliche beteiligt werden sollen, soweit hierdurch der wirksame Schutz des Kindes oder des Jugendlichen nicht in Frage gestellt wird.

Die Inhalte können als Anleitung gelesen werden, welche Handlungsabläufe sich nach Erhalt einer Meldung über eine mögliche kindeswohlgefährdende Situation im Einzelfall ergeben. Als Startpunkt für das Verfahren werden „gewichtige Anhaltspunkte" genannt, die sich auf „beobachtbare Sachverhalte, die in Beziehung zu einer möglichen Kindeswohlgefährdung gesetzt werden können" (Feldhoff 2015, S. 80), beziehen. Dem Jugendamt als Organisation werden eigenständige Aufgaben in dem Verfahren zur Abwendung einer Kindeswohlgefährdung zugeschrieben.[15] Der § 8a SGB VIII definiert folgende Qualitätskriterien für die Wahrnehmung des Schutzauftrages: Abschätzung des Gefährdungsrisikos, Beteiligung der Erziehungsberechtigten, Kinder und Jugendlichen, Zusammenwirken mehrerer Fachkräfte sowie Einhaltung und Umsetzung des Mehraugenprinzips (vgl. Alberth/Eisentraut 2012, S. 431).

Neben den Anforderungen an die öffentlichen Jugendhilfeträger für die Umsetzung eines qualitativ hochwertigen Kinderschutzes wird der Schutzauftrag auf freie Jugendhilfeträger ausgedehnt und erweitert. Da die freien Träger autonom handeln und gesetzlich nicht verpflichtet werden können, sind die öffentlichen Träger gemäß § 8a Abs. 4 SGB VIII rechtlich dazu aufgefordert, mit ihnen Vereinbarungen über die formale und qualifizierte Ausgestaltung des Schutzauftrages zu treffen. In diesen Absprachen werden zentrale Handlungsschritte festgehalten. Der Schutzauftrag beinhaltet für freie wie für öffentliche Jugendhilfeträger die Anforderung, eine Kindeswohlgefährdung abzuwenden. Für diesen Anspruch tragen sie gemeinsam Verantwortung, übernehmen aber

---

15 Laut Auslegung im Frankfurter Kommentar hat der Kinderschutzparagraf das Ziel, die Kinder- und Jugendhilfe besser vor Fremddefinitionen anderer Organisationen und Professionen zu schützen, indem unter anderem die sozialpädagogische Einschätzung und Diagnostik einen Bedeutungszuwachs erfahren (vgl. Bohler/Franzheld 2015, S. 191 f.). Dementsprechend wird die Jugendhilfe vom Gesetzgeber aufgefordert, „ihre Zuständigkeit im Kinderschutz zu behaupten und auch ihre Arbeitsweise nicht aufzugeben" (ebd., S. 192).

jeweils spezifisch zugeschnittene Aufgaben. Der jeweilige Schutzauftrag kann und darf nicht delegiert werden (vgl. Feldhoff 2015, S. 79). Im Grundsatz ist der Verfahrensablauf von freien und öffentlichen Trägern in weiten Teilen deckungsgleich. Die Fachkräfte der freien Träger müssen – analog zu den Fach kräften der öffentlichen Träger – ebenfalls eine mögliche Kindeswohlgefährdung einschätzen, den Eltern, Kindern und Jugendlichen Hilfen anbieten und bei ausbleibenden Veränderungen das Jugendamt anrufen (vgl. Alberth/Eisentraut 2012, S. 437). Allerdings ist ausschließlich der freie Träger dazu aufgefordert, das Zusammenwirken von Fachkräften mit einer insoweit erfahrenen Fachkraft zu gestalten. Diese unterstützt die zuständige Fachkraft des freien Trägers bei der Gefährdungseinschätzung. Ferner bereitet sie gemeinsam mit der Fachkraft das Elterngespräch vor und klärt Optionen der Beteiligung von Kindern und Jugendlichen.

Durch die Platzierung des Schutzauftrages in den allgemeinen Teil des SGB VIII fokussiert der Gesetzgeber eine programmatische Relevanz: Als Zielsetzung fließt er in sämtliche Leistungen des SGB VIII ein (vgl. Werner 2008, S. 129). Der *Schutzauftrag bei Kindeswohlgefährdung* markiert ein strukturelles Unterscheidungskriterium gegenüber den übrigen Büchern des SGB, die „ausschließlich soziale Dienstleistungen zum Gegenstand haben" (Wiesner/Schindler/Schmid 2006, S. 25). Die Inhalte des § 8a SGB VIII veranschaulichen die Verwobenheit von Schutz und Hilfe (vgl. Böllert/Wazlawik 2012, S. 37). Sie spiegeln par excellence die ambivalente Aufgabe wider, „unterstützend und helfend auf der einen Seite, eingriffsorientiert auf der anderen Seite" (Sommer 2012, S. 88) zu agieren. Fachkräfte sind aufgefordert, diese Spannung in der Praxis auszubalancieren – in dem Wissen, dass die intervenierende Seite nicht (dauerhaft) dominieren darf, wenn qualitativ gute Arbeit geleistet werden soll. Zwar können Interventionen oder Eingriffe notwendig sein, um Gefahren zu begegnen, diese dürfen aber nicht mögliche Hilfen ersetzen oder erschweren.

Die in dem KJHG geforderte Dienstleistungsorientierung kann sich bei der Ausübung des Schutzauftrages gemäß § 8a SGB VIII darauf konzentrieren, die Verfahrensschritte und Optionen gegenüber betroffenen Kindern, Jugendlichen und Eltern offen zu formulieren und transparent zu gestalten. Sichtweisen und Erklärungen der Beteiligten müssen gehört und zur Kenntnis genommen werden. Trotz fehlender Wahrnehmung der Elternverantwortung sollen professionelle Handelnde Erziehungsberechtigten wertschätzend und fair gegenübertreten (vgl. Teuber 2002, S. 23). Die Kooperation mit Eltern soll im reaktiven Kinderschutz gestärkt werden. Die Vorgaben bestätigen die fachliche Überzeugung, dass die Zusammenarbeit mit Familien auch zur Sicherstellung des Kindeswohls von elementarer Bedeutung ist. Für Fachkräfte ist entscheidend, Problemakzeptanz, Problemkongruenz und Hilfeakzeptanz aufseiten der Adressaten/Adressatinnen zu fördern (vgl. Meysen 2012, S. 29).

Da der Schutz von Kindern und Jugendlichen weder für öffentliche noch für freie Träger eine inhaltlich neue Aufgabe darstellt, wird der § 8a SGB VIII häufig als „juristische Kodifizierung und Explikation" (Alberth/Eisentraut 2012, S. 437) ausgelegt. In dieser Lesart beschreiben die gesetzlichen Bestimmungen Standards, die in der Praxis bereits vor der Implementierung in weiten Teilen umgesetzt wurden. Demnach repräsentieren sie keine innovativen Anforderungen, sondern bilden die bereits dominierende Praxis ab. Provokant formuliert Münder, dass es sich um „die Normierung und Präzisierung immer schon bestehender Aufgaben des Jugendamtes" (Münder 2017a, S. 47) handelt.

In einem nächsten Schritt wurde am 01. Januar 2012 das *Gesetz zur Stärkung eines aktiven Schutzes von Kindern und Jugendlichen* (BKiSchG) verabschiedet, das zahlreiche strukturelle und inhaltliche Veränderungen impliziert, welche die Kinder- und Jugendhilfe nachhaltig prägen (vgl. Czerner 2012, S. 301). Dem BKiSchG liegt – anders als dem § 8a SGB VIII – ein weites Begriffsverständnis von Kinderschutz zugrunde. Diesbezüglich wird kritisiert, dass das enthaltene Verständnis grenzenlos ist und das Gesetz „**ein Sammelsurium an Aspekten**, die mehr oder weniger mit Fragen des Schutzes oder der Rechte von Kindern assoziiert sind" (Meysen/Eschelbach 2012, S. 31, Hervorhebung im Original), bündelt. Das Artikelgesetz umfasst vielzählige Regelungen, die dem Ziel dienen, den Kinderschutz mithilfe von präventiven und intervenierenden Maßnahmen quantitativ und qualitativ zu verbessern. Meysen und Eschelbach differenzieren folgende – von ihnen als Bausteine bezeichnete – Aspekte des BKiSchG: Frühe Hilfen, interinstitutionelle Zusammenarbeit im Kinderschutz, Wahrnehmung des Schutzauftrages, Führungszeugnisse, Qualitätsentwicklung und allgemeine Kooperation, Stärkung der Kinderrechte, Kontinuitätssicherung bei Zuständigkeitswechsel, Fallübergabe, Statistik zum Kinderschutz und Evaluation. Sie erheben bei ihrer Differenzierung keinen Anspruch auf Vollständigkeit (vgl. Meysen/Eschelbach 2012, S. 48 ff.).

Das BKiSchG intendiert die Etablierung und Ausweitung präventiver und Früher Hilfen. In diesem Rahmen werden beispielsweise Einsätze von Familienhebammen gefördert und Beratungsangebote für Eltern in den Mittelpunkt gerückt. Daneben soll die Kooperation zentraler Akteure im Kinderschutz gestärkt werden. Der öffentliche Jugendhilfeträger ist dazu aufgefordert, Netzwerke auf- und auszubauen. Neben der einzelfallbezogenen wird eine fallübergreifende Zusammenarbeit erwartet. Das in das BKiSchG eingebettete neue *Gesetz zur Kooperation und Information im Kinderschutz* (KKG) soll die Zusammenarbeit zwischen Jugendhilfe und Disziplinen angrenzender Handlungsbereiche (z. B. Gesundheitswesen) im Einzelfall erleichtern. Verschiedenen Berufsgeheimnisträgern und Berufsgeheimnisträgerinnen wird im Rahmen des BKiSchG ein Informations- und Meldegebot auferlegt (§ 4 KKG).[16] In Übereinstimmung mit der bereits aufgeführten Kritik an dem weiten Begriffsverständnis wird bemängelt, „dass das Bundeskinderschutzgesetz frühe Hilfen mit dem Schutzauftrag verquickt, was keiner der beiden Aufgaben gerecht wird" (Feldhoff 2015, S. 109).

Aus der Vielzahl der unterschiedlichen Elemente des BKiSchG sind für die vorliegende Arbeit die Wahrnehmung des Schutzauftrages und die Erweiterung der Statistik zum Kinderschutz von besonderem Interesse, weshalb sie nachfolgend erläutert werden.

Das BKiSchG hat zu einer Überarbeitung des § 8a SGB VIII geführt, die sich in dem gesetzlichen Anspruch manifestiert, sich als zuständige Fachkraft des Jugendamtes einen unmittelbaren Eindruck von dem Kind und seinem persönlichen Lebensumfeld zu machen, sofern keine Gefährdung durch ihr Tun bzw. einen Hausbesuch entsteht. Somit fordert die Neufassung des § 8a SGB VIII die kritische Abwägung einer Inaugenscheinnahme. Dieser Aspekt basiert auf früheren Situationen, in denen zuständige Fachkräfte sich auf Aussagen der Eltern verlassen und das Kind nicht in den Blick genommen haben. Dieses Versäumnis hatte in der Praxis negative Folgen (vgl. Münder 2017a, S. 48). Darüber hinaus qualifiziert der neu eingefügte Abs. 5 in § 8a SGB VIII die Fallübergabe. Zur Sicherung der Kontinuität wird die Informationsvermittlung in kindeswohlgefährdenden Situationen geregelt.

Mit der Etablierung des BKiSchG wurde ferner der Auftrag an öffentliche Jugendhilfeträger weitergeleitet, dem jeweils zuständigen Landesamt zentrale Daten über die Verfahren der Gefährdungseinschätzung gemäß § 8a SGB VIII sowie Reaktionen und Maßnahmen der Familiengerichte zur Verfügung zu stellen. Die bestehende amtliche Statistik gemäß § 98 SGB VIII wurde erweitert und modifiziert, indem Fachkräfte in § 98 Abs. 1 Nr. 13 SGB VIII angewiesen werden, Anzahl, Formen und Folgen der im Jugendamt abgeschlossenen Verfahren zur Einschätzung der Gefährdung des Kindeswohls neu und fortlaufend zu erfassen.[17] Das Ziel liegt in einer laufenden Totalerhebung aller Verfahren (vgl. Meysen/Eschelbach 2012, S. 202). Darüber hinaus wurden bisherige Statistiken ausgeweitet: So kann beispielsweise die Gefährdungseinschätzung als Anlass einer Hilfe zur Erziehung oder Motor für Schutzmaßnahmen angegeben

---

16 Ergänzend dazu wurde der § 8b SGB VIII neu eingeführt: Personen und Träger, die mit Kindern und Jugendlichen in Kontakt stehen, haben einen Anspruch auf eine fachliche Beratung oder Begleitung, der sich an den öffentlichen Jugendhilfeträger vor Ort richtet.

17 § 99 Abs. 6 SGB VIII definiert folgende Erhebungsmerkmale, die statistisch erfasst werden sollen: Geschlecht, Alter und Aufenthaltsort des betroffenen Kindes, Inanspruchnahme möglicher Hilfen im Kontext der Kinder- und Jugendhilfe, Gewährleistung hoheitlicher Aufgaben, Alter der Eltern, meldende Person oder Organisation, Ergebnis der Gefährdungseinschätzung und Art der Kindeswohlgefährdung (siehe Kapitel 3.1.2).

werden. Auf diese Weise werden zentrale Informationen rund um die Gefährdungseinschätzungen aufgenommen und verwertet (vgl. ebd., S. 204; siehe Kapitel 3.1.2).

Rückblickend wurden seit der Verabschiedung der originären Fassung des
KJHG zahlreiche Novellierungen erlassen, um auf gesellschaftspolitische Entwicklungen zu reagieren. Vor allem um die Jahrtausendwende „lässt sich ein
regelrechter Boom an politischen Initiativen und Gesetzesvorhaben beobachten, die ausdrücklich dem Kinderschutz gewidmet sind" (Wazlawik 2011,
S. 17). Während einige Veränderungen eine präventive und unterstützende
Ausrichtung und zeitlich frühere Maßnahmen intendieren, zeichnen sich parallel dazu Tendenzen zunehmender Kontroll- und Eingriffstätigkeiten in Familien in schwierigen Lebenskonstellationen ab (vgl. ebd., S. 20). Beide Auspragungen dienen dem Ziel, die Umsetzung des staatlichen Wächteramtes effektiver zu gestalten und das Auftreten von Kindeswohlgefährdungen zu reduzieren
(vgl. Pluto et al. 2012, S. 8).

> „Also: weder allein der Begriff ‚Paradigmenwechsel' mit einer Betonung allein der
> präventiven Aufgaben noch ein ‚roll back' (in JWG-Zeiten) beinhalten angemessene
> Charakterisierungen des SBG VIII, sondern sowohl Leistung und Hilfe als auch Kon
> trolle und Eingriff umschreiben das Aufgabenspektrum der Kinder- und Jugendhilfe
> zutreffend und markieren zugleich den oft schwierigen ‚Spagat', der dabei in Wahr
> nehmung eines ‚doppelten Mandats' häufig in der Praxis der Jugendämter bewäl
> tigt werden muss." (Wabnitz 2009, S. 184 f.)

Beide Orientierungen sind zudem Gegenstand intensiver fachlicher Auseinandersetzungen (vgl. Pluto et al. 2012, S. 8). Für beide Richtungen finden sich
Zustimmung und Ablehnung. Allerdings stehen insbesondere die Kontroll-
und Schutzmaßnahmen seit einigen Jahren (wieder) und vermehrt im Fokus
des fachlichen Handelns (vgl. Bohler/Franzheld 2010, S. 188). Insgesamt bleibt
festzuhalten, dass der Gesetzgeber sukzessiv die Aufgaben der Jugendhilfeträger
detaillierter geregelt hat (vgl. Münder 2017a, S. 51).

2.4.2 Familienrecht

Das BGB beinhaltet primär Regelungen für den zivilrechtlichen Kinderschutz
(vgl. Sommer 2012, S. 13). § 1666 BGB *Gerichtliche Maßnahmen bei Gefährdung des Kindeswohls* sichert die persönlichen Belange und Vermögensinteressen von Kindern und Jugendlichen und intendiert die praktische Umsetzung
des staatlichen Wächteramtes (vgl. Kloster-Harz 2006a, S. 117-1). Der Paragraf
beinhaltet neben der Differenzierung von Formen einer Kindeswohlgefährdung

Tatbestandsmerkmale, die vielfältige Eingriffe des Familiengerichts[18] legitimieren (vgl. Coester 2015, S. 12). So heißt es dort:

(1) Wird das körperliche, geistige oder seelische Wohl des Kindes oder sein Vermögen gefährdet und sind die Eltern nicht gewillt oder nicht in der Lage, die Gefahr abzuwenden, so hat das Familiengericht die Maßnahmen zu treffen, die zur Abwendung der Gefahr erforderlich sind.

(2) In der Regel ist anzunehmen, dass das Vermögen des Kindes gefährdet ist, wenn der Inhaber der Vermögenssorge seine Unterhaltspflicht gegenüber dem Kind oder seine mit der Vermögenssorge verbundenen Pflichten verletzt oder Anordnungen des Gerichts, die sich auf die Vermögenssorge beziehen, nicht befolgt.

(3) Zu den gerichtlichen Maßnahmen nach Absatz 1 gehören insbesondere

1. Gebote, öffentliche Hilfen wie zum Beispiel Leistungen der Kinder- und Jugendhilfe und der Gesundheitsfürsorge in Anspruch zu nehmen,

2. Gebote, für die Einhaltung der Schulpflicht zu sorgen,

3. Verbote, vorübergehend oder auf unbestimmte Zeit die Familienwohnung oder eine andere Wohnung zu nutzen, sich in einem bestimmten Umkreis der Wohnung aufzuhalten oder zu bestimmende andere Orte aufzusuchen, an denen sich das Kind regelmäßig aufhält,

4. Verbote, Verbindung zum Kind aufzunehmen oder ein Zusammentreffen mit dem Kind herbeizuführen,

5. die Ersetzung von Erklärungen des Inhabers der elterlichen Sorge,

6. die teilweise oder vollständige Entziehung der elterlichen Sorge.

(4) In Angelegenheiten der Personensorge kann das Gericht auch Maßnahmen mit Wirkung gegen einen Dritten treffen.

Seit 2008 existiert der § 1666 BGB in seiner jetzigen Fassung, die am 12. Juli desselben Jahres mit dem *Gesetz zur Erleichterung familiengerichtlicher Maßnahmen bei Gefährdung des Kindeswohls* (KiWoMag) verabschiedet wurde. Zuvor hatte sich in der Praxis abgezeichnet, dass Jugendämter relativ spät das Familiengericht involvieren. Die Anrufung des Familiengerichts bildete bis zu diesem Zeitpunkt häufig das Ergebnis einer langen, gescheiterten Hilfegeschichte zwischen Jugendamt und Familie. In der Folge wurden in der damali-

---

18 Laut *Gerichtsverfassungsgesetz* (GVG) sind Familiengerichte die Abteilungen für Familiensachen. Familiensachen umfassen gemäß § 111 des *Gesetzes über das Verfahren in Familiensachen und in den Angelegenheiten der freiwilligen Gerichtsbarkeit* (FamFG) Ehesachen, Kindschaftssachen, Abstammungssachen, Adoptionssachen, Ehewohnungs- und Haushaltssachen, Gewaltschutzsachen, Versorgungsausgleichssachen, Unterhaltssachen, Güterrechtssachen, sonstige Familiensachen und Lebenspartnerschaftssachen. Vor allem in Kindschaftssachen steht das Kind als betroffene Person im Mittelpunkt des Verfahrens. Folgerichtig zählen die Verfahren zur Abwendung einer Kindeswohlgefährdung gemäß § 8a SGB VIII und § 1666 BGB zu dieser Kategorie. Für diese Verfahren ist das Familiengericht zuständig.

gen Praxis oftmals Sorgerechte entzogen (vgl. Sommer 2012, S. 47). Mit den gesetzlichen Veränderungen wurde – neben einer verbesserten Zusammenarbeit der Professionen – intendiert, die Anrufung des Familiengerichts nach vorne zu verlegen, indem diese für das Jugendamt erleichtert wird. Die selbstständige Position des Jugendamtes in bestehenden Kooperationsbezügen soll durch die Neufassung gestärkt werden. Gleichzeitig soll das Familiengericht in die Lage versetzt werden, mildere Maßnahmen anzuordnen (vgl. Münder 2017a, S. 61). Im Gegensatz zu den Intentionen zeigen aktuelle Daten, dass die Erwartungen bislang nicht ganz erfüllt wurden: Die Zahl der vollständigen und/oder teilweisen Übertragung der elterlichen Sorge ist anhaltend gestiegen (vgl. Bange 2018, S. 332).

Die frühere Tatbestandshürde in § 1666 Abs. 1 BGB, „durch missbräuchliche Ausübung der elterlichen Sorge, durch Vernachlässigung des Kindes, durch unverschuldetes Versagen der Eltern oder durch das Verhalten eines Dritten", wurde ersatzlos gestrichen (vgl. Münder 2017a, S. 59). Aus rechtlicher Perspektive wurden auf diese Weise die Fragen nach Verantwortung, Schuld und möglichen Ursachen in den Hintergrund gerückt und die Kriterien der Bereitschaft und Fähigkeit der Eltern zur Gefahrenabwehr in den Mittelpunkt gestellt.

In seiner aktuellen Fassung bietet der erste Absatz Orientierung bei der Prüfung, ob eine bestimmte Form von Kindeswohlgefährdung vorliegt und somit das erste Tatbestandsmerkmal erfüllt ist. In dem ersten Satz werden die Entwicklungsbereiche aufgegriffen, in denen sich empirisch nachweislich Gefährdungsmomente mit schwerwiegenden Folgen für betroffene Kinder und Jugendliche abzeichnen können. Der § 1666 BGB differenziert zwischen körperlicher, geistiger und seelischer Kindeswohlgefährdung (vgl. DIJuF 2014, S. 12). Die fachliche Einschätzung der Bereitschaft und Kompetenzen der Eltern, mögliche Gefahren selbstständig oder mit Hilfe abzuwenden, bildet anhaltend und unverändert das zweite Tatbestandsmerkmal (vgl. Sommer 2012, S. 45).

Wenn die Voraussetzungen gemäß Abs. 1 erfüllt sind, ist das Familiengericht aufgefordert, entsprechende Maßnahmen zu ergreifen (vgl. Meysen 2012, S. 24). Mögliche Rechtsfolgen wurden im Zuge der Reform differenziert und konkretisiert. Die nicht abschließende Auflistung in dem dritten Absatz umfasst zahlreiche Maßnahmen, die unterhalb der Grenze zu einem Sorgerechtsentzug von dem Familiengericht angeordnet werden können (vgl. DIJuF 2010, S. 8). Neben den Vorgaben können grundsätzlich – in Abhängigkeit von der Beschaffenheit des Einzelfalls – Alternativen entwickelt werden. Der Eingriff des Familiengerichts hat gemäß § 1666a BGB den *Grundsatz der Verhältnismäßigkeit* und den *Vorrang öffentlicher Hilfen* zu gewährleisten:

(1) Maßnahmen, mit denen eine Trennung des Kindes von der elterlichen Familie verbunden ist, sind nur zulässig, wenn der Gefahr nicht auf andere Weise, auch

nicht durch öffentliche Hilfen, begegnet werden kann. Dies gilt auch, wenn einem Elternteil vorübergehend oder auf unbestimmte Zeit die Nutzung der Familienwohnung untersagt werden soll. Wird einem Elternteil oder einem Dritten die Nutzung der vom Kind mitbewohnten oder einer anderen Wohnung untersagt, ist bei der Bemessung der Dauer der Maßnahme auch zu berücksichtigen, ob diesem das Eigentum, das Erbbaurecht oder der Nießbrauch an dem Grundstück zusteht, auf dem sich die Wohnung befindet; Entsprechendes gilt für das Wohnungseigentum, das Dauerwohnrecht, das dingliche Wohnrecht oder wenn der Elternteil oder Dritte Mieter der Wohnung ist.

(2) Die gesamte Personensorge darf nur entzogen werden, wenn andere Maßnahmen erfolglos geblieben sind oder wenn anzunehmen ist, dass sie zur Abwendung der Gefahr nicht ausreichen.

Die Trennung von Eltern und Kindern wird als Ultima Ratio ausgelegt. Diesem Eingriff sind niedrigschwelligere und mildere Hilfen grundsätzlich vorzuziehen. Im besten Fall werden betroffene Eltern zur Annahme einer notwendigen und geeigneten Hilfe motiviert, damit eine Trennung verhindert werden kann (vgl. Münder 2017a, S. 56).

Neben dem BGB ist das *Gesetz über das Verfahren in Familiensachen und in den Angelegenheiten der freiwilligen Gerichtsbarkeit* (FamFG), das sogenannte Familienverfahrensgesetz, für die Gestaltung familiengerichtlicher Verfahren zur Abwendung einer Kindeswohlgefährdung von besonderer Relevanz. Das Gesetz wurde am 01. September 2009 implementiert und löste das *Gesetz über die Angelegenheiten der freiwilligen Gerichtsbarkeit* (FGG), das bereits 1900 gemeinsam mit dem BGB in Kraft getreten war, ab. Daher gilt es als FGG-Reformgesetz. Die Ratifizierung verfolgte den Anspruch, den Kinderschutz im engen Sinn zu qualifizieren. Zu diesem Zweck sind in dem FamFG zahlreiche Aufgaben des Familiengerichts festgelegt, die das familiengerichtliche Verfahren neu ordnen und strukturieren. Zum Beispiel wurde die Interessenvertretung von Kindern und Jugendlichen in familiengerichtlichen Verfahren neu geregelt. Die Rolle von Verfahrensbeiständen[19] wurde neu ausgehandelt und definiert: Sie sollen weiterhin die Interessen der Kinder in das Verfahren einbringen sowie ihre Beteiligung durch altersangemessene Aufklärung sichern.[20] Darüber hinaus sollen sie bei Bedarf mit weiteren Beteiligten sprechen, um mit diesen Lösungsideen zu erarbeiten (vgl. Münder 2017a, S. 58). Die Position des Kindes sowie seine Beteiligungs- und Mitwirkungsrechte werden dadurch ge-

---

19 Der rechtlich verankerte Begriff Verfahrensbeistand wird in der vorliegenden Arbeit übernommen und nicht entsprechend einer geschlechtergerechten Sprache angepasst.

20 Mit der Neuregelung des *Gesetzes zur Reform des Kindschaftsrechts* (KindRG) zum 01. Juli 1998 wurden die Rechte des Kindes gestärkt und die elterliche Autonomie gefördert. Im Zuge dieser Änderungen wurde erstmalig der Verfahrensbeistand – zum damaligen Zeitpunkt unter dem Begriff Verfahrenspfleger – eingeführt.

stärkt (vgl. DIJuF 2014, S. 14). Die Änderungen intendieren in erster Linie zügige und kürzere Verfahren, die im Ergebnis zu schnelleren Entscheidungen führen sollen. Im Allgemeinen gilt die Entwicklung einer neuen Terminologie in dem FamFG als Zeichen dafür, „dass Gegnerschaft und Schuldfragen aus dem familiengerichtlichen Verfahren weitgehend herausgehalten werden sollen" (DIJuF 2010, S. 8). Im Zentrum stehen vielmehr die Vermeidung weiterer und die Lösung bestehender Konflikte und Problemlagen (vgl. Sommer 2012, S. 72).

Zusammenfassung gesetzlicher Entwicklungen

Kinderschutz im engen und weiten Sinn hat in den letzten Jahren einen großen Bedeutungszuwachs erfahren. Die hohe gesellschaftliche Aufmerksamkeit für die Thematik zeigt sich unter anderem in zahlreichen öffentlichen (Fach-)Diskussionen und (sozial-)politischen Anstrengungen (vgl. Böllert/Wazlawik 2012, S. 19). Anlässlich medialer und öffentlicher Debatten über negativ verlaufene Kinderschutzfälle sowie der Einleitung von ersten Strafverfahren gegen Fachkräfte der Jugendhilfe wegen Verletzung der Garantenpflicht oder unterlassener Hilfeleistung erhöht sich der Druck auf politische Akteure (vgl. Wiesner/Schindler/Schmid 2006, S. 66). Zunehmend waren und sind sie aufgefordert, aktiv zu werden und Veränderungen zu initiieren. Reformen und Neujustierungen sollen die Handlungsfähigkeit der Zuständigen demonstrieren (vgl. Merchel 2011, S. 190). Politische Programme und rechtliche Bestimmungen repräsentieren den Versuch, die Praxis zu gestalten und zu steuern, indem z. B. Positionen, Rollen, Verantwortlichkeiten und Aufgaben beschrieben werden (vgl. Pluto et al. 2012, S. 8). Auf diese Weise repräsentieren neue oder veränderte Gesetzgebungen legislative Maßnahmen oder, vorsichtiger formuliert, Versuche, gesellschaftliche und/oder fachliche Entwicklungen aufzugreifen und zu normieren (vgl. Reismann 2001, S. 50). Sie subsumieren gesellschaftliche und politische Haltungen, die dank ihrer Fixierung zu „verbindlichen Wirklichkeitskonstruktionen" (Finke 2015, S. 26) werden.

In den vergangenen Jahren wurden zahlreiche Veränderungen der gesetzlichen Rahmenbedingungen auf jugendhilferechtlicher und familienrechtlicher Seite vollzogen, die einen verbesserten Kinderschutz ermöglichen sollen (vgl. Pluto et al. 2012, S. 7). Parallel zu den Anstrengungen auf Bundesebene haben die einzelnen Bundesländer fortlaufend Landesgesetze verabschiedet, um den Kinderschutz nachhaltig zu qualifizieren (vgl. Meysen/Eschelbach 2012, S. 31). Trotz zahlreicher positiver Veränderungen spiegelt sich in den gesetzgeberischen Reformen und Regelungen auch eine „Kultur des Misstrauens" (Meysen 2008, S. 570) gegenüber der Praxis im reaktiven Kinderschutz wider. Die zusätzlich eingeführten Regularien in dem Familienrecht und Kinder- und Jugendhilferecht intendieren zunehmenden Einfluss auf fachliche Handlungen unter dem Deckmantel eines Zuwachses an Handlungssicherheit für Familien-richter/Familienrichterinnen sowie Fachkräfte der Jugendhilfe. Die gesetzlichen Bestimmungen spiegeln sich folglich unmittelbar und mittelbar in dem Ablauf und der Gestaltung des Verfahrens zur Abwendung einer Kindeswohlgefähr-dung wider.

2.5 Familiengerichtliche Verfahren zur Abwendung einer Kindeswohlgefährdung im Zusammenspiel maßgeblicher Akteure

Die zahlreichen gesetzlichen Reformen und Veränderungen haben wichtige Impulse für das familiengerichtliche Verfahren gesetzt und begünstigen eine Neuausrichtung. Sie beeinflussen das Zusammenspiel von Jugendamt, Famili-engericht sowie Adressaten/Adressatinnen. Dabei stehen die sozial-, jugend- und familienpolitischen Neuregelungen in den vergangenen Jahren, die fachli-chen Diskurse und das professionelle Handeln in der Praxis der Jugendhilfe und Justiz in einem interdependenten Verhältnis zueinander (vgl. Pluto et al. 2012, S. 10).

2.5.1 Grundsätze und Besonderheiten des Verfahrens

Familiengerichtliche Verfahren zur Abwendung einer Kindeswohlgefährdung sind bei betroffenen Eltern, Kindern und Jugendlichen sowie beteiligten Profes-sionen in der Regel emotional aufgeladen. Die möglichen Gefährdungen und Schädigungen eines Kindes sowie der gemeinsame, subsidiär aufgeteilte Auftrag gemäß Art. 6 GG erzeugen positive und negative Gefühle, z. B. Hoffnungen und Sorgen. Neben facettenreichen Emotionen beeinflussen subjektive – und auf-seiten der Fachkräfte fachliche – Vorstellungen von Kindeswohl und Kindes-wohlgefährdung, gelungenem Aufwachsen und guter Elternschaft das Verfah-ren. Sie manifestieren sich in meist differenten Situationseinschätzungen von Eltern und Fachkräften. Die subjektiven Vorstellungen prägen zudem das je-weilige Handeln und die Sicht auf die übrigen Akteure, z. B. mit Blick auf Ver-antwortung (vgl. DIJuF 2014, S. 13).

Während der Verhandlung vor dem Familiengericht zeigt sich ein Konflikt in zweifacher Hinsicht: erstens im Verhältnis zwischen Kindern bzw. Jugendli-chen und Eltern, wenn eine Kindeswohlgefährdung unterstellt wird, und zwei-tens zwischen Fachkraft und Familie bei der Einschätzung der Gefährdungslage (vgl. Wolff 2006, S. 120-1). Zwischen professionell Handelnden und Eltern entwickelt sich häufig implizit eine Konkurrenzsituation, da die zentralen Fragen, wer „besser die Bedürfnisse eines Kindes verstehen und befriedigen, wer besser schützen kann und von wem Gefahr ausgeht" (DIJuF 2010, S. 24), die jeweiligen Selbstverständnisse tangieren und – je nach Perspektive – angreifen. Die Beteiligten stehen unter Druck, ihre Sichtweise durchzusetzen. Neben der rechtlichen Abklärung werden im Kontext von Kindeswohlgefährdung explizit oder implizit ethische und moralische Fragen nach Schuld und Verantwortung aufgeworfen. Diese Einflüsse veranschaulichen das Konfliktpotenzial sowie die bedrohliche Situation in einem familiengerichtlichen Verfahren (vgl. DIJuF 2010, S. 24).

Angesichts der sensiblen Thematik sind der Familienrichter/die Familienrichterin und die zuständige Fachkraft aufgefordert, das Verfahren und die einzelnen Verhandlungen zu entemotionalisieren. Gefühle dürfen fachliche Einstellungen und Handlungen nicht dominieren und müssen stets kritisch reflektiert werden. Staatliche Akteure haben den Auftrag, die Aushandlungs- und Konstruktionsprozesse vor dem Familiengericht möglichst objektiv zu gestalten. Dieser Anspruch darf jedoch nicht damit verwechselt werden, die Besonderheiten des Einzelfalls zu leugnen. Neben der sachlichen Erörterung des Sachverhaltes einer Kindeswohlgefährdung und eines konstruktiven Aushandlungsprozesses ist es bedeutsam, betroffene Familien in ihrer Einzigartigkeit zu begreifen und zu beteiligen (vgl. DIJuF 2014, S. 4, 18).

In dem familiengerichtlichen Verfahren zeigen sich besondere Herausforderungen, die für eine gelungene Kooperation gemeinsam von allen Beteiligten gemeistert werden müssen.

Die in Spannung zueinanderstehenden Rechtspositionen von Eltern, Heranwachsenden und des Staates werden wirksam. Das Ausbalancieren des Verhältnisses von Elternautonomie und Wächteramt mitsamt den dazugehörigen Rechten und Pflichten ist eine stete Anforderung im Verfahren. Die Rechte von Eltern und Staat müssen dabei als zwei Seiten einer Medaille betrachtet werden, damit ein Miteinander ermöglicht wird (vgl. ebd., S. 5). Dazu ist es erforderlich, die z. T. widersprüchlichen Perspektiven anzuerkennen und zu verarbeiten.

Kindeswohlgefährdung als unbestimmter Rechtsbegriff erfordert einen anspruchsvollen Aushandlungsprozess über die Definition im Einzelfall. In diesen fließen subjektive Ideen und normativ gültige Vorstellungen von Kindeswohl und dessen Gefährdung ein (vgl. ebd., S. 7). Bei dem Verhandlungsgegenstand „die" Kindeswohlgefährdung handelt es sich um einen schwer greifbaren Sachverhalt. Angesichts des Konstruktcharakters basiert die Feststellung einer Kindeswohlgefährdung auf einer konstruierten Grenzsetzung der Beteiligten.

„Zu bestimmen, welches die ‚Gefährdungsschwelle' ist, stellt die Fachkraft des Jugendamtes bzw. den Richter vor die Aufgabe, auf einem Kontinuum einen Grenzpunkt (‚cut off point') zu lokalisieren. Verhaltensweisen respektive Bedingungen, die – wie die Höhe der Quecksilbersäule im Thermometer – in der Realität fortlaufend variieren können (z. B. von ‚sehr fördernd' über ‚mittelmäßig fördernd' bis ‚extrem hemmend'), werden an einem bestimmten Punkt – gleichsam der Null-Grad-Linie – gedanklich voneinander geschieden, so daß [sic!] sie in zwei qualitativ unterschiedliche Kategorien (‚gefährdend' – ‚nicht gefährdend') eingeordnet werden können (Dichotomisierung). Es wird an dieser Stelle ein qualitativer und nicht nur ein quantitativer Sprung von einer bloß ‚miserablen Erziehung' zur ‚Gefährdung' gesehen." (Harnach-Beck 2003, S. 181)

Die Definition der Schwelle zu einer Kindeswohlgefährdung ist herausfordernd und zwischen den Beteiligten angesichts der differenten Bezugskontexte und Vorstellungen nicht deckungsgleich. Unterschiedliche empirische Studien belegen zudem den Einfluss von emotionalen und moralischen Aspekten auf fachliche Wahrnehmungs- und Einschätzungsprozesse. Ferner konnten ethnische Aspekte und soziostrukturelle Verortungen als Einflussgrößen herausgearbeitet werden. Fachkräfte entscheiden selbstständig darüber, welche Wahrnehmungen der familiären Lebenswelt sie in den Mittelpunkt ihrer Perspektive rücken (vgl. Bastian/Schrödter 2015, S. 226).

In der Praxis zeigt sich oftmals die Schwierigkeit, dass Gefährdungen selten offensichtlich sind oder nach außen getragen werden. Die Bemühungen betroffener Familien, mögliche kindeswohlgefährdende Szenarien zu verdecken, treffen auf ethische und rechtliche Grenzen der Ermittlungstätigkeiten und erhöhen den Anspruch an die professionell Handelnden (vgl. DIJuF 2014, S. 7).

Ferner zeigen sich in familiengerichtlichen Verfahren zwei Orientierungen, die unterschiedliche Anforderungen stellen: die Ergebnis- und Prozessorientierung. Eine erfolgreiche Ergebnisorientierung kristallisiert sich in einer zügigen und relativ eindeutigen Entscheidung heraus. Aus dieser Perspektive wird das familiengerichtliche Verfahren als Mittel zum Zweck betrachtet. Um das Verfahren mit einer Entscheidung abschließen zu können, muss die Einschätzung relativ klar und eine Perspektive für das Kind entwickelt worden sein (vgl. ebd., S. 10). Die Ergebnisorientierung kommt dem originären Selbstverständnis von Richtern/Richterinnen nahe (vgl. Willutzki 2004, S. 28). Im Gegensatz dazu verlangt die Prozessorientierung, die mit dem FamFG rechtlich gerahmt wird, eine neue Denk- und Herangehensweise aufseiten der Familienrichter/Familienrichterinnen: Im Mittelpunkt steht nicht zwingend eine Entscheidung, sondern der gemeinsame (Ab-)Klärungsprozess von nachhaltigen, aber schwer fassbaren Belastungssituationen (vgl. DIJuF 2014, S. 10). Diese Orientierung erfordert andere Handlungsschritte von den Akteuren (vgl. Flemming/Profitlich 2010, S. 45).

2.5.2 Kooperation der Akteure

„Die Vielzahl der Akteure in diesen Verfahren […] sind mit unterschiedlichen rechtlichen Aufträgen und Kompetenzen, vielschichtigen Rollenerwartungen und Handlungskompetenzen verschiedenartigen Ausbildungen und Berufsbildern aktiv." (DIJuF 2010, S. 23)

Die Beteiligten verfolgen ein gemeinsames Ziel: die Abklärung und Abwendung einer potenziellen Kindeswohlgefährdung. Unter dem Dach dieser einheitlichen Zielsetzung zeichnen sich die involvierten Professionen durch verschiedene Sichtweisen und Interessen aus, die mit ihrer emotionalen Betroffenheit und Befindlichkeit zusammenhängen. Den fachlichen Beurteilungen und Handlungen liegen spezielle gesetzliche Bestimmungen, professionsspezifische Selbstverständnisse, Handlungslogiken sowie berufliches Wissen zugrunde (vgl. ebd., S. 23). Die differenten Perspektiven prägen die Zusammenarbeit und den Fallverlauf. Gleichzeitig sind die jeweils individuellen und fachlichen Handlungen im Idealfall bestmöglich aufeinander bezogen (vgl. Mey 2008, S. 144).

Die Herausforderung für die Akteure liegt darin, die Diversität der unterschiedlichen Positionen positiv zu deuten. Das setzt Wissen über die Möglichkeiten und Grenzen der Beteiligten voraus, um unrealistische Erwartungen zu vermeiden. Die jeweiligen Personen mitsamt den ihnen zugewiesenen Kompetenzen und Zuständigkeiten können als Stärke produktiv für die Kooperation genutzt werden, wenn sie in ihrem Handeln – trotz differenter Deutungs- und Handlungsmuster – nicht gegenseitig infrage gestellt werden (vgl. DIJuF 2010, S. 24). Der wechselseitige Respekt für die Rolle und die situative Rollenausgestaltung ist für eine gelungene Kooperation in dem Verfahren notwendig.

Die gelebte Unabhängigkeit von Jugendamt und Familiengericht ist für die Zusammenarbeit mit betroffenen Eltern bedeutsam und erleichtert im besten Fall den Zugang zu ihnen. Entsprechend den rechtlichen Bestimmungen stehen die Eltern keiner Einheit gegenüber, sondern erleben zwei Organisationen, die ihre Aktionen miteinander koordinieren und aushandeln. In dem Dreieck Jugendamt, Familiengericht und Eltern agieren alle Beteiligten zum Wohl des Kindes – so jedenfalls sollte es sein. Die professionellen Aktionen reichen von Hilfe und Unterstützung für die Familien bis zu Verpflichtungen und Kontrollen der Eltern (vgl. Meysen 2008, S. 570).

Die Wertschätzung und der Respekt für die Position der Anderen dürfen jedoch nicht bei professionell Handelnden haltmachen: Die Fachkräfte sind aufgefordert, die Relevanz der Eltern für Heranwachsende zu achten. Im Gegenzug sind Eltern angehalten, den gesetzlichen Kinderschutzauftrag anzuerkennen. Im besten Fall sind die Entscheidungen der Akteure für die betroffenen Väter und Mütter kontrollierbar, nachvollziehbar und kritisierbar.

2.5.3 Zusammenwirken von Jugendamt und Familiengericht als staatliche Wächter

Der Staat hat sein Wächteramt vorrangig den Familiengerichten und Jugendämtern als örtliche Jugendhilfeträger übertragen (vgl. Sommer 2012, S. 82 f.). Sie bilden seit jeher den Kern der „ ‚Verantwortungsgemeinschaft[21] für den Kinderschutz' " (DIJuF 2010, S. 5) im engen Sinn und tragen gemeinsam die Verantwortung für die Sicherung des Kindeswohls (vgl. Sommer 2012, S. 51). Die Verteilung der Aufgabe auf diese zwei Organisationen spiegelt die originäre Haltung wieder, „dass optimaler Kinderschutz nur durch gemeinsames Handeln verwirklicht werden kann" (ebd., S. 76). Die Überzeugung, einen qualitativ hochwertigen Kinderschutz im kooperativen Zusammenwirken unterschiedlicher Akteure zu ermöglichen, hat im Laufe der Jahre dazu geführt, dass die staatlichen Wächter von weiteren Organisationen und Professionen bei der Erfüllung ihrer Aufgabe unterstützt werden. Mit der Ratifizierung des BKiSchG wurden beispielsweise die Verpflichtungen und Aufgaben zentraler Professionen angrenzender Disziplinen sukzessiv ausgeweitet.

Das Familiengericht und das Jugendamt sind in ihrem Handeln im intervenierenden Kinderschutz aufeinander bezogen, treffen aber als selbstständige Organisationen aufeinander. Der Familienrichter/die Familienrichterin entscheidet primär, ob ein Eingriff in die Elternautonomie gerechtfertigt werden kann. Der Sachverhalt Kindeswohlgefährdung und das Prinzip der Verhältnismäßigkeit schaffen einen orientierenden Rahmen für die familiengerichtliche Entscheidung. Aus dieser Perspektive stellt ein Eingriff eine Reaktion dar, die notwendig wird, wenn Kindeswohlgefährdung vorliegt und die Eltern die Gefährdung nicht abwenden können oder wollen (vgl. DIJuF 2014, S. 8). Die Entscheidung ist richtig, wenn sie „im Einklang mit Recht und Gesetz" (ebd., S. 8) erfolgt. Schwieriger wird es jedoch, wenn prinzipiell abzuwägen ist, welche Interventionen am ehesten Eltern und Kindern helfen, ihre familiäre Situation auf Dauer zu verbessern. Ein Eingriff schafft nicht zwingend die Grundlage für eine Hilfe in der Familie. Diese Aufmerksamkeitsrichtung spiegelt das Interesse der Kinder- und Jugendhilfe wider. Für Fachkräfte des Jugendamtes stellt sich

---

21 Der Ausdruck Verantwortungsgemeinschaft wird in der Literatur kritisch diskutiert. Sommer spricht beispielsweise davon, dass in der Praxis keine Verantwortungsgemeinschaft, sondern eine Verantwortungsverschränkung vorherrschend ist. Diese ist qua Gesetz geboten, um das staatliche Wächteramt kooperativ und eigenständig auszuführen (vgl. Sommer 2012, S. 359 ff.). In dieser Arbeit wird der Begriff verwendet, da die Überzeugung dominiert, dass die professionellen Akteure ihre zugewiesene Rolle und Verantwortung behalten. Von besonderer Bedeutung ist die abgestimmte Verknüpfung der unterschiedlichen Kompetenzen, damit Synergieeffekte auftreten können (vgl. Flemming/Profitlich 2010, S. 45).

die Frage, wie Familien bestmöglich unterstützt werden können, damit kindliche Entwicklung gelingt.

„Der Richter hat nicht die sozialen Kompetenzen eines Sozialarbeiters" (Sommer 2012, S. 54) und umgekehrt verfügen Sozialarbeiter/Sozialarbeiterinnen nicht über richterliche Befugnisse. Das Verhältnis von Familiengericht und Jugendamt ist durch eine wechselseitige Abhängigkeit gekennzeichnet: Erstens ist das Jugendamt in unterschiedlichen Settings auf die Autorität und Eingriffsbefugnisse des Familiengerichts angewiesen, zweitens benötigt der Familienrichter/die Familienrichterin die sozialpädagogische Expertise der Fachkräfte für seine/ihre Entscheidungen. Angesichts dieser Verflechtungen ist die Erfüllung des Kinderschutzauftrages ausschließlich im Zusammenspiel möglich. In diesem Arrangement obliegen den Akteuren eigenständige Aufgaben, spezifische Pflichten und Verantwortlichkeiten sowie Zuständigkeiten, die zwar selbstständig, aber mit gegenseitiger Berücksichtigung ausgeführt werden müssen (vgl. Sommer 2012, S. 351). Jugendamt und Familiengericht agieren auf Augenhöhe und treffen autark Entscheidungen (vgl. Meysen 2012, S. 20). Weder ist das Familiengericht den Aufträgen des Jugendamtes verpflichtet noch ist das Jugendamt an Weisungen des Familiengerichts gebunden (vgl. Riegner 2014, S. 630). Wechselseitige Auflagen sind – zumindest in der Theorie – nicht gestattet (vgl. Ernst 2007, S. 75). Dieser Anspruch erfordert eine klare Rollen- und Aufgabenverteilung sowie beidseitige Akzeptanz (vgl. Meysen 2008, S. 568). Trotz dieser rechtlich vermeintlichen Klarheit begleitet die Sorge um die richterliche Unabhängigkeit und die Furcht vor Einbußen an Steuerungskompetenzen aufseiten des Jugendamtes anhaltend Kooperationsbezüge (vgl. Flemming/Profitlich 2010, S. 45).

In der Praxis zeigt sich in unterschiedlichen Settings, dass die Ansprüche an gelingende Kooperation nicht erfüllt werden und „Familiengericht und Jugendamt nicht immer in einem Team gegen den gemeinsamen ‚Gegner Kindeswohlgefährdung' " (Sommer 2012, S. 361) spielen. Nicht selten existieren aufseiten beider Organisationen wechselseitig ambivalente Bewertungen, welche die Kooperation beeinträchtigen. Latente oder manifeste Spannungen beeinflussen die Zusammenarbeit der Professionen und – so die Annahme – berühren mittelbar die Zusammenarbeit mit Eltern. Problematisch wird die Kooperation beispielsweise, wenn der Familienrichter/die Familienrichterin in Konkurrenz zu der zuständigen Fachkraft des Jugendamtes tritt, indem er/sie beispielsweise konkrete Hilfevorstellungen äußert. Ein weiteres spannungsreiches Szenario ist die Intention von Fachkräften des Jugendamtes, Verantwortung für die Sicherung des Kindeswohls in gefährdenden Situationen an den Familienrichter/die Familienrichterin zu delegieren. Solche Konstellationen erschweren einen reibungslosen Ablauf und entsprechen nicht dem Verständnis einer Verantwortungsgemeinschaft (siehe Kapitel 5.2.4).

Im zeitlichen Verlauf wird das Verhältnis von Jugendamt und Familiengericht in der Praxis subsidiär ausgestaltet. Die Aktivitäten des Jugendamtes rahmen das familiengerichtliche Verfahren, da die Fachkräfte der Behörde kontinuierlich in Kontakt mit der Familie stehen (vgl. DIJuF 2010, S. 11; Meysen 2008, S. 568). Das Jugendamt agiert bereits, bevor (bei Bedarf) das Familiengericht angerufen wird. Somit stehen die Fachkräfte des öffentlichen Jugendhilfeträgers in der Regel länger und intensiver mit Eltern, Kindern und Jugendlichen in Kontakt. Sie begleiten Familien vor, während und (häufig) nach dem familiengerichtlichen Verfahren und nehmen – trotz Widerständen – Termine mit Betroffenen wahr (vgl. Sommer 2012, S. 73).

2.5.4   Rolle und Aufgaben des Jugendamtes

Die Aufgaben des Jugendamtes im intervenierenden Kinderschutz sind vorrangig in § 8a SGB VIII *Schutzauftrag bei Kindeswohlgefährdung* und § 50 SGB VIII *Mitwirkung in Verfahren vor den Familiengerichten* in Kombination mit dem FamFG festgelegt. § 50 SGB VIII Abs. 1 verpflichtet das Jugendamt zur Mitwirkung. Das Jugendamt muss in Verfahren zur Abwendung einer Kindeswohlgefährdung von dem Familiengericht beteiligt werden. Eine formelle Verfahrensbeteiligung muss von der zuständigen Fachkraft gemäß § 162 Abs. 2 FamFG beantragt werden. Unabhängig von dem formellen Status wird das Jugendamt angehört und beteiligt. Der Behörde obliegt eine Beschwerdeoption (§ 162 Abs. 3 FamFG).

Das Jugendamt wirkt als „kompetente Fachbehörde in Fragen des Kinderschutzes […] unabhängig und weisungsungebunden" (DIJuF 2010, S. 12). Mit dem Ziel, zu keinem Zeitpunkt als Gegner/Gegnerinnen der Erziehungsberechtigten aufzutreten, ist das fachliche Handeln der zuständigen Fachkräfte auf Verständigung und Kooperation ausgelegt (vgl. ebd., S. 12). Allerdings ist dieser Anspruch in der Praxis höchst voraussetzungsreich. Das Jugendamt steht häufig bereits seit langer Zeit mit der Familie in Kontakt und ringt mit den Eltern um Definitionsmacht für das Problem und die Ausgestaltung von Hilfe (vgl. Wolff 2006, 120-2). Das Machtverhältnis zwischen Jugendamt und Eltern wird im Zuge der Anrufung erneut ausgehandelt.

Das Jugendamt nimmt für den Beginn und Verlauf des familiengerichtlichen Verfahrens eine zentrale Rolle ein. Die zuständige Fachkraft schätzt mögliche Gefährdungen ein (vgl. Urban 2004, S. 33). Inhaltlich muss sie unterschiedliche Aspekte – entsprechend den rechtlichen Bestimmungen im Idealfall kooperativ mit den Adressaten/Adressatinnen – abschätzen und aushandeln: In einem ersten Schritt ist von Interesse, ob betroffene Eltern, Kinder und Jugendliche die von der Fachkraft wahrgenommenen gefährdenden Situationen, Handlungen oder Unterlassungen anerkennen (Problemakzeptanz). Darauf aufbauend wird überprüft, ob die jeweiligen Bewertungen der Wahrnehmungen übereinstimmen und die Sorge um das Kind von Fachkraft und Eltern geteilt wird (Problemkongruenz). Die Bereitschaft und Fähigkeit von Eltern, erstens Hilfe anzunehmen (Hilfeakzeptanz) und zweitens Veränderungen zu erarbeiten, bilden den Abschluss der Gefährdungseinschätzung. Neben fachlichen und inhaltlichen Aspekten bei der Einschätzung einer möglichen Gefährdung muss die zeitliche Dimension potenzieller Schädigungen Berücksichtigung finden, die vor allem im Zusammenhang mit dem Alter und Geschlecht eine Rolle spielt (vgl. Feldhoff 2015, S. 81). Die Gefährdungseinschätzung ist von elementarer Bedeutung und stellt Fachkräfte vor eine sehr große Herausforderung. Familiäre Lebenswelten sind hochkomplex und vielschichtig, sodass Beurteilungen und Prognosen mit Unsicherheiten behaftet sind. Fachkräfte sind sich in der Regel darüber im Klaren, dass Entscheidungen im Rahmen des Schutzauftrages folgenschwere Konsequenzen für Eltern, Kinder und Jugendliche haben (vgl. Bastian/Schrödter 2014, S. 276).

Das Jugendamt ist ferner in der Verantwortung, bei Vorliegen eines Hilfebedarfs, erzieherische Leistungen gemäß § 27 SGB VIII zu gewährleisten und den notwendigen Hilfeplanungsprozess gemäß § 36 SGB VIII zielführend zu gestalten. Dazu verfügt die Kinder- und Jugendhilfe über ein Hilfespektrum, das familienunterstützende, -ergänzende und -ersetzende Angebote umfasst (vgl. Oelkers 2011, S. 264). Vor der Schwelle zu einer Kindeswohlgefährdung hat das Jugendamt jene Unterstützungsangebote anzubieten und umzusetzen, um im besten Fall intervenierende Maßnahmen abzuwenden und Eingriffe in das Elternrecht zu vermeiden (vgl. Münder 2007, S. 13). Wenn das Jugendamt weitergehende Eingriffe in das Elternrecht für erforderlich hält, muss es das Familiengericht anrufen (vgl. Sommer 2012, S. 7). Ferner steht ihm die vorläufige Inobhutnahme als Maßnahme zum Schutz von Kindern und Jugendlichen zur Verfügung.

Je nach Ausprägung der Gefährdungseinschätzung können unterschiedliche Szenarien die Anrufung des Familiengerichts aus fachlicher Sicht notwendig erscheinen lassen (vgl. Feldhoff 2015, S. 88):

- wenn Eltern nicht bereit oder in der Lage sind, an Gefährdungseinschätzungen mitzuwirken,
- wenn die gewährte Hilfe nicht ausreichend ist,
- wenn Eltern die angebotenen Hilfen nicht annehmen und
- wenn Eltern besprochene Hilfen real verweigern.

Die Anrufung des Familiengerichts hat weitreichende Auswirkungen auf die Zusammenarbeit mit Eltern. Sie verändert bisherige Interaktions- und Kommunikationsmuster, da das Jugendamt von Hilfe zu Eingriff wechselt. Häufig fühlen sich Eltern missverstanden und erleben diesen Schritt als *„Entmachtung"* (ebd., S. 87, Hervorhebung im Original), die nicht selten Einschränkungen oder einen Entzug des Sorgerechts zur Folge hat. Betroffene Eltern sehen selten die Notwendigkeit der Anrufung zur Sicherung des Kindeswohls, sondern werten diese als Sanktion elterlichen Fehlverhaltens. Das fachliche Handeln des Jugendamtes bestätigt Ängste und Vorurteile aufseiten der Eltern, die darauf mit abwehrenden Verhaltensweisen oder Kontaktvermeidung und -abbruch reagieren (vgl. ebd., S. 89).

Während des Verfahrens unterstützt das Jugendamt das Familiengericht. Die zuständige Fachkraft formuliert Stellungnahmen, die sie dem Familienrichter/der Familienrichterin zur Verfügung stellt. In ihren fachlichen Einlassungen werden die Ergebnisse bisheriger Abklärungs- und Hilfeprozesse dargestellt: Die zuständige Fachkraft diskutiert Risiko- und Schutzfaktoren, schätzt die Bereitschaft und Fähigkeit betroffener Eltern zur Abwendung einer Kindeswohlgefährdung ein, zeigt Möglichkeiten und Grenzen potenzieller Hilfen auf und schließt mit Empfehlungen zu fachlich sinnvollen und zielführenden Maßnahmen.

Das Jugendamt ist gemäß § 58 FamFG aufgefordert, das Kindeswohl während des gesamten familiengerichtlichen Verfahrens zu sichern. Im Nachgang der Verhandlungen überprüft das Jugendamt, ob gerichtliche Anforderungen befolgt werden.

2.5.5 Rolle und Aufgaben des Familiengerichts

In der Praxis wird das Familiengericht in der Regel durch die Anrufung des Jugendamtes tätig. In Ausnahmefällen informieren andere Stellen, z. B. die Polizei, das Familiengericht über eine mögliche Kindeswohlgefährdung. Die Option, von Amts wegen tätig zu werden und ein Verfahren einzuleiten, wird praktisch sehr selten genutzt.

Der Anrufung des Familiengerichts liegt meist die Intention zugrunde, eine (gerichtliche) Entscheidung herbeizuführen. Der Familienrichter/die Familienrichterin kann exklusiv die Ausgestaltung des Sorgerechts regeln, da ausschließlich das Familiengericht als Organisation „über das staatliche Wächteramt ermächtigt [ist], Eingriffe in das elterliche Erziehungsrecht vorzunehmen" (Sommer 2012, S. 17).[22] Im Zuge eines Sorgerechtsentzugs wird ein Pfleger/eine Pflegerin (für Teile des Sorgerechts) oder ein Vormund (für den gesamten Sorgerechtsentzug) eingesetzt. Wenn eine akute Kindeswohlgefährdung oder Ge-

---

22 Die Eingriffe in das Sorgerecht der Eltern obliegen in Deutschland seit jeher dem Gericht; anfänglich dem Vormundschaftsgericht, seit 01. Juli 1999 dem Familiengericht (vgl. Wiesner 2004a, S. 30).

fahr im Verzug vorliegt, muss das Familiengericht unverzüglich handeln. Gemäß § 157 Abs. 3 FamFG besteht die Möglichkeit, eine sogenannte einstweilige Anordnung zu erlassen. Die Entscheidung hat einen vorläufigen Charakter. Anhörungen, die angesichts des Zeitdrucks unterlassen werden, müssen in einem anhängigen Hauptsacheverfahren unverzüglich nachgeholt werden (vgl. Haase 2006, S. 118-2).

Die richterliche Entscheidung bildet die originäre und zentrale Funktion des Familiengerichts und veranschaulicht bis heute seine besondere Rolle für den repressiven Kinderschutz (vgl. Sommer 2012, S. 17). Die judikative Funktion wurde jedoch im Zuge gesetzgeberischer Veränderungen, z. B. KiWoMaG und FamFG, um weitere Optionen für den Familienrichter/die Familienrichterin erweitert, da „der Schwerpunkt familiengerichtlicher Tätigkeit vorverlagert" (Sommer 2012, S. 349) wurde. Zum Beispiel kann eine Klärung des Sachverhaltes herbeigeführt werden. Im Gegensatz zum Jugendamt ist der Familienrichter/die Familienrichterin dazu befugt, sämtliche Informationen einzuholen, die für die Sachverhaltsaufklärung und -erörterung notwendig sind. Diese Möglichkeit spiegelt die Aufklärungsfunktion wider. Ferner kann das Familiengericht das Jugendamt dabei unterstützen, eine betroffene Familie bzw. die sorgeberechtigten Eltern zu einer Inanspruchnahme einer erzieherischen Hilfe zu bewegen. Die Autorität des Familiengerichts wird genutzt, um notwendige Veränderungen zur Abwendung einer Kindeswohlgefährdung unter Druck anzuregen. Allerdings trifft der Familienrichter/die Familienrichterin keine Entscheidung über die Art der Hilfe. Trotz des familiengerichtlichen Settings ist das Jugendamt für die Hilfeplanung zuständig (vgl. DIJuF 2010, S. 8 f.). Weiter zeichnet sich in der Praxis eine „Warnfunktion" (Sommer 2012, S. 68) ab. Im Zweifel kann der Familienrichter/die Familienrichterin vor einem Entzug von Teilen oder des gesamten Sorgerechts Eltern Ge- und Verbote auferlegen. Angesichts der Auslegung des staatlichen Wächteramtes und der gesetzlichen Bestimmungen im BGB ist das Familiengericht bestrebt, den Entzug des Sorgerechts sowie die Trennung von Eltern und Kind abzuwenden. Entscheidend ist, frühzeitig zu reagieren, damit Interventionen im besten Fall vermieden werden können.

Gemäß § 157 FamFG sollen mit den Eltern, dem Jugendamt und (falls möglich) dem Kind der Sachverhalt, die mögliche Kindeswohlgefährdung sowie geeignete Maßnahmen erörtert werden. Mit dem Ziel, gemeinsam Lösungen zu erarbeiten und mögliche Folgen der Ablehnung öffentlicher Hilfen zu erörtern, verhandelt der Familienrichter/die Familienrichterin mit den Beteiligten, welche Reaktionen auf die (mögliche) Kindeswohlgefährdung folgen müssen und welche Hilfen angezeigt sind (vgl. DIJuF 2010, S. 8). Wenn keine Entscheidung zu dem Zeitpunkt getroffen werden kann, können Regelungen definiert werden, die von betroffenen Eltern umgesetzt werden müssen. In den §§ 166 FamFG und 1696 BGB ist festgeschrieben, Entscheidungen und Maßnahmen zu überprüfen. Der Familienrichter/die Familienrichterin kontrolliert, ob die gerichtliche Intervention oder getroffene Vereinbarung weiterhin geeignet ist, das Kindeswohl zu sichern und (im besten Fall) die Situation des Kindes zu verbessern (vgl. Haase 2006, S. 118-2). In Abhängigkeit von dem Ergebnis können Entscheidungen und Maßnahmen verändert oder aufgehoben werden. Bei einer Entscheidung über eine Fremdunterbringung steht den Eltern weiterhin das Umgangsrecht zu, dessen Ausgestaltung nicht selten vor dem Familiengericht geregelt wird. Auch muss in diesem Zusammenhang der Hilfeprozess gemäß § 37 SGB VIII *Zusammenarbeit bei Hilfen außerhalb der eigenen Familie* fortgesetzt werden. Das Ziel liegt prinzipiell darin, das Kind im Idealfall in einem vertretbaren Zeitfenster zurückzuführen. Dazu ist es erforderlich, Erziehungskompetenzen zu fördern und bestehende Bindungen zu erhalten.

Losgelöst von der jeweiligen Funktion agieren Familienrichter/Familienrichterinnen aus einer gewissen Distanz als „neutrale und unabhängige Entscheidungsinstanz" (DIJuF 2010, S. 13). Angesichts der meist vom Jugendamt initiierten Anrufung ist es aus dieser Position heraus wichtig, Eltern und Fachkräften zu vermitteln, „dass es im Verfahren nicht um Gegnerschaft, Sieg oder Niederlage geht, sondern um das richterliche Abwägen unterschiedlicher Einschätzungen verschiedener Beteiligter" (ebd., S. 13). Auf diese Weise wird die richterliche Unabhängigkeit veranschaulicht (vgl. Sommer 2012, S. 70).

In dem Verfahren hat der Familienrichter/die Familienrichterin unterschiedliche Aufgaben. In erster Linie ist er/sie für die Strukturierung des Verfahrens verantwortlich. Ihm/ihr obliegt die Verantwortung für eine sorgfältige und rasche Steuerung des Prozesses. Der formale und zeitliche Ablauf muss für alle Beteiligten transparent gestaltet werden. Dazu ist es notwendig, Handlungsschritte und Entscheidungen zu erläutern (vgl. DIJuF 2010, S. 13 f.). Um die Akzeptanz zu erhöhen, ist die Beteiligung aller Akteure von besonderer Bedeutung.

In dem FamFG werden dem Familiengericht und in Person dem Familienrichter/der Familienrichterin unterschiedliche Optionen für die Ausgestaltung zur Verfügung gestellt. Der Anspruch, Verfahren zur Abwendung einer Kindeswohlgefährdung bevorzugt zu behandeln und zügig zu gestalten, spiegelt sich in dem Vorrang- und Beschleunigungsgebot gemäß § 155 FamFG wider.[23] Die erste Verhandlung vor dem Familiengericht muss entsprechend diesem Gebot innerhalb eines Monats terminiert werden. Dieser sogenannte frühe erste Termin dient einer schnellen und gleichzeitig sorgfältigen (Auf-)Klärung und Planung mit allen Beteiligten. Ressourcen sollen erhoben und – im besten Fall –

---

23 Das Vorrang- und Beschleunigungsgebot gemäß § 155 FamFG sowie die frühzeitige Erörterung der Kindeswohlgefährdung wurden bereits in dem früheren FGG und final im FamFG aufgegriffen.

aktiviert werden (vgl. DIJuF 2010, S. 8; Flemming/Profitlich 2010, S. 46). Die Beschleunigung trägt dem kindlichen Zeitempfinden, dem Kindeswohl und der Belastung betroffener Familien Rechnung (vgl. Sommer 2012, S. 61).

Damit der Familienrichter/die Familienrichterin überprüfen kann, ob eine Gefährdung vorliegt, ist eine eigenständige Sachverhaltsermittlung gemäß § 26 FamFG notwendig. Das Familiengericht muss selbstständig notwendige Informationen einholen und ermitteln, um den Sachverhalt vollständig aufklären zu können. Dazu können gemäß § 29 FamFG notwendige Beweise erhoben werden. Auch ist der Familienrichter/die Familienrichterin gesetzlich verpflichtet, im Rahmen der Ermittlungstätigkeiten die Beteiligten anzuhören. § 159 FamFG fordert Familienrichter/Familienrichterinnen auf, betroffene Kinder entsprechend ihrem Alter und Entwicklungsstand anzuhören. Kinder, die älter als 14 Jahre alt sind, sind persönlich anzuhören. Falls ein Verfahrensbeistand bestellt ist, soll dieser während der Anhörung anwesend sein. Die Entscheidung wird dem/der Jugendlichen (ab 14 Jahren) persönlich mitgeteilt. Gemäß § 160 FamFG sind die Eltern ebenso persönlich anzuhören. Eine ausbleibende Anhörung ist begründungspflichtig und bedarf eines gravierenden Grundes (vgl. Haase 2006, S. 118-2). Die Anhörungspflicht gegenüber dem Jugendamt bildet das Pendant zu dessen Mitwirkungspflicht (vgl. Kloster-Harz 2006, S. 116-1). Basierend auf den eingeholten Informationen wird eine eigene, unabhängige richterliche Einschätzung formuliert.

In Verfahren, die eine Kindeswohlgefährdung tangieren, ist der Familienrichter/die Familienrichterin gemäß § 158 FamFG dazu aufgefordert, zum frühestmöglichen Zeitpunkt einen Verfahrensbeistand als Interessenvertretung für das Kind zu bestellen. Wenn keine Bestellung erfolgt, ist diese Entscheidung zu begründen. Dem Verfahrensbeistand obliegt in erster Linie der Auftrag, die Perspektive des Kindes zu erfassen und gegenüber den übrigen Beteiligten zu veranschaulichen. In der Literatur wird die Differenzierung zwischen Kindeswillen und Kindeswohl angeregt, da diese Unterscheidung die Notwendigkeit demonstriert, die Interessen des Kindes im Lichte seiner Lebensumstände und -perspektiven zu eruieren. Der Verfahrensbeistand muss letztendlich einen distanzierten Blick auf den geäußerten Kindeswillen einnehmen, um das Kindeswohl sichern zu können. Damit das Kind bestmöglich beteiligt wird, stellt der Verfahrensbeistand ihm sämtliche Informationen zur Verfügung, z. B. über den Verlauf des Verfahrens oder Ergebnisse einzelner Verhandlungen (vgl. DIJuF 2010, S. 19 f.). Sein Auftrag wird in Einzelfällen ausgeweitet, damit er z. B. mit Eltern sprechen und auf gemeinsam getragene Lösungen hinwirken kann. Das Elterngespräch ist eine zusätzlich angeordnete Aufgabe (vgl. Sommer 2012, S. 65). Der Verfahrensbeistand ist Beteiligter/Beteiligte und nicht gesetzlicher Vertreter/gesetzliche Vertreterin des Kindes.

Bei Bedarf kann der Familienrichter/die Familienrichterin besondere Fragen von einem Gutachter/einer Gutachterin beantworten lassen. Zu diesem

Zweck wird ihm in § 163 FamFG das Recht zugesprochen, zur Aufklärung des Sachverhaltes und Entscheidungsfindung ein Gutachten[24] einzuholen. Der Gutachter/die Gutachterin ist nicht Verfahrensbeteiligter/Verfahrensbeteiligte, sondern „Dienstleister des Familiengerichts" (DIJuF 2010, S. 18). Der/die Sachverständige ist zwar an die formulierten Fragestellungen des Familiengerichts gebunden, aber frei in den fachlichen Einschätzungen. Er/sie ist trotz der Beauftragung durch das Familiengericht zu einer neutralen und objektiven Haltung verpflichtet, um gegenüber sämtlichen Beteiligten vorurteilsfrei auftreten zu können. In Einzelfällen kann der Gutachter/die Gutachterin als ergänzende Tätigkeit zwischen den Beteiligten vermitteln.

Neben diesen kurz skizzierten Akteuren können weitere Personen oder Organisationen eine mehr oder minder wichtige Rolle einnehmen, z. B. Rechtsanwälte/Rechtsanwältinnen oder Beratungsstellen freier Träger. Angesichts der bewussten Fokussierung auf das Dreieck Jugendamt, Familiengericht und Eltern wird darauf nicht weiter eingegangen. Eltern, Kinder und Jugendliche gelten laut Gesetz als Verfahrensbeteiligte. Sie dürfen formell Anträge stellen und verfügen offiziell über die Möglichkeit, Beschwerde einzureichen. Das Familiengericht ist aufgefordert, sie als Verfahrensbeteiligte zu sämtlichen Terminen einzuladen und stets über sämtliche Verfahrensschritte und Neuigkeiten zu informieren (vgl. ebd., S. 9).

---

24 „Gutachten umfassen die Beschreibung des diagnostischen Vorgehens, die Darstellung der Untersuchungsergebnisse und der hieraus abgeleiteten Erkenntnisse zu den zu begutachtenden Personen und Beziehungsmustern. Ferner werden die gewonnenen Erkenntnisse im Hinblick auf die Fragestellung des Gerichts bewertet." (DIJuF 2010, S. 17)

3. Familien in schwierigen Lebenssituationen als Zielgruppe der (intervenierenden) Kinder- und Jugendhilfe

In diesem Kapitel findet eine Annäherung an Lebenswirklichkeiten von Eltern, Kindern und Jugendlichen als Adressaten/Adressatinnen der Kinder- und Jugendhilfe – vorrangig im Kontext der Abwendung einer Kindeswohlgefährdung – statt. Zu Beginn werden Erkenntnisse aus quantitativen und qualitativen Untersuchungen zusammengetragen, um besonders belastende familiäre Lebenssituationen zu beschreiben.[25] Anschließend werden gesellschaftliche und professionelle Vorstellungen von Eltern sowie Hindernisse einer beteiligungsförderlichen Gestaltung von Interaktionen, die zu zusätzlichen Belastungen für Eltern als Klienten/Klientinnen einer intervenierenden Kinder- und Jugendhilfe führen können, reflektiert. Der Aufbau verknüpft demnach zwei potenzielle Belastungen für Eltern, Kinder und Jugendliche: Problemlagen, die in der Familie oder Lebenswelt liegen, und Erwartungen, die von außen an die Familie herangetragen werden.

---

25 Ein Hinweis ist für die Lesart dieses Kapitels von besonderer Relevanz: Der Begriff Beschreibung kann an dieser Stelle nicht die Neutralität gewährleisten, die im Allgemeinen mit dem Terminus assoziiert wird. Die Deskription außergewöhnlicher und herausfordernder Lebensverhältnisse hat Auswirkungen auf die lesende Person und birgt die Gefahr, spezifische Vorstellungen und Bilder von betroffenen Eltern, Kindern und Jugendlichen zu erzeugen oder zu bestärken, die emotional besetzt sind. Die Emotionen können Vorurteile und Stereotype (re-)produzieren, die natürlich nicht für sämtliche Eltern Gültigkeit beanspruchen können. Daher hat der Begriff in diesem Kontext zugleich eine diagnostische Komponente, die kritisch reflektiert werden muss, um Kategorisierungen und Stigmatisierungen aufdecken zu können. Gleichzeitig ist es notwendig, bestehende Wissensbestände über Eltern, Kinder und Jugendliche als Adressaten/Adressatinnen zur Verfügung zu stellen, um Erleben und Bewältigen nicht ausschließlich individualisiert, sondern gesellschaftlich eingebettet betrachten zu können (siehe Kapitel 7, Fußnote 73).

3.1 Empirische Erkenntnisse über Belastungen in familiären Lebenssituationen und das Aufwachsen von Kindern in diesen Lebenskontexten

Zahlreiche Studien belegen, dass familiäre Lebenswelten das Aufwachsen von Kindern und Jugendlichen grundlegend beeinflussen. Unterschiedliche Belastungen können ihre Entwicklung beeinträchtigen: „Familienformen, die sozioökonomische Lage sowie der Migrationsstatus stehen hier in einem besonderen Fokus, weil spezielle familiäre Bedingungen [...] nicht nur die Lebenslagen junger Menschen in sozialen Disparitäten fördern, sondern auch Risikolagen darstellen können" (AKJStat 2018, o. S.). Vor allem „die Risikolage formal gering qualifizierter Eltern[26], die soziale[27] sowie die finanzielle[28] Risikolage" (Autorengruppe Bildungsberichterstattung 2018, S. 35) haben zumeist weitreichende Wirkungen auf das Aufwachsen von Kindern und Jugendlichen. Diese in der Literatur als Risikolagen bezeichneten Indikatoren für potenzielle Belastungen liegen in den Lebenswelten betroffener Familien selten isoliert vor. Sie stehen überwiegend in einer wechselseitigen Beziehung zueinander und verstärken sich in ihren Auswirkungen für Eltern und Heranwachsende gegenseitig. So konnte empirisch belegt werden, dass Kinder von alleinerziehenden Elternteilen und aus Familien mit einem Migrationshintergrund überdurchschnittlich häufig von allen drei Risikolagen betroffen sind (vgl. ebd., S. 35). Dabei hat sich in den vergangenen Jahren z. B. gezeigt, dass die Betroffenheit oder Bedrohung von Armut kurzfristige und langfristige Folgen haben kann (vgl. ebd., S. 39; Winkler 2012, S. 127). Armut wird heutzutage nicht länger auf die defizitäre Ausstattung mit materiellen Ressourcen reduziert. Sie hat eine größere Reichweite und umfasst ebenfalls die damit häufig einhergehenden „Einschränkungen in der gesellschaftlichen Teilhabe" (Bundesjugendkuratorium 2009, S. 13), die sich mitunter in begrenzten Handlungsoptionen und -spielräumen betroffener Eltern und Kinder in unterschiedlichen Lebensbereichen zeigen können. Väter und Mütter sind in solch einer Situation oftmals stark belastet und bisweilen nicht in der Lage, ihre Kinder ausreichend zu fördern und angemessen zu unterstützen. Dieser Mangel ist insbesondere im Vergleich zu nicht armen Eltern auffällig (vgl. ebd., S. 13). Diese empirischen Er-

---

26 Wenn Personen keine berufliche Ausbildung abgeschlossen haben, wird von formal Geringqualifizierten gesprochen (vgl. Autorengruppe Bildungsberichterstattung 2018, S. 35 f.).

27 Eine soziale Risikolage liegt vor, wenn kein Elternteil, mit dem das Kind/die Kinder in einem gemeinsamen Haushalt zusammenleben, erwerbstätig ist (vgl. ebd., S. 36).

28 Eine finanzielle Risikolage bezieht sich auf die Höhe des Familieneinkommens. Wenn das familiäre Einkommen unter 60 % des bundesdurchschnittlichen Äquivalenzeinkommens liegt, wird eine Armutsgefährdung unterstellt (vgl. ebd., S. 36, 38).

kenntnisse verweisen auf einen Zusammenhang von Armut und erzieherischem Bedarf, der von diversen Statistiken der Arbeitsstelle Kinder- und Jugendhilfestatistik (AKJStat) gestützt wird (vgl. Rauschenbach et al. 2009, S. 10; Weber 2012, S. 53).

3.1.1 Familiäre Lebenslagen von Adressaten/Adressatinnen der Kinder- und Jugendhilfe

„Wer aber sind nun die ‚typischen' Jugendhilfe-Familien […]?" (Weber 2012, S. 53)

Die Frage nach den Besonderheiten und Charakteristika von Familien, die Leistungen der Kinder- und Jugendhilfe in Anspruch nehmen und/oder in Verfahren zur Abwendung einer Kindeswohlgefährdung verwickelt sind, ist schwer zu beantworten, da sie „wie […] jede andere soziale Einheit, keine homogene, sondern eine heterogene Gruppe darstellen" (Wilde 2014, S. 50). Da es folglich nicht die eine Jugendhilfe-Familie geben kann, ist Vorsicht vor allgemeingültigen oder vereinfachenden Beschreibungen geboten. Anhaltend fehlen empirische Erkenntnisse über ihr subjektives Erleben sowohl in Bezug auf ihre Lebenssituation als auch auf ihre Erfahrungen mit der Jugendhilfe (siehe Kapitel 5).

Nachfolgend wird auf empirische Daten zurückgegriffen, die sich auf Eltern als Adressaten/Adressatinnen von Hilfen zur Erziehung beziehen.[29] Diese Perspektiverweiterung ist plausibel, da wiederholt in Studien herausgearbeitet wurde, dass die Mehrzahl der Familien, die in einem Verfahren zur Abwendung einer Kindeswohlgefährdung involviert sind, zuvor erzieherische Hilfen in Anspruch genommen haben und/oder in Kontakt mit dem Jugendamt standen (siehe Kapitel 5.2.4).

Die Kinder- und Jugendhilfestatistik verwertet die wirtschaftliche Situation, die ethnische Herkunft[30] sowie den familialen Status als aussagekräftige Indikatoren für prekäre Lebenslagen, in denen sich die Klienten/Klientinnen vielfach befinden (vgl. Rauschenbach et al. 2009, S. 9). Die Lebenssituation von Familien, die Hilfen zur Erziehung beanspruchen, zeichnet sich statistisch betrachtet in der Regel durch vielschichtige Probleme und krisenhafte Entwick-

---

29 Mit Blick auf das Forschungsdesign lassen sich unterschiedliche Zugänge und Quellen differenzieren, z. B. Erkenntnisse aus der Risikoforschung und der Forschung zu Frühen Hilfen sowie Statistiken über das Vorgehen bei Gefährdungsmeldungen und die Gewährleistung von Hilfen zur Erziehung.

30 Der Migrationshintergrund wird in der AKJStat über zwei Indikatoren erfasst: das Herkunftsland der Eltern und die in der Familie vorrangig gesprochene Sprache (vgl. Tabel et al. 2018, S. 24 f.).

lungen aus. In diesem Zusammenhang verweisen empirische Daten darauf, dass Familien mit einem psychisch kranken oder suchtabhängigen Elternteil,[31] alleinerziehende Elternteile, Familien mit Migrationshintergrund, sehr junge oder finanziell schwache Familien häufig stark belastet sind und Hilfen in Anspruch nehmen. Wilde resümiert studienübergreifend folgende Charakteristika von Familien, deren Kinder fremd untergebracht sind: hoher Anteil an Alleinerziehenden, kaum vorhandene soziale Anbindung, reduziertes Verwandtschafts- oder Freundschaftsnetzwerk, defizitäre finanzielle Ressourcen, hohe Anzahl an Kindern, niedrige Bildungs- oder Ausbildungsabschlüsse und problematische Kindheit (vgl. Wilde 2014, S. 50 f.). Die empirischen Erkenntnisse bestätigen die vielseitigen Effekte und Nachteile, die prekäre Lebensumstände auf betroffene Personen haben können (vgl. Weber 2012, S. 56). Blandow spricht von „objektiv belastete[n] und belastende[n] Situation[en]" (Blandow 2004, S. 8). Ob und inwieweit diese Belastungen das Erleben betroffener Väter und Mütter prägen, ist bislang noch weitgehend unbekannt.

> „Wann und unter welchen Umständen können infolgedessen somit Lebenslagen von Kindern und Jugendlichen als prekär bezeichnet werden? Diese Kernfrage ist nicht einfach zu beantworten. Zum einen liegt der Frage nach der Prekarität von Lebensverhältnissen für das Individuum, mithin also für die betroffenen Kinder und Jugendlichen selbst, eine zutiefst subjektive Einschätzung zu Grunde. Das, was SozialwissenschaftlerInnen und SozialpolitikerInnen als prekär definieren, muss von den Kindern und Jugendlichen selbst keineswegs so wahrgenommen werden. Aber umgekehrt gilt genauso: Selbst wenn ein Kind bzw. dessen Eltern noch nicht eine von außen definierte Grenze unterschritten haben, kann dennoch ein Gefühl von Prekarität vorherrschen." (Rauschenbach et al. 2009a, S. 6)

Hilfen zur Erziehung in der Kinder- und Jugendhilfe bieten Familien in prekären Lebenssituationen Unterstützung (vgl. AKJStat 2018, o. S.). Sie greifen, wenn Kinder, Jugendliche und Eltern nicht länger in der Lage sind, mit sozioökonomischen Problemlagen, alltäglichen Krisen oder erzieherischen und familiären Überforderungssituationen selbstständig oder im informellen Rahmen umzugehen (vgl. Bohler 2008, S. 219). Sorgeberechtigte Väter und Mütter können erzieherische Hilfen beantragen, wenn sie problematisch wahrgenommene Situationen mit professioneller Unterstützung bewältigen wollen. Seit Jahren zeichnet sich ein fortwährender Anstieg der erzieherischen Hilfen und somit eine höhere „Reichweite von Hilfen zur Erziehung" (AKJStat 2018, o. S.) ab.

---

31 In diesem Zusammenhang wird von Krankenkassen seit einigen Jahren eine Zunahme sogenannter psychischer Auffälligkeiten bzw. Störungen konstatiert (vgl. Weber 2012, S. 58).

„Mit einer Zahl von 1.083.177 jungen Menschen, die 2016 eine Hilfe zur Erziehung in Anspruch genommen haben, […] wurde ein neuer Höchststand erreicht." (ebd., o. S.)

Dieser Spitzenwert wurde 2017 wieder übertroffen: 1.118.347 Kinder, Jugendliche und junge Volljährige haben eine Hilfe zur Erziehung in Anspruch genommen (vgl. AKJStat 2019, o. S.). Die zahlenmäßige Entwicklung spiegelt einen stetig größer werdenden Bedarf und eine steigende Nachfrage wider (vgl. AKJStat 2018, o. S.). Das erste Jahrzehnt des 21. Jahrhunderts war vorrangig durch die Zunahme der ambulanten Hilfen zur Erziehung gekennzeichnet. Diese Entwicklung war zwischenzeitlich zwar tendenziell rückläufig, zeichnet sich aber in der Statistik für das Jahr 2017 erneut ab. Auch die Fallzahlen der stationären Unterbringungen steigen an. Dieser Fallzahlenzuwachs hat sich nach enormen Anstiegen von ungefähr 25 Prozent in den Jahren 2015 und 2016 im Jahr 2017 auf ein moderates Maß eingependelt: In dem Bereich der Fremdunterbringungen zeigt sich 2017 eine Zunahme von vier Prozent (vgl. AKJStat 2019, o. S.).

Der Inanspruchnahme einer Hilfe zur Erziehung liegen im Einzelfall diverse Anlässe zugrunde. Familien, die erzieherische Hilfen in Anspruch nehmen, werden in fachlichen Zusammenhängen oftmals als „Multiproblem-Familien" (Schone 2015, S. 43) bezeichnet, da neben ökonomischen und materiellen Problemlagen familiäre und soziale Schwierigkeiten sowie biografische Belastungen vorliegen, die zu Überforderungsmomenten führen können (vgl. ebd., S. 43; Winkler 2012, S. 112). In der Kinder- und Jugendhilfestatistik werden unterschiedliche Gründe erfasst, z. B. die unzureichende Versorgung, Förderung, Betreuung oder Erziehung, eine mögliche Gefährdung des Kindeswohls, individuelle Probleme von jungen Menschen (Verhaltens- oder Entwicklungsauffälligkeiten, schulische Probleme), eingeschränkte Erziehungskompetenzen von Eltern oder familiäre Problemlagen oder Krisen (vgl. AKJStat 2017, S. 27 f.; Grundmann/Lehmann 2012, S. 229). Hilfen zur Erziehung reagieren nicht ausschließlich auf erzieherische Herausforderungen, sondern ebenso „auf sozioökonomische Verhältnisse und andere Lebenslagen mit besonderen Herausforderungen für das Aufwachsen junger Menschen und eine gelingende Erziehung in der Familie" (AKJStat 2018, o. S.). Sie bearbeiten also erstens misslingende Erziehungssituationen im Einzelfall und kompensieren zweitens defizitäre Lebenskonstellationen und -lagen (vgl. Rauschenbach et al. 2009, S. 11).

Erzieherische Unterstützungsleistungen im ambulanten und stationären Bereich werden überwiegend Alleinerziehenden gewährt (vgl. ebd., o. S.). In diesem Zusammenhang verweisen empirische Studien seit Jahren darauf, dass „Kinder und Jugendliche, die in Alleinerziehendenhaushalten aufwachsen, überproportional häufig von finanziellen, sozialen und bildungsbezogenen Risikolagen betroffen sind" (Tabel et al. 2017, S. 51). Die Indikatoren Alleinerziehend und Bezug von Transferleistungen sind miteinander verwoben. 2016 erhielten „70 % der Alleinerziehenden, die eine Hilfe zur Erziehung in Anspruch [nahmen] [...] (jenseits der Erziehungsberatung), [...] gleichzeitig staatliche finanzielle Unterstützung" (Tabel et al. 2018, S. 12; AKJStat 2018, o. S.). Zwar zeichnet sich in den vergangenen zwei Jahren eine Reduktion des Anteils der Alleinerziehenden an den Hilfen zur Erziehung ab, aber der Anteil unter ihnen, der Transferleistungen bezieht, ist stabil (vgl. Tabel et al. 2018, S. 12). Ein linearer Zusammenhang darf daraus jedoch nicht abgeleitet werden: Weder der Bezug von Transferleistungen noch der Status Alleinerziehend evoziert automatisch und unmittelbar einen Unterstützungsbedarf (vgl. Mühlmann 2017, S. 6). Zwischen vorliegenden Risikolagen und Erziehungskompetenzen bestehen keine kausalen Zusammenhänge (vgl. Winkler 2012, S. 112).

Die Gefahr für die Entstehung einer Kindeswohlgefährdung und somit für negative Auswirkungen auf die Entwicklung von Kindern ist hoch, wenn die subjektiv wahrgenommenen Belastungsmomente die Bewältigungskompetenzen und -ressourcen von Eltern übersteigen (siehe Kapitel 4). In prekären Lebenssituationen steigt die Gefahr, dass Eltern damit überfordert sind, selbstständig Veränderungen zu erarbeiten. Der häufig wahrgenommene Kontrollverlust und die vermeintliche Aussichtslosigkeit können sich in kindeswohlgefährdenden Verhaltensweisen manifestieren (vgl. Bundesjugendkuratorium 2009, S. 11). Flankierend begleiten schwierige sozioökonomische Verhältnisse oder persönliche Sinnkrisen gehäuft das Auftreten von Kindeswohlgefährdung. Aus dieser Perspektive verweist Kindeswohlgefährdung auf ein Konglomerat von Problemen: Familiäre Krisen, die oftmals in massive Beziehungsstörungen innerhalb des Familiensystems eingebettet sind, spitzen sich zu und finden einen Nährboden in belastenden biografischen Erfahrungen (vgl. Heinitz 2009, S. 60). Die vielschichtigen Probleme zeigen meist eine kumulierende Wirkung, die im Ergebnis die Handlungsfähigkeit betroffener Eltern massiv einschränken (vgl. Wilde 2014, S. 51).[32] Oftmals drohen sie mit ihren „Anstrengungen zur Kompensation" (Bohler 2008, S. 225) zu scheitern und das Risiko einer Kindeswohlgefährdung wächst (vgl. NZFH 2018, S. 77; AKJStat 2018, o. S.).

---

32 Wilde stellt die Problemlagen in Relation zu der Differenzierung zwischen ökonomischem, sozialem und kulturellem Kapital, das auf Bourdieu zurückgeht. Betroffene Eltern verfügen zumeist in allen drei Bereichen über ein geringes Kapital (vgl. Wilde 2014, S. 49, 52 ff.).

3.1.2 Auftreten und Ausmaß von Kindeswohlgefährdung

„Es gibt derzeit [und anhaltend] in der Bundesrepublik keine verlässliche empirische Dauerbeobachtung zum Ausmaß der [...] Gefährdungen des Kindeswohls." (Fendrich/Pothmann 2010, S. 1)

Bis heute existieren unterschiedliche Angaben über die Anzahl der Kinder, die in Deutschland von Kindeswohlgefährdung betroffen sind. Die veröffentlichten Zahlen weisen eine hohe Bandbreite auf und können keine verbindliche Auskunft geben. Die Daten basieren entweder auf Schätzungen und Hochrechnungen oder auf empirischen Untersuchungen mit verschiedenen Forschungsdesigns (vgl. ebd., S. 1). Zudem ist bei den Erhebungen die Methode häufig nicht bekannt, die Datenbasis nicht repräsentativ oder der Blick ausschließlich auf ausgewählte Gefährdungsaspekte konzentriert. Im Kontext von Kindeswohlgefährdung besteht obendrein ein nicht zu unterschätzendes Dunkelfeld (vgl. Gräbedünkel 2017, S. 39 f.; Kindler 2007, S. 6).

Aufgrund der unzureichenden Datenlage bietet sich zur Annäherung an das Ausmaß von Kindeswohlgefährdungen ein Blick in diverse Statistiken an (vgl. Kaufhold/Pothmann 2018, S. 24).[33] Die folgenden Ausführungen rekurrieren auf Daten der AKJStat. Bis 2012 boten in erster Linie die Daten über eingeleitete Hilfen zur Erziehung und vollzogene Inobhutnahmen einen ersten Einblick in die Dimension. Dieser beschränkte sich jedoch auf einen minimalen Ausschnitt der Gesamtheit aller Kindeswohlgefährdungen, sodass die Aussagekraft begrenzt war und weiterhin keine gesicherten empirischen Angaben über das reale Ausmaß von Gefährdungsmeldungen und -lagen von Kindern und Jugendlichen vorlagen (vgl. Gräbedünkel 2017, S. 39 f.).

Seit 2012 vergrößert sich das Wissen über den intervenierenden Kinderschutz kontinuierlich: „Mit der Einführung des Bundeskinderschutzgesetzes ist erstmals auch die statistische Erfassung der Gefährdungseinschätzungen infolge von Meldungen nach § 8a SGB VIII bundesweit verpflichtend und wird jährlich als Teil der Kinder- und Jugendhilfestatistik erfasst und aufbereitet" (NZFH 2018, S. 76). Die amtliche Statistik zu den Gefährdungseinschätzungen bezieht sich auf die Umsetzung des Verfahrens gemäß § 8a SGB VIII in den Jugendämtern der verschiedenen Kommunen.[34]

---

33 In der Auseinandersetzung mit Kindeswohlgefährdung können unterschiedliche Erhebungen herangezogen werden, z. B. die Statistiken des Gesundheitswesens, die Polizeiliche Kriminalstatistik, die Todesursachenstatistik, die Zahl der Sorgerechtsentzüge oder der Datenreport Frühe Hilfen.

34 Die Fachkräfte werden in dem Erfassungsbogen der statistischen Landesämter dazu aufgefordert, detaillierte Angaben über das Verfahren zu tätigen. Zu den Erhebungsmerkmalen zählen das Geschlecht und Alter von Kindern, Jugendlichen und Eltern, der Aufent-

„Wie viele gefährdete Kinder allerdings hinter diesen ‚Fällen' der amtlichen Statistik stehen, bleibt unbeantwortet. […] Das heißt, ein Rückschluss von der Anzahl der Verfahren auf die Anzahl der Kinder und Jugendlichen, die vernachlässigt, misshandelt oder missbraucht wurden, ist mit der ‚8a-Statistik' nicht möglich." (Kaufhold/Pothmann 2016, S. 9)

In der Statistik wird jedoch auch nicht das tatsächliche Ausmaß von Kindeswohlgefährdung, sondern die Tätigkeiten des Staates – verstanden als Jugendamt und Familiengericht – zur Abwendung gemeldeter (möglicher) Kindeswohlgefährdung abgebildet. Daneben erfasst die Statistik Daten über die Lebenssituation der Familien, die im Zuge des Verfahrens gemäß § 8a SGB VIII in Kontakt mit dem Jugendamt standen. Die Ergebnisse bestätigen, dass Kindeswohlgefährdung überdurchschnittlich häufig in Familien in prekären Lebensverhältnissen entdeckt und bearbeitet werden. Die Meldungen betreffen primär Familien, die soziostrukturell belastet und/oder von weiteren Belastungen betroffen sind (vgl. NZFH 2018, S. 76).

Seit Einführung der jährlichen Erhebung zu den Gefährdungsmeldungen gemäß § 8a SGB VIII im Jahr 2012 zeichnet sich ein fortdauernder „Trend ansteigender Fallzahlen" (Kaufhold/Pothmann 2017, S. 1) ab. 2017 wurden 143.300 Verfahren zur Einschätzung einer Kindeswohlgefährdung durchgeführt (vgl. Forschungsverbund Deutsches Jugendinstitut (DJI) e. V./Technische Universität (TU) Dortmund 2019, o. S.). Parallel dazu stiegen seit 2005, mit Einführung des Kinderschutzparagrafen 8a SGB VIII, die Zahlen der Hilfen zur Erziehung und Inobhutnahmen als vorläufige Schutzmaßnahmen. Die Daten über die vollständigen oder teilweisen Sorgerechtsentzüge verwiesen ebenfalls auf einen Anstieg (vgl. Bange 2018, S. 326, 331; Wazlawik 2011, S. 22 f.). Diesbezüglich kann nicht entschieden werden, ob diese zahlenmäßige Zunahme aus der Einführung des § 8a SGB VIII resultiert (vgl. Bohler/Franzheld 2010, S. 189). In der Rückschau gingen die öffentlichen Berichterstattungen über Kindeswohlgefährdungen mit einem Anstieg der Fallzahlen einher, obwohl die statistischen Daten über getötete Kinder einen Rückgang der Zahlen belegen (vgl. Bohler/Franzheld 2015, S. 190). Für diese Entwicklungen gibt es unterschiedliche Erklärungen: Einerseits wird eine Verschärfung von Problemlagen unterstellt, andererseits wird die Zunahme als Zeichen einer achtsamen und

---

haltsort der Kinder oder Jugendlichen, gewährte Hilfe(n) (zur Erziehung), meldende Person(en), die Art der Kindeswohlgefährdung (Vernachlässigung, körperliche oder psychische Misshandlung oder sexuelle Gewalt) sowie das Ergebnis der Gefährdungseinschätzung (latente Kindeswohlgefährdung, keine Kindeswohlgefährdung, aber Hilfe-/Unterstützungsbedarf, kein Hilfe-/Unterstützungsbedarf). Die bundesweiten Daten werden zusammengeführt und von dem Statistischen Bundesamt einer breiten Öffentlichkeit zugänglich gemacht (vgl. NZFH 2018, S. 76; Meysen/Eschelbach 2012, S. 205 f.; siehe Fußnote 17).

hinschauenden Kultur interpretiert, die unter anderem mit gesetzlichen Modifikationen und medial geführten Diskussionen zusammenhängt (vgl. Kaufhold/Pothmann 2018, S. 25; Wazlawik 2011, S. 23). Zusätzlich werden „veränderte Verfahrensweisen in den Jugendämtern oder auch verbesserte Kooperationsstrukturen" (Kaufhold/Pothmann 2017, S. 2) als Begründungen herangezogen. Seit ungefähr zwei Jahren zeichnet sich eine „konsolidierende Handlungspraxis im Kinderschutz" (Kaufhold/Pothmann 2018, S. 24) ab.

Hinsichtlich der meldenden Person(en) differenziert die Statistik zwischen unterschiedlichen Gruppierungen: Personen aus dem Bildungs-, Sozial- und Gesundheitswesen, Privatpersonen, die nicht betroffen sind, die Systeme Polizei und Justiz sowie betroffene Personen. Der Anteil der Melder-/Melderinnengruppe nimmt in der Reihenfolge ihrer vorherigen Nennung ab (vgl. Kaufhold/Pothmann 2017, S. 2).

Die Statistik für das Jahr 2016 bestätigt, dass Fachkräfte in den Jugendämtern bei jüngeren Kindern quantitativ mehr Gefährdungen einschätzen als bei älteren Kindern und Jugendlichen. Dabei zeigt sich, dass Vernachlässigung die in der Praxis am häufigsten vorzufindende Form der Kindeswohlgefährdung in den Verfahren zur Abwendung einer Kindeswohlgefährdung repräsentiert (vgl. ebd., S. 2 f.). Allgemein verteilen sich die Ergebnisse der Gefährdungseinschätzungen in den vergangenen Jahren wie folgt: In einem Drittel der Fälle wird eine akute oder latente Kindeswohlgefährdung konstatiert, in einem weiteren Drittel wird ein Hilfebedarf festgestellt und in dem letzten Drittel aller Fälle werden keine weiteren jugendhilferechtlichen Maßnahmen für notwendig erachtet (vgl. ebd., S. 3; Bange 2018, S. 329). In Abhängigkeit von dem Ergebnis stehen dem Jugendamt zahlreiche Handlungsmöglichkeiten zur Verfügung. Dabei zeigen sich in der Praxis keine Kausalitäten, sondern einzelfallorientiert wird aus dem Pool an Handlungsmöglichkeiten eine passende Option ausgewählt, die sich zwischen den Polen Hilfe und Kontrolle bewegt (vgl. Kaufhold/Pothmann 2017, S. 5). Eine diagnostizierte akute Kindeswohlgefährdung führt folglich nicht zwingend zu einer Fremdunterbringung oder vorläufigen Schutzmaßnahme. Wenn Eltern bereit und in der Lage sind, Veränderungen zu erarbeiten, werden auch ambulante oder teilstationäre Hilfen unterbreitet (vgl. Bange 2018, S. 331). Eine zentrale Einflussgröße auf die Hilfeentscheidung ist das Alter von Heranwachsenden.

Im Jahr 2016 basierten ungefähr 12 Prozent der eingeleiteten Hilfen zur Erziehung auf einer vorangegangenen Gefährdungseinschätzung gemäß § 8a SGB VIII. Diese Zahl muss ausdifferenziert werden: Während die Gefährdungseinschätzungen im Rahmen von Erziehungsberatungen und Eingliederungshilfe lediglich eine marginale Rolle spielen, ist ihre Relevanz im Kontext von Heimerziehung und familienorientierter Hilfe hoch (vgl. Tabel et al. 2018, S. 33). Hilfen zur Erziehung werden also im Zuge von Gefährdungseinschätzungen dann eingesetzt, wenn sie entweder innerhalb des Familiensystems greifen oder das System ersetzen sollen (vgl. Tabel et al. 2017, S. 55).

Zusammenfassend erweitert die Statistik über Gefährdungseinschätzungen zwar das Wissen über den institutionellen Umgang mit Meldungen über mögliche Kindeswohlgefährdung, aber sie ermöglicht weder eine Aussage über die absolute Anzahl an Kindeswohlgefährdungen noch gibt sie einen Einblick in das subjektive Erleben Betroffener. Die Daten werden über Dritte, zuständige Fachkräfte in Jugendämtern, erhoben. Professionelle Einschätzungen sind nicht zwingend deckungsgleich mit Wahrnehmungen und Deutungen von Eltern. Diese wurden in empirischen Erhebungen bislang rudimentär beleuchtet, obwohl sie maßgeblich das Verfahren zur Abwendung einer Kindeswohlgefährdung prägen.

3.2 Zusätzliche (potenzielle) Belastungen in Verfahren zur Abwendung von Kindeswohlgefährdung

Eltern sind trotz der ihnen im GG zugewiesenen Rechte und Pflichten nicht vollkommen frei in der Ausgestaltung von Erziehung. Mit der Elternrolle sind gesellschaftliche Erwartungen an ihre Kompetenzen und ihr Verhalten in der Erziehung verbunden. Im Idealfall übernehmen sie selbstverantwortlich und selbstständig Reproduktions- und Sozialisationsaufgaben für die Gesellschaft, die auf das Engagement und die Leistungsfähigkeit von Eltern angewiesen ist. Oelkers wertet die hohe gesellschaftliche Relevanz von Eltern als ursächlich für das staatliche Interesse an der Erfüllung der Elternrolle. Sie registriert einen Anstieg externer Anforderungen in den vergangenen Jahren. Väter und Mütter stehen zunehmend im Mittelpunkt politischer, öffentlicher, fachlicher und wissenschaftlicher Diskurse (vgl. Oelkers 2011, S. 264). Die Vorstellungen von den Aufgaben von Elternschaft und den Formen, sie zu erfüllen, zeichnen sich durch Vielfalt aus. Sie sind nicht starr, sondern abhängig von normativen, politischen und gesellschaftlichen Entwicklungen (vgl. Wilde 2014, S. 20). Die gesellschaftlichen Erwartungen bilden den Rahmen, in dem sich Eltern bewegen können bzw. dürfen. Wenn Eltern die Ansprüche nicht erfüllen, drohen negative Konsequenzen (vgl. Winkler 2012, S. 135).

3.2.1 Gesellschaftliche und fachliche Sicht auf Eltern als Adressaten/Adressatinnen der Kinder- und Jugendhilfe

„Sozialpädagogik ist immer auch diejenige Instanz, die soziale Ungleichheiten bekämpft und diese zugleich durch die Konstruktion von sozialen Problemen und Adressatengruppen reproduziert." (Bütow et al. 2014a, S. 2)

Das Zitat veranschaulicht den Zwiespalt der Kinder- und Jugendhilfe: Während die Fachkräfte auf der einen Seite bestrebt sind, Lebenssituationen von Eltern, Kindern und Jugendlichen zu verbessern, schreiben sie diesen auf der anderen Seite jugendhilfeanerkannte und -relevante Probleme zu, die von gesellschaftlichen Normalitätserwartungen abweichen und Hilfebedarfe begründen. Familien, die in Kontakt zu professionellen Helfern/Helferinnen stehen, sind daher häufig doppelt belastet. Erstens bilden sozioökonomische Beeinträchtigungen oder soziale Ungleichheiten mitunter den Anlass für eine Hilfe von außen und zweitens schaffen Fachkräfte durchaus zusätzliche Belastungen, indem sie betroffene Familien als Adressaten kategorisieren und ihnen typische Eigenschaften zuschreiben (vgl. Bastian/Schrödter 2014, S. 281). Angesichts dieser Dynamik zeichnet sich sozialpädagogisches Handeln in der Praxis durch die Gefahr einer dichotomen Wirkung aus. Einerseits erhalten Familien Unterstützung, andererseits steigt die Gefahr von Stigmatisierungs- und Ausgrenzungsprozessen, da sie nicht den gesellschaftlich und fachlich vorherrschenden Normalitätsvorstellungen entsprechen und Zuschreibungen erfahren (vgl. Bütow et al. 2014a, S. 2).

Hilfen der Kinder- und Jugendhilfe tragen dazu bei, aktuell dominierende Normalitätsvorstellungen, z. B. in Bezug auf Elternschaft, durchzusetzen. Vor allem in Verfahren zur Abwendung einer Kindeswohlgefährdung drängen sich Fragen nach guter vs. schlechter und gelungener vs. misslungener Elternschaft auf (vgl. ebd., S. 5 f.). Die Feststellung einer von Eltern möglicherweise zu verantwortenden Kindeswohlgefährdung und die Anrufung des Familiengerichts belegen aus gesellschaftlicher Perspektive häufig, dass betroffene Väter und Mütter nicht in der Lage oder gewillt sind, das Wohl ihrer Kinder zu schützen. In öffentlichen Diskursen wird mit steigender Tendenz das Bild von Eltern entworfen, die versagen und ihre Elternrechte verwirken. Dieses konstruierte Bild erzeugt gesellschaftlich mehrheitlich negative Assoziationen und Gefühle, die unter anderem in formulierten Schuldzuweisungen, z. B. als „Rabeneltern", und einem veränderten Umgang mit Betroffenen ihren Ausdruck finden (vgl. Wilde 2014, S. 17). Die in der Gesellschaft vorherrschende diskriminierende Sichtweise auf vermeintlich gescheiterte Väter und Mütter drängt eine kritische Auseinandersetzung mit deren Haltungen und Meinungen tendenziell in den Hintergrund (vgl. Wolf 2014, S. 9 f.). In der Folge werden mögliche Effekte solcher Zuschreibungs- und Stigmatisierungsprozesse, die im Zuge von Fremdunterbringungen oder familiengerichtlichen Verfahren erzeugt werden, selten öffentlich thematisiert oder empirisch erforscht.

In der Kinder- und Jugendhilfe wird erzieherisches Verhalten bewertet und kategorisiert, z. B. als normal vs. nicht normal oder akzeptabel vs. nicht akzeptabel. Bohler et al. konnten empirisch bestätigen, dass fachlichen Einschätzungen der Eltern und Kinder als Personen sowie ihrer Probleme und Lebenslagen ethische Maßstäbe und gesellschaftliche Normalitätsvorstellungen zugrunde liegen. Die Zuordnungen repräsentieren ein Geflecht von Wahrnehmungen, Beschreibungen und Urteilen über die jeweilige Familie, die sich wechselseitig verstärken und als Konglomerat wirken. Exemplarisch rekonstruieren Bohler und Engelstädter nachfolgende Problemdifferenzierungen (vgl. Bohler/Engelstädter 2008, S. 115 f.): bedürftig vs. nicht bedürftig, einer Hilfe würdig vs. einer Hilfe nicht würdig sowie helfen vs. nicht helfen. Basierend auf den Beurteilungen wird entschieden, ob erstens ein Fall für die Jugendhilfe existiert und – falls diese Frage bejaht wird – zweitens Hilfe oder Kontrolle angezeigt ist. In den von Bohler et al. durchgeführten Untersuchungen hat sich gezeigt, dass Kinder immer als hilfewürdig gelten. Eltern hingegen gelten nicht zwingend einer Hilfe, aber vermehrt einer Kontrolle würdig. Der Verdacht auf eine Kindeswohlgefährdung, klassifiziert als Normabweichung, ist aus professioneller Sicht notwendig, um eine handhabbare soziale Wirklichkeit zu schaffen und Eingriffe legitimieren zu können (vgl. Bütow et al. 2014a, S. 12).

In fachlichen Diskursen der Kinder- und Jugendhilfe kristallisieren sich laut Oelkers zwei unterschiedliche Sichtweisen auf Eltern heraus. Aus der ersten Perspektive werden Väter und Mütter als Subjekte definiert, die aktiv eine förderliche Erziehung ihrer Kinder gestalten. Sie sind in der Regel dazu fähig, das Kindeswohl zu sichern. Aus der zweiten Perspektive findet eine Rollenumkehr statt: Eltern werden von Fachkräften zu Objekten degradiert. Sie nehmen die Rolle von zu erziehenden Personen ein, die von der Gesellschaft – stellvertretend von der Jugendhilfe – erzogen werden müssen, damit nachhaltig eine positiv wirkende Erziehung für deren Kinder gewährt werden kann (vgl. Oelkers 2011, S. 265). Während das Vertrauen in die Erziehungsfähigkeit von Eltern die erste Sichtweise dominiert, prägt Misstrauen gegenüber elterlichen Kompetenzen die zweite Sichtweise. In Abhängigkeit von der Perspektive und häufig verbunden mit der gesellschaftlichen Stellung von Eltern zeigt sich in der Jugendhilfe eine Spannbreite von unterstützend-stärkenden bis kontrollierend-disziplinierenden Maßnahmen. Das Spektrum repräsentiert die jugendhilfespezifischen Bemühungen, Eltern im Sinne gesellschaftlicher Erwartungen zu beeinflussen (vgl. Finke 2015, S. 27).

Aktuell zeigt sich, dass die Einhaltung von Elternrechten und -pflichten zunehmend gesellschaftlich und professionell beobachtet und überprüft wird. Angesichts medial aufbereiteter Fälle von Kindeswohlgefährdung wird die pädagogische Eignung von Eltern öffentlich kritisch und z. T. polemisch diskutiert (vgl. Winkler 2012, S. 106 f.). Skepsis gegenüber erzieherischen Fähigkeiten wird vor allem Eltern in prekären Lebensverhältnissen entgegengebracht (siehe Kapitel 3.1). Sie stehen vorrangig im Verdacht, notwendige erzieherische Leistungen nicht ausreichend erbringen zu können. Daher werden sie zunehmend als Risikofamilien identifiziert und betrachtet (vgl. Schone 2008, S. 77). Eine Stigmatisierung als „*riskante* Familie" (Winkler 2007, S. 204, Hervorhebung im Original) hat für betroffene Eltern, Kinder und Jugendliche weitreichende Folgen. Das fehlende Vertrauen in elterliche Kompetenzen kann sich mitunter in einer gering ausgeprägten Akzeptanz ihrer elterlichen Autonomie und einer reduzierten Wertschätzung ihrer Leistung manifestieren (vgl. ebd., S. 208; SPI 2004, S. 5 f.; SPI 2007, S. 5 f.). Risikoeltern zählen im intervenierenden Kinderschutz zu den Personen, die von Fachkräften „sorgfältig kontrolliert, zur richtigen Erziehung angehalten und entsprechend trainiert werden" (Winkler 2007, S. 202) müssen. Das Verhalten der ins Visier geratenen Eltern wird „zum Anlass genommen, die Verantwortung des Staates in Form von Eingriff und Kontrolle wieder zu verstärken" (Oelkers 2011, S. 273), um die Situation verändern und Gefährdungsmomente abwenden zu können (vgl. Wazlawik 2011, S. 21). In diesem Szenario wird Eltern meist die exklusive Verantwortung für ihre Lebenssituation und eine mögliche Kindeswohlgefährdung zugeschrieben (vgl. Bütow et al. 2014a, S. 14).

Die Personalisierung familiärer Problemlagen in Form der Fokussierung auf erzieherisches „Versagen" drängt den Einfluss von sozialen, finanziellen und kulturellen Mängeln in den Hintergrund. Die Auswirkungen soziostruktureller Risikolagen auf die Lebenssituation, das Belastungs- und Überforderungserleben von Eltern sowie die Entstehung und Verfestigung möglicher kindeswohlgefährdender Situationen werden im schlimmsten Fall übersehen oder negiert (vgl. SPI 2007, S. 5; SPI 2004, S. 5; siehe Kapitel 3.1). Der fachliche Blick reduziert sich auf die Binnenstruktur der Familie und Verhaltensweisen von Eltern. Die eingeengte und empirisch nicht haltbare Ursachenzuschreibung kann sich negativ auf die fachliche Einstellung und das Auftreten gegenüber Eltern, Kindern und Jugendlichen auswirken (vgl. Bohler 2008, S. 225). Diese Dynamik widerspricht aus Sicht von Winkler einer anerkennenden Haltung, die fordert, Eltern als anspruchsberechtigte Subjekte zu betrachten. Die Stigmatisierung und Reduzierung ihrer Stellung als Objekte (praktischer) Kontrolle wird ihnen nicht gerecht (vgl. Winkler 2012, S. 147). Finke fordert daher eine Stärkung der Position von Eltern: „Dieses Unterstützen und Mittragen von Verantwortung und Belastung sowie die Veränderung ungerechter gesellschaftlicher Strukturen und eine gesamtgesellschaftliche Verantwortungsübernahme für menschen- und kinderfreundliche Lebensbedingungen hat Vorrang vor einer Entmachtung der Eltern in ihrer Bestimmer-Rolle" (Finke 2015, S. 29).

Abweichend von dem fachlich anerkannten und gesetzlich festgeschriebenen Auftrag, Eltern zu unterstützen, erhöht die Konstruktion von Risikoeltern und -familien die Gefahr von Vorurteilen, Stereotypen und Diskriminierungsprozessen in der Kinder- und Jugendhilfe (vgl. Winkler 2007, S. 208). In Kombination mit der Fokussierung auf kontrollierende Handlungsweisen stellt die Gestaltung einer produktiven Arbeitsbeziehung und wertschätzenden Interaktion eine besondere Herausforderung in Verfahren zur Abwendung einer Kindeswohlgefährdung dar (vgl. Bohler/Engelstädter 2008, S. 123 f.).

3.2.2 Interaktionsgestaltung zwischen Anspruch und Realität in Verfahren zur Abwendung einer Kindeswohlgefährdung

„Zunächst einmal lässt sich sagen: Ohne Interaktion liefe im ASD nichts. Bei Hausbesuchen, Beratungs- oder Hilfeplangesprächen begegnen sich SozialarbeiterInnen und AdressatInnen Tag für Tag. In der Interaktion (bestenfalls als Dialog und nicht als Verhör gestaltet) können die Fachkräfte Informationen gewinnen, die sie zur Einschätzung von Kindeswohlgefährdungen benötigen. Die Professionellen sind gefordert, sich ihr eigenes Bild von der Familie und den Familienmitgliedern zu machen. Nicht zuletzt finden hier wichtige Formen der Beratung statt, in der Professionelle Eltern, Kinder und Jugendliche informieren, bzw. sie in Prozessen der Selbst-Entwicklung begleiten sollen." (Ackermann 2012, S. 128)

Fachkräfte definieren das Arrangement von Interaktionen als Kernstück ihrer Tätigkeit (vgl. Klatetzki 2010, S. 16). Gleichzeitig äußern sie Befürchtungen, in der Praxis zu wenig Zeit zu haben, um sich den Interaktionen angemessen zuwenden zu können. Trotz ihrer Skepsis sind sie in der Praxis lediglich in Ausnahmefällen dazu aufgefordert, ihr Verhalten in Interaktionen mit Adressaten/ Adressatinnen offenzulegen, zu erklären oder zur Diskussion zu stellen. Im Regelfall sind sie in der praktischen Ausgestaltung autark. Bislang ist wenig darüber bekannt, wie Interaktionen im intervenierenden Kinderschutz ablaufen und von unterschiedlichen Beteiligten wahrgenommen werden (vgl. Ackermann 2012, S. 129 ff.).

Der Schutzauftrag gemäß § 8a SGB VIII als gesetzlich definierter Handlungsauftrag der Fachkräfte öffentlicher und freier Jugendhilfeträger bildet den einflussreichen Rahmen für den Aufbau und die Ausgestaltung von Arbeitsbeziehungen[35] und Interaktionen zwischen Fachkräften einerseits und Eltern, Kindern und Jugendlichen andererseits. Insbesondere in vermeintlich kindeswohlgefährdenden Fallkonstellationen stellt die Interaktion hohe Ansprüche an zuständige Fachkräfte.[36] Ihre Realisierung gilt in der Literatur daher als „Prüf-

---

35 In der fachlichen Diskussion gibt es zahlreiche Konzepte, die sich mit der Ausgestaltung von (Arbeits-)Beziehungen von Fachkräften sowie Adressaten/Adressatinnen im Spannungsfeld von Hilfe und Kontrolle beschäftigen. Welter-Enderlin und Hildenbrand (2004) entwickelten das Konzept „Fallverstehen in der Begegnung", Helming (2002, 2008) begründete ihr „Konzept der Anerkennung" und Oevermann (1997) konzipierte „Arbeitsbündnisse". Diese Auflistung erhebt keinen Anspruch auf Vollständigkeit und gibt lediglich einen kleinen Einblick in unterschiedliche Denkrichtungen. In der vorliegenden Arbeit ist maßgeblich, dass es sich um eine Beziehung handelt, die weder von Fachkräften noch von Eltern ohne Weiteres beendet werden kann.

36 Im intervenierenden Kinderschutz begegnen sich nicht ausschließlich Fachkräfte und Adressaten/Adressatinnen. Die Fachkräfte des ASD interagieren zur Abwendung einer Kindeswohlgefährdung häufig mit weiteren Fachkräften, z. B. Kollegen/Kolleginnen innerhalb des Jugendamtes, Sozialarbeitern/Sozialarbeiterinnen von freien Trägern oder anderen

stein für die Professionalität der Sozialen Arbeit" (Bohler/Franzheld 2015, S. 189).

In der Interaktion zur Abwendung einer Kindeswohlgefährdung treffen unterschiedliche Lebenswelten zusammen: „auf der einen Seite die unstrukturierte, informelle, oft diffuse Alltags- oder Lebenswelt, auf der anderen Seite die nach Rationalitätskriterien konstruierte, formelle Welt eines institutionellen Systems" (Blandow 2004, S. 10). In solchen Situationen liegt die Herausforderung für Fachkräfte darin, einen dialogischen Aushandlungsprozess herzustellen, der auf Augenhöhe stattfindet. Im Mittelpunkt stehen die Fragen, ob ein Kind gefährdet ist und wie eine mögliche Gefährdung abgewandt werden kann. Unterschiedliche Beurteilungen und Meinungen von Fachkräften sowie Adressaten/Adressatinnen werden im besten Fall diskutiert, um sich gemeinsam zu verständigen, welche Wahrnehmungen in eine kongruente Problemsicht integriert werden können (vgl. Ackermann 2012, S. 129).

Die theoretisch geforderte und rechtlich verankerte gleichberechtigte Interaktion benötigt ein reziprokes Verstehen und „ein geregeltes, auf ein gemeinsames Ziel ausgerichtetes, wechselseitiges Zusammenwirken hinsichtlich des Kindeswohls" (Wutzler 2017, S. 290). Fachkräfte müssen für die Mitarbeit und Kooperation von Klienten/Klientinnen werben. Mögliche Abwehrhaltungen und -strategien gegenüber Hilfen müssen erkannt und sukzessiv abgebaut werden. Oftmals werden in solchen Situationen Themen angesprochen, welche Eltern, Kinder und Jugendliche tief berühren und die in ihrer Bedeutung für sie und ihre Lebenswelt nicht unterschätzt werden dürfen (vgl. Schütze 1992, S. 136 f.). Vertrauen ist die Voraussetzung für eine produktive und tragfähige Arbeitsbeziehung, welche die Grundlage für nachhaltige Unterstützungsleistungen schafft. Wenn es Fachkräften nicht gelingt, eine von Solidarität getragene Beziehung aufzubauen, misslingt die Interaktion regelmäßig (vgl. Biesel 2009, S. 53). Förderlich sind professionelle Empathie sowie eine anerkennende Haltung gegenüber Eltern, Kindern und Jugendlichen, in schwierigen Lebenssituationen handlungsfähig zu sein. Daneben nimmt Sympathie oder Antipathie eine nicht zu unterschätzende Rolle für die Ausgestaltung von Interaktionen ein, auch wenn der Aufbau von Sympathie oder Antipathie abhängig von vielfältigen Aspekten ist, die nur bedingt beeinflusst werden können (vgl. Faltermeier 2001, S. 89). Den Einfluss veranschaulicht Faltermeier eindrücklich: „Ungewohnter Geruch, schlechter Einrichtungsgeschmack relativieren sich, wenn die persönliche, zwischenmenschliche Ebene von freundlichen, zugewandten, sympathiebezogenen Kommunikationssignalen bestimmt wird" (ebd., S. 89).

Professionen (Richter/Richterinnen etc.). Die nachfolgenden Ausführungen konzentrieren sich jedoch auf die Interaktion zwischen Fachkräften des ASD und Eltern.

Interaktionen zwischen Fachkräften und Adressaten/Adressatinnen finden also nicht in einem luftleeren Raum statt, sondern werden von zahlreichen Kräften und Prozessen beeinflusst. Bei der Betrachtung der Besonderheiten in Verfahren zur Abwendung einer Kindeswohlgefährdung müssen die oben erläuterten Forderungen kritisch diskutiert werden. Die Erwartungen gelten als Qualitätsmaßstäbe zur Bewertung von Professionalität. Basierend auf den rechtlichen Grundlagen repräsentieren sie zweifelsohne den Anspruch an eine partizipativ ausgerichtete Jugendhilfe (siehe Kapitel 2.4). Unbestritten dürfte gleichzeitig sein, dass die vollständige Erfüllung als utopisch bewertet werden kann. In der Praxis erschweren zahlreiche Aspekte eine produktive Arbeitsbeziehung und gelingende Interaktion im Zuge der Abwendung einer Kindeswohlgefährdung.

> „Obwohl es im Kinderschutz darum geht, den Kontakt zu den Erziehungsberechtigten und zu den für die Erziehung mitverantwortlichen Familienangehörigen herzustellen, scheitern die sozialen Fachkräfte oftmals daran. Ihnen gelingt es nicht, oder nur sehr beschwerlich, ein gemeinsames und tragfähiges Arbeitsbündnis aufzubauen." (Biesel 2009, S. 53)

Fachkräfte und Familienmitglieder befinden sich in einem Abhängigkeitsgefüge, das die einseitige Beendigung der Beziehung unmöglich macht. Weder für Fachkräfte noch für Adressaten/Adressatinnen gibt es eine einseitige „Exit-Option" (Retkowski/Schäuble 2012, S. 239). Beide Akteure müssen die Beziehung so lange aushalten, bis die Situation geklärt und eine Lösung in Aussicht ist. Einerseits sind betroffene Eltern angesichts der nicht aufzulösenden Asymmetrie von Fachkräften und deren Einschätzungen abhängig. Väter und Mütter sind sich – im besten Fall – dessen bewusst, dass ihre Familiensituation im Zuge des Schutzauftrages auf dem Prüfstein steht. Andererseits sind Fachkräfte von Adressaten/Adressatinnen abhängig, um ihr Wächteramt ausfüllen und Anhaltspunkte klären zu können (vgl. ebd., S. 244). Dabei sind Fachkräfte des ASD häufig mit Eltern konfrontiert, die unfreiwillig den Kontakt und die Interaktion gestalten. Fachkräfte tendieren in diesem Kontext dazu, gegenüber Klienten/ Klientinnen disziplinierend aufzutreten. Sie deuten Kooperation nicht als wechselseitiges Zusammenwirken auf ein gemeinsames Ziel, sondern als einseitige Kontrolle und Auflagendefinition von ihrer Seite. Der Kooperationsanspruch ist folgerichtig eingelöst, wenn Eltern professionelle Erwartungen erfüllen und sich konform verhalten. Das fachliche Verständnis von Kooperation reduziert sich auf die Mitwirkung und Problemeinsicht von Eltern: Zusammenwirken und Anpassung verschmelzen (vgl. Wutzler 2017, S. 306).

In Verfahren zur Abwendung einer Kindeswohlgefährdung lehnt Wigger angesichts der Besonderheiten den Begriff Arbeitsbeziehung ab und beschreibt das Verhältnis als „irgendwie geartete Beziehung" (Retkowski/Schäuble 2012,

S. 239). Laut Wigger stehen nicht die Kooperation und Koproduktion zwecks gemeinsamer Zielerreichung im Mittelpunkt, sondern der Kampf um Deutungsmacht. Die Akteure streben vorrangig danach, die für sie gültigen Problemwahrnehmungen und Bewältigungsstrategien durchzusetzen (vgl. Wigger 2013, S. 143 f.). Auf diese Weise wird eine Interaktion auf Augenhöhe torpediert. In Übereinstimmung damit unterscheidet Franzheld eine pädagogisch geartete Arbeitsbeziehung von einer Arbeitsbeziehung in Zwangskontexten. Er betrachtet den fachlichen Auftrag im reaktiven Kinderschutz als Argument gegen die Ausgestaltung einer sozialpädagogisch gearteten Arbeitsbeziehung: Die Abklärung von Gefährdungsmomenten sowie die Erfassung von Risiko- und Schutzfaktoren bilden den Schwerpunkt. Zunehmende Kontrollen oder Formulierungen von Auflagen wirken hinderlich auf eine produktive Beziehung. Diese Fokussierung drängt eine sozialpädagogisch geartete Arbeitsbeziehung in den Hintergrund und befördert eine „Verdachtsbeziehung" (Franzheld 2013, S. 83) gegen Eltern.

Vor allem die zwei nachfolgend erläuterten komplexen Aspekte gelten als Störfaktoren für gelingende Interaktionen zwischen Fachkräften und Eltern.

1. *Diskrepanzen in den Einschätzungen der Lebenssituationen und in den Einschätzungen der notwendigen Veränderungen*

„In Entscheidungsprozessen um die Sicherung des Kindeswohls kommt es oftmals zu gegensätzlichen Einschätzungen und langwierigen, teils zeitlich gegenläufigen Entwicklungen zwischen Hilfe, Kontrolle, Strafe und Verfolgung. Unterschiedliche Beteiligte folgen unterschiedlichen Handlungsvollzügen, das Verfahren verläuft dabei nicht linear, sondern unterliegt diversen Rückschritten und (aus der jeweiligen Perspektive) nicht intendierten Nebenwirkungen. Das Verfahren und die Entscheidungsprozesse bergen somit auch die Gefahr neuer Komplexität und daraus resultierender Krisen." (Heinitz 2009, S. 60)

In der Kinder- und Jugendhilfe kristallisieren sich häufig Divergenzen in der Selbst- und Fremdwahrnehmung der familiären Situation heraus. Zwar kann es geteilte Einschätzungen geben, diese können aber nicht vorausgesetzt werden (vgl. Wolf 2014, S. 9 f.). Adressaten/Adressatinnen sowie Fachkräfte haben subjektive Vorstellungen von gelungener Elternschaft, gutem Aufwachsen oder Kindeswohlgefährdung, die ihre jeweiligen Wahrnehmungs- und Bewertungsprozesse beeinflussen (vgl. Bütow et al. 2014a, S. 5 f.). In der Praxis gibt es demnach nicht die eine Wirklichkeit, sondern perspektivenabhängige Wirklichkeiten. Wirklichkeitskonstruktionen sind das Ergebnis individueller Wahrnehmungs- und Deutungsprozesse, die von zahlreichen Größen beeinflusst werden.

Biografie und Milieu repräsentieren hierbei zwei zentrale Einflussgrößen: Klienten/Klientinnen und Fachkräfte wachsen in der Regel in unterschiedlichen Milieus auf, sammeln individuelle biografische Erfahrungen und verinnerlichen biografie- und milieuspezifische Normen und Werte. Differenzen in den Lebensgeschichten, Lebenswelten sowie Haltungen bedingen häufig abweichende Wirklichkeitskonstruktionen sowie Bewertungen der familiären Situation (vgl. Finke 2015, S. 31). Je größer die Diskrepanz zwischen Fachkräften und Eltern, desto größer die Gefahr, keine übereinstimmenden Einschätzungen formulieren zu können (vgl. Faltermeier 2001, S. 73). An die Stelle einer „gemeinsamen Situationsdefinition" (Uhlendorff et al. 2008, S. 10) treten divergierende Deutungen von Problemen. Fachkräfte und Eltern nehmen im Weiteren „[k]onfligierende Sichtweisen auf das Kindeswohl" (Helming 2010, S. 529) ein, da sie verschiedene Kriterien und Maßstäbe zur Bestimmung von Gefährdungssituationen anlegen. Eine Erklärung divergierender Perspektiven sind also subjektive Relevanzsysteme von Eltern und Fachkräften.

Die Einschätzungen von Fachkräften basieren zusätzlich auf zahlreichen Indikatoren, die sich gegenseitig beeinflussen und das berufliche Selbstverständnis prägen (vgl. Bohler 2008, S. 246). Von Bedeutung sind beispielhaft (sozial-) politische Werte, gesellschaftliche Vorstellungen von Familie und Eltern, organisationsspezifische Vorgaben, Trends in der Jugendhilfe oder fachliche Überzeugungen und Erfahrungen. In Untersuchungen konnte empirisch belegt werden, dass die ethnische Zugehörigkeit und sozioökonomische Lebenslage von Adressaten/Adressatinnen fachliche Abwägungsprozesse über eine mögliche Herausnahme von Kindern beeinflussen (vgl. Bastian/Schrödter 2014, S. 280). Eine Wirkung politischer, fachlicher und organisatorisch-administrativer Faktoren auf professionelle Urteile konnte ebenfalls nachgewiesen werden: Verfahrensstandardisierungen, Kommunikationswege, informelle Absprachen und Routinen sowie vorhandene Ressourcen und Handlungsoptionen tangieren fachliche Entscheidungen. Die formellen und informellen Rahmenbedingungen der Organisation als zentrale Einflussgrößen erklären mitunter differente Einschätzungen von Merkmalen der Adressaten/Adressatinnen (z. B. Alter, Geschlecht, Schichtzugehörigkeit). Insbesondere formen Haltungen und Kulturen im Team, die von der Organisation getragen werden, Urteile von professionell Handelnden (vgl. ebd., S. 281). Im Zuge kollegialer Beratungen bilden sich team- und organisationsspezifische Werte und Normen heraus, die Entscheidungen und Entscheidungsprozesse beeinflussen. Das Verhalten und die Lebenslagen von Eltern, Kindern und Jugendlichen werden einer kollegialen Einschätzung unterzogen und entsprechend den geteilten und regelmäßig im Austausch bestätigten Normalitätsvorstellungen und Haltungen eingeordnet (vgl. ebd., S. 287 f.).

Analog zu den Problemeinschätzungen tendieren Fachkräfte sowie Adressaten/Adressatinnen typischerweise zu differenten Lösungsansätzen und Vor-

stellungen von notwendigen Veränderungen. Angesichts abweichender inhalt-
licher Überzeugungen haben sie regulär unterschiedliche Erwartungen an Wirkungen möglicher Hilfen (vgl. Wigger 2013, S. 151). Wenngleich Eltern, Kinder
und Jugendliche in der Regel in der Lage sind, über ihre persönliche und familiäre Situation mitsamt ihren Problemen, Sorgen, Ängsten, Erwartungen und
Wünschen plausibel zu sprechen, gibt es keine Garantie dafür, dass ihre Erwartungen erfüllt werden (vgl. ebd., S. 144 f.). Trotz der anerkannten Relevanz
von „Selbstdeutungen der Familienmitglieder" (Uhlendorff et al. 2008, S. 10)
für die Wirksamkeit von Hilfen und Interventionen bleiben diese in der Praxis
nicht selten unberücksichtigt. Häufig entscheiden Fachkräfte im ASD, welche
Problemwahrnehmungen und -deutungen passend sind und Gültigkeit besitzen
(vgl. Retkowski/Schäuble 2012a, S. 199). Bohler et al. kritisieren, dass Fachkräfte die Problemdeutungen der Adressaten/Adressatinnen unzureichend
würdigen und sie durch ihre professionellen Sichtweisen ersetzen (vgl. Bohler/
Engelstädter 2008, S. 115 f.; Bastian/Schrödter 2014, S. 286). Mehrheitlich definiert die zuständige Fachkraft, wann und wie professionelle Hilfen gestaltet
werden (vgl. Bohler 2008, S. 237). Daher bildet „[d]as Auseinanderfallen von
Experten- und Betroffensicht im Hinblick auf erfolgversprechende Bewältigungsstrategien […] in der Regel [den] Ausgangspunkt für nicht freiwillige
Hilfen" (Wigger 2013, S. 150). Unzureichende Hilfeakzeptanz und -wirksam-
keit treten öfter auf, wenn die Entscheidungen über Hilfen sich nicht an den
Bedürfnissen der Familie orientieren, sondern an dem vorhandenen Angebot.
In solchen Konstellationen werden die Probleme so umgedeutet, dass sie mit
den zur Verfügung stehenden Lösungsansätzen bearbeitet werden können (vgl.
Bastian/Schrödter 2014, S. 282). Angesichts der fehlenden Passgenauigkeit
können im weiteren Verlauf familiäre Probleme zunehmen und problematische
Entwicklungen eskalieren. Wenn die gewährte Hilfe von den Eltern nicht als
Hilfe, sondern als Kontrolle und Zwang erlebt wird, können die Ansprüche an
eine gelingende Interaktion nicht umgesetzt werden (vgl. Wigger 2013, S. 149).

2. Wechselseitige Wahrnehmungen von Eltern und Jugendamt

Interaktionen zwischen Adressaten/Adressatinnen und Fachkräften werden
primär durch ihre jeweiligen Handlungsmuster beeinflusst, die ihrer individuellen Eigenlogik folgen. Unter Eigenlogiken fasst Wutzler die rational dominierenden, auf dem subjektiven Erfahrungsschatz basierenden und daher individuell verankerten Wahrnehmungen und Deutungen, an denen sich das Handeln in der Interaktion maßgeblich orientiert (vgl. Wutzler 2017, S. 285; Bas-
tian/Schrödter 2014, S. 291). Die Handlungen beruhen dabei nicht ausschließlich auf rationalen Beweggründen, sondern ebenso auf emotional gefärbten
Deutungen. Die Haltung von Fachkräften gegenüber Familien prägt ihre Wahrnehmung derselben und ihr Verhalten gegenüber Eltern, Kindern und Jugend-

lichen. Sie wird nicht nur durch den unmittelbaren Kontakt, sondern auch durch den Anlass der Kontaktaufnahme und durch Informationen Dritter, z. B. beteiligter Professionen und Organisationen, beeinflusst. Meldungen von Außenstehenden wecken eher Zweifel an elterlichen Kompetenzen (vgl. Faltermeier 2001, S. 89 f.): „Wenden sich betroffene Familien bzw. Kinder und Jugendliche nicht selbstständig an Jugendämter, sondern werden Sie aufgrund von Hinweisen und Indizien den zuständigen Behörden gemeldet, überwiegen in anschließenden Abklärungsphasen normierende Verdachts- und Kontrollbeziehungen" (Franzheld 2013, S. 93).

Weder Fachkräfte noch Adressaten/Adressatinnen haben einen unmittelbaren Einblick in die jeweiligen Gedanken- und Argumentationsgänge des Gegenübers (vgl. Ackermann 2012, S. 125). Die Professionellen „treffen in der Kooperation auf internalisierte Erfahrungen und daraus entwickelte Verhaltensweisen der Eltern, deren Hintergründe für sie nicht ohne weiteres [sic!] zugänglich sind" (Wilde 2014, S. 56). Da ihnen nicht immer ein authentischer Zugang zu Motiven, Hintergründen und Intentionen (vgl. Ackermann 2012, S. 126) gewährt wird, existiert in der Praxis die Gefahr – gerade zu Beginn einer Kontaktaufnahme – „eine […] mögliche […] Klientenpersönlichkeit" (Bohler 2008, S. 229) zu konstruieren. Diese Vorstellung impliziert zugeschriebene typische Handlungsmuster oder Motivlagen und basiert in erster Linie auf normativen Werten und Haltungen (vgl. ebd., S. 229). Kategorisierungen bergen die Gefahr der Reduktion: Eltern, Kinder und Jugendliche werden nicht länger in ihrer Einzigartigkeit und Ganzheitlichkeit wahrgenommen, sondern auf verallgemeinerbare – in der Praxis häufig negativ konnotierte – Merkmale reduziert. Diese Kennzeichen basieren auf fachlich gesammelten Erfahrungen mit anderen Personen aus vergleichbaren Lebenswelten. Sie bündeln Vorstellungen von typischen Handlungen und Zielen der Personen aus dem Milieu. Eltern, Kinder und Jugendliche verschmelzen mit ihrer Herkunft (vgl. Bohler 2008, S. 229). Auf diese Weise finden Vorurteile in der Kinder- und Jugendhilfe Einzug (vgl. Bohler/Engelstädter 2008, S. 125). Werden Klienten/Klientinnen als repräsentativ für Probleme oder soziale Gruppierungen eingeordnet, verlieren sie im schlimmsten Fall ihren Status als Individuen (vgl. ebd., S. 141). Das fachliche Handeln richtet sich ausschließlich an den Vorstellungen von Familien aus (vgl. Faltermeier 2001, S. 89). Eine fehlende oder unzureichende Reflexion der fachlichen Haltung birgt die Gefahr, betroffene Eltern im weiteren Verlauf ausschließlich selektiv und einseitig wahrzunehmen. Eine solche Wahrnehmungsverzerrung kann dazu führen, positive Entwicklungen zu übersehen oder nicht anzuerkennen. Bohler und Franzheld arbeiteten empirisch heraus, dass angesichts der Konzentration auf ausgewählte Aspekte häufig der Blick für das gesamte System Familie fehlt (vgl. Bohler/Franzheld 2015, S. 210).

Professionelle Handlungsschritte und Entscheidungen „erfüllen vor allem den Zweck, Unsicherheit in Handlungsfähigkeit zu überführen" (Bastian/

Schrödter 2014, S. 287). Sobald die fachlichen Handlungslogiken in erster Linie auf die (eigene) Absicherung zielen, rückt Kontrolle in den Mittelpunkt. Das in den vergangenen Jahren gestiegene Kontrollbedürfnis erschwert oftmals den Zugang zu Eltern, Kindern und Jugendlichen und den Aufbau einer vertrauensfördernden Arbeitsbeziehung sowie die Gestaltung einer gelingenden Interaktion (vgl. Bohler/Franzheld 2015, S. 210). Bohler und Franzheld formulieren überspitzt, dass Kontrollaktivitäten der Fachkräfte im ASD die Grenze zu polizeilichen Ermittlungstätigkeiten aufweichen (vgl. ebd., S. 197). Fachkräfte sind zunehmend bemüht, möglichst schnell Auffälligkeiten zu diagnostizieren, um ggf. Interventionen einleiten zu können. Betroffene Eltern fühlen sich häufig unter Generalverdacht gestellt und reagieren auf die Versuche der Fachkräfte, mögliche Gefährdungen einzuschätzen, skeptisch und abwehrend. Fehlende Transparenz, z. B. in Form von latenten Kontrollen, verhindert den Aufbau von Vertrauen gegenüber den Fachkräften des ASD (vgl. Finke 2015, S. 31).

> „Für die Familienmitglieder sind die ASD-MitarbeiterInnen Ermittler, urteilende Zeugen und Therapeuten in einer Person." (Retkowski/Schäuble 2012a, S. 212)

Die zuständigen Fachkräfte werden von Adressaten/Adressatinnen zunehmend „nicht als Einzelpersonen, sondern als für eine Institution (Amt) agierende Akteur*innen verstanden" (Wutzler 2017, S. 286). Fachkräfte erfüllen eine ihnen zugewiesene professionelle Rolle und treten nicht als Individuen in Erscheinung (vgl. Wigger 2013, S. 153).

Laut Uhlendorff erleben Eltern das Jugendamt – analog zu dem doppelten Mandat – überwiegend ambivalent. Auf der einen Seite erhoffen sie sich professionelle Hilfe, auf der anderen Seite streben sie nach einer selbstständigen Lebensführung, um den professionellen Bewertungen und vermeintlichen Gefahren im Zuge des Wächteramtes zu entgehen (vgl. Uhlendorff et al. 2008, S. 44). Die Reaktionen der Eltern pendeln zwischen Abgrenzung und Schutz der Familie vor äußeren Einflüssen bzw. dem ASD als Organisation einerseits und der – z. T. lediglich instrumentellen – Akzeptanz gegenüber Hilfen andererseits (vgl. Wutzler 2017, S. 286). Belastete Eltern wollen zwar mehrheitlich den Kontakt mit dem Jugendamt vermeiden, nehmen aber Unterstützung an, wenn sie dadurch Vorteile erhalten oder einen intensiveren Eingriff vermeiden können (vgl. ebd., S. 294). In der Regel haben Eltern den Anspruch, den Schutzraum Familie zu wahren und „so wenig wie möglich durch die Fachkräfte darin gestört (zu) werden" (ebd., S. 287). In der Interaktion mit Fachkräften des ASD anlässlich der Abwendung einer Kindeswohlgefährdung erleben Eltern unmittelbar, wie von außen in diesen Schutzraum eingedrungen werden kann. Sie können die Eingriffe nur bedingt eigenständig beenden, da bei Verdacht auf eine kindeswohlgefährdende Situation das staatliche Wächteramt eintritt (siehe Kapitel 2.3). Angesichts der vermeintlichen Unausweichlichkeit sehen Eltern

Fachkräfte oftmals in einer dominanten Position in der Interaktion. Die mutmaßliche Machtasymmetrie zeigt sich betroffen Eltern darin, dass die Fachkräfte auf dem Kontinuum zwischen Hilfe und Kontrolle frei agieren (vgl. Retkowski/Schäuble 2012a, S. 199). Mit ihren Entscheidungen und Handlungen beeinflussen Fachkräfte maßgeblich den Verlauf von Interaktionen (vgl. Wigger 2013, S. 149). Eltern fürchten, die Kontrolle zu verlieren und sich fügen zu müssen. Sie haben Angst vor einer „Problementeignung" (ebd., S. 150) im Sinne einer Herabsetzung ihrer Problemdeutungen und Lösungsansätze. Sie gewinnen im Laufe der Interaktion häufig den Eindruck, nicht verstanden zu werden. Ihnen begegnet an unterschiedlichen Stellen Ignoranz gegenüber ihren subjektiven Vorstellungen. Adressaten/Adressatinnen sind irritiert, wenn ihre positiv besetzten Lösungsstrategien von Fachkräften negativ beurteilt werden. Die formulierten Anforderungen von Fachkräften können für sie – zusätzlich zu bestehenden Problemen – eine Überforderung darstellen. Vor diesem Hintergrund dominieren in Verfahren zur Abwendung einer Kindeswohlgefährdung anstatt des geforderten „gegenseitigen Verstehensprozesses" (Wutzler 2017, S. 290) allzu oft Missverständnisse und fehlendes Verständnis füreinander.

Ein mögliches Ungleichgewicht in der Interaktionsgestaltung und Erfahrungen von Degradierung greifen das Selbstwertgefühl der Betroffenen an und können belastende Gefühle wie „Beschämung, Wut, Ohnmacht" (Biesel 2009, S. 53) erzeugen. Wenn fachliche Handlungen in dem Verfahren nicht transparent und sensibel gestaltet werden, kann für betroffene Eltern „eine entmächtigende und erniedrigende Erfahrung" (ebd., S. 52 f.) entstehen. Diese negativen Erlebnisse und Emotionen werden verstärkt, wenn Fachkräfte gegenüber Eltern grenzüberschreitend und kränkend auftreten (vgl. ebd., S. 53). Eltern reagieren oftmals mit Abwehr, Ablehnung, Widerstand oder Rückzug (vgl. Finke 2015, S. 32). Wenn Vorwürfe des Scheiterns oder Versagens artikuliert werden, entfernen sich Eltern häufig aus dem Kontext der freiwilligen Inanspruchnahme von Hilfen und sehen sich „abgeschoben" in Kontexte von öffentlicher Kontrolle, Zwang und Interventionen. Sie wehren negative Zuschreibungen ab. Ihr Plädoyer für ihre elterlichen Kompetenzen wertet Helming als „Versuch, sich als ‚normal' zu definieren und sich gegen Zuschreibungen zu wehren, durch die sie aus der Normalität der Gesellschaft ausgeschlossen werden" (Helming 2010, S. 530). Diese Reaktions- und Umgangsweisen werden von Fachkräften nicht selten als fehlende Kooperation ausgelegt. An dieser Stelle zeigt sich eine Selffulfilling Prophecy (sich selbst erfüllende Voraussage), die das Gelingen der Interaktion verhindern kann und den Beteiligten nicht zwingend bewusst ist. Wie Eltern diese Zusammenhänge erleben, ist (noch) relativ unbekannt und bedarf weiterer Forschungsbestrebungen.

4. Bewältigung

Nachdem in dem vorherigen Kapitel Belastungen in den Lebenswelten von Eltern, Kindern und Jugendlichen sowie potenzielle Belastungsmomente in Verfahren zur Abwendung einer Kindeswohlgefährdung ausführlich erörtert wurden, widmet sich dieses Kapitel im Allgemeinen der Bewältigung von Belastungen. Zunächst wird näher betrachtet, was theoretisch unter den Begriffen Belastung und Bewältigung zu fassen ist und welche Interdependenz das Begriffspaar auszeichnet. Die theoretische Auseinandersetzung öffnet den Blick für allgemeine Bearbeitungs- und Umgangsformen, bevor zwei Konzepte vorgestellt werden, die auf die Soziale Arbeit und im Speziellen auf das Verfahren zur Abwendung einer Kindeswohlgefährdung transferiert werden können: das Konzept der Lebensbewältigung von Böhnisch und die Ressourcen-Belastungs-Balance von Wolf. Die Ansätze lassen sich u. a. aufgrund ihrer Grundannahmen gut miteinander kombinieren.

4.1 Belastung und Bewältigung als relationale Konstrukte

Die wissenschaftlichen Diskurse über Belastung und Bewältigung haben ihren Ursprung in psychologischen und psychoanalytischen Theorie- und Erklärungsansätzen (vgl. Hollstein 2017, S. 48). Die Begriffe wurden zunächst in der Psychologie verwendet und jahrelang der Stressforschung zu- und untergeordnet. Erst sukzessiv hat sich Bewältigung als selbstständiger Forschungszweig in der Psychologie etabliert (vgl. Schwarz/Salewski/Tesch-Römer 1997, S. 2; Kavšek 1992, S. 9). Das psychologisch orientierte Verständnis von Bewältigung wurde in den 1980er Jahren erweitert und der Sozialpädagogik zugänglich gemacht (vgl. Mack 2008, S. 146).[37]

Die Stressforschung hat sich seit den 1930er Jahren mit den Phänomenen Belastung und Bewältigung auseinandergesetzt. Der Begriff Belastung findet in den Werken von Hans Selye, einem der bedeutendsten Pioniere der Stressforschung, zentrale Beachtung (vgl. Aronson et al. 2014, S. 546). Selye deutet Stress

---

37 In erster Linie ist Böhnisch mit dem sozialpädagogischen Konzept der Lebensbewältigung verbunden. Den Grundstein für das Konzept legte er jedoch gemeinsam mit Schefold. 1985 veröffentlichten sie erstmalig ihre Ideen unter dem Titel „Lebensbewältigung. Soziale und pädagogische Verständigungen an den Grenzen der Wohlfahrtsgesellschaft".

als universale Belastungsreaktion. Im Laufe der Zeit haben sich verschiedene Begriffsverständnisse etabliert, die zeitlich betrachtet nacheinander entstanden sind und aufeinander aufbauen (vgl. Faltermeier 1988, S. 48 f.). Anfänglich wurde eine personen- bzw. reaktionsbezogene Sichtweise eingenommen. Aus dieser Perspektive wurde Belastung als physiologische, psychologische oder verhaltensmäßige Reaktion bestimmt. Die Fokussierung auf mögliche Reaktionen belasteter Personen führte zu einer Vernachlässigung der für diese ursächlichen Reize. Diese wurden daraufhin in die situationsbezogene Definition aufgenommen, indem Belastung als Merkmal spezifischer Reize oder Situationen beschrieben wurde, die sich unterschiedlich auf Personen auswirken. Im Zusammenhang mit seiner transaktionalen Belastungskonzeption hat Lazarus in den 1980er Jahren die wohl bekannteste Begriffsbestimmung entwickelt (vgl. Faltermeier 1988, S. 49; Trautmann-Sponsel 1988, S. 14). In seiner relationalen Definition ist Belastung eine Folge der misslungenen „Interaktion bzw. Transaktion zwischen Person und Umwelt" (Faltermeier 1988, S. 49). Im Mittelpunkt steht die Kommunikation, d. h. das Wechselspiel zwischen Individuum und Umwelt. Die Definition stellte zum damaligen Zeitpunkt eine Innovation dar, da sie erstmalig Reiz und Reaktion als zentrale Elemente im subjektiven Erleben einer Person miteinander verschränkte. Das Begriffsverständnis von Lazarus impliziert, dass Belastungen objektiv schwer fassbar sind, da „ein Ereignis erst durch die **subjektive Sicht** des Individuums als Belastung erlebt wird" (Brüderl et al. 1988, S. 33, Hervorhebung im Original). Dem Belastungsempfinden gehen individuelle Wahrnehmungs- und Einschätzungsprozesse voraus, die mit psychologischen und sozialen Vorgängen gekoppelt sind (vgl. Faltermeier 1988, S. 59).

Der Begriff Belastung umfasst zahlreiche Situationen und Ereignisse, die Bewältigungsreaktionen und -verhalten auslösen können. In der Literatur findet sich der Versuch, Belastungsereignisse, -situationen oder -konstellationen modellhaft zu skizzieren. Zur Kennzeichnung von Belastungen werden folgende Kriterien herangezogen (vgl. Weber 1997, S. 9):

- Die Situation, Entwicklung oder das Ereignis werden intersubjektiv als belastend oder herausfordernd bewertet.
- Die Auseinandersetzung ist physisch und psychisch herausfordernd und anstrengend.
- Die betroffene Person muss aus einem Pool an Reaktions- und Verhaltensoptionen auswählen.

Die Frage, ob die Formulierung verallgemeinerbarer Kriterien belastender Ereignisse sinnvoll ist oder ob diese Bemühungen angesichts der komplexen Beschaffenheit der Realität aufgegeben werden müssen, ist (noch) nicht entschieden (vgl. ebd., S. 7). Insbesondere die Feststellung, dass Belastung ausschließlich retrospektiv konstruiert werden kann und die Entscheidung über eine prototypische Belastung somit das Ergebnis eines Aushandlungsprozesses ist, fördert die Skepsis gegenüber allgemeingültigen Merkmalen zur Bestimmung belastender Ereignisse. Bis heute liegen keine detaillierten Klassifikationen vor, mithilfe derer Situationen übergreifend als belastend eingestuft werden können. Klassifikationssysteme sind nicht in der Lage, „das Universum potentiell belastender Ereignisse befriedigend zu beschreiben und zu unterteilen" (Weber 1997, S. 8), können aber in ausgewählten Anwendungsbereichen Orientierung bieten, indem sie Ordnung schaffen.

In der Literatur werden Belastungen grob in drei Kategorien unterteilt (vgl. ebd., S. 8 f.):

- einschneidende Lebensereignisse,
- chronische, alltägliche Widrigkeiten, Sorgen, Beschränkungen und
- akute Widrigkeiten, Sorgen und Überforderungen.

Belastung kann somit sowohl als einmaliges Erlebnis wie auch als dauerhafter Zustand wirksam werden. Dabei können unterschiedliche Belastungsquellen ineinandergreifen und kumulieren. Hierbei werden Krisen oder krisenhafte Lebensereignisse „als besondere Form von Belastung betrachtet" (Heiland 2013, S. 22), da oft mehrere Belastungsmomente zusammenkommen, sich gleichsam zuspitzen.

Angesichts der vielschichtigen Verwendung stellt der Begriff Belastung in wissenschaftlichen (Forschungs-)Zusammenhängen eine Herausforderung dar (vgl. Faltermeier 1988, S. 47). In der Literatur existieren zahlreiche Konzeptionen von Belastungen, sodass kein einheitlicher, sondern lediglich ein auf die jeweilige Untersuchung zugeschnittener Forschungsgegenstand definiert werden kann.[38] Konstitutiv für die vorliegende Arbeit ist das folgende Verständnis: Die als Belastung wahrgenommenen Situationen bedrohen das Wohlbefinden und die Handlungsfähigkeit der Betroffenen. Daher können Belastungen auf eine Diskrepanz zwischen dem aktuellen Ist- und dem wünschenswerten Soll-Zustand konzentriert werden (vgl. Schäfer 2012, S. 30 f.). Um das psychische Erleben zu verändern, stehen vielfältige und facettenreiche Bewältigungsreak-

---

38 Die definitorische Konzeption von Belastung für ein Forschungsdesign sollte zentrale Lebensbedingungen, sozioökonomische Gegebenheiten und zentrale (biografische) Ereignisse umfassen, da diese Aspekte zu dem Erleben und Handeln betroffener Personen in einem interdependenten Verhältnis stehen. Darüber hinaus muss ein Zusammenhang zwischen der Lebenswelt und den gesamtgesellschaftlichen Entwicklungen und Strukturen hergestellt werden. Eine isolierte Betrachtung verzerrt das Bild und blendet zentrale gesellschaftliche Bezugsgrößen aus, welche die Entstehung von Belastungen begünstigen (können) (vgl. Faltermeier 1988, S. 57 f.).

tionen und -verhaltensweisen zur Verfügung. Das Erleben von Belastungen und das Bewältigungsverhalten sind wechselseitig aufeinander bezogene Prozesse, die zirkulär ablaufen (vgl. Faltermeier 1988, S. 62; Schwarz et al. 1997, S. 2). Dieses Wechselspiel veranschaulicht auch der Begriff Coping (engl. to cope with: fertig werden mit, zurechtkommen mit). Er stammt aus der Psychologie und wurde in den deutschen Sprachraum mit dem Begriff Bewältigung eingeführt.[39] Beide Termini werden im deutschen Sprachgebrauch häufig synonym verwendet und beziehen sich im Allgemeinen auf den Umgang mit belastenden oder stressigen Situationen (vgl. Heiland 2013, S. 14; Schwarz et al. 1997, S. 1).[40]

Bis heute findet sich in der Literatur keine allgemeingültige und „einheitliche Definition" (Mack 2008, S. 146) von Bewältigung. Der Begriff entzieht sich „einer einfachen und prägnanten Begriffsbestimmung" (Schwarz et al. 1997, S. 1). Er zeichnet sich durch eine theoretische und methodische Offenheit aus und wird jeweils in Abhängigkeit von dem Forschungsinteresse und theoretischen Hintergrund inhaltlich unterschiedlich definiert und konzeptionell ausgearbeitet (vgl. Mack 2008, S. 146). Daher kann nicht von Bewältigungsforschung im Sinne eines fest umrissenen Gegenstandes gesprochen werden. Die heterogenen Untersuchungen über Bewältigung beinhalten unterschiedliche Herangehensweisen, Anwendungsbereiche und theoretische Konzeptionen (vgl. Weber 1997, S. 7).

Im alltäglichen Sprachgebrauch wird mit Bewältigung die „**erfolgreiche Auseinandersetzung mit einer Belastung**" (Trautmann-Sponsel 1988, S. 14, Hervorhebung im Original) assoziiert. Dieses Verständnis kann nicht auf wissenschaftliche Kontexte übertragen werden, da Erfolg oder Misserfolg für das alltägliche Begriffsverständnis entscheidend ist.[41] Die Bewertung der (Aus-)

---

39 In der Auseinandersetzung mit Bewältigung können zahlreiche, eng miteinander verwobene Begriffe unterschieden werden: Bewältigungsreaktionen, -formen, -strategien oder -stile. Die Bewältigungsform inkludiert bestimmbare und abgrenzbare Reaktionen auf ein belastendes Ereignis. Die Bewältigungsstrategie weist ein erkennbares Muster von Bewältigungsformen im zeitlichen Verlauf auf (vgl. Schäfer 2012, S. 31 f.). In der vorliegenden Arbeit wird auf eine detaillierte Differenzierung verzichtet. Bewältigung beinhaltet vorrangig Zusammenhänge in den Emotionen, Kognitionen und dem Verhalten betroffener Eltern.

40 Die synonyme Verwendung unterschiedlicher Begriffe wie Stress, Coping und Bewältigung wird kritisch diskutiert, da ein Bedeutungsverlust und inhaltliche Unschärfen befürchtet werden (vgl. Filipp/Aymanns 2010, S. 23; Weber 1997, S. 7). In dieser Arbeit wird der Begriff Bewältigung präferiert und primär verwendet.

41 Die Einschätzung von Effektivität und Effizienz des Bewältigungsverhaltens ist anhaltend eine Herausforderung. Effektivität und Effizienz können ausschließlich „person[en]-, ereignis- und kontextabhängig" (Brüderl et al. 1988, S. 42) bestimmt werden. Daher kann nur überprüft werden, „welche Formen von Bewältigung bei welchen Personen unter welchen Kontextbedingungen hinsichtlich welchen Kriteriums als erfolgreich, adaptiv, angemessen beurteilt werden können" (Stäudel/Weber 1988, S. 74). Die individuell definierten Indikatoren besitzen einen höheren Stellenwert als vorab definierte Effizienzkriterien, z. B. psychi-

Wirkungen von Bewältigungsversuchen, z. B. als sinnvoll vs. nicht sinnvoll, effektiv vs. nicht effektiv oder angenehm vs. anstrengend, nimmt in der Wissenschaft einen nachrangigen Stellenwert ein. Die Folgen angewandter Bewältigungsbestrebungen sind nicht das zentrale Kriterium (vgl. Weber 1997, S. 12). Die wissenschaftliche Beschäftigung mit Bewältigung stellt vielmehr die Prozesse der Auseinandersetzung mit potenziellen oder real erlebten Belastungen oder Anforderungen – zunächst losgelöst von Ergebnissen – in den Mittelpunkt des Interesses (vgl. Trautmann-Sponsel 1988, S. 18).[42]

Lazarus und Folkman formulierten 1984 eine gebräuchliche Definition von Bewältigung, die bis heute häufig rezipiert wird. Sie bestimmen Bewältigung als „sich ständig verändernde, kognitive und verhaltensmäßige Bemühungen einer Person, die darauf gerichtet sind, sich mit spezifischen externen und/oder internen Anforderungen auseinanderzusetzen, die ihre adaptiven Ressourcen stark beanspruchen oder übersteigen" (ebd., S. 15). Klauer greift ihre Begriffserklärung inhaltlich unverändert, aber mit eigenen Worten auf. Er definiert Bewältigung als *„sich fortlaufend verändernde Anstrengungen in Gedanken und Verhalten, mit spezifischen internen und/oder externen Anforderungen umzugehen, die in der Wahrnehmung der Person ihre Ressourcen beanspruchen oder überschreiten"* (Klauer 2012, S. 268, Hervorhebung im Original). Diese Begriffsbestimmung wird in der Literatur um die Zielorientierungen der Bemühungen erweitert, indem unter Bewältigung „alle kognitiven, emotionalen und behavio-

---

sche Verfassung oder Alter. Die Auswahl und Operationalisierung von zentralen Merkmalen zur Bestimmung von Effektivität und Effizienz erfolgen in Forschungskontexten bislang wenig systematisiert und reflexiv. Zudem fehlt ein theoretischer Diskurs über Werte und Normen, die den Auswahl- und Entscheidungsprozess beeinflussen, sowohl subjektiv aufseiten betroffener Personen als auch auf gesellschaftlicher Ebene. Dieser Verweis impliziert eine weitere Schwäche: das Ausblenden sozialer Kontrolle im Kontext von Bewältigungsverhalten. Normen und Werte prägen menschliche Verhaltensweisen. Demzufolge kann Bewältigungsverhalten nicht isoliert betrachtet werden. Bewältigung ist in gesellschaftliche Kontexte und Zusammenhänge eingebettet. Demzufolge stellt sich nicht ausschließlich die Frage, welche Handlungen oder Reaktionen aufgrund der vorhandenen Ressourcen möglich sind, sondern welche ebenfalls sozial akzeptabel sind oder geduldet werden. Folgerichtig muss neben der subjektiven Bewertung auch die Reflexion gesellschaftlicher Einschätzungen Berücksichtigung finden (vgl. Weber 1997, S. 14 f.).

42 Zur Einschätzung der Angemessenheit, Passung und Eignung einer Bewältigungsform führt Greve den Begriff der Ökonomie als Bewertungsmaßstab ein: „Der Grundgedanke dabei ist schlicht, daß [sic!] jeder der zahlreichen Bewältigungsprozesse bei gegebener Bedrohung kurz- und langfristige Kosten, Risiken und Gewinne (Nutzen, Vorteile) für die Person hat" (Greve 1997, S. 32 f.). Diese drei Aspekte werden in Bezug auf die subjektive Zielsetzung von betroffenen Personen kritisch abgewogen. Diesem Prozess liegt die Annahme zugrunde, dass jeder Mensch danach strebt, Handlungsfähigkeit wiederzuerlangen und sein Wohlbefinden zu sichern. Diese Ziele sollen möglichst unter einem effizienten Ressourceneinsatz erreicht werden (vgl. ebd., S. 33; Salewski 1997, S. 54). Dieser Bewertungsmaßstab konnte sich bislang nicht etablieren.

ralen Anstrengungen [gefasst werden], die dazu dienen, Anforderungen und Aufgaben, welche die persönlichen Ressourcen eines Menschen im Umgang mit Problemen angreifen oder übersteigen, zu meistern, zu tolerieren oder zu reduzieren" (Brüderl et al. 1988, S. 25). Mack greift ebenso mögliche Resultate in Bezug auf die Belastung in seinem Begriffsverständnis auf, indem er als Bewältigung „alle Handlungen und Bemühungen bezeichnet, Entwicklungsaufgaben, belastende Situationen oder kritische Ereignisse zu bearbeiten, auch wenn die Strategien wenig effizient sein mögen und nicht zur Lösung des Problems oder der Veränderung des Umgangs mit dem Problem beitragen" (Mack 2008, S. 147).

Die aufgeführten Definitionen beinhalten zentrale charakteristische Merkmale von Bewältigungshandeln, um dieses von anderen Verhaltensweisen abzugrenzen (vgl. Trautmann-Sponsel 1988, S. 20). Sie legen die inhaltlichen Schwerpunkte auf den Ursprung von Bewältigungsverhalten, die „Art und Weise der Bemühung[en]" (Trautmann-Sponsel 1988, S. 19), die zur Verfügung stehenden Ressourcen und die Zielorientierung.

Die subjektive Situationseinschätzung durch die Person, die basierend auf der „Person-Umwelt-Transaktion" (Brüderl et al. 1988, S. 33) erfolgt, steht im Mittelpunkt. Nach Lazarus nehmen Personen in jeder Situation eine Bewertung derselben vor. Sie schätzen diese als bekannt, irrelevant, positiv oder stressreich ein. In Abhängigkeit von der individuellen Bewertung folgen unterschiedliche Verhaltensweisen. Je nach subjektiver Einstufung der Situation als unangenehm, stressig oder belastend wird Bewältigungsverhalten aktiviert. Dabei können unterschiedliche Anlässe, Erlebnisse und Entwicklungen individuell als belastend erlebt und konstruiert werden. Kritische Lebensereignisse, normative Entwicklungsaufgaben sowie außergewöhnliche Belastungen im Alltag sind nur exemplarische Situationen oder Entwicklungen, die Bewältigungsverhalten auslösen können (vgl. ebd., S. 25). Neben äußerlichen Umständen können emotionale und innere Zustände Auslöser darstellen (vgl. Trautmann-Sponsel 1988, S. 23). Die als belastend erlebten Situationen eint die subjektive Wahrnehmung einer bedrohten Handlungsfähigkeit und damit die Gefährdung individueller Zielsetzungen. Das individuelle Wohlbefinden ist beeinträchtigt (vgl. Greve 1997, S. 20). Diese Empfindungen bilden den Ausgangspunkt für außergewöhnliche und verschiedenartige Anstrengungen, mit dieser Belastung umzugehen (vgl. Mack 2008, S. 146). Der Begriff Anstrengung veranschaulicht den Aufwand, den Bewältigungsverhalten von der betroffenen Person einfordert (vgl. Stäudel/Weber 1988, S. 66). Bewältigung umfasst mehr als eine Handlung: Sie beinhaltet die „Sammlung von Bewältigungsversuchen einer Person in einer bestimmten Anforderungssituation" (Brüderl et al. 1988, S. 39), ein Set an Verhalten und Kognitionen (vgl. Heiland 2013, S. 15). Dabei kann das individuelle Bewältigungsverhalten nur unter Berücksichtigung des biografischen Kontextes und der aktuellen Lebenssituation verstanden werden (vgl. ebd., S. 18). Vorliegende Untersuchungsergebnisse verweisen darauf, dass sich infolge jeweils spezifischer individueller biografischer Erfahrungen und Lebenswelten subjektiv präferierte Bewältigungsformen herauskristallisieren. Diese Beobachtungen stützen die Annahme, dass Bewältigungshandeln das Ergebnis eines Lern- und Sozialisationsprozesses ist. Das eingesetzte und wiederholte Bewältigungsverhalten wird „biografisch erlernt" (ebd., S. 18), indem gesammelte Erfahrungen miteinander verknüpft werden.

Resümierend lässt sich sagen, dass Bewältigung als dynamischer Prozess verstanden wird. Charakteristisch für Bewältigung ist das Wechselspiel zwischen Situation, Beurteilung der Situation und darauf bezogenen Handlungen (vgl. Mack 2008, S. 147). Dem Bewältigungsverhalten liegt eine subjektiv wahrgenommene Diskrepanz zwischen Person und Umwelt zugrunde, die sich in einer fehlenden Passung zwischen individuellen Vorstellungen und Realität manifestiert. In diesem Sinne umfasst Bewältigung sämtliche „auf langfristige Ziele ausgerichtete, verhaltensorientierte und intrapsychische Anstrengungen einer Person zur Überwindung einer situationsbezogenen oder andauernden Belastung" (Schäfer 2012, S. 33). Das Verständnis von Bewältigung als Bearbeitung eines wahrgenommenen Ungleichgewichts zwischen Person und Umwelt öffnet den Blick für unterschiedliche Zielsetzungen. In erster Linie streben betroffene Personen eine Reduktion des Ungleichgewichts bzw. eine neue Balance an (vgl. ebd., S. 30; Heiland 2013, S. 15). Dazu zählen der Erhalt oder die Wiedergewinnung von Handlungsfähigkeit sowie eine Steigerung des subjektiven Wohlbefindens (vgl. Greve 1997, S. 19; Künzel-Schön 2000, S. 164). In diesem Rahmen bewegen sich betroffene Personen zwischen den Polen „Behebung oder […] Fertigwerden mit einer Belastung" (Heiland 2013, S. 14). Bewältigung impliziert nicht zwingend die Auflösung von Belastungen, sondern die Ausgestaltung eines lebenswerten Umgangs mit ihnen (vgl. Künzel-Schön 2000, S. 164). Gelungenes Bewältigungsverhalten manifestiert sich demnach in einem neuen Arrangement von Person und Umwelt.

In der Literatur sind drei Funktionen von Bewältigungsverhalten anerkannt, die in erster Linie auf den Überlegungen von Lazarus basieren (vgl. Klauer 2012, S. 269).[43] Während die Differenzierung zwischen problem- und

---

43 Die drei Funktionen lassen sich auf das Drei-Prozess-Modell der Emotionsregulation übertragen. Brandstädter et al. nehmen an, dass Bewältigungsverhalten zwei Ebenen berührt: die Einstellung und das Handeln von Personen. Wenn Personen sich in einer belastenden Situation befinden, stehen ihnen unterschiedliche Bewältigungsstrategien zur Verfügung: die Assimilation, Akkommodation und Immunisierung. Die Wahrnehmung einer Diskrepanz zwischen formulierten Zielen und vorhandenen Ressourcen und Dispositionen führt zu der Anwendung von Bewältigungsverhalten. Das assimilative Bewältigungsverhalten intendiert die Erreichung der Ziele. Dazu werden bestehende und/oder neue Ressourcen aktiviert. Verhaltensweisen, die den assimilativen Bewältigungsstrategien zugeord-

emotionszentriertem Handeln seit Jahrzehnten etabliert ist, hat sich die kognitiv-informationale Funktion erst a posteriori durchgesetzt. Die Funktionen wurden in den letzten Jahren weiter ausdifferenziert.

1. Instrumentelle Funktion (Tendenz: Problemlösung)

Instrumentelles Bewältigungsverhalten fasst „alle Versuche, in einer belastenden Situation aktiv handelnd einzugreifen, diese zu ändern und Probleme aufzulösen" (Stäudel/Weber 1988, S. 63). Die betroffene Person verfolgt das Ziel, belastende Anforderungen sowie Rahmen- und Umweltbedingungen zu verändern oder soziale Unterstützungsoptionen zu aktivieren. Durch die Beeinflussung der Umwelt- oder Situationsbeschaffenheit soll das Problem im Idealfall gelöst und die Belastung beseitigt bzw. reduziert werden (vgl. Reißig 2010, S. 57).

2. Emotionsorientierte-lindernde Funktion (Tendenz: Emotionsregulation)

Im Gegensatz zu der ersten Funktion zielen emotionszentrierte Handlungen auf die Veränderung des psychischen Zustandes. Die Bewältigungsversuche richten sich auf die Person und das Selbst, da das Ziel der Emotionsregulation handlungsleitend ist (vgl. ebd., S. 57). Das Ungleichgewicht wird z. B. durch modifizierte Absichten der betroffenen Person reduziert oder aufgelöst und das Wohlbefinden erhöht (vgl. Trautmann-Sponsel 1988, S. 19 f.).

3. Kognitiv-informationale Funktion (Tendenz: Neubewertung)

Bei dieser Funktion handelt es sich um eine Neueinschätzung der Situation. Die „Änderung der Kognition" (Heiland 2013, S. 17) intendiert eine neue Beurteilung der Relevanz von Belastungen. Diese Neubewertung wird durch neue Informationen und ihre Gewichtung oder wahrgenommene Veränderungen initiiert (vgl. ebd., S. 17).

---

net werden, wirken auf „aktiv-problemlösende Weise" (Greve 1997, S. 24). Im Gegensatz dazu werden im Zuge von akkommodativen Bewältigungsstrategien vorhandene Ziele reformuliert oder neue Ziele definiert, die mit verfügbaren Ressourcen erreicht werden können (vgl. Mack, S. 148). Die Ziele werden an die Situation und Handlungsmöglichkeiten bzw. -spielräume der Person angeglichen. Beide Strategien dienen dem Ziel, die erlebten Diskrepanzen zu reduzieren oder aufzulösen. Zudem soll eine positive Sicht auf das Selbst und die konstruierte Identität aufrechterhalten werden. Beide Strategien setzen voraus, ein Problem als solches wahrzunehmen und anzuerkennen. Dabei wird übersehen, dass ein Problem nicht zwingend als solches akzeptiert oder anerkannt wird. Im Laufe der Zeit wurde die Zweiteilung ergänzt um die Immunisierung als dritte Strategie. Diese beinhaltet den Prozess, mögliche Probleme zu negieren oder neu zu interpretieren (vgl. Greve 1997, S. 24 ff.).

In der Literatur werden die Funktionen nicht durchgängig von den Formen abgegrenzt. Die Formen, die entweder bewusst oder unbewusst (aus-)gewählt werden, können unterschiedlichen Funktionen zugeordnet werden, d. h. sie erfüllen mehrere Funktionen zeitgleich oder sie folgen einer logischen Reihenfolge (vgl. Heiland 2013, S. 17 f.; Reißig 2010, S. 58).

Analog zu dem fehlenden universellen Konzept von Belastung gibt es keine allgemeingültige Klassifikation von Bewältigungsverhalten. Zwar liegen mehrere Taxonomien vor, diese erheben jedoch nicht den Anspruch auf Vollständigkeit (vgl. Weber 1997, S. 12 f.). Die empirisch gewonnenen Klassifikationen zeichnen sich durch eine Spezifität aus, da sie ausschließlich für den vorab definierten Forschungsgegenstand – ausgewählte Probleme bzw. Belastungen und/oder homogene Zielgruppenzusammensetzung – Gültigkeit besitzen. Angesichts der unterschiedlichen Bezugspunkte sind die jeweiligen Klassifikationen ausschließlich fall- und situationsspezifisch wirksam (vgl. Brüderl et al. 1988, S. 39 ff.). Sie können nicht unreflektiert auf andere Bereiche übertragen oder mit anderen Kategorisierungen verglichen werden.

Grob werden „kognitive, emotionale oder verhaltensbezogene" (Salewski 1997, S. 51) Bewältigungsversuche unterschieden, die einzeln oder kombiniert auftreten können. Ergänzend dazu konstatiert Lazarus, dass Bewältigungsformen sowohl auf die Vergangenheit als auch auf die Zukunft ausgerichtet sein können (vgl. Brüderl et al. 1988, S. 34). Zahlreiche Aspekte beeinflussen die Wahl der Bewältigungsform. Ein wichtiges Kriterium ist die Verfügbarkeit, d. h. die Klärung, ob die Rahmenbedingungen und die für das Bewältigungsverhalten notwendigen Ressourcen vorhanden sind (vgl. Salewski 1997, S. 55).

Neben der Differenzierung zwischen verhaltensbezogenen und kognitiven sowie nach innen (Selbst) und nach außen (Umwelt) gerichteten Bewältigungsversuchen lassen sich aktive respektive offensive von passiven respektive defensiven Versuchen abgrenzen (vgl. Stäudel/Weber 1988, S. 72). Die Ergebnisse empirischer Untersuchungen über Bewältigungsverhalten von Erwachsenen und Heranwachsenden in unterschiedlichen Kontexten differenzieren grob zwischen drei Strategien[44] (vgl. Kavšek 1992, S. 75; Reißig 2010, S. 61):

1. **aktive, konstruktive Problembewältigung bzw. -lösung** (z. B. Hilfe anderer suchen oder Konfrontation),
2. **internales Verhalten** (z. B. kognitive Neubewertungen) – zwischen Fatalismus, Realismus und Optimismus und

---

44 Eine Sonderform ist das Bewältigungsverhalten, das seinen Ursprung in existenzbedrohlichen Ereignissen hat und sich in erster Linie auf die gesellschaftliche Umwelt bezieht. Die sogenannte sozialökonomische Bewältigung intendiert „die (wieder herzustellende) Teilhabe am gesellschaftlichen Leben" (Reißig 2010, S. 58).

3. **problemmeidendes Verhalten** (z. B. Rückzug, Abwehrreaktionen) – Ignorieren, Leugnen oder Negieren des Problems.

Mit Blick auf die vorliegende Arbeit bleibt zu berücksichtigen, dass das Verfahren zur Abwendung einer Kindeswohlgefährdung von mir als Belastung für betroffene Eltern konstruiert wird. Ob und inwieweit die befragten Eltern den Prozess aus ihrer subjektiven Perspektive als Belastung wahrnehmen, wird mithilfe der empirischen Untersuchung herauszuarbeiten sein. Das Bewältigungsverhalten der Eltern kann ausschließlich retrospektiv erfasst werden (vgl. Stäudel/Weber 1988, S. 69). Die Herausforderung liegt darin, ihre Emotionen, Kognitionen und Verhaltensweisen nicht ausschließlich phänomenologisch zu beschreiben, sondern auch zu erklären (vgl. Brüderl et al. 1988, S. 44 f.; siehe Kapitel 8).

In der Psychologie und Sozialpädagogik setzen sich diverse Modelle mit der als Diskrepanz zwischen dem Ist- und Soll-Zustand definierten Belastung sowie dem damit verbundenen Bewältigungsverhalten auseinander. Im Rahmen der vorliegenden Arbeit werden zwei Modelle ausführlicher dargestellt.[45]

4.2 Das Konzept der Lebensbewältigung von Böhnisch

Aus Sicht von Böhnisch prägen Pluralisierungs- und Individualisierungsprozesse die heutige Gesellschaft. Die Sozialisation und das Leben in der zweiten Moderne zeichnen sich „durch Entgrenzungen und die Chance und den Zwang zur Selbstorganisation" (Böhnisch 2012a, S. 3) aus. Im Zuge gesellschaftlicher Umwandlungsprozesse nehmen Bewältigungsanforderungen an alle Menschen zu, während die Unsicherheiten und Risiken gleichzeitig steigen. Die für die erste Moderne prägenden Begriffe Habitus und Identität werden in ihrer Bedeutung zunehmend brüchig, da sie beständige Gesellschaftsverhältnisse und lineare Lebensverläufe voraussetzen, die heutzutage angesichts vielfältiger gesellschaftlicher Transformationen nicht mehr ohne Weiteres gegeben sind.

In der ersten Moderne – mit zuverlässigen sozialen Beziehungsstrukturen und institutionell abgesicherten Organisationen – wurde unter dem Begriff Identität ein „internalisiertes Bild von sich selbst in Interaktion mit anderen" (ebd., S. 3) gefasst. Dieses Verständnis ist angesichts der Fragilität der moder-

---

45 Die Autoren/Autorinnen Brüderl et al. geben in ihrer Veröffentlichung aus dem Jahr 1988 eine gelungene Übersicht über die Entwicklungslinien und Charakteristika verschiedener Bewältigungskonzepte und -modelle in der Psychologie. Angesichts der bewussten Schwerpunktsetzung in der vorliegenden Arbeit ist eine intensive Auseinandersetzung mit den psychologisch ausgerichteten Modellen nicht notwendig und zielführend.

nen Gesellschaft nicht haltbar. Identität repräsentiert inzwischen ein brüchiges Konstrukt. Der Mensch ist im Laufe seiner offenen Biografie aufgefordert, seine Identität immer wieder neu zu konstruieren. Demzufolge wirkt Identität nicht stabilisierend, sondern wird zur Herausforderung. Der Mensch und sein Selbst unterliegen einer Entwicklung, die kontinuierlich Bewältigungsanforderungen formuliert.

In dem Konzept des Habitus steht die Frage im Fokus, wie sich die Gesellschaft in Überzeugungen und Haltungen des Individuums widerspiegelt. Habitus umfasst „die Vorstellung von einem sozial inkorporierten Selbst [...], das durch die soziale Herkunft nachhaltig geprägt ist" (ebd., S. 3). Der Habitus beeinflusst subjektives Bewältigungsverhalten. Das Individuum entscheidet sich nicht situativ für oder gegen ein bestimmtes Verhalten, sondern es erwirbt im Laufe der Sozialisation die Haltung gegenüber präferierten Handlungsweisen und dann wirkt die wiederholte Anwendung strukturierend. Allerdings befördern veränderte gesellschaftliche Strukturen momentan die Erosion des „klassischen" Habituskonzeptes. Die Zugehörigkeit zu spezifischen Klassen oder Schichten löst sich im Zuge der zweiten Moderne auf und ihre Relevanz für das Subjekt schwindet; sie verliert ihre sinnstiftende Funktion.

> „[D]as Streben nach habitueller Sicherheit und das nach situativer Handlungsfähigkeit klaffen immer wieder auseinander." (ebd., S. 6)

Insbesondere in kritischen Lebenssituationen zeigt sich, dass das Streben nach Selbstbehauptung sich in neuen Verhaltensweisen manifestieren kann, die quer zu „habituelle[n] Denk-, Erwartungs- und Handlungsstrukturen" (Böhnisch 2012a, S. 5) liegen. Die Erfahrung, mit bisherigen und routinierten Verhaltensweisen keinen Erfolg zu erzielen, fördert neue Strategien, deren Folgen nicht voraussagbar sind.

Angesichts seiner Beobachtungen resümiert Böhnisch, dass „die Konzepte Identität und Habitus zu *relativen* Konzepten einer Sozialisationstheorie der zweiten Moderne geworden" (Böhnisch 2012a, S. 7, Hervorhebung im Original) sind. Parallel dazu gewinnt sein in den 1980er Jahren begründetes und stets weiter ausgearbeitetes sozialpädagogisches Lebensbewältigungskonzept an Bedeutung und wird aus seiner Sicht zu einem „strategische[n] Kernkonzept einer Sozialisationstheorie und der Sozialen Arbeit der zweiten Moderne" (ebd., S. 3). In seinem Lebensbewältigungskonzept setzt sich Böhnisch mit der Frage auseinander, wie Menschen kognitiv und handlungsbezogen mit herausfordernden Entwicklungen und Belastungen umgehen. In seiner Überzeugung findet „der soziologische Befund der Risikogesellschaft im sozialpädagogischen Konzept der biografischen Lebensbewältigung seine Entsprechung" (Böhnisch 2012, S. 45).

4.2.1 Grundannahmen und zentrale Charakteristika

Mit seinem sozialpädagogischen Konzept von Lebensbewältigung knüpft Böhnisch an psychologische Bewältigungsmodelle an. Disziplinübergreifend liegt den Konzeptionen die Annahme zugrunde, dass das Erleben eines psychosozialen Ungleichgewichts bei betroffenen Individuen ein Streben nach Veränderung im Sinne eines positiv konnotierten Zustandes evoziert. In Übereinstimmung mit psychologischen Modellen wertet Böhnisch „das Streben nach subjektiver Handlungsfähigkeit" (Böhnisch 2012a, S. 1) und einem Gleichgewichtszustand als zentrale Motive individueller Bewältigung. Gleichwohl erweitert er die auf das Individuum zentrierte psychologische Perspektive (vgl. Mack 2008, S. 148; Hollstein 2017, S. 50): In seinem sozialpädagogischen Bewältigungskonzept setzt er subjektives Belastungserleben in einen gesellschaftlichen Bezugsrahmen und begründet ein Zusammenwirken von sozialstrukturell-gesellschaftlichen und psychosozialen Einflüssen. Böhnisch übersetzt das gesellschaftlich verankerte „Problem der Freisetzung" (Böhnisch 2012b, S. 223) in „Integrations- und Integritätsprobleme [...] und darauf bezogene [...] kritische [...] Lebensereignisse" (ebd., S. 223) auf individueller Ebene (vgl. Böhnisch 2012, S. 47).

Menschen sind zunehmend ambivalenten Situationen ausgesetzt, in denen sie sich zurechtfinden müssen, um sich erfolgreich in die Gesellschaft integrieren zu können. Die angestrebte Integration wird durch schwindende soziale und gesellschaftliche Leitlinien erschwert. Die dadurch entstehende Desintegration erzeugt eine tiefe Verunsicherung, die belastend wirken kann (vgl. Böhnisch 2012a, S. 11). In seinem Bewältigungskonzept bilden kritische Lebensereignisse und -konstellationen zentrale Schlüsselbegriffe (vgl. Böhnisch 2016, S. 11). Kritisch oder gefährdend sind Lebenssituationen für Betroffene, wenn sie das psychosoziale Gleichgewicht beeinträchtigen und die für ihre Bewältigung notwendigen Ressourcen nicht ausreichend zur Verfügung stehen (vgl. Böhnisch 2012b, S. 224).

Angesichts gesellschaftlicher Entwicklungen ist Böhnisch davon überzeugt, dass „Bewältigung im Spannungsfeld von sozialer Integration und der Herstellung individueller Handlungsfähigkeit stattfindet" (Heiland 2013, S. 22). Mit seinem Konzept von Bewältigung verzahnt er physiologisch-psychologische Wirkmechanismen mit gesellschaftlichen Entwicklungen. Beide Sichtweisen können nicht isoliert voneinander betrachtet werden, sie sind miteinander verwoben: „[D]ie misslungene Balance zwischen psychischem Selbst und sozialer Umwelt" (Böhnisch 2012b, S. 224) bildet den zentralen Bezugsrahmen für subjektives Bewältigungshandeln. Aus Sicht der Gesellschaft steht die „Sozialintegration des Einzelnen im Zentrum" (Heiland 2013, S. 21), aus Sicht des Individuums die Wiederherstellung der „gefährdete[n] Handlungsfähigkeit des Sicht-Zurecht-Findens" (ebd., S. 22).

Handlungsfähigkeit impliziert die „Normalisierung des gestörten psychosozialen Zustands" (Böhnisch 2012, S. 52) und führt zu einer „Entdramatisierung der kritischen Lebenssituation" (ebd., S. 52). Sie zeichnet sich durch das Erleben eines stabilen Selbstwertes, sozialer Anerkennung und Selbstwirksamkeit aus (vgl. Böhnisch 2012a, S. 8, 12). Handlungsfähigkeit verbindet also die in einem Interdependenzverhältnis zueinanderstehenden Momente „Einer-Lage-Gewachsensein und [...] Sich-im-Sozialen-Zurechtfinden" (Böhnisch 2012, S. 50). Das Streben nach Handlungsfähigkeit speist sich aus einer psychischen Dynamik. Es bildet den Ausgangspunkt und das Ziel sämtlicher Bewältigungsbemühungen. Zwar ist das Streben nach Handlungsfähigkeit sozial ausgerichtet, aber das individuelle Streben ist zunächst losgelöst von gesellschaftlichen Rahmenbedingungen, sodass es seinen Ausdruck sowohl in konformem als auch in nonkonformem Verhalten finden kann. Für die betroffene Person ist die Erreichbarkeit und Realisierbarkeit ihrer subjektiven Ziele entscheidend.

Bewältigung aus sozialpädagogischer Perspektive verknüpft die individuelle „Erfahrung des Selbstwertverlustes [1.], die Erfahrung sozialer Orientierungslosigkeit [2.] und fehlenden sozialen Rückhalts [3.]" (Böhnisch 2017, S. 26) mit der Suche nach erreichbaren und realistischen Formen sozialer Integration (vgl. Böhnisch 2012b, S. 22).

1. Selbstwertverlust

Aus Sicht von Böhnisch sind Selbstwerterfahrungen für das psychosoziale Gleichgewicht unabdingbar. Menschliches Handeln wird maßgeblich von der Emotion gesteuert, sich selbst nach außen zu behaupten und darzustellen. Der/die Einzelne in unserer westlich geprägten Gesellschaft sehnt sich danach, „etwas zu bewirken und seine [ihre] Handlungen kontrollieren zu können" (Böhnisch/Schröer 2004, S. 473). Dieses Motiv trifft sehr früh in der Biografie auf „Anpassungserwartungen und -zwänge der sozialen Umwelt" (Böhnisch 2017, S. 26). Probleme treten vor allem dann auf, wenn die Selbstbehauptung den Anpassungserwartungen und -zwängen der Umwelt nicht gerecht wird. Zwischen den äußeren Erwartungen und dem inneren Streben können Spannungen existieren, die bei der betroffenen Person „Selbstwert-, Selbstwirksamkeits- und Anerkennungsstörungen" (ebd., S. 26) hervorrufen können. Die Betroffenen müssen einen Umgang mit den Irritationen finden und Entscheidungen treffen, wie sie die Diskrepanz auflösen bzw. reduzieren (vgl. Böhnisch 2016, S. 31). Die Verweigerungen der Selbstbehauptungen erhöhen die Gefahr, ein „gestörtes Selbst" (Böhnisch 2017, S. 27) herauszubilden, das eigene Bedürfnisse negiert und in destruktive Verhaltensweisen transformiert. Böhnisch wertet auffällige und normabweichende Verhaltensweisen als subjektiv erlerntes Bewältigungsverhalten, das den Versuch repräsentiert, Handlungsfähigkeit wiederherzustellen. Die von außen negativ bewerteten Verhaltensweisen haben für Betroffene erst einmal eine positive Funktion, z. B. Entlastung, Entspannung oder soziale Beachtung. Gleichzeitig weisen sie auf Störungen im Selbstwert und Erleben von Selbstwirksamkeit sowie auf das Empfinden mangelnder Anerkennung hin. Die Kenntnis dieser dynamischen und psychologischen Zusammenhänge ist wichtig, um eingeschränkte und defizitorientierte Sichtweisen zu erweitern und einen Zugang zu Betroffenen zu finden (vgl. ebd., S. 27).

2. Soziale Orientierungslosigkeit und 3. Fehlender sozialer Rückhalt

Der Mensch ist ein aktives und gestaltendes Wesen, das nach sozialer Integration strebt. Menschen sind angewiesen auf andere Menschen (vgl. Böhnisch 2012, S. 44 f.). Ob ein Mensch mit sich selbst auskommt und sich zurechtfindet, hängt maßgeblich davon ab, inwieweit die Gesellschaft ihm Orientierung bieten kann. Das setzt voraus, dass ihm soziale Teilhabe gewährleistet wird und er einen angemessenen sozialen Status erreichen kann (vgl. ebd., S. 50). Der potenziell hierdurch gesicherte soziale Rückhalt ist notwendig, um ambivalenten und wechselnden Anforderungen einer modernen Gesellschaft gerecht werden, sich orientieren und sozial verhalten zu können. Insbesondere im nahen Sozialraum fungieren die gegenseitigen und wechselseitigen Beziehungen „als Rückhalte für soziale Orientierung und soziales Handeln" (Böhnisch 2012a, S. 12). Diese privaten Beziehungen erzeugen im besten Fall die notwendige Stabilität, um gesellschaftliche Schwankungen auszugleichen (vgl. Böhnisch 2012, S. 51). Wenn diese Voraussetzungen und Rahmenbedingungen nicht gegeben sind, kristallisieren sich zunehmend Anomieprobleme heraus, welche die soziale Orientierung erschweren und Orientierungslosigkeit begünstigen. In der Konzeption von Böhnisch bedeutet Bewältigung den Versuch, „Handlungsfähigkeit in den Widersprüchen des Alltags aufrecht zu halten, es ist eine Form von Normalisierungshandeln in anomischen Situationen" (Mack 2008, S. 150).

4.2.2 Zusammenführung der Annahmen in einem theoretischen Modell

Zu Beginn hat Böhnisch sein Bewältigungskonzept in einem Zwei-Kreise-Modell abgebildet: „einem inneren Kreis des personalen Bewältigungsverhaltens und einen [sic!] äußeren Kreis seiner sozial strukturellen Kontextualisierung der Zugänge und Erreichbarkeiten" (Böhnisch/Schröer 2004, S. 473). Auf diese Weise hat er die vermittelnde Funktion zwischen Gesellschaft und Individuum, die sein Bewältigungskonzept intendiert, veranschaulicht. In dem inneren Kreis sind das Erleben eines psychosozialen Ungleichgewichts und das darauf basierende subjektive Bewältigungsverhalten dieser als kritisch wahrgenommenen

Situation verortet. Auf dem äußeren Kreis liegt der sozialstrukturell-gesellschaftliche Kontext. Dieser Referenzrahmen beinhaltet sogenannte „Bewältigungsspielräume" (ebd., S. 473), die der betroffenen Person zur Verfügung stehen, um die an sie gerichteten gesellschaftlichen Erwartungen erfüllen und entsprechend den Ansprüchen agieren zu können. Die Handlungsspielräume umfassen einerseits Handlungsmöglichkeiten, andererseits Zwänge. Sie werden maßgeblich von der Lebenslage definiert, die „Ressourcen für die Lebensführung und Lebensbewältigung" (ebd., S. 472) inkludiert.

Im Laufe der Jahre hat Böhnisch sein Modell der Lebensbewältigung ausdifferenziert und in ein „Mehrebenen-Modell" (Böhnisch 2012b, S. 223) transformiert. Die dem Konzept zugrunde liegende Annahme, dass „das Streben nach biografischer Handlungsfähigkeit vor dem sozialstrukturellen Hintergrund der Lebenslage" (Böhnisch 2016a, S. 27) zu betrachten ist, besitzt weiterhin Gültigkeit. In seinem weiterentwickelten „dreidimensionale[n] Modell" (Böhnisch 2016, S. 11) unterscheidet er drei Ebenen, die sich wechselseitig beeinflussen und von ihm in einen Gesamtzusammenhang integriert werden: das subjektive Bewältigungsverhalten [1.], die „sozial-interaktiven [2.] und gesellschaftlichen Bedingungen [3.]" (ebd., S. 11).

1. Psychodynamische Dimension

Die individuelle „Psychodynamik des Bewältigungshandelns" (ebd., S. 148) kann nur bedingt vom Individuum gesteuert werden, da Bewältigung ein kognitiv-rationales sowie emotional-triebdynamisches Moment enthält.

In kritischen Lebenssituationen fühlen sich Betroffene hilflos und in ihrem Selbst bedroht (vgl. Böhnisch 2016, S. 21). Wenn die Hilflosigkeit nicht thematisiert wird und sie sich nicht mitteilen können, „setzt ein somatisch angetriebener psychosozialer Bewältigungsmechanismus der Abspaltung ein, der antisoziale oder selbstdestruktive Züge annehmen kann" (ebd., S. 18). Böhnisch unterscheidet zwei Muster der Abspaltung, die sich nach außen oder innen richten kann. Im ersten Fall zeigt die betroffene Person beispielsweise kompensierende oder projektive Verhaltensweisen. Eine Strategie ist die Abwertung anderer Personen oder Sachverhalte zum Zweck der Selbstaufwertung (vgl. ebd., S. 23 f.). Das zweite Abspaltungsmuster umfasst Gewalt gegen die eigene Person, die in mannigfacher Form auftreten und hinsichtlich ihrer Intensität und Ausprägung differenziert werden kann (extrem vs. nicht extrem). Böhnisch nennt exemplarisch die Abwertung, den sozialen Rückzug, unangemessenen Gehorsam und Schweigen (vgl. ebd., S. 26). Abspaltungsmuster verweisen auf das Erleben der „innere[n] Hilflosigkeit" (ebd., S. 31). Die Abspaltung dient – unbewusst oder bewusst – dem Streben nach Handlungsfähigkeit und der Reduktion der Hilflosigkeit. Individuen streben danach, „trotz allem etwas wert zu sein, irgendwie doch anerkannt zu werden, sich nicht aufzugeben" (ebd., S. 19).

Entscheidend ist es, Räume zu eröffnen, in denen die Hilflosigkeit kommuniziert werden kann (vgl. ebd., S. 21 f.).

2. Soziodynamische bzw. interaktive Dimension (Biografie und Milieu)

Böhnisch ist davon überzeugt, dass Bewältigungshandeln und Milieu zusammenhängen (vgl. Böhnisch 2016, S. 55). Unter Milieu versteht er die „räumlich und zeitlich begrenzte Nahwelt" (ebd., S. 138), welche die individuell als bedeutsam erachtete Bewältigungskultur prägt. Familie, Schule und Medien repräsentieren Milieus, die das Aufwachsen und die Sozialisation prägen. In den jeweiligen Milieus „entwickeln sich Deutungsmuster über das, was als konform und was als abweichend zu gelten hat" (Böhnisch 2016a, S. 26). Die vermittelten Vorstellungen von Normalität und Abweichung sowie beobachtbare Verhaltensweisen beeinflussen das Verhalten und Handeln der Personen (vgl. Böhnisch 2012a, S. 12). Normalitätsvorstellungen innerhalb des Milieus, die nicht mit gesamtgesellschaftlich vorherrschenden Vorstellungen übereinstimmen müssen, besitzen für Milieumitglieder Gültigkeit. Menschen orientieren sich in erster Linie an Personen aus ihrem nahen Umfeld, um handlungsfähig zu bleiben und sozial integriert zu sein (vgl. Böhnisch 2012, S. 52). So können sich neue „Formen sozialer Integration" (ebd., S. 45) herausbilden.

> „Milieubeziehungen steuern also die Lebensbewältigung, strukturieren das Bewältigungsverhalten bei psychosozialen Belastungen und in kritischen Lebensereignissen." (Böhnisch 2016a, S. 26)

Angesichts dieser Verknüpfung manifestieren sich in konkreten Bewältigungsversuchen auch „bewältigungsbiographische […] Kenntnisse" (Böhnisch 2012, S. 61) infolge lebensgeschichtlicher Erfahrungen. Biografie, Milieu und Lebensbewältigung sind als Konzepte untrennbar miteinander verbunden. Anstelle einer Konzentration auf die Anpassung an soziale Normen steht für Milieumitglieder die „multiple Suche nach biografischer Handlungsfähigkeit im Mittelpunkt der Auseinandersetzung mit psychosozialen Problemen und in sozialen Konflikten" (ebd., S. 45). Die sozialen und/oder gesellschaftlichen Normen bilden lediglich den sekundären Handlungsmaßstab. Daher muss sich das Normalisierungshandeln eher auf das subjektive Befinden der Betroffenen, das präsent und handlungsleitend ist, richten (vgl. ebd., S. 53; Böhnisch 2012a, S. 13). Angesichts dieser Orientierung führt das subjektive Streben nach Handlungsfähigkeit nicht zwingend zu einer gesellschaftlichen Integration. Die Integrationsproblematik kann unverändert sein, während die Handlungsfähigkeit steigt (vgl. Böhnisch 2012a, S. 17). Im schlimmsten Fall verstärkt das individuelle Verhalten tendenziell die gefühlten gesellschaftlichen Desintegrationsmomente, obwohl den Handlungen „eine subjektive (biografische) sozialintegrative Absicht" (ebd., S. 19) zugrunde liegt.

3. Gesellschaftliche Dimension

Der Begriff Lebenslage bezeichnet ein Konstrukt, das die individuell zur Verfügung stehenden materiellen, sozialen und kulturellen Ressourcen unter Berücksichtigung soziostruktureller Eingebundenheit von Lebensverhältnissen umfasst. Böhnisch fasst unter Lebenslage „das Insgesamt der gesellschaftlich vermittelten Ressourcen wie Einkommen, Bildung, Rechte und sozialen Zugänge, über die die Einzelnen verfügen können" (Böhnisch 2016a, S. 27). Innerhalb dieses Rahmens und in Abhängigkeit von biografischen Entwicklungen vollziehen sich Bewältigungsprozesse. In diesem Sinne implizieren Lebenslagen „Ermöglichungs- wie Verwehrungskontexte" (Böhnisch 2016, S. 93) für individuelle Bewältigung. Sie determinieren Chancen und Grenzen der betroffen Person. Die Lebenslagen definieren subjektive Handlungsspielräume, -möglichkeiten und -zwänge für Bewältigung, die wiederum Auswirkungen auf die Lebenslage hat. Beide Dimensionen, Lebenslage und Bewältigung, beeinflussen sich wechselseitig (vgl. Böhnisch 2012a, S. 16). Menschen, die in ähnlichen oder vergleichbaren Lebenslagen aufwachsen und leben, orientieren sich hinsichtlich ihrer Lebensstile aneinander.

Für die vorliegende Arbeit ist die Verzahnung der individuellen und gesellschaftlichen Ebene von Relevanz. Das Lebensbewältigungskonzept verknüpft subjektive Belastungen mit der gesellschaftlichen und sozialen Situation von Adressaten/Adressatinnen und schafft auf diese Weise einen ganzheitlichen Blick auf sie.

4.2.3 Nutzen für die Soziale Arbeit

Das Lebensbewältigungskonzept von Böhnisch ist weitreichend und umfassend, weshalb es hervorragend im Kontext der Sozialen Arbeit angewandt werden kann. Böhnisch gelingt es im Laufe der Jahre, die Inhalte sukzessiv auf unterschiedliche Aufgaben- und Handlungsfelder zu übertragen. Das Konzept bietet auf einer Metaebene Ansatzpunkte, um den Auftrag der Profession klären sowie Verhaltensweisen von Adressaten/Adressatinnen fachlich verstehen zu können.

Böhnisch definiert Soziale Arbeit als „gesellschaftlich institutionalisierte Reaktionen auf typische psychosoziale Bewältigungsprobleme in der Folge gesellschaftlich bedingter sozialer Desintegration" (Böhnisch 2017, S. 12). In fachlichen und sozialpolitischen Diskursen wird seit jeher entschieden, welche Problemlagen gesellschaftlich als hilfewürdig akzeptiert werden. Die Anerkennung impliziert die theoretische Haltung, dass die entsprechende Problemlage nicht (ausschließlich) in der Verantwortung der/des Einzelnen liegt, sondern tendenziell eine Auswirkung von gesellschaftlichen Umbrüchen sowie Wandlungs-

und Entwicklungsprozessen ist. Soziale Arbeit erhält das Mandat, sich für die Lösung sozial anerkannter Probleme einzusetzen (vgl. ebd., S. 34).

„Diese alltäglichen Erfahrungen [von Adressaten/Adressatinnen] sind durch ihre gesellschaftliche Situation bestimmt, sie bildet die Bühne für ihr konkretes Bewältigungshandeln. Diese gesellschaftliche Bedingtheit – die soziale Lage der Adressat(inn)en und ihre verfügbaren Ressourcen – stellt den Hintergrund dar, vor dem Soziale Arbeit versucht, einen gelingenderen Alltag zu ermöglichen." (Mack 2008, S. 149)

Zwar ist Soziale Arbeit aufgrund ihres Auftrages nur begrenzt in der Lage, Lebenslagen unmittelbar zu verändern, aber mithilfe ihrer personenbezogenen sozialen Dienstleistungen kann sie kooperativ mit Betroffenen Veränderungen erarbeiten.

„Sie lässt sich auf die Lebensverhältnisse – und damit indirekt auch immer auf die Biographie mit den darin gegebenen Barrieren und Ressourcen ein." (Bitzan et al. 2006a, S. 266)

Soziale Arbeit setzt also bei individuellen Biografien und Lebenswelten an, um die Folgen gesellschaftlicher Schieflagen auf der persönlichen Ebene abzuschwächen. Soziale Arbeit nimmt dabei die Personen in den Blick, die mit den Auswirkungen und Anforderungen gesellschaftlicher Transformationsprozesse im Laufe ihrer bisherigen Biografie und aktuell kämpfen. Sie sind häufig von kritischen Lebensereignissen oder -entwicklungen bedroht oder betroffen (vgl. Böhnisch 2017, S. 11 f.).

Adressaten/Adressatinnen der Sozialen Arbeit leben zumeist in prekären Lebenssituationen. Nicht selten fehlen ihnen Ressourcen in jeglicher Form sowie verbindliche soziale Bezüge (vgl. Böhnisch 2016a, S. 22). Wenn sie die Risiken und Unsicherheiten in ihrem Alltag nicht selbstständig bewältigen können, kann Soziale Arbeit erstens Hilfe und Begleitung zur Verfügung stellen und zweitens versuchen, die Ambivalenzen in bestimmten Lebenskonstellationen und -situationen zu reduzieren (vgl. Mack 2008, S. 151; siehe Kapitel 3.1).

Dabei bewegt sich Soziale Arbeit in dem originären Spannungsverhältnis zwischen Hilfe und Kontrolle: Einerseits bietet sie Menschen Hilfestellungen für die Bewältigung von Krisen oder prekären Lebenslagen an, andererseits interveniert sie bei abweichenden Verhaltensweisen (vgl. ebd., S. 148; siehe Kapitel 2.3). Dieses strukturelle Spannungsverhältnis bildet die zwei Perspektiven des Lebensbewältigungskonzeptes ab: Aus gesellschaftlicher Perspektive steht der Normalisierungsauftrag mit der Intention der Integration im Zentrum Sozialer Arbeit, aus individueller Perspektive besitzt die Wiederherstellung der Handlungsfähigkeit oberste Priorität. Klienten/Klientinnen sind bestrebt, ihren

Alltag mithilfe der ihnen zur Verfügung stehenden Ressourcen zu bewältigen (vgl. Böhnisch 2012, S. 57). Die beiden Perspektiven sind nicht automatisch deckungsgleich, sondern können in Widerspruch zueinanderstehen, indem beispielsweise Eltern, Kinder und Jugendliche Verhaltensweisen zeigen, die zwar sozial und gesellschaftlich inakzeptabel sind, aber ihr („Über"-)Leben in ihren Verhältnissen sichern (vgl. Böhnisch 2017, S. 324). Fachkräfte müssen die perspektivenabhängigen Anforderungen kritisch prüfen und reflektiert Position beziehen, wie sie den Ansprüchen und Bedürfnissen von Familien auf der einen Seite und den Erwartungen der Gesellschaft auf der anderen Seite gerecht werden (vgl. Mack 2008, S. 151).

In der Praxis gewinnt allerdings der Normalisierungsauftrag zunehmend an Relevanz. Im Fokus der Interaktionen zwischen Fachkräften einerseits und Adressaten/Adressatinnen andererseits stehen individuelle Abweichungen von gesellschaftlichen Normen, die auf fachlicher Ebene selten kritisch reflektiert werden. Die Gefahr steigt, in Kontakt mit Eltern, Kindern und Jugendlichen deren subjektive Erklärungen und Deutungen für das gezeigte Verhalten zu vernachlässigen. Die einseitige Aufmerksamkeitsorientierung kann professionelle Etikettierung und Kontrolle begünstigen (vgl. Böhnisch 2016, S. 89). Das als auffällig oder abweichend etikettierte Verhalten wird als inakzeptabel bewertet. Nicht selten werden, entgegen der grundlegenden Annahme gesellschaftlich anerkannter Probleme, die spezifischen Krisen individualisiert und dem Verantwortungsbereich der Adressaten/Adressatinnen zugeschrieben. In diesem Szenario kristallisiert sich das Ungleichgewicht der beiden Perspektiven heraus: Die soziale Integration überlagert das Streben nach Handlungsfähigkeit. Die fachliche Erwartung gegenüber Eltern, Kindern und Jugendlichen, sich entsprechend den gesellschaftlichen Normen zu verhalten und anzupassen, dominiert die Interaktion. Problematisch wird es vor allem, wenn die Fremdwahrnehmung von der Selbstwahrnehmung abweicht und Adressaten/Adressatinnen sich und ihr Verhalten anders wahrnehmen als von den Fachkräften vermittelt (vgl. Böhnisch 2016, S. 149). Der Druck aufseiten der Klienten/Klientinnen steigt, wenn gesellschaftliche Normen nicht ihren individuellen Wertvorstellungen entsprechen. Angesichts der fehlenden Passung zwischen individuellen und gesellschaftlichen Sichtweisen führt der erfahrene Handlungszwang zumeist zu oberflächlichen Anpassungen, da die formalen Erwartungen und Handlungsempfehlungen nicht anknüpfungsfähig sind an individuelle Überzeugungen der Eltern (vgl. Böhnisch 2012, S. 59).

Auf diese Weise können Fachkräfte mit ihrer Kontrolle und ihren Interventionen – konträr zu dem Ziel, Hilfe zur Bewältigung von Krisen zu leisten – weitere Bewältigungs-„Anlässe" produzieren. Die ursprünglich als Hilfe konzipierte Begleitung erzeugt neue Konflikte, Krisen und Überforderungsmomente, welche die bereits gesellschaftlich erlebten Unsicherheiten und Ambivalenzen erhöhen. Demzufolge können Eingriffe „sowohl zusätzliche Belastungen hervorbringen als auch ganz besondere Ressourcen zugänglich machen […], die nützlich sind, um sehr schwierige Lebenssituationen gut zu bewältigen" (Wolf 2006, S. 83). Diese Annahme rückt den Belastungs-Ressourcen-Balance-Ansatz ins Zentrum.

4.3 Die Belastungs-Ressourcen-Balance von Wolf

Die Belastungs-Ressourcen-Balance repräsentiert ein „theoretisches, aber praxistaugliches Modell für die Soziale Arbeit" (Schäfer 2012, S. 13). Das besondere Moment ist die Konstruktion von einem „spezifisch sozialpädagogischen Blick auf Probleme […], die Menschen bewältigen müssen" (Wolf 2007, S. 282). Die Konzeption zeichnet sich durch drei zentrale Grundannahmen aus, die nachfolgend erläutert werden.

1. *„Unterschiedliche Menschen und Gruppen von Menschen müssen in ihrem Leben unterschiedliche Probleme bewältigen." (ebd., S. 282)*

Die Bewältigung von Problemen rückt in den Mittelpunkt theoretischer Überlegungen. Sie inkludiert mannigfache Umgangsweisen und -formen und wird nicht auf die Lösung von Problemen reduziert. Die Problembewältigung stellt lediglich einen möglichen Umgang aus dem Pool der Optionen dar (vgl. Schäfer 2012, S. 14).

Im Verlauf eines Lebens ist jeder Mensch mit verschiedenen individuellen Problemen konfrontiert, die es zu bewältigen gilt. Mögliche Schwierigkeiten können Entwicklungsaufgaben oder weitere Aufgaben umfassen (vgl. Wolf 2007, S. 283). In bestimmten Situationen und Konstellationen sind ganze Menschengruppen oder -kohorten mit vergleichbaren Problemen konfrontiert, z. B. bei der Bewältigung von Übergängen im Lebenslauf oder Entwicklungsaufgaben. Auf diese Weise grenzt ein ähnlicher Bewältigungsanspruch bestimmte Gruppierungen von anderen ab (vgl. Wolf 2007, S. 285).

Der Anspruch von Personen, die an sie herangetragenen Probleme zu lösen, kann individuell als Belastung wahrgenommen werden. Als zentrale ursächliche Einflüsse auf die Ausprägung von Problemen und das Erleben von Belastungen gelten belastende biografische Erfahrungen und die materielle Lebenssituation. Entsprechend dieser Erkenntnis ist es – analog zu dem Lebensbewältigungskonzept von Böhnisch – für die Soziale Arbeit entscheidend, beide Ebenen in den Blick zu nehmen (vgl. ebd., S. 283).

2. *„Nicht allein die Probleme sind das Problem, sondern erst Probleme plus fehlende Ressourcen." (ebd., S. 286)*

Das Bewältigen von Belastungen oder schwierigen Konstellationen hängt mit den zur Verfügung stehenden Ressourcen zusammen. Die zweite Annahme nimmt die Relation zwischen Belastungen und Ressourcen in den Blick. Menschen benötigen unterschiedliche Ressourcen für die Bewältigung individueller Probleme (vgl. Schäfer 2012, S. 14 f.). Dabei kann zwischen erforderlichen und verfügbaren Ressourcen eine Diskrepanz offensichtlich werden. Das Erleben dieses Widerspruches löst die kognitive Einschätzung als problematisch und belastend aus. Dementsprechend wird eine Belastung erst dann zu einem Problem (oder umgekehrt), wenn vorhandene Ressourcen nicht geeignet sind, die Situation zu bewältigen. Das Belastungsempfinden stellt ein Ergebnis der individuellen Situation und der Definition als Problem infolge kognitiver Bewertungen dar. Die herausfordernde Bewältigung resultiert also nicht vorrangig aus mangelhaften Kompetenzen der Person, sondern aus der fehlenden oder defizitären Passung von Belastung und Ressourcen (vgl. Wolf 2007, S. 286). Belastungen und Ressourcen stehen in einem wechselseitigen Verhältnis zueinander. Die Ressourcen sind – entsprechend den ungleichen materiellen Lebenssituationen – nicht gleich verteilt (vgl. ebd., S. 287). Diese Feststellung führt zu der dritten Annahme.

3. *„Die Aufgabe der Sozialen Arbeit besteht darin, den Zugang zu fehlenden Ressourcen zu verbessern, etwa dadurch, dass sie sie selbst schafft und zur Verfügung stellt oder dass sie den Zugang zu den Ressourcen erleichtert." (ebd., S. 289)*

Die Überlegungen über die Belastungs-Ressourcen-(Miss-)Balance werden mit dem Auftrag der Sozialen Arbeit gekoppelt. Analog zu dem Lebensbewältigungskonzept von Böhnisch wird der Sozialen Arbeit der Auftrag zugewiesen, auf ein Missverhältnis zwischen Ressourcen und Belastungen zu reagieren. Die Profession ist in der Verantwortung, individuelles Bewältigungsverhalten zu unterstützen und zu fördern (vgl. Schäfer 2012, S. 15). Dazu sind Fachkräfte aufgefordert, die Probleme, die es für die betroffenen Personen zu bewältigen gilt, zu verstehen und zu dechiffrieren (vgl. Wolf 2007, S. 288).

Mit dem Ziel, „die Potenziale von belasteten Menschen zu erweitern, sie in individueller Form zu unterstützen und unter Berücksichtigung ihrer verfügbaren Ressourcen Hilfestellungen zu leisten" (Schäfer 2012, S. 12), muss Soziale Arbeit kritisch überprüfen, ob sie die Ressourcen erweitert oder einschränkt. Damit die zusätzlich zur Verfügung gestellten Ressourcen ihr Potenzial entfalten können, müssen sie an biografische Erfahrungen betroffener Menschen anknüpfen und in ihre Lebenswelt passen. Dieser Anspruch bietet einen Orientierungsmaßstab für die Bewertung der Wirkungen Sozialer Arbeit.

„Gelingt es für Kinder und Erwachsene, zusätzliche Optionen zu eröffnen, Entwicklungschancen zu verbessern und Belastungen zu mildern oder werden neue Probleme produziert, Belastungen verschärft und Entwicklungen blockiert?" (Wolf 2008, S. 33)

Entscheidend für die Beurteilung sind die realen Effekte, weniger die dahinterliegenden Intentionen (vgl. ebd., S. 33). Aus Sicht der Betroffenen ist der Zuwachs von „Vertrauen in die eigenen Einfluss- und Gestaltungsmöglichkeiten […] die Voraussetzung vieler Lernprozesse" (ebd., S. 33).

Wenn diese Überlegungen auf die befragten Eltern übertragen werden, kann festgehalten werden, dass die kommunizierten subjektiven Belastungserfahrungen eine individuelle und eine kollektive Ebene tangieren. Die Belastungen repräsentieren nicht zuletzt individuelle Ausprägungen der kollektiv geteilten Erfahrung der Zuschreibung einer von ihnen zu verantwortenden Kindeswohlgefährdung, die sich in unterschiedlichen Facetten zeigt und vielfältiges Bewältigungsverhalten erzeugt (vgl. Wolf 2007, S. 285).

Unter Berücksichtigung der definitorischen Weiterentwicklungen und der für den intervenierenden Kinderschutz anschlussfähigen theoretischen Konzepte von Bewältigung liegt der vorliegenden Arbeit ein dynamisches und subjektivistisches Begriffsverständnis zugrunde: Bewältigungsverhalten zeichnet sich durch Individualität aus. Die Person-Umwelt-Interaktion hängt mit persönlichen Motiven und Vorlieben, biografischen Komponenten sowie gesellschaftlichen Positionen und Bezügen zusammen. Die Eltern sind aufgefordert, als aktiv Handelnde – neben alltäglichen Anforderungen – mit der außergewöhnlichen Herausforderung eines Verfahrens zur Abklärung und Abwendung einer Kindeswohlgefährdung umzugehen. In der Auswertung werden sämtliche Versuche in den Blick genommen, die dazu dienen, die Situation zu bewältigen. Entsprechend dem wissenschaftlichen Verständnis wird Bewältigungsverhalten nicht anhand der Ergebnisse bewertet.

5. Forschungsstand

Kinderschutz im weiten und engen Verständnis ist ein Thema, das aktuell national und international Relevanz erfährt. Neben Deutschland setzen sich Länder weltweit mit dem Handlungsfeld Kinderschutz auseinander und entwickeln im besten Fall Regelungen für den rechtlichen und institutionellen Umgang damit. Die dominierenden Vorstellungen von einem angemessenen Verhältnis zwischen Eltern, Kind und Staat sowie gesundem Aufwachsen repräsentieren gültige Normen und Werte in dem jeweiligen Staat. Diese bilden die Basis für das Verständnis und die Ausgestaltung des jeweiligen staatlichen Kinderschutzsystems (vgl. Müller 2010, S. 31).[46] Kinderschutz wird maßgeblich durch historische, gesellschaftliche, rechtliche, soziokulturelle und politische Rahmenbedingungen geprägt, die länderspezifisch definiert werden (vgl. Hong 2016, S. 19, 27). In einzelnen Ländern zeichnen sich voneinander abweichende Traditionen, Entwicklungstendenzen und Herangehensweisen ab, sodass „unterschiedliche Wohlfahrtsstaats- und Kinderschutzmodelle" (ebd., S. 25) mit differenten Vorgaben für das professionelle Handeln existieren.[47] Zwischen den Ländern zeigen sich – in Abhängigkeit von dem gültigen Kinderschutzsystem – z. T. augenfällige Unterschiede in rechtlichen Grundlagen, organisatorischen Strukturen und Abläufen sowie fachlichen Handlungslogiken (vgl. Müller 2010, S. 32). Die Haltungen und Handlungen von Fachkräften werden durch Organisationen sowie sozialpolitische und rechtliche Standards geprägt (vgl. ebd., S. 31).

---

46 Dem Kinderschutz wird in jedem Land eine unterschiedliche Bedeutung zugesprochen. In Abhängigkeit von den länderspezifischen Vorstellungen von Kindheit und Familie hat sich folgende Unterscheidung von zwei Staatengruppen etabliert: Staaten, in denen die natürliche Sorge von Eltern grundsätzlich nicht zur Diskussion steht (z. B. Italien, Deutschland, das Vereinigte Königreich und Spanien), und Staaten, in denen der fachliche Blick deutlich stärker auf Kinder und Jugendliche gelenkt ist (z. B. Frankreich und die Staaten des nördlichen Europas) (vgl. Nanchen 2008, S. 71).

47 Mit Blick auf die Kinderschutzmodelle unterscheidet Gilbert das Family Service System und das Child Protection System. Er ordnet Deutschland dem Family Service System zu und begründet diese Klassifikation mit einer Tradition, die auf Subsidiarität ausgelegt ist. Aus seiner Perspektive intendiert das nationale Kinderschutzsystem vorrangig Unterstützung und Hilfen für Familien. Im Gegensatz dazu fokussieren Child Protection Systems primär die Gefährdungsmomente und richten ihr Handeln eher intervenierend aus (vgl. Hong 2016, S. 25). Diese Zuordnung wirkt angesichts aktueller Entwicklungen in den Diskursen und Praxen im Kinderschutz verkürzt und relativ oberflächlich. Sie wird für die vorliegende Arbeit nicht übernommen.

Folglich intendieren die länderspezifischen Jugendhilfe- und Sozialsysteme unterschiedliche Praxen im Kinderschutz (vgl. Sievers 2013, S. 51). Angesichts der fehlenden länderübergreifenden Maßstäbe und der daraus resultierenden strukturellen und organisatorischen Abweichungen können ländertypische rechtliche und fachliche Vorgaben nicht problemlos auf ein anderes Land übertragen werden. Wenn Forschungsergebnisse, Konzepte, Maßnahmen oder Programme auf ein anderes Land transferiert werden sollen, ist entscheidend, die Ideen, Vorstellungen sowie Rahmenbedingungen des Kinderschutzsystems des Ursprungslandes zu berücksichtigen, um relevante Aussagen treffen zu können (vgl. Kindler/Suess 2010, S. 15 f.).

Obwohl die Zahl der Studien im Kontext von Kinderschutz stetig steigt, konnte sich unter anderem aufgrund des Facettenreichtums bislang nur in Ansätzen ein europäisch orientierter Forschungsraum etablieren (vgl. Kindler 2010, S. 13 f.). Andauernd unterscheiden sich der nationale und internationale Forschungsstand in Art und Umfang. Anders als in angloamerikanischen und europäischen Ländern gibt es in Deutschland beispielsweise bislang keine Gesamtstrategie, wie die Prävalenz von Kindeswohlgefährdung bundesweit erfasst werden kann (vgl. NZFH 2018, S. 71; siehe Kapitel 3.1.2).

Aus den erörterten Gründen wird der Blick auf den nationalen Forschungsstand gelenkt. Angesichts der schwierigen Vergleichbarkeit und des Fehlens allgemeingültiger Maßstäbe bildet das deutsche Kinderschutzsystem mitsamt seinen Besonderheiten und Eigenheiten den Referenzrahmen für die vorliegende Arbeit. Das spezifische Dreiecksverhältnis zwischen Eltern, Kind und Staat sowie die gesetzgeberischen Vorgaben und professionellen Haltungen prägen das Verfahren, das im Mittelpunkt des Erlebens von Eltern steht.

5.1 Überblick über den aktuellen nationalen Forschungsstand

„Insgesamt lässt sich feststellen, dass die Forschungen zum Kinderschutz in Deutschland bzw. zum deutschen Kinderschutzsystem und seiner Qualität [...] in vielerlei Hinsicht noch in den Kinderschuhen stecken." (NZFH 2018, S. 69)

Im deutschsprachigen Raum widmeten sich Forscher/Forscherinnen im Vergleich zu anderen westlichen Ländern relativ spät der Thematik Kinderschutz und Fragen zur Weiterentwicklung des Kinderschutzsystems (vgl. Kindler 2009, S. 780). Eine Erklärung für die spät einsetzende empirische Annäherung war die lange Zeit vorherrschende Annahme, dass die im SGB VIII fixierten Rechte und Ansprüche von Eltern auf Hilfeleistungen sowie der Partizipationsansatz einen „bestmöglichen Schutz von Kindern" (Schuttner/Kindler 2013, S. 61) gewährleistet. Dahinter lag die Überzeugung eines qualitativ hochwertigen und funktionierenden Jugendhilfesystems, in dem problematisch verlaufene Kinder-schutzfälle Ausnahmen darstellen. Daher wurde die politische und öffentliche Diskussion über das Kinderschutzsystem von Fachkräften anfänglich als „we-nigstens teilweise von Außen [sic!] aufgezwungen gekennzeichnet" (ebd., S. 61). In den letzten zwei Jahrzehnten hat das Thema sukzessiv und mit zunehmender Intensität an Relevanz für Praxis, Forschung und Öffentlichkeit gewonnen. Parallel zu gesetzlichen Veränderungen und der medialen Aufbereitung stieg die intrinsische Motivation der Professionellen, Erkenntnisse darüber zu ge-winnen, „wie Kinderschutz in Deutschland funktioniert und sich entwickelt" (ebd., S. 61).

Die veröffentlichten Forschungen unterscheiden sich hinsichtlich ihres Er-kenntnisinteresses, der eingenommenen Perspektive mitsamt dem damit ver-knüpften Forschungsgegenstand, der Zielsetzung und der Methode(n). Wolff et al. differenzieren Theoriestudien, empirische Fall- und Prozessforschungen, Auseinandersetzungen mit internationalen Misshandlungs- und Kinderschutz-forschungen sowie Studien zur Epidemiologie, zu Erscheinungsformen und Folgen von Kindesmisshandlung. Die Auswirkungen der zahlreichen gesetz-lichen Transformationen bieten ebenso Ansatzpunkte für Forschungsprojekte (vgl. Wolff et al. 2013, S. 15 ff.).

Kindler konstatiert einen Zuwachs an Untersuchungen, welche „die As-pekte der Diagnostik, Intervention, Prävention sowie Partizipation/Beteiligung" (NZFH 2018, S. 70) im engen und weiten Verständnis von Kinderschutz be-leuchten. Dementsprechend repräsentiert z. B. das Handeln von Fachkräften in Verfahren zur Abwendung möglicher Kindeswohlgefährdung ein dominieren-des Erkenntnisinteresse: Unterschiedliche Handlungsmuster, professionelle Selbstverständnisse, Partizipation von Adressaten/Adressatinnen, Prozesse der Fallkonstitution sowie institutionelle Bedingungen bilden beliebte und wieder-kehrende Untersuchungsgegenstände. In der Forschungsliteratur ist eine Kon-zentration auf Professionelle, Organisationen sowie Handlungs- und Verfah-rensabläufe zu registrieren (vgl. Oelerich/Schaarschuch 2006, S. 185).

Trotz dieser positiv zu beurteilenden Entwicklung wird Kritik an dem na-tionalen Forschungsstand und dem erhobenen Datenmaterial mitsamt den Deutungen geäußert: Bode unterstellt dem Großteil der vorliegenden Einzel-fallstudien und Forschungsprojekte „unscharfe, oder zu stark auf eine spezifi-sche Problematik fokussierte und insofern kleinteilige Analysen" (Bode et al. 2012, S. 11). Dazu merken Wolff et al. kritisch an, dass weder die Fortschritte und Erfolge noch die Defizite und Fehler bislang kontinuierlich untersucht wurden (vgl. Wolff et al. 2013, S. 17). Bode ist der Ansicht, dass zahlreiche For-schungsbemühungen ihr Erkenntnisinteresse auf die Identifikation von Schwä-chen im fachlichen Handeln und auf Risikomuster in Organisationen reduzie-ren. Er moniert diese häufig einseitige und verkürzte Orientierung und vermisst eine tief greifende Untersuchung des gesamten, hochkomplexen Kinderschutzsystems im Sinne „des aktuellen gesellschaftlichen Umgangs mit Fragen des Kinderschutzes" (Bode et al. 2012, S. 2). In Übereinstimmung mit dieser Einschätzung des Forschungsstandes resümieren Retkowski et al., dass empirische Erkenntnisse über „sozialpädagogische Interventionen und Praktiken im Umgang mit Formen von Kindeswohlgefährdung" (Retkowski et al. 2011, S. 485) bislang nicht in zufriedenstellendem Maße vorliegen. Bode et al. schlussfolgern, dass „sowohl die empirische Auseinandersetzung mit dem Handlungsfeld als auch die kritische Reflexion der in diesem Feld etablierten Praxis eigentümlich unterentwickelt geblieben" (Bode et al. 2012, S. 2) sind und tendenziell voneinander abgelöst an unterschiedlichen Orten stattfinden. Eine interdisziplinäre Sichtweise hat sich noch nicht etabliert. Als Beleg dafür können aus Sicht von Wolff et al. „wenige Erfahrungen mit qualitativer Feldforschung im multiprofessionellen Praxisfeld" (Wolff et al. 2013, S. 17) angeführt werden.

Im Gegensatz zu dieser negativen Einschätzung bewerten Schuttner und Kindler die Quantität und den Facettenreichtum vorliegender Untersuchungen als Hinweis darauf, „dass die Forschung zum Kinderschutz in Deutschland auf dem Weg ist, veerlässliche [sic!] Daten, Ansätze und Methoden zu entwickeln, die der Qualität und dem Wissensbestand sehr zuträglich sind" (Schuttner/Kindler 2013, S. 67). Sie nehmen eine deutlich wachsende Forschungsaktivität im Kontext von Kinderschutz im engen und weiten Verständnis wahr und konstatieren für die vergangenen zehn Jahre eine Zunahme im Hinblick auf „Anzahl und Qualität" (Wolff et al. 2013, S. 22) der Veröffentlichungen. Die Zahl der Publikationen, in denen Forschungsdesiderate im Handlungsfeld Kinderschutz bearbeitet werden, steigt stetig. Forscher/Forscherinnen setzen sich in ihren Untersuchungen mit der „Programmatik, Rekonstruktion und Entwicklung des Kinderschutzes" (Schuttner/Kindler 2013, S. 62) auseinander. Zahlreiche „Praxisratgeber und -leitfäden" (ebd., S. 61) werden publiziert. Gleichzeitig darf nicht negiert werden, dass – vor allem im Vergleich zu internationalen Forschungsbemühungen – in vielen Themenbereichen die Forschungsanstrengungen im deutschsprachigen Raum weiterhin lückenhaft sind.

5.2 Darstellung ausgewählter Forschungsprojekte

Angesichts der Komplexität der Thematik Kinderschutz werden die bisherigen Forschungsbestrebungen systematisiert. Dabei wird der Blick auch auf angrenzende Themenbereiche, in denen intensiver geforscht wurde, ausgeweitet. Die nachfolgenden Forschungsschwerpunkte werden in die nähere Betrachtung gezogen:

- das Erleben von Eltern als Adressaten/Adressatinnen der Kinder- und Jugendhilfe,
- professionelle Handlungen und Verfahren zur Abwendung einer Kindeswohlgefährdung,
- Handlungen von Familienrichtern/Familienrichterinnen in kindschaftsrechtlichen Verfahren und
- interdisziplinäre Kooperationen in Verfahren zur Abwendung einer Kindeswohlgefährdung.

Die Forschungsschwerpunkte sind nicht trennscharf. Die ausgewählten Forschungen stellen mitunter Ergebnisse auf verschiedenen Ebenen zur Verfügung. Mit Ausnahme der Untersuchungen über das Erleben von Eltern als Klienten/Klientinnen der Kinder- und Jugendhilfe liegt der Auswahl in der Regel ein enges Verständnis von Kinderschutz zugrunde, damit die Anschlussfähigkeit an die vorliegende Arbeit gegeben ist. In erster Linie werden Forschungen rezipiert, die kurz vor, während oder nach der Jahrtausendwende durchgeführt wurden. Vor allem der Zeitraum nach 2005 ist besonders interessant, da zu dem Zeitpunkt der § 8a SGB VIII eingeführt wurde. Es werden ausschließlich nationale Studien rezipiert, denen gemein ist, dass sie „ihre Aufmerksamkeit auf die Praxis [...] mit ihrer Komplexität, Widersprüchlichkeit und Unsicherheit" (Wolff et al. 2013, S. 33) lenken.

5.2.1 Das Erleben von Eltern als Adressaten/Adressatinnen der Kinder- und Jugendhilfe

Bis heute gibt es keine empirische Untersuchung, die exklusiv die Sicht und das Erleben von Eltern in (familiengerichtlichen) Verfahren zur Abwendung einer Kindeswohlgefährdung gemäß § 8a SGB VIII und § 1666 BGB in den Mittelpunkt des Erkenntnisinteresses rückt. Häufiger wird ihre Sichtweise in Forschungsprojekten flankierend oder ergänzend erfasst. Angesichts der defizitären Forschungslage im Handlungsfeld des Schutzauftrages zur Abwendung einer Kindeswohlgefährdung, beziehen sich die nachfolgend beschriebenen Untersuchungen ebenso auf das Erleben von Eltern als Adressaten/Adressatinnen, die (vermeintliche) Dienstleistungen der Kinder- und Jugendhilfe in Anspruch nehmen oder von einer Inobhutnahme ihres Kindes/ihrer Kinder betroffen sind.

Ende der 1990er Jahre stieg das Interesse, über abgebende Eltern, auch als Herkunftseltern bezeichnet, zu forschen.[48] Im Kontext von Herkunftseltern, deren Kinder stationär untergebracht sind, werden in der Literatur wiederkehrend zwei Studien benannt, die sich mit ihrem Erleben auseinandersetzen und aufeinander aufbauen. Im Unterschied zu der vorliegenden Arbeit beziehen sich beide Untersuchungen auf Eltern, die sich (mehr oder weniger) freiwillig für eine Unterbringung ihrer Kinder entschieden haben. Kinderschutz im engen Verständnis spielt eine randständige Rolle (vgl. Gräbedünkel 2017, S. 46).

Faltermeier untersuchte in seiner Dissertation, 2001 unter dem Titel „Verwirkte Elternschaft" veröffentlicht, die Perspektive von Herkunftseltern auf die Fremdunterbringung ihrer Kinder in einem Heim oder einer Pflegefamilie. Anlass für seine Forschung waren die zu dem damaligen Zeitpunkt fehlenden Erkenntnisse darüber, „welche prozesshaften Ereignisse in der Herkunftsfamilie schließlich zur Fremdunterbringung der Kinder führen und wodurch sie ausgelöst werden" (Faltermeier 2001, S. 33). 2003 publizierten Faltermeier, Glinka und Schefold „Herkunftsfamilien: Empirische Befunde und praktische Anregungen rund um die Fremdunterbringung von Kindern". Aus ihren Reflexionen und Analysen leiteten sie Empfehlungen für die sozialpädagogische Praxis mit dieser Zielgruppe ab (vgl. Wilde 2014, S. 70). Nachfolgend werden ausgewählte Ergebnisse kurz skizziert.

Die Fremdunterbringung wird häufig nicht mit fehlenden elterlichen Kompetenzen oder gering ausgeprägtem Interesse begründet, sondern die schwie-

---

48 Die Forschungsstudien wurden ausgewählt, da es sich bei abgebenden Herkunftseltern und Eltern, die in (familiengerichtlichen) Verfahren zur Abwendung einer Kindeswohlgefährdung involviert sind, um Personen handelt, die in spezifischen Situationen an Grenzen ihrer Belastbarkeit stoßen. In diesem Punkt weisen sie Gemeinsamkeiten auf (z. B. Kontakt zum Jugendamt, Hilfebedarf). Faltermeier stellt sowohl für Herkunfts- als auch für Pflegeeltern bis Ende der 1990er Jahre in empirischen Untersuchungen eine randständige Position fest (vgl. Faltermeier 2001, S. 23). Seit diesem Zeitpunkt hat die Anzahl der Forschungen über abgebende Eltern und Pflegeeltern zugenommen. An der Universität Siegen hat sich unter der Leitung von Prof. Wolf die Forschungsgruppe Pflegekinder etabliert, die seit ihrer Gründung im Jahr 2006 zahlreiche qualitative Studien über das Pflegekinderwesen veröffentlicht hat. Im Mittelpunkt der Forschungsprojekte stehen die Entwicklung von Pflegekindern, ihr Leben und Aufwachsen in einer Pflegefamilie, das Erleben von Pflegeeltern sowie die Zusammenarbeit zwischen Herkunftseltern und Pflegefamilie. Die Auflistung veranschaulicht, dass Erfahrungen und Erleben von Herkunftseltern zwar nicht vorrangig, aber flankierend erhoben werden. In ausgewählten Veröffentlichungen nehmen sie einen höheren Stellenwert ein. An dieser Stelle wird exemplarisch auf die Veröffentlichungen von Frindt (2006): „Prozesse in der Sozialpädagogischen Familienhilfe aus unterschiedlichen Perspektiven. Eine Einzelfallstudie" und Wilde (2014): „Eltern. Kind. Herausnahme. Zur Erlebensperspektive von Eltern in den Hilfen zur Erziehung" verwiesen. Vor allem die Erkenntnisse des zweitgenannten Werkes fließen an ausgewählten Stellen in die vorliegende Arbeit ein.

rige soziale Lebenslage der Familie sowie ineffektive staatliche Unterstützungsleistungen bilden zentrale Anlässe für die stationäre Unterbringung von Kindern (vgl. Faltermeier 2001, S. 23). Neben der sozioökonomischen Lebenslage beeinflusst die Biografie die Ausgestaltung der Elternrolle und die Alltagsbewältigung. Erlebte Beziehungsabbrüche, fehlende Kontinuitäten oder ein als defizitär erlebtes Netzwerk charakterisieren die lebensgeschichtlichen und familiären Dynamiken, die sich auf wichtige aktuelle Entwicklungen, z. B. die Entscheidung für eine stationäre Unterbringung, auswirken. Basierend auf diesen und weiteren Erkenntnissen akzentuiert Faltermeier die Relevanz von Forschungsansätzen, die an subjektiven Erfahrungen und Sichtweisen von Eltern ansetzen (vgl. ebd., S. 35). Statistisches Datenmaterial greift zu kurz, um sich erstens kritisch mit den Lebensverhältnissen von Eltern, Kindern und Jugendlichen und ihrem Erleben dieser Verhältnisse auseinanderzusetzen und zweitens Zusammenhänge zwischen Erfahrungen und erzieherischem Verhalten zu erfassen.

Uhlendorff, Cinkl und Marthaler veröffentlichten 2008 die Ergebnisse ihrer breit angelegten Untersuchung in dem Buch „Sozialpädagogische Familiendiagnosen. Deutungsmuster familiärer Belastungssituationen und erzieherischer Notlagen in der Jugendhilfe". Ihre Forschung verfolgte das Ziel, „die soziale Konstruktion von Wirklichkeit bzw. Wirklichkeiten von Familien in der Jugendhilfe zu beschreiben, und zwar in typisierender Form" (Uhlendorff et al. 2008, S. 205). Mithilfe der Konstruktion von „Problemtypen familiärer Belastungssituationen sowie erzieherischer Notlagen" (ebd., S. 13) sollte die sozialpädagogische Familienhilfe neu konzipiert werden. Angesichts ihrer Bestrebungen, die Selbstdeutungen von Adressaten/Adressatinnen über ihre Lebenssituation und mögliche Belastungen zu erfassen, führten sie leitfadengestützte Interviews mit Eltern und Kindern. Alle befragten Familien nahmen zum Zeitpunkt der Erhebung Hilfen zur Erziehung in Anspruch. Die Forscher/Forscherinnen bündelten die Aussagen aus den Interviews zu folgenden Selbstdeutungsmustern: biografische Leidensmuster, sozioökonomische Rahmenbedingungen, Erfahrungen mit professionellen Helfer-/Helferinnensystemen, Einbindung in informelle Helfer-/Helferinnensysteme, aktuelle familiäre Belastungen, familiäre Arbeitsteilung und Zeitstruktur, Erziehungsprobleme, Selbstzufriedenheit (in Bezug auf familiäre Aufgaben und Beruf), Bewältigung familiärer Konflikte, Partnerschaftserleben und subjektiver Hilfeplan. Sämtliche Muster beziehen sich primär auf die Alltagsbewältigung (vgl. Uhlendorff et al. 2008, S. 29 ff.). Aus diesen aufgelisteten Mustern destillierte das Forschungsteam in einem zweiten Schritt zentrale Konfliktthemen auf Elternebene. Diese haben unterschiedliche Bezugspunkte, z. B. Partnerschaft, Erziehung, Vereinbarung von Beruf und Familie oder Balance zwischen Selbst- und Fremdbestimmung (vgl. ebd., S. 98 ff.).

Die Ergebnisse verweisen auf vielschichtige Belastungen in den jeweiligen familiären Systemen, die häufig mehrere Familienmitglieder tangieren und phasenweise wechseln (vgl. ebd., S. 50 f.). Von den Eltern werden z. B. Anforderungen und Stress im Alltag, gesundheitliche (psychische oder physische) Belastungen, Schwierigkeiten auf der Paarebene, Probleme wegen der Kinder und familiäre Konflikte aufgeführt (vgl. ebd., S. 50, 80). Die Themen, die eine Inanspruchnahme von Hilfe bedingen, belasten die Eltern massiv (vgl. ebd., S. 42). Allerdings sind nicht nur die Probleme, sondern auch die Auseinandersetzungen mit den Schwierigkeiten im Zuge der Hilfe mühsam. In dem Hilfeprozess erleben die Eltern vor allem die fehlende Berücksichtigung ihrer individuellen Problembeschreibungen als schwierig (vgl. ebd., S. 10). Uhlendorff, Cinkl und Marthaler fordern Fachkräfte der Kinder- und Jugendhilfe auf, subjektive Problemdeutungen von Eltern als Ausgangspunkt für fachliches Handeln zu nutzen. Präventive und intervenierende Maßnahmen müssen an Lebenswelten und Selbstverständnisse anknüpfen, um erfolgreich wirken zu können (vgl. ebd., S. 205). Auch wenn nicht unmittelbar das Verfahren zur Abwendung einer Kindeswohlgefährdung im Mittelpunkt der Forschungsbestrebungen stand, können ihre Forderungen auf den reaktiven Kinderschutz übertragen werden.

Mit dem Ziel, Ursachen, Ausmaß und Formen von Gefährdungen von Kindern im Alter bis sechs Jahren in der Familie sowie Reaktions- und Handlungsmöglichkeiten systematisch und empirisch fundiert darzustellen, hat das Ministerium für Generationen, Familie, Frauen und Integration (MGFFI) des Landes Nordrhein-Westfalen (NRW) eine breit angelegte Studie mit einer Laufzeit von Juli 2008 bis Juli 2009 beauftragt und finanziell gefördert. Insgesamt wurden sechs Teilstudien von folgenden Organisationen durchgeführt: DJI e. V. und TU Dortmund, Ruhr-Universität Bochum, das Institut für Sozialforschung und Gesellschaftspolitik (ISG) GmbH und das Institut für Soziale Arbeit (ISA).[49] Die beteiligten Institute konzentrierten sich zwar auf einen Themenbereich, kooperierten aber übergreifend miteinander. Für die vorliegende Arbeit ist insbesondere die Teilstudie bedeutsam, welche die Lebenssituationen von Kindern in den Mittelpunkt stellte. Dazu wurde die Sicht von Eltern auf Bedürfnisse von Kindern sowie Vernachlässigungssituationen erfasst. Zudem eruierten die Forscher/Forscherinnen elterliches Wissen über Risikolagen sowie mögliche Strategien zur Konfliktlösung.

---

49 Folgende Aspekte wurden mithilfe der unterschiedlichen Zugänge erfasst: Ausmaß und Umfang von Risikolagen von Kindern in NRW, sozialstrukturelle Risikoverstärker, Rahmenbedingungen fachlichen Handelns zur Wahrnehmung des Schutzauftrages gemäß § 8a SGB VIII, Art und Umfang von Kindeswohlgefährdung, riskante Lebenssituationen von Kindern sowie praxisrelevante Entwicklungen zur Minderung des Gefährdungsrisikos.

Die Ergebnisse veranschaulichen, dass sich die Kontaktaufnahme mit dem Jugendamt für den Großteil der befragten Eltern schwierig gestaltet, da die Organisation negativ besetzt ist. Der Dienstleistungscharakter ist offensichtlich wenigen Betroffenen bekannt (vgl. ISG 2010, S. 176). Die Eltern nennen Überforderung und Verzweiflung, Suchterkrankungen, Existenzängste sowie falsche Vorstellungen von Elternschaft, keine Vorbilder im Zuge des eigenen Aufwachsens sowie fehlende Kompetenzen und defizitäre Unterstützung durch das soziale Umfeld als häufigste Ursachen möglicher Kindeswohlgefährdung (vgl. ebd., S. 177).

Erstmalig legte Gräbedünkel in ihrer rekonstruktiv angelegten Studie den Blick auf die Perspektive von Eltern (potenziell) gefährdeter Kinder. In ihrer Dissertation, 2017 unter dem Titel „Inobhutnahme bei Kindeswohlgefährdung – eine rekonstruktive Studie zu Binnenperspektiven und Handlungsstrategien betroffener Eltern" veröffentlicht, interviewte sie Eltern, deren Kinder vorübergehend oder dauerhaft gemäß § 42 SGB VIII in Obhut genommen worden waren. Folgende Fragen geben ihr Erkenntnisinteresse wieder:

- Wie konstruieren betroffene Eltern ihre Wirklichkeit?
- Wie erleben betroffene Eltern ihre eigene sowie die Entwicklung ihrer Kinder?
- Wie gehen betroffene Eltern mit Institutionen im Allgemeinen um?
- Welches Bild haben sie speziell vom Jugendamt und dem Familiengericht?
- Was verstehen sie unter den Begriffen Kindeswohl und Kindeswohlgefährdung?
- Welches Verständnis von Hilfe haben betroffene Eltern?

Basierend auf den Aussagen befragter Eltern entwickelte Gräbedünkel folgende drei Handlungs- und Orientierungsmuster: Die Muster Hilflosigkeit/Ohnmacht und Passivität (1), Opfer und Konfrontation (2) sowie Einsicht und aktive Gestaltung (3) lassen sich hinsichtlich des Umgangs von Eltern mit zuständigen Organisationen (vorrangig dem Jugendamt) sowie ihres subjektiven Verständnisses von Hilfe und Kindeswohlgefährdung unterscheiden (vgl. Gräbedünkel 2017, S. 255 ff.). Musterübergreifend wird das individuelle Handeln der Eltern maßgeblich durch ihre biografischen Erfahrungen geprägt. Darüber hinaus beeinflusst eine dominierende Ablehnung gegenüber dem Jugendamt ihre Handlungen. Diese ablehnende Haltung führt zu Widerständen aufseiten der Eltern und verhindert den Aufbau von Vertrauen. In der unmittelbaren Interaktion zeichnen sich konträre Einschätzungen der Entwicklung ihrer Kinder und ihrer Lebenssituation ab: Die Wahrnehmungen der Eltern stehen häufig im Gegensatz zu denen der Fachkräfte. Angesichts der vermeintlichen Unvereinbarkeit kann oftmals keine gemeinsame Situationsdeutung gefunden werden. Sämtliche Eltern bewerten die Inobhutnahme als schweren Einschnitt in ihr

Leben. Die Inobhutnahme löst Gefühle des Scheiterns und der Machtlosigkeit aus. Ihnen fehlt Orientierung für ihr weiteres Handeln (vgl. ebd., S. 295). Inwieweit diese Emotionen ebenso im Laufe des Verfahrens zur Abwendung einer Kindeswohlgefährdung entstehen, wird auf Basis der geführten Gespräche mit betroffenen Eltern zu analysieren sein.

In dem Forschungsprojekt HESTIA – „Politiken und Reaktionsweisen in Bezug auf Kindesmisshandlung und -vernachlässigung in England, Deutschland und den Niederlanden" (van Santen et al. 2017, S. 48) – wurden die nationalen Kinderschutzsysteme der drei benannten Wohlfahrtsstaaten miteinander verglichen, um das Wissen über die Unterschiede und Gemeinsamkeiten der Kinderschutzsysteme zu erweitern, Ansatzpunkte für Diskussionen über die untersuchten Politiken und (Handlungs-)Praxen zu bieten und einen Beitrag für (Weiter-)Entwicklungen europäischer Kinderschutzsysteme zu leisten. Das DJI e. V. (Deutschland) sowie die Universitäten in York (England) und Groningen (Niederlande) führten HESTIA in der Zeit von Mai 2015 bis März 2018 kooperativ durch. Die finanzielle Förderung übernahm das europäische NOR-FACE-Programm „Welfare State Futures" (vgl. Witte 2019, o. S.). Die nachfolgenden Fragestellungen bildeten den Rahmen für den länderübergreifenden Vergleich (vgl. ebd., o. S.):

- Wie werden Maßnahmen des Kinderschutzsystems ausgehandelt, legitimiert und von Fachkräften und Eltern wahrgenommen?
- Welche Auswirkungen haben die Maßnahmen für Kinder und Jugendliche?
- In welchem Verhältnis stehen nationale Politiken, Eingriffsschwellen und soziale Gerechtigkeit?
- Wie ist das Verhältnis von Rhetorik und Praxis im Kinderschutz?

Neben einer theoretischen Analyse von Kinderschutzpolitiken wurde die Praxis des Kinderschutzes empirisch untersucht. Im Mittelpunkt standen Reaktionen und Handlungsweisen der Wohlfahrtsstaaten auf Meldungen über mögliche Gefährdungen sowie die Sicht betroffener Eltern auf eingeleitete Maßnahmen. Die Forscher-/Forscherinnengruppe verknüpfte die empirischen Erkenntnisse mit den Ergebnissen der theoretischen Analyse. Das Forschungsprojekt umfasste drei Bausteine bzw. Handlungsschritte: Einen Vergleich (1) der drei länderspezifischen Kinderschutzsysteme im Sinne einer kritischen Auseinandersetzung mit den jüngeren Entwicklungen innerhalb der Politik, politischen Rahmungen und Kinderschutzstatistiken. Mithilfe der unterschiedlichen Zugänge wurde herausgearbeitet, wie Entstehung, Umgang und Reaktionsweisen politisch und fachlich konstruiert werden. Aufbauend auf diesen Erkenntnissen folgte eine länderübergreifende Aktenanalyse (2) anhand folgender Aspekte: Gründe für die Meldung bzw. Überweisung, Informationen über betroffene Kinder und Familien, Darstellung von Kindern und Eltern, Behandlung und

Ergebnisse. Abschließend interviewten die Forscher/Forscherinnen betroffene Eltern zu ihren Erfahrungen mit dem Kinderschutzsystem (3) (vgl. Witte 2019, o. S.). Für die vorliegende Arbeit ist vornehmlich der dritte Baustein von Bedeutung. Dazu liegen bislang ausschließlich Erkenntnisse aus England und den Niederlanden vor. Diese Ergebnisse umfassen förderliche und hinderliche Faktoren für einen produktiven Ablauf und eine gelungene Interaktion aus Sicht betroffener Eltern. Auch wenn die Ergebnisse nicht unreflektiert und unmittelbar auf Deutschland übertragen werden können, sollen sie – angesichts der Nähe zu der Thematik der vorliegenden Arbeit – kurz deskribiert werden.

Im Mai 2018 wurden die Ergebnisse aus England auf der Homepage des Forschungsprojektes HESTIA publiziert. In England interviewte das Forschungsteam elf Mütter und sechs Väter, die in der Vergangenheit in einem Verfahren zur Abwendung einer Kindeswohlgefährdung involviert waren. In den Aussagen der befragten Eltern zeichnet sich ein breites Spektrum von positiven und negativen Erfahrungen ab. Eine gute Aufklärung über den Verlauf des Prozesses, Möglichkeiten der Partizipation (z. B. ein Mitspracherecht), passende Unterstützungsformen sowie eine gute Arbeitsbeziehung zu der zuständigen Fachkraft sind zentrale Voraussetzungen für positive Erfahrungen. Demgegenüber erzeugen das Gefühl, nicht gehört zu werden, Unzufriedenheit mit eingeleiteten Maßnahmen oder ausbleibende Unterstützung negative Emotionen. Verurteilung, Kritik und Stigmatisierung seitens der Sozialarbeiter/Sozialarbeiterinnen fördern negative Bewertungen des Kinderschutzsystems. In vielen Fällen fühlten sich die Eltern unter Druck gesetzt und von dem System eingeschüchtert. Viele Eltern sind enttäuscht von dem Kinderschutzsystem (vgl. Baldwin/Biehal 2018, S. 1 ff.).

Im Juni 2018 folgte die Veröffentlichung der Ergebnisse aus den Niederlanden. Die Forscher/Forscherinnen führten mit 13 Müttern und sieben Vätern Interviews. Auch diese befragten Eltern haben positive und negative Erfahrungen im Verlauf des Verfahrens gemacht. Sie betonen übereinstimmend ihre Bemühungen um ihre Kinder, deren Interessen für sie handlungsleitend sind. Sie waren sich in der Vergangenheit stets darüber im Klaren, dass ihre Kinder leiden und eine positive Veränderung der Situation notwendig ist (vgl. Bouma et al. 2018, S. 2). Angesichts dieser Erwartungshaltung sind einige Eltern enttäuscht darüber, dass ihre Kinder aus ihrer Sicht häufig nicht ausreichend und/oder zeitnah professionell geschützt wurden. Die Mehrzahl der Eltern kritisiert die Dauer des Verfahrens, das sich aufgrund von fehlenden Kommunikations- oder unzureichenden Abstimmungsprozessen zwischen den professionell Handelnden verzögerte. Die fehlenden Absprachen zeigten sich laut Aussage der Eltern z. B. in differenten und z. T. widersprüchlichen Erwartungen ihnen gegenüber. Aus Sicht der Eltern ist das System komplex und ohne Aufklärung für sie schwer zu durchschauen. Einige Eltern monieren, dass bestimmte Aussagen oder Vorwürfe nicht ausreichend von den Fachkräften überprüft wurden. Angesichts der aus ihrer Sicht falschen Sichtweisen und Unwahrheiten sind bestimmte Entscheidungen für sie bis heute nicht nachvollziehbar. Im Kontakt mit unterschiedlichen Fachkräften haben einige Eltern den Eindruck gewonnen, dass den Zuständigen zu wenig zeitliche Kapazitäten zur Verfügung stehen. Punktuell erleben die Eltern eine Überforderung der Professionellen, die aus ihrer Sicht mitunter strukturell bedingt ist (vgl. Bouma et al. 2018, S. 3 ff.). Mit Blick auf ihre Beteiligung an dem Geschehen haben einige Eltern den Eindruck, nicht ausreichend informiert worden zu sein, während andere sich der Entwicklungen bewusst waren. Manche Eltern fühlten sich von den Fachkräften gehört und wertgeschätzt, während andere nicht die Chance erhielten, ihre Geschichte zu erzählen. Die meisten Eltern haben das Gefühl, dass bestimmte Absprachen hinter ihrem Rücken getroffen und sie vor vollendete Tatsachen gestellt wurden. Sie stehen dem System misstrauisch gegenüber. Viele Eltern schildern, keinen Einfluss auf den Verlauf gehabt zu haben. Angesichts ihrer Erfahrungen formulieren die befragten Eltern folgende Empfehlungen (vgl. ebd., S. 13 ff.):

- Die Fachkräfte sollen entschlossen handeln und zügig Entscheidungen treffen, um Hilfen für betroffene Kinder schneller einleiten und Verbesserungen erarbeiten zu können.
- Die beteiligten Behörden sollen produktiv zusammenarbeiten. Ein regelmäßiger und verbindlicher Austausch ist notwendig, um Handlungsschritte zeitnah umsetzen und Hilfen gewähren zu können.
- Die Fachkräfte sollen ein ganzheitliches Bild kreieren, um Entscheidungen begründet treffen und gegenüber den Eltern kommunizieren zu können. Das Bild muss – in Abhängigkeit von den Entwicklungen – stetig ergänzt oder modifiziert werden.
- Die Biografie und subjektive Sichtweise der Eltern sollen ernst genommen und passgenau verwertet werden.
- Eine ausführliche und kontinuierliche Aufklärung sowie Transparenz über Abläufe und Handlungsschritte sind notwendig, um Vertrauen in das Kinderschutzsystem zu gewinnen.
- In der Interaktion ist eine klare und ehrliche Kommunikation entscheidend.
- Bei der Konzentration auf das Kindeswohl darf der Blick auf die Eltern als Betroffene nicht verloren gehen. Sie wünschen sich Wertschätzung, Anerkennung und Begleitung.
- Ein funktionierendes Kinderschutzsystem benötigt finanzielle Ressourcen, Zeit und Wissen.

Die Ergebnisse aus den beteiligten Ländern beinhalten konsistente Kennzeichen der subjektiven Sichtweise von Eltern als Handelnde in Verfahren zur Abwendung einer Kindeswohlgefährdung. Dennoch können die Erkenntnisse nicht unreflektiert auf die Bundesrepublik Deutschland übertragen und für allgemeingültig erklärt werden, da die Eltern hier von einem speziellen Verfahren betroffen sind. Angesichts der unterschiedlichen strukturellen und organisatorischen Voraussetzungen und Rahmenbedingungen bleibt abzuwarten, welche Merkmale das Erleben und Bewältigen der von mir befragten Eltern prägen.

In dem binationalen Forschungsprojekt „MehrNetzWert" untersuchten die Berner Fachhochschule und die Universität Duisburg-Essen von 2015 bis 2019 regionale Kinderschutzpraxen. Ausgewählte Versorgungsstrukturen, Verfahren und Wirkungen der Kinder- und Jugendhilfe in Deutschland und der Schweiz wurden systematisch miteinander verglichen. Die vergleichende Perspektive soll neue Erkenntnisse und Ansatzpunkte für eine Weiterentwicklung generieren.[50] Das Projekt wurde von der Stadt Essen und der Stiftung Mercator Schweiz finanziell unterstützt. Die Forscher/Forscherinnen analysierten die Intentionen und Handlungen des Unterstützungsgeflechtes aus den Bereichen Justiz, Soziale Arbeit, Bildung und Gesundheit, das für Kinder und Jugendliche in Gefährdungssituationen aktiv wird und die Kinderschutzmaßnahmen maßgeblich gemeinsam gestaltet. Dabei stand die Frage im Mittelpunkt, unter welchen Umständen professionell konzipierte Unterstützung gelingt oder misslingt, d. h. wie passgenaue Hilfen für betroffene Familien eingeleitet werden können (vgl. Haller/Kalter 2016, S. 28). Neben der Betrachtung der Fachkräfte haben die Forscher/Forscherinnen Kinder im Alter von zehn bis 16 Jahren und ihre Eltern als Zielgruppe in den Blick genommen. Die Erkenntnisse aus den qualitativen Interviews mit Kindern, Eltern sowie Fach- und Führungskräften wurden mit Daten aus einer quantitativen Aktenanalyse zusammengeführt (vgl. ebd., S. 29 f.). Auf diese Weise können abschließend Einzelfälle bzw. individuelle Fallverläufe im besten Fall mit strukturellen Fragen der professionellen Versorgung kombiniert werden (vgl. Haller 2019, S. 18).

Die bislang lediglich rudimentär veröffentlichen (Teil-)Ergebnisse verweisen darauf, dass Kinderschutz ausschließlich kooperativ gelingen kann. Die Herstellung einer interdisziplinären Kooperation als zentrale Voraussetzung für positiv verlaufene Fallverläufe umfasst einen hohen Anspruch an Fachkräfte beteiligter Disziplinen und erfordert eine kontinuierliche Reflexion zwecks Weiterentwicklung. Als besonders herausfordernd erweisen sich die unterschiedlichen professionellen (Handlungs-)Logiken, Selbstverständnisse sowie

---

50 Als Abschluss des Forschungsprojektes fand im Juni 2019 eine öffentliche Tagung mit dem Titel „Schützen, Klären, Kooperieren. Arbeit am Kindeswohl – eine gemeinsame Aufgabe von Sozialer Arbeit, Bildung und Justiz" in Bern statt. Führungspersonen aus den benannten Handlungsfeldern sowie Experten/Expertinnen aus Forschung und Lehre beschäftigten sich mit unterschiedlichen Themen, z. B. Bildung und Prävention, soziale Interventionen, Gewähren von Schutz und Recht sowie transdisziplinäre Kooperation.

Aufträge und Zielsetzungen in der Arbeit mit Familien (vgl. Haller 2019, S. 19). Diese Unterschiede zeigen sich beispielsweise in dem Verständnis und der Deutung von Kindeswohlgefährdung (vgl. Haller/Kalter 2017, S. 22). Ein zentrales Moment in Kinderschutzverfahren ist die gemeinsame Situationseinschätzung. Abweichende oder konträre Einschätzungen zwischen zuständigen Fachkräften und/oder zwischen Fachkräften und Eltern bedingen eine Veränderung in der Zusammenarbeit. Eltern erleben das professionelle Handeln in solchen Fällen als bedrohlichen Eingriff in ihr Familiensystem (vgl. Haller 2019, S. 19). Diese Empfindung erschwert die Kooperation.

Die in den vergangenen Jahren zunehmenden Forschungsaktivitäten veranschaulichen die Relevanz der theoretischen und praktischen Auseinandersetzung mit dem Erleben von Eltern als Adressaten/Adressatinnen des intervenierenden Kinderschutzes. Das Erfassen ihrer Sichtweise ist notwendig, um Verfahren zur Abwendung einer Kindeswohlgefährdung verbessern zu können. Diese Überzeugung spiegelt sich in aktuellen Forschungsbestrebungen wider: Im November 2018 regte das Bundesministerium für Frauen, Senioren, Familie und Jugend (BMFSFJ) unter dem Titel „Mitreden – Mitgestalten: Die Zukunft der Kinder- und Jugendhilfe" einen breit angelegten Beteiligungsprozess zur Modernisierung der Kinder- und Jugendhilfe an. In ihrem Koalitionsvertrag haben die regierenden Parteien CDU/CSU und SPD als Ziel festgelegt, den Kinderschutz sowie die Unterstützung von Familien zu verbessern. Dazu soll eine Gesetzesinitiative entwickelt werden, die bei den realen Hilfebedarfen von Kindern und Jugendlichen ansetzt. Neben einem Austausch von Experten/Expertinnen aus Praxis und Wissenschaft, der Kinder- und Jugendhilfe, Behindertenhilfe, der Gesundheitshilfe sowie dem Bund, den Ländern und Kommunen erfolgt die Erhebung und Auswertung der Erfahrungen von Beteiligten und Betroffenen mit der Kinder- und Jugendhilfe und der Familiengerichtsbarkeit. Zentrale Ergebnisse werden direkt in den Dialog einfließen und für den Gesetzesentwurf aufgegriffen (vgl. BMFSJ 2019, o. S.).

Mit dem Ziel, die Sichtweise von Betroffenen in dem Prozess zu berücksichtigen, startete im Februar 2019 das Forschungsvorhaben „Hochproblematische Kinderschutzverläufe: Betroffenen eine Stimme geben". Im Zuge dessen wurden systematisch Erfahrungsberichte gesammelt, die momentan von unabhängigen Experten/Expertinnen analysiert werden. Unter den Begriff Betroffene fallen Eltern, Kinder, Jugendliche und junge Volljährige, deren Vertrauenspersonen, Pflegeeltern und professionelle Akteure, die Eingriffe in das Elternrecht mittelbar oder unmittelbar erlebt haben. Von Interesse sind also solche Fallkonstellationen und -verläufe, bei denen das Jugendamt und das Familiengericht als staatliche Wächter zur Abwendung einer Kindeswohlgefährdung involviert waren und Maßnahmen eingeleitet haben. Im Mittelpunkt der Analyse stehen vorrangig strukturelle Veränderungsbedarfe, die aufgedeckt und anschließend diskutiert werden sollen. Daher sind die Einzelfälle in ihrer

Individualität nachrangig – ein Unterschied zu der vorliegenden Arbeit. Im weiteren Forschungsverlauf sollen multiperspektivische Fallrekonstruktionen nachgezeichnet werden, indem unterschiedliche Beteiligte interviewt werden, z. B. Fachkräfte des Jugendamtes. Zum aktuellen Zeitpunkt liegen noch keine Ergebnisse vor (vgl. BMFSJ 2019, o. S.).

5.2.2 Professionelle Handlungen und Verfahren in Jugendämtern zur Abwendung einer Kindeswohlgefährdung

„Im Kinderschutz liefern Verfahrensvorschriften, Handlungsanweisungen, Qualitätsstandards, aber auch Gesetze und wissenschaftliche Erkenntnisse solche Orientierungsmarken, an den bemessen wird, was im Kinderschutz als richtig und was als falsch gilt." (Ackermann 2012, S. 127)

Im Hinblick auf die Fragestellung der vorliegenden Arbeit sind die Untersuchungen, die das Verfahren zur Abwendung einer Kindeswohlgefährdung in Jugendämtern in den Blick nehmen, von besonderem Interesse, da nach den Erfahrungen der Eltern mit diesen Verfahren gefragt wird: Betroffene Väter und Mütter sollen ihre Geschichte im Kontext des intervenierenden Kinderschutzes erzählen.

Von Juni 2008 bis Januar 2011 untersuchten Thole und Loch in dem Forschungsprojekt „Brüche und Unsicherheiten in der sozialpädagogischen Praxis (UsoPrax)" professionelle Umgangsformen im Falle familialer Gewalt gegen Kinder und Jugendliche (vgl. NZFH 2013a, S. 39). Die Universität Kassel kooperierte mit dem Arbeitskreis Gemeindenahe Gesundheitsfürsorge Kassel. Das Projekt wurde von der Aktion Mensch, der Hans-Böckler-Stiftung und der Robert-Bosch-Stiftung finanziell gefördert. Der Titel verweist auf das Erkenntnisinteresse: die „Kinderschutzwirklichkeit im ASD" (Thole et al. 2010, S. 5). Die professionellen Falldeutungen und Handlungsweisen im ASD bei gewichtigen Anhaltspunkten für kindeswohlgefährdende Situationen – in dem Forschungskontext definiert als Vernachlässigung, physische, psychische und/oder sexuelle Gewalt – bildeten den Untersuchungsgegenstand. Im Mittelpunkt stand die Praxis der Fachkräfte in Fällen des Verdachtes der Kindeswohlgefährdung (vgl. Retkowski et al. 2012, S. 9). Die Fragestellung, wie Beziehungen zwischen Fachkräften und Adressaten/Adressatinnen ausgestaltet werden, lenkte den forschenden Blick. Darüber hinaus sollten mögliche „Unsicherheiten in den Praktiken des Kinderschutzes" (Schuttner/Kindler 2013, S. 63) herauskristallisiert werden. Als übergeordnetes Ziel wurde eine „über das Projekt hinausreichende Praxiswirkung" (Thole et al. 2010, S. 3) formuliert. Dieser Anspruch wurde umgesetzt, indem ergänzend zu den Erhebungen Workshops durchgeführt wurden und abschließend ein Fortbildungskonzept veröffentlicht wurde, das mögliche Probleme des Handlungsfeldes aufgreift (vgl. ebd., S. 9). Das Forscher-/Forscherinnenteam wählte einen qualitativ-rekonstruktiven Zugang. Die Forscher/Forscherinnen führten in vier Jugendämtern aus drei Bundesländern teilnehmende Beobachtungen von kollegialen Beratungen und Interaktionen, Aktenanalysen und thematisch-narrative Interviews mit Fachkräften durch, um im Zuge der Auswertung soziale Interaktionen zwischen Fachkräften und Adressaten/Adressatinnen rekonstruieren zu können.

Basierend auf dem Datenmaterial entwickelten die Forscher/Forscherinnen acht Praxismuster.[51] Unter dem Konstrukt Praxismuster verstehen sie einen „Komplex von Deutungen und Handlungen, die im Umgang mit Familien musterhaft zum Ausdruck kommen" (Retkowski/Schäuble 2012, S. 240). Praxismuster enthalten also erstens typische Formen der Fallbearbeitung, -interpretation und Handlungsweisen der Professionellen. Zweitens inkludieren sie die „Beziehungsförmigkeit der Akteure im Kinderschutz" (Schuttner/Kindler 2013, S. 63), die sich auf Charakteristika der Arbeitsbeziehung zwischen Fachkraft im ASD und Adressaten/Adressatinnen bezieht. Die Praxismuster basieren einerseits auf subjektiven Ansprüchen, Kinderschutz fachlich zu gestalten, andererseits umfassen sie institutionelle und handlungsfeldspezifische Rahmenbedingungen (vgl. Retkowski/Schäuble 2012, S. 240). Zentrale Unterscheidungskriterien für die Zuordnung zu den jeweiligen Praxismustern sind Rollen und Entwicklungsräume der Fachkräfte sowie der Grad der Verwaltungsausrichtung und der Grad der sozialpädagogischen Orientierung in der Organisation. Die Praxismuster bewegen sich „auf einem Kontinuum von beobachtend-begleitenden über dialogisch-modifizierende [sic!] bis hin zu usurpierend-übernehmende Handlungsweisen" (Thole et al. 2010, S. 5). Sie implizieren einen vielschichtigen Umgang mit kindeswohlgefährdenden Situationen. Bei der Auswertung hat sich ein Trend zu zunehmend klinischen Handlungen herauskristallisiert, die dialogische Verfahren in den Hintergrund drängen (vgl. ebd., S. 7). Den Figurationen zwischen Fachkräften im ASD und Familien entsprechen unterschiedliche Formen der Verantwortungsaufteilung (vgl. Retkowski/Schäuble 2012, S. 241). In unterschiedlichen Teams zeigen sich „Team-Profile" (vgl. NZFH 2013a, S. 39), in denen spezifische Praxismuster dominieren. Interessant ist, dass Fachkräfte häufig Expertisen von außen übernehmen, ohne eine fundierte eigenständige sozialpädagogische Diagnose zu erstellen.

---

51 Folgende Praxismuster wurden herausgearbeitet: Menschlich handeln und Kontakt herstellen, Tasten und Ruder rumreißen, Narrativ anregen und begleiten, Testen und beibringen, Ermitteln und führen, Diagnostizieren und schemalogisch bewegen, Abklären und Verwalten sowie Wissen und Prophezeien. Die Lesart verläuft von Kooperation/Interaktion über Interagieren/Delegieren bis Übernehmen (vgl. Retkowski et al. 2011, S. 486).

Auf diese Weise geben sie zentrale Steuerungselemente aus der Hand (vgl. ebd., S. 40).

Das DFG-Projekt „Sozialsystem, Kindeswohlgefährdung und Prozesse professioneller Interventionen (SKIPPI)" wurde als Kooperationsprojekt der Universität Kassel (Bode und Turba) und der Universität Wuppertal (Bühler-Niederberger) von Februar 2010 bis Januar 2013 durchgeführt.[52] Das Verfahren zur Abwendung einer Kindeswohlgefährdung wurde auf drei verschiedenen Ebenen betrachtet: gesamtgesellschaftliche Bedeutung, institutionelle Rahmenbedingungen und Interaktionssettings (vgl. Bode et al. 2012a, S. 40). Im Mittelpunkt der Untersuchung stand das „professionelle Handeln in Fällen der Gefährdung des Kindeswohls von kleinen Kindern (null bis sechs Jahre alt)" (Bühler-Niederberger et al. 2014a, S. 112). Dazu wurde das fachliche Handeln unterschiedlicher Professionen unter Berücksichtigung organisatorischer Zusammenhänge analysiert (vgl. ebd., S. 118). Mithilfe qualitativer Leitfadeninterviews mit Fachkräften aus unterschiedlichen Arbeitsfeldern, z. B. Kinder- und Jugendhilfe, Justiz und Gesundheitswesen, sollten disziplinspezifische und interdisziplinäre Handlungs-, Verlaufs- und Interaktionsmuster eruiert werden.[53] Die Aussagen wurden durch teilnehmende Beobachtungen von Dienstbesprechungen sowie Fall- und Netzwerkkonferenzen ergänzt. Beide Forschungsteams verwendeten die Daten – allerdings aus unterschiedlichen Perspektiven und mit differenten Zielsetzungen.

Das Forschungsteam der Universität Kassel intendierte eine „soziologische Aufklärung über die Realität des organisierten Kinderschutzes" (Bode/Turba 2014, S. 2, Hervorhebung im Original). Die Forscher/Forscherinnen waren bestrebt, die tatsächliche Kinderschutzpraxis zu rekonstruieren sowie Einflüsse juristischer und gesellschaftlicher Transformationen auf diese Praxis zu analysieren. Schwerpunktmäßig erforschten sie institutionelle Rahmenbedingungen und Regulierungen von professionellen Interventionen.

> „Von besonderem Interesse sind dabei jene Orientierungen, die, bildlich ausgedrückt, über den Köpfen der Akteure (Amtsleiter, Sozialarbeiter, Familienrichter

---

52 Aus dem Forschungsprojekt sind mehrere Publikationen hervorgegangen. Als exemplarisches Herausgeberband kann die Publikation „Kinderschutz. Wie kindzentriert sind Programme, Praktiken, Perspektiven?" von Bühler-Niederberger, Alberth und Eisentraut aus dem Jahr 2014 angeführt werden.

53 Die Daten wurden in drei Städten und zwei Landkreisen erhoben. Die Auswahl der Standorte erfolgte mithilfe unterschiedlicher Repräsentativitätskriterien (städtisch/ländlich, belastet/mittelständig). Vor Ort wurden Interviews mit Leitungs- und Fachkräften der verschiedenen Einrichtungen geführt: „Insgesamt ergab dies 91 Interviews in den fünf Kontexten sowie weitere 14 Interviews außerhalb dieser Kommunen" (Bühler-Niederberger et al. 2014a, S. 118).

usw.) schweben und [...] in organisiertes Handeln (Hilfeentscheidungen, Maßnahmengestaltung etc.) übersetzt werden." (Bode/Turba 2014, S. 3)

Die Ergebnisse zeigen, dass der unterschiedliche Grad der Einflussnahme auf die Praxis des Kinderschutzes auf individuellen und organisationsspezifischen „(Um)Kodierung[en]" (ebd., S. 16) beruht. Rechtliche und normative Vorgaben werden nicht automatisiert von Organisationen und Akteuren übernommen, sondern – in Abhängigkeit von zahlreichen Variablen – aktiv verarbeitet und in bestehende Muster integriert. Insofern handelt es sich bei den Überzeugungen auf gesamtgesellschaftlicher Ebene um „konstitutive Normativität, die den organisierten Kinderschutz in bestimmte Korridore lenkt (ohne indes die Praxis zu determinieren)" (Bode/Turba 2014, S. 61). Das Forschungsteam arbeitete heraus, inwieweit gesellschaftliche und rechtliche Regulierungen sowie Normierungen sich vor Ort abbilden, z. B. mit Blick auf Zuständigkeiten, Verfahrensabläufe oder Ressourcen (vgl. ebd., S. 95). Basierend auf diesen Kategorien differenzieren sie in ihrer Auswertung zwischen fünf Settings[54], die „spezielle Praxen" (ebd., S. 133) an den jeweiligen Orten repräsentieren und durch gesamtgesellschaftliche Entwicklungen gerahmt werden. Theoretische Überzeugungen werden im Idealfall in praktisches Handeln übersetzt (vgl. ebd., S. 139). Bode und Turba resümieren, dass aktuelle Entwicklungstendenzen beteiligte Organisationen und Professionen mit widersprüchlichen Erwartungen konfrontieren: Regulierung vs. Deregulierung, Kreativität vs. Formalisierung, Flexibilität vs. Patentlösungen oder Konkurrenz vs. Kooperation – als exemplarische Schlagwörter für die zu bewältigenden Herausforderungen in der Praxis (vgl. ebd., S. 7 f.). Bei öffentlichen Jugendhilfeträgern zeigt sich die Tendenz zu Kontrolle und Regulierungen. Fachkräfte sind zahlreichen Anweisungen zur Dokumentation und Standardisierung ausgesetzt (vgl. Bode et al. 2012a, S. 43). Aufseiten der Forscher/Forscherinnen entstand der Eindruck, dass die eingesetzten Anleitungen und Instrumente eher eine symbolische Bedeutung anstelle eines innovativen Charakters haben. Diese Entwicklung erscheint angesichts zunehmender Dezentralisierungsoffensiven paradox (vgl. ebd., S. 44). Zusätzlich steigt der Ruf nach mehr Kooperationen, um „die Verantwortung [auf] mehr Schultern [zu] verteilen: ‚Kinderschutz geht alle an' lautet die Devise" (ebd., S. 42). Kooperationen in Verfahren zur Abwendung einer Kindeswohlgefährdung sind zwar theoretisch vielversprechend, aber in der praktischen Umsetzung schwierig und voraussetzungsreich. Als Störfaktoren wirken z. B.

---

54 Die folgenden fünf Settings werden unterschieden: dezentralisierungfreudig, kontrollfixiert und hochgradig manageriell (1), stark durchstandardisiert, formal vernetzt und budgetfokussiert (2), generalistisch, aktivierend, manageriell passiv (3), spezialistisch, pflichtfixiert, ressourcenpolitisch liberal (4) und korporatistisch, reflexiv, örtlich rigoros (5) (vgl. Bode/Turba 2014, S. 96 ff., 134 f. im Überblick).

unterschiedliche Selbstverständnisse der Akteure, organisationsspezifische Vorgaben, Handlungslogiken und Konkurrenzen. Die Anzahl der professionell Beteiligten birgt die Gefahr, Verantwortung leichter zu verschieben (vgl. Bode et al. 2012a, S. 42 f.).

Einen anderen Blickwinkel wählte das Forschungsteam der Universität Wuppertal. Die Forscher/Forscherinnen konzentrierten sich auf die Interventionen und Interaktionen in der Praxis. Folgende Fragen lenkten ihren Auswertungsprozess:

• Wie gehen Fachkräfte mit einem (möglichen) Fall von Kindeswohlgefährdung um? Wie gewinnen sie Informationen? Wie treffen sie Entscheidungen?
• Auf welches Wissen greifen die unterschiedlichen Berufsgruppen zurück?
• Wie funktioniert die Kooperation der beteiligten Akteure?
• Wie gestalten die Professionellen die Interaktion und Kommunikation mit Adressaten/Adressatinnen?

Basierend auf ihrem Datenmaterial bildeten die Forscher/Forscherinnen sogenannte „Berufsprogramme" der erhobenen Professionen, z. B. Sozialarbeiter/ Sozialarbeiterinnen, Hebammen, Ärzte/Ärztinnen sowie Psychologen/Psychologinnen, die sie anhand des Verhältnisses zu Adressaten/Adressatinnen sowie des Wissensfokus unterscheiden. In der für die vorliegende Arbeit relevanten Gruppe der Sozialarbeiter/Sozialarbeiterinnen konstatieren die Forscher/Forscherinnen, dass sich die Fachkräfte auf die Eltern konzentrieren. Die Mitwirkungsbereitschaft der Eltern beeinflusst maßgeblich das fachliche Urteil über sie. Fachkräfte befürchten häufig, durch eingreifende Vorgehensweisen den Zugang zur Familie – und insbesondere zu den Eltern – zu verlieren (vgl. ebd., S. 45). Daher intendieren die Befragten den Aufbau einer vertrauensvollen Arbeitsbeziehung zu den Eltern. Die Fachkräfte wollen sich nicht unbeliebt machen oder das Vertrauen verlieren, sodass negative Entwicklungen häufig nicht explizit benannt werden. Diese Zielsetzung prägt das fachliche Handeln: Während die Eltern als Ansprechpersonen fungieren, nehmen die Kinder eine untergeordnete Rolle ein. Im Zuge der Erwachsenenzentrierung wird das Kind mit seinen Interessen und Bedürfnissen defizitär beachtet. Die Forschungsgruppe belegt, „dass das Kind im toten Winkel der professionellen Praxis verbleibt" (Alberth et al. 2014, S. 56).

Im Zeitraum von 2001 bis 2012 war das Forschungsteam der Friedrich-Schiller-Universität Jena unter der Projektleitung von Hildenbrand in dem Sonderforschungsbereich 580 „Gesellschaftliche Entwicklungen nach dem Systemumbruch: Diskontinuität, Tradition und Strukturbildung" (vgl. Bohler 2006, S. 48) aktiv. In dem von der Deutschen Forschungsgemeinschaft geförderten Projekt standen die Umwandlungen der Kinder- und Jugendhilfe seit

1990/1991 mit Implementierung des SGB VIII im Fokus (vgl. Bohler/Franzheld 2010, S. 188). Dabei richtete sich das Erkenntnisinteresse auf die Erhebung „individuelle[r] Ressourcen und professionelle[r] Unterstützung bei der Bewältigung von Systemumbrüchen in kontrastierenden ländlichen Milieus in Ost- und Westdeutschland" (Wolff et al. 2013, S. 23). Erfasst wurden organisatorische Strukturen und professionelle Handlungsweisen von Jugendämtern, um Verbindungen oder Wechselwirkungen ableiten und thematisieren zu können (vgl. Bohler 2006, S. 48). Angesichts der zeitlichen Dimension lassen sich drei Phasen differenzieren, die unterschiedliche inhaltliche Schwerpunkte aufweisen (vgl. NZFH 2013a, S. 46):

1. Projektphase (2001–2005)
   Mit Blick auf die Einführung des KJHG wurde in der ersten Projektphase erforscht, wie sich der Prozess der Organisationenbildung in ostdeutschen Jugendämtern gestaltet.

2. Projektphase (2005–2008)
   Anknüpfend an die Erkenntnisse aus der ersten Phase wurden die Entwicklungen der Jugendämter in Ost- und Westdeutschland vergleichend gegenübergestellt.

3. Projektphase (2008–2012)
   In der abschließenden Projektphase konzentrierte sich das Forschungsteam auf den Kinderschutz, indem unter anderem „das Vorgehen der Jugendämter bei Kindeswohlgefährdung speziell im Kontext des 2005 gesetzlich verschärften Kinderschutzes" (Bohler/Franzheld 2010, S. 189) untersucht wurde. Dazu wurden Jugendämter aus verschiedenen Bundesländern im Osten und Westen miteinander verglichen.[55]

Mit Blick auf die vorliegende Arbeit sind insbesondere die Erkenntnisse aus der dritten Projektphase interessant, da eine inhaltliche Nähe erkennbar ist. Die Forscher/Forscherinnen haben sich in dieser Phase „auf Fälle konzentriert, in denen sich eine Familien- und Erziehungskrise in Kindesvernachlässigung und -misshandlung manifestiert sowie der Hilfeprozess durch das Einmünden in eine stationäre Maßnahme (Herausnahme des Kindes und Unterbringung in einem Heim oder einer Pflegefamilie) eine kritische Zuspitzung erfährt" (Bohler 2006, S. 54). Die nachfolgend skizzierten Forschungsfragen lassen das Erkenntnisinteresse erkennen (vgl. Bohler/Franzheld 2010, S. 189):

---

55 In je einem Landkreis der folgenden Bundesländer fanden Erhebungen statt: Baden-Württemberg, Mecklenburg-Vorpommern, Schleswig-Holstein und Thüringen.

- Wie handelt die Jugendhilfe in dem Bereich der Kindeswohlgefährdung?
- Wie stellen die Fachkräfte der Jugendhilfe ihre professionellen Kompetenzen dar?
- Welche Auswirkungen hat der § 8a SGB VIII auf die Beschaffenheit der Jugendhilfe?

Mithilfe der Triangulation qualitativer Methoden und Zugänge, z. B. Fallaktenanalyse, Analyse von sozialpädagogischen Handlungen und Hilfeprozessen, Experten-/Expertinneninterviews mit Leitungs- und Fachkräften über ihre Tätigkeiten sowie ihr berufliches Selbstverständnis und ihre Beziehung zu Adressaten/Adressatinnen sowie teilnehmende Beobachtungen von Interventionen des ASD in kindeswohlgefährdenden Situationen sowie Interaktionen zwischen Klienten/Klientinnen einerseits und Fachkräften andererseits, wurden die Fragen bearbeitet (vgl. Bohler 2008, S. 219). Dazu wurden unter anderem Fallrekonstruktionen und -studien entwickelt (vgl. Bohler 2006, S. 49).

Das Forschungsteam fand im Hinblick auf die Sicherstellung des Kindeswohls heraus, dass gesellschaftliche und rechtliche Veränderungen beide Ebenen, die Organisationsstrukturen und die professionellen Handlungsmuster, tangieren (vgl. Wolff et al. 2013, S. 24). Auf der Ebene der Fachkräfte wirken unterschiedliche Logiken: die Logik des Verdachts, die Logik der Ignoranz und die Logik des organisatorischen Aktivismus. Diese Logiken sind eng mit professionellen Handlungsmustern gekoppelt und beeinflussen den Umgang mit Eltern im Kontext von Kindeswohlgefährdung. Dabei schließen sich die unterschiedlichen Handlungslogiken nicht gegenseitig aus, sondern stehen in einem wechselseitigen Verhältnis zueinander. Im Laufe der Fallbearbeitung können verschiedene Logiken handlungsleitend sein (vgl. Bohler/Franzheld 2010, S. 202). Ausgehend von ihren Ergebnissen differenzieren Bohler und Franzheld zwischen notwendigen und hinreichenden Bedingungen für positiv verlaufende „Schutz- und Hilfemaßnahmen" (ebd., S. 188), die von Fachkräften hergestellt werden müssen. Die notwendige Bedingung stellt eine reflexive Übernahme der professionellen Rolle dar. Diese bedingt eine kritische Interpretation der Zuständigkeiten und Aufgabenbereiche. Eine hinreichende Bedingung ist die Kompetenz, Mitwirkungs- und Kooperationsbereitschaft betroffener Eltern zu aktivieren und aufrechtzuerhalten, um ein „sozialpädagogisches Arbeitsbündnis" (ebd., S. 188) entstehen zu lassen. Eine schwierige Arbeitsbeziehung zwischen Fachkraft im ASD und Adressaten/Adressatinnen erzeugt tendenziell destruktive Interaktionsverläufe: Die Fachkraft tritt zunehmend konfrontativ auf, um Informationen zu sammeln (vgl. ebd., S. 195).[56]

Die Ergebnisse zeigen, dass die Reduktion des sozialpädagogischen Handelns auf die Durchsetzung rechtlicher Vorgaben negative Auswirkungen auf die Kooperation zwischen Fachkräften und Familien hat und die Abklärung der Verdachtsmomente sowie die Einleitung möglicher Hilfemaßnahmen erschwert (vgl. ebd., S. 188). Ausgehend von den Ergebnissen plädiert das Forschungsteam für eine Haltung der Anerkennung, die von zentraler Bedeutung für den Aufbau und die Gestaltung einer produktiven Arbeitsbeziehung zwischen Fachkräften und betroffenen Eltern ist (siehe Kapitel 3.2.2). Mit Blick auf interdisziplinäre Kooperationsbezüge ist interessant, dass die befragten und beobachteten Fachkräfte im ASD, trotz rechtlich und formal zugewiesener Zuständigkeit, ein geringes Selbstbewusstsein aufweisen und den Fachkräften angrenzender Professionen, die an dem Verfahren beteiligt sind, eine höhere Expertise zuschreiben. Dementsprechend ist fraglich, wer die Zuständigkeit in der Praxis tatsächlich übernimmt (vgl. Bohler/Franzheld 2010, S. 196).

Seit der Jahrtausendwende werden unter der Bezeichnung „Risiko- und Fehlerforschung im Kinderschutz" sämtliche Forschungsbemühungen zusammengefasst, die Defizite, Probleme und mögliche Fehler im Umgang mit Kindeswohlgefährdung analysieren. Basierend auf den Ergebnissen sollen Verbesserungspotenziale entdeckt und Handlungsempfehlungen formuliert werden (vgl. Wolff et al. 2013, S. 7). Unter der Leitung von Wolff und Flick wurde von April 2009 bis Juli 2011 das Projekt „Aus Fehlern lernen – Qualitätsmanagement im Kinderschutz" realisiert. Dabei handelte es sich um eine Kooperation zwischen der Alice Salomon Hochschule Berlin und dem Kronberger Kreis für Dialogische Qualitätsentwicklung e. V. Das bundesweit angelegte Projekt „gilt als erstes umfassendes Fehlerforschungs- und Qualitätsentwicklungsprojekt im kommunalen Kinderschutz" (NZFH 2018, S. 100). Das Forschungsteam setzte sich mit der Frage auseinander, welche Fehlermanagementsysteme von Jugendämtern entwickelt und umgesetzt werden. Die Ergebnisse der Analyse problematischer oder gescheiterter Fallverläufe wurden 2013 vom Nationalen Zentrum Frühe Hilfen (NZFH)[57] in dem gleichnamigen Buch veröffentlicht. Sie setzten wichtige Impulse für die fachlichen Diskussionen über Qualitätsent-

---

56 Die Beobachtung einer konfrontativen Gesprächsführung in ambivalenten oder unsicheren Familiensituationen oder Lebenslagen wird von Ergebnissen internationaler Forschungen bestätigt (vgl. Bohler/Franzheld 2010, S. 202).

57 Das NZFH gründete 2008 den Arbeitsbereich „Lernen aus problematischen Kinderschutzverläufen". Die Gründung geht auf einen gemeinsamen Beschluss der Konferenz der Regierungsvorsitzenden der Bundesländer und der Bundeskanzlerin zurück (vgl. NZFH 2018, S. 97).

wicklung im Kinderschutz in Forschung, Praxis und Öffentlichkeit (vgl. ebd., S. 97).

42 Jugendämter aus 14 Bundesländern nahmen mitsamt freien Trägern und beteiligten Eltern an der Untersuchung teil. Die Forscher/Forscherinnen waren bestrebt, theoretische Überlegungen bestmöglich mit der Praxis zu koppeln. Dazu wählten sie unterschiedliche Zugänge: Die Analyse von Dienstanweisungen, qualitative Interviews mit Beteiligten, ethnografische Beobachtungen von Kooperationen sowie Aktenanalysen von Fallverläufen wurden miteinander verbunden. Um die Ergebnisse mit Fachkräften vor Ort zu diskutieren, wurden Praxiswerkstätten durchgeführt (vgl. ebd., S. 100).

Ein Ergebnis ist, dass sich das professionelle (Selbst-)Verständnis eines angemessenen Umgangs zur Abwendung einer Kindeswohlgefährdung auf einem Kontinuum bewegt: Die ganzheitliche und gemeinwesenorientierte Ausrichtung steht einer überprüfenden und ermittelnden Einstellung gegenüber. Zwischen diesen entgegengesetzten Polen kristallisieren sich in der Praxis zahlreiche Ausprägungen aufseiten der Fachkräfte heraus (vgl. NZFH 2013a, S. 43). Im zeitlichen Verlauf zeigt sich bei einem eher schwierigen Fallverlauf eine Veränderung von helfender zu repressiver Orientierung. Der Umgang hängt mit der jeweils vorherrschenden Sicht auf Adressaten/Adressatinnen zusammen, welche die Forscher/Forscherinnen in vier Richtungen kategorisierten: Klienten/Klientinnen als Unerreichbare (1), als aktive Hilfepartner/Hilfepartnerinnen (2), als passive Hilfeempfänger/Hilfeempfängerinnen (3) oder als Milieugefährdete (4). Professionelles Handeln wird in Abhängigkeit von der Sichtweise ausgestaltet (vgl. Wolff et al. 2013, S. 163 ff.). Übereinstimmend mit vorliegenden Forschungsergebnissen wird die Kooperation mit Eltern von Fachkräften zwar als sinnvoll und zielführend, aber auch als schwierig und komplex eingeschätzt (vgl. NZFH 2013a, S. 44). In der Praxis tritt ein Fehler im Verlauf selten isoliert auf; häufiger ist ein Konglomerat aus Fehlern anzutreffen. Dementsprechend wäre es „realitätsfremd [...], regelmäßig auftauchende Problemlösungsdefizite am Versagen einzelner Akteure oder Institutionen festzumachen" (Bode et al. 2012a, S. 40).

Die Studie kann als exemplarisch für das Fehlerlernen im intervenierenden Kinderschutz bewertet werden. Daneben gibt es weitere Untersuchungen, die sich mit den komplexen Ursachen von Misserfolgen im Kinderschutz beschäftigen. Neben Forschungs- und Praxisprojekten wurden Dissertationen zu dem Thema veröffentlicht.

Aufbauend auf den Daten des oben genannten Projektes untersuchte Ackermann, wie Fehler als Anlässe für organisatorische Lernprozesse verwertet werden können. Entsprechend dem Ziel der Qualitätsentwicklung des Kinderschutzsystems betrachtet Ackermann Fehleranalysen als Option, Organisationslernen anzuregen. Er argumentiert, dass in einem ersten Schritt Fehler erkannt werden müssen, um einen Wissensstand über problematische Abläufe etc. aufbauen zu können. In einem zweiten Schritt kann das Wissen produktiv verwertet werden, indem es in Empfehlungen gebündelt wird, die Verbesserungsvorschläge enthalten, um beispielsweise schwierige Handlungen zukünftig vermeiden zu können. Im besten Fall wirkt sich das Lernen aus Fehlern positiv auf die Organisation und die Qualität der Kinderschutzpraxis aus (vgl. Ackermann 2012, S. 123). Die notwendige Voraussetzung ist „eine fehlerfreundlich-selbstreflexive Organisationskultur" (ebd., S. 124). Ackermann sieht die Gefahr, dass die Ausweitung von Aufgaben im Kinderschutz – ohne eine Aufstockung von Ressourcen – die Auftretenswahrscheinlichkeit von Fehlern erhöht (vgl. ebd., S. 137). Er fordert einen erweiterten Blick auf die Kinderschutzpraxis, indem gelingendes Aufwachsen von Heranwachsenden als Zielsetzung in den Fokus rückt (vgl. ebd., S. 123). Dieser Blickwinkel erfordert ebenso die Sicht auf erfolgreiche Verläufe und die Analyse von Gelingensfaktoren (vgl. Ackermann 2012, S. 139).

Biesel reiht sich mit seiner Dissertation in die Forschungen ein, die den fachlichen und öffentlichen Umgang mit Fehlern sowie daraus resultierende Folgen für das professionelle Handeln und organisatorische Gegebenheiten untersuchen. In seiner Erhebung rückte er die Frage nach dem Umgang öffentlicher Jugendhilfeträger mit Fehlern und deren Auswirkungen auf fachliches Handeln und strukturelle Abläufe in den Mittelpunkt. In seinem 2011 publizierten Werk „Wenn Jugendämter scheitern – Zum Umgang mit Fehlern im Kinderschutz" stellt er der (Fach-)Öffentlichkeit die Ergebnisse zur Verfügung. Biesel wählte die Jugendämter Schwerin und Dormagen als zwei Organisationen, die medial konträr wahrgenommen werden: Während das Jugendamt Schwerin im Jahr 2008 mit einem Todesfall mitsamt den daraus resultierenden Vorwürfen umgehen musste, gilt Dormagen beim Kinderschutz häufig als Modell-Jugendamt. Biesel verglich beide Jugendämter auf unterschiedlichen Ebenen (Fachkräfte, Organisation, Leitung) miteinander. Er verschränkte die Ergebnisse teilnehmender Beobachtungen und geführter Experten-/Expertinneninterviews miteinander. Flankierend führte er Praxisworkshops durch, um die Ergebnisse mit der Praxis rückkoppeln zu können.

Seine Erkenntnisse beziehen sich in erster Linie auf das Verständnis und die Deutung von Fehlern in Teams. Von zentraler Bedeutung ist seine Feststellung, dass „in beiden Jugendämtern ‚fehlertabuisierende Teamkontexte' [vorlagen], die den notwendigen kritischen Blick auf die Fallkonstellationen und ihre Bearbeitung in der Organisation verstellten" (NZFH 2018, S. 101). Die implizite oder explizite Ignoranz von Fehlern in einer Organisation bzw. Organisationskultur erhöht ihre Auftretenswahrscheinlichkeit (vgl. Schuttner/Kindler 2013, S. 62 f.). Dazu erläutert Biesel, dass Fachkräfte selten ihren eigenen Urteilen vertrauen. Sie schreiben den Diagnosen oder Einschätzungen anderer Professionen einen höheren Wert zu. Dadurch steigt die Gefahr, dass Fachkräfte des Jugendamtes sich – trotz ihrer verantwortlichen Stellung – im Kontext von

Kindeswohlgefährdung (ungewollt) ins Abseits stellen (vgl. Bohler/Franzheld 2010, S. 195).

Die besprochenen Forschungen über die professionellen Handlungen und Abläufe in Jugendämtern zur Abwendung einer Kindeswohlgefährdung öffnen den Blick für Dynamiken und Mechanismen, die im Kontakt mit Eltern, Kindern und Jugendlichen wirksam werden können und vor allem in krisenhaften Settings das Risiko einer misslungenen Interaktion erhöhen. Bislang ist weitestgehend unklar, wie betroffene Eltern das fachliche Handeln und organisatorische Abläufe wahrnehmen und deuten.

5.2.3 Handlungen von Familienrichtern/Familienrichterinnen in kindschaftsrechtlichen Verfahren

Bis heute stehen nur begrenzt quantitative und qualitative Daten über die Ausgestaltung familiengerichtlicher Verfahren nach § 8a SGB VIII und § 1666 BGB zur Verfügung. Für die Qualifizierung familiengerichtlicher Verfahren zur Abwendung einer Kindeswohlgefährdung ist die Verbesserung der empirischen Datenlage in qualitativer und quantitativer Hinsicht notwendig (vgl. DIJuF 2010, S. 7). Nachfolgend werden ausgewählte Studien skizziert, die schwerpunktmäßig die Rollenausgestaltung und Aufgabenwahrnehmung von Familienrichtern/Familienrichterinnen – z. T. in Verbindung mit der Kooperation mit anderen Verfahrensbeteiligten – als Forschungsgegenstand definieren.

2006 veröffentlichte Rosenboom die Ergebnisse ihrer qualitativ angelegten Untersuchung über die familiengerichtliche Praxis in Hamburg in Fällen einer Kindeswohlgefährdung durch Gewalt und Vernachlässigung gemäß den §§ 1666 und 1666a BGB. Folgende Forschungsfragen waren für ihre Untersuchung handlungsleitend (vgl. Rosenboom 2006, S. 77):

- Wie nimmt das Familiengericht den gesetzlich definierten Handlungsauftrag wahr?
- Welche Vorgehensweisen und Handlungsschritte haben sich etabliert?
- Wie gehen Familienrichter/Familienrichterinnen mit einer (möglichen) Kindeswohlgefährdung um?
- Inwieweit haben sich Standards für den Prozess der Entscheidungsfindung durchgesetzt?

Neben der Aufgabenwahrnehmung durch das Familiengericht erfasste Rosenboom die Aufgabenwahrnehmung durch das Jugendamt und die Kooperation zwischen Familiengericht und Jugendamt. Von Oktober 2004 bis Juni 2005 forschte sie vorrangig an dem Familiengericht Hamburg-Mitte.[58] In einem ersten Schritt explorierte sie anhand der Analyse von fünf Gerichtsakten die familiengerichtliche Praxis und arbeitete Muster der Strukturen und Aufgabenwahrnehmungen heraus. Anschließend führte sie fünf Experten-/Expertinneninterviews mit Familienrichtern/Familienrichterinnen, um die bisherigen Erkenntnisse um die subjektiven Einschätzungen der Rollen, Abläufe und Handlungsschritte zu ergänzen und ein tiefer gehendes Verständnis von ihnen zu gewinnen (vgl. ebd., S. 78). Darüber hinaus realisierte Rosenboom ein Experten-/Expertinnengespräch mit fünf Fachkräften aus dem Jugendamt.

Mit Blick auf die vorliegende Arbeit kristallisieren sich inhaltliche Anknüpfungspunkte heraus: Das Verfahren zur Abwendung einer Kindeswohlgefährdung wird aus dem Blickwinkel einer beteiligten Person analysiert. Die jeweils professionsspezifische Aufgabenwahrnehmung durch das Jugendamt und das Familiengericht sowie die Kooperation der beiden Akteure in Fällen einer Kindeswohlgefährdung bildeten den zentralen Forschungsgegenstand der publizierten Dissertation. Darüber hinaus arbeitete Rosenboom Daten zu den „individuellen, familiären und sozialen Problemlagen der Feststellung einer Kindeswohlgefährdung" (ebd., S. 81) heraus. Die nachfolgenden Ergebnisse sind für das Erleben beteiligter Eltern bedeutsam, da sie das Verfahren maßgeblich prägen:

- Das Jugendamt wird in der Regel durch Dritte auf betroffene Familien hingewiesen.
- Die Meldungen an das Familiengericht sind mehrheitlich das Ergebnis eskalierender Entwicklungen und sich zuspitzender Gefährdungslagen in Familien bei gleichzeitig misslungenen Unterstützungs- und Hilfeangeboten seitens des Jugendamtes.
- Familienrichter/Familienrichterinnen verfügen über große Handlungs- und „Gestaltungsspielräume" (ebd., S. 182) in der Durchführung des familiengerichtlichen Verfahrens, da kaum verbindliche und einheitliche Verfahrens- und Ablaufstandards festgelegt sind.
- Die Einschätzung der Zusammenarbeit zwischen Familiengericht und Jugendamt ist in erster Linie personenabhängig.

In ihrer 2007 veröffentlichten Dissertation „Handeln im Konflikt: Eine qualitativ-empirische Studie zu Kindesinteressen und professionellem Handeln in Familiengericht und Jugendhilfe" hat sich Schulze empirisch schwerpunktmäßig mit den professionellen Handlungen von Familienrichtern/Familienrichte-

---

58 Mit Blick auf die zeitliche Dimension muss ergänzt werden, dass die Erhebung vor der Dezentralisierung im Juli 2005 stattfand (vgl. Rosenboom 2006, S. 77).

rinnen sowie Fachkräften des Jugendamtes im Kontext kindschaftsrechtlicher Verfahren bei Trennung und Scheidung auseinandergesetzt. Ihr theoretisches Referenzsystem spiegelt sich in folgenden Hypothesen wider: Nach dem Verständnis von Luhmann repräsentieren rechtliche Verfahren Konditionalprogramme, die sich primär durch die richtige Entscheidung eines Richters/einer Richterin über den zu verhandelnden Sachverhalt auszeichnen. Die Haltungen der Beteiligten und die Auswirkungen der Entscheidung auf sie und ihre Lebenswelt sind nachrangig. Kindschaftsrechtliche Verfahren lassen sich jedoch schwerlich dem Konditionalprogramm zuordnen, da sie vielschichtiger sind. In kindschaftsrechtlichen Verfahren kristallisiert sich ein zweckorientierter Blick heraus, der die (Neben-)Wirkungen für die Beteiligten in den Fokus der Aufmerksamkeit rückt. Die Verbesserung der Lebenssituation, orientiert an dem Kindeswohl, stellt den Zweck des Verfahrens dar (vgl. Schulze 2006, S. 540). Dazu werden Veränderungsprozesse intendiert. Infolgedessen tritt das Familiengericht nicht zwingend ausschließlich als Entscheidungs-, sondern auch als Belehrungs- und Kontrollinstanz auf. Entscheidungen werden im besten Fall von den Eltern akzeptiert und mitgetragen (vgl. Schulze 2009, S. 132 f.; siehe Kapitel 2.5.5). Schulze untersuchte das Selbst- und Verfahrensverständnis von Familienrichtern/Familienrichterinnen, auch als professioneller Habitus bezeichnet (vgl. ebd., S. 129). Folgende Forschungsfragen bilden ihr Erkenntnisinteresse ab:

- Wie wird von Familienrichtern/Familienrichterinnen der professionelle Fall konstruiert? Welche Perspektive ist maßgeblich?
- Was schätzen Familienrichter/Familienrichterinnen als das zu bearbeitende Problem ein?
- Welche Ziele verfolgen sie mit kindschaftsrechtlichen Verfahren? Welche Handlungsmuster und -strategien werden von ihnen als sinnvoll bewertet und angewandt?

Sie wählte unterschiedliche qualitative Forschungszugänge: Von 2002 bis 2006 führte sie 25 problemzentrierte Interviews mit zentralen Verfahrensakteuren und -beteiligten, d. h. mit Familienrichtern/Familienrichterinnen, Fachkräften im Jugendamt, Kindern, Jugendlichen und Eltern sowie Verfahrensbeiständen. Zudem analysierte sie 20 Beschlüsse des Oberlandesgerichts (OLG) im Hinblick auf Verfahrensbeistandschaften (vgl. Schulze 2007, S. 357 ff.). Sie konzentrierte sich auf die Argumentationen für die Bestellung von Verfahrensbeiständen mitsamt den ihnen zugewiesenen Aufgaben und Zielsetzungen.

Für die vorliegende Arbeit ist das von Schulze herausgearbeitete Rollen- und Verfahrensverständnis von Familienrichtern/Familienrichterinnen besonders interessant. Sie hat „eine dichotome Typologie […] [entwickelt], welche gleichzeitig die Ambivalenzen im kindschaftsrechtlichen Feld markieren" (ebd.,

S. 401): Der traditionell „juristisch-entscheidungszentriert[e]" (Schulze 2009, S. 142) Typ (1) steht dem „kindzentriert-zweckorientierten" (ebd., S. 142) Typen (2) gegenüber. Zwischen diesen Polen bewegen sich Familienrichter/Familienrichterinnen. Der zweite Typus nimmt die kindliche Perspektive ein und möchte die belastende Situation positiv verändern (vgl. ebd., S. 129).

Zwischen dem Selbstverständnis von Familienrichtern/Familienrichterinnen und der Bestimmung der Funktion von Verfahrensbeiständen besteht ein Zusammenhang. Das richterliche Verständnis von der Funktion eines Verfahrensbeistandes korrespondiert mit der Zuordnung in der oben genannten Typologie: Während Typ 1 die Rolle des Verfahrensbeistandes ausschließlich als Sprachrohr für das Kind definiert, schreibt Typ 2 dem Verfahrensbeistand ein relativ breites Aufgabenspektrum zu. In dem ersten Verständnis reduziert sich die Aufgabe des Verfahrensbeistandes auf die Erhebung und Wiedergabe des Kindeswillens. Im Gegensatz dazu eröffnet die zweite Sichtweise ein breiteres Aufgabenfeld, z. B. eigene Ermittlungen in der Lebenswelt des Kindes und/oder (Vermittlungs-)Gespräche mit weiteren Beteiligten (vgl. Schulze 2006, S. 539). Basierend auf ihren Erkenntnissen entwickelte Schulze ein dreistufiges Handlungsmodell von Verfahrensbeiständen. Die drei Handlungsebenen bauen aufeinander auf und beinhalten sowohl die enge als auch die weite Auslegung (vgl. Schulze 2007, S. 401).

Aus ihren Ergebnissen schlussfolgert Schulze, dass „das Kindschaftsrecht grundsätzlich durch das Spannungsfeld von juristischen Elementen – dem Mandat, Entscheidungen zu treffen und einzugreifen – sowie dem ‚kindzentriert-zweckorientierten' Anspruch – Veränderungsprozesse bei den Konfliktparteien zu initiieren – geprägt" (Schulze 2009, S. 142) ist. In jedem Fall jedoch müssen Familienrichter/Familienrichterinnen, unabhängig von ihrer Typenzugehörigkeit, die Spannungen und Paradoxien aushalten und wie auch immer bewältigen (vgl. ebd., S. 150). Schulze beschränkt ihre Erkenntnisse nicht auf den Kontext Trennung/Scheidung. In späteren Veröffentlichungen bezieht sie ihre Ergebnisse ebenso auf familiengerichtliche Verfahren zur Abwendung einer Kindeswohlgefährdung. Ihrer Einschätzung nach hat sich hier der zweite, offen verhandelnde Typ in der Praxis weitestgehend durchgesetzt.

2014 untersuchte Dittmann in ihrer Masterarbeit die Kooperation der an familiengerichtlichen Verfahren im Kontext von Trennung und Scheidung beteiligten Professionen. Sie konzentrierte sich auf Auswirkungen der Bestimmungen des FamFG aus Sicht der Familienrichter/Familienrichterinnen. Der Begriff Auswirkungen inkludiert professionsspezifische und -übergreifende Rollenverständnisse, Arbeitsweisen sowie Kooperationsstrukturen und -beziehungen zwischen den involvierten Professionen. Ein zentrales Kennzeichen der qualitativ angelegten Studie ist der zweistufige Aufbau (vgl. Dittmann 2014, S. 180): In der ersten Phase erforschte Dittmann die Kooperation zwischen Jugendamt und Familiengericht unter besonderer Berücksichtigung der Regelungen im FamFG in einer Großstadt. Darauf folgte in der zweiten Phase die Analyse der Auswirkungen des FamFG auf die Praxis und Kooperation der beteiligten Professionen in einer großstädtischen und einer ländlichen Region. Zunächst führte sie 14 leitfadengestützte Experten-/Expertinneninterviews mit Familienrichtern/Familienrichterinnen und einer Jugendamtsmitarbeiterin. Das Datenmaterial erweiterte sie dann um weitere Experten-/Expertinneninterviews mit Familienrichtern/Familienrichterinnen und einer Jugendamtsmitarbeiterin (vgl. Dittmann 2014a, S. 353). Nachfolgend werden zentrale Ergebnisse aus der ersten Phase aufgelistet, die für das vorliegende Forschungsvorhaben von besonderer Relevanz sind:

- Die Arbeitsweise des Jugendamtes wird von dem Großteil der befragten Richter/Richterinnen tendenziell negativ beurteilt und die Position der Behörde im Verfahren als schwach eingeschätzt. Die Qualität der Arbeitsweise und -ergebnisse wird mehrheitlich kritisiert. Erklärungen sind unter anderem defizitäre Berichte, fehlende Positionierung und kaum fundierte Rechtskenntnisse. Überdies wird den Fachkräften im ASD ein mangelndes berufliches Selbstbewusstsein attestiert (vgl. Dittmann 2014, S. 181 ff.).
- Im Gegensatz dazu erfahren Verfahrensbeistände eine hohe Wertschätzung von der Mehrzahl der Familienrichter/Familienrichterinnen: Sie werden als „Kooperationspartner ‚auf Augenhöhe‘ " (ebd., S. 181) wahrgenommen. Als zentrale Begründung wird ihre transparente Position herangezogen. Unterschiedliche Arbeitsweisen werden (an-)erkannt.
- Die Beziehung zwischen Fachkräften der Jugendämter und Verfahrensbeiständen ist aus Sicht der interviewten Familienrichter/Familienrichterinnen konfliktreich und spannungsgeladen. Punktuell fehlt die Abgrenzung der Aufgaben, sodass sich konkurrierende Verhaltensweisen herauskristallisieren (vgl. ebd., S. 182).
- Die fallbezogene Zusammenarbeit zwischen Jugendamt und Familiengericht zeichnet sich durch eine immanente „ ‚Machtfrage‘ " (Dittmann 2014, S. 183) aus, die sich meist nicht auflösen lässt und vorrangig negative Auswirkungen auf die Kooperation hat.
- Die fallübergreifende Kooperation mit Fachkräften des Jugendamtes (z. B. in Arbeitskreisen) wird zwar als gut beschrieben, hat aber kaum Auswirkungen auf einzelfallbezogene Kooperationen (vgl. ebd., S. 183 f.).
- Es zeichnet sich eine Ambivalenz im Hinblick auf die Eignung des Gerichts als „Ort für Einigung und Beratung" (ebd., S. 184) ab.

In den Untersuchungen über die professionellen Handlungen von Familienrichtern/Familienrichterinnen in kindschaftsrechtlichen Verfahren wurde die Sichtweise betroffener Eltern, Kinder und Jugendlicher nicht berücksichtigt. Daher bleibt offen, wie Familien das Handeln der unterschiedlichen Akteure sowie die in der Praxis etablierten Kooperationsstrukturen und -beziehungen wahrnehmen und einschätzen.

5.2.4 Interdisziplinäre Kooperationen in Verfahren zur Abwendung einer Kindeswohlgefährdung

Eine zentrale Untersuchung der Kooperation unterschiedlicher Akteure wurde Ende der 1990er Jahre von Münder, Mutke und Schone durchgeführt und 2000 unter dem Titel „Kindeswohl zwischen Jugendhilfe und Justiz – Professionelles Handeln in Kindeswohlverfahren" veröffentlicht.[59] Neben der Erfassung der quantitativen Dimension von Kindeswohlgefährdung (Formen, Ursachen etc.) mithilfe sekundärstatistischer Analysen entschlüsselte das Projektteam Wahrnehmungs-, Einschätzungs- und Entscheidungsprozesse von Familienrichtern/ Familienrichterinnen und Fachkräften im ASD. Die Entdeckung typischer Kommunikations-, Handlungs- und Kooperationsmuster innerhalb der jeweiligen Profession und in der Zusammenarbeit von Jugendhilfe und Justiz stand im Fokus des Erkenntnisinteresses. Ergänzend dazu wurde dem Erleben betroffener Eltern, Kinder und Jugendlicher in Verfahren zur Abwendung einer Kindeswohlgefährdung Raum gegeben (vgl. Bindel-Kögel/Hoffmann 2017, S. 70). Die Forscher/Forscherinnen kombinierten quantitative und qualitative Methoden: Die standardisierte Fragebogenerhebung aller Fachkräfte der beteiligten ASD wurde um leitfadengestützte Interviews mit ausgewählten Familienrichtern/Familienrichterinnen, Fachkräften im ASD sowie Eltern und Jugendlichen ergänzt.

Die Ergebnisse bezüglich der Handlungsweisen in den ASD zeigen, dass die Entscheidung über die Anrufung des Familiengerichts häufig allein und ohne kollegiale Beratung von der jeweils fallzuständigen Fachkraft getroffen wird. Dem professionellen Entschluss geht meist eine misslungene Interaktion mit der Familie voraus. Demnach ist die Intention, die professionelle Haltung durchzusetzen, charakteristisch für die Entscheidung (vgl. Münder et al. 2000, S. 350 ff.). Die Ausgestaltung von Aushandlungs- und Interaktionsprozessen liegt in der Regel in der Verantwortung der Fachkraft und wird selten kontrolliert oder kollegial reflektiert. Rechtliche Bestimmungen, Verfahrensstandards und Dienstanweisungen für das Verfahren standen zum damaligen Zeitpunkt

---

59 Die erste Untersuchung von Münder, Mutke und Schone liegt zeitlich vor der Etablierung des § 8a SGB VIII. Dennoch wird sie in die Diskussion des Forschungsstandes aufgenommen, da sie den Referenzrahmen für die zweite Studie des Forschungsteams aus dem Jahr 2017 bildet. Die Beschreibung beider Forschungsprojekte ermöglicht einen Vergleich. Zudem hat ihre Unterscheidung von sechs Formen von Kindeswohlgefährdung, ein Ergebnis der ersten Studie, Einzug in die Literatur gefunden (siehe Kapitel 2.2).

nicht zur Verfügung, sodass diese das fachliche Handeln nicht beeinflusst haben (vgl. ebd., S. 349 f.; Bindel-Kögel/Hoffmann 2017, S. 71).

Aus den Informationen der Interviews mit den Richtern und Richterinnen wurden typische Verfahrensweisen von ihnen herausgearbeitet, die mit ihrem persönlichen Rollenverständnis als Familienrichter/Familienrichterin und den Erwartungen gegenüber dem ASD und der Kooperation mit den Fachkräften in Verfahren verwoben sind. Die Forscher/Forscherinnen differenzieren zwischen drei sogenannten richterlichen Verfahrensstilen: Der korporative Stil richtet den Blick auf die Fachkräfte des ASD als Partner/Partnerin in dem Verfahren. Richter/Richterinnen mit einem mediativen Ansatz nehmen das Jugendamt als Konfliktpartner/Konfliktpartnerin im Gericht wahr. Bei dem autonomen Stil werden die Fachkräfte des ASD als eine Partei vor Gericht behandelt (vgl. Bindel-Kögel/Hoffmann 2017, S. 71). Die differenten Verfahrensweisen sind in der Regel nicht durch besondere Fallkonstellationen, sondern durch das Verhältnis zwischen Richter/Richterinnen einerseits und Fachkräften andererseits geprägt, das sich zwischen Nähe und Distanz bewegt (vgl. Münder et al. 2000, S. 350 ff.).

Die Forschungsgruppe charakterisiert die Entscheidungsprozesse in den Verfahren zur Abwendung einer Kindeswohlgefährdung als vielschichtig. Die zahlreichen Einflüsse auf Entscheidungen können angesichts ihrer Komplexität nicht stringent systematisiert werden. Subjektive Überzeugungen und situative Faktoren beeinflussen bewusst oder unbewusst die Ausgestaltung von Entscheidungsprozessen. Die individuellen Kriterien sind von außen nur bedingt zugänglich. Deshalb formulierte das Forschungsteam zum damaligen Zeitpunkt die Empfehlung, die impliziten Entscheidungskriterien in disziplinspezifischen und -übergreifenden Diskursen explizit zu thematisieren. Fachliche Diskussionen bilden die Voraussetzung für Veränderungen in fachlichen Handlungsbezügen und fördern Kooperation und Kommunikation zwischen Professionen und Betroffenen.

Abschließend untersuchten die Forscher/Forscherinnen die Erfahrungen der befragten Eltern. Die Interaktion mit dem Jugendamt wird aus elterlicher Sicht maßgeblich von ihrem Verhältnis zu der zuständigen Fachkraft geprägt. Der persönliche Kontakt und die Kommunikation sind zentrale Einflussgrößen. Verfahrensstandardisierungen oder rechtliche Vorgaben werden von den Eltern kaum registriert. In der Gesamtschau werden die Verfahren von den Eltern unterschiedlich wahrgenommen. Trotz differenter Gesamteinschätzungen erleben sie sich mehrheitlich als Verlierer/Verliererinnen des Verfahrens, da sie den Verlauf aus ihrer Position heraus kaum beeinflussen konnten (vgl. Bindel-Kögel/Hoffmann 2017, S. 71). Ihr Erleben ist vom Ergebnis des Verfahrens und vom Lebensort ihres Kindes/ihrer Kinder zum Zeitpunkt des Interviews losgelöst. Das Gerichtsverfahren wird von fast allen Eltern als massive Belastung skizziert. Als Begründung führen sie mehrheitlich die fehlende Transparenz der Aufgaben der beteiligten Akteure und der organisatorischen Abläufe an. In ihrer Wahrnehmung bilden die unterschiedlichen Akteure in dem gerichtlichen Verfahren eine Allianz gegen sie, indem sie beispielsweise heimliche Absprachen treffen (vgl. Münder et al. 2000, S. 336 ff.).

Angesichts zahlreicher gesetzlicher Veränderungen und intensiver fachlicher Diskurse über Weiterentwicklungen im Kinderschutz seit Abschluss des Forschungsprojektes entschieden sich die Forscher/Forscherinnen, die Untersuchung ca. fünfzehn Jahre später mit einem ähnlich gelagerten Erkenntnisinteresse und vergleichbarem Forschungsdesign durchzuführen. Die Forscher-/Forscherinnengruppe orientierte sich also maßgeblich an ihrer ersten Untersuchung. Sie wählte die gleichen quantitativen und qualitativen Zugänge, deren Ergebnisse sie im Laufe ihrer Forschung zu einem Gesamtbild verknüpften (vgl. Bindel-Kögel/Hoffmann 2017a, S. 98). Wiederholt standen die professionsspezifische Aufgabenerledigung sowie die Umsetzung der professionsübergreifenden Zusammenarbeit von Familiengerichten und Jugendämtern im Mittelpunkt. Auch die Sicht der Eltern und Jugendlichen auf Beteiligungsoptionen und das Verfahren als Prozess wurde erhoben. Als Novum wurde der inzwischen eingeführte Verfahrensbeistand als „neuer" Akteur in die Forschung integriert (vgl. Münder et al. 2017, S. 424). Auf einer Metaebene erforschte das Team zusätzlich die Frage, ob und wieweit die gesetzlichen Reformen und Veränderungen Einfluss auf die Ausgestaltung des intervenierenden Kinderschutzes in der Praxis, z. B. auf fachliche Handlungen und interdisziplinäre Kooperationsbezüge, haben. 2017 wurden die Ergebnisse unter dem Titel „Kindeswohl zwischen Jugendhilfe und Justiz: Zur Entwicklung von Entscheidungsgrundlagen und Verfahren zur Sicherung des Kindeswohls zwischen Jugendämtern und Familiengerichten" veröffentlicht.

Die familiäre und persönliche Situation betroffener Kinder und Jugendlicher fassen die Forscher/Forscherinnen wie folgt zusammen: „Sie leben überwiegend mit alleinerziehenden Eltern, die Einkommenslage ist prekär, die Eltern haben einen geringen Bildungsstand, überrepräsentiert sind auch jene mit Migrationshintergrund und in der Mehrzahl sind die Eltern(teile) von Leistungen des ALG II abhängig. Hinzu kommen zahlreiche weitere Probleme, wie z. B. eigene Mangelerfahrung der Eltern in ihrer Kindheit oder Partnerkonflikte. Einzig der Anteil der Eltern mit psychischen Krankheiten oder Behinderungen hat sich mit einer Quote von fast 40 % seit damals verdoppelt" (Münder et al. 2017, S. 426). Unverändert tritt eine Kindeswohlgefährdung überwiegend in Familien auf, die ein Leben am Existenzminium führen. In der Praxis treten finanzielle Notlagen und Kindeswohlgefährdung größtenteils kombiniert auf. Vernachlässigung ist auch knapp zwei Jahrzehnte später die am häufigsten anzutreffende Form der Kindeswohlgefährdung in der Praxis (vgl. ebd., S. 435 f.).

Der Anrufung des Familiengerichts geht meist eine monate- oder jahrelange Interaktion zwischen zuständigen Fachkräften und Familie voraus. Wenn die

Aushandlungs- und Hilfebemühungen angesichts sich langsam zuspitzender Gefährdungsmomente zu scheitern drohen, erscheint eine Anrufung aus Sicht der Fachkräfte unvermeidlich, um den Druck auf die Familie zu erhöhen (vgl. ebd., S. 436 f.). Das Gericht wird aus Sicht der Fachkräfte als Ressource genutzt. Die Forscher/Forscherinnen identifizieren eine zunehmende Annäherung der unterschiedlichen Akteure, sodass sich mehrheitlich ein korporatives Verfahrensverständnis herauskristallisiert. Lediglich in Ausnahmefällen findet eine (bewusste) Abgrenzung von Richtern/Richterinnen einerseits und Fachkräften des Jugendamtes andererseits statt (vgl. ebd., S. 429).

Neben diesen tendenziell unveränderten Aspekten konstatiert die Forschungsgruppe Veränderungen in dem Handlungsfeld des Schutzauftrages. Die Zahl der Anrufungen des Familiengerichts ist kontinuierlich gestiegen (vgl. ebd., S. 438). Entgegen der ursprünglichen Annahme, dass die Ausdifferenzierung der Maßnahmen in § 1666 BGB zu einem Rückgang der Sorgerechtseingriffe führt, beschreiben die Forscher/Forscherinnen eine paradoxe Entwicklung: Die Zahl der Sorgerechtseingriffe steigt. Auch die Meldungen über mögliche Kindeswohlgefährdungen nehmen weiter zu (vgl. ebd., S. 438 f.). Der Einsatz von Verfahrensbeiständen wird von allen Akteuren mehrheitlich akzeptiert und positiv wahrgenommen. Im Gegensatz zu der ersten Untersuchung haben sich inzwischen in allen beteiligten Jugendämtern Dienstanweisungen zur Gewährleistung des Schutzauftrages etabliert. Die Berücksichtigung von Verfahrensstandards sowie die Anwendung von Instrumenten beeinflussen das fachliche Handeln maßgeblich und deutschlandweit (vgl. ebd., S. 427, 439).

Für die vorliegende Arbeit ist vor allem die Sicht der Eltern von besonderem Interesse. Der Großteil der befragten Eltern erlebt das Verfahren anhaltend als intransparent und unverständlich (vgl. ebd., S. 437 f.). Die Definition einer Kindeswohlgefährdung wird den Eltern aus ihrer Sicht von außen auferlegt. Sie schreiben dem Jugendamt – im Vergleich zu dem Familiengericht oder anderen Beteiligten – eine höhere Definitionsmacht zu. Gleichzeitig sind sie nicht bereit, die Einschätzung des Jugendamtes anzuerkennen und für sich zu übernehmen. Gutachten enthalten aus Sicht betroffener Eltern fehlerhafte Deutungen und falsche Beschreibungen ihrer familiären Lebenswelt (vgl. Lampe 2017, S. 421).

Mehrheitlich sind die Eltern dadurch ins Visier des Jugendamtes geraten, dass über ihre familiäre Situation Meldungen erfolgten. Lediglich wenige Eltern nahmen eigeninitiativ und selbstständig Kontakt zu den Fachkräften auf. Eigene, vergangene Erfahrungen mit dem Jugendamt lösen unterschiedliche Dynamiken aus und beeinflussen das aktuelle Verhältnis zum Jugendamt (vgl. ebd., S. 420): Wenn die Erfahrungen negativ sind, zeigen die betroffenen Eltern Ablehnung und Abschottungstendenzen. Im Gegensatz dazu wirken positive Erfahrungen als „Türöffner" (Münder et al. 2017, S. 433).

Die Eltern beschreiben und bewerten die jeweils für sie zuständigen Fachkräfte. Zentrale Einflussgrößen für ihre Einschätzung sind das Erleben von

Verständnis und Parteilichkeit (vgl. ebd., S. 433). Darüber hinaus sind Sympathie, Fachlichkeit, Kompetenzen, Interesse, Verständnis und Kompromissbereitschaft für den Aufbau und die Gestaltung einer produktiven Arbeitsbeziehung von elementarer Bedeutung (vgl. Lampe 2017, S. 396). Auch die Akzeptanz einer angebotenen Hilfe hängt von der Sympathie ab, welche die Fachkraft bei den Eltern auslöst. Sprache, Flexibilität und Erreichbarkeit wirken sich ebenfalls auf die Bewertungen aus (vgl. ebd., S. 400).

Überwiegend haben die Eltern den Eindruck, nicht ausreichend informiert zu werden. Die fehlende Aufklärung erhöht den psychischen Druck (vgl. ebd., S. 420). Persönliche Differenzen prägen die Interaktion, die häufig als misslungen bezeichnet wird (vgl. ebd., S. 389). Problematisch ist in der Wahrnehmung der Eltern, dass die Fachkräfte im Vergleich zu ihnen mit mehr Macht ausgestattet sind. Die Eltern sprechen den Fachkräften die Befugnis zu, Kontrollen zu veranlassen. In diesem Verständnis haben die Eltern den Eindruck, den fachlichen Handlungsschritten und Entscheidungen hilflos ausgeliefert zu sein. Die Eltern sind überfordert und handeln in der Interaktion unsicher (vgl. ebd., S. 393 ff.). Das Gefühl von Machtlosigkeit wird verstärkt, wenn zentrale Akteure aus Sicht der Eltern als Einheit agieren (vgl. Münder et al. 2017, S. 433 f.).

Die Eltern sind zwar in der Lage, Anforderungen und Wünsche an Hilfe(n) zu benennen, aber ihre Erwartungen werden häufig enttäuscht. Sie erleben eine Diskrepanz zwischen der vermeintlichen Hilfe und ihrer subjektiven Wahrnehmung bzw. Vorstellung. Aus ihrer Perspektive stellt die Begleitung nicht eine hilfreiche Unterstützung, sondern einen als unangenehm bewerteten Eingriff dar (vgl. Lampe 2017, S. 420).

Wiederholt plädiert das Forscher-/Forscherinnenteam für eine Perspektiverweiterung in der Forschung, da z. B. die (Aus-)Wirkungen von Hilfen und Beschlüssen im familiengerichtlichen Verfahren für die Beteiligten bislang noch nicht erforscht sind. Die Weiterentwicklung des deutschen Kinderschutzsystems impliziert eine stete Herausforderung für Praxis, Forschung und Politik (vgl. Münder et al. 2017, S. 451).

Die 2014 publizierte empirische Untersuchung von Schneider, Toussaint und Cappenberg mit dem Titel „Kindeswohl zwischen Jugendhilfe, Justiz und Gutachter" öffnet den Blick für den interdisziplinären Charakter des familiengerichtlichen Verfahrens. Im Fokus stand die Ausgestaltung der professionsübergreifenden Kommunikation und Kooperation zwischen Juristen/Juristinnen, Sozialarbeitern/Sozialarbeiterinnen sowie Gutachtern/Gutachterinnen als drei zentrale Akteure im familiengerichtlichen Verfahren. Das Forschungsteam formulierte zu Beginn die Hypothese, dass die Professionellen zwar dasselbe Ziel verfolgen, aber die Kommunikation störanfällig ist. Professionsspezifische Haltungen, Verfahrensstandards und Methoden liegen der jeweiligen fachlichen Deutung zugrunde und beeinflussen ihr Handeln. Angesichts unterschiedlicher Auslegungen können Missverständnisse und Konkurrenzen zwischen den Akteuren auftreten, welche die Ergebnisse des Verfahrens beeinträchtigen. Aus dem Ziel, Erkenntnisse darüber zu gewinnen, wie offene, transparente und dialogisch gestaltete Verfahren einen Beitrag dazu leisten können, das Kindeswohl im Zusammenspiel von Jugendhilfe und Justiz zu sichern, leiteten sie folgende Forschungsfragen ab:

• Wann und unter welchen Bedingungen geht die Orientierung am Kindeswohl verloren?
• In welchen Fällen gelingt eine dialogische Umsetzung von Recht? Wann nicht?

Zur Beantwortung der Forschungsfragen wählten die Forscher/Forscherinnen unterschiedliche Zugänge. Sie führten Interviews mit Familienrichtern/Familienrichterinnen und Fachkräften im ASD, analysierten dokumentierte Fallverläufe und Gutachten. Die so gewonnenen Ergebnisse verknüpften sie miteinander. Mit Blick auf das Verfahren zeigt sich ein Zusammenhang zwischen dem Verlauf und dem Grad der Offenheit und Transparenz in der Kommunikation. Das professionelle Handeln der Fachkräfte wird vorrangig durch ihre subjektive Einstellung zum Thema Kindeswohl und Kindeswohlgefährdung sowie durch das Verständnis und die Deutung des Schutzauftrages geprägt. Die Rahmenbedingungen, die Persönlichkeit der Fachkraft sowie die Dauer und Art der Zusammenarbeit mit der Familie konnten als Einflussgrößen herausgearbeitet werden.

5.3 Forschungsdesiderate

Trotz der ausgeweiteten Forschungsbemühungen und des Zuwachses an empirischen Erkenntnissen über Verfahren zur Abwendung einer Kindeswohlgefährdung existieren angesichts der Vielschichtigkeit des Handlungsfeldes Forschungsdesiderate, die einen Bedarf an weitergehenden Forschungen offenlegen. Nachfolgend werden die für die vorliegende Arbeit zentralen Desiderate skizziert, um in diesem Referenzrahmen die Relevanz und den Ertrag des eigenen Forschungsvorhabens zu begründen.

Schuttner und Kindler nennen eine für die vorliegende Arbeit zentrale Leerstelle, die in bisherigen Forschungsprojekten nicht ausreichend bearbeitet wurde: die Auswirkungen des Verfahrens auf betroffene Eltern, Kinder und Jugendliche. Auf Grundlage ihrer Rezension bisheriger Untersuchungen fassen sie zusammen, dass die veröffentlichten Analysen der Kinderschutzpraxis die Charakteristika und Bedarfe der Adressaten/Adressatinnen kaum berücksichtigen. Das bisherige Erkenntnisinteresse richtet sich primär auf die Funktionsweise des Kinderschutzes und nicht auf die im Einzelfall notwendig herzustellende „Passung zwischen Hilfe/Intervention und Bedarf/Gefahr" (Schuttner/ Kindler 2013, S. 62). Die Erkenntnisse über Eltern, die im Zuge des Schutzauftrages zur Abwendung einer Kindeswohlgefährdung mit dem Jugendamt in Kontakt treten und im weiteren Verlauf mit einem familiengerichtlichen Verfahren konfrontiert werden, sind begrenzt. Diese Einschätzung formulierten Uhlendorff, Cinkl und Marthaler schon in den 2000er Jahren. Sie kritisierten einen Mangel an (Grundlagen-)Forschungen über Lebenssituationen von Familien als Adressaten des intervenierenden Kinderschutzes und bilanzierten, dass Untersuchungen über biografische Erfahrungen und aktuelle Probleme von Betroffenen sich noch in den Anfängen befinden (vgl. Uhlendorff et al. 2008, S. 10 ff.). Ihr Resümee bestätigt das NZFH in einer aktuellen Publikation aus dem Jahr 2018: Bis heute fehlen qualitativ ausgerichtete Forschungen, welche die Sichtweise von Eltern als Adressaten/Adressatinnen des reaktiven Kinderschutzes erfassen. Vor diesem Hintergrund wird ein Zuwachs an Wissen gefordert. Neben Informationen über sozioökonomische Lebenslagen sind empirisch gesicherte Aussagen über ihre persönlichen Interessen, Wünsche und Bedürfnisse notwendig, um den intervenierenden Kinderschutz zu qualifizieren und die Zugänge zu unterschiedlichen Hilfeangeboten für Eltern zu erleichtern (vgl. NZFH 2018, S. 77). Die Erhebung ihrer subjektiven Sicht auf ihre vielschichtigen Lebenssituationen und biografischen Erfahrungen eröffnet die Chance, Zusammenhänge zwischen vergangenen Erfahrungen und aktuellen Situationen zu ermitteln. Wolf fordert ebenso die Etablierung systematischer und kontinuierlicher Untersuchungen über (Herkunfts-)Eltern als zentrale Zielgruppe der Kinder- und Jugendhilfe (vgl. Wolf 2014, S. 11).

Verfahren zur Abwendung einer möglichen Kindeswohlgefährdung basieren in erster Linie auf einem jeweils fallspezifischen Aushandlungsprozess unterschiedlicher Akteure, dessen Erforschung sich noch am Anfang befindet. Aktuelle Studien liegen kaum vor (vgl. Wutzler 2017, S. 283). Da es sich bei dem Begriff Kindeswohlgefährdung jedoch um ein Konstrukt handelt, das in Aushandlungsprozessen mit Inhalt gefüllt wird, ist es bedeutsam, die unterschiedlichen Perspektiven in Forschungsvorhaben zu erheben (vgl. Bode et al. 2012, S. 2). Nur die an den Aushandlungsprozessen Beteiligten können definieren, welche Qualitäten einen guten oder gelungenen Prozess auszeichnen (vgl. Ackermann 2012, S. 126). Die Anzahl der qualitativ ausgerichteten Forschungsprojekte, welche multiprofessionelle und interdisziplinäre Perspektiven und Handlungsweisen erfassen, ist jedoch überschaubar (vgl. Wolff et al. 2013, S. 17): „Bis heute wird [...] das Fehlen einer multidisziplinären Forschungskultur im Kinderschutz mit Recht beklagt" (ebd., S. 22). Die Forschungsprojekte konzentrieren sich häufig auf disziplinspezifische Fragestellungen und lassen weitergehende Perspektiven unberücksichtigt.

„Zu selten bemüht sich die aktuelle Kinderschutzdebatte um eine praxisbezogene empirische Auseinandersetzung, die auch der Vielzahl von Perspektiven im Kinderschutz Rechnung trägt." (Franzheld 2013, S. 92)

Daher existieren kaum verlässliche Erkenntnisse über die Sichtweise von Eltern hinsichtlich ihrer Beteiligung an Verfahren zur Abwendung einer Kindeswohlgefährdung und an Gefährdungseinschätzungen (vgl. Bastian/Schrödter 2014, S. 275, 277). Dieser Mangel ist überraschend, da sich die Relevanz ihrer Partizipation sowohl in rechtlich verbindlichen Vorgaben als auch in fachlichen Maximen widerspiegelt: Der § 8a SGB VIII fordert Fachkräfte der Kinder- und Jugendhilfe explizit auf, Eltern, Kinder und Jugendliche – von fachlich begründeten Ausnahmen abgesehen – aktiv zu beteiligen (vgl. NZFH 2018, S. 81 f.). Bei der Rezension vereinzelter Forschungen im reaktiven Kinderschutz fällt auf, dass es lediglich wenige Erkenntnisse darüber gibt, wie Eltern die Interaktionen mit Fachkräften der Kinder- und Jugendhilfe erleben. Diesbezüglich fehlen Daten darüber, wie sie in ihrem subjektiven Erleben von Fachkräften wahrgenommen und beteiligt werden. Darüber hinaus muss kritisch angemerkt werden, dass Adressaten/Adressatinnen in bislang durchgeführten Studien nicht zwangsläufig unmittelbar befragt wurden, sondern ihre Beteiligung indirekt über Einschätzungen von Fachkräften erfasst wurde. Wolff et al. ziehen basierend auf ihrer Aktenanalyse den Schluss, dass die Elternsicht auch in der Praxis selten dokumentiert wird. In der Akte fehlen Informationen darüber, welche Themen ihnen wichtig sind (vgl. ebd., S. 82).[60]

Erste Ergebnisse internationaler Forschungen legen nahe, dass die Umsetzung von Partizipation zu einer Weiterentwicklung des Kinderschutzes beiträgt (vgl. NZFH 2018, S. 81). Nationale Befunde aus dem Bereich der Hilfen zur Erziehung bestätigen positive Wirkungen von Beteiligung auf die Wirksamkeit eingeleiteter Maßnahmen (vgl. Kindler 2010, S. 25). Partizipation im Sinne von Akzeptanz und Mitwirkung gilt „als Voraussetzung und Bedingung gelingender erzieherischer Hilfen" (NZFH 2018, S. 81). Dennoch belegen die Ergebnisse bisheriger Forschungen insgesamt, dass die Praxis ihren eigenen Anforderungen offensichtlich nicht ausreichend gerecht wird, da sich „eine Kluft zwischen den Ansprüchen an Partizipation und deren Umsetzung" (Ackermann 2017, S. 48) abzeichnet. Die Realisierung von Partizipation befindet sich in der Kinder- und Jugendhilfe noch in den Anfängen.

---

60 Analog dazu bestätigen ausgewählte Forschungsergebnisse, dass betroffene Kinder und Jugendliche ebenfalls unzureichend beteiligt werden. Insbesondere in Verfahren zur Abwendung einer Kindeswohlgefährdung werden Kinder „zu Objekten der Sorge von Erwachsenen gemacht" (Ackermann 2012, S. 137).

Vor diesem Hintergrund erscheint die professionelle Überzeugung, dass Beteiligung der Eltern zu einer Verbesserung des Kinderschutzes beiträgt, plausibel und nachvollziehbar. Gleichzeitig fehlt die empirische Bestätigung dieser Haltung für dieses Handlungsfeld: Sowohl die Frage nach ihren Einflussmöglichkeiten als auch praktische Modelle der Umsetzung von Beteiligung wurden in der sozialpädagogischen Forschung bislang vernachlässigt (vgl. Bastian/ Schrödter 2014, S. 293). Bastian und Schrödter ergänzen in diesem Zusammenhang, dass kaum fundierte Erkenntnisse darüber vorliegen, wie professionelle Urteile prozesshaft gebildet werden und wie groß der „Anteil der Adressat_innen an der Produktion fachlicher Urteile" (ebd., S. 275) ist. In anderen Kontexten ist der Einfluss von Adressaten/Adressatinnen auf fachliche Einschätzungen bereits empirisch belegt (z. B. in der Polizeiarbeit). Dementsprechend ist es notwendig, auch im Bereich des intervenierenden Kinderschutzes ihre Beteiligung und Einflussmöglichkeiten zu untersuchen (vgl. ebd., S. 293). Mithilfe einer systematischen Erforschung kann nachgezeichnet werden, wie Urteile in der Praxis entstehen und welche Normen und Vorstellungen diesen Prozess beeinflussen (vgl. ebd., S. 277).

Ackermann spricht von einer wechselseitigen Intransparenz bei Gefährdungseinschätzungen, die sich in dem defizitären Forschungsstand abbildet. Momentan fehlen Informationen darüber, wie Eltern Interaktionen mit Fachkräften erleben und welche Kriterien und Maßstäbe sie und Fachkräfte zur Einschätzung der Lebenssituationen anwenden (vgl. Ackermann 2012, S. 131). Die Frage, ob und inwieweit die Logiken fachlicher Entscheidungen und Handlungen den Eltern zugänglich sind bzw. in der Interaktion kommuniziert werden, wurde noch nicht zufriedenstellend beantwortet. Aufgrund der unzureichenden Auseinandersetzung mit den Sichtweisen von Eltern als Adressaten/Adressatinnen fehlen Einblicke in ihre subjektiven Argumentations- und Handlungsmuster (vgl. ebd., S. 125 f.).

Schlussfolgerungen aus den Forschungsdesideraten

In Anbetracht der Diskussion des aktuellen Forschungsstandes und bestehender Forschungsdesiderate kann resümiert werden, dass bis heute Veröffentlichungen fehlen, die die subjektive Wahrnehmung von Eltern in den Mittelpunkt stellen (vgl. Kindler 2009, S. 780). Die wenigen Forschungserkenntnisse spiegeln sich gegenwärtig in einem Mangel an Wissen über das Erleben von Eltern in schwierigen Prozessen und Zwangskontexten der Jugendhilfe wider. Fachkräften ist nur unzureichend bekannt, wie Eltern den Prozess der Abwendung einer Kindeswohlgefährdung wahrnehmen. Die Forderung, „die Betroffenen selbst, nämlich die Eltern, in die anstehenden Forschungen ein[zu]beziehen" (Finke 2015, S. 31), ist umzusetzen, um elterliche Wahrnehmungen und Erklärungen im Kontext von Kindeswohlgefährdung als Anknüpfungspunkte für praktische Kooperationsbezüge – auch in Zwangskontexten – zu verwerten (vgl. Faltermeier 2001, S. 34; Schuttner/Kindler 2013, S. 63).

Die vorliegende Arbeit möchte daher einen Beitrag leisten, die Lücke zu verkleinern und mithilfe eines explorativen Forschungsdesigns das „noch unbekannte [...] Untersuchungsfeld" (Bohler/Franzheld 2010, S. 197) – das Erleben und Bewältigen der Eltern – zu erschließen. Mein Anliegen ist es, die Sichtweisen betroffener Eltern „unabhängig von offiziellen Zuschreibungen von Respektabilität und Glaubwürdigkeit" (Bohnsack et al. 2011, S. 27) zu erfassen. Motivierend ist insbesondere meine Erfahrung als Fachkraft in einem Jugendamt, dass die Zusammenarbeit im reaktiven Kinderschutz für alle Beteiligten höchst voraussetzungsreich ist. Vor allem in Krisensituation ist die Interaktion zwischen Fachkraft und Eltern für Störungen und Abbrüche anfällig. Zudem zählen betroffene Eltern in öffentlichen Diskussionen häufig zu einer Gruppe, die bislang „aufgrund ihrer Marginalisierung und Deskreditierung in öffentlichen Auseinandersetzungsarenen keine Rolle spielten oder nur verzerrt wahrgenommen wurden" (ebd., S. 27). In der vorliegenden Arbeit erhalten sie Raum, ihre Wahrnehmungen und Deutungen mitzuteilen.

Das Untersuchungsfeld ist besonders interessant, weil es sich um jenen Bereich der Kinder- und Jugendhilfe handelt, in dem Eingriffe häufig gegen den Willen der Eltern durchgeführt werden und nicht selten die Kontrollorientierung an die Stelle von Dienstleistungsorientierung tritt. Die Positionierung und das Handeln ist für Eltern in solchen Fallkonstellationen herausfordernd, da sie befürchten müssen, unter spezifischen Umständen elterliche Autonomie einzubüßen. Die Auseinandersetzung mit dieser Zielgruppe ist insofern heikel, als davon auszugehen ist, dass ihr subjektiver Blick auf Fachkräfte und Verfahren kritisch ist. Dennoch liegt meiner Untersuchung die Haltung zugrunde, dass „die Klienten von Jugendhilfe ihre Probleme immer schon im Lichte ihrer milieuweltlichen Deutungsmuster selbst interpretieren und es ein Desiderat der Professionalität von Fachkräften in den sozialen Diensten und Einrichtungen [und forschenden Personen] ist, [...] lebensweltliche Deutungen [von Adressaten/Adressatinnen] durch professionelle zu ersetzen" (Bohler/Engelstädter 2008, S. 115). In meiner Untersuchung verzichte ich daher darauf, ihre subjektiven Sichtweisen durch die der zuständigen Fachkräfte zu ergänzen oder zu ersetzen.

6. Forschungsdesign: Grundlagen der Methodologie und Methoden, Dokumentation des Forschungsprozesses

In der vorliegenden Arbeit steht die Frage im Mittelpunkt, wie Eltern das Verfahren zur Abwendung einer Kindeswohlgefährdung erleben und bewältigen. Da es sich bei den Begriffen Erleben und Bewältigen um theoretische Konstrukte handelt, die in subjektiven Wahrnehmungs-, Deutungs- und Verhaltensprozessen inhaltlich bestimmt werden, ist die Untersuchung in der qualitativ-rekonstruktiven Sozialforschung verortet. Zu Beginn des Kapitels werden die Besonderheiten dieser Forschungsrichtung erläutert. Die kritische Diskussion der Rolle der forschenden Person sowie die Würdigung von Einzelfällen als Erkenntnisquelle nehmen in der Auseinandersetzung mit der qualitativ-rekonstruktiven Sozialforschung einen großen Stellenwert ein. Darauf aufbauend folgt die Analyse zentraler theoretischer, methodologischer und methodischer Voraussetzungen für die Beantwortung der Fragestellung, bevor der eigene Forschungsprozess detailliert in den zuvor erarbeiteten Bezugsrahmen eingeordnet wird.

6.1 Grundannahmen und Besonderheiten qualitativ-rekonstruktiver Sozialforschung

Die rekonstruktive Sozialforschung ist bestrebt, „die Konstruktionen der Wirklichkeit zu rekonstruieren, welche die Akteure in und mit ihren Handlungen vollziehen" (Meuser 2011, S. 140). Soziale Wirklichkeit wird als Ergebnis eines individuellen Auseinandersetzungsprozesses eines Menschen mit sich selbst, den ihn umgebenden Personen und seiner (Lebens-)Welt verstanden (vgl. Marotzki 2011, S. 23). Sie existiert nicht ohne das Handeln, die Interaktion und Interpretation von Menschen (vgl. Misoch 2015, S. 38). Schütz definiert wissenschaftliche Konstruktionen von Forschern/Forscherinnen als „Konstruktionen zweiten Grades" (Schütze 1971, S. 6), die auf den Konstruktionen der in der Lebenswelt Handelnden, den sogenannten Konstruktionen ersten Grades, basieren (vgl. Bohnsack 2000, S. 24).

Mit rekonstruktiv angelegten Untersuchungen wird ein Verstehen von Handlungen und Sinnzusammenhängen intendiert. Der Begriff Verstehen rekurriert auf „den Prozess der Bedeutungsgabe und somit der Sinnkonstruktion" (Kruse 2014, S. 60) von Individuen. Das „Fremdverstehen" (Lenz 1986, S. 121) als Ziel impliziert die Entschlüsselung von subjektiv zugeschriebenen Bedeutungen der Handlungen (vgl. ebd., S. 121). Forscher/Forscherinnen sind bemüht, intrinsische und extrinsische Motive und Ziele der Forschungssubjekte mit deren biografischen Erfahrungen und individuellen Lebenssituationen zu verknüpfen. Unter anderem aufgrund der Subjektivität der forschenden und zu beforschenden Personen ist nachvollziehbar, „dass ein Fremdverstehen immer nur begrenzt möglich sein kann" (Miethe 2014, S. 21). Neben der individuellen Lebensgeschichte sind die Positionsgebundenheit, subjektive Belange sowie eingeengte Wahrnehmungen natürliche Beschränkungen, die nur bedingt aufgelöst werden können. Die Perspektive auf Forschungssubjekte als Andere in „vermeintlich fremden Welten" (Munsch 2015, S. 427) impliziert eine Distanz der forschenden Person zu der Zielgruppe. Zwar ist das zu erforschende Feld den Forschern/Forscherinnen in der Regel mindestens aus theoretischen und häufig auch aus praktischen Bezügen bekannt, aber die von Munsch konstatierte „Teil-Zugehörigkeit" (ebd., S. 427) bedeutet kein gemeinsam geteiltes Verständnis. Unterschiede in Deutungen und Sinnkonstruktionen können nicht geleugnet werden (vgl. ebd., S. 421).

Im Gegensatz zu alltäglichem Verstehen muss sich das wissenschaftliche Fremdverstehen einer methodischen Kontrolle unterziehen, um eine Annäherung an subjektive Deutungen der beforschten Individuen zu ermöglichen. Mit dem Ziel, eine „verfremdete Perspektive auf die zu erkundenden Phänomene" (Schütze 1994, S. 190) einzunehmen, müssen voreilige (subjektive) Schlussfolgerungen vermieden werden. Entsprechend der Überzeugung, dass Begriffe unterschiedliche Bedeutungszuschreibungen erzeugen, ist es entscheidend, in der Ausgestaltung der Forschungsmethode ein größtmögliches Maß an Offenheit herzustellen und Respekt gegenüber den Sichtweisen der Forschungssubjekte zu wahren (vgl. Bohnsack 2000, S. 20). Den Forschungssubjekten wird „die Strukturierung der Kommunikation im Rahmen des für die Untersuchung relevanten Themas so weit wie möglich überlassen, damit diese ihr Relevanzsystem und ihr kommunikatives Regelsystem entfalten können" (ebd., S. 22). Konträr zu quantitativen Ansätzen, die vorrangig die Standardisierung von Erhebungssituationen intendieren, eröffnen minimale „Eingriffe" in rekonstruktiv-qualitativen Forschungssettings den Blick auf Deutungen des interessierenden Phänomens und Möglichkeiten des Verstehens. Die Konstruktionen der forschenden Person werden „absichtlich, reflektiert und intersubjektiv überprüfbar" (Lenz 1986, S. 121) entwickelt. Dazu ist es erforderlich, dass die forschende Person ihre Rolle als Forscher/Forscherin bewusst und kontinuierlich reflektiert.

6.1.1 Rolle und Bedeutung der forschenden Person

„Jede Erkenntnis – auch die wissenschaftliche – trägt unweigerlich Merkmale des erkennenden Subjekts in sich, ist insofern unaufhebbar subjektiv – subjektivgebunden, subjekthaft." (Breuer 2003, o. S.)

Erkenntnisse in qualitativen Untersuchungen sind unauflösbar mit dem Forscher/der Forscherin verbunden und können nicht unabhängig von ihm/ihr existieren.[61] Sie repräsentieren die von der forschenden Person methodisch kontrolliert entwickelten Konstrukte, die gleichwohl subjektive Haltungen und Emotionen widerspiegeln. Die Verstrickung zwischen Forscher/Forscherin und Feld – vorrangig in rekonstruktiv orientierten Forschungen – wird in wissenschaftlichen Diskussionen als unvermeidlich betrachtet. Die Persönlichkeit, das Geschlecht, das Alter, der ethnische Hintergrund, die berufliche Position und die zugewiesene Rolle des Forschers/der Forscherin in dem Untersuchungsfeld gelten als zentrale Einflussgrößen während der Erhebungs- und Auswertungsphase (vgl. Munsch 2015, S. 428 f.).

Trotz dieser theoretisch etablierten Annahme wird die „Subjektivität [selten] als Erkenntnischarakteristik für wissenschaftliches Wissen und Denken" (Breuer 2003, o. S.) akzeptiert. Die Forscher/Forscherinnen sind primär darum bemüht, ihre Erkenntnisse nach außen als Resultate von objektiv gewonnenen Daten zu vermitteln. Subjektive Einflüsse werden häufig negativ bewertet, anstatt sie als Spezifika qualitativer Forschung anzuerkennen sowie ihre Chancen und Potenziale produktiv zu nutzen. Breuer resümiert, dass die erkenntnistheoretische Herausforderung von Subjektivität in praktischen Forschungstätigkeiten nicht angenommen wird. Der Widerspruch zwischen Theorie und Praxis ist hierbei offensichtlich: Theoretisch vertreten qualitativ orientierte Forscher/Forscherinnen die Haltung, dass Personen – und in dieser Argumentation auch Forschungssubjekte – ihre Welt konstruieren, indem sie diese mithilfe von Deutungen interpretieren, ordnen und strukturieren (vgl. ebd., o. S.). Praktisch hingegen unterstellen sie ihrem eigenen Wissen „einen höheren epistemologischen Status, es besitzt ‚absolute', ‚objektive' Züge" (ebd., o. S.). Der Zwiespalt zwischen Subjektivität und Objektivität wird in dem Anspruch aufgelöst, die von der forschenden Person ausgehenden „Störungen" zu minimieren und idealerweise abzuschalten (vgl. Breuer et al. 2002, o. S.). Diese mutmaßliche Lösung schafft ein von Breuer als „Selbsttäuschung" (Breuer 2003, o. S.) be-

---

61 Die Subjektgebundenheit der Erkenntnisse wird von Breuer weiter ausdifferenziert und mithilfe von vier Aspekten veranschaulicht: Standortgebundenheit, Kabinenhaftigkeit, Sinnes- bzw. Instrumentengebundenheit sowie Interventionshaftigkeit. Diese Aspekte prägen die Subjektivität der forschenden Person (vgl. Breuer 2003, o. S.).

zeichnetes Moment, da die „Spaltung von Epistemologie und Methodik, von theoretischer und praktischer Selbst-/Reflexivität, von Bekenntnis und Handeln" (ebd., o. S.) sich in dem defizitären Bild von Forschenden als „Methodenmaschine[n]" (Breuer 2003, o. S.) niederschlägt. Die forschenden Personen werden künstlich von dem Forschungsgegenstand isoliert: „Nicht nur treten sie kaum als AutorInnen ihrer Studien in Erscheinung; auch ihre Teilnahme am erforschten Geschehen, ihr Erleben, ihre Emotionen tauchen in den Texten nur am Rande auf und scheinen nicht relevant für die Forschungsergebnisse" (Munsch 2015, S. 421). Bis heute werden selten Untersuchungen über (Neben-) Wirkungen von Gefühlen der Forscher/Forscherinnen auf den Erhebungs- und Auswertungsprozess veröffentlicht (vgl. Fannrich/Jung 2015, S. 24).[62] Die unzureichende Auseinandersetzung wird primär mit der dominierenden Forderung erklärt, Gefühle auszublenden, um die vermeintliche Objektivität der Forschungsaktivitäten nicht durch wahrgenommene oder reflektierte Emotionen zu gefährden. Diese Anforderung ist fehlerhaft, da Gefühle gegenüber einem Forschungsgegenstand den forschenden Blick prägen. Sämtliche Forschungsaktivitäten werden von vielfältigen Emotionen flankiert (vgl. ebd., S. 25 ff.). Wenn die subjektiven Charakteristika ignoriert oder negiert werden, handelt die forschende Person (vermeintlich) „alterslos, geschlechtslos, geruchlos, farblos, ohne sozial-differentiellen Habitus etc." (Breuer 2003, o. S.). Die Einflussgrößen „Beteiligung, Rolle, Beziehung, Reaktionsmuster [...] auf Untersuchungspartner/innen und Untersuchungsfeld" (ebd., o. S.) bleiben für den Erkenntnisprozess ungenutzt.

Sukzessiv und zögerlich öffnen sich qualitativ ausgerichtete Forscher/Forscherinnen einer kritischen Auseinandersetzung mit der „Objektivitäts-Fiktion" (Breuer et al. 2002, o. S.) und der künstlichen Abgrenzung von ihren Untersuchungsergebnissen (vgl. Munsch 2015, S. 422, 427). Forschung berührt zwangsläufig den Zusammenhang zwischen der eigenen Position und der Wahrnehmung und Einschätzung von bestimmten Sachverhalten, Äußerungen und Verhaltensweisen (vgl. ebd., S. 426). Normen, Werte und Emotionen sind miteinander verwoben und beeinflussen die Erkenntnisse. Diese Haltung verlangt eine Verabschiedung von der distanzierten Rolle einer forschenden Per-

---

62 Eine Ausnahme bildet das interdisziplinär angelegte Forschungsprojekt „Die Affekte des Forschers". Das Projektteam vertrat die Annahme, dass die Begegnungen mit Forschungssubjekten Gefühle auslösen, die Wirkung(en) auf den Forscher/die Forscherin und seine/ihre Wahrnehmung haben (vgl. Fannrich/Jung 2015, S. 34). Vor diesem Hintergrund standen explizit die Emotionen der Forscher/Forscherinnen im Mittelpunkt des Erkenntnisinteresses. Die Ergebnisse ihrer Fragestellung, inwieweit Emotionen den Forschungsprozess und die Ergebnisse beeinflussen, veröffentlichten sie 2018 in dem Aufsatz „Affekte im Feld – Ein blinder Fleck der Forschung?" (vgl. Lubrich et al. 2018).

son. In Anlehnung an Devereux[63] fordert Munsch eine „neue" Sichtweise: die Betrachtung des Forschers/der Forscherin als Werkzeug der Datengewinnung (vgl. Munsch 2015, S. 430 ff.). „Der Mythos der Objektivität" (ebd., S. 434) wird entlarvt, wenn die Perspektive der Forschenden offengelegt wird. Im Gegensatz zu dem Anspruch, ein Maximum an Objektivität zu erreichen, plädiert Munsch für die Integration subjektiver Erfahrungen und Emotionen der Forscher/Forscherinnen als Erkenntnisquelle (vgl. ebd., S. 420). Diese Forderung ist als Anspruch in ethnografischen Zugängen bereits verbreitet.[64] Eine Ausweitung auf andere qualitative – vor allem sozialpädagogisch orientierte – Verfahren ist wünschenswert (vgl. ebd., S. 430). Der durch die forschende Person geprägte Konstruktionscharakter darf nicht länger negiert werden, da er einen Gewinn für Forschungen darstellt. Die Auseinandersetzung mit dem Konstruktivismus ermöglicht das Erkennen eigener Anteile an der Beschreibung von Wirklichkeiten (vgl. Hirschauer 2011, S. 104).

Auch Breuer entwickelt in dem Wissen, dass die intendierte Objektivität nicht der Wirklichkeit entspricht, ein Bild von „der leibhaftig-personalen Forscherperson" (Breuer 2003, o. S.). In diesem Bild nimmt er das Wissen um die Subjektivität konsequent auf, mit dem Ziel, diese produktiv zu verwerten. Breuer entwirft die Idee einer forschenden Person, die sich ihrer Wirkung auf das Feld und den Forschungsgegenstand bewusst ist. Sie ist aufmerksam für die wechselseitige Interaktion mit dem Untersuchungsgegenstand und setzt sich mit reziproken Effekten auseinander, da sie sich der sozialen, emotionalen und

---

63 Devereux hat sich in seinem 1967 erstmalig erschienenen Werk „Angst und Methode in den Verhaltenswissenschaften" mit der Interaktion zwischen Objekt und Beobachter/Beobachterin auseinandergesetzt. In der sozialen Situation beeinflussen sich die Akteure in ihrem Denken, Fühlen und Handeln wechselseitig. Aus seiner Sicht ist die Gegenübertragung für jegliche Verhaltenswissenschaften von größerer Bedeutung als die Übertragung. Unter den Begriff Gegenübertragung fasst er potenzielle Wahrnehmungsverzerrungen, die bei der forschenden Person im Laufe der Interaktion mit dem Forschungssubjekt und in der sozialen Situation auftreten können. Auf diese Weise können während des Erhebungs- und Auswertungsprozesses Fehler entstehen. Angesichts der hohen Relevanz der Subjektivität forderte Devereux bereits zu dem damaligen Zeitpunkt eine kritische Auseinandersetzung mit der forschenden Person und ihren Einflüssen auf die Untersuchung und das Forschungsfeld. Er lenkt die Aufmerksamkeit der Reflexion auf drei zentrale Aspekte: 1) Handlungen und Verhalten von Forschungssubjekten, 2) die durch die (Forschungs-)Tätigkeiten und die forschende Person erzeugten Irritationen und 3) Emotionen und Verhalten der forschenden Person (vgl. Schmidt 2008, S. 48 f.).

64 In der Ethnografie wird eine besondere Konstruktionsleistung ermöglicht, da der Forscher/die Forscherin – insbesondere im Vergleich zu stärker strukturierten Forschungsmethoden – im Zuge seiner/ihrer bewussten und intendierten Teilnahme in ethnografischen Zusammenhängen eine besondere Positionierung und Subjektstellung im Feld einnimmt. Diese Aspekte stellen allerdings keine zwingenden Minimalvoraussetzungen für das relativ neue Rollenverständnis dar.

kognitiven Dimensionen eines beidseitigen Kontaktes bewusst ist. Die Verknüpfung der Selbstreflexion des Forschers/der Forscherin mit der kritischen Würdigung des Forschungskontextes ist seiner Ansicht nach notwendig, um die erhobenen Daten besser einordnen und verstehen zu können (vgl. ebd., o. S.).

Das von Breuer und Munsch begründete Verständnis stellt neue Anforderungen an Forscher/Forscherinnen: Ergänzend zu bestehenden methodischen Ansprüchen ist die forschende Person aufgefordert, „einen dezentrierten und selbstreflexiven Standpunkt" (Breuer 2003, o. S.) einzunehmen.[65] Dazu ist es notwendig, ausgewählte Sichtweisen mit anderen Forschenden zu diskutieren, blinde Flecken zu entdecken und habitualisierte Sichtweisen aufzubrechen (vgl. Munsch 2015, S. 434). Diese Beschäftigung zielt darauf, „das Ausgeblendete über den Umweg des Aufschreibens und der Analyse für die Forschung fassbar zu machen" (ebd., S. 425). Die Reflexion von Einflüssen auf Wahrnehmungen und Empfindungen öffnet den Blick für internalisierte Normalitätsvorstellungen und -erwartungen sowie gesellschaftlich anerkannte Werte, die nicht unmittelbar zugänglich sind (vgl. ebd., S. 425 f.). Eine kritisch-reflexive Auseinandersetzung der forschenden Person mit eigenen subjektiven Erfahrungen und deren Folgen für den Erkenntnisprozess als entscheidendes Erkenntnispotenzial vermeidet nicht haltbare Verallgemeinerungen, macht die „Standortgebundenheit der wissenschaftlichen Erkenntnis deutlich und [offenbart] die Objektivität als Konstrukt" (ebd., S. 428).

Die forschende Person ist aufgefordert, aufmerksam gegenüber dem eigenen Erleben zu sein. Diese Offenheit impliziert das Wahrnehmen von unangenehmen oder überraschenden Emotionen, die nicht problemlos in das Selbstbild als Forscher/Forscherin integriert werden können (vgl. ebd., S. 437). Die Forderung, eigene Gefühle zu berücksichtigen und aktiv in den Forschungsprozess einzubinden, impliziert einen vermeintlichen „Bruch mit wissenschaftlichen Konventionen" (ebd., S. 433), z. B. dadurch, dass eine Hinwendung zu Ich-Formulierungen erfolgt (vgl. ebd., S. 433).

Den Forderungen von Munsch und Breuer folgend habe ich meine Emotionen während des gesamten Forschungs- und Auswertungsprozesses kontinuierlich notiert und reflektiert. Meine Wahrnehmungen und Emotionen greife ich an verschiedenen Stellen während der Darstellung meines Forschungsablaufes auf, um die (Aus-)Wirkungen auf Entscheidungen veranschaulichen zu

---

65 Breuer entwickelte Ende der 1990er Jahre einen ersten systematischen Versuch, diesen neuen Anspruch methodisch für die qualitative Sozialforschung aufzubereiten. Er orientiert sich an den unterschiedlichen Phasen einer Forschung und benennt verschiedene Bezugsgrößen, die Beachtung finden sollten, damit das theoretische Modell des Konstruktivismus sich in praktischen Handlungsschritten während des Forschungsprozesses niederschlägt (vgl. Breuer 2003, o. S.).

können (siehe Kapitel 6.5 und 6.7). Ich war bestrebt, mich konsequent kritisch mit meinen Gefühlen auseinanderzusetzen. Damit die Eindrücke von dem Wohnumfeld und meinen Interviewpartnern/Interviewpartnerinnen nachvollziehbar werden, beschreibe ich beispielsweise relativ ausführlich mein Erleben der Interviewsituation in den Fallstudien. Zudem haben meine Empfindungen mitunter die Auswahl der Interviews für die Auswertung beeinflusst. Um die Präsenz und die Bedeutung von mir als forschender Person zu veranschaulichen, beschreibe ich meinen Forschungsprozess aus der Ich-Perspektive.

6.1.2 Relevanz von Einzelfällen in der Forschungspraxis

„Ein einziger, wirklich analysierter Fall [...] hat für die Theorie der Pädagogik mehr wissenschaftlichen Wert als ein ganzes Heer statistischer Angaben über das Zusammenbestehen von Merkmalen und Reaktionsweisen." (Hönigswald 1927, S. 214)

Die Auseinandersetzung mit Einzelfällen gilt in der rekonstruktiven Sozialforschung als Königsweg der Gewinnung relevanter Daten (vgl. Bude 2011, S. 60). Auch dieser Arbeit liegt die Überzeugung zugrunde, dass die methodisch kontrollierte Beschäftigung mit ausgewählten Fällen ein legitimes und ergiebiges Verfahren ist, um empirisch fundiert Ergebnisse zu generieren und den theoretischen Wissensbestand zu erweitern (vgl. Fatke 1995, S. 677). Den Erkenntnissen aus Einzelfällen wird eine besondere Aussagekraft zugeschrieben, da sich, „in [...] [individuellen] Erfahrungen und Sichtweisen das Allgemeine spiegelt" (Waldschmidt 2012, S. 79). In der Konsequenz zielen „Fallrekonstruktionen [...] auf Gesetze des Typischen, nicht des Repräsentativen" (Bude 2011, S. 61). Die Herausforderung besteht darin, zunächst typische und besondere Merkmale in dem jeweiligen Fall zu entdecken, um diese dann in generelle Aussagen zu übersetzen und zu veranschaulichen (vgl. Fatke 1995a, S. 683). Die Erkenntnisse mehrerer Einzelfälle können miteinander in ein Verhältnis und in Beziehung zu wissenschaftlichen Aussagen gesetzt werden. Auf diese Weise wird ein Beitrag zur Theoriebildung und -weiterentwicklung geleistet (vgl. ebd., S. 684).[66] Die Daten können neue, bislang nicht berücksichtigte oder unbekannte Konstruktionen offenlegen. Daher kann die Beschäftigung mit dem Einzelfall nicht ausschließlich zur Begründung und Fortschreibung einer Theorie genutzt werden, sondern „auch zum Generieren von Hypothesen [...] [und] zur vertieften Exploration des Phänomens beitragen" (Waldschmidt 2012, S. 79).

---

66 Trotz der Überzeugung, dass Einzelfälle einen Ertrag für Theorien, bestehende Wissensbestände und nicht zuletzt für die Praxis liefern, ist bislang unklar, wie dieser Ertrag gewonnen werden kann. Das Vorgehen bleibt in der Theorie nebulös, da es nicht exakt beschrieben wird (vgl. Fatke 1995a, S. 684).

6.2 Adressaten-/Adressatinnen- und Biografieforschung als theoretischer Rahmen

Die Adressaten-/Adressatinnenforschung erfasst „explizit die Perspektive der Adressat_innen und Nutzer_innen" (Graßhoff 2015, S. 97), um übereinstimmend mit der Zielsetzung rekonstruktiver Sozialforschung deren subjektive Sichtweisen auf ihre Lebenswelt und Probleme sowie ihre individuellen Lösungsansätze erheben und verstehen zu können. Analog zu der fachlichen Haltung der Lebensweltorientierung richtet sich die Adressaten-/Adressatinnenforschung am Alltag der betroffenen Personen aus. Die Forschungsrichtung ist nicht auf ausgewählte Untersuchungsmethoden beschränkt, sondern bedient sich sämtlicher Methoden, die einen Zugang zu individuellen Sichtweisen und Erfahrungen ermöglichen.

Die Adressaten-/Adressatinnenforschung hat sich in den vergangenen Jahren sukzessiv als Forschungspraxis etabliert und wird heutzutage in diversen Kontexten und Settings angewandt (vgl. Graßhoff 2015, S. 97 f.). Die in der Literatur formulierte Kritik, dass die Adressaten-/Adressatinnenforschung ausschließlich die Perspektive von Klienten/Klientinnen zum Gegenstand hat, kann zwar nicht entkräftet, aber positiv umgedeutet werden: Die Konzentration auf die subjektive Sicht der Adressaten/Adressatinnen stellt exakt das proklamierte Ziel dieser Forschungsrichtung dar. Bei der Entscheidung für die Adressaten-/Adressatinnenforschung ist der Wunsch handlungsleitend, Adressaten/Adressatinnen eine Stimme geben zu wollen. Die Ergänzung ihrer Sichtweise um die professionelle Perspektive der Fachkräfte ist nicht notwendig, da diese nicht die Aussagekraft erhöht (vgl. ebd., S. 103).

Allerdings reduzieren sich die Bemühungen nicht ausschließlich auf das Verstehen der Klienten/Klientinnen. Vielmehr sollen darauf aufbauend Ansatzpunkte für Verbesserungen struktureller und organisatorischer Rahmenbedingungen in der Kinder- und Jugendhilfe formuliert werden (vgl. Bitzan et al. 2006a, S. 258). Die Adressaten-/Adressatinnenforschung beschränkt sich nicht auf die Erfassung von subjektiven Lebensgeschichten oder wichtigen biografischen oder lebensweltlichen Themen, sondern fragt nach „subjektiven Bewältigungsleistungen der AdressatInnen" (ebd., S. 257) und auf diese Weise mittelbar nach Auswirkungen von Angeboten und Maßnahmen der Jugendhilfe auf ihren subjektiven Umgang mit Krisen, Konflikten und Belastungen. Die Passgenauigkeit von biografisch-individuellen Verarbeitungsstrategien sowie angebotenen und in Anspruch genommenen professionellen Hilfen wird analysiert (vgl. Finkel 2013, S. 53). Dazu werden beispielsweise positive und negative Erfahrungen mit der Jugendhilfe herausgearbeitet. Die Adressaten/Adressatinnen können beurteilen, welche Rollen und Funktionen Fachkräfte und Organisationen der Jugendhilfe in einer für sie schwierigen Lebenslage oder -phase eingenommen haben. Basierend auf subjektiven Erfahrungen und Erlebnissen der Klienten/Klientinnen kann eruiert werden, unter welchen Voraussetzungen Jugendhilfe ihr Potenzial entfalten kann. Zuletzt können der Umgang mit professionellen Hilfen sowie Faktoren für gelingende und scheiternde Hilfeprozesse in fachliche Diskurse integriert werden, um eine „Professionalisierung sozialpädagogischer Handlungspraxis" (Oelerich/Schaarschuch 2006, S. 189) zu ermöglichen.

Die Adressaten-/Adressatinnenforschung bietet für die vorliegende Arbeit den geeigneten Rahmen. Angesichts der professionellen Annahme einer Kindeswohlgefährdung wird der ausgewählten Zielgruppe von außen häufig das Stigma von „Gescheiterten" auferlegt. Sie werden in der Gesellschaft überwiegend als Eltern definiert, die nicht selbstständig ihre Probleme lösen können und daher auf Hilfe angewiesen sind. Die Konstruktion der Rolle eines Adressaten/einer Adressatin basiert auf der gesellschaftlich und fachlich vorherrschenden Differenzierung zwischen Normalität und Abweichung, welche die Grundlage für Entscheidungen über geeignete und ungeeignete Erziehungsmethoden bildet (vgl. Bitzan et al. 2006a, S. 271 f.; siehe Kapitel 3.2). Eltern ist nicht zwingend bewusst, dass sie mit ihren Lösungsideen und -versuchen die gesellschaftliche Akzeptanzgrenze überschreiten und sich sozusagen in eine ausgrenzende Position manövrieren (vgl. ebd., S. 273 f.). Dieser Arbeit liegt ein Verständnis von Adressaten/Adressatinnen als Subjekten zugrunde. Betroffene Eltern werden weder auf eine Täter- noch auf eine Opferrolle reduziert, sondern als Handelnde betrachtet, die ihr Leben (mehr oder weniger) selbstbestimmt gestalten.

Eltern, die in ein Verfahren zur Abwendung einer Kindeswohlgefährdung involviert sind bzw. waren, erhalten die Möglichkeit, ihre persönliche Geschichte als Ausschnitt ihrer Biografie zu erzählen und subjektive Hintergründe, Motive und Intentionen offenzulegen. Die biografische Orientierung verweist gleichzeitig auf die Nähe zur Biografieforschung, die als qualitativer Forschungsansatz der rekonstruktiven Sozialforschung zugeordnet wird (vgl. Graßhoff 2015, S. 99). Seit den 1970er Jahren setzt sich die Biografieforschung zunehmend durch und findet disziplinübergreifend Anwendung. Sie zeichnet sich dadurch aus, dass vollumfängliche Lebensgeschichten oder Ausschnitte von Lebensverläufen im Mittelpunkt des Forschungsinteresses stehen (vgl. Finkel 2013, S. 54 f.).

6.3 Grounded Theory als methodologischer Rahmen und Forschungshaltung

„Eine Theorie ist ihrem Gegenstand nur angemessen, wenn sie aus ihm heraus entwickelt worden ist." (Bohnsack 2000, S. 33)

Die Grounded Theory zählt im deutschsprachigen Raum zu den am häufigsten angewandten methodologischen Zugängen qualitativ-rekonstruktiver Sozialforschung (vgl. Niermann 2013, o. S.). Sie wurde von den Soziologen Barney Glaser und Anselm Strauss Anfang der 1960er Jahre in den USA begründet und entwickelt. Anlass war ihre Kritik an dem damals bestehenden Gefälle zwischen Theorie und Empirie: Zu jener Zeit wurden mittels empirischer Forschungen Theorien ausschließlich bestätigt, verworfen oder modifiziert. Die Möglichkeit der Theorieentwicklung blieb weitestgehend ungenutzt. Glaser und Strauss beabsichtigten, die Praxis zu verändern und den Forschungsblick zu weiten. Sie forderten, Theorien aus empirisch erhobenen Daten zu generieren, und setzten sich deshalb für eine höhere Akzeptanz qualitativer Methoden ein (vgl. Przyborski/Wohlrab-Sahr 2010, S. 188 f.).

Mithilfe der Grounded-Theory-Methodologie wird eine gegenstandsbegründete Theorie entwickelt, die in empirisch gewonnenen Daten „verwurzelt, begründet, englisch grounded" (Muckel 2016, S. 218) ist. Die Daten werden systematisiert, um neue Sinnzusammenhänge und Erklärungsmuster herausarbeiten zu können (vgl. ebd., S. 222; Langfeldt/Nothdurft 2015, S. 38). Die Grounded Theory intendiert also, „empirische Sachverhalte in einer theoretischen Sprache zu beschreiben" (Kelle/Kluge 2010, S. 32). Sie stellt für die Disziplin „eine innovative Möglichkeit dar, sowohl Theoriebildung als auch Praxis Sozialer Arbeit zu bereichern" (Schröer/Schulze 2010, S. 288). Unter anderem aus diesem Grund wird Glaser und Strauss in der Literatur eine „Pionierrolle" (Przyborski/Wohlrab-Sahr 2010, S. 189) zugeschrieben.

Im Laufe der Zeit wurde die von Glaser und Strauss eingeführte Grounded Theory in verschiedene Richtungen weiterentwickelt. Diverse Schulen und Varianten haben sich herauskristallisiert, die z. T. deutlich und bewusst voneinander abgegrenzt werden (vgl. ebd., S. 184 f.). „Die" Grounded Theory wird von Forschern/Forscherinnen unterschiedlich positioniert, interpretiert und umgesetzt (vgl. Niermann 2013, o. S.).[67] In der Konsequenz vereint Grounded Theory

---

67   Nach ihrer anfänglichen Kooperation trennten sich Strauss und Glaser aufgrund ihrer divergenten Sichtweisen auf die Ausgestaltung der Grounded Theory und a fortiori auf die Verortung und Verwertung von theoretischem (Vor-)Wissen. Sie haben die Grounded-Theory-Methodologie in ihrem weiteren Wirken jeweils unterschiedlich ausgelegt und angewandt (vgl. Niermann 2013, o. S.; Schröer/Schulze 2010, S. 285).

als Oberbegriff „unterschiedliche erkenntnistheoretische und methodologische Positionen unter einem Dach" (Muckel 2016, S. 218). Schröer und Schulze subsumieren die differenten Lesarten des Begriffs[68] unter den folgenden vier Kategorien: Grounded Theory als Methodologie, Forschungsstil/-haltung, Methode und Ergebnis eines Forschungsprozesses (vgl. Schröer/Schulze 2010, S. 277). Je nach Deutung werden einzelne Aspekte in den Vordergrund gerückt. Kruse vertritt die Position, dass die Grounded-Theory-Methodologie ein spezifisches Forschungsparadigma kennzeichnet (vgl. Kruse 2014, S. 399 f.). Als Forschungshaltung impliziert die Grounded-Theory-Methodologie die offene Einstellung der forschenden Person gegenüber dem Forschungsgegenstand bzw. -subjekt sowie dem Forschungs- und Erkenntnisprozess. Aus dieser Perspektive bezeichnet der Terminus einen „übergeordneten qualitativen Forschungsstil, der eine Sammlung von Forschungsmethoden zur Entwicklung einer wissenschaftlichen Theorie unter einem Dach zusammenfasst" (Muckel 2016, S. 214). Die Grounded-Theory-Methodologie ist folgerichtig nicht an eine einzige Forschungsmethode gekoppelt, sondern umfasst ein „Inventar von Techniken und Prozeduren für die Datensammlung und -analyse" (Corbin 2011, S. 72).

„All is data" (Niermann 2013, o. S.) – entsprechend dieser Maxime können vielfältige Formen von Daten als Basis ausgewählter Theorien verwendet werden, sofern sie erstens schriftlich vorliegen und zweitens einen Beitrag zu einem besseren Verständnis des interessierenden Phänomens leisten können (vgl. ebd., o. S.). Der Begriff Daten umfasst exemplarisch Feldnotizen, Beobachtungsprotokolle, Interviewtranskripte, Niederschriften von Gruppendiskussionen, Memos sowie Diagramme oder Statistiken (vgl. Schröer/Schulze 2010, S. 279). Das Vorgehen nach der Grounded-Theory-Methodologie erfordert eine kritisch-reflexive Auseinandersetzung mit möglichen Methoden. Die Entscheidung für eine spezifische Forschungsmethode wird je nach Erkenntnisinteresse, Forschungsfrage und Forschungsgegenstand getroffen (vgl. Muckel 2016, S. 214).

Charakteristisch für die Grounded-Theory-Methodologie ist die Formulierung einer offenen und relativ weiten Fragestellung zu Beginn des Forschungsprozesses. Die Fragestellungen weisen häufig einen Praxisbezug auf, weil sie aus Problemen oder Herausforderungen in professionellen Settings abgeleitet wer-

---

68 Die Versuche, den englischen Begriff Grounded Theory zu übersetzen, konnten sich bis heute nicht durchsetzen. Aus diesem Grund hat sich der englische Ausdruck im deutschen Sprachraum etabliert, obwohl er sich aus sprachtheoretischer Perspektive streng genommen ausschließlich auf das Ergebnis und nicht die Methode und Methodologie bezieht (vgl. Przyborski/Wohlrab-Sahr 2010, S. 187). Mey und Mruck schlagen den Ausdruck „*Grounded-Theory-Methodologie*" (ebd., S. 187, Hervorhebung im Original) vor. Dieser findet in der vorliegenden Arbeit Anwendung.

den. Angesichts der Offenheit des Forschungsprozesses kann die Fragestellung im Verlauf in Breite und Tiefe verändert werden. Auch der Fokus des Forschungsinteresses kann sich verschieben (vgl. Schröer/Schulze 2010, S. 286).

> „Warum tun Menschen das, was sie gerade tun, wie denken sie darüber, und was können sie davon erzählen?" (Muckel 2016, S. 219)

Inhaltlich konzentriert sich das Forschungsinteresse auf Handlungen von Individuen, deren Ursprung und Konsequenzen im Mittelpunkt stehen. Erfahrungshintergründe und Intentionen sowie subjektive Einschätzungen der Wirkungen bewusst oder unbewusst eingesetzter Verhaltensweisen sollen analysiert werden. Die bloße Beschreibung und Klassifikation erfüllen nicht den Anspruch einer Forschung, die sich an den Prinzipien der Grounded Theory ausrichtet (vgl. ebd., S. 219). Der Forscher/die Forscherin ist darum bemüht, die Lebenswelt der beforschten Personen aus deren – für ihn/sie fremden – Perspektiven zu begreifen und soziale Phänomene zu verstehen und zu erklären (vgl. ebd., S. 222). Das Bestreben, verschlossene Perspektiven zu rekonstruieren, zu entschlüsseln und von außen zugänglich zu machen, eint die nach der Grounded-Theory-Methodologie forschenden Personen. Das „Verstehen- und Erklären-Wollen" (ebd., S. 219) fremdartiger Deutungs- und Wahrnehmungskonstruktionen bildet folglich den Dreh- und Angelpunkt sämtlicher Forschungsaktivitäten (vgl. Langfeldt/Nothdurft 2015, S. 30).

Die Grounded-Theory-Methodologie zeichnet sich, losgelöst von der konkreten Umsetzung, durch Kriterien aus, die Strauss in einem Interview wie folgt beschreibt:

> „Wenn ich […] sagen sollte, was zentral ist, würde ich drei Punkte hervorheben: Erstens die Art des **Kodierens**. Das Kodieren ist theoretisch, es dient also nicht bloß der Klassifikation oder Beschreibung der Phänomene. Es werden theoretische Konzepte gebildet, die einen Erklärungswert für die untersuchten Phänomene besitzen. Das Zweite ist das **theoretische Sampling**. Ich habe immer wieder diese Leute […] getroffen, die Berge von Interviews und Felddaten erhoben hatten und erst hinterher darüber nachdachten, was man mit den Daten machen sollte. Ich habe sehr früh begriffen, dass es darauf ankommt, schon nach dem ersten Interview mit der Auswertung zu beginnen, Memos zu schreiben und Hypothesen zu formulieren, die dann die Auswahl der nächsten Interviewpartner nahe legen. Und das Dritte sind die **Vergleiche**, die zwischen den Phänomenen und Kontexten gezogen werden und aus denen erst die theoretischen Konzepte erwachsen. Wenn diese Elemente zusammen kommen, hat man die Methodologie (Anselm Strauss in einem Interview mit Heiner Legewie und Barbara Schervier-Legewie, 2004)." (Breuer 2010, S. 41, Hervorhebung der Verfasserin)

Das Kodieren wird in der Grounded-Theory-Methodologie ausgelegt als „ein interpretativer Prozess, in dem die Theorie aus der Interaktion der Analysierenden mit dem Datenmaterial entsteht" (Corbin 2011, S. 70 f.).[69] Der Kodierungsprozess reduziert sich nicht auf Zuordnungen, sondern dient der Analyse der zu erfassenden sozialen Phänomene. Dazu wird kein vorab definiertes Schema an das Material herangetragen, sondern die Daten werden analytisch „ ‚aufgebrochen, konzeptualisiert und auf neue Art zusammengesetzt' " (Breuer 2010, S. 70).

Das Theoretische Sampling bezeichnet ein „Auswahlverfahren für Fälle und Daten" (Strübing 2011, S. 154), das sich in einer schrittweisen Zusammenstellung der Stichprobe sowie thematischer Textbausteine während des Forschungsprozesses realisiert (vgl. Schröer/Schulze 2010, S. 280). Zu Beginn wird auf eine Definition von Auswahlkriterien verzichtet (vgl. Strübing 2011, S. 154). Die Erhebung und Analyse der ersten Fälle basiert auf theoretischen oder praktischen (Vor-)Kenntnissen. Unter der sogenannten theoretischen Sensibilität, in der Literatur auch als theoretische Konzepte bezeichnet, werden „Literaturkenntnis, berufliche und persönliche Erfahrungen, Forschungserfahrungen, Erfahrungen aus dem analytischen Prozess im Zuge des Forschens etc." (Schröer/Schulze 2010, S. 281) subsumiert. Das Vorwissen oder die gesammelten Erfahrungen, die sich auf das Forschungsfeld beziehen, dienen als Orientierung während der Prozesse der Datenerhebung und -analyse und leiten die weitere Auswahl (vgl. Strübing 2011, S. 154). Die theoretische Sensibilität kann als Fähigkeit der forschenden Person verstanden werden, „über empirisch gegebenes Material in theoretischen Begriffen zu reflektieren" (Kelle/Kluge 2010, S. 20). Sie wird genutzt, um erstens die Bedeutung von bestimmten Daten zu erkennen und zweitens diese für die Entwicklung einer Theorie zu verwerten (vgl. ebd., S. 20 f.). Im Verlauf des Forschungsprozesses werden die sensibilisierenden Konzepte sukzessiv und in reflexiver Auseinandersetzung mit den erhobenen Daten konkretisiert und in Kategorien für die Auswertung übersetzt (vgl. ebd., S. 30). An dieser Stelle zeigt sich die wechselseitige Verzahnung von Datenerhebung, -auswertung und -analyse (vgl. Muckel 2016, S. 220). Bei dem Forschungsprozess handelt es sich um einen iterativ-zirkulären Prozess (vgl. Schröer/Schulze 2010, S. 279, 280). Sobald die ersten Daten im Sinne des iterativen Forschungsprozesses erhoben wurden, wird die weitere Auswahl von den gewonnenen Erkenntnissen gelenkt. Die Daten werden analysiert, bevor weitere

---

69   Der Prozess des Kodierens wird von Strauss in drei Schritte, das offene, axiale und selektive Kodieren, unterteilt. Angesichts der detaillierten Beschreibung meines eigenen Vorgehens wird auf die ausführliche Darstellung an dieser Stelle verzichtet (siehe Kapitel 6.5). In den Werken von Breuer (2010) und Przyborski/Wohlrab-Sahr (2010) finden sich überblicksartige Darstellungen. Kruse informiert über die Option des thematischen Codierens (vgl. Kruse 2014, S. 405).

Daten erfasst werden. Im Laufe des Verfahrens wird gezielt nach Forschungs-subjekten Ausschau gehalten, die diskrepante Sichtweisen auf den Gegenstand eröffnen, um Gegensätze und Kontraste aufzeigen zu können. Dazu werden „Verfahren einer bewussten (d. h. nicht zufälligen!), kriteriengesteuerten Fall-auswahl und Fallkontrastierung […] [eingesetzt], bei denen sichergestellt wird, dass für die Fragestellung relevante Fälle berücksichtigt werden" (Kelle/Kluge 2010, S. 43, Hervorhebung im Original). In dem gesamten Prozess werden konsequent Memos verfasst (vgl. Schröer/Schulze 2010, S. 279).

Der kontinuierliche Vergleich prägt den gesamten Forschungsprozess und bildet die Voraussetzung für Theorieentwicklung (vgl. Przyborski/Wohlrab-Sahr 2010, S. 200). Die sukzessiv gewonnenen Erkenntnisse werden unmittelbar miteinander verglichen (vgl. Muckel 2016, S. 220). Die Vergleiche werden so-wohl fallbezogen als auch fallübergreifend angestrebt und konzipiert (vgl. Nohl 2011, S. 101). Der systematische und strukturierte Vergleich ist hilfreich, um Kategorien zur Beschreibung und Analyse der empirisch gewonnenen Daten zu entdecken und anzuwenden. Diese sind notwendig, um die identifizierten Phä-nomene differenziert erfassen zu können. In der Grounded-Theory-Methodo-logie besteht der Anspruch, verallgemeinernde Aussagen mit einem Vergleich zu begründen. Dieser impliziert sowohl minimale Kontraste, d. h. Übereinstim-mungen und Ähnlichkeiten mit anderen Fällen, als auch maximale Kontraste im Sinne von eindeutigen Unterschieden und Abweichungen (vgl. ebd., S. 101; Bohnsack 2000, S. 112). Auf diese Weise wird die Theorie nach und nach (fort-) entwickelt (vgl. Muckel 2016, S. 221 f.) und es wird geklärt, „welches allgemeine Problem der jeweiligen Besonderheit der einzelnen Fälle zugrundeliegt [sic!]" (Bude 2011, S. 61). Der Vergleich wird laut Glaser und Strauss dann beendet, wenn in dem Kodierungsprozess keine neuen Erkenntnisse mehr gewonnen werden. Sie sprechen von einer theoretischen Sättigung (vgl. Schröer/Schulze 2010, S. 281).

Die Grounded Theory ist methodologisch in einem hohen Maße dazu ge-eignet, die subjektiven Erfahrungen und Deutungen betroffener Eltern sukzes-siv und zirkulär zu erheben und zu deuten (vgl. Corbin/Strauss 2010, S. 31). Die Daten für die Analyse werden mittels eines narrativen Interviews erhoben.

6.4 Das narrative Interview als Methode

Das narrative Interview wurde im Rahmen der Untersuchung kommunaler Machtverhältnisse von dem deutschen Soziologen Fritz Schütze Mitte der 1970er Jahre begründet. Seit den 1980er Jahren wächst die Bedeutung dieser qualitativ orientierten Interviewform stetig und die Anwendungsgebiete erwei-tern sich (vgl. Riemann 2011a, S. 120).

Dem narrativen Interview liegt das Ziel zugrunde, „eine möglichst umfassende, ganzheitliche und an der Eigenperspektive der Subjekte orientierte Analyse sozialer Wirklichkeit" (Misoch 2015, S. 37) umzusetzen. Die Gesprächspartner/Gesprächspartnerinnen erhalten die Möglichkeit, ausführlich ihre Sicht auf erlebte Prozesse und biografische Erfahrungen wiederzugeben, um forschenden Personen „tiefe Einblicke in [ihre] subjektive Lebenswelten, Lebensbiografien und subjektive Sinnkonstruktionen" (ebd., S. 55) zu gewähren. Auf Grundlage ihrer Erzählung werden im besten Fall die subjektive Wirklichkeit der befragten Person verstanden sowie individuelle Deutungs- und Wahrnehmungsmuster, die ihr Handeln in dieser Lebenswelt prägen und Orientierung bieten, rekonstruiert (vgl. Faltermeier 2001, S. 15, 39 f.).

„Zur Erforschung prozessualer Erscheinungen der sozialen Wirklichkeit ist es durchaus sinnvoll, das narrative Interview zur Anwendung zu bringen. […] Die in diesen Erzählungen aufscheinenden Prozesse zeichnen Handlungs- und Erleidensabläufe im Alltagsgeschehen nach, sie vollziehen sich ebenso auf der Ebene von Interaktionsabläufen und den sich darin konstituierenden, verändernden oder auch abbrechenden sozialen Beziehungen, auf der Ebene biographischer Entwicklungen und Veränderungen wie auch auf der Ebene kollektiv-historischer Veränderungen auf den unterschiedlichen Interaktionstableaus." (Glinka 1998, S. 34)

Glinka erläutert die vielfältigen Einsatzmöglichkeiten narrativer Interviews. Mit dieser Interviewform werden Prozesse beleuchtet, an denen die interviewte Person in der Vergangenheit beteiligt war oder anhaltend ist. Dabei stehen Handlungen von Personen in ihren Lebenswelten im Mittelpunkt (vgl. Misoch 2015, S. 37). In ihrer Erzählung über den Beginn, den Verlauf und das Ende des Prozesses sind im Idealfall die für die befragte Person relevanten Interaktionen eingebettet. Von besonderem Interesse ist die Erfassung der gesamten Geschichte, die Menschen erlebt haben (vgl. Glinka 1998, S. 27). Die relativ freie Erzählung über Erlebnisse und Erfahrungen bildet das zentrale Moment eines narrativen Interviews.

„Erzählungen (Geschichten) sind im Alltag ein allgemein vertrautes und gängiges Mittel, um jemandem etwas, das uns selbst betrifft oder das wir erlebt haben, mitzuteilen. Erzählungen sind Ausdruck selbst erlebter Erfahrungen, d. h. wir greifen immer dann auf sie als Mitteilungsmedium zurück, wenn es darum geht, Eigenerlebtes einem anderen nahe zu bringen. Insofern kann also von Erzählen als ‚elementarer Institution menschlicher Kommunikation', als alltäglich eingespielter Kommunikationsform gesprochen werden." (Schütze 1987, S. 77)

Erzählungen sind für Menschen ein bekanntes Instrument, um Erfahrungen mitsamt subjektiven Deutungen mitzuteilen. In einem narrativen Interview erzählen Personen möglichst frei über ihre Erfahrungen, die in der „Face-to-

Face-Interviewsituation unvorbereitet wiedergegeben werden sollen" (Misoch 2015, S. 40). Die Erzählung darf nicht vorbereitet, geübt oder inszeniert werden, damit die spontan erzählte Geschichte, in der Literatur als Stegreiferzählung bezeichnet, die Plattform für die im narrativen Interview unterstellte Homologie von Erfahrung und Erzählung bilden kann (vgl. ebd., S. 40 f.).

> „Beim Forschungsverfahren ,narratives Interview' gehen wir also davon aus, daß [sic!] die Dynamik des Erzählvorgangs die retrospektiven Vorstellungen des Erzählers in Gang setzt und ihn noch einmal in die damaligen Handlungs- und Erleidenssituationen versetzt." (Glinka 1998, S. 10)

Die Stegreiferzählung bildet die zentrale Voraussetzung für den Zugang zu Erfahrungen und die (Re-)Aktivierung von Emotionen, indem sie bestenfalls Barrieren der Erinnerung auflösen kann und die erzählende Person in die erlebten Situationen und Handlungen versetzen vermag (vgl. ebd., S. 10). Dem narrativen Interview liegt die Annahme zugrunde, dass der Erzähler/die Erzählerin über die Stegreiferzählung in sogenannte Zugzwänge des Erzählens verwickelt wird (vgl. Bohnsack 2000, S. 109). Die der Stegreiferzählung zugrunde liegende Aufforderung, „die eigene Geschichte zu erzählen und diese Erzählung selbst zu gestalten und zu strukturieren" (Misoch 2015, S. 44; Przyborski/ Wohlrab-Sahr 2010, S. 93), erzeugt eine besondere Dynamik, welche die Selbstdarstellung idealerweise in den Hintergrund drängt und die Identität der erzählenden Person offenlegt (vgl. Bohnsack 2000, S. 110). Bei den nachfolgend erläuterten Phänomenen des Relevanzfestlegungs- und Kondensierungszwangs (1), des Detaillierungszwangs (2) sowie des Gestaltschließungszwangs (3) handelt es sich um „drei miteinander konkurrierende Zugzwänge" (Riemann 2011b, S. 167), die während der Narration bearbeitet werden. Der Relevanzfestlegungs- und Kondensierungszwang (1) folgt dem Anspruch von Menschen, sowohl im Alltag als auch in wissenschaftlichen Zusammenhängen ihre begonnene Erzählung in einem zeitlich befristeten Rahmen inhaltlich verständlich und nachvollziehbar wiederzugeben. Um ihre Geschichte komprimiert darstellen zu können, setzen sie inhaltliche Schwerpunkte. Dadurch werden bestimmte Themen ausgelassen oder nicht erwähnt (vgl. Bohnsack 2000, S. 109). Der Detaillierungszwang (2) resultiert aus dem Wissen der erzählenden Person darüber, bestimmte Details offenlegen zu müssen, damit die Geschichte in ihrer Gesamtgestalt verständlich ist. Die Erläuterung von Details beschränkt sich auf unerlässliche Informationen (vgl. Misoch 2015, S. 45). Der Gestaltschließungszwang (3) ergibt sich aus dem Ziel, „eine in sich geschlossene Geschichte" (Glinka 1998, S. 171) zu präsentieren. Diese wird chronologisch angeordnet und nach Anfang, Hauptteil bzw. Höhepunkt und (Ab-)Schluss sortiert (vgl. Przyborski/Wohlrab-Sahr 2010, S. 94).

Die Interviewsituation stellt eine besondere soziale Situation für die Beteiligten dar. Nach Lenz ist es bedeutsam, dem Gesprächspartner/der Gesprächspartnerin und den Inhalten Wertschätzung und Akzeptanz entgegenzubringen. Ratschläge, Urteile, Erklärungen, Diagnosen und Degradierungen haben keinen Platz in einem narrativen Interview (vgl. Lenz 1986, S. 136). Der Forscher/die Forscherin befindet sich in weiten Teilen des Interviews in der zurückhaltenden Rolle eines aktiven Zuhörers/einer aktiven Zuhörerin. Er/sie trägt die Verantwortung dafür, keine wechselseitige Kommunikation zuzulassen, sondern das Gespräch „in Gang zu setzen und in Gang zu halten" (Przyborski/Wohlrab-Sahr 2010, S. 101). Erst gegen Ende des Interviews nimmt die forschende Person einen aktiveren Part ein, indem die monologartige Erzählung von einem tendenziellen Dialog abgelöst wird und Rückfragen gestellt werden (vgl. ebd., S. 100 f.; Misoch 2015, S. 45). Im Detail gestaltet sich der Ablauf des Interviews wie folgt:

In einem separaten Vorgespräch oder zu Beginn des Interviews legt der Forscher/die Forscherin das Ziel und Thema der Forschung offen. Zudem ist es vorteilhaft, die (Hinter-)Gründe für die Auswahl von Interviewpartnern/Interviewpartnerinnen zu erläutern. Auf dieser Basis kann der Gesprächspartner/die Gesprächspartnerin sich seiner/ihrer subjektiven Intentionen bewusst werden und seiner/ihrer zu erbringenden Leistung Sinn zuschreiben. Da die Rahmenbedingungen und der Ablauf eines narrativen Interviews nicht den weit verbreiteten Vorstellungen von Interviews entsprechen, ist die Aufklärung über die Ausgestaltung sinnvoll und notwendig (vgl. Przyborski/Wohlrab-Sahr 2010, S. 98). Die interviewte Person muss über die hohen Anforderungen informiert werden. Diese Phase deklariert Glinka als Aushandlungsphase (vgl. Glinka 2016, S. 14).

Als Startpunkt formuliert der Interviewer/die Interviewerin eine Erzählaufforderung, die einen ausgewählten Themenbereich oder Prozess der Biografie fokussiert. Als Bezugspunkt wird ein besonderes Erlebnis oder Ereignis in den Blick genommen, das als Dreh- und Angelpunkt für bestimmte Entwicklungen angenommen wird (vgl. Misoch 2015, S. 41). Das wissenschaftlich interessierende Phänomen wird durch den Erzählstimulus fokussiert, der für den Gesprächspartner/die Gesprächspartnerin bestenfalls ausreichend Potenzial bietet, eine Erzählung über den Prozess anzuregen. Der Interviewer/die Interviewerin nimmt keine Setzung von außen vor (vgl. Küsters 2009, S. 44; Glinka 1998, S. 10).

In der nächsten Phase, der Haupterzählung oder narrativen Erzählung, soll der/die Befragte offen und frei seine/ihre Geschichte erzählen und möglichst viel über die darin eingelagerten Erfahrungen preisgeben. Die erzählende Person definiert selbstbestimmt die Darstellungsform. Im Idealfall ähnelt die Erzählung einem Monolog über die Erlebnisse und den Verlauf (vgl. Glinka 2016, S. 16). Der Gesprächspartner/die Gesprächspartnerin soll sich auf sich selbst konzentrieren und unbeeinflusst von außen agieren. Die Konzentration auf das subjektive Erleben ist die Voraussetzung für „inhaltliche Authentizität" (Misoch 2015, S. 40), den „Kern des narrativen Interviews" (ebd., S. 41). Die forschende Person betrachtet das Gegenüber als Experten/Expertin seiner/ihrer Geschichte. Sie muss sich zurücknehmen und der befragten Person ausreichend Raum und Zeit für die Erzählung sowie Wahrnehmungs- und Deutungskonstruktionen zur Verfügung stellen (vgl. ebd., S. 39). Von ihr wird eine hohe Aufmerksamkeitsleistung und -spanne vorausgesetzt. Der Interviewer/die Interviewerin ist zu aktivem Zuhören mithilfe von „Aufmerksamkeitsmarkierer[n]" (Glinka 2016, S. 14) oder sogenannten „Rezeptionssignale[n]" (Riemann 2011a, S. 122) aufgefordert. Durch Mimik und emotionale Rückmeldungen (z. B. Seufzer, Lachen, empathische oder unterstützende Ausdrücke und Formulierungen) wird die freie Erzählung gefördert. Auf thematische Interventionen soll verzichtet werden, damit die Logik der interviewten Person den Erzählfluss prägt (vgl. Glinka 2016, S. 14, 147). Rückfragen oder wertende Anmerkungen sind in dieser Phase nicht gestattet. Fachliches und theoretisches Wissen sowie Vorannahmen müssen in den Hintergrund gedrängt werden, damit sie der Person nicht übergestülpt oder unbewusst vermittelt werden. Mit einer Schluss- bzw. „Erzählkoda" (Przyborski/Wohlrab-Sahr 2010, S. 98; Riemann 2011a, S. 122) beendet die erzählende Person aktiv und von außen nachvollziehbar ihre Erzählung.

In der Nachfragephase werden zunächst „erzählgenerierende Nachfragen" (Misoch 2015, S. 43) von dem Interviewer/der Interviewerin formuliert. Inhaltlich interessante Aspekte der Haupterzählung, nicht ausreichend ausgeführte Erzählungen oder Auslassungen werden als Anknüpfungspunkte aufgegriffen (vgl. Küsters 2009, S. 61; Glinka 1998, S. 171). Nach diesen sogenannten immanenten Fragen können exmanente Fragen gestellt werden, die „auf Theoretisierung und Beschreibung" (Przyborski/Wohlrab-Sahr 2010, S. 100) abzielen. Wenn das narrative Potenzial ausgeschöpft ist, sind „intervenierend-lenkende Fragen" (Glinka 2016, S. 19) für ein vertiefendes Verstehen wünschenswert. In der Bilanzierung wird die interviewte Person abschließend aufgefordert, aus ihrer distanzierten Position heraus ihre Erzählungen einzuschätzen und subjektive Erklärungen, Schlussfolgerungen und Zusammenhänge zu begründen (vgl. Schütze 1983, S. 285; Misoch 2015, S. 44).

Das narrative Interview ist nicht voraussetzungslos. Bei der Entscheidung für diese Methode muss berücksichtigt werden, dass das interessierende Phänomen als eine Geschichte am Stück oder als Aneinanderreihung verschiedener Geschichten erzählt werden kann (vgl. Glinka 1998, S. 25). Der Forschungsgegenstand muss einen „erlebten Prozesscharakter" (Przyborski/Wohlrab-Sahr 2010, S. 95) aufweisen, d. h. die zu erzählende Geschichte wurde entweder in der Rolle einer handelnden oder einer beobachtenden Person erlebt (vgl. Küsters 2009, S. 40). Im besten Fall existiert eine gewisse Distanz zu dem Prozess, damit Reflexionen über den Beginn, den Verlauf und das Ende möglich sind (vgl. Przyborski/Wohlrab-Sahr 2010, S. 95).

Das narrative Interview stellt an die interviewten Personen hohe Anforderungen. Im besten Fall nehmen die Personen den von außen gesetzten „erzählerischen Gestaltungsappell" (Glinka 1998, S. 10) wahr und beginnen, ihre Geschichte zu erzählen. Dies kann jedoch nicht vorausgesetzt werden. Die produktive Verwertung des Stimulus erfordert erstens die Bereitschaft, die Geschichte zu erzählen, und zweitens ein gewisses Maß an narrativen Kompetenzen (vgl. Misoch 2015, S. 40): „Denn was einerseits eine Chance ist, Gesprächsverläufe zu gestalten und Themen einzuführen, kann andererseits auch als Zwang zur Gestaltung empfunden werden und anstrengend und belastend sein" (Wolf 1999, S. 26).

Kritik an dem narrativen Interview bezieht sich auf zwei Ebenen: „praktisch-methodisch" [und] „grundlagentheoretisch" (Przyborski/Wohlrab-Sahr 2010, S. 92). Die Annahme der Übereinstimmung von Erzähl- und Erfahrungskonstitution wird kritisch betrachtet, da angezweifelt wird, dass die Struktur von Erfahrung und Erzählung sich gleichen bzw. diesen Aspekten ein zwingender Zusammenhang zugeschrieben werden kann (vgl. Misoch 2015, S. 52). In diesem Argumentationsgang wird auch die Authentizität der Stegreiferzählung infrage gestellt (vgl. ebd., S. 54). Trotz dieser Skepsis herrscht in der Forschungsliteratur Konsens darüber, dass Erzählungen, von wenigen Ausnahmefällen abgesehen, eine größtmögliche Nähe zu Erfahrungen aufweisen. Erfahrungen prägen das Handeln und die Identität von Menschen (vgl. Bohnsack 2000, S. 108). Mit Blick auf die praktische Umsetzung von narrativen Interviews wird konstatiert, dass der Anspruch an die narrativen Kompetenzen potenzieller Gesprächspartner/Gesprächspartnerinnen oft zu hoch ist. Daher wird aus ethischer Perspektive bemängelt, dass bewusst eine tendenzielle Überforderung in Kauf genommen wird (vgl. Misoch 2015, S. 52, 54). Der Einfluss struktureller Rahmenbedingungen auf Erzählungen wird meist ignoriert (vgl. Lenz 1986, S. 101).

Die theoretische Diskussion wird nun produktiv verwertet: Nachfolgend wird meine Forschung in den theoretischen, methodologischen und methodischen Rahmen eingebettet.

6.5   Verortung des eigenen Forschungsprozesses

In Anlehnung an Lenz betrachte ich die detaillierte Beschreibung des gesamten Forschungsprozesses als zentrales Qualitätsmerkmal einer qualitativ-rekonstruktiv angelegten Arbeit (vgl. Lenz 1986, S. 124). Ich habe meinen Forschungsprozess im Sinne der Grounded-Theory-Methodologie stets ergebnisoffen gestaltet, sodass ich im Verlauf sukzessiv und aufeinander aufbauend Entscheidungen getroffen habe, welche die weitere Richtung des Prozesses beeinflussten. Meine (Vor-)Annahmen, Entscheidungen und daraus resultierenden Handlungsschritte werden nachfolgend für einzelne Etappen meines Forschungsprozesses erläutert.

6.5.1 Erkenntnisinteresse, Forschungsfragen und Erhebungsmethode

Die Auseinandersetzung mit „subjektiven Forschungsmotive[n]" (Lenz 1986, S. 11) stellt eine zentrale Anforderung an interpretativ-rekonstruktive Forschungen dar, weshalb ich in einem ersten Schritt mein Erkenntnisinteresse offenlege.

Zu Beginn meines Forschungsvorhabens lag das Erkenntnisinteresse vorrangig darauf, wie Eltern familiengerichtliche Verfahren gemäß § 8a SGB VIII und/oder § 1666 BGB erleben und bewältigen. Allerdings hat sich in der Erhebungsphase bald herauskristallisiert, dass die Interaktion mit dem Jugendamt sowie professionelle Handlungsschritte vor und nach dem familiengerichtlichen Verfahren in dem Erleben der befragten Eltern einen sehr hohen Stellenwert einnehmen. Um ihren subjektiven Relevanzsetzungen zu folgen, habe ich meinen forschenden Blick für vor- und nachgelagerte Prozesse geöffnet.

Im Mittelpunkt stehen die Fälle, bei denen entsprechend der fachlichen Einschätzung eine Kindeswohlgefährdung vorliegt oder der Verdacht nicht geklärt werden kann und deshalb die Anrufung des Familiengerichts notwendig ist, um die von außen wahrgenommene familiäre Krise oder problematische Situation abzuwenden oder zu verbessern. Die Fallkonstellationen, in denen in familiäre, private Lebenswelten eingegriffen und die Autonomie der sorgeberechtigten Eltern (teilweise) beschränkt wird mit der Legitimation, zum Wohl des Kindes zu handeln, bilden also den Gegenstand meiner Untersuchung. Entweder sind die betroffenen Eltern – aus fachlicher Sicht – nicht bereit oder in der Lage, bei der Abschätzung des Gefährdungsrisikos mitzuwirken (§ 8a SGB VIII Abs. 2 Satz 1), und/oder es liegen Konstellationen vor, in denen – entsprechend der professionellen Beurteilung – das körperliche, geistige oder seelische Wohl des Kindes oder sein Vermögen gefährdet wird und die Erziehungsberechtigten nicht gewillt oder nicht in der Lage sind, die Gefahr abzuwenden (§ 1666 BGB Abs. 1). Angesichts dieser beiden Ausgangslagen – erstens Vermutung einer Kindeswohlgefährdung und zweitens mangelnde oder fragliche Bereitschaft und Fähigkeit von Eltern – richtet sich mein Forschungsinteresse auf Verfahren, die nicht von Eltern initiiert, sondern von außen – in der Regel vonseiten des Jugendamtes als öffentlicher Jugendhilfeträger – eingeleitet werden. Betroffenen Eltern wird vorgeworfen, ihrem schriftlich fixierten Recht auf Pflege und Erziehung ihres Kindes/ihrer Kinder gemäß Art. 6 GG Abs. 2 nicht gerecht zu werden. Diese Einschätzung teilen sie nicht zwingend. Demzufolge ist wahrscheinlich, dass ein Interessenkonflikt zwischen Fachkräften des Jugendamtes und Eltern vorzufinden ist.

Väter und Mütter erhalten in meiner Untersuchung die Möglichkeit – aus ihrer zumeist als randständig erlebten gesellschaftlichen Position heraus – ihre individuellen Erfahrungen mit dem Jugendamt und dem Familiengericht zu schildern (vgl. Riemann 2011, S. 28). Wenn sie das Verfahren zur Abwendung einer Kindeswohlgefährdung konstruieren, kann ich darauf aufbauend sogenannte Konstruktionen zweiten Grades entwickeln (vgl. Bohnsack 2000, S. 34).

Mein Vorgehen dient dem Ziel, nachzuvollziehen, warum sich Eltern im Kontext des Verfahrens zur Abwendung einer Kindeswohlgefährdung „so und nicht anders verhalten, und welche Konsequenzen diese [Verhaltensweisen] für die Gesamtgestaltung [...] haben" (Faltermeier 2001, S. 31) können. Die differenzierte Darstellung und Reflexion ihrer subjektiven Handlungslogiken und Erklärungsmuster eröffnen idealerweise Zugänge, die ein Verstehen von außen erleichtern. Zudem bieten ihre Geschichten – entsprechend den Ansprüchen der Adressaten-/Adressatinnenforschung (siehe Kapitel 6.2) – Ansatzpunkte, um fachliche Interaktionen verbessern zu können. Basierend auf dem Erleben der Eltern können Hinweise formuliert werden, wie mögliche Belastungen des Verfahrens im besten Fall reduziert werden können (vgl. Wolf 2014, S. 10 f.).

Aus meinem Erkenntnisinteresse, das sich in der Frage ausdrückt, wie betroffene Eltern Verfahren zur Abwendung einer Kindeswohlgefährdung erleben und bewältigen, ergeben sich die nachfolgend aufgelisteten Fragestellungen. Meine Forschungsfragen haben eine orientierende Funktion für die Wahl meiner Erhebungs- und Auswertungsmethoden:

• Wie schätzen Eltern ihre Lebenssituation ein?
• Wie stellen sie mögliche Probleme dar?
• Wie erleben Eltern Fachkräfte in dem Verfahren und wie begründen sie bestimmte professionelle Handlungsschritte?
• Wie erleben und erklären Eltern ihre Beziehung zu Fachkräften?
• Wie bewältigen sie den Eingriff in ihre elterliche Autonomie?
• Welche Ressourcen stehen ihnen zur Verfügung?

Angesichts des explorierenden Charakters meiner Forschungsfragen habe ich mich für das narrative Interview entschieden. Das erlebte Verfahren zur Abwendung einer Kindeswohlgefährdung repräsentiert das „interessierende Ereignis" (Glinka 1998, S. 10), das einen Ausschnitt ihrer Biografie darstellt und vorrangig ihre Rolle als Erziehungsberechtigte anspricht. Das Verfahren kann zwar bereits formal abgeschlossen sein, aber die aktuelle (Interview-)Situation und das Erleben der Eltern anhaltend beeinflussen (vgl. ebd., S. 10). Ihre Stegreiferzählung über das Verfahren zur Abwendung einer Kindeswohlgefährdung legt – so meine dahinterliegende Hoffnung – Wahrnehmungen und Deutungen offen. Diese prägen ihr Handeln und dienen der Analyse ihrer Erlebens- und Bewältigungsmuster.

Mit meiner Entscheidung für das narrative Interview sind natürlich nicht ausschließlich Chancen und Vorteile verbunden. Meine Aufforderung, sich erneut mit der für sie brisanten und emotionalen Thematik auseinanderzusetzen, löst bei betroffenen Eltern weitere (innere) Prozesse aus, die nicht voraussehbar sind. Durch die wiederholte Beschäftigung mit ihren Erfahrungen wird in der Regel eine Reflexion über die Ereignisse und Abläufe angeregt. Das Risiko einer zusätzlichen oder erneuten Belastung kann von mir nicht ausgeschlossen werden. In dem Bewusstsein für mögliche negative Auswirkungen der Narration ist es für mich umso wichtiger, einen sicheren und geschützten Rahmen für die Eltern zu schaffen. Dazu vermittle ich ihnen ein hohes Maß an Autonomie und Selbstbestimmung: Sie entscheiden, wo das Interview stattfindet und was sie preisgeben. Sie erleben, dass ihnen exklusiv zugehört wird. Ihre Ausführungen werden weder von mir hinterfragt noch bewertet. Sie erfahren Wertschätzung und Respekt für ihre Bereitschaft, ein Gespräch mit mir zu führen, und für ihre Leistung, ihre Geschichte zu erzählen. Zudem haben ihre Ausführungen für ihr Leben keine mittel- oder unmittelbaren negativen Auswirkungen. Als zusätzliche Sicherheit biete ich ihnen an, bei Bedarf ein Nachgespräch zu führen. Trotz der potenziellen Belastungen birgt das narrative Interview große Chancen für die Eltern: Während ihrer Erzählung konstruieren sie einen subjektiv gewählten Ausschnitt ihrer Biografie. Ihre Konstruktion kann ihnen dabei helfen, ihre Erfahrungen anders wahrzunehmen, (neu) zu bewerten und zu sortieren. Auf diese Weise kann das narrative Interview einen Beitrag zu ihrer Bewältigung des Verfahrens zur Abwendung einer Kindeswohlgefährdung leisten. Die von mir garantierten Rahmenbedingungen sowie die Möglichkeit, das narrative Interview als Bewältigungsversuch zu nutzen, legitimieren meine Entscheidung für das narrative Interview.

6.5.2 Auswertungsstrategie

Nach der Entscheidung über das methodische Vorgehen stellte sich für mich theoretisch und praktisch die Frage, wie die erhobenen Daten so ausgewertet werden können, dass möglichst ergiebige und interessante Erkenntnisse hinsichtlich meiner Forschungsfragen gewonnen werden. Bei der Auswertung der narrativen Interviews habe ich mich an dem themenzentrierten-komparativen Auswertungsverfahren orientiert, das Karl Lenz in den 1980er Jahren entwickelt hat (vgl. Lenz 1986, S. 144 ff.).

Der Ablauf diente mir „als Anregung im weiteren Sinn" (Lenz 1986, S. 137). Ich konnte einzelne Schritte in modifizierter und erweiterter Form auf mein Forschungsdesign übertragen. Angesichts meines Erkenntnisinteresses und meiner Forschungsfragen habe ich den Aspekt „Rekonstruktion und Analyse des konstruierten Verfahrens zur Abwendung einer Kindeswohlgefährdung" in den Auswertungsprozess als zweiten Schritt neu eingefügt. Somit umfasst die themenzentrierte-komparative Auswertungsmethode bei mir folgende sechs Arbeitsschritte (vgl. ebd., S. 137 ff.):

1. Kontrolle der Transkription mithilfe der Audioaufnahmen
2. Rekonstruktion und Analyse des konstruierten Verfahrens zur Abwendung einer Kindeswohlgefährdung
3. Identifikation von Themenkomplexen
4. Themenanalyse
5. Bestimmung von Erlebens- und Bewältigungsmustern
6. Konstruktion theoretischer Zusammenhänge

Der Auswertungsprozess umfasst zwei Ebenen: Während der Einzelfall für die ersten vier Schritte den Bezugspunkt bildet, wird bei den letzten beiden Schritten eine fallübergreifende Perspektive eingenommen. Die beiden Stufen bauen aufeinander auf, d. h. die einzelfallspezifischen Ergebnisse schaffen die Basis für den fallübergreifenden Vergleich. Die Anforderungen der einzelnen Schritte werden nachfolgend kurz skizziert.

1. Kontrolle der Transkription mithilfe der Audioaufnahmen

In einem ersten Schritt werden die Transkripte der für die detaillierte Auswertung ausgewählten Interviews auf Vollständigkeit und Richtigkeit überprüft (vgl. Lenz 1986, S. 138; siehe Kapitel 6.7). Das wiederholte Hören der Audiodatei ermöglicht es, Eindrücke in Memos festzuhalten, da sie in dem Transkript nur begrenzt Raum finden (vgl. ebd., S. 145).

2. Rekonstruktion und Analyse des konstruierten Verfahrens zur Abwendung einer Kindeswohlgefährdung

Das Verfahren zur Abwendung einer Kindeswohlgefährdung bildet den Referenzrahmen für das Erleben und Bewältigen von Eltern. Deshalb wird der Fallverlauf von Anfang bis zum Zeitpunkt des Interviews in den ausgesuchten Einzelfällen nachgezeichnet. Mit meiner Konstruktion zweiten Grades verfolge ich den Anspruch, es dem Leser/der Leserin zu ermöglichen, die Perspektive der Interviewpartner/Interviewpartnerinnen zu verstehen. Ihre subjektive Sichtweise prägt die Geschichte, die von mir wiedergegeben wird. Im Mittelpunkt steht das Bild, das Eltern von sich und den Verläufen konstruieren. Ihre Erzählungen und Erinnerungen werden in ihrem Wahrheitsgehalt für sie nicht angezweifelt (vgl. Kuhlmann 2008, S. 39). Demnach werden ihre Aussagen weder relativiert noch korrigiert. Die von ihnen skizzierten Zusammenhänge sind maßgeblich, während normative Einschätzungen in der Rekonstruktion irrelevant sind. Die Darstellung erfolgt nah an der Sprache der Eltern. Auf diese Weise schaffe ich einen Einblick in ihre Denk- und Deutungsprozesse.

Die fallspezifische Rekonstruktion bildet die Basis für die Analyse des Verlaufes, die direkt an die Rekonstruktion anknüpft, aber eine neue Ebene darstellt. Während ich bei der Rekonstruktion dicht an der Seite der betroffenen Eltern stehe und ihre Sichtweise empathisch beschreibe, breche ich diese Loyalität bei der Analyse tendenziell auf, baue Distanz auf und setze mich in der Rolle einer interpretativen Forscherin kritisch und reflexiv mit den Konstruktionen der Eltern auseinander. Erklärungen und Zusammenhänge, die den Eltern nicht zwingend bewusst sind, werden von mir aus dieser neuen Position heraus erläutert. In der Verlaufsanalyse werden spezifische Verlaufsformen charakterisiert. Um das Profil des Verlaufes pointiert darstellen zu können, wird erörtert, warum es zu welchen Zeitpunkten zu welchen Entwicklungen kommt bzw. gekommen ist. Dazu werden dramaturgische Höhepunkte, besondere Dynamiken, Schlüsselsituationen oder Wendepunkte aufgezeigt.

3. Identifikation von Themenkomplexen

Die erzählte Geschichte der Eltern bildet den Bezugsrahmen für die Analyse zentraler Themen ihres Erlebens und Bewältigens. Die betroffenen Eltern legen Themenschwerpunkte in den Gesprächen fest, die ich bei der Rekonstruktion des Fallverlaufes identifiziere (siehe Abb. 1: Einzelfallrekonstruktionen und -analysen). Als Orientierung dienen mir zusätzlich meine Memos über auffällige emotionale Reaktionen auf bestimmte Themen oder die mehrmalige Wiederholung ausgewählter Inhalte während des Gespräches. Zentrale Passagen ordne ich induktiv Themen zu. Bestimmte Textpassagen können dabei mehreren Themen zugeordnet werden (vgl. Lenz 1986, S. 145; siehe Kapitel 6.7).

Abb. 1: Einzelfallrekonstruktionen und -analysen

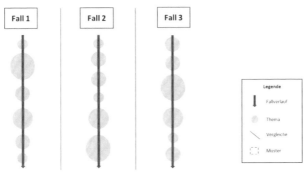

(eigene Darstellung)

4. Themenanalyse

Die Analyse und Interpretation ausgewählter Themen dienen dem Ziel, den dahinterliegenden Sinn, also das, „was der/die Gesprächspartner/in mit den Äußerungen zu einem bestimmten Themenkomplex ‚eigentlich gemeint' hat" (Lenz 1986, S. 145), zu erfassen. In diesem Auswertungsschritt betrachte ich die Aussagen der Eltern nach der Maßgabe, Relevanzen und Zusammenhänge zu entschlüsseln. Hintergründe, Intentionen und Folgen elterlicher Handlungen werden dechiffriert und in Relation zueinander gebracht. Meine Analyse und Interpretation zentraler Themen erfolgen zuerst fallspezifisch. Meine Konzentration auf den Einzelfall beugt der Gefahr vor, zu früh Verallgemeinerungen zu formulieren und damit Unterschiede zwischen den Fällen zu glätten bzw. Abweichungen oder Nuancen zu übersehen. Stattdessen werden die Besonderheiten des Falls in das Blickfeld gerückt. Lenz empfiehlt, sich in dieser Phase der Auswertung auf die individuelle Erzählung zu konzentrieren. Er verzichtet weitgehend auf die Anreicherung des Textes durch externe wissenschaftliche Erklärungs- und Deutungsansätze (vgl. ebd., S. 145 ff.).

Die Themen mitsamt den fallspezifischen Deutungen und Erklärungen drängen in einem nächsten Schritt zu einem fallübergreifenden Vergleich (siehe Abb. 2: Fallvergleiche und -kontrastierungen).

Abb. 2: Fallvergleiche und -kontrastierungen

(eigene Darstellung)

5. Bestimmung von Erlebens- und Bewältigungsmustern

In der Zusammenschau werden die Erkenntnisse der fallspezifischen Auswertung hinsichtlich der ausgewählten Themen miteinander in Beziehung gesetzt. Der systematische und strukturierte Vergleich dient dazu, „bestimmte, wiederkehrende Konstellationen von Verarbeitungs- und Bewältigungsmustern" (Lenz 1988, S. 22) zu erkennen und zu bündeln. Dazu werden Gemeinsamkeiten und Unterschiede der Einzelfälle herausgefiltert und zu Erlebens- und Bewältigungsmustern zugespitzt. Diese übernehmen eine ordnende und strukturierende Funktion (siehe Abb. 3: Entwicklung von allgemeinen Mustern).

172

Abb. 3:   Entwicklung von allgemeinen Mustern

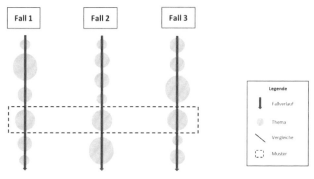

(eigene Darstellung)

6. Konstruktion theoretischer Zusammenhänge

Abschließend werden die analysierten Erlebens- und Bewältigungsmuster in einen theoretischen Zusammenhang gebracht. Durch die im Verlauf des Auswertungsverfahrens aufgebaute Abstraktion sind sie prinzipiell über das Untersuchungsfeld hinaus relevant (vgl. Lenz 1986, S. 147 f., 425 ff.). In einem letzten Schritt werden die Erkenntnisse in einen theoretischen Rahmen eingebettet. Wiederkehrende Muster werden mit theoretischen Modellen und empirischen Erkenntnissen verknüpft (vgl. ebd., S. 147 f.). Die Einbindung subjektiver Erlebens- und Bewältigungsprozesse in ein theoretisches Verständnis kann helfen, abschließend Handlungsempfehlungen für die Praxis zu formulieren (vgl. Bohler 2006, S. 48).

Leithäuser und Volmerg reduzieren die erläuterten Auswertungsschritte des themenzentrierten-komparativen Verfahrens nach Lenz auf zwei Bausteine, die ich in der vorliegenden Arbeit miteinander kombiniere: Die **vertikale Analyse (1)** umfasst die Einzelfallanalyse, d. h. die gründliche und vertiefte Analyse eines einzelnen Gespräches bzw. einer Fallgeschichte. Die subjektive Sichtweise wird ausführlich interpretiert, um Wahrnehmungs- und Deutungsmuster sowie Zusammenhänge zu erschließen (vgl. Schorn 2000, o. S.). Im Gegensatz dazu erfordert die **horizontale Analyse (2)** einen interview- oder fallübergreifenden Blick. Aus dieser Perspektive steht nicht länger das einzelne Interview im Fokus des Interesses, sondern mehrere, ausgewählte Interviews werden betrachtet. Mithilfe eines Vergleiches werden die unterschiedlichen Ausführungen über zentrale und relevante Themen in Beziehung zueinander gesetzt, um Gemeinsamkeiten und Unterschiede in den subjektiven Sichtweisen und Einstellungen herausarbeiten zu können (vgl. Schorn, o. S.). In meiner Arbeit verknüpfe ich beide Analysevarianten: Kapitel 7 beinhaltet die Ergebnisse der vertikalen Analyse und Kapitel 8 stellt die Erkenntnisse aus dem horizontalen Zugang dar.

6.5.3 Zugang zu passenden Interviewpartnern/Interview-partnerinnen und Gestaltung der Kontaktaufnahme

Vor dem Beginn meiner Erhebung musste ich abwägen und entscheiden, wie ich mit betroffenen Eltern in Kontakt treten möchte bzw. kann. Anfänglich hatte ich die Absicht, ausschließlich Väter und Mütter zu interviewen, deren familiengerichtliches Verfahren vor mindestens einem Jahr formell beendet wurde. Gleichwohl zeigte sich in den ersten Gesprächen, dass diese von mir festgelegte Bedingung eine künstliche Grenzsetzung ist. In den Erzählungen kristallisierten sich beispielsweise Situationen heraus, in denen es erneut zu (weiteren) Gerichtsverhandlungen kam, obwohl die befragten Eltern das Verfahren zu einem früheren Zeitpunkt für abgeschlossen hielten. Anfang und Ende können daher als situativ erlebte und konstruierte Wirklichkeiten bewertet werden, die veränderbar sind. Ein weiteres Argument gegen die Aufrechterhaltung der Voraussetzung war meine Wahrnehmung während der ersten Interviews, dass die aktuelle Präsenz des erlebten familiengerichtlichen Verfahrens nicht zwingend von dem Ende abhängt. Der rechtlich-formale Abschluss des familiengerichtlichen Verfahrens wird von den interviewten Elternteilen häufig nicht mit dem Ende ihrer Geschichte gleichgesetzt. Die Beendigung bildet für sie lediglich einen Meilenstein in der Dramaturgie ihrer Geschichte. Daneben existieren weitere Größen, die ihr Erleben und Bewältigen dominieren. Vor allem die Interaktion mit dem Jugendamt war bzw. ist für alle Gesprächspartner/Gesprächspartnerinnen von herausragender Bedeutung. Diese gewonnenen Erkenntnisse führten dazu, dass ich dem Zeitpunkt der Beendigung des familiengerichtlichen Verfahrens für die Auswahl der Interviewpartner/Interviewpartnerinnen keine Bedeutung mehr beimaß.

Entsprechend meinem Forschungsinteresse bildete das einzige Kriterium für die Auswahl von Eltern als Gesprächspartner/Gesprächspartnerinnen ihre Erfahrung, mit einem familiengerichtlichen Verfahren konfrontiert worden zu sein: Anlass, Verlauf und Ergebnis(se) waren für die Auswahl zunächst nicht relevant. Erst im weiteren Verlauf erfolgte die Auswahl nach dem theoretical sampling der Grounded-Theory-Methodologie. Erste Ergebnisse und Eindrücke im Zusammenhang mit subjektivem Erleben und Bewältigen bildeten die Kriterien für die weitere Auswahl (vgl. Küsters 2009, S. 14). Die weiteren Interviewpartner/Interviewpartnerinnen wurden so ausgewählt, dass möglichst unterschiedliche und facettenreiche Aspekte den jeweiligen Verlauf auszeichnen und damit ein vielseitiges Bild entstehen kann (vgl. Kuhlmann 2008, S. 36).

Vor dem unmittelbaren Zugang zum Feld habe ich mich bemüht, die Situation der Eltern aus ihrer Perspektive zu betrachten. Das Verfahren zur Abwendung einer Kindeswohlgefährdung ist ein sensibles Thema, das mit zahlreichen – überwiegend negativen – Gefühlen und Zuschreibungen verknüpft ist. Aus diesem Grund war es für mich bedeutsam, mich vorab mit möglichen Motiven,

Ängsten und Vorbehalten gegenüber einem Interview auseinanderzusetzen. Mögliche Argumente für und gegen das Gespräch konnten so in der Erhebungsphase von mir aufgegriffen und bei Bedarf mit den Eltern unmittelbar kommuniziert werden. Auf diese Weise konnte ich skeptische Einwände vorsichtig abbauen und Eltern für meine Forschung gewinnen. Ich habe mich gegen eine finanzielle Vergütung als mögliche Motivationssteigerung entschieden.

In Anlehnung an Hoffmann-Riem und orientiert an den Qualitätskriterien interpretativ-rekonstruktiver Forschung habe ich zwei Anforderungen an mich als forschende Person gestellt (vgl. Bohnsack 2000, S. 23; Lenz 1986, S. 121 f.): Erstens impliziert das Prinzip der Offenheit den Anspruch, den Forschungsgegenstand, in der vorliegenden Arbeit die Erfahrungen rund um das Verfahren zur Abwendung einer Kindeswohlgefährdung, nicht durch meine fremde Sicht von außen zu strukturieren, sondern den Eltern die Strukturierung zu überlassen. Sie erhalten in dem narrativen Interview die Möglichkeit, ihre subjektive Sicht frei zu äußern. Zweitens beinhaltet das Prinzip der Kommunikation eine fachlich-wertschätzende Haltung gegenüber der Interaktion mit Eltern. Als Forscherin bewege ich mich in ihrer Lebenswelt und orientiere mich an ihrer Sprache und ihren Symbolen. Entscheidend für das geführte Gespräch ist meine Haltung, die Eltern als Experten/Expertinnen anzuerkennen. Ich bin auf ihr Wissen und ihre Erfahrungen angewiesen (vgl. Lenz 1986, S. 122).

Um die Chance auf eine hohe Rückmeldung zu erhöhen, habe ich unterschiedliche Zugänge gewählt: Von August 2015 bis Februar 2016 habe ich verschiedene Organisationen und Personen angesprochen und angeschrieben, die mit betroffenen Eltern in Kontakt stehen. Primär aktivierte ich alte berufliche Kontakte zu Fachkräften von öffentlichen und freien Jugendhilfeträgern. Mit den Kollegen/Kolleginnen aus der Praxis, die mir einen Kontakt zu Eltern vermittelten, habe ich vereinbart – nach Abschluss der vorliegenden Arbeit – einen Fachtag zu organisieren, um gemeinsam die Ergebnisse diskutieren zu können. Auch nahm ich Kontakt zu Familien auf, die ich im Rahmen meiner früheren Tätigkeit als Fachkraft im ASD begleitet habe. Ergänzend dazu habe ich mich mit aktuellen Kollegen/Kolleginnen der Fachhochschule Münster ausgetauscht, die in anderen Forschungsprojekten Eltern kennengelernt haben, die zu meiner Zielgruppe passen, und von ihnen Kontaktdaten erhalten (siehe Anhang 1: Überblick über die Zugänge[70]).

Unabhängig von der Organisation habe ich den vermittelnden Kontaktpersonen eine Projektskizze zur Verfügung gestellt, damit sie einen Einblick in mein Vorhaben gewinnen und meine Ideen und Ziele interessierten und aus ihrer Sicht passenden Eltern beschreiben können (siehe Anhang 2: Zusam-

---

70 Die Anhänge sind online abrufbar unter: www.beltz.de.

menfassung des Dissertationsprojektes).[71] Zusätzlich habe ich ein Schreiben formuliert, das direkt und personalisiert an mir bekannte Eltern verschickt oder über Vermittlungspersonen an mir noch unbekannte Eltern weitergeleitet wurde (siehe Anhang 3: Personalisiertes Elternanschreiben und Anhang 4: Anonymisiertes Elternanschreiben). Der Zugang zum Feld gestaltete sich schwieriger als ursprünglich angenommen: Ein verlässlicher Kontakt zu Eltern konnte nur dann hergestellt werden, wenn sie persönlich von Fachkräften oder mir angesprochen wurden. Eine ausschließlich postalische Kontaktaufnahme funktionierte in keinem Fall.

Ein wichtiges Signal für die Eltern war mein Hinweis, dass sie selbst entscheiden, wo und wann das Interview stattfindet, und dass die Inhalte anonym bleiben. Diese Entscheidungskompetenz vermittelte den Eltern ein hohes Maß an Selbstbestimmung und Autonomie. Bis auf eine Ausnahme sind die Interviews auf Wunsch der befragten Eltern in deren eigener Wohnung geführt worden. Die eigene Wohnung repräsentiert für die von mir interviewten Personen einen Ort der Sicherheit (vgl. Faltermeier 2001, S. 43 ff.).

6.6 Überblick über die Interviews

In der Zeit von September 2015 bis Februar 2016 habe ich insgesamt 18 narrative Interviews geführt (siehe Anhang 5: Überblick über die Interviews).

Zu Beginn des jeweiligen Interviews wurde das Einverständnis der Gesprächspartner/Gesprächspartnerinnen zur Tonaufnahme des Interviews eingeholt (siehe Anhang 6: Einwilligungserklärung der Eltern). Nachdem ich ihnen die Möglichkeit geboten hatte, Fragen zu stellen, wurden die Eltern von mir gebeten, ihre Geschichte rund um das Verfahren zur Abwendung einer Kindeswohlgefährdung zu erzählen:

> „Ich untersuche, wie Eltern das familiengerichtliche Verfahren erlebt und bewältigt haben. Ich habe Sie für das Gespräch ausgewählt, da Sie ein familiengerichtliches Verfahren direkt erlebt haben und mich Ihre Erfahrungen interessieren. Bitte erzählen Sie mir die ganze Geschichte. Bitte fangen Sie damit an, wie aus Ihrer Sicht alles angefangen hat ..." (siehe Anhang 7: Orientierungsbogen für das narrative Interview).

---

71 Trotz der unterschiedlichen Zugänge bin ich mir darüber im Klaren, dass den Interviews tendenziell das Risiko einer Verzerrung anhaftet. Zu Eltern, die sich beispielsweise nach dem erlebten Verfahren zur Abwendung einer Kindeswohlgefährdung komplett zurückgezogen und keinen Kontakt mehr zu öffentlichen und freien Jugendhilfeträgern haben, konnte ich keinen Zugang herstellen. Der Versuch, über die interviewten Personen weitere Gesprächspartner/Gesprächspartnerinnen zu gewinnen, ist in der Praxis gescheitert.

Die Eltern konnten frei entscheiden, wie sie meinen Impuls verstehen und aufgreifen. Sie haben den Zeitpunkt und die Rahmenbedingungen des Beginns ihrer Geschichte definiert und den Verlauf in ihrer Sprache und unter Berücksichtigung ihres Relevanzsystems erzählt (vgl. Bohnsack 2000, S. 21; Köngeter 2009, S. 71). In keinem der geführten Gespräche entstand bei mir der Eindruck, dass meine Gesprächspartner/Gesprächspartnerinnen bestrebt waren, mir etwas vorzumachen. Ihre Erzählungen wirkten auf mich grundsätzlich glaubhaft und authentisch (vgl. Kuhlmann 2008, S. 39).

Abschließend habe ich gemeinsam mit den Eltern einen Kurzfragebogen ausgefüllt, um zentrale Aspekte des Verfahrens, z. B. Beginn, Ende und Ergebnis des Verfahrens sowie aktuelle Hilfe(n), als Rahmen zu erfassen (siehe Anhang 8: Kurzfragebogen für Eltern). Im Anschluss an jedes Gespräch fertigte ich direkt ein „Postskriptum" (Schorn 2000, o. S.) an. In diesem Dokument habe ich meine Eindrücke und Empfindungen über die Person(en), die Wohnung und die soziale Situation des Interviews festgehalten. Dann wurden die Transkripte erstellt. Transkription bedeutet „die Verschriftlichung audiovisuell aufgezeichneter Daten" (Knoblauch 2011, S. 159), die „[s]o genau wie nötig, aber so gewissenhaft wie möglich" (Glinka 1998, S. 23) erfolgen soll. Diesem Grundsatz folgend habe ich verbindliche Regeln für die Transkription der Tonbandaufzeichnungen definiert (siehe Anhang 9: Transkriptionssystem). Um die Angaben zu anonymisieren und Rückschlüsse auf meine Gesprächspartner/Gesprächspartnerinnen zu verhindern, habe ich sämtliche Eigennamen und Ortsangaben verändert. Zu meiner eigenen Orientierung habe ich eine Liste angelegt, die tabellarisch die ursprünglichen Namen und die Pseudonyme erfasst (vgl. ebd., S. 171).

Die Dauer aller geführten Interviews variiert zwischen ca. dreißig Minuten (34 Minuten, 38 Sekunden) und gut sechs Stunden (6 Stunden, 12 Minuten, 16 Sekunden). Die Mehrzahl der Interviews bewegt sich zwischen zwei und drei Stunden. Durchschnittlich umfasst ein Interview 2 Stunden, 44 Minuten und 21 Sekunden.

Unter den 18 Interviews sind sämtliche Familienformen vertreten: „traditionelle" Eltern-Kind-Familien, Ein-Eltern-Familien (alleinerziehende Mütter oder Väter), Patchworkfamilien und eine Adoptivfamilie. Die Anzahl der Kinder in den jeweiligen Familienformen reicht von einem Kind bis zu neun Kindern. Die Lebensorte der betroffenen Eltern weisen eine relativ breite Streuung auf: Eine Mutter lebt in einer Großstadt. Die übrigen Eltern verteilen sich auf Landgemeinden, Klein- und Mittelstädte.

In sämtlichen Fällen hat das Jugendamt in der Vergangenheit das Familiengericht angerufen, um eine Kindeswohlgefährdung abzuwenden oder einen Verdacht abzuklären. Inhaltlich weisen die Geschichten der Eltern vielfältige Verläufe, besondere Dynamiken und individuelle Ergebnisse auf: Während einigen Eltern beispielsweise das Sorgerecht entzogen oder eine Fremdunterbringung beschlossen wurde, berichten andere Eltern von der Verteidigung ihres Sorgerechts und einer Rückführung ihres Kindes/ihrer Kinder.

6.7 Begründete Auswahl von Interviews für die Fallstudien

Der Maxime folgend, dass in der qualitativ-rekonstruktiven Sozialforschung die tiefgründige Rekonstruktion und Analyse von Einzelfällen den Königsweg für die Generierung von Erkenntnissen darstellen, ist es mein Anliegen, ein detailliertes Bild von Einzelfällen zu kreieren. Dazu ist nicht eine hohe Anzahl für die Auswertung von Relevanz, sondern die Herstellung einer Vielfalt in den Erkenntnissen. Angesichts meines gewählten Forschungsdesigns und orientiert an den Merkmalen der Grounded-Theory-Methodologie repräsentiert die Möglichkeit von minimalen und maximalen Vergleichen zwischen einzelnen Fällen und Fallverläufen die entscheidende Grundlage für die begründete Auswahl von Interviews (siehe Kapitel 6.3). Bei der Auswertung wird somit nicht die Gesamtzahl aller 18 Interviews differenziert analysiert und interpretiert. Diese bilden vielmehr die Basis, um mit Blick auf meine Forschungsfragen eine sinnvolle und zielführende Auswahl treffen zu können.

Nachfolgend beschreibe ich zunächst drei zentrale Aspekte, die im Sinne von Ausschlusskriterien eine Aufnahme bestimmter Interviews in die Auswertung verhinderten. Anschließend begründe ich die induktiv getroffene Auswahl mit inhaltlichen und methodologischen Argumenten.

*1. Erzählen als zu hohe Anforderung – „Jetzt weiß ich nicht mehr weiter ...";
„alles durcheinander"*

In den Erzählungen der Eltern spiegelt sich eine hohe Spannweite in der Ausprägung narrativer Kompetenzen wider. Während einiger Interviews entstand bei mir der Eindruck, dass die befragten Eltern große Schwierigkeiten hatten, ihre Geschichte frei zu erzählen. Zudem äußerten einige Eltern zu Beginn des Interviews ihr Bedauern darüber, dass sie nicht auf Fragen antworten können, sondern offen erzählen sollen; sie waren laut eigener Aussage unsicher. Die betroffenen Gesprächspartner/Gesprächspartnerinnen beendeten ihre Narration bereits nach wenigen Minuten (ca. fünf bis zehn Minuten). Zudem war es für manche Eltern nicht möglich, ihre persönliche Geschichte – auch auf Nachfragen – chronologisch und stringent aufzubereiten. In ihren Narrationen wurden inhaltliche Brüche und gedankliche Sprünge offensichtlich: Sie wechselten z. B. zwischen Vergangenheit und Gegenwart oder beschrieben unterschiedliche Situationen, die sie relativ losgelöst voneinander aneinanderreihten. Insofern waren bzw. sind die Inhalte für mich z. T. nicht verständlich und nachvollziehbar. In den von mir als verworren oder akzidentiell wahrgenommenen Erzählungen finden sich zahlreiche Exkurse zu diversen Themen und Lebensbereichen, sodass das Verfahren zur Abwendung einer Kindeswohlgefährdung – bewusst oder unbewusst – in den Hintergrund gedrängt wird. Zusammenfassend kann konstatiert werden, dass die Interviewform narratives Interview mitsamt den darin eingelagerten Erzählzwängen eine zu hohe Herausforderung für manche Eltern darstellte. Hier werden die Grenzen des Erhebungsinstrumentes narratives Interview plastisch. Bestimmte Aussagen, z. B. „Was wollen Sie jetzt noch wissen. Ich hab' das noch nie gemacht", veranschaulichen eine situative Überforderung.

Als eine Sonderform der fehlenden Nachvollziehbarkeit der Erzählung können inhaltliche Abweichungen charakterisiert werden. Im Mittelpunkt meiner Untersuchung stehen Eltern, die von einem Verfahren gemäß § 8a SGB VIII und/oder § 1666 BGB zur Abwendung einer Kindeswohlgefährdung betroffen waren bzw. sind. Diese thematische Fokussierung begrenzt die Fälle auf Verfahren, die sich an den aktuell verbindlichen Rechtsgrundlagen orientieren. Ein Interview wurde folgerichtig nicht ausgewertet, da das familiengerichtliche Verfahren Ende der 1990er Jahren eingeleitet wurde, d. h. vor der gesetzlichen Implementierung des § 8a SGB VIII und vor der inhaltlichen Veränderung des § 1666 BGB.

In einem Gespräch verweigerte die Mutter eine inhaltliche Aussage über die Kindeswohlgefährdung in der Vergangenheit, da sie ihrem Sohn laut eigener Aussage im Vorfeld des Interviews zugesichert hat, den Grund für die Herausnahme nicht zu benennen. Angesichts der daraus resultierenden fehlenden Informationen konnte das Interview nicht ausgewertet werden. Die Erzählung einer anderen Mutter wich inhaltlich von den übrigen Fällen ab: Im Mittelpunkt stand die Gefährdung des Kindes im Zuge der Trennung hochstrittiger Eltern. Die Kindeswohlgefährdung lag zu keinem Zeitpunkt in dem Haushalt der interviewten Person vor. Daher fiel das Interview für die Auswertung ebenfalls raus.

2. Eingeschränkte Erinnerungen – „krieg' ich nicht mehr auf die Kette"

Neben eingeschränkten narrativen Kompetenzen beeinträchtigen lückenhafte Erinnerungen die subjektive Konstruktion der persönlichen Geschichte, die bei manchen Eltern nicht (mehr) präsent war bzw. ist. Beide Aspekte sind eng miteinander verwoben und verstärken ihre Wirkung einer fehlenden Nachvollziehbarkeit für mich als Außenstehende.

Einige Eltern äußerten mehrmals während des Gespräches, dass die Geschehnisse zeitlich zu weit zurückliegen. Aus der Distanz heraus konnten sie sich nur begrenzt an konkrete Abläufe und Ereignisse erinnern. Während in mehreren Interviews die Defizite im Erinnern durch die zeitliche Entfernung zu dem familiengerichtlichen Verfahren verständlich sind, greift diese Erklärung in anderen Interviews nicht. In diesen Fällen wirken offensichtlich bewusste und unbewusste Verdrängungsprozesse dem Erinnern entgegen. Eine Interviewpartnerin erklärte beispielsweise, dass sie die Geschehnisse nur noch vergessen möchte. Eine andere Mutter betonte, sich inzwischen damit abgefunden zu haben. Darüber hinaus lösten die z. T. als anstrengend erlebten Narrationen bei den Betroffenen Ermüdungs- und Erschöpfungszustände aus, die wiederum die Gedächtnisleistungen beeinträchtigten.

3. Mangelhafte Rahmenbedingungen

Die Gespräche wurden, mit einer Ausnahme, in den Wohnungen der betroffenen Väter und Mütter geführt. Es handelt sich bei den geführten Interviews um soziale Situationen in ihrer natürlichen Umgebung. Die Rahmenbedingungen konnte ich nur begrenzt beeinflussen. Nachfolgende Störfaktoren haben den reibungslosen Ablauf von einigen Interviews erschwert:

- laute Hintergrundgeräusche (z. B. Straßen- und Baustellenlärm, Babygeschrei, Radio oder Fernsehen)
- Störungen (z. B. durch Nebengespräche anwesender Personen oder durch anwesende Personen, die sich oft ungefragt und mehrmals beteiligten oder einmischten oder die interviewte Person in ein Gespräch verwickelten etc.)
- zahlreiche Unterbrechungen (z. B. mehrmaliges Klingeln an der Haustür, Telefonate, Verlassen der Interviewsituation durch die befragte Person etc.)
- Einflüsse auf die soziale Situation (z. B. Formulierung von sozial erwünschten Aussagen, Auslassungen[72] oder das mehrmalige Verlassen der Erzählebene durch Komplimente an mich. Diese positiven und wohlwollenden Bemerkungen wurden von mir als „Flirten" aufgefasst.)
- schlechte Tonaufnahme bzw. Tonbandqualität, die gänzlich oder partiell unbrauchbar war.

Die nicht zufriedenstellenden Rahmenbedingungen haben den Interviewverlauf, insbesondere den Erzählfluss, und weitere Arbeitsschritte, z. B. die Transkription, beeinträchtigt. Bei manchen Interviews traten die ungünstigen Gegebenheiten kumuliert auf und verstärkten sich gegenseitig. Bei dem Aus-

---

72 In einem Interview führte die Tatsache, dass ich den Gesprächspartner und die Gesprächspartnerin aus früheren beruflichen Kontexten kannte, tendenziell zu einer lückenhaften Erzählung. Die interviewten Personen verwiesen beispielsweise auf Erlebnisse und Entwicklungen, die mir aus der Vergangenheit bekannt waren. Sie haben gemeinsam geteilte Erfahrungen nicht ausführlich erzählt (vgl. Goblirsch 2010, S. 78).

wahlprozess habe ich in einem ersten Schritt die Interviews, auf die mehrere Ausschlusskriterien zutrafen, aussortiert.

Anschließend habe ich die für die Beantwortung der Forschungsfragen geeigneten 13 Fälle kurz zusammengefasst. Aus diesem Pool konnte ich eine zielführende Auswahl treffen. Als gemeinsames Merkmal wurde in allen Fällen eine Kindeswohlgefährdung aus Sicht des Jugendamtes konstatiert, die eine Anrufung des Familiengerichts zur Folge hatte. In keinem Fall haben sich die Eltern initiativ an das Familiengericht gewandt. Neben dieser Gemeinsamkeit und weiteren Ähnlichkeiten finden sich innerhalb dieses Referenzrahmens fallspezifische Besonderheiten in den Erzählungen über das Verfahren zur Abwendung einer Kindeswohlgefährdung, welche die Einzelfälle in ihrer Individualität auszeichnen (z. B. mit Blick auf die Dauer des Verfahrens oder auf beteiligte Akteure).

Die zu analysierenden Fälle habe ich sukzessiv und zirkulär entsprechend der Grounded-Theory-Methodologie ausgewählt, ausgewertet und miteinander verglichen. Der Überzeugung folgend, dass der Auswertungsprozess von qualitativ angelegten Forschungen „als ein komplexer Interpretationsprozeß [sic!]" (Wolf 1999, S. 46) zu verstehen ist, gestaltete ich die Auswertung methodisch als offenen Prozess. Die Ergebnisse der ersten fallspezifischen Rekonstruktion haben die weitere Fallauswahl und die tiefer gehende Bearbeitung von Themenkomplexen beeinflusst. Die Themen für den fallübergreifenden Vergleich habe ich im Zuge der fallspezifischen Rekonstruktionen und Analysen reflexiv aus dem Material herausgearbeitet. Mit Blick auf meine Fragestellungen repräsentieren die Themen „interne […] fallspezifische […] Strukturmerkmale" (Köngeter 2009, S. 81). Während der Auswertung habe ich folgende, für die jeweiligen Eltern bedeutsame Themen herausgearbeitet:

- Persönliche und familiäre Lebenssituation
- Selbstbild als Eltern
- Wahrgenommene Fremdzuschreibungen
- Interaktion mit dem Jugendamt
- Hilfe(n) und weitere Fachkräfte
- Akteure und Zusammenarbeit im familiengerichtlichen Verfahren
- „Überleben" – Umgang mit dem gesamten Prozess

Bei dieser Auflistung ist zu berücksichtigen, dass sie nur die Themen umfasst, die für die ausgewählten Eltern relevant waren. Daneben konnte ich Themen herausfiltern und einzelfallspezifisch analysieren, die lediglich in dem jeweiligen Einzelfall bedeutsam waren, z. B. die Aufklärung von (indirekt) beteiligten Geschwisterkindern, die Wiederholung von Geschehnissen und vieles mehr.

Im Detail haben folgende Überlegungen die Auswahl der Fälle gelenkt: Ausgehend von meinen fallübergreifenden Eindrücken vom subjektiven Erleben und Bewältigen des Verfahrens habe ich die Eheleute Imhoff als ersten Fall für eine ausführliche Auswertung ausgewählt. Vor allem ihr detailliertes und differenziertes Erinnerungsvermögen sowie ihre Bereitschaft, spezifische Entwicklungen aus ihrer aktuellen Position kritisch zu reflektieren, waren beeindruckend. Mit Blick auf meine formulierten Forschungsfragen stellte ihre Erzählung besonders interessante und ertragreiche Erkenntnisse in Aussicht. Der Fallverlauf weist eine außergewöhnliche Dynamik auf. Die Eheleute Imhoff haben sich angesichts ihrer selbst benannten Überforderung an das Jugendamt gewandt und um Hilfe gebeten. Im Ergebnis wurde ihnen – an dieser Stelle nur kurz angerissen – in mehreren Verfahren und von unterschiedlichen gerichtlichen Instanzen das Sorgerecht entzogen und über eine Fremdunterbringung ihres Sohnes entschieden. Im Ergebnis mussten sie (vorübergehend) ihr Sorgerecht abgeben. In dem gesamten Verfahren haben die Eheleute Imhoff unterschiedliche Hilfen eingefordert und – mal mehr und mal weniger freiwillig – in Anspruch genommen. Angesichts ihrer jahrelangen Erfahrungen mit diversen Organisationen und Fachkräften der Jugendhilfe sowie unterschiedlichen familiengerichtlichen Instanzen prägt das Verfahren zur Abwendung einer Kindeswohlgefährdung ihre Biografie und vor allem ihr Verständnis als Eltern. Sie schildern in ihrer Geschichte ein sehr breites Spektrum an (vorrangig) negativen, aber auch positiven Erfahrungen. Ihre vielfältigen Erfahrungen in unterschiedlichen Settings bieten Ansatzpunkte für die Weiterentwicklung von Angeboten der präventiven und intervenierenden Kinder- und Jugendhilfe. Aus diesen Gründen bildet ihre Geschichte den Startpunkt. Nach der detaillierten Auswertung erfolgte die Wahl des nächsten Falls.

Basierend auf der Rekonstruktion und Analyse des Fallverlaufes in der Familie Imhoff und der Untersuchung zentraler Themen in ihrem Erleben und Bewältigen, habe ich den nächsten Fall für die Auswertung ausgesucht: Im Vergleich zu den vorliegenden (vorläufigen) Erkenntnissen sollten sowohl minimale als auch maximale Kontraste in einem vergleichbaren Setting herausgearbeitet werden können. Vor allem die Dynamik und der Ausgang des familiengerichtlichen Verfahrens, das Erleben der Lebenssituation sowie die Beschreibung der Interaktion mit dem Jugendamt haben meine Entscheidung maßgeblich beeinflusst. Unter Berücksichtigung dieser Überlegungen habe ich mich für die Geschichte von Frau Tschick entschieden. Ihre Erzählung über das Verfahren zur Abwendung einer Kindeswohlgefährdung weist im Verlauf und Ergebnis offensichtliche Unterschiede zu den Eheleuten Imhoff auf. Im Gegensatz zu den Eheleuten Imhoff hat das familiengerichtliche Verfahren für die Mutter ein positives Ergebnis: Ihr Sohn darf in ihrem Haushalt verbleiben und sie behält ihr alleiniges Sorgerecht. In der Folge spricht Frau Tschick von einem „Sieg", der – plakativ formuliert – konträr zu der wahrgenommenen „Niederlage" der Eheleute Imhoff steht. Aufgrund dieser Divergenz öffnet der Vergleich zwischen beiden Fällen ein Kontinuum: Auf der einen Seite steht die offensichtliche Bestätigung als gute Mutter, auf der anderen Seite mündet das Verfahren in einer angedeuteten Stigmatisierung als schlechte Eltern. Das Erleben von familienunterstützenden und -ergänzenden Hilfen und ihre Akzeptanz in der Vergangenheit und Gegenwart demonstrieren bei Frau Tschick und bei den Eheleuten Imhoff eine große Bandbreite. Es bewegt sich auf einem Kontinuum zwischen störenden Eingriffen in das Familienleben und bedarfsangemessener Unterstützung.

Da die Selbstbeschreibungen als Eltern und die Reaktionen von Frau Tschick und der Eheleute Imhoff auf die Interventionen des Jugendamtes sowohl Übereinstimmungen als auch Differenzen veranschaulichen, habe ich bei dem dritten Fall besonders großen Wert darauf gelegt, in diesen beiden Themenkomplexen eine neue subjektive Sicht auffächern zu können. In einem letzten Schritt habe ich mich daher für Herrn Sawatzki und Frau Cebeci entschieden. Ihr geschilderter Fallverlauf weist einerseits neue Nuancen auf und bestätigt andererseits Erlebensmuster der zuvor ausgewählten Fälle: Ihr gemeinsames Kind wurde zwar vorübergehend herausgenommen, aber im Laufe des Verfahrens wieder zurückgeführt. Besonders interessant sind in ihrem Fall ihre Selbstwahrnehmung als selbstbewusste Eltern, ihr (von außen konstatiertes fehlendes) Problembewusstsein sowie ihre besondere Reaktion auf Interventionen des Jugendamtes und des Familiengerichts.

Die ausgewählten drei Fälle sind für die Forschungsfragen hoch ergiebig: Bei den fallspezifischen Analysen konnten vielschichtige Erkenntnisse gewonnen werden, die im fallübergreifenden Vergleich unterschiedliche Facetten zu den ausgewählten Themen eröffnen. Das Erleben der ausgewählten Eltern weist die – orientiert an der Grounded-Theory-Methodologie – anvisierte Vielfalt in den ausgewählten Themen auf. In den drei Fällen manifestieren sich vielfältige Formen der Bewältigung des wahrgenommenen Eingriffs in die elterliche Autonomie. Diese reichen von Ignorieren, passivem Erleiden bis hin zu aktivem Gestalten. In ihren Erfahrungen deuten sich dabei erfolgreiche und weniger erfolgreiche Strategien mit Blick auf den weiteren Verlauf an.

7. Fallstudien: Rekonstruktion und Analyse der Fallverläufe sowie ausgewählter Themen im Erleben und Bewältigen

In diesem Kapitel stehen die drei ausgewählten Einzelfälle im Fokus der Aufmerksamkeit (siehe Kapitel 6.7). Die individuellen Fallverläufe sowie das subjektive Erleben und Bewältigen ausgewählter Themen werden einzelfallspezifisch rekonstruiert und analysiert.

Die Fallstudien sind identisch aufgebaut, damit die Nachvollziehbarkeit für den Leser/die Leserin gegeben ist. Zunächst führe ich kurz in den jeweiligen Fall ein. Die Informationen über die Familie umfassen Beschreibungen der Akteure, des familiären Kontextes sowie wichtiger Charakteristika. Mit diesen Informationen möchte ich dem Leser/der Leserin einen Überblick über die familiäre Situation sowie mögliche Besonderheiten der Familie verschaffen. Anschließend folgen Ausführungen zu meinem Erleben der Interviewsituation.[73] Der Fokus liegt auf außergewöhnlichen Entwicklungen und Beobachtungen im Gesprächsverlauf, die meine Wahrnehmung tangiert haben. Inhaltlich beginnt jede Fallstudie mit der ausführlichen Rekonstruktion und Analyse des individuellen Verfahrens zur Abwendung einer Kindeswohlgefährdung. Daran schließt die Analyse der nachfolgenden Themen an[74]:

- Persönliche und familiäre Lebenssituation
- Selbstbild als Eltern
- Wahrgenommene Fremdzuschreibungen
- Interaktion mit dem Jugendamt
- Hilfe(n) und weitere Fachkräfte

---

73 Mit Blick auf die Beschreibung meiner Wahrnehmungen bin ich mir dessen bewusst, dass ich mich in einem Spannungsfeld bewege: Einerseits erhebe ich den Anspruch, ein möglichst vollständiges Bild der interviewten Personen und meiner Eindrücke zu skizzieren. Andererseits können meine subjektiven Darstellungen ungewollt Vorurteile bedienen und Stigmatisierungsprozesse befördern. Daher habe ich mich umso mehr um eine wertschätzende Sprache bemüht. Mein Anliegen ist es in keinem Fall, die Eltern zu diskreditieren (siehe Kapitel 3, Fußnote 25).

74 In Anlehnung an die subjektiven Relevanzsysteme der befragten Eltern werden die Themen orientiert an ihren individuellen Ausführungen bearbeitet. Dabei zeigen sich im Vergleich Unterschiede in der Intensität etc. Die Differenzen in den Ausführungen spiegeln sich in meinen Darstellungen wider.

- Akteure und Zusammenarbeit im familiengerichtlichen Verfahren
- „Überleben" – Umgang mit dem gesamten Prozess

Meine Analyse hebt sich – neben einer distanzierten und analytischen Sichtweise – von der Rekonstruktion dadurch ab, dass der Text eine andere Formatierung aufweist (*„kursive Schriftart"*). Sie schließt unmittelbar an die Rekonstruktion an und rundet einzelne Themen ab.

7.1 Fallstudie Olivia und Ingo Imhoff

„Aber es ist nie wieder so wie es früher war." (Z. 647 f.)

7.1.1 Informationen über die Familie Imhoff

Abb. 4: Genogramm der Familie Imhoff

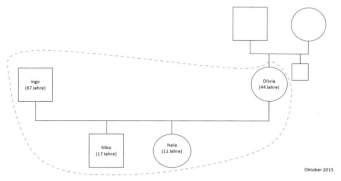

(eigene Darstellung)[75]

Zum Zeitpunkt des Interviews leben die Eheleute Olivia und Ingo Imhoff gemeinsam mit ihren beiden Kindern Niko (17 Jahre) und Nele (11 Jahre) in einer 3-Zimmer-Wohnung in einem Zweifamilienhaus in einer gepflegten Siedlung am Ortsrand einer Gemeinde.

Frau Imhoff ist 44 Jahre und Herr Imhoff ist 67 Jahre alt. Herr Imhoff war in der Vergangenheit bei einem Fahrdienst beschäftigt und bezieht inzwischen Rente, seine Frau ist als Reinigungskraft erwerbstätig.

---

75 Anhang 10 beinhaltet eine Übersicht über die Bedeutung der Symbole. Die Übersicht kann für sämtliche Genogramme in der vorliegenden Arbeit herangezogen werden (siehe Kapitel 7.2.1 und 7.3.1).

Über die Kindheit und Jugend von Herrn und Frau Imhoff liegen mit Ausnahme der Information, dass die Beziehung zwischen Frau Imhoff und ihren Eltern phasenweise angespannt war, keine weiteren Informationen vor.

Der älteste Sohn Niko lebte die ersten neun Jahre in der Familie. Im Laufe des Verfahrens zur Abwendung einer Kindeswohlgefährdung wurde er 2007 zunächst für drei Jahre stationär in einer Diagnostikgruppe untergebracht, bevor er 2010 in eine Pflegefamilie vermittelt wurde. 2014 kehrte Niko spontan und kurzfristig, d. h. ohne fachliche Planung, Vorbereitung und Begleitung, in seine Herkunftsfamilie zurück. Zum Zeitpunkt des Interviews absolviert der Siebzehnjährige vor Ort eine Ausbildung als Koch. Er hat eine Freundin, darüber hinaus aber wenige soziale Kontakte. Gemeinsam mit Niko planen die Eltern seinen Umzug in eine eigene Wohnung, da das Zusammenleben (wiederholt) äußerst konfliktreich ist. Die gemeinsame Tochter Nele wurde 2004 geboren und besucht als Elfjährige momentan die Gesamtschule vor Ort. In dem Zusammenleben mit ihr gibt es keine Probleme.

7.1.2 Bemerkungen zur Interviewsituation

Im Hinblick auf das Interview mit Herrn und Frau Imhoff liegt die Besonderheit vor, dass die Eltern und ich uns im Rahmen meiner früheren beruflichen Tätigkeit im ASD des für die Familie zuständigen Jugendamtes kennengelernt haben. Meine Zuständigkeit für die Familie begann im Anschluss an den formal abgeschlossenen familiengerichtlichen Prozess zur Abwendung einer Kindeswohlgefährdung. Gemeinsam mit den Eheleuten habe ich sowohl eine ambulante Hilfe in der Familie geplant und eingeleitet als auch maßgeblich die Pflegefamilie von Niko ausgewählt und die Vermittlung begleitet. Kurze Zeit nach Beendigung der ambulanten Hilfe und Nikos Wechsel übernahm der Pflegekinderdienst die Zuständigkeit. Die Kooperation zwischen den Eltern und mir liegt zum Zeitpunkt des Interviews ungefähr vier Jahre zurück.

Trotz der besonderen Herausforderung, die sich aus der fehlenden Fremdheit ergibt, habe ich die Familie bewusst ausgewählt: Erstens passt die familiäre Geschichte sehr gut zu meinem Forschungsinteresse und zweitens bot die gute Arbeitsbeziehung, die wir während meiner Zuständigkeit aufbauen konnten, eine Basis, um vertrauensvoll miteinander sprechen zu können.

Vor diesem Hintergrund gestaltete sich mein Zugang zu der Familie im Vergleich zu den übrigen Kontaktaufnahmen anders: Ich nahm direkt Kontakt zu den Eheleuten auf. Im September 2015 suchte ich sie auf, um persönlich mein Anliegen vorzutragen. Herr und Frau Imhoff reagierten auf meinen überraschenden Besuch offen, freundlich und zugewandt. Sie baten mich direkt in ihre Wohnung. In unserem persönlichen Gespräch thematisierten sie unaufgefordert ihre aktuellen Probleme im Zusammenleben mit Niko. Auf meiner Seite entstand der Eindruck, dass sie sich aufgrund ihrer aktuellen Belastung über das spontane Gesprächsangebot freuten. Nach dieser Gesprächssequenz, die von den Eltern laut eigener Aussage als entlastend wahrgenommen wurde, konnte ich ihr Interesse auf mein Forschungsvorhaben lenken. Herr und Frau Imhoff erklärten sich direkt bereit, für ein Interview zur Verfügung zu stehen. Sie formulierten ihr Anliegen, einen Beitrag für Veränderungen leisten zu wollen, damit anderen Eltern in ähnlichen Situationen zukünftig anders geholfen werden könne. Damit die Eheleute ihre Entscheidung in Ruhe abwägen konnten, vereinbarten wir, dass ich mich nach einer Bedenkzeit wenige Tage später telefonisch melde. Diese Absprache sollte die Gefahr vorschneller oder sozial erwünschter Zusagen aufgrund der Bekanntheit verringern. In dem Telefonat wiederholten die Eheleute ihre Bereitschaft und gemeinsam legten wir einen Termin für das Interview fest.

Im Oktober 2015 fand das Interview mit Herrn und Frau Imhoff statt. Auf Wunsch der Eltern führten wir das Gespräch nachmittags in ihrer Wohnung. Die Eheleute öffneten mir gemeinsam die Tür und führten mich in das Esszimmer, das mit der offenen Küche und dem Wohnzimmer verbunden ist. Wir nahmen an dem Esszimmertisch Platz. Der offene Küchen-, Ess- und Wohnzimmerbereich wirkte sehr sauber und aufgeräumt. Die Eltern waren mir gegenüber freundlich und zuvorkommend. Sie boten mir einen Kaffee an und informierten mich darüber, dass Nele gerade ihre Hausaufgaben erledigte und anschließend spielen wollte. Niko war bei der Arbeit und kehrte gegen Abend zurück.

Während des Interviews ergriff in weiten Teilen Frau Imhoff das Wort. Herr Imhoff nahm den ruhigeren Part ein und agierte vorrangig im Hintergrund. Er hörte aufmerksam zu und bestärkte seine Frau an von ihm ausgewählten Stellen. Seine Antworten gab er in kurzen, knappen Sätzen. Sobald Herr Imhoff sich äußerte, zitterte seine Stimme und er begann zu stottern. Wenn er emotional betroffen war, nahm das Stottern zu und seine Sätze waren für mich nur bedingt verständlich. An einigen Stellen kristallisierten sich in seiner Stimmlautstärke Wut und Ärger heraus. Frau Imhoff erschien anfänglich klar strukturiert und relativ sachlich. Im Verlauf des Gespräches zeigte sie zunehmend Emotionen. Sie wirkte an einer Stelle ihrer Erzählung – dem Verlust ihrer Hoffnung auf die Rückkehr ihres Sohnes – angeschlagen und tief betroffen: Sie schluchzte, weinte und seufzte.

Das Interview wurde mehrmals gestört: Nele kam öfters in den Raum, um ihren Eltern etwas zu zeigen, Geld zu holen oder sich von ihrem zuvor angekündigten Ausflug zurückzumelden. Die Anliegen ihrer Tochter wurden von den Eltern ernst genommen, aufgegriffen und kurz kommentiert. Allerdings ließen sie sich nicht in längere Gespräche verwickeln, sondern baten Nele um Geduld, damit sie sich wieder auf das Gespräch mit mir konzentrieren und sich ihr anschließend ausführlich widmen könnten. Nele akzeptierte den zeitlichen

Aufschub und ging wieder ohne wahrnehmbaren Ärger ihren Tätigkeiten nach. Niko kam nach seiner Arbeit in den offenen Wohnbereich und bereitete sein Essen zu. Die Eltern ließen sich durch seine Anwesenheit nicht ablenken, sondern setzten ihre Erzählungen fort. Insgesamt dauerte der Termin mit Herrn und Frau Imhoff ca. dreieinhalb Stunden. Das Interview umfasste ca. zweidreiviertel Stunden (2 Stunden, 43 Minuten, 16 Sekunden), wobei die freie Erzählung ungefähr eineinhalb Stunden einnahm. Vor und nach dem Interview thematisierten die Eheleute wiederholt die aktuellen Probleme im Zusammenleben mit ihrem Sohn. Ende Oktober 2015 fand auf Wunsch der Eltern ein Nachgespräch statt, um das Interview gemeinsam zu reflektieren.

7.1.3 Fallverlauf der Abwendung einer Kindeswohlgefährdung

Abb. 5: Zeitstrahl über das Verfahren zur Abwendung einer Kindeswohlgefährdung in der Familie Imhoff

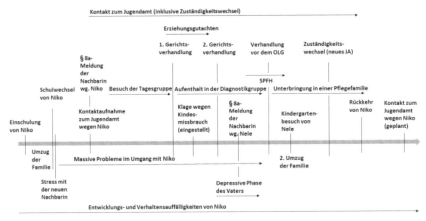

(eigene Darstellung)

Frau Imhoff betrachtet den Umzug der Familie in eine neue Wohnung und Wohnsiedlung als Auslöser des Verfahrens zur Abwendung einer Kindeswohlgefährdung (vgl. Z. 14 f.). Diesen Anlass ergänzt sie unmittelbar um zwei weitere, aus ihrer Sicht zentrale und zusammenhängende Entwicklungen und Besonderheiten in der damaligen Zeit: erstens die Beobachtung sich steigernder Auffälligkeiten von Niko und zweitens seinen Schulwechsel auf die Förderschule (vgl. Z. 17 f.). Zwar habe Niko seit jeher Auffälligkeiten gezeigt, diese hätten aber seit dem Schulwechsel eine neue Qualität aufgewiesen (vgl. Z. 22 f.). Sie seien durch den Schulwechsel wie automatisch „immer mehr verstärkt" (Z. 25) worden. Niko sei gemeinsam mit einem anderen Jungen mehrmals von der Schule entwichen und habe Diebstähle begangen (vgl. Z. 19 ff.). Die Schule habe Frau Imhoff regelmäßig und mehrmals wöchentlich kontaktiert, um sie über die wiederkehrenden Verfehlungen ihres Sohnes zu informieren und ihre aktive Mitarbeit im Umgang mit Regelüberschreitungen einzufordern (vgl. Z. 18 ff., 1392 ff.).

Die sich steigernden Schwierigkeiten im Umgang mit Niko hätten Herr und Frau Imhoff jedoch nicht ausschließlich von der Schule zurückgemeldet bekommen, sondern zunehmend im familiären Kontext selbst erlebt. Zwischen ihnen und Niko habe es massive „Streitigkeiten" (Z. 1445) gegeben, die manchmal zu verbal und körperlich übergriffigen Verhaltensweisen von ihrer Seite geführt hätten (vgl. Z. 1255, 1822 f.). Die Eskalationen im häuslichen Kontext hätten wiederum die Grundlage für Einmischungen der neuen Nachbarin gebildet, die nach dem Umzug auf die Familie aufmerksam geworden sei, da sie „natürlich den Krach, den Lärm, den wir zu Hause hatten, mitbekommen" (Z. 72 f.) habe. Die Nachbarin, Sonderpädagogin an einer Förderschule, habe den Kontakt zu Niko gesucht und mehrere Gespräche mit ihm geführt.

Aufgrund ihrer wahrgenommenen Zuspitzung von Problemlagen habe sich Frau Imhoff, nach Rücksprache mit ihrem Mann, an das Jugendamt gewandt (vgl. Z. 40 f.). Ihre Kontaktaufnahme sei maßgeblich durch zwei Entwicklungen befördert worden: Erstens hätten Herr und Frau Imhoff erkannt, ihre persönliche Belastungsgrenze erreicht zu haben: „So, jetzt sind wir fertig, jetzt müssen wir, irgendeiner muss jetzt gucken" (Z. 1411 f.). Zweitens habe die Schule angekündigt, sich aufgrund der Schwierigkeiten im Umgang mit Niko zeitnah beim Jugendamt zu melden (vgl. Z. 1412 f.). Auch die Nachbarin habe gegenüber den Eltern mehrfach eine Kontaktaufnahme zum Jugendamt ihrerseits angedroht (vgl. Z. 1438 ff.). Sie habe ihre Ankündigung im Verlauf umgesetzt und gegenüber dem Jugendamt formuliert, dass die Eltern beide „Kinder regelmäßig verprügeln und die [...] da unbedingt raus[müssten]" (Z. 80 f.).[76]

Im Zuge der telefonischen Kontaktaufnahme zu der zuständigen Fachkraft des Jugendamtes habe Frau Imhoff die Probleme im familiären und schulischen Kontext offengelegt und um Hilfe gebeten (vgl. Z. 43, 1504 ff.). Nach einem persönlichen Gespräch mit der „Sachbearbeiterin" (Z. 42) sei den Eltern von ihr das Angebot einer Tagesgruppe als passende Hilfe unterbreitet worden (vgl. Z. 46 ff.). Alternative Maßnahmen seien nicht angeboten und der Wunsch der

---

76 Hinsichtlich des Zeitpunktes finden sich unterschiedliche Angaben in der Erzählung der Eltern. Nach ihrem heutigen Kenntnisstand sei die Meldung der Nachbarin zeitlich vor der eigenständigen Kontaktaufnahme durch Frau Imhoff erfolgt: Sie sei einen „Tag schneller oder irgendwas [...] Irgendwie so" (Z. 1417 f.) gewesen. Im Gegensatz dazu berichten die Eltern im Verlauf der Erzählung, dass sich die Nachbarin erst beim Jugendamt gemeldet habe, als sie bereits Kontakt zum Jugendamt aufgenommen hätten (vgl. Z. 1452 ff.). Angesichts der widersprüchlichen Aussagen kann die zeitliche Chronologie nicht exakt rekonstruiert werden.

Eltern nach einer Sozialpädagogischen Familienhilfe (SPFH) sei abgelehnt worden (vgl. Z. 48 f., 63 ff.). Die Eltern hätten der Einleitung der Hilfe zwar zwangsläufig zugestimmt, diese habe aber im weiteren Verlauf keine positiven Wirkungen gezeigt (vgl. Z. 1527 ff.). Angesichts der anhaltenden Vorwürfe der Nachbarin und der ausbleibenden positiven Effekte der Hilfe habe die Fachkraft den Eltern nach einiger Zeit dringend empfohlen, einer stationären Unterbringung Nikos in einer Diagnostikgruppe zuzustimmen. Als sie die Fremdunterbringung abgelehnt und erneut eine ambulante Familienhilfe eingefordert hätten (vgl. Z. 67 f., 1543 f.), habe die Fachkraft das Familiengericht angerufen, um ihre präferierte Maßnahme gegen den Willen der Eltern umsetzen zu können (vgl. Z. 68, 1577 f.).

In der ersten Verhandlung vor dem Familiengericht habe der Familienrichter beschlossen, Niko vorübergehend für ein halbes Jahr stationär in der Diagnostikgruppe unterzubringen, um Ursachen und Absichten seines Verhaltens verstehen zu können (vgl. Z. 91 ff., 1559 f.). Da die Eltern nicht einverstanden gewesen seien, habe der Richter ihnen „das Aufenthaltsbestimmungsrecht entzogen" (Z. 88) und zudem die Erstellung eines Familiengutachtens beauftragt (vgl. Z. 133, 1687 f.).

Parallel zu dem familiengerichtlichen Verfahren sei gegen Herrn und Frau Imhoff eine Klage „wegen ähm (.) Kindesmissbrauch"[77] (Z. 1183 f.) eingereicht worden. Sie seien beschuldigt worden, Niko zu missbrauchen und zu verprügeln (vgl. Z. 1688 f., 1183 f.). Ihr Kinderarzt habe die Anschuldigungen dementiert und geäußert, zu keinem Zeitpunkt Anzeichen von Missbrauch oder Misshandlung wahrgenommen zu haben (vgl. Z. 226 f.). Der zuständige Richter habe dieses Verfahren in einer Verhandlung ohne Zeugenanhörung zeitnah eingestellt (vgl. Z. 1188 ff.). Das Ergebnis sei im Verlauf des familiengerichtlichen Verfahrens zur Abwendung einer Kindeswohlgefährdung jedoch „gar nicht berücksichtigt [worden]. […] In keiner Form (2 Sek.) In keiner Form" (Z. 1691 f.).

Entgegen der Vereinbarung aus der ersten Verhandlung sei Niko nach sechs Monaten nicht in den familiären Haushalt zurückgeführt worden (vgl. Z. 108, 1605 ff.). Die Gutachterin sei währenddessen zu dem Ergebnis gekommen, dass die Eltern nicht erziehungsfähig seien, und habe empfohlen, Niko dauerhaft stationär unterzubringen (vgl. Z. 1692 ff.). Als die Eltern mithilfe ihrer Rechtsanwältin die Rückführung ihres Sohnes umsetzen wollten, sei ihnen auf Antrag der Fachkraft „innerhalb von zwölf Stunden und sofort im Eilverfahren das Sorgerecht entzogen" (Z. 164 f.) worden. Die Entscheidung habe der Richter

---

77 Zwar wissen die Eltern nicht, wer die Anzeige erstattet habe, aber sie vermuten, dass entweder der Nachbarin, der Fachkraft des Jugendamtes oder beiden Personen in Kooperation die Verantwortung für die Klage zugeschrieben werden könne (vgl. Z. 1186 f.).

ohne Anhörung der beteiligten Personen getroffen.[78] Die Eltern seien schriftlich über das Urteil informiert worden (vgl. Z. 1617 ff.). Seitdem seien sie nicht mehr berechtigt gewesen, Niko aus der Gruppe zu holen (vgl. Z. 1650 ff.). Gegen dieses Urteil hätten die Eheleute Widerspruch eingelegt (vgl. Z. 176).

Vor dem OLG sei abschließend über das Sorgerecht verhandelt worden. In der Verhandlung habe Niko ausgesagt, in der Vergangenheit mehrmals täglich von seinen Eltern geschlagen worden zu sein (vgl. Z. 215 f.). Den Eltern sei außerdem von unterschiedlichen Fachkräften eine fehlende Kooperationsbereitschaft vorgeworfen worden (vgl. Z. 2709 ff.). Am Ende der Verhandlung sei „das Urteil gesprochen" (Z. 1759) worden. Die Richter hätten Herrn und Frau Imhoff das gesamte Sorgerecht entzogen und entschieden, dass Niko nicht in den familiären Haushalt zurückgeführt werde (vgl. Z. 1759 ff.).

Während Nikos Aufenthalt in der Diagnostikgruppe habe die Nachbarin den Eltern vorgeworfen, gegenüber Nele gewalttätig zu sein (vgl. Z. 262 ff.). Um sich gegen diese Behauptung zu wehren, hätten die Eltern erneut eine ambulante Hilfe beantragt (vgl. Z. 270 f.). Zu diesem Zeitpunkt habe es innerhalb des Jugendamtes einen Zuständigkeitswechsel gegeben und eine neue Fachkraft sei für sie zuständig geworden.[79] Ihr Antrag sei bewilligt und eine SPFH eingeleitet worden. Nach der Entscheidung vor dem OLG sei Niko aus der Diagnostikgruppe in eine Pflegefamilie vermittelt worden (vgl. Z. 363). Die SPFH sei kurz darauf beendet worden, da im Zusammenleben mit Nele seit jeher kein Hilfebedarf bestehe (vgl. Z. 2232 ff.).

Nach einiger Zeit in der Pflegefamilie sei ein neues Jugendamt für die Begleitung von Niko zuständig geworden. Im Laufe seiner Unterbringung habe die Pflegemutter registriert, dass Niko sich zunehmend zurückziehe (vgl. Z. 482 ff.). Diese Beobachtung sei mit Verhaltensauffälligkeiten von Niko verbunden gewesen. Der Umgang mit ihm habe sich schwieriger gestaltet, da er sich nicht mehr an die formulierten Grenzen der Pflegeeltern gehalten habe (vgl. Z. 484 ff.). Die Situation habe sich zugespitzt und die massiven Konflikte seien für die Pflegeeltern nicht länger tragbar gewesen (vgl. Z. 495 f.). Obwohl Frau Imhoff auf Niko eingeredet und ihn aufgefordert habe, „da jetzt nicht über die Stränge [zu] schlagen" (Z. 489 f.), sei es Niko nicht länger gelungen, die Erwartungen zu erfüllen, sodass die Rückführung in die Herkunftsfamilie für alle Beteiligten unausweichlich gewesen sei (vgl. Z. 498 ff.).

---

78 In diesem Zusammenhang beschreiben Herr und Frau Imhoff widersprüchliche Zustände: Während sie in manchen Sequenzen davon sprechen, das gesamte Sorgerecht verloren zu haben, geben sie konträr dazu an, zu diesem Zeitpunkt lediglich Teile des Sorgerechts verloren zu haben. Die Ambivalenzen können im Zuge der Rekonstruktion nicht abschließend aufgeklärt werden.

79 In dieser Zeit war ich in meiner damaligen Funktion als Fachkraft des ASD für die Familie zuständig.

Nach kurzer Zeit hätten sich jedoch wieder Schwierigkeiten im Zusammenleben mit ihrem Sohn herauskristallisiert (vgl. Z. 534 ff.). Herr und Frau Imhoff resümieren, dass ein Zusammenleben nicht länger tragbar sei. Deshalb würden sie die Kontaktaufnahme zum Jugendamt planen, um Hilfen für die Verselbstständigung ihres Sohnes zu beantragen (vgl. Z. 981 ff.).

Der Verlaufsprozess zur Abwendung einer Kindeswohlgefährdung hängt mit der Entwicklung der seit der Geburt von den Eltern beobachteten Verhaltensauffälligkeiten ihres Sohnes zusammen. Die Eltern skizzieren zwei Anlässe für den Beginn der institutionellen Begleitung: den Umzug der Familie und die Zunahme seiner Auffälligkeiten. Die Überschneidung und Kumulation dieser Auslöser bilden den Ausgangspunkt für den Beginn und weiteren Verlauf. Die Ereignisse und Entwicklungen führen zu mehr Aufmerksamkeit für die Familie: Zusätzliche Personen und Organisationen schalten sich ein und befördern die Kontaktaufnahme zum Jugendamt.

Die Eltern skizzieren die Kontaktaufnahme als Ergebnis ihrer Initiative. Gleichzeitig deutet sich in ihrer Erzählung an, dass dieser Schritt und der Zeitpunkt nicht frei wählbar waren, da weitere Beteiligte ihnen gegenüber – unmittelbar oder mittelbar – diese Erwartungshaltung formuliert haben. Dementsprechend bewegt sich ihre Kontaktaufnahme auf einem Kontinuum zwischen Freiwilligkeit und Zwang. Herr und Frau Imhoff erkennen ihre Belastungsgrenze und wollen aus eigenem Antrieb etwas verändern. Der Zwang bezieht sich auf den Zeitpunkt der Kontaktaufnahme, den die Eltern nicht frei bestimmen können: Sie wollen den Kontakt vor der weiteren Einmischung sonstiger Personen oder Organisationen initiieren. So greifen die Reaktionen von außen sowie die eigenen Wahrnehmungen und Erfahrungen der Eltern ineinander und münden in der Kontaktaufnahme, die von ihnen als logische und unausweichliche Konsequenz der neueren Entwicklungen und besonderen Dynamik verstanden wird. Die Kontaktaufnahme findet unter Einflussnahme Dritter statt und zeichnet sich emotional durch Ambivalenzen aufseiten der Eltern aus: Dem Unbehagen steht die Hoffnung auf Veränderung gegenüber. Zwar bestärken die Rückmeldungen außenstehender Personen die Beobachtungen der Eltern, aber die Fremddeutungen der Verhaltensauffälligkeiten ihres Sohnes widersprechen ihren Interpretationen. Die Diskrepanz zwischen den Sichtweisen und das Ringen um Deutungs- und Entscheidungsmacht zieht sich wie ein roter Faden durch das Verfahren und determiniert maßgeblich die Entwicklungen. Die Eltern wenden sich mit einem Hilfeanliegen an die Fachkraft des Jugendamtes. Ihrem geäußerten Wunsch wird jedoch nicht entsprochen: Die Fachkraft setzt ihre Sichtweise durch und lässt die Bedenken und Anliegen der Eltern bei ihren Planungen offenkundig unberücksichtigt. Dieses Muster wiederholt sich in dem Erleben der Eltern. Die Entscheidungen vor dem Familiengericht und dem OLG entsprechen ebenfalls nicht ihren

Wünschen und Vorstellungen. Die Eltern verlieren in ihren Augen sukzessiv, aber kontinuierlich ihre Deutungs- und Entscheidungshoheit über ihr Kind.

7.1.4 Ausgewählte Themen im Erleben und Bewältigen

7.1.4.1 Persönliche und familiäre Lebenssituation – Selbstbild als Eltern

Die Eltern beziehen ihre persönliche und familiäre Lebenssituation auf ihr Elterndasein und den Umgang mit Niko. Daher werden die beiden Themen nachfolgend gemeinsam rekonstruiert und analysiert.

> „[H]allo Leute, wir sind Eltern genauso wie jede anderen auch, nur mit einem Kind, wo man nicht mit klarkommt. […] Warum wissen wir nicht, aber wir kommen nicht klar." (Z. 2209 f.)

Aus Sicht von Herrn und Frau Imhoff gebe es keine Unterschiede zwischen anderen Eltern und ihnen. Lediglich Niko unterscheide sich von anderen Kindern. Seine spezielle Art erzeuge besondere Anforderungen im Umgang mit ihm, denen Eltern anderer Kinder nicht ausgesetzt seien. Die von ihnen erlebte Überforderung resultiere folglich aus dem Naturell ihres Sohnes. Frau Imhoff bekundet, vor ihren Erfahrungen mit Niko stets behauptet zu haben, dass Erziehung maßgeblich für die kindliche Entwicklung verantwortlich sei. Deshalb habe sie beobachtete Auffälligkeiten bei fremden Kindern auf mangelhafte Erziehung zurückgeführt. Angesichts ihrer Erfahrungen mit ihrem Sohn sei sie eines Besseren belehrt worden: Der Einfluss von Erziehung sei begrenzt, wenn es sich um ein spezielles Kind handele. Sie habe ihre Einstellung korrigieren müssen (vgl. Z. 1837 ff.).

Der für beide Elternteile schwierige Umgang mit Niko habe maßgeblich ihr familiäres Zusammenleben geprägt: „Das Familienleben zu Hause [sei] extrem schwer" (Z. 1497 f.) gewesen. Von Anfang an habe ihr Sohn sie herausgefordert (vgl. Z. 77). Für die Eltern sei nicht klar, „warum was zu Hause eskaliert" (Z. 48) sei und die Konflikte sich ständig hochgeschaukelt hätten (vgl. Z. 100). Allerdings hätten die Provokationen von Niko die Eskalationen zwischen ihnen befördert.

> „Und der kann einen provozieren. Konnte. [I: Ja?] Bis zum (.) ich hätte es nie für möglich geglaubt." (Z. 1836 f.)

Sie schildern ausführlich die für sie überraschenden Wirkungen der Provokationen, für die es unterschiedliche Anlässe gegeben habe, z. B. Aufforderungen zur Körperpflege. An ihn herangetragene Aufgaben habe Niko entweder nur widerwillig und langsam erfüllt oder verweigert (vgl. Z. 1848 ff.). Wenn er seinen Eltern „mit einem Grinsen im Gesicht" (Z. 1850) und der Haltung „was willst du denn so von mir" (Z. 1851) begegnet sei, habe er ihre Autorität infrage gestellt und sich provozierend verhalten. Außerdem habe Niko sie provoziert, wenn sie ihm Grenzen aufgezeigt oder Verbote formuliert hätten. Dann habe er beispielsweise randaliert und „sein Zimmer auseinandergenommen" (Z. 1854 f.). Das Verhalten habe er eingesetzt, um sich gegen ihre Begrenzungen aufzulehnen oder diese aufzuheben (vgl. Z. 1863 ff.). Er habe seine Zerstörungswut nicht auf sein Zimmer beschränkt, sondern auch in anderen Räumen gewütet. Herr Imhoff ergänzt, dass er den Ton seines Sohnes als nicht angemessen erlebt habe: „Alleine die frechen Antworten" (Z. 1848) habe er als Provokation aufgefasst. Manchmal habe Niko sie provoziert, indem er seine Schwester geärgert habe (vgl. Z. 1853 f.). In Konfliktsituationen seien die Eltern in ihrem Erleben machtlos gewesen.

> „So, man ist, war, wir waren als Eltern machtlos in so einer Situation." (Z. 103 f.)

Niko habe sie an die Wand gespielt und ihnen ihre Überforderung aufgezeigt (vgl. Z. 101 ff., 1841): „So, und dann stehst du da und denkst: Was machst du mit so einem Kind?" (Z. 1867). Sie seien in Konflikten häufig ratlos gewesen. Ihnen habe eine Erklärung für seine spezielle Persönlichkeit gefehlt. Herr und Frau Imhoff hätten weitere Handlungsmöglichkeiten benötigt, da sie erfolglos zahlreiche Handlungen ausprobiert hätten (vgl. Z. 1914 ff.).

> „Ich weiß nicht mehr, was ich noch machen soll. Es geht nicht im Guten, es geht aber auch nicht anders." (Z. 1880 f.)

Ihr Versuch, Niko mit Worten zu überzeugen, habe keine Wirkung erzielt: „Und Reden, das geht hier rein und da raus. […] Das klappt überhaupt nicht" (Z. 1883 ff.). Eine weitere Strategie, die Androhung und Durchsetzung von Strafen, sei ebenfalls erfolglos geblieben.

> „So, mein Freund, wenn du meinst, das geht jetzt nicht, Fernsehgucken ist nicht. Ja, dann eben nicht. [I: Mhm.] So nach dem Motto, ne, hat ihn auch nicht gejuckt. Man hatte für ihn auch keine Strafe, wo ich jetzt sagen könnte: Nee, ist nicht. Geht nicht. Juckte den dann auch nicht. Man war total außen vor. (2 Sek.)" (Z. 1929 ff.)

Frau Imhoff sei es in eskalierenden Situationen ab einem gewissen Zeitpunkt nicht mehr erfolgreich gelungen, sich ruhig zu verhalten.

> „Wo ich gedacht habe: Bleib ruhig, ne, so. Ja. Kann man aber nicht. Kann man nicht, wenn jeden Morgen der gleiche Trott da ist. Kann man nicht. (.) Geht nicht. Man kann da irgendwann nicht mehr ruhig bei bleiben." (Z. 1926 ff.)

Die wiederkehrende Überforderung habe Gefühle von Machtlosigkeit und Verzweiflung bei ihnen ausgelöst, die in eskalierenden Konflikten unter anderem Verhaltensweisen erzeugt hätten, die sie selbst als nicht ihrem Naturell zugehörig beschreiben, z. B. Schlagen oder einen Klaps auf den Po (vgl. Z. 1914, 1247 ff.). Sie hätten gegenüber dem Jugendamt „nie bestritten, dass […] mal die Hand ausgerutscht ist" (Z. 1255) oder sie „ihm einen Klaps versetzt haben oder so" (Z. 1259). Ihr Verhalten bilde das Ergebnis der besonderen Dynamik ab, die in Konflikten zwischen ihnen entstanden sei: „[I]n dem Moment ist es passiert […]. Ist es einfach passiert" (Z. 1258 f.).

Frau Imhoff erklärt, dass ihr in solchen Momenten die „Sicherungen durchgebrannt" (Z. 1262 f.) seien. Auch wenn sie heutzutage erkenne, dass es „mit Sicherheit anders gegangen" (Z. 1257 f.) wäre, habe es in den damaligen Streitsituationen keine alternative Lösung gegeben, den Streit zu beenden (vgl. Z. 1256 f.). Herr und Frau Imhoff beziehen wie folgt Stellung zu den Handgreiflichkeiten:

> „E2: Wenn man einem Kind normal auf den Popo haut [I: Mhm.], hat doch noch keinem geschadet, mit einer Hand, oder?
>
> I: Sagt man so, ne. Also es ist ja jetzt verboten, ne [E1: Es ist verboten.], das ist ja so, dass …
>
> E2: Jetzt, aber war das denn damals auch schon verboten? Also ich wüsste es nicht. Deswegen …
>
> E1: Ich wusste es gar nicht. Wenn man da mal denn wirklich, ich bin nicht für Schlagen, absolut nicht." (Z. 1896 ff.)

Die Eltern tauschen sich über einen Klaps auf den Po und Schlagen im erzieherischen Kontext aus. Dem Vater seien bei einem normalen Klaps auf den Po keine schädigenden Auswirkungen auf die kindliche Entwicklung bekannt. Vielmehr spiele die Qualität der Gewaltanwendung aus seiner Perspektive eine Rolle. Ein normaler Klaps und Tadel seien in seinen Augen unschädlich.

„Ist es wirklich massive Brutalität oder wirklich auch nur mal dieses malige Ausrutschen [I: Mhm.] und einfach nur schimpfen und in die Ecke weisen und laut werden" (Z. 1264 ff.). Die Beantwortung dieser von ihm aufgeworfenen Frage sei notwendig, um Stigmatisierung von bemühten, aber überforderten Eltern zu vermeiden und vermeintliche Gewalt einordnen zu können. Er ergänzt, damals nicht darüber informiert gewesen zu sein, dass ein Klaps rechtlich verboten sei.

Frau Imhoff führt ihre ablehnende Haltung gegenüber Gewalt aus. Theoretisch lehne sie sämtliche Formen von Handgreiflichkeiten ab. In Konflikten habe Niko sie als Mutter genötigt, sich gegensätzlich zu ihrer Haltung zu verhalten, um Streitigkeiten lösen zu können. Sie betont, keine Wahl gehabt zu haben. Als Eltern hätten sie konsequent nach alternativen Möglichkeiten gesucht, die Konflikte gewaltfrei beenden zu können. Im Laufe der Zeit hätten sie Niko in Streitsituationen in sein Zimmer geschickt (vgl. Z. 115 f., 1826 ff.). Sie hätten erstens Ausraster von Niko vermeiden wollen: „Wo ich gesagt habe: Komm, jetzt tob dich da aus und bis hierhin und jetzt nicht weiter. Bis du dich wieder eingekriegt hast" (Z. 117 f.). Zweitens hätten sie sich selbst davor schützen wollen, einen Kontrollverlust zu erleiden: „Und bevor ich dem den Hals umdrehe, [...] dann habe ich [...] Tür zu und das war es" (Z. 1869 f.). Als Mutter habe sie entschieden, dass es wichtiger sei, die Kontrolle zu bewahren und nicht impulsiv zu handeln, „[d]amit das dann nicht passiert, damit man nicht die Kontrolle verliert. So" (Z. 1829). Dafür habe sie in Kauf genommen, dass Niko in seinem Zimmer randaliere (vgl. Z. 1831 f.). Herr und Frau Imhoff betrachten das Einsperren als unausweichliche Maßnahme, den damaligen Schutz aller Familienmitglieder ohne Gewalt zu gewährleisten.

Sie seien nicht bereit, die alleinige Verantwortung für ihre gewalttätigen Verhaltensweisen zu übernehmen, da Niko ebenso daran beteiligt gewesen sei. Ihr Sohn habe mit seinem Verhalten dazu beigetragen, dass Situationen eskaliert seien und sie sich infolgedessen nicht mehr kontrolliert verhalten hätten. Daher schreiben sie Niko einen Teil der Verantwortung zu: „Ja der, der hat einen auch dazu gebracht, auf Deutsch gesagt" (Z. 1824). Niko habe sie mit seinem Verhalten in diese für sie ausweglose Situation manövriert. Im Anschluss hätten sie sich immer bei ihrem Sohn entschuldigt, ihre Verhaltensweisen bedauert und Reue kommuniziert, wenn er sich beruhigt habe (vgl. Z. 1260 ff.).

Frau Imhoff mache sich keine Vorwürfe, da sie das Mutter-Dasein nicht gelernt habe: „[M]an belegt ja nicht so einen Kurs, wie werde ich Mutter. [...] Man wird Mutter und man ist Mutter. [...] So, und man muss mit der Situation in dem Moment klarkommen" (Z. 1936 ff.). Dennoch setzen sich Herr und Frau Imhoff in ihrer Erzählung mit möglichen Fehlern in ihrer Erziehung und in dem herausfordernden Umgang mit ihrem speziellen Sohn auseinander.

> „Ich muss auch sagen, ich habe ihm auch gesagt, ich sag: Niko, wir haben nicht alles richtig gemacht, klar, aber man hat uns auch nicht die Möglichkeit gegeben. (2 Sek.) [I: Mhm.] Keiner ist perfekt, haben wir gesagt, sag ich, kein Elternteil ist perfekt, [I: Eheh.] das gibt's nicht. Die perfekten Eltern gibt es nicht, [I: Nee.] (.) sag ich, aber (.) das kann man keinem anlasten." (Z. 647 ff.)

Herr und Frau Imhoff beteuern, „nicht alles richtig gemacht" (Z. 648) zu haben und diese Haltung offen gegenüber Niko und den übrigen Beteiligten zu vertreten. Perfektion sei jedoch kein realistisches Ziel und in der Folge kein geeigneter Maßstab für die Bewertung von Eltern. Trotz ihrer Einsicht, „vieles verkehrt gemacht" (Z. 609) zu haben, sei es ihnen früher nicht möglich gewesen, anders zu handeln. Ihr Handlungsrepertoire sei ausgeschöpft gewesen. Sie hätten frühzeitig Hilfe eingefordert (vgl. Z. 2115 f.), um weitere Fehler vermeiden und Handlungsalternativen erlernen zu können (vgl. Z. 902 ff.). Allerdings sei ihnen keine Chance eröffnet worden. Ihnen sei kein Weg aufgezeigt worden, sich als Eltern anders zu verhalten.

> „Das war ja das Schlimme daran. Man hat uns nicht die Möglichkeit gegeben, zu sagen, hört mal, ne, das und das macht ihr verkehrt. Wir zeigen euch jetzt, wie es anders gehen kann. Hat man uns ja nie gezeigt. Die Möglichkeit [I: Mhm.] hat man uns nie gegeben. Und das ist das Traurige daran." (Z. 612 ff.)

In der Konsequenz könnten ihnen gegenüber keine Vorwürfe formuliert werden. Sie beschuldigen in ihrer Narration vielmehr die beteiligten Personen und Organisationen – vorrangig die Sachbearbeiterin des Jugendamtes – sie nicht ausreichend unterstützt zu haben und daher die Schuld für den Verlauf und die Wiederholung ihrer Handgreiflichkeiten zu tragen (vgl. Z. 1135 f.). Herr und Frau Imhoff betonen, ihre Fehler zu akzeptieren, aber die Übernahme von Schuld abzulehnen.

> „Dass man sagt, man hat Fehler gemacht, ja, aber man ist nicht schuld daran. [I: Mhm.] Weil es hieß ja immer, ganz viel: Sie sind schuld daran, dass der Junge so geworden ist. Unser Einfluss, das werde ich nie vergessen, steht irgendwo, in irgendeinem Schreiben drin, unser beider Einfluss auf den Jungen ist, dass der so geworden ist. [I: Mhm.] Da habe ich so gesagt, dass, das glaube ich nicht. Das kann ich mir absolut nicht vorstellen, denn ich habe ihn nicht erzogen, indem er randaliert [E2: Nee. (lacht)] äh, missachtet oder sonst irgendwas. [I: Ja. Ja.] Gar nicht." (Z. 2643 ff.)

Beziehung zu und Umgang mit Niko

> „[V]ielleicht muss man so spezielle Kinder, so wie er ist, anders anfassen." (Z. 1935 ff.)

Aus Sicht von Herrn und Frau Imhoff sei Niko kein normales, sondern ein besonderes Kind. Seine Besonderheit zeige sich in seiner Entwicklung, seinem Naturell und seinen Verhaltensauffälligkeiten. Bereits früh hätten Herr und Frau Imhoff registriert, dass sich in Nikos Entwicklung Eigenarten abzeichneten, die sie sich nie erklären konnten.

> „Irgendwas stimmt nicht, wir müssen da mal nachhaken, wo dran das liegen könnte. Und ähm, ja, wir sind ja so viele Stationen durchlaufen und ähm, (.) ja so richtig eine Diagnose haben wir aber nie wirklich bekommen (.) ähm, wo dran es wirklich gelegen haben sollte." (Z. 30 ff.)

Als Eltern hätten sie zahlreiche Ärzte und Fachkräfte aufgesucht und „alles getan" (Z. 230, 1749), um Erklärungen für seine Entwicklung und Auffälligkeiten sowie Hilfen im Umgang mit ihm zu erhalten. Im Säuglingsalter sei Neurodermitis bei ihm diagnostiziert worden (vgl. Z. 136 ff., 1938 ff.). Diese Erkrankung sei belastend gewesen, da Berührungen jeglicher Art für ihn schmerzhaft gewesen seien (vgl. Z. 139 f.). Aufgrund seiner permanenten Schmerzen habe er sehr wenig geschlafen sowie häufig und lange geschrien (vgl. Z. 1939 f.). In der Folge sei eine enge Anbindung an die Kinderarztpraxis notwendig geworden. Frau Imhoff habe sämtliche Anstrengungen auf sich genommen und Niko als „Versuchskaninchen" (Z. 1946) für unterschiedliche Behandlungsansätze zur Verfügung gestellt, um eine Besserung zu erzielen. Die ärztlichen Empfehlungen hätten die Eltern konsequent umgesetzt (vgl. Z. 2131). Im weiteren Verlauf habe eine Bronchialerkrankung dazu geführt, dass er ständig krank gewesen sei und seine Werte im vierwöchigen Rhythmus überprüft werden mussten (vgl. Z. 1946 ff.).

Neben seinen körperlichen Krankheiten weise Niko ein spezielles und unveränderbares Naturell auf (vgl. Z. 1373). Frau Imhoff habe eine Unruhe bei ihm beobachtet, die „von klein auf auch schon in ihm drin" (Z. 1948 f.) gesteckt habe und ihn sein gesamtes Leben begleite (vgl. Z. 822 f.). Herr Imhoff bestätigt, dass sein besonderes Naturell heute noch durchschimmere und sich als stabil erweise. Ihr Sohn verhalte sich im Umgang mit Erwachsenen weiterhin unangemessen und habe „nichts dazugelernt" (Z. 833). Mit seinem Naturell seien Verhaltensauffälligkeiten verbunden, welche die Eltern seit jeher wahrgenommen hätten: „Er war ja schon immer auffällig, was uns aufgefallen ist" (Z. 24).

Sie beschreiben ihren Sohn als introvertierten Einzelgänger. Er habe von Anfang an wenig gesprochen und seine Probleme allein verarbeitet (vgl. Z. 602 ff.). Als Eltern könnten sie nicht beurteilen, wie Niko sich fühle und was ihn beschäftige. Seine Rückzugstendenzen hätten den Zugang zu ihm erschwert: „Man kam immer ganz schlecht an ihn ran, ganz schlecht" (Z. 605 f.). Als Kleinkind habe er allein gespielt und keinen Kontakt zu anderen Kindern gesucht (vgl. Z. 25 f., 1958 f.). Ihre Hoffnung, dass Niko durch die Aufnahme in den Kindergarten Kontakt zu anderen Kindern finde, sei enttäuscht worden: „Es veränderte sich nicht" (Z. 1961 f.). Auch dort habe Niko sich auffällig verhalten und nicht in die Gruppe integrieren können. Die von ihnen beobachteten Auffälligkeiten in seinem Sozialverhalten seien anhaltend präsent. Niko pflege auch heute kaum soziale Kontakte. Er agiere häufig rücksichtslos und sei bemüht, für sich das Bestmögliche aus der Situation zu holen (vgl. Z. 1965 ff.). Sie könnten für ihren Sohn „wirklich keine Hand [...] ins Feuer legen" (Z. 2264), da sein Verhalten nicht einschätzbar sei. Seine Verhaltensauffälligkeiten seien vorrangig und konsequent gegen sie als Eltern gerichtet (vgl. Z. 807).

Ergänzend zu den regelmäßigen Terminen in der Kinderarztpraxis hätten sie aufgrund ihrer Beobachtungen in der Vergangenheit Kontakt zu Kinderpsychologen aufgenommen, um sich Meinungen einholen und unterschiedliche Lösungsansätze testen zu können (vgl. Z. 24 f., 91 ff.). Neben Ergotherapie hätten sie für Niko Therapien im „kinderpsychologischen Bereich" (Z. 34) in Anspruch genommen. Zwischenzeitlich sei bei Niko eine Aufmerksamkeits-Defizit-Hyperaktivitäts-Störung (ADHS) diagnostiziert worden (vgl. Z. 94), woraufhin er medikamentös eingestellt worden sei. Während das Medikament in der Schule einen positiven Effekt erzielt habe, sei ihnen zuhause keine nennenswerte Besserung aufgefallen (vgl. Z. 94 ff.). Passend zu den jeweiligen Diagnosen hätten sie verschiedene Ansätze im Umgang mit ihm ausprobiert. Aufgrund der zunehmenden Konflikte hätten sie sich fachlich begleitet die Festhaltetherapie angeeignet, die in Konfliktsituationen jedoch eskalierend gewirkt habe und deshalb wieder von ihnen verworfen worden sei (vgl. Z. 120 ff.).

Angesichts ihres Engagements, das der Kinderarzt seit jeher bestätige, sei das Ergebnis ernüchternd: Zwar sei in verschiedenen Unterlagen vermerkt, „was die [Experten/Expertinnen] so herausgefunden haben" (Z. 93 f.), aber eine eindeutige Diagnose fehle bis heute.

> „Man hat da keine, keine ähm, (.) wie soll man sich jetzt ausdrücken, (.) man weiß nicht, woher, warum, wieso (.) das so ist. (2 Sek.)" (Z. 1914)

Über die Hintergründe seiner Auffälligkeiten und den bestmöglichen Umgang mit ihm gebe es weiterhin Unsicherheiten. Herr und Frau Imhoff äußern, keine bestätigten Ideen zu haben, wo der Ursprung seiner Verhaltensauffälligkeiten und seines Naturells liege (vgl. Z. 1916). Die mehrmals von außen herangetragene Behauptung, dass Niko sich aufgrund ihres Einflusses und ihrer Erziehung so entwickelt habe, lehnen sie ab, da Nele sich angesichts der gleichen Rahmenbedingungen in eine vergleichbare Richtung hätte entwickeln müssen (vgl. Z. 2644 ff.). Ihre unauffällige Entwicklung widerlege die Annahme. Sie erklären seine auffälligen Verhaltensweisen mit seinem Ich (vgl. Z. 809 ff., 1916 ff.).

Vergleich der Geschwister und der erzieherischen Anforderungen im Umgang mit ihnen

Zwischen den Geschwistern gebe es große Unterschiede hinsichtlich ihrer Persönlichkeiten und ihres Verhaltens: Nele sei extrovertiert und rede offen über ihre Probleme. Niko gelinge es nicht, seine Gefühle zu kommunizieren (vgl. Z. 602 ff.). Während Niko von seinen Eltern als spezielles Kind tituliert wird (vgl. Z. 1935 f.), bezeichnen sie Nele als „ganz normales Mädchen" (Z. 2163).

Niko habe seit seiner Geburt die elterliche Aufmerksamkeit gebunden. Während er die Zuwendung einerseits aktiv eingefordert habe, sei diese andererseits im Umgang mit ihm notwendig geworden (vgl. Z. 704 ff.). Im Vergleich habe Nele stets „unkomplizierter" (Z. 707) gewirkt. Ihre Entwicklung sei in den ersten Jahren unauffällig verlaufen: Sie habe funktioniert, die Erwartungen erfüllt und keine besonderen Anforderungen an ihre Eltern gestellt. Angesichts dieser Erfahrung habe Frau Imhoff ihrer Tochter bereits (zu) früh weitreichende Kompetenzen zugesprochen (vgl. Z. 698 ff.). Der unbeabsichtigten Nebenwirkungen sei sich Frau Imhoff damals nicht bewusst gewesen (vgl. Z. 710 ff.). Nele habe „viel zu früh selbstständig" (Z. 696) werden müssen. Als Mutter habe sie nun erkannt, wie wenig Zeit die Eltern ihrer Tochter in den ersten Lebensjahren gewidmet hätten im Vergleich zu der Zeit, die für den Umgang mit Niko und das familiengerichtliche Verfahren investiert worden sei (vgl. Z. 727 ff.). Nele sei phasenweise aus dem Blick geraten, sodass Frau Imhoff ihre Bedürfnisse nicht ausreichend habe erkennen und befriedigen können. Mit der Herausnahme von Niko hätten sich der Blick auf ihre Tochter und der Umgang mit ihr verändert. Nele habe ihr selbstständiges Verhalten phasenweise aufgegeben und sich hilfebedürftig und kindlich gezeigt. Auf diese Weise habe sie die Aufmerksamkeit und Unterstützung ihrer Eltern erhalten (vgl. Z. 714 ff.). Als Eltern hätten sie die Bedürfnisse ihrer Tochter ernst genommen und befriedigt, solange bis Nele wieder selbstständig gehandelt habe (vgl. 718 ff.). Die Eltern seien sich nun der Bedürfnisse von Nele bewusst. Im Vergleich zu ihrem fast erwachsenen Sohn sei sie noch ein Kind, das Unterstützung benötige (vgl. Z. 2292 ff.). Herr und Frau Imhoff seien bestrebt, die ungleiche Verteilung elterlicher Aufmerksamkeit, die sie mittlerweile als Fehler bezeichnen, nicht zu wiederholen. Daher seien sie nicht länger bereit, sämtliche Energien für ein Kind aufzubringen (vgl. Z. 2295 f.).

Die gegensätzlichen Zuschreibungen ihrer Kinder hätten sich nicht auf ihren Umgang mit Niko und Nele ausgewirkt. Beide Kinder seien Wunschkinder und hätten die gleichen Startchancen gehabt (vgl. Z. 2656 f.). Im Umgang mit Nele hätten sie „nichts anders gemacht […] als […] damals bei Niko" (Z. 2655 f.). Ihr Erziehungsverhalten zeichne sich durch Stabilität aus. Obwohl die Eltern äußern, auf den ersten Blick keine Abweichungen in ihrem (Erziehungs-)Verhalten gegenüber Niko und Nele wahrzunehmen, deuten sie in ihrer Erzählung Unterschiede im Umgang mit ihren Kindern an. Im Zusammenleben mit ihrer Tochter gebe es keine Schwierigkeiten: „mit Nele läuft es" (Z. 1004). Sie hätten Nele bis heute nicht geschlagen, da in Konflikten mit ihrer Tochter dafür keine Notwendigkeit bestehe (vgl. Z. 1901 ff.). Es sei ausreichend, wenn Frau Imhoff den Begriff „Fräulein" (Z. 1902) verwende oder „ein bisschen lauter" (Z. 1903) werde. Während diese Verhaltensweisen bei ihrem Sohn keine Wirkung erzielt hätten, würden sie bei Nele dazu führen, dass sie sich zurückziehe und der Konflikt beendet werden könne (vgl. Z. 1905 f.).

„[W]ir haben einen Neunjährigen abgegeben, da war er noch nicht mal so groß, wie Nele jetzt ist, und kriegst einen erwachsenen Jungen wieder." (Z. 634 f.)

Die sieben Jahre, die Herr und Frau Imhoff getrennt von ihrem Sohn gelebt hätten, würden ihnen im Umgang mit ihm nun fehlen. Die Eltern hätten einen Großteil von Nikos Kindheit und Jugend nicht direkt beobachten und begleiten können (vgl. Z. 623 ff.). Aufgrund der Entfernung hätten sie „vieles nicht mitgekriegt. Zwar erzählt bekommen, das ist nicht dasselbe, nicht dasselbe" (Z. 628 ff., 697 ff.). In seiner Abwesenheit habe Niko sich in seinem eigenen Alltag bewegt. Das Zusammensein der Eltern, Nele und Niko habe sich auf Besuche beschränkt. Dabei habe keine familiäre Nähe entstehen können. In der Folge fehle etwas in der Beziehung zwischen Niko und ihnen (vgl. Z. 643 ff.). Die Beziehung zu ihm sei im Vergleich zu der zu Nele distanzierter. Sie zeichne sich nicht durch ein enges, familiäres, sondern durch ein loses, verwandtschaftliches Verhältnis aus (vgl. Z. 701 ff.). Zwar hätten sie sich in all den Jahren um ihren Sohn gesorgt, aber das Mitgefühl für ihre Tochter sei inzwischen stärker ausgeprägt (vgl. Z. 619 ff.). Seit seiner Rückkehr sei eine Barriere zwischen Niko und ihnen spürbar.

„Und das ist dann schwer. (.) So eine Barriere, vielleicht spürt man das auch gegenseitig, so wie wir das spüren, dass er uns so ein bisschen distanziert, sage ich jetzt mal. [I: Mhm.] Ich tue es nicht bewusst, ihn distanzieren, ne, ich habe von Anfang immer ihn versucht, ne, so (.) möglichst mit einzubeziehen, so wie es früher mal war, [I: Mhm.] aber es ist doch schwer." (Z. 630 ff.)

Ihre Bemühungen, Niko zu integrieren, seien bislang gescheitert. Ihnen würden gemeinsame Erlebnisse und ein gemeinsamer Alltag fehlen. Die jahrelange Distanz habe nachhaltige Auswirkungen auf den Umgang.

Herr und Frau Imhoff beschreiben Parallelen im Umgang mit ihm während der Zeit vor der Fremdunterbringung und der Zeit nach seiner Rückkehr in die Familie. Sein Verhalten und die Konflikte würden sich im familiären Kontext wiederholen. Sie erzählen, seit seiner Rückkehr zu beobachten, dass Niko anhaltend laut und aggressiv werde (vgl. Z. 875 ff.). Sein Verhalten erscheine weiterhin willkürlich und nicht einschätzbar (vgl. Z. 2261 ff.). Deshalb habe Frau Imhoff Angst davor, ihren Sohn zu begrenzen.

„Und davor habe ich dann so die meiste Angst, wenn ich jetzt ihm wirklich sage so, aus vorbei, ne, PC stopp, Ende, WLAN aus, Stöpsel raus, Ende der Durchsage. Dann möchte ich nicht wissen, was hier passiert." (Z. 895 ff.)

Ihre Angst vor aggressiven Reaktionen lähme sie (vgl. Z. 901). Als Eltern seien sie wiederholt überfordert, den Umgang mit ihm positiv zu beeinflussen (vgl. Z. 984): „Es entrinnt, es läuft irgendwo und man steht wieder da" (Z. 945 f.). Anstatt aktiv einzugreifen, würden sie eine Beobachterrolle einnehmen. Sie seien sich ihrer machtlosen Position bewusst und würden sich deshalb „wieder so scheiße" (Z. 944) wie in der Vergangenheit fühlen. Herr und Frau Imhoff beschreiben das momentane Familienleben als schwierig (vgl. Z. 1280 ff.).

Niko schreibe ihnen offensichtlich „eine Teilschuld [...] an der Situation" (Z. 607), d. h. an der Fremdunterbringung und dem Verlauf des familiengerichtlichen Verfahrens, zu. Er werfe ihnen vor, ihn nicht nach Hause geholt, sondern in der Gruppe „drin gelassen" (Z. 591) zu haben. Bis zu dem Tag seiner Fremdunterbringung habe er die Erfahrung gemacht, dass seine Mutter ihm immer unterstützend zur Seite gestanden und gemeinsam mit ihm oder für ihn sämtliche Probleme gelöst habe. Erstmalig habe Frau Imhoff ihn enttäuschen müssen: Sie habe nicht die Probleme lösen können (vgl. Z. 584 ff.). Diese Erfahrung habe bei ihm „so ein bisschen Knack gemacht" (Z. 586). Um die Schuldzuweisungen abwehren zu können, seien sie bemüht, ihm ihre Anstrengungen und ihre Ohnmacht im Laufe des Verfahrens zu verdeutlichen. Allerdings hätten sie den Eindruck, dass er ihre Erklärungen nicht nachvollziehen könne. Ihm fehle ein Verständnis für die eingeschränkten Handlungsmöglichkeiten seiner Eltern in der damaligen Situation. Offensichtlich zweifle er daran, dass sie all ihre Möglichkeiten ausgeschöpft hätten (vgl. Z. 590 ff.). Herr und Frau Imhoff werten sein aktuelles Verhalten ihnen gegenüber als Bestrafung. Er bestrafe sie „dafür, dass er hier [zuhause] nicht groß werden durfte, dass Nele hier groß werden durfte" (Z. 2118 f.). Diese Situation sei für sie schwer aushaltbar. Im Gegenzug werfen sie ihm vor, mit seinem Verhalten maßgeblich den Beginn, Ablauf und Ausgang des gesamten Prozesses beeinflusst zu haben (vgl. Z. 75 f.). Er habe beispielsweise „natürlich auch Sachen erzählt, die dann auch so wahrscheinlich gar nicht gelaufen sind" (Z. 77). Dementsprechend habe er auch einen Anteil an den Entwicklungen.

> „Man hat Kinder, die nicht miteinander groß geworden sind, sind beides Einzelkinder im Endeffekt. [I: Mhm.] (.) Keiner weiß wirklich was vom anderen. (5 Sek.) Ja. (.) Miteinander können sie nicht, ohne einander auch nicht wirklich, sage ich mal so." (Z. 1292 ff.)

Nele und Niko seien keine Geschwister im klassischen Sinne. Sie seien nicht miteinander aufgewachsen, sondern früh getrennt worden. Die Trennung der Geschwister und die Phase der Fremdunterbringung sei „eine sehr belastende Zeit [...] für alle" (Z. 360 f.) gewesen. Vor allem während der Zeit in der Diagnostikgruppe seien die Abschiede nach den Umgangskontakten dramatisch verlaufen. Die Verabschiedungen seien aufwühlend und für Nele „immer extrem schwer" (Z. 354) gewesen. Sie habe häufig „bitterlich geweint" (Z. 356), als ihr Bruder in seine Gruppe zurückgekehrt sei und sie nach Hause gefahren seien (vgl. Z. 353 ff.).

Mit ihrer Aussage „der richtige Bruder ist es sowieso in einer Art nicht" (Z. 752) unterstreicht Frau Imhoff ihre Einschätzung, dass Nele und Niko keine natürliche Geschwisterbeziehung aufbauen konnten. Niko erfülle nicht die Erwartungen an einen richtigen Bruder. Seit seiner Rückkehr zeige er keine Bemühungen, die Beziehung zu seiner Schwester zu verbessern. Er habe „keine Lust" (Z. 754) und „kein Interesse" (Z. 762 f.), an Veranstaltungen seiner Schwester teilzunehmen (vgl. Z. 760 ff.). Sein Verhalten sei für sie als Eltern und für Nele verletzend. Frau Imhoff habe mehrfach versucht, Niko für die Bedürfnisse seiner Schwester zu sensibilisieren und ihm die Wirkungen seiner Verhaltensweisen zu veranschaulichen. Allerdings seien ihre Versuche erfolglos geblieben (vgl. Z. 768 ff.). Niko zeige keine Einsicht und gehe keinen Schritt auf seine Schwester zu (vgl. Z. 772 ff.). Seine Sturheit wertet sie als Beleg für das fehlende Band zwischen den Geschwistern (vgl. Z. 774 f.). Während Niko gegenüber seiner Schwester kein Engagement zeige, tue Nele alles für ihren Bruder (vgl. Z. 776). Nele führe einen „Kampf ohne Boden" (Z. 779), da ihre Bemühungen nicht auf positive Reaktionen stoßen würden. Stattdessen reagiere Niko aggressiv und feindselig. Seine Ablehnung sei für Nele verletzend und nicht verständlich. Sie habe bereits geäußert, dass es „schöner [wäre], wenn er wieder gehen würde" (Z. 789 f.). Um Nele vor weiteren Enttäuschungen zu bewahren, habe Frau Imhoff Nele aufgefordert, den Kampf um ihren Bruder aufzugeben (vgl. Z. 778 ff.).

In ihrer Selbstbeschreibung setzen Herr und Frau Imhoff sich mit ihrem Normalitätsverständnis auseinander, das den Referenzrahmen ihrer Deutung von Elternschaft bildet. Sie ordnen ihre Wahrnehmungen mithilfe der Kategorien normal und abweichend bzw. anormal und leiten aus dieser Klassifizierung spezifische Auswirkungen auf ihre Familien- und Lebenssituation ab.

Herr und Frau Imhoff verstehen und konstruieren sich als normale Eltern. Während sie ihre Tochter ebenfalls als normal skizzieren, charakterisieren sie ihren Sohn als speziell. Sowohl in der Einzelbetrachtung als auch im Vergleich beider Kinder sprechen sie ihrem Sohn sämtliche negativen Attribute zu, wohingegen sie ihrer Tochter ausschließlich positive Eigenschaften zuschreiben. Nikos körperliche Entwicklung und sein Naturell weichen von ihrem elterlichen Normalitätsverständnis ab. Seit der Geburt bemerken Herr und Frau Imhoff Auffälligkeiten, die aus ihrer Perspektive keine normale Entwicklung erwarten lassen und ihnen unerklärlich sind. Die Besonderheiten bewerten die Eltern negativ. Ihre Wahrnehmung wirkt sich in den Jahren bis zur Unterbringung und aktuell auf den Umgang miteinander sowie das Zusammenleben der Familie aus und begünstigt stigmatisierende Attribuierungen: Innerhalb des familiären Gefüges attestieren sie ihrem Sohn einen Sonderstatus. Sie schreiben ihm die Rolle des Außenseiters zu. Diese Rollenzuweisung findet ihren Höhepunkt in der stationären Unterbringung und besitzt auch nach seiner Rückkehr in den familiären Haushalt Gültigkeit.

Die Beziehung zwischen den Eltern und ihrem Sohn gestaltet sich in ihrer Wahrnehmung aufgrund seiner Besonderheiten seit jeher schwierig. Aus Sicht der Eltern wurde das Band zwischen ihnen durch die Fremdunterbringung von außen zerstört. Auch die Beziehung zwischen den Geschwistern weist im Vergleich zu normalen Geschwisterbeziehungen für sie Abweichungen auf. Vor allem die Rahmenbedingungen, in denen Nele und Niko ihre Geschwisterbeziehung aufbauen, entwickeln und fördern konnten bzw. mussten, kennzeichnen die Eltern als künstliche Gegebenheiten, die konträr zu den Umständen stehen, die Geschwister in einem normalen familiären System vorfinden. Herr und Frau Imhoff schreiben ihrem Sohn die Verantwortung für die anhaltend defizitäre Geschwisterbeziehung zu. Diese wiederholte negative Zuschreibung zementiert Nikos dauerhaft schwierige Position in der Familie. Die Eltern ergreifen Partei für ihre Tochter und sind bemüht, sie vor Niko zu schützen.

Aus Sicht der Eltern bildet die Spezifität ihres Sohnes den Dreh- und Angelpunkt ihres Zusammenlebens und ihrer Erfahrungen mit dem Verfahren zur Abwendung einer Kindeswohlgefährdung. In ihrem Verständnis als aufmerksame und achtsame Eltern sind sie bereit, die besonderen Herausforderungen, die sich aus der ihm zugewiesenen Anomalie ergeben, anzunehmen. Entsprechend ihrem Selbstverständnis als sich kümmernde Eltern möchten sie ihren Sohn bestmöglich unterstützen. Sie suchen jahrelang zahlreiche Experten/Expertinnen auf, um Hilfen zu erhalten. Ihre Bemühungen gelten ausschließlich den Auffälligkeiten ihres Sohnes und der Suche nach einer Diagnose, die ihnen als Eltern (Handlungs-)Sicherheit vermitteln soll. Sie suchen für den Umgang mit der von ihnen wahrgenommenen Spezifität eine Lösung.

Dabei beschreiben Herr und Frau Imhoff, als Eltern mehrmals an Grenzen zu stoßen. Sie erreichen persönliche Grenzen und nehmen Grenzen fachlicher Unterstützung wahr. Überforderung und das Gefühl von Machtlosigkeit im Umgang mit ihrem Sohn rücken in den Mittelpunkt ihres Erlebens. Herr und Frau Imhoff sind sich darüber im Klaren, dass sie den Herausforderungen im Umgang mit Niko, trotz unermüdlicher Bemühungen, ohne angemessene Hilfe(n) dauerhaft nicht gewachsen sind. Ihr Eingeständnis koppeln sie in ihrem Erleben nicht mit eigenen Defiziten oder Beeinträchtigungen. Sie führen die Schwierigkeiten vielmehr auf die außergewöhnliche Ausprägung der Normabweichung ihres Sohnes zurück. Somit stellt ihre Überforderung für sie kein individuelles Problem dar, sondern eine verallgemeinerbare Schwierigkeit im Umgang mit Kindern, die außergewöhnliche Herausforderungen an normale Eltern stellen. Ihr Sohn wird von ihnen für den schwierigen Umgang und ihre Grenzerfahrungen zum Sündenbock stilisiert. Sie schreiben ihm Macht zu, während sie bei sich selbst kaum

Einflussmöglichkeiten erkennen. Aus ihrer Sicht reagieren sie als Eltern aus-schließlich auf das Verhalten ihres Sohnes und agieren aus ihrer subjektiven Not heraus. Sie fühlen sich nicht frei in ihrem Handeln und machen einen situativen Kontrollverlust in Konfliktsituationen für ihre gewalttätigen Übergriffe verant-wortlich: Ihre Handlungen sind weder geplant noch durchdacht, sondern impul-siv. Sie erleben sich fremdbestimmt, da ihr Verhalten von außen determiniert wird. Zwar erläutern sie, Fehler begangen zu haben, relativieren diese aber ange-sichts fehlender Alternativen. In ihrem Argumentationsgang sehen sie bedingt eigene Anteile am Verlauf von Konflikten. In der Folge lehnen sie die Verant-wortung für ihr Handeln ab und schreiben ihrem Sohn die Verantwortung dafür zu. Aus ihrer Sicht trägt ihr Sohn aufgrund seiner Spezifität maßgeblich die Ver-antwortung für die eskalierenden Konflikte, während sie selbst sich als Opfer ihres Sohnes skizzieren. Sie weisen bis heute die Verantwortung für seine Entwicklung, innerfamiliäre Konflikte und das Verfahren von sich.

Herr und Frau Imhoff äußern, kein Verständnis für die Abwertung ihrer Kompetenzen aufgrund ihrer Handgreiflichkeiten zu haben, da sie verschiedene Anlässe, Ausprägungen und Intentionen von Gewaltanwendungen unterschei-den, die wiederum ihre subjektiven Einschätzungen maßgeblich beeinflussen. Sie schreiben ihren Handgreiflichkeiten nicht den Charakter ernsthafter Bedrohun-gen oder Prügel zu. Vielmehr grenzen sie sich von solchen massiven Formen der Gewaltanwendung ab und schätzen ihre Übergriffe als deutlich weniger drama-tisch ein. Aus ihrer Sicht sind die Umstände, Hintergründe und Motive entschei-dende Faktoren für die Beurteilung von Verhaltensweisen. Mit ihrer Machtlosig-keit legitimieren sie (sich) ihre Handlungen. Die Berufung auf unterschiedliche Qualitäten von Gewalt sowie die Rechtfertigung mit den Kontextbedingungen dienen den Eltern als Mittel, ihre Gewaltanwendung zu rationalisieren und zu bagatellisieren. Der von ihnen angestellte Vergleich mit anderen Familien eröff-net ihnen zudem die Option einer Aufwertung des eigenen Verhaltens.

7.1.4.2 Wahrgenommene Fremdzuschreibungen

Herr und Frau Imhoff seien mehrmals als „schlimme Eltern" (Z. 250) bezeich-net worden. Dieses Bild habe beispielsweise die Nachbarin ihrem Sohn und ihnen vermittelt (Z. 249 ff.). Auch von beteiligten Fachkräften seien sie mit diesem Attribut konfrontiert worden. Sie seien in der Fremdzuschreibung auf „diese ganz, ganz Schlimmen" (Z. 348) reduziert worden. Das Bild von „prü-gelnden" (Z. 2208) „Rabeneltern" (Z. 272) habe sich im Verlauf des Verfahrens etabliert. Die Fachkräfte hätten ihnen unterstellt, ihrem Sohn „ja nur Schlechtes [zu] wollen" (Z. 445 f.) und ihm „angeblich nicht gut [zu] tun" (Z. 172 f.). Ihnen seien fehlende Fürsorge, vernachlässigende Verhaltensweisen und ein negativer Einfluss auf ihren Sohn unterstellt worden.

In dem familiengerichtlichen Verfahren habe das Gutachten die Fremdzuschreibungen der unterschiedlichen Fachkräfte zusammengefasst (vgl. Z. 133 f.). Die professionellen Einschätzungen darüber, wie Herr und Frau Imhoff „als Eltern wären" (Z. 169), stünden ihrem Selbstverständnis gegensätzlich gegenüber. Herr und Frau Imhoff hätten die Konfrontation mit den aus ihrer Perspektive falschen Vorstellungen als Bedrohung ihrer subjektiven Sichtweise erlebt. Vor allem das fachliche Resümee über sie, als Eltern „nicht fähig" (Z. 2080) zu sein, habe sie emotional erschüttert und belastet. Mit den Zuschreibungen seien ihnen „die Füße unterm Boden weg[gezogen]" (Z. 169) worden.

Das Bild von ihnen als Eltern habe sich bei den Fachkräften des Jugendamtes vorübergehend verfestigt (vgl. Z. 986 ff.).

> „Es war ja, wir hatten ja immer die Erfahrung, wenn der Name Imhoff da kam, [E2: Mhm.] dann wussten die sofort, wer gemeint war. Um Gottes willen, da müssen wir sofort hinterhaken." (Z. 988 ff.)

Beim Jugendamt seien sie als Eltern bekannt gewesen. Ihr Name habe bei den beschäftigen Fachkräften negative Assoziationen und eine selektive Wahrnehmung hervorgerufen. Vor allem die für sie zuständige Sachbearbeiterin habe ausschließlich die Behauptungen registriert, die ihr negatives Bild von den Eltern bestätigt hätten. Herrn und Frau Imhoff seien durchgängig Vorwürfe gemacht „und jede Kleinigkeit [...] angelastet" (Z. 744) worden. Diese Erfahrung habe ihre Angst und Unsicherheit erhöht (vgl. Z. 988). Sie hätten kontinuierlich Druck empfunden, das Bild korrigieren zu müssen, um „als Eltern beweisen [zu] können, wir sind hier nicht die Rabeneltern, wie wir hier hingestellt werden" (Z. 271 f.). Anfänglich seien sie bei ihren Bemühungen auf Abwehr gestoßen. Abweichungen von dem professionellen Bild oder Veränderungen ihres Verhaltens seien nicht registriert oder anerkannt worden (vgl. Z. 995 ff., 2073 ff.). Diese Reaktion sei für sie nicht überraschend, da es leichter sei, einen Ruf zu zerstören als wiederherzustellen (vgl. Z. 2388 f.). Nach langer Zeit und einem schweren Kampf sei ihnen eine Rehabilitation gelungen: Die Familienhilfe habe ihr Selbstbild bestätigt. Die Erleichterung, am Ende belegen zu können, „nicht diese prügelnden, ganz schlimmen Eltern" (Z. 2208) zu sein, sei groß gewesen.

In der Erzählung der Eltern liegt eine große Diskrepanz zwischen der Selbstpräsentation und den wahrgenommenen Fremdzuschreibungen vor. Während Herr und Frau Imhoff sich als normale Eltern betrachten und ein positives Bild von sich zeichnen, wird ihnen im Verfahren zur Abwendung einer Kindeswohlgefährdung von außen durchgängig ein ausschließlich negativer Spiegel vorgehalten.

Die widersprüchlichen Bilder stehen sich konträr und vermeintlich unverein-
bar gegenüber. Die Eltern fühlen sich nicht richtig gesehen und in ihren Kompe-
tenzen verkannt. Die vermeintlich reduzierte und einseitige Wahrnehmung der
Fachkräfte löst negative Empfindungen aus, die eine konstruktive Auseinander-
setzung mit den Inhalten erschweren. Herr und Frau Imhoff erleben die negati-
ven Zuschreibungen als bewusste Verurteilung und Schädigung und fühlen sich
in ihrer Identität als Eltern bedroht. Sie lehnen die Zuschreibungen ab und wer-
ten sie als Stigmatisierung. Deshalb integrieren sie die aus ihrer Sicht falschen
Inhalte nicht in ihr Selbstbild, sondern arbeiten systematisch auf eine Korrektur
der fachlichen Vorstellung hin. Sie unternehmen sämtliche Anstrengungen, um
die Fachkräfte von ihrer Selbstdarstellung zu überzeugen.

7.1.4.3 Interaktion mit dem Jugendamt

Vorstellungen, Erfahrungen und Rahmenbedingungen

„Da ist so ein bisschen immer so dieses ungute Gefühl. [I: Mhm.] Dieses ungute
Gefühl, da […] hinzulaufen." (Z. 1001 f.)

Herr und Frau Imhoff hätten dem Jugendamt seit jeher viel Macht zugesprochen und daher den Kontakt zu der Organisation für längere Zeit gemieden
(vgl. Z. 1438 ff.). Die Begleitung durch das Jugendamt sei in der Öffentlichkeit
häufig negativ besetzt und erzeuge einen schlechten Eindruck von betroffenen
Familien (vgl. Z. 1474). Sie hätten daher anfänglich eine Rufschädigung befürchtet, wenn das Jugendamt bei ihnen „auf der Matte" (Z. 1472) stehe. Ihre
Angst vor negativen Zuschreibungen habe dazu geführt, dass sie die Einmischungen ihrer ehemaligen Nachbarin sehr lange ausgehalten hätten.

„Klar, man hört ja natürlich auch viele Fälle im Fernsehen, ja auch, wo das Jugendamt zu spät einschreitet oder irgendwas. [E2: Ja, natürlich auch. Klar.] Das hört
man natürlich auch, wo man dann sagt, okay, da, da habe ich schon gedacht, ko-
misch, bei uns, da, da waren sie supergenau und da gucken sie, [E2: (lacht)] wo
wirklich Not am Mann ist, überhaupt nicht hin." (Z. 2743 ff.)

Mit Blick auf das Handeln des Jugendamtes erläutern Herr und Frau Imhoff
einen Unterschied zwischen ihren persönlichen Erfahrungen und den medial
inszenierten Fällen: Während sie das Jugendamt in ihrem Fall vorrangig als zu
genau erlebt hätten, unterstellen sie der Organisation in anderen Kontexten
Nachlässigkeit. Die Unachtsamkeit sei für sie nicht verständlich, da viele Familien, die – im Vergleich zu ihnen – tatsächlich Not erleben, nicht erreicht werden würden. Im Widerspruch zu dieser Einschätzung behaupten sie einmalig,
dass bei ihnen „gar nicht hingeguckt" (Z. 2755) worden sei. Die Haltung, Kin-

der aus Familien zu holen, anstatt Hilfe vor Ort zu leisten, sei in ihrem Fall vorherrschend und handlungsleitend gewesen. Inzwischen habe sich das Jugendamt gewandelt und es werde „jetzt alles nicht mehr so (.) gehandhabt [...], wie es damals [...] gehandhabt" (Z. 1131 f.) worden sei.

Jugendamt als Akteur

> „Und dann nahm das so seinen Lauf. Ohne dass man es beeinflussen könnte."
> (Z. 1419 f.)

Herr und Frau Imhoff hätten die Interaktion zwar eingeleitet, aber den Verlauf und die Ergebnisse nicht entscheidend beeinflussen können. Ihr Erleben einer vermeintlich unaufhaltsamen Ereigniskette beziehe sich auf die Interaktion mit dem Jugendamt und das familiengerichtliche Verfahren; Prozesse, die sie als temporeich erinnern: „Das ging dann, das ging ganz schnell" (Z. 1494). Die unterschiedlichen Hilfen seien von der Sachbearbeiterin zügig eingeleitet worden. Die Entscheidungen seien „ruck, zuck" (Z. 1519) und „zack, bumm" (Z. 1559) getroffen und umgesetzt worden. Das Tempo sei für sie überwältigend gewesen: „Verrückt, das ging im Nullkommanichts" (Z. 1519).

Die Interaktion zwischen der Sachbearbeiterin und ihnen sei vorrangig durch unterschiedliche Sichtweisen auf die familiäre Situation, sie als Eltern sowie auf verschiedene Lösungsansätze und Ziele geprägt gewesen. Frau Imhoff benennt sprachliche Unterschiede, die eine offene und vertrauensvolle Kommunikation sowie ein Verständnis füreinander erschwert hätten.

> „Vielleicht hat man sich auch in dem Moment nicht (.) mhm, so ausgedrückt, wie sie das gerne ja gehabt hätten, vielleicht auch ein falsches Wort benutzt und dann wurde einem da ein Strick raus gedreht." (Z. 144 ff.)

Sie habe sich als Mutter wiederholt nicht oder falsch verstanden gefühlt und den Eindruck gewonnen, den professionellen Erwartungen nicht gerecht zu werden und dadurch Nachteile zu erfahren. Als Beispiel für fachliches Unverständnis führt Frau Imhoff die Reaktionen auf ihre Gewaltanwendung gegen Niko an.

> „Und das hat keiner verstanden. (2 Sek.) Das hat keiner verstanden oder wollte keiner verstehen, dass man da so als Eltern so machtlos sein kann, ähm (2 Sek.) und dass das dann auch einfach mal passiert, dass einem die Hand ausrutscht oder ihn mal grob anfasst und [I: Mhm.] wirklich, ne, dann (.) sagt: Freund, jetzt ist Schluss." (Z. 1892 ff.)

In der ganzen Zeit habe die Fachkraft für sie als Eltern kein Verständnis aufgebracht und ihre Ohnmacht als Ursache für Gewalt verkannt. Die ihnen entgegengebrachte Kritik, ihren Sohn in sein Zimmer eingesperrt zu haben, sei angesichts der Alternative, Gewalt auszuüben, für die Eltern inakzeptabel: „Und das wird einem dann noch angehakt, dass man dann so eine Maßnahme ergreift, bevor man sich vergisst" (Z. 1835 f.). Sie seien mit Ratschlägen konfrontiert worden, die für ihren familiären Kontext nicht passend und daher für sie im Umgang mit Niko nicht umsetzbar gewesen seien (vgl. Z. 1529 ff., 1916 ff.). Gleichzeitig sei ihnen im Verlauf die fehlende Umsetzung der Ratschläge negativ ausgelegt worden.

Zudem habe sich eine fehlende Transparenz wie ein roter Faden durch die Interaktion gezogen. Die Entscheidungen und Handlungsschritte der Sachbearbeiterin seien für Herrn und Frau Imhoff nicht nachvollziehbar gewesen. Das mangelhafte Verständnis für den Prozess sowie die Erfahrung von scheinbar willkürlichen Handlungen, insbesondere in Bezug auf die Dauer der Unterbringung, habe ihr Vertrauen in das Jugendamt und das Familiengericht erschüttert: „Weil vertraut habe ich da dann keinem mehr. [I: Mhm.] Das ist dann auch schwer als Eltern, [I: Mhm.] da jemandem zu vertrauen" (Z. 245 f.). Frau Imhoff habe nicht glauben können, was ihnen widerfahre:

> „Wo ich gesagt habe, das kann doch irgendwo, ich kam mir vor wie im falschen Film. Ich habe irgendwann wirklich manchmal nachts ge-, abends gedacht: Boah, wenn du morgen aufwächst, äh auf-, äh aufwachst, dann war das ein Traum, dann, dann bist du wieder in der Realität oder was. [I: Mhm.] Das kann nur ein Traum sein, so was kann einem nicht passieren. Eigentlich. Was man da so erlebt, aber (.) nein, wenn man morgens aufgestanden ist, das war dann doch Realität." (Z. 2152 ff.)

Die Handlungen der zuständigen Fachkraft des Jugendamtes und die Folgen hätten auf die Eltern surreal gewirkt und seien vorher für sie undenkbar gewesen. Bis heute sei für sie unerklärlich, wie ein Kind aus der Familie genommen werden könne, „ohne dass man Hilfe hatte" (Z. 129 f.). Der von ihnen eingeleitete Prozess habe eine negative Entwicklung befördert, die zu keinem Zeitpunkt vor der Kontaktaufnahme in ihrem Bewusstsein gewesen wäre.

> „[W]eil, ich bin immer davon ausgegangen, wenn ich um Hilfe ringe, bekomme ich Hilfe. Und nicht im Gegenzug, ja äh, (2 Sek.) was man da alles weggenommen kriegt." (Z. 1420 ff.)

Fachkraft als Akteurin

Die Familie sei jahrelang und während des Verfahrens zur Abwendung einer Kindeswohlgefährdung von derselben Fachkraft begleitet worden. Herr und Frau Imhoff äußern Vorwürfe gegen die zuständige Fachkraft als Person und üben Kritik an deren Vorgehen.

Die Fachkraft habe kein Interesse an ihrer Familie gezeigt. Folglich habe sie sich nicht ernsthaft mit den Problemen und Bedürfnissen der Familienmitglieder auseinandergesetzt und weder sie als Eltern noch ihre Kinder richtig kennengelernt (vgl. Z. 1661 ff.). Herr und Frau Imhoff bemängeln, dass sie nur einen Hausbesuch durchgeführt habe: Sie „hat uns bei uns zu Hause nur einmal besucht. Es gab einen Hausbesuch bei uns von ihr" (Z. 83 f.). Dieser einmalige Besuch habe weder ein vollständiges Bild von der familiären Lebenswelt noch eine fachliche Einschätzung geeigneter Hilfen ermöglicht. Die fachliche Unterstellung einer nicht kindgerechten Wohnungseinrichtung während ihres einmaligen Hausbesuches habe Frau Imhoff als anmaßend und unzutreffend abgespeichert (vgl. Z. 83 ff., 1661 ff.).

> „Wo ich gesagt habe, was, da wäre Gefahr im Verzug. Da habe ich gesagt: Was für eine Gefahr im Verzug. [...] Alle Steckdosen waren kindergesichert, der Tisch war rund, der hatte keine eckigen Kanten. Da habe ich mich im Stillen gefragt: Was ist denn jetzt hier nicht kindgerecht? Sie [Nele] hatte ihr Kinderzimmer, was kindgerecht eingerichtet war, (.) sie hatte ein Bett, wo sie nicht rausfallen konnte. (.) [I: Mhm.] Wo ich gesagt habe, [I: Mhm.] ich meine, hä?" (Z. 1667 ff.)

Im direkten Kontakt hätten sie die Fachkraft reserviert und kühl erlebt (vgl. Z. 126 f.). Zwar habe sie gegenüber den Eltern geäußert, deren Gefühle verstehen zu können, aber ihr formuliertes Mitgefühl sei nicht glaubwürdig gewesen. Herr Imhoff unterstellt ihr, nicht aufrichtig gewesen zu sein (vgl. Z. 2133).

> „Und die hat uns immer gesagt: Ich weiß, wie Sie sich fühlen. Da haben wir gesagt: Das können Sie nicht. [I: Mhm.] Sie haben weder Kinder, sage ich, Sie können sich nicht vorstellen, was wir fühlen, wenn man das Kind weggenommen kriegt, ohne dass man Hilfe hatte." (Z. 127 ff.)

In ihrer Haltung sei die Fachkraft nicht flexibel gewesen. Unmittelbar zu Beginn der Interaktion habe sie sich eine Meinung gebildet und diese im weiteren Verlauf nie zur Diskussion gestellt oder Alternativen abgewogen (vgl. Z. 2767 f.). Ihre Entscheidungen habe sie frei getroffen, ohne diese mit ihnen oder ihren Kollegen/Kolleginnen abzusprechen (Z. 60 f.). Wiederholt habe die Fachkraft Vorwürfe gegen die Eltern formuliert. Sie habe behauptet, dass Herr und Frau Imhoff nicht ehrlich und offen agieren würden. Der Wunsch nach der Rückkehr ihres Sohnes habe aus ihrer fachlichen Sicht beispielsweise die Funktion für die Eltern, die „Wahrheit zu vertuschen" (Z. 167). Die Sachbearbeiterin habe den Eltern vermittelt, die Schuld für die Entwicklung und Auffälligkeiten ihres Sohnes zu tragen und als Eltern falsch zu agieren. Sie habe ihnen vorgeworfen, einen negativen Einfluss auf ihren Sohn auszuüben und sich gewalttätig verhalten zu haben (vgl. Z. 2643 ff.).

Die (Arbeits-)Beziehung zwischen ihnen sei zunehmend angespannter geworden. Der Vater begegne ihr inzwischen mit Antipathie (vgl. Z. 2133). Die Mutter empfinde Hass gegen die Sachbearbeiterin: „Da ist so viel, ich sag mal in Anführungsstrichen Hass drin, so wie sie gehandelt hat, ähm (.) das kann sie nie wieder gut machen. Nie wieder" (Z. 1144 f.). Das Gefühl sei so tief verwurzelt, dass sie auch heutzutage noch mit körperlichen Symptomen reagiere, wenn sie die Fachkraft zufällig sehe (vgl. Z. 1140 ff.). Die Sachbearbeiterin trage die Schuld für die Entwicklungen (vgl. Z. 1135 f.).

Erklärungen für das fachliche Handeln

Herr und Frau Imhoff unterstellen der zuständigen Fachkraft fehlendes Engagement, das sich offenbart habe, als sie den aus ihrer elterlichen Sicht einfachsten Weg gewählt und sich für die Herausnahme entschieden habe, um „weniger Arbeit [zu haben.] So kam uns das [vor], wo ich einfach gesagt habe: Hallo? Das kann so nicht sein" (Z. 2758 f.). Ihnen fehle ein tiefer gehender Einblick in ihre Motivation, ihren Antrieb und ihr Vorgehen (vgl. Z. 2743 ff.).

Ihr Verhalten sei nicht Ausdruck von Professionalität, sondern ein Indiz für den dahinterliegenden persönlichen Angriff gegen sie als Eltern.

> „Und dann hat sie das Gerichtsverfahren, dann ist sie da gerichtlich gegen uns vorgegangen." (vgl. Z. 68)

Die Fachkraft habe, so die Meinung von Herrn und Frau Imhoff, gegen die Eltern und gegen deren abweichende Meinung gekämpft. Sie habe ihren Standpunkt mit allen Mitteln gegen die Eltern durchsetzen wollen. Die Summe der negativen Erfahrungen, z. B. die fehlende Berücksichtigung ihrer Wünsche sowie die fehlende Unterstützung im Verfahren, habe die Eltern dazu veranlasst, sich offiziell bei dem Jugendamtsleiter zu beschweren. Herr und Frau Imhoff behaupten, dass die Fachkraft in mehreren Familien nicht zufriedenstellend gearbeitet habe (vgl. Z. 289 ff.). Ihr Name sei in ihrer Gemeinde bekannt gewesen und habe häufig Anlass zu Kritik geboten (vgl. Z. 1137 ff.). Nach ihrer Beschwerde sei die Fachkraft versetzt worden (vgl. Z. 298 ff.).

Eltern als Akteure

> „[I]ch rufe um Hilfe und die nehmen mir das Kind aus der Familie." (Z. 2335)

Herr und Frau Imhoff hätten initiativ Kontakt zum Jugendamt aufgenommen und sich „hilfesuchend" (Z. 279) an die Fachkraft gewandt (vgl. Z. 37). Im Gespräch hätten sie ihre Probleme und Anliegen offen geäußert (vgl. Z. 40 ff.). Vorab hätten sie sich über Hilfemöglichkeiten informiert und sich im Gespräch für eine „Hilfe vor Ort in der Familie" (Z. 1556) eingesetzt, um die Schwierigkeiten im Umgang mit ihrem Sohn dort lösen zu können, wo sie entstehen (vgl. Z. 47 f., 1498 ff.). Im Verlauf des Gespräches sei ihnen ein Widerspruch zwischen der Empfehlung der Sachbearbeiterin und ihrer eigenen Vorstellung aufgefallen. Sie seien bemüht gewesen, diese Unstimmigkeit in ihrem Sinne aufzulösen und ihre Idee der Hilfeausgestaltung begründet durchzusetzen. Ihre Argumentation habe die Fachkraft jedoch nicht überzeugt (vgl. Z. 1505 f.). Sie habe ihre elterlichen Sorgen bagatellisiert (vgl. Z. 1506 f.). Angesichts ihrer erlebten Ausweglosigkeit hätten die Eltern sich mit der Tagesgruppe einverstanden erklärt (vgl. Z. 1517 f.).

Erstmalig hätten sich die Eltern gegen die fachliche Empfehlung, Niko in der Diagnostikgruppe stationär unterzubringen, aufgelehnt: „Und dann haben wir gesagt dann, nee, so weit sind wir lange noch nicht" (Z. 67). Ihre Bereitschaft, sich auf einen weiteren Vorschlag der Fachkraft einzulassen, der nicht ihren Vorstellungen entspreche, sei vor allem angesichts der negativen Erfahrungen mit der Tagesgruppe nicht mehr gegeben gewesen (vgl. Z. 1541 ff.). Frau Imhoff habe die Empfehlung der Fachkraft kritisch hinterfragt:

> „Wo ich gesagt habe, sage ich, wann fängt man von hinten an, [E1: Mhm.] fängt man nicht eigentlich erst von vorne an und die letzte Maßnahme ist raus, und nicht erst raus und sagen, ach ja, tut mir leid, jetzt haben wir einen Fehler gemacht, aber zurück geht jetzt auch nicht mehr?" (Z. 2771 ff.)

Ihre Ablehnung hätten sie erneut gegenüber der Sachbearbeiterin erklärt (vgl. Z. 1556). Wiederholt hätten sie diese nicht überzeugen können und in der Interaktion erlebt, in ihrer Haltung ignoriert und als Eltern übergangen zu werden (vgl. Z. 2767 f.). Die Fachkraft habe den Eltern gegenüber mit der Anrufung des Familiengerichts gedroht, wenn sie nicht freiwillig ihrer empfohlenen Maßnahme zustimmen. Frau Imhoff habe sich jedoch zu diesem Zeitpunkt nicht einschüchtern lassen: „Ja, wenn Sie das jetzt hier nicht zustimmen, dann klage ich das ein. Da habe ich gesagt: Dann tun Sie das. So. Ganz salopp daher. (lacht)" (Z. 1573 ff.). Daraufhin habe die Sachbearbeiterin das familiengerichtliche Verfahren eingeleitet.

Herrn und Frau Imhoff sei anfänglich nicht bewusst gewesen, welche Konsequenzen kritisch-konfrontative Verhaltensweisen und unüberlegte Aussagen nach sich ziehen können. Sie hätten die Aktionen und Reaktionen der Fachkraft und die Folgen für sie als Eltern nicht einschätzen können. Beispielsweise sei die Dynamik, die das Schreiben ihrer Anwältin zwecks Rückführung ihres Sohnes nach einem halben Jahr ausgelöst habe, für sie vorher nicht absehbar gewesen (Z. 161 ff.). Im Laufe der Interaktion hätten sie mehrmals erlebt, dass zahlreiche Aussagen fehlgedeutet worden seien (vgl. Z. 139 f., 2355). Diese Erfahrung habe zu vorsichtigen und bedachten Verhaltensweisen geführt.

„Und dann wird man extrem vorsichtig, sehr, sehr vorsichtig, was man dann sagt." (Z. 2360)

Die Angst vor falschen Interpretationen und willkürlichen Reaktionen sei phasenweise handlungsleitend gewesen. „Boah, mach ja nichts verkehrt. Keinen Schritt, keine Bewegung, keine Aussage verkehrt, [I: Mhm.] damit die dir nicht wieder einen Strick draus drehen" (Z. 2354 ff.). In der Folge hätten die Eltern abgewogen, welche Konsequenzen ihr Verhalten haben könnte. Angesichts der vermuteten Folgen habe Frau Imhoff entweder gehandelt oder Abstand von Handlungen genommen.

„Ich habe immer zu meinem Mann gesagt, wenn ich wollte und wollte ihn mitnehmen, dann hätte ich das schon längst tun können. Ich wusste, wo er zur Schule ging, wir hätten auch dahinfahren können, ich wusste ja, wo er zur Schule ging. [I: Mhm.] Wenn ich jetzt irgendwas, (.) ja vorgehabt hätte, dann hätte ich es auch da tun können, hätte ich dahinfahren können, hätte ihn abfangen können, vor der Schule, nach der Schule, während der Pause oder was auch immer." (Z. 342 ff.)

In diesem Beispiel habe sie sich gegen die Mitnahme ihres Kindes entschieden, da ihr Verhalten als Kindesentzug gewertet und ihre Position vor dem Familiengericht geschwächt werden könnte (vgl. Z. 592 f.). Angesichts möglicher nachteiliger Auswirkungen habe sie sich gegen diesen Schritt und für den rechtlich legalen Kampf entschieden. Als weitere Strategie hätten sich die Eltern „eingeigelt […] [und] zurückgezogen" (Z. 2689 f.).

Zwar sei sich Frau Imhoff zwischendurch der Absurdität bewusst geworden, aber die Angst vor negativen – zuvor nicht absehbaren – Folgen hätten sie als Eltern nicht komplett ausschalten können.

„Sag mal, spinnst du eigentlich? Warum (.) benimmst du dich eigentlich anders als sonst. Ist doch Schwachsinn. Du benimmst, kannst dich doch ganz nor-, du tust doch nichts anderes [I: Ja.] oder nichts Verkehrtes, aber man hatte dann im Nachhinein immer noch so dieses: Boah, mach ja nichts verkehrt." (Z. 2351 ff.)

„Das wäre was für die Öffentlichkeit" (Z. 2310): Den Eltern sei häufig und von unterschiedlichen Seiten empfohlen worden, ihre Geschichte publik zu machen. Eine öffentliche Aufklärung hätte einen Beitrag dazu leisten können, die Strukturen innerhalb des Jugendamtes zu überprüfen und einen Fachkräftewechsel hervorzurufen: „Ja, ja, vielleicht wären dann auch noch ein paar [Köpfe] gerollt oder so mehr oder weniger, mit Sicherheit" (Z. 2346 f.). Neben den Chancen habe Frau Imhoff jedoch auch Gefahren gesehen. Für sie sei nicht einschätzbar gewesen, was passiert, wenn ihr Privatleben in die Öffentlichkeit getragen werde. Sie habe befürchtet, Opfer weiterer Lügen oder Falschaussagen zu werden (vgl. Z. 2348 ff.). Deshalb habe sie ihre Pro- und Contra-Argumente abgewogen und sich dagegen entschieden.

„Dann habe ich die Entscheidung getroffen, nicht […] an die Öffentlichkeit zu gehen. Ob es richtig war, weiß ich nicht. (2 Sek.) Man weiß es nicht. Viele gehen an die Öffentlichkeit und haben damit viel bewirkt." (Z. 2321 ff.)

Frau Imhoff habe die Kraft gefehlt, an zwei Fronten – gegen das Jugendamt und in der Öffentlichkeit – zu kämpfen (vgl. Z. 2316 ff.). Die Gefahr, an eine unseriöse oder sensationsgierige Zeitung zu geraten, sei ihr zu groß erschienen (vgl. Z. 2332 ff.). Außerdem habe sie sich bereits beobachtet gefühlt. Sie habe ihre Angst nicht weiter schüren wollen.

7.1.4.4 Hilfe(n) und weitere Fachkräfte

Tagesgruppe

„Ich habe gesagt, […] das bringt uns nichts, wenn man uns den Jungen rausnimmt, dass wir am Tage entlastet sind, aber dann abends und am Wochenende (.) die Probleme dadurch nicht behoben sind." (Z. 56 ff.)

Frau Imhoff sei dem Vorschlag hinsichtlich der Tagesgruppe skeptisch begegnet, da sie keinen Zusammenhang zwischen der Hilfe und ihren Problemen habe erkennen können: „Sage ich: Was soll er hier? Sage ich: Wir brauchen was zu Hause und nicht hier" (Z. 1542 f.). Die Skepsis habe sich im Laufe der Hilfeerbringung verstärkt. Herr und Frau Imhoff hätten keine positiven Veränderungen durch die Tagesgruppe erfahren und ihre Einschätzung offen mitgeteilt: „[D]as hilft uns nicht, das bringt uns hier nichts, die Situation wird nicht besser" (Z. 1567 f.).

Neben der Erfahrung, dass sich seit der Einleitung „nichts verändert" (Z. 1525) habe und „alles beim Alten geblieben" (Z. 1527) sei, berichten die Eltern von negativen Effekten: Sie hätten eine Verschlimmerung des Familienlebens registriert und diese Entwicklung dahingehend gedeutet, dass Niko nicht mehr aktiv an dem Familienleben habe teilnehmen können und gegen diese von ihm als ungerecht empfundene Abwesenheit rebelliere (vgl. Z. 1530 ff.).

Im Gegensatz dazu sei den Eltern vorgeworfen worden, die Verantwortung für den negativen Verlauf zu tragen, da sie sich falsch verhalten würden: Niko benehme sich in der Gruppe nicht so wie von den Eltern beschrieben. Herrn und Frau Imhoff sei mangelndes Interesse unterstellt worden, „in irgendeiner Form […] was so zu verändern" (Z. 1776 f.), dass eine positive Entwicklung angestoßen werde. Diese Behauptungen seien für die Eltern inakzeptabel, da die Beobachtungen und Empfehlungen aus der Gruppe nicht auf ihre Familie übertragbar gewesen seien (vgl. 1777 ff.). Als negativer Höhepunkt sei ihnen von fachlicher Seite ein körperlicher Übergriff auf ihren Sohn unterstellt worden (vgl. Z. 1531 ff.).

Diagnostikgruppe

> „[Er war] nur in dieser Diagnostikgruppe. Er ist ja nie woanders hingekommen. Eigentlich hieß es ja, ist ja nur ein Übergang für ein halbes Jahr. Der ist ja da nie rausgekommen." (Z. 318 f.)

Aus der als vorübergehend angekündigten Unterbringung in der Diagnostikgruppe sei eine von den Eltern als endgültig und endlos empfundene Unterbringung von drei Jahren entstanden (vgl. Z. 323). Dieser Zeitraum sei für sie seit jeher inakzeptabel, da sie die Diagnostikgruppe nie als geeigneten Lebensort für ihren Sohn betrachtet hätten (vgl. Z. 312). Dennoch sei Niko gezwungen gewesen, dort zu bleiben, da ein Umzug jahrelang nicht geplant und umgesetzt worden sei (vgl. Z. 318 f.).

Die Eltern skizzieren den Tag seiner Unterbringung als größte Belastung. Ihre Gefühle an diesem Tag seien unbeschreiblich (vgl. Z. 2009 ff.). Nachdem die Eltern ihn tags zuvor vorbereitet hätten, sei er an dem besagten Tag emotionslos von ihnen gegangen (vgl. Z. 2015 ff.). Nach seiner Ankunft habe Niko zunächst massive Schwierigkeiten gehabt, sich einzugewöhnen. Erst nach und nach habe er sich eingelassen.

> „Die haben uns dann abends angerufen (.) und haben gesagt, er sitzt hier und weint. Er will nicht schlafen, er packt auch nicht aus. Der hat eine ganze Woche nicht ausgepackt. (5 Sek.) [I: Mhm.] Und dann kam dann irgendwann so, er hat ein bisschen Sachen ausgepackt und dann kam wieder, er randaliert, er tobt, er zerstört, er macht. Er hat schon seine Eingewöhnungsprobleme da gehabt. (4 Sek.)" (Z. 2020 ff.)

In der Zusammenarbeit mit den Fachkräften der Diagnostikgruppe seien ebenfalls zunehmend Unstimmigkeiten aufgetreten (vgl. Z. 1643 ff.). Herr und Frau Imhoff werfen den Fachkräften vor, sie als Eltern in der Zusammenarbeit zu wenig berücksichtigt zu haben. Sie seien aktiv daran gehindert worden, ihrer elterlichen Verantwortung gerecht werden zu können. In der Anfangszeit sei ihre Zustimmung mehrfach nicht eingeholt worden, obwohl sie zu dem Zeitpunkt noch sorgeberechtigt gewesen seien.

> „[D]ass die dann irgendwas gemacht haben, wo sie uns eigentlich hätten damals erst fragen müssen. Ähm, (.) wo wir gesagt haben, hallo, wir sind ja noch, ne, sorgeberechtigt und dann muss das auch mit uns ein bisschen Rücksprache gehalten werden." (Z. 1705 ff.)

Die unzureichende Informationsvermittlung und die fehlenden Absprachen hätten es ihnen erschwert, ihre Elternrolle nach ihren Wünschen wahrzunehmen. Über Entscheidungen, welche die Entwicklung ihres Sohnes betroffen hätten, seien sie weder vorab informiert noch um Zustimmung gebeten worden. Sie seien lediglich über die Ergebnisse in Kenntnis gesetzt worden. Bestimmte Ereignisse seien ihnen manchmal zu spät oder gar nicht mitgeteilt worden (vgl. Z. 1705 ff.). Herr und Frau Imhoff benennen exemplarisch lückenhafte Auskünfte über einen Krankenhausaufenthalt ihres Sohnes (vgl. Z. 1720 ff.).

Die Bestrebungen der Eltern, weiterhin Einfluss ausüben zu können, sei „denen da oben wohl irgendwie gegen den Strich" (Z. 1712 f.) gegangen. Ihnen sei eine mangelnde Kooperationsbereitschaft vorgeworfen worden (vgl. Z. 2709 ff.). Die Fachkräfte hätten wiederholt geäußert, dass die Eltern nicht mitarbeiten und Entscheidungen der Gruppe torpedieren würden. Für unterschiedliche Verhaltensweisen seien die Eltern regelmäßig kritisiert worden (vgl. Z. 180 ff.). Die Vorwürfe seien für Herrn und Frau Imhoff unverständlich.

> „Ja, das ist für uns auch nicht wirklich nachvollziehbar. Ich vermute mal, dass irgendwas, dass vielleicht auch die Diagnostikgruppe irgendwas geschrieben hat, ähm, [I: Mhm.] was sie angeblich vielleicht bei Niko gefunden haben oder was auch immer da, [I: Ja.] was negativ für uns war." (Z. 1643 ff.)

Herr und Frau Imhoff seien mit der fehlenden Transparenz unzufrieden. Sie hätten das Gefühl, dass aktiv gegen sie gearbeitet worden sei.

Pflegefamilie

> „[Nach drei Jahren] kam der Tag irgendwann, wo es hieß, er soll in eine Pflegefamilie." (Z. 363)

Den angekündigten Wechsel beschreiben Herr und Frau Imhoff als Einschnitt. Sie hätten dieser Veränderung mit gemischten Gefühlen entgegengeblickt.

> „Auf eine Art waren wir froh, dass er endlich rauskam aus dieser Gruppe, weil eine Pflegefamilie ist doch immer noch ein bisschen was anderes. [...] Auf der anderen Seite hatten wir auch viel Angst, dass wir ersetzt werden, noch mehr." (Z. 365 ff.)

Die Pflegefamilie habe die Ängste der Eltern reduziert, indem der Pflegevater ihnen gegenüber folgende Haltung vermittelt habe:

> „Wir wollen gar nicht mauern. [E2: Ja, ja.] Wir wollen ja, dass er wieder zurückgeführt wird, wir wollen ihm ja jetzt im Moment nur ein Zuhause bieten. Wir wollen Sie

nicht ersetzen. Ne, wir möchten nur, dass er, wenn er geht, dann einen guten Start nach Hause hat." (Z. 463 ff.)

Diese Einstellung habe sich positiv auf die Gefühle der Eltern ausgewirkt. Die Entwarnung der Pflegeeltern habe eine entlastende Wirkung gehabt. Herr und Frau Imhoff hätten den Pflegeeltern vertraut, dass deren Motivation nicht darin liege, Niko von ihnen fernzuhalten. Sie seien sich deshalb sicher gewesen, als Eltern nicht ersetzt zu werden. Daher sei die Unterbringung in der Pflegefamilie von ihnen als Verbesserung wahrgenommen worden. Im Vergleich zu der Zeit in der Diagnostikgruppe hätten sie zudem ihren Sohn „wieder freier [...] [und] glücklicher erlebt" (Z. 461).

Die Eltern berichten jedoch nicht ausschließlich positiv von den Pflegeeltern, sondern formulieren ebenfalls Kritik: Die Pflegeeltern hätten „vieles [...] auch einfach so schleifen lassen" (Z. 834). Insbesondere mit Blick auf Nikos Sozialverhalten und seinen Medienkonsum hätten die Eltern sich eine konsequentere Haltung der Pflegeeltern gewünscht. Sein aus ihrer Sicht inzwischen grenzenloser Medienkonsum sei „da oben schon angelernt [worden]. Er [...] [habe] damals mit 14 oder 15 den ersten" (Z. 844 f.) PC geschenkt bekommen. Ab diesem Zeitpunkt habe sich der Medienkonsum kontinuierlich gesteigert. Diese Entwicklung habe sich negativ auf sein Sozialverhalten ausgewirkt: Er habe seine Hobbys und Vereinsmitgliedschaften vernachlässigt und Freundschaften nur noch virtuell gepflegt (vgl. Z. 847 ff.). Aktuell verbringe Niko „den ganzen Tag am PC. Der ist nur am Zocken" (Z. 835). Als Eltern hätten sie keinen Einfluss mehr auf diese Verhaltensweisen (vgl. Z. 835 f.).

Rolle der Eltern während der stationären Unterbringung

> „[Uns wurde] als Eltern, ja so ein bisschen, (.) ja das Elternsein genommen."
> (Z. 347 f.)

Herr und Frau Imhoff charakterisieren die Fremdunterbringung ihres Sohnes als Zäsur in der Ausübung ihrer Elternrolle. Ihre Möglichkeiten, Eltern zu sein, seien durch die Aktivitäten des Jugendamtes, das Handeln der jeweiligen Fachkräfte vor Ort und die Entscheidungen des Familiengerichts beschränkt worden.

Seit der stationären Unterbringung von Niko seien sie gezwungen gewesen, sich mit ihrer Angst, als Eltern durch Fachkräfte ersetzt zu werden, auseinanderzusetzen und einen Umgang damit zu finden. Während seiner Zeit in der Diagnostikgruppe seien die Ängste noch nicht so stark ausgeprägt gewesen, da Niko „nicht so wirklich (.) ja so (.) angedockt [sei], [...] das waren Fremde für ihn, die ja dann auch [I: Mhm.] ständig durch den Personalwechsel, durch diesen Schichtwechsel [...] gewechselt haben" (Z. 367 ff.). Niko habe sich nicht an die Betreuer gebunden.

Mit dem Wechsel in die Pflegefamilie sei ihre Angst gewachsen: „Familie, das ist ja dann doch noch mal was anderes, wo ich immer [I: Mhm.] gedacht habe, oh, hoffentlich werden wir jetzt nicht komplett ersetzt" (Z. 370 f.). Eine Pflegefamilie unterbreite – im Vergleich zu der Diagnostikgruppe – ein anderes Beziehungsangebot. Die Befürchtungen, ihn noch mehr zu verlieren und die Elternrolle weniger ausführen zu können, seien zunächst sehr groß gewesen (vgl. Z. 376 ff.).

> „Er hat jetzt einen Pflegevater, der sich drum kümmern kann 24 Stunden, eine Pflegemutter, er kriegt Geschwister dazu. Ähm, es ist auch nicht um die Ecke gewesen, [...] noch weiter als die Diagnostikgruppe. [I: Mhm.] Ähm, [I: Mhm.] (.) wo ich gesagt habe, ja toll, jetzt wird uns <u>noch ein Stück</u> mehr genommen. Jetzt können [wir] ja gar nichts." (Z. 373 ff.)

Allerdings hätten sich ihre Sorgen mithilfe von zahlreichen Gesprächen mit den Pflegeeltern sukzessiv reduziert.

Zu Beginn der Fremdunterbringung habe das Sorgerecht für ihren Sohn noch bei ihnen gelegen. Allerdings seien ihnen relativ schnell nach seiner Aufnahme zunächst Teile und dann das gesamte Sorgerecht entzogen worden, sodass sie rechtlich über keine Pflichten und Rechte mehr verfügt und „ohne alles" (Z. 515) dagestanden hätten (vgl. Z. 516 f.). In der Folge hätten sie sich selbst nicht länger als „Erziehungsberechtigte" (Z. 520) wahrgenommen und seien von außen auch nicht so betrachtet worden. Ihre Rolle als Eltern hätten sie ausschließlich durch Besuche bei ihrem Sohn und durch die Teilnahme an Hilfeplangesprächen wahrnehmen können.

Nach seiner Aufnahme in die Diagnostikgruppe sei zunächst ein Besuchsverbot angeordnet worden (vgl. Z. 171 f.). In dieser Zeit seien ihnen jegliche Kontaktversuche untersagt worden (vgl. Z. 192). Die sogenannte „Besuchssperre" (Z. 182) sei fachlich damit begründet worden, dass die Kontakte nicht förderlich für die Eingewöhnung seien und die Eltern Niko „angeblich nicht gut tun" (Z. 172 f.) würden. Sie hätten „keinerlei (.) Zugriff mehr auf den Jungen" (Z. 180 f.) gehabt und keinen Einfluss auf seine Entwicklung ausüben können (vgl. Z. 159 f.). Das Verbot sei sehr belastend gewesen. Nach ungefähr drei Monaten sei es aufgehoben und den Eltern gestattet worden, den Kontakt mit Niko „unter strengsten Auflagen" (Z. 193) zu gestalten. Die Besuche bei ihrem Sohn seien unter klaren Vorgaben durchgeführt worden: „Alle sechs Wochen. Eine Stunde (2 Sek.) durften wir ihn dann sehen, (.) aber nur mit Begleitung. (4 Sek.)" (Z. 326 f.).

Vor allem in der Anfangszeit hätten sie während der Kontakte den Eindruck gewonnen, dass ihr Sohn „total unter Druck" (Z. 335) stehe.

„Immer, und immer, man sah immer diesen Blick, wenn er irgendwas erzählen wollte, immer so rüber, darf ich das, darf ich das nicht, war das jetzt richtig, was ich erzählt habe." (Z. 333 ff.)

Er habe sich offensichtlich nicht frei äußern dürfen bzw. können, sondern sich immer bei der anwesenden Betreuerin rückversichert. An den Abständen der Besuchskontakte sei kontinuierlich festgehalten worden (vgl. Z. 326). Den Eltern sei anfänglich nur erlaubt worden, Niko in einem Besucher-/Besucherinnenraum auf dem Gelände der Einrichtung zu sehen. Eine Änderung der Rahmenbedingungen habe erst gegen Ende der Unterbringung erreicht werden können: Ihnen sei gestattet worden, mit Niko den Besucher-/Besucherinnenraum zu verlassen. Trotz dieser räumlichen Flexibilisierung sei die strenge Einhaltung einer fachlichen Begleitung während der Zeit in der Diagnostikgruppe nie gelockert worden (vgl. Z. 329 ff.).

Der Wechsel Nikos in die Pflegefamilie habe anfänglich keinen Einfluss auf die Kontakte gehabt. Die für sie unbefriedigende Situation habe sich fortgesetzt: „[B]oah, das ist das Gleiche, er wurde gebracht, ähm (.) wieder abgeholt" (Z. 380 f.). Sämtliche Kontakte seien fachlich begleitet worden, z. B. durch Lesen der Briefe und Anwesenheit einer Fachkraft während der Telefonate oder persönlichen Kontakte (vgl. Z. 381 ff.). Ihre Autonomie sei durch die professionelle Kontrolle massiv eingeschränkt worden (vgl. Z. 386).

Mit dem Zuständigkeitswechsel des Jugendamtes habe sich die Kontaktgestaltung positiv verändert (vgl. Z. 395 ff.). Ihnen sei schrittweise „ein Stück mehr Freiheit" (Z. 444) zugesprochen worden. Nach einigen begleiteten persönlichen Kontakten sei die fachliche Begleitung aufgehoben und ihnen erlaubt worden, die Kontakte mit ihrem Sohn frei zu gestalten. Im weiteren Verlauf habe Niko selbstständig seine Eltern und Schwester in seiner Heimat besuchen dürfen. Die Kontrolle der Telefonate und des Briefverkehrs sei beendet worden (vgl. Z. 434 ff., 448 ff.).

Ihre Mitwirkungsmöglichkeiten im Zuge von Hilfeplangesprächen hätten sich nach dem Zuständigkeitswechsel ebenfalls positiv verändert. Die Frequenz der Gespräche habe sich erhöht, da Termine nicht einmal jährlich, sondern in Abhängigkeit von der Situation und den Bedürfnissen vereinbart worden seien. Auf diese Weise hätten die Eltern „wieder mehr Einfluss auf sein Leben haben" (Z. 426) können. Erstmalig seit der Herausnahme hätten sie sich wieder als Eltern erlebt.

„Wo ich gesagt habe, okay, es geht wieder aufwärts, wir sind auch irgendwo Eltern wieder." (Z. 439)

Durch die Erfahrung, als Eltern akzeptiert zu werden, hätten sie eine Aufwertung erlebt, die sich positiv auf ihr Empfinden ausgewirkt habe (vgl. Z. 444 ff.).

Die Probleme aus der Vergangenheit hätten nicht länger im Mittelpunkt gestanden. Die neu zuständigen Fachkräfte und die Pflegeeltern hätten die Chance genutzt, einen „ganz anderen Einblick" (Z. 448) und eine neue Sicht auf die Eltern zu gewinnen (vgl. Z. 413 ff.).

Familienhilfe

> „Also hilfreich war dann auch wirklich die Familienhilfe, [...] [die] uns da wirklich [E2: Mhm.] unterstützt hat [I: Mhm.] und auch wirklich uns dann irgendwann die Sicherheit gegeben hat und gesagt hat: Sie haben nichts verkehrt gemacht." (Z. 2616 ff.)

Im Gegensatz zu den Hilfen, die sie gegen ihren freien Willen erhalten hätten, seien die Eltern mit der Familienhilfe rundum zufrieden gewesen. Sie beschreiben ihre Zusammenarbeit als gelungen (vgl. Z. 2242). Das zentrale Qualitätskriterium für die positive Einschätzung bilde die eigene Mutterschaft der Fachkraft. Diese Tatsache grenze sie positiv von anderen Fachkräften ab und habe zwei Vorteile (vgl. Z. 2243 f.): Erstens habe sie die Lebenssituation und die Eltern verstehen können. Zweitens habe sie emotional nachvollziehen können, „wie man sich fühlt, (.) ne, wenn es dem Kind nicht gut geht. [I: Mhm.] Und wie es sein könnte, wenn so was passiert. (5 Sek.)" (Z. 2245 ff.). Ohne eigene Kinder sei echtes Verständnis und Mitgefühl nicht möglich.

> „Und man, es soll nie sagen, es soll nie einer auf die Idee kommen und sagen, ich weiß, wie Sie sich fühlen, wenn man selber keine Kinder hat. [I: Mhm.] Das weiß man nicht." (Z. 2251 f.)

Die Unvoreingenommenheit ihrer Familienhelferin habe die Eltern positiv überrascht. Sie habe ihnen gegenüber zugegeben, weder die Akten noch das Gutachten vorab gelesen zu haben, um eine Beeinflussung auszuschließen und sich ein eigenes Bild zu machen (vgl. Z. 2197 ff.). Die Fachkraft habe den Eltern ermöglicht, die Hilfe frei zu gestalten:

> „Sie erzählen, was passiert ist, Sie erzählen, welche Probleme Sie haben, wo Sie Unterstützung brauchen, welche Hilfen Sie brauchen, sagt sie, und dann sprechen wir darüber, was ich Ihnen für eine Hilfestellung geben kann." (Z. 2200 ff.)

Während der Fremdunterbringung hätten sowohl das emotionale Befinden der Eltern als auch die Stärkung ihrer Tochter im Mittelpunkt gestanden (vgl. Z. 2203 ff.). In Gesprächen sei den Eltern die Möglichkeit gegeben worden, offen über ihre Belastungen, Sorgen und Ängste zu sprechen (vgl. Z. 2215 ff.). Bei auftretenden Fragen habe die Fachkraft den Eltern beratend und unterstützend zur Seite gestanden (vgl. Z. 2218 f.). In der Beziehungsausgestaltung zu ihrem Sohn hätten sie zahlreiche Hilfestellungen erhalten und umgesetzt (vgl. Z. 2221 ff.).

In der für sie schwierigen Zeit sei die Familienhilfe für Herrn und Frau Imhoff eine „Stütze" (Z. 2217) gewesen. Primär sei es erleichternd gewesen, sämtliche Emotionen rund um ihre Geschichte „loswerden" (Z. 2218) zu können. Die Familienhilfe habe ihnen zugehört (vgl. Z. 2402). Sie habe die Eltern darin bestärkt, keine Schuld an dem Verlauf zu haben, da sie durch die ausbleibende Unterstützung keine Chance gehabt hätten: „Und das tut dann gut" (Z. 2640 f.). Die Eltern hätten durch die Bestätigung ihres Selbstbildes und der Korrektur der Fremdzuschreibung Sicherheit erfahren (vgl. Z. 2207 ff., 2637 ff.).

Vor der persönlichen Kontaktaufnahme löst das Jugendamt bei den Eltern Unbehagen aus. Ihre kommunizierte Skepsis basiert auf gesellschaftlich verbreiteten, negativ besetzten Bildern von der Organisation. Unter anderem die ihnen medial vermittelten Vorstellungen beeinflussen ihre subjektiven Emotionen und Meinungen sowie ihr Handeln. Ihre Sorge, von der Macht des Jugendamtes erfasst zu werden, hat die Kontaktaufnahme zu der aus ihrer Sicht machtvollen Organisation hinausgezögert. Ergänzend dazu hat ihr Bild von Familien, die vom Jugendamt begleitet werden, die Kontaktaufnahme erschwert. Das Image, als betroffene Familie hilfebedürftig zu sein, können Herr und Frau Imhoff zwar für sich persönlich annehmen, aber zu dem damaligen Zeitpunkt noch nicht durchgängig selbstbewusst nach außen tragen. Sie fürchten seit jeher eine Stigmatisierung im Sinne einer negativen oder einseitigen Beurteilung ihres Elterndaseins.

Die Eltern zeigen in der Interaktion mit dem Jugendamt unterschiedliche Verhaltensweisen, die einen produktiven Umgang mit den voneinander abweichenden Deutungen der Fachkraft des Jugendamtes und ihnen bezwecken. Ihr Verhalten dient ihrem Ziel, dauerhaft mit ihrem Sohn zusammenleben zu können. Anfänglich fügen sich die Eltern der professionellen Vorstellung. Ihre geäußerte Zustimmung ist jedoch nicht Ausdruck ihrer inhaltlichen Überzeugung, sondern ihrer gefühlten Machtlosigkeit gegenüber der Fachkraft. Sie charakterisieren ihr Einverständnis als Hinweis darauf, sich damals in einer ausweglosen Situation erlebt und keine Alternative für sich erkannt zu haben. Die dann ausbleibenden positiven Effekte im Zuge der Hilfegewährung deuten die Eltern als Bestätigung ihrer Situationsdeutung, die ihnen vorübergehende Handlungssicherheit vermittelt. Die Eltern zeigen zunehmend Widerstände gegen die Fachkraft. Mit ihrer Gegenwehr rufen sie jedoch ungewollt negative Konsequenzen hervor, die sie unmittelbar erleben: Der Druck auf die Eltern erhöht sich, die Anspannung zwischen der Sachbearbeiterin und ihnen steigt und letztendlich führt ihre verweigerte Zustimmung aus ihrer Sicht zu der Herausnahme ihres Sohnes. Das Erleben dieser von ihnen scheinbar produzierten, unbeabsichtigten Nebenwirkungen (re-)aktiviert ihre Unsicherheit in der Interaktion. Ihre Erfahrung, mit vermeintlich willkürlichen Folgen konfrontiert zu werden, führt, gekop-

pelt mit ihrer Angst vor einer Wiederholung dieses Erlebens, zu einem vorsichtigeren Auftreten gegenüber der Fachkraft des Jugendamtes. Um weitere negative Effekte zu verhindern, verändern sie ihre (Handlungs-)Strategie und verhalten sich überlegter und zielgerichteter. Sie wägen mögliche Auswirkungen ab und entscheiden in Anbetracht denkbarer Konsequenzen. Um falsche Auslegungen zu vermeiden, rechtfertigen sie sich anhaltend und akribisch gegenüber Vorwürfen. Sie vermeiden Fehler und Auffälligkeiten in ihrem Verhalten, da sie keinen Anlass für Kritik bieten oder weitere Aufmerksamkeit auf sich ziehen wollen. Eine weitere Strategie ist der vorübergehende Rückzug. Im Verlauf entscheiden sie sich gegen die Einschaltung der Öffentlichkeit und für die Beschwerde über die zuständige Sachbearbeiterin bei dem Leiter des Jugendamtes. Den Anlass bildet ihre Unzufriedenheit, die sich auf das Auftreten und die Handlungen der Fachkraft bezieht. Die Sachbearbeiterin bündelt als Projektionsfläche sämtliche negativen Gefühle der Eltern.

Nach ihrer forcierten Kontaktaufnahme zu dem Jugendamt erleben die Eltern im Prinzip eine Aneinanderreihung von Ereignissen und Handlungen, die sie als maßgeblich von außen initiiert und als gegen sie als Eltern gerichtet werten. Zwar versuchen sie im Rahmen ihrer Möglichkeiten, Einfluss auf den Verlauf und die Ergebnisse der Interaktion zu nehmen, aber in ihrer Wahrnehmung bleiben ihre Bemühungen wiederkehrend weitestgehend wirkungslos. Trotz ihrer strategischen Anstrengungen und facettenreichen Verhaltensweisen können die Eltern die negative Interaktions-Spirale in ihrer Wahrnehmung nicht aufhalten. In der Interaktion mit der Sachbearbeiterin wiederholt sich die Erfahrung, die sie im Umgang mit ihrem Sohn gemacht haben: Sie erleben sich in einer ohnmächtigen Position und können ihre Anliegen nicht durchsetzen. Zunehmend agieren sie nicht frei, sondern reagieren ausschließlich auf die Handlungen der Fachkraft und unter Berücksichtigung möglicher Reaktionen von außen.

Die fachlichen Maßnahmen werden in dem Erleben der Eltern unter Druck und im Widerspruch zu ihren Vorstellungen durchgeführt. Sie skizzieren den Hilfeprozess als dynamisch und temporeich. Im Verlauf erleben sie eine große Diskrepanz zwischen ihrer Erwartung auf Unterstützung einerseits und der Erfahrung fehlender Befriedigung ihrer Hilfebedarfe andererseits. Die fachlichen Entscheidungen und Handlungen gehen in ihrer Wahrnehmung zu ihren Lasten. Die Fachkraft als Person löst damit Enttäuschungen aufseiten der Eltern aus. Angesichts ihrer gesammelten Erfahrungen bei der Interaktion werden ihre vorab bereits bestehenden Ängste und Sorgen verstärkt. Die Eltern fürchten im Verlauf bei jedem weiteren Kontakt mit ihrer Sachbearbeiterin, wiederholt in eine passive Rolle hineinmanövriert zu werden und aus dieser Rolle heraus wenig Einfluss nehmen zu können. Das Gefühl von Unbehagen wird sukzessiv befördert, während ihre Hoffnung zunehmend schwindet.

Anlass für die misslingende Interaktion ist vorrangig die Diskrepanz zwischen den Situationsdeutungen: Während die Eltern die fehlende Hilfepassung für die

Verschlechterung der familiären Situation verantwortlich machen, schreibt die Fachkraft offenkundig den Eltern die Verantwortung zu. Die unterschiedlichen Situationsdeutungen prägen die Kommunikation und können im Verlauf nicht angeglichen bzw. zusammengefügt werden. Den Beteiligten gelingt es nicht, Verständnis füreinander aufzubauen und eine gemeinsame Lösung zu entwickeln. Die Eltern versuchen erfolglos, die Sachbearbeiterin und weitere Fachkräfte von ihrem Verständnis der Situation sowie ihrer Lösungsidee zu überzeugen. Sie unterstellen der Sachbearbeiterin fehlendes Interesse an ihrer Familie. Die fachliche Situationsdeutung wird als professionelles Unverständnis gedeutet, das die Eltern überrascht und verärgert. Das fehlende Verständnis wird von den Eltern mit fehlender Empathie und Authentizität aufseiten der Fachkraft erklärt. Aus den Erzählungen der Eltern entsteht der Eindruck, dass die Fachkraft nicht bereit ist, ihre Meinung infrage zu stellen und alternative Sichtweisen zuzulassen. Da die Fachkraft aus Sicht der Eltern über mehr Deutungs- und Entscheidungsmacht verfügt, beeinflusst sie den Ablauf maßgeblich und leitet einen destruktiven Abschnitt ein, der für die Eltern negative Ergebnisse evoziert. Die Eltern personalisieren den Kampf: Die Fachkraft kämpft gegen sie und nicht für ihren Sohn. Flankierend dazu berührt aus Sicht der Eltern die Schuldfrage im Verlauf die Auseinandersetzung der Parteien.

In der gesamten Zeit lernen die Eltern drei Hilfen mit unterschiedlichen Schwerpunkten kennen. Während sie den nicht freiwillig gewählten Hilfen, der Tages- und Diagnostikgruppe, seit Beginn skeptisch gegenübertreten, sind sie der selbstständig beantragten Familienhilfe positiv zugewandt. Neben ihrer subjektiven Einstellung gegenüber den Hilfen, die auf einem Kontinuum zwischen Akzeptanz und Ablehnung verortet ist, beeinflussen weitere Faktoren ihre Bewertung der Hilfen und Hilfeverläufe. Die Haltung der Fachkräfte ihnen als Eltern gegenüber sowie die erlebten Partizipationsmöglichkeiten bei der Zusammenarbeit fließen in ihre Einschätzung ein. In diesem Zusammenhang definiert die Sachbearbeiterin maßgeblich die Richtung und die Ausgestaltung der Hilfen. Darüber hinaus wirkt sich ihr elterlicher Eindruck von ihrem Sohn im Hilfekontext auf ihre Beurteilung der (teil-)stationären Hilfen aus.

Die Tages- und Diagnostikgruppe werden von den Eltern ausschließlich negativ bewertet. Die eingeleiteten Maßnahmen erleben sie nicht als Hilfe, sondern als zusätzliche Belastung. Sie nehmen weder positive Veränderungen bei ihrem Sohn noch Fortschritte innerhalb des familiären Systems wahr. Diese negative Erfahrung bestätigt ihre Skepsis der fehlenden Passung und kann als Selffulfilling Prophecy gedeutet werden. Die Kooperation im Zuge beider Hilfeformen misslingt im Verlauf. Die Eltern schreiben den Hilfen eine negative Wirkung zu. Gleichzeitig vermitteln die Fachkräfte ihnen eine negative Sicht auf sie als Eltern und auf die Ausübung ihrer Elternrolle. Die Fachkräfte zeigen offenkundig kein Verständnis für ihre Not, äußern mehrfach Kritik an ihrem Verhalten und stigmatisieren sie. Die Empfehlungen der Professionellen werten die Eltern als nicht *anknüpfungsfähig an die Lebenswelt der Familie. Die Eltern benennen keine eigenen Anteile an der negativen Entwicklung, sondern schreiben den Fachkräften die Verantwortung für den Prozess zu. Sie gewinnen den Eindruck, zunehmend ausgeschlossen und in ihrer Bedeutung für ihren Sohn verkannt und degradiert zu werden. Seit der Aufnahme ihres Sohnes in die Diagnostikgruppe erleben sie sich in Konkurrenz zu den Fachkräften. Ihre Elternrolle wird in der ersten Zeit von außen definiert und eingeschränkt. Sie nehmen einen Widerspruch zwischen ihren gesetzlich zugewiesenen Rechten und Pflichten einerseits und den praktischen Möglichkeiten andererseits wahr. Die Eltern kritisieren, dass die Fachkräfte ihnen ihr natürliches Recht absprechen. Herr und Frau Imhoff können in ihrer Wahrnehmung keinen Einfluss auf die Entwicklung ihres Sohnes nehmen, da die Fachkräfte fortan die Entscheidungen treffen. An die Stelle einer produktiven Kooperation rückt das Erleben eines Gegeneinanders: Die Fachkräfte kämpfen gegen die Eltern um Einfluss und Macht. Angesichts der Unterstellung eines schädigenden Einflusses auf ihren Sohn werden Herr und Frau Imhoff auf eine distanzierte und für das Leben des Kindes relativ bedeutungslose Position manövriert mit der Konsequenz, dass sie ihre Beziehung zu ihrem Sohn nicht ausleben können. Die erlebte Fremdbestimmung steht im Widerspruch zu ihrem subjektiven Verständnis von Elternschaft.*

Beim Wechsel in die Pflegefamilie verbessert sich die Kooperation mit den zuständigen Fachkräften des neuen Jugendamtes und den Pflegeeltern. Die Eltern erfahren durch den Zuständigkeitswechsel erstmalig seit Beginn der stationären Unterbringung eine Aufwertung ihrer Bedeutung für ihren Sohn. Ihnen werden mehr Handlungsmöglichkeiten zugesprochen und Zwänge werden sukzessiv abgebaut. Hier kristallisiert sich die Verwobenheit von Haltung und Verhalten gegenüber den Eltern heraus: Die erfahrene Akzeptanz der Eltern führt zu einer Ausweitung ihrer Einfluss- und Gestaltungsmöglichkeiten, die wiederum die Zufriedenheit der Eltern erhöht. Im Gegensatz zu der vorherigen Erfahrung, die Elternrolle abgesprochen zu bekommen, haben die Eltern durch den Zuwachs an Handlungsspielraum wieder den Eindruck, ihre Vorstellung von Elternschaft in Ansätzen ausleben zu können bzw. zu dürfen. Sie werden als Eltern akzeptiert und in Beziehung zu ihrem Sohn gestellt.

Trotz ihrer positiven Äußerungen formulieren die Eltern auch Kritik. Sie erleben die Hilfe ambivalent: Zwar sind sie im Vergleich zu der Unterbringung in der Diagnostikgruppe grundsätzlich zufriedener, aber das Verhalten der Pflegeeltern erzeugt auch Unzufriedenheit bei ihnen. In der Folge schreiben sie den Pflegeeltern Verantwortung für negatives Verhalten ihres Sohnes zu, das er anhaltend zeigt und auf das sie keinen Einfluss (mehr) haben.

Im Gegensatz zu diesen negativen und ambivalenten Erfahrungen beurteilen die Eltern die Familienhilfe positiv. Sie beschreiben, zum ersten Mal eine gelungene Kooperation zu erleben, die sich durch wechselseitige Wertschätzung und Akzeptanz auszeichnet. Die Eltern beeinflussen die Ausgestaltung, indem sie

beispielsweise Themen und Zielsetzungen der Hilfe bestimmen. Sie fühlen sich
ernst genommen und verstanden. Erstmalig werden sie in ihrem Verständnis von
Elternschaft und ihrer Selbstwahrnehmung bestätigt und – im Gegensatz zu den
anderen Hilfen – nicht als Eltern kritisiert. Auf diese Weise kehren sukzessiv ihr
Selbstbewusstsein und ihre Sicherheit zurück. Gleichzeitig erfährt die Familien-
hilfe per se eine höhere Akzeptanz von den Eltern, da die Fachkraft selbst Mutter
ist. Die Eltern kooperieren mit der Familienhilfe und bilden ein Bündnis: Wäh-
rend sie gemeinsam auf der einen Seite stehen, positioniert sich die Fachkraft des
Jugendamtes mit den anderen Beteiligten auf der anderen Seite.

7.1.4.5 Akteure und Zusammenarbeit im familiengerichtlichen Verfahren

Nachbarin

> „Das einzige, was uns dann auch noch wirklich das Genick gebrochen hat, war
> dann auch unsere schöne Nachbarin, die wir hatten." (Z. 70 f.)

Die ehemalige Nachbarin der Familie habe maßgeblich den Beginn und Verlauf
des familiengerichtlichen Prozesses beeinflusst. Bildlich gesprochen habe sie die
Eltern zu Fall gebracht. Anfänglich hätten Herr und Frau Imhoff die von ihr
ausgehende Bedrohung nicht ernst genommen (vgl. Z. 1425 ff.). Allerdings
habe die Nachbarin strategisch und planvoll gegen die Eltern agiert. Ihr Ziel sei
vermutlich seit jeher die Herausnahme Nikos gewesen. Konsequent habe sie
ihn negativ beeinflusst und Vorwürfe gegen die Eltern formuliert (vgl. Z. 73 ff.).
Sie habe Niko dahingehend manipuliert, Geschichten zu erzählen, die nicht der
Wahrheit, aber ihren Vermutungen entsprochen hätten (vgl. Z. 76 ff.). Auch
habe sie andere Personen aus der Nachbarschaft aufgefordert, aufmerksam zu
sein, „ob da nicht irgendwas passiert, damit [sie] […] wieder was in der Hand
habe" (Z. 1179 f.). Frau Imhoff habe Gerüchte gehört, dass die Nachbarin ihre
Professionalität als Sonderpädagogin ausnutze, um Kinder aus Familien zu
holen. Für diese Vermutung spreche, dass die Nachbarin zu einem späteren
Zeitpunkt die Herausnahme Neles angestrebt habe: „Und die hat gesagt: So, bei
Niko haben wir es jetzt geschafft und jetzt gehen wir an die Kleine dran"
(Z. 266 f.). In Kooperation mit weiteren Personen habe sie behauptet, dass die
Eltern nach der Unterbringung Nikos ihre Tochter verprügeln würden (vgl.
Z. 2273 ff.). Frau Imhoff könne nicht verstehen, dass die Förderschule als Ar-
beitgeber schützend die Hand über solch eine Person halte (vgl. Z. 1166 ff.).

Im Laufe des Verfahrens habe die Nachbarin in jeder Verhandlung aussagen
dürfen, obwohl sie sich mehrfach unangemessen verhalten habe (vgl. Z. 86,
1752 ff., 1772).

„Und dann hat die wortwörtlich gesagt, das könne ja wohl nicht sein Ernst sein, solche Familien, die gehören hinter Gitter. Im Gerichtssaal." (Z. 1191 f.)

Sie habe die Eltern beleidigt und die Autorität des zuständigen Familienrichters angezweifelt. Dennoch seien ihre Aussagen von der Fachkraft des Jugendamtes und den Richtern aller Instanzen ernst genommen worden (vgl. Z. 108 f., 241 f., 1742 ff.). Der Richter des Familiengerichts habe die Nachbarin lediglich einmal gebeten, sich zurückzuhalten, damit er nicht weitere Maßnahmen gegen sie einleiten müsse. Vor dem OLG habe die Nachbarin ihre Aussage wiederholt und um vermeintlich weitere Erkenntnisse ergänzt.

„Sie hätte dann angeblich aus ihrem Küchenfenster gesehen, wie wir Niko vor unserer Garage eine Ohrfeige gegeben haben. Und dann habe ich mich hier vor die Garage gestellt und habe gesagt, das kann sie gar nicht sehen. Das konnte sie aus dem Fenster gar nicht sehen. [I: Mhm.] Gar nicht. Weil sie von da aus, da ist ein dicker Baum vor, das konnte sie gar nicht sehen." (Z. 1754 ff.)

Bis heute sei für die Eltern unverständlich, warum den Aussagen der Nachbarin mehr geglaubt worden sei als ihren Ausführungen, obwohl die geschilderten Beobachtungen nicht haltbar, sondern frei erfunden seien. Frau Imhoff habe zahlreiche Behauptungen widerlegen können. Dennoch seien die Vorwürfe als Wahrheit betrachtet und nicht hinterfragt worden. Für die Eltern sei unbegreiflich, dass „eine Frau so viel Macht ausüben kann. Eine einzige" (Z. 1171). Aufgrund ihrer Erfahrungen bezeichnen sie die Beziehung zu ihrer ehemaligen Nachbarin als feindlich und hasserfüllt (vgl. Z. 1161): „(lachend) Ja. Ja, aber es ist immer so da, das ist so ein bisschen Hass, was immer bleibt" (Z. 1218).

Die Fachkräfte und die besagte Nachbarin hätten sich übereinstimmend kritisch und ablehnend gegenüber den Eltern positioniert. Im Gegensatz dazu habe eine ehemalige Nachbarin der Eltern, die zuvor jahrelang Tür an Tür zu der Familie gelebt habe, sich positiv über die Eltern geäußert.

„Familie Imhoff, wir haben nie, die haben neben uns gewohnt, teilweise hinterher sind die unter uns gezogen. Wir haben nie mitbekommen, dass dieser Junge (.) misshandelt wurde, verprügelt wurde oder was auch immer. Was, wir wissen nur, dass es extrem schwer ist und dass Frau Imhoff und Herr Imhoff alles getan haben, um dem Jungen zu helfen." (Z. 1745 ff.)

Die Aussage der Fürsprecherin, die im Widerspruch zu den übrigen Aussagen stehe, sei zwar zur Kenntnis genommen, aber in dem Urteil nicht berücksichtigt worden.

Rechtsanwältin

Während des familiengerichtlichen Verfahrens habe sich das Auftreten und Verhalten ihrer Anwältin gewandelt. Parallel dazu habe sich die elterliche Wahrnehmung ihrer anwaltlichen Bemühungen verändert. Anfänglich seien sie mit ihrer Begleitung und ihrem Engagement zufrieden gewesen, bis sich dieser Eindruck vor dem OLG ins Gegenteil gekehrt habe.

Folgende Verhaltensweisen der Anwältin hätten sie während der Verhandlungen vor dem Familiengericht positiv wahrgenommen: Die Anwältin habe die elterlichen Bemühungen in den Fokus der Aufmerksamkeit gerückt (vgl. Z. 1593 ff.). Sie habe Herrn und Frau Imhoff über ihre Rechte und Möglichkeiten als Eltern aufgeklärt (vgl. Z. 1063 ff.). Gemeinsam mit den Eltern habe sie die Verhandlungen vor- und nachbereitet, Entscheidungen darüber getroffen, welche Schritte im Sinne der Eltern eingeleitet werden können, und anschließend entsprechende Schreiben aufgesetzt (vgl. Z. 159 ff.). Auch habe ihre Anwältin die Nachbarin in ihre Schranken gewiesen: „Da hat unsere Rechtsanwältin gesagt: Kehren Sie mal erst mal vor Ihrer eigenen Tür und dann müssen Sie andere anklagen. [I: Mhm.] Mit so einer Aussage" (Z. 1198 f.). Auf diese Weise sei zunächst eine gute Zusammenarbeit zwischen der Rechtsanwältin und ihnen entstanden. Sie hätten sich als Team wahrgenommen („wir") (Z. 161).

Vor dem OLG habe sich das Auftreten der Anwältin jedoch in eine negative Richtung transformiert: Erstmalig habe sie Herrn Imhoff untersagt, während der Verhandlung zu sprechen (vgl. Z. 1797 f.). Diese Begrenzung sei für die Eltern irritierend gewesen. Zwar habe die Rechtsanwältin zu Beginn der Verhandlung noch einen Rechercheauftrag erfüllt (vgl. Z. 202 ff.), aber dann habe sie ihr Engagement auf ein Minimum reduziert. Sie habe weder Position für die Eltern bezogen noch initiativ das Wort ergriffen (vgl. Z. 236 f., 1095): „Ja, die Rechtsanwältin hat überhaupt nichts gesagt" (vgl. Z. 1795). Als Eltern hätten sie sich nicht unterstützt gefühlt. Diese Änderung sei damals für sie nicht verständlich gewesen. Herr und Frau Imhoff äußern im Gespräch die Vermutung, dass die Anwältin die Chancenlosigkeit der Eltern während der Verhandlung vor dem OLG erkannt habe: „Die wusste, dass wir das verlieren. Die wusste davon. Wahrscheinlich" (Z. 1801). Nach Erhalt der Rechnung habe Frau Imhoff ihre Unzufriedenheit in Worte gefasst und angekündigt, die Rechnung nicht zu zahlen. Die ausbleibende Gegenwehr der Anwältin habe das Gefühl der Eltern bestärkt, dass während der Gerichtsverhandlung „irgendwas schiefgelaufen" (Z. 1103) und ihre Niederlage voraussehbar gewesen sei (vgl. Z 1803).

Familiengutachterin

Herr und Frau Imhoff hätten gezwungenermaßen mehrere Termine mit der vom Familiengericht beauftragten Gutachterin wahrnehmen, ihre Geschichte offenlegen und alles erzählen müssen, um ihre aktive Beteiligung an der Begutachtung belegen zu können. Die Eltern kritisieren das Vorgehen der Gutachterin. Sie habe Gespräche mit Personen geführt, die nicht zur Familie gehören, z. B. mit Fachkräften der Tagesgruppe, der Sachbearbeiterin und der ehemaligen Nachbarin. Obwohl diese Personen keine Relevanz für ein Gutachten über die Familie hätten, habe die Gutachterin alle Informationen in ihrem Gutachten zusammengetragen.

Einen weiteren Kritikpunkt formuliert Herr Imhoff: Die Gutachterin sei zwar im persönlichen Kontakt ihnen gegenüber freundlich, interessiert und verständnisvoll aufgetreten, habe aber dann schriftlich und in den Verhandlungen niederschmetternde Aussagen über die Eltern formuliert (vgl. Z. 1053 ff.). Die Gutachterin sei in diesen Kontexten rücksichtslos und „kalt" (Z. 1771) aufgetreten. Herr Imhoff bezeichnet daher ihr Auftreten im persönlichen Kontakt als falsch und hinterhältig. Ihr Vorgehen habe bei ihm Hass hervorgerufen (vgl. Z. 1047 ff.).

Sie habe in der Verhandlung ausgesagt, dass Herr und Frau Imhoff „in ihren Augen nicht erziehungsfähig" (Z. 1772) seien. Vor dem OLG habe sie ihre Einschätzung wiederholt (vgl. Z. 1769 f.). In ihrem Gutachten habe sie Aussagen der Eltern angezweifelt, andere Erklärungen für bestimmte Sachverhalte formuliert und Kritik an den Eltern und ihrem erzieherischen Verhalten geäußert: „Und noch eins drauf. [E2: Ja, ja. Ja.] Und noch eins drauf" (Z. 1059). Im Ergebnis sei das Gutachten „so negativ ausgefallen" (Z. 153), dass die Eltern – trotz des zeitlichen Abstandes zu dem Geschehen – anhaltend emotional und körperlich reagieren, wenn sie das Gutachten lesen oder daran erinnert werden würden (vgl. Z. 151 ff.). In dem Gutachten fänden sich zahlreiche Vermutungen darüber, was in der Familie abgelaufen sei. Diese Behauptungen der Gutachterin entsprächen nicht der Realität (vgl. Z. 1608 f.). Für Herrn und Frau Imhoff sei unverständlich, dass sie für dieses Gutachten Geld erhalten habe: „Und dafür kriegt sie noch richtig Kohle, die Tante da oben" (Z. 1061). Letztlich habe die Gutachterin im Sinne der Fachkraft des Jugendamtes gehandelt:

> „Wir wurden zwar getrennt befragt, aber diese Frau, die hat das genauso geschrieben, wie [die Fachkraft] es [...] brauchte, um uns das Handwerk zu legen."
> (Z. 134 f.)

Die Gutachterin habe ihr Gutachten so erstellt, dass es die Haltung der zuständigen Sachbearbeiterin des Jugendamtes unterstütze. Das Gutachten stelle nicht eine objektive und neutrale Meinung dar, sondern das Ergebnis einer Kooperation zum Nachteil der Eltern (vgl. Z. 132 ff.).

Frau Imhoff äußert die Vermutung, dass sich die Fachkräfte nicht kritisch mit dem Gutachten auseinandergesetzt hätten, sondern „wahrscheinlich nur die ersten zwei und die letzten zwei [Seiten] gelesen [hätten], wo dann drin steht, hinten, die letzten zwei steht dann drin, warum, wieso, weshalb wir angeblich nicht erziehungsfähig sind. […] Ich glaube, das dazwischen hat keiner wirklich gelesen. (2 Sek.)" (Z. 2374 ff.). Sie habe das gesamte Gutachten gelesen und zahlreiche Widersprüche und Lügen aufgedeckt. Ihre Erzählungen seien falsch gedeutet und „vieles verdreht" (Z. 142) worden. Beispielsweise habe die Gutachterin die Information der Mutter, dass es schwierig gewesen sei, Niko als Baby auf den Arm zu nehmen, dahingehend interpretiert, dass es ihr angesichts der fehlenden körperlichen Nähe zu ihrem Sohn nicht gelungen sei, eine Mutter-Kind-Beziehung aufzubauen (vgl. Z. 40 ff.). In diesem Zusammenhang habe sie Frau Imhoff unterstellt, keine Beziehung zu ihren Kindern aufbauen zu können, da sie keine Beziehung zu ihren eigenen Eltern aufgebaut und in ihrer Herkunftsfamilie belastende Erfahrungen gemacht habe (vgl. Z. 1031 ff.). Die Gutachterin habe Frau Imhoff als Mutter mit Vorbelastungen bezeichnet (vgl. Z. 1028 f.). Herrn Imhoff sei vorgeworfen worden, keine Beziehung zu Niko aufgebaut zu haben, da er arbeiten gegangen sei (vgl. Z. 146 ff.). Frau Imhoff habe die Lügen und Ambivalenzen in ihrer Stellungnahme aufgegriffen und kommentiert. Bis heute habe sie keine Reaktion erhalten (vgl. Z. 2358 ff.).

Verfahrensbeistand

Niko habe nach der ersten Verhandlung einen weiblichen Verfahrensbeistand „als Anwältin" (Z. 173) an die Seite gestellt bekommen. Der Verfahrensbeistand habe jeweils ein Gespräch mit Niko und ein Gespräch mit Nele geführt und dann eine fachliche Einschätzung formuliert. Frau Imhoff zweifelt an deren Aussagekraft, da der Verfahrensbeistand für die Kinder fremd gewesen sei und keine Beziehung zu ihnen aufgebaut habe (vgl. Z. 1596 ff., 2134 ff.).

Nach der zweiten Verhandlung vor dem Familiengericht habe der Verfahrensbeistand Niko am selben Tag darüber informiert, dass entschieden worden sei, dass er nicht mehr zu seinen Eltern zurückkehre (vgl. Z. 173 ff.). Darüber seien die Eltern irritiert gewesen, da sie direkt angekündigt hätten, Widerspruch einzulegen (vgl. Z. 176). Aufgrund dieser Erfahrung seien die Eltern unsicher, welche Informationen Niko in den übrigen Gesprächen vermittelt worden seien. Über die Inhalte seien sie nicht informiert worden (vgl. Z. 2123). Auch sei ihnen nie gestattet gewesen, an den Gesprächen teilzunehmen. Sie seien über die Anzahl der Besuche überrascht gewesen: „Die hat ja ständig mit ihm gesprochen. Man hat ja immer nur gehört: […] [Der Verfahrensbeistand] war wieder bei Niko" (Z. 2124 ff.).

Ähnlich wie die Gutachterin und die Sachbearbeiterin erzeuge der Verfahrensbeistand aufseiten der Eltern negative Gefühle (vgl. Z. 2332 f.). Herr und Frau Imhoff hegen eine Antipathie gegenüber dem Verfahrensbeistand, die der Vater mit den Worten „die habe ich […] gefressen" (Z. 2133) zum Ausdruck bringt.

Niko

Niko habe erstmalig vor dem OLG aussagen müssen. Herr und Frau Imhoff hätten ihren Sohn nur aus der Entfernung gesehen. Er sei vor seinen Eltern „abgeschirmt [worden] [...] wie ein Schwerverbrecher" (Z. 209 f.). Trotz der Distanz hätten Herr und Frau Imhoff registriert, dass er unter medikamentösem Einfluss gestanden habe. Ihm sei vorab offensichtlich ein Beruhigungsmittel verabreicht worden (vgl. Z. 198 ff., 204 f.). Seine Aussage sei „unter Ausschluss, nur mit dem Richter" (Z. 198) in einem separaten Raum aufgenommen worden. Auf die Frage des Richters, wie das Zusammenleben als Familie gewesen sei, habe Niko geäußert, „mindestens fünfmal am Tag [...] verprügelt worden" (Z. 215) zu sein. Da die Aussage nicht korrekt und unrealistisch sei, könnten Herr und Frau Imhoff diese nicht akzeptieren (vgl. Z. 216 ff.). Im Gegensatz zu ihrer Einschätzung hätten die Richter Nikos Aussage Glauben geschenkt (vgl. Z. 1781 ff.).

Richter am Familiengericht

Vor dem Familiengericht habe derselbe Richter sämtliche Verhandlungen geleitet (vgl. Z. 1677). Im Rahmen der ersten Verhandlung habe er entschieden, Niko vorübergehend in einer Diagnostikgruppe unterzubringen. Mit der zitierten Formulierung „Ja, dann müssen wir das erstmal machen" (Z. 1599 f.) deutet Frau Imhoff an, dass seine Entscheidung vorrangig auf fehlenden Alternativen basiert habe. Der Richter habe seine Entscheidung damit begründet, dass die bisherigen Bemühungen erfolglos gewesen seien und in der Diagnostikgruppe nochmal eruiert werden könne, „woran es liegt, wie der Junge so ist" (Z. 91 f.).

Die Eltern hätten den Richter nicht davon überzeugen können, dass eine räumliche Trennung nicht hilfreich sei. Er habe an seiner Entscheidung festgehalten (vgl. Z. 1112 f., 1603 ff.). Darüber hinaus habe er der Aussage der Nachbarin Beachtung geschenkt und die Inhalte in seinen Beschluss aufgenommen (vgl. Z. 86 f.).

Im weiteren Verlauf habe er entschieden, Niko dauerhaft unterzubringen und sich somit der Meinung des Jugendamtes angeschlossen (vgl. Z. 1650 f.). Herr und Frau Imhoff seien mit dem Gerücht konfrontiert worden, dass der Richter befangen sei und sich grundsätzlich auf der Seite des Jugendamtes positioniere (vgl. Z. 2038 ff.). Ihre Rechtsanwältin habe sie darüber aufgeklärt, dass er in der Regel zufrieden sei, „wenn er entscheiden kann, sich nicht großartig auseinandersetzen muss, Hauptsache, es ist erst mal entschieden und gucken, was wird. So, wird schon irgendwie werden" (Z. 2042 ff.). Angesichts dieser Haltung sei nicht überraschend, dass der Richter zugunsten des Jugendamtes und gegen die Eltern entschieden habe. Mit seinem Handeln habe er das Gerücht bestätigt. Der Antrag des Jugendamtes auf eine stationäre Unterbringung in der Diagnostikgruppe habe damals offensichtlich keine Seltenheit dargestellt. Der Richter habe den Eltern mitgeteilt, dass er beinahe wöchentlich über solch einen Antrag entscheide. Daher sei anzunehmen, dass viele Kinder vorläufig untergebracht worden seien (vgl. Z. 1107 ff.).

Herr und Frau Imhoff hätten im Verlauf den Eindruck gewonnen, dass ihre Geschichte den Richter nicht berühre. Er habe ihnen gegenüber das Gefühl von Gleichgültigkeit gegenüber der Sache und ihren Emotionen vermittelt:

> „Also dem war das ein bisschen gleichgültig, habe ich so ein bisschen den Eindruck, ne." (Z. 2048)

Ihr Eindruck fehlenden Interesses sei durch seine Aussage, demnächst ohnehin pensioniert zu werden, verstärkt worden (vgl. Z. 2046 f.).

Richter am OLG

> „Die gucken genauer hin. Die, die tun nicht einfach äh aus Aktenlage einfach nur durch ein Schriftstück von irgendjemandem, sondern die haken da mal wirklich auch nach. Die gucken noch mal genauer, was ist an Hilfen gelaufen, was könnte noch laufen, bevor so eine endgültige komplette Entnahme geht." (Z. 2050 ff.)

Das Verfahren vor dem OLG sei für beide Elternteile mit großen Hoffnungen verknüpft gewesen. Ihnen sei vorab vermittelt worden, dass die Richter dort die Kinder zurück zu ihren Eltern führen (vgl. Z. 1808 f., 2053 f.). Diese Behauptung habe sich jedoch in ihrem Fall nicht bewahrheitet. Zwischen ihrer Zuversicht auf eine gerechte Behandlung und ein korrektes Urteil einerseits und dem tatsächlichen Ablauf und Ergebnis der Verhandlung andererseits hätten Welten gelegen. Ihre Hoffnungen seien enttäuscht worden (vgl. Z. 2056). Ihre Enttäuschung beziehe sich in erster Linie auf das Verhalten der Richter ihnen gegenüber. Die negative Behandlung habe sich fortgesetzt, sodass sie weiterhin aus einer geschwächten Position agiert hätten.

Die Atmosphäre beschreiben Herr und Frau Imhoff als „kühl" (Z. 1790, 1803). Die Richter hätten weder Interesse an ihrer Geschichte noch an ihnen als Personen gezeigt (vgl. Z. 1790). Die Wahrheit, also das, „was wirklich passiert" (Z. 1766 f.) sei, habe nicht im Fokus der Aufmerksamkeit gestanden. Ihre Erfahrungen, Eindrücke und Meinungen als Eltern seien nicht erfasst worden (vgl. Z. 1803 f.). Herr und Frau Imhoff seien „nichts. Überhaupt nichts" (Z. 1805) gefragt worden. Ihre schriftlichen Stellungnahmen seien ebenso nicht berücksichtigt worden (vgl. Z. 1805 ff.).

Die Richter hätten vorrangig den Aussagen der Sachbearbeiterin Glauben geschenkt und sich während der Verhandlung auf die „Fakten äh vom Jugendamtsschreiben [I: Mhm.] verlassen und mehr nicht" (Z. 1791 f.). Den Fachkräften und Beteiligten, welche die Behauptungen des Jugendamtes gestützt hätten, sei geglaubt worden. Die Richter hätten die Inhalte nicht hinterfragt (vgl. Z. 1792): „Dann haben, da, da wurde ja dann gar nicht mehr großartig hinterfragt" (Z. 1742). Sie hätten die von den Eltern wiedergegebene Wahrheit nicht aufgenommen und den falschen Aussagen von Niko und der Nachbarin vertraut (vgl. Z. 241 ff.).

Angesichts ihrer Erfahrungen habe sich Wut bei Herrn Imhoff aufgestaut. Mit Aussagen wie „[S]o was nennt sich Richter, weißt du, kannst du auch in die Pfanne hauen" (Z. 1092) und „Ja, sie schimpfen sich Richter, aber ob sie es wirklich sind ..." (Z. 1094) entlädt er seine Frustration und Enttäuschung.

Zusammenarbeit der Akteure

> „Boah, das glaube ich nicht, jetzt kennt der auch [...] [die Fachkraft]." (Z. 1549 f.)

Herr und Frau Imhoff kennzeichnen die für sie zuständige Fachkraft des Jugendamtes als omnipräsent. Sie sei sämtlichen Fachkräften, denen die Eltern im Laufe des Verfahrens begegnet seien, aus anderen Hilfebezügen bekannt. Auch mit dem zuständigen Familienrichter, der eingesetzten Gutachterin und dem bestellten Verfahrensbeistand habe die Sachbearbeiterin bereits zuvor zusammengearbeitet. Seit Jahren bestehe eine Kooperation zwischen den unterschiedlichen Organisationen und Professionen, in deren Verlauf sich klare Erwartungen und eine eindeutige Aufgabenteilung herausgebildet hätten. Die Fachkräfte hätten ihre Haltungen und Meinungen gegenseitig beeinflusst und geformt. In Übereinstimmung mit der Haltung der zuständigen Sachbearbeiterin des Jugendamtes seien sich die übrigen Fachkräfte einig gewesen, dass ein Zusammenleben von Eltern und Sohn nicht länger möglich sei (vgl. Z. 133 f., 1550 ff.).

Herr und Frau Imhoff seien sich bezüglich der Machtverteilung zwischen dem Jugendamt und dem Familiengericht unsicher.

> „Ja, wir verstehen das nicht, wenn der Richter doch das, das schrift-, uns schriftlich mitteilt sogar, [...] dass das ein halbes Jahr ist, dann muss das doch dabei bleiben. Oder ist da einer, der, [...] oder hat die [Fachkraft] [...] mehr zu sagen als der Richter da?" (Z. 1633 ff.)

Im Verfahren sei für die Eltern nicht ersichtlich geworden, wer über welche Entscheidungskompetenzen verfüge. Zwar seien sie theoretisch darüber informiert, dass der Richter die Entscheidungen treffe, aber praktisch hätten sie erlebt, wie seine Entscheidungen von der Sachbearbeiterin außer Kraft gesetzt worden seien. Sie habe ihre Meinung losgelöst von bestehenden Machtstrukturen durchgesetzt. Der Richter sei jedoch offensichtlich dankbar für eine klare

Haltung des Jugendamtes (vgl. Z. 2042 f.): In der Kooperation habe der Richter den Anträgen der Fachkraft „sofort stattgegeben" (Z. 1653) und sich der Meinung der Fachkraft angeschlossen.

> „Da muss irgendwas gelaufen sein, aber man kann es nicht beweisen." (Z. 1103 f.)

Während des familiengerichtlichen Verfahrens habe sich bei den Eltern das Gefühl herauskristallisiert, dass etwas nicht stimme. In ihrer Wahrnehmung seien sie von unterschiedlichen (Verfahrens-)Fehlern betroffen. Die Entscheidungen und Handlungen unterschiedlicher Akteure seien für die Eltern nicht verständlich. Bei der Gerichtsverhandlung vor dem OLG habe sich dann bestätigt, dass da „ja auch so irgendwie Schmu gemacht worden ist, ne?" (Z. 1074). Ein ihnen bekannter Richter am OLG habe ihnen im Vertrauen mitgeteilt, dass die Richter gezwungen gewesen seien, gegen die Eltern zu entscheiden. Wenn die Richter bestätigt hätten, dass in dem Verfahren oder aufseiten des Jugendamtes Fehler passiert seien, „dann hätte das Jugendamt ja ein Riesenproblem gehabt so mehr oder weniger" (Z. 1082). Folglich seien sie „geopfert" (Z. 1083) worden, um Widersprüche anderer Familien zu vermeiden. Die Richter hätten vermeiden wollen, dass andere Familien ebenfalls die nächsthöhere Instanz aufsuchen, um ihr Recht durchzusetzen. Die Fachkräfte würden so gegenseitig ihre Fehler vertuschen (vgl. Z. 1085 ff.).

In ihrer Annahme, von Verfahrensfehlern betroffen zu sein, seien sie von ihrer Familienhilfe unterstützt worden. Ihre Familienhelferin habe auch behauptet, dass den Verantwortlichen „Fehler unterlaufen" (Z. 2082) seien. Dabei habe sich die Familienhelferin in erster Linie auf das Gutachten bezogen. Die Auseinandersetzung mit dem Ergebnis sei aus ihrer Sicht fragwürdig. Wenn die Eltern als erziehungsunfähig gelten, hätten konsequenterweise beide Kinder herausgenommen werden müssen (vgl. Z. 2081 ff.). Das sei allerdings nicht der Fall gewesen. Ein Indiz, dass den Ergebnissen des Gutachtens nicht zwingend Glauben geschenkt werden könne.

Eltern als Akteure

> „Wenn er mir so gleichgültig gewesen wäre, dann hätten wir mal nicht so darum gekämpft über so viele Jahre." (Z. 652 f.)

Herr und Frau Imhoff charakterisieren sowohl die Interaktion als auch das familiengerichtliche Verfahren als Kampf um ihren Sohn. Zu Beginn hätten sie für einen Verbleib, im weiteren Verlauf für seine zeitnahe Rückkehr in den familiären Haushalt gekämpft. Nach den ersten Rückschlägen vor dem Familiengericht hätten sie ihr Ziel angepasst und versucht, „das Bestmögliche raus zu machen, um […] für ihn weiter da zu sein […] und weiter zu kämpfen, dass das

Miteinander ein bisschen (.) ja, mehr ausgebaut wird. Dass er uns nicht ganz verliert" (Z. 594 ff.). Sie hätten dann vorrangig für die Kontakte und die Beziehung zu ihm gekämpft. Jahrelang hätten sie die ihnen zur Verfügung stehenden Optionen aktiviert und genutzt (vgl. Z. 1066 ff.). Sie hätten Zeit, Energie und Geld investiert. Die Intensität und Dauer des Kampfes hätten weitreichende Auswirkungen gehabt und ihnen viel abverlangt. Ihre Kraft sei geschwunden (vgl. Z. 2280 ff.). Frau Imhoff traue sich momentan nicht mehr zu, „noch mal so zu kämpfen" (Z. 2285 f.), und schließe eine Wiederholung kategorisch aus (vgl. Z. 2295).

Neben dem Kampf um ihren Sohn seien Herr und Frau Imhoff stets bemüht gewesen, das Bild, das von außenstehenden Personen von ihnen gezeichnet worden sei, zu korrigieren. Sie hätten beweisen wollen, dass sie ihrer Erziehungsaufgabe gerecht werden und „nicht so sind" (Z. 2073) wie die ihnen vermittelte fachliche Vorstellung. Damit hätten sie die Herausnahme von Nele verhindern wollen (vgl. Z. 285). Langsam und schrittweise hätten sie das Bild berichtigen können. In diesem Zusammenhang resümiert Frau Imhoff wie folgt: „Ich glaube, wenn uns das nicht gelungen wäre, wäre […] [Nele] heute auch nicht hier" (Z. 286 f.).

Mit Blick auf ihr Verhalten in dem familiengerichtlichen Verfahren nutzen Herr und Frau Imhoff ihre distanzierte Position, um ihr Verhalten und ihre Gefühle zu beschreiben und zu bewerten (vgl. Z. 732 ff.). Frau Imhoff berichtet über eine Weiterentwicklung bei sich: Im Laufe des Verfahrens habe sie viel dazugelernt, sodass sie selbstkritisch äußert, sich inzwischen anders zu verhalten. Mit ihrem Wissensstand von heute würde sie beispielsweise bestimmte Informationen nicht mehr preisgegeben und sich taktischer verhalten (vgl. Z. 1038 f., 1133 ff.).

In der damaligen Situation hätten sich die Eheleute intensiv mit dem Verfahren beschäftigt. Für sie habe es einen sehr großen Stellenwert eingenommen und häufig im Mittelpunkt ihres Alltags gestanden. Im Nachhinein sei ihnen bewusst geworden, „wie viel Zeit man […] für Niko, dieses Verfahren, [I: Mhm.] diesen Gerichtskram" (Z. 728 f.) geopfert habe. Sie hätten jedes Schreiben kommentiert und zu den einzelnen Vorwürfen ausführlich Stellung bezogen, um ihr Verhalten zu rechtfertigen und die Vorwürfe zu entkräften (vgl. Z. 740 ff.).

> „Wirklich, ich würde es heute nicht mehr tun, weil es erstens sowieso absolut überflüssig ist, weil man kommt dann, wenn, durch so eine Situation nicht an, oder vielleicht einfach anders mal, einfach klipp und klar sagen, so, meine Linie, das und das ist vorgefallen, Ende der Diskussion." (Z. 736 ff.)

Die Rechtfertigung sei zeitaufwändig und kräftezehrend, aber nicht erfolgreich gewesen. Sie hätten zu dem damaligen Zeitpunkt jedoch keine alternativen

Handlungsstrategien für sich erkennen können (vgl. Z. 740 f.). Herr und Frau Imhoff seien ihrem Impuls gefolgt, obwohl sie den innerlichen Druck, sich rechtfertigen zu müssen, auch als belastend erlebt hätten.

Die Auseinandersetzung mit den Vorwürfen veranschauliche ihren Kampf: Sie seien „immer wieder dagegen angegangen" (Z. 132 f.) und hätten sich von Rückschlägen nicht beirren lassen. So hätten sie direkt Widerspruch gegen den Sorgerechtsentzug eingelegt (vgl. Z. 176). Sie hätten das Urteil nicht als endgültig betrachtet, sondern für sie sei die Perspektive „noch nicht entschieden" (Z. 178 ff.) gewesen. Ihre Pläne hätten sie auch Niko mitgeteilt: „Wir gehen weiter. Es ist dort entschieden, aber es gibt noch eine andere Stelle, die noch ein bisschen höher ist, die entscheiden kann. So" (Z. 2054 f.).

Das familiengerichtliche Verfahren habe für Herrn und Frau Imhoff eine finanzielle Belastung dargestellt. Sie hätten ihre gesamten Ersparnisse in das familiengerichtliche Verfahren investiert (vgl. Z. 1068). Dieser Betrag sei jedoch nicht ausreichend gewesen, um sämtliche Handlungsmöglichkeiten ausschöpfen zu können. Die Empfehlung ihrer Rechtsanwältin, ein Gegengutachten in Auftrag zu geben, hätten sie nicht umsetzen können, da die Kosten für die Beauftragung eines neutralen Gutachters/einer neutralen Gutachterin ihre finanziellen Möglichkeiten überstiegen hätte (vgl. Z. 1063 ff.): „Wo soll ich das hernehmen? Wir haben damals da so viel reingebuttert" (Z. 1065 f.). Ihre Reserven seien verbraucht gewesen. Die Eltern äußern sich skeptisch darüber, ob sich die finanziellen Investitionen gelohnt hätten. Sie würden nicht bedauern, das Geld für den Kampf um Niko investiert zu haben, aber mit ihrem Gefühl hadern, von vornherein chancenlos gewesen zu sein (vgl. Z. 1070 ff.). In diesem Sinne hätten sie sich „den Weg […] praktisch sparen können, das ganze Geld" (Z. 196 f.). Die Enttäuschung vor dem OLG, „den Knall verloren" (Z. 1740) zu haben, und das dominierende Gefühl, chancenlos zu sein, habe sie veranlasst, kein weiteres Geld auszugeben und auf die Anrufung der nächsthöheren Instanz zu verzichten (vgl. Z. 231 ff.). Dieser Schritt hätte „auch nichts gebracht" (Z. 233). Sie hätten am Ende des Prozesses gemerkt, erfolglos gewesen zu sein. Durch das Urteil seien sie aufgefordert gewesen, sich mit dem Ergebnis zu arrangieren: „[M]an [muss] damit leben […], ob man will oder nicht" (Z. 309).

In Übereinstimmung mit ihrem Erleben von Hilfen hängt die Einschätzung der beteiligten Akteure in dem familiengerichtlichen Verfahren mit deren Positionierung für oder gegen die Eltern zusammen. Die vom Familiengericht beauftragten Fachkräfte positionieren sich in der elterlichen Wahrnehmung gegen sie und nehmen einen defizitorientierten Blick ein. Da sie gegen die Eltern agieren, erfahren sie durchweg eine negative Bewertung von Herrn und Frau Imhoff. Lediglich die Anwältin, die von den Eltern beauftragt wurde, wird differenziert(er) wahrgenommen. Die anfänglich positive Haltung weicht jedoch einer ablehnenden Sichtweise. Im Ergebnis werden alle beteiligten Fachkräfte am Ende des Verfah-

rens negativ wahrgenommen. Die Eltern fühlen sich von ihnen nicht unterstützt und ungerecht behandelt. Während des Verfahrens fühlen sie sich von institutioneller Seite im Stich gelassen. Sie haben allein gegen alle Fachkräfte kämpfen müssen. Da sie von professioneller Seite während des Verfahrens keine Unterstützung erfahren, müssen ihre Familien, Freunde und Bekannten den notwendigen Zuspruch und die Wertschätzung kompensatorisch erbringen.

Während die Sachbearbeiterin aus Sicht der Eltern vor und nach den Verhandlungen die zentrale Figur darstellt, schreiben sie den Richtern vor dem Familien- und Oberlandesgericht in den Verhandlungen eine entscheidende Rolle für den weiteren Verlauf zu. Nach dem ernüchternden Erlebnis mit dem Richter vor dem Familiengericht wurde die Hoffnung der Eltern auf eine bessere Behandlung vor der nächsthöheren Instanz enttäuscht: Die Wahrnehmung der Richter vor dem OLG gleicht ihrer Wahrnehmung des Richters vor dem Familiengericht. Die Eltern registrieren keine Unterschiede. Der Umgang mit ihnen als Eltern ist in ihrem Erleben durchgängig und unabhängig von der Instanz abwertend und demütigend. Sie unterstellen den Richtern, sie zu stigmatisieren und ihnen die Rolle von Verbrechern zuzuschreiben. Die zuständigen Richter interessieren sich offenkundig weder für die Wahrheit noch für die Eltern. Die vermittelten Fremdzuschreibungen prägen das elterliche Erleben und ziehen sich wie ein roter Faden durch das Verfahren: Sie sind in einer schlechten Position und können ihre Anliegen weder vortragen noch durchsetzen.

Die Akteure sind so eng miteinander verzahnt, dass die Eltern ihre Verantwortungs- und Entscheidungskompetenzen nicht eindeutig voneinander trennen können. Den Akteuren wird ein hohes Maß an Entscheidungskompetenz zugesprochen. Dabei vermischen sich jedoch die Aufgabengebiete: Aus Sicht der Eltern steht das Jugendamt in der Realität über dem Familiengericht – trotz der rechtlich anderen und ihnen bekannten Grundlage. Die von dem Richter beauftragten Fachkräfte, Verfahrensbeistand und Gutachterin, nehmen die Rolle von Unterstützerinnen des Jugendamtes ein. Die beteiligten Experten/Expertinnen bilden eine Einheit, die – in der Wahrnehmung der Eltern – aktiv und kooperativ gegen sie arbeitet. Die Fachkräfte spielen sich gegenseitig die Informationen zu, die gegen die Eltern verwendet werden können. In diesem eng gestrickten Netz nehmen Herr und Frau Imhoff die Sachbearbeiterin des Jugendamtes als Drahtzieherin wahr. Sie zieht die Fäden im Kampf gegen die Eltern und manipuliert die übrigen Fachkräfte. Die Richter funktionieren entsprechend den professionellen Vorstellungen der Fachkraft. Auch die Gutachterin handelt in ihrem fachlichen Sinne und nicht im Sinne der Familie. Herr und Frau Imhoff betrachten das familiengerichtliche Verfahren als Komplott und stilisieren sich als Opfer einer Verschwörung. Unter Berücksichtigung ihrer Haltung rückt das Wohl ihres Kindes tendenziell in den Hintergrund, während der personalisierte Kampf zwischen der Fachkraft des Jugendamtes und den Eltern vermeintlich in den Mittelpunkt des fachlichen Interesses und ihres subjektiven Handelns rückt.

7.1.4.6 „Überleben" – Umgang mit dem gesamten Prozess

> „Das ging so schnell, so schnell konnte man nicht gucken. So schnell konnte man nicht gucken." (Z. 1624 f.)

Die Geschwindigkeit der ersten Verhandlungen vor dem Familiengericht habe Herrn und Frau Imhoff überfordert. Angesichts des „rasend schnell[en]" (Z. 1732) Tempos seien passende Reaktionen für sie kaum möglich gewesen. Im Gegensatz dazu sei das Verfahren vor dem OLG zäh und zeitraubend gewesen.

> „Was sich dann praktisch hingezogen hat, ist dann praktisch dieses (.) zum OLG. Das [E1: Das hat sich gezogen, ja.] hat sich gezogen wie ein Kaugummi." (Z. 1734 f.)

Die zahlreichen Stellungnahmen vorab hätten das Verfahren verzögert (vgl. Z. 1735 ff.). Zahlreiche Personen hätten sich schriftlich zu Wort gemeldet und den Beginn, Verlauf und das Ergebnis beeinflusst. Im Gegensatz zu der langen Vorlaufzeit habe es vor dem OLG nur eine Verhandlung gegeben, in der „innerhalb von einer Stunde" (Z. 1091) die Entscheidung getroffen worden sei (vgl. Z. 1090 f.).

> „Wir haben ja immer gehofft, wir haben die Hoffnung ja nie aufgegeben. [...] Nie. Nie aufgegeben." (Z. 1976 f.)

Ihre Hoffnung auf einen positiven Ausgang habe für lange Zeit in Nikos unverändertem Kinderzimmer Ausdruck gefunden: „[W]ir haben immer gehofft, er kommt, er kommt, wir haben alles stehen lassen, alles [E1: Mhm.] praktisch so, wie er es verlassen hat, [I: Mhm.] so ne, alles so gelassen, wie er gegangen ist" (Z. 2002 ff.). Sie hätten gehofft, dass die Richter ein Urteil für die Eltern sprechen würden (vgl. Z. 1808 ff.). Umso größer sei die Enttäuschung gewesen, als die Hoffnung nicht eingelöst worden sei: „Ja, und dann wurden wir leider extrem stark enttäuscht. (2 Sek.)" (Z. 2056). Mit dem Ergebnis vor dem OLG sei ihre Hoffnung zerplatzt. Frau Imhoff gelingt es nur begrenzt, ihre Gefühle in Worte zu fassen: „Ne, das, das, das ist nicht, das kann man nicht beschreiben. [I: Mhm.] In dem Moment geht ein Teil von einem kaputt, wirklich. (5 Sek.)" (Z. 2075 f.). Sie habe sich zerstört gefühlt: „Weg. Ja, es zieht einem erst mal den Boden unter den Füßen weg, ne" (Z. 2059). Der Kampf sei beendet gewesen und habe eine Lücke hinterlassen (vgl. Z. 2078 ff.). Die Erinnerung löst bei Frau Imhoff starke Emotionen aus: Sie beginnt zu weinen (vgl. Z. 2060 ff.).

Frau Imhoff habe erkannt, dass ihr Sohn nicht zu ihnen zurückkehre (vgl. 2067 f.): „Wir hatten ja dann nie die Hoffnung, dass er dann überhaupt noch mal kommt" (Z. 2066 f.). Ihre Vorstellung von Familie sei zerstört worden.

„Und, da habe ich nur gedacht, die Familie, die ist hin" (Z. 2261 f.). Nach der endgültigen Entscheidung seien sie mit Nele umgezogen. In der neuen Wohnung hätten sie kein Zimmer für Niko eingerichtet.

Das familiengerichtliche Verfahren bezeichnen Herr und Frau Imhoff als „[k]atastrophal" (Z. 2538). Sie seien während des familiengerichtlichen Verfahrens wie Verbrecher behandelt worden.

> „Das ist, das ist wie, ja, so wie so ein Verbrecher, der einfach [E2: Mhm.] nur [E: Einfach vorverurteilt wird.] Handschellen hingestellt, gefesselt, weißt du, und mit Handschellen wieder rausgeführt, der keine Rechte hat. (.) Auf irgendwas." (Z. 2546 ff.)

Als Eltern seien sie nicht wahrgenommen und wertgeschätzt, sondern „einfach nur angeprangert und verurteilt" (Z. 2538 f.) worden. Mit der ihnen zugewiesenen Rolle als Verbrecher seien automatisch eine Verurteilung ihrer Person sowie der Verlust von Rechten verbunden gewesen. Das Verfahren sei losgelöst von ihren Wünschen und Bedürfnissen „einfach so durchgeführt worden" (Z. 2551). Es habe keine Aushandlung oder einen Austausch mit ihnen gegeben (vgl. 2541 f.). Ihnen seien symbolisch Handschellen angelegt worden. In dieser von ihnen assoziierten Rolle seien sämtliche Eltern chancenlos.

> „Man hat als Eltern, ich weiß nicht, wie es heute ist, aber zum damaligen Zeitpunkt keinerlei Chance, [I: Mhm.] wenn so was im Raum steht." (Z. 2539 f.)

Ihre Erfahrung habe sie in ihrem Glauben erschüttert. Vor dem Beginn des familiengerichtlichen Verfahrens seien sie davon überzeugt gewesen, keine negativen Folgen zu erfahren, da erstens die Beweise fehlen würden und zweitens in Deutschland der Grundsatz im Zweifel für den Angeklagten gelte. Dieser Grundsatz sei bei ihnen jedoch ausgehebelt worden. Die gegnerische Partei hätte „nichts, praktisch nichts [I: Mhm.] in der Hand [gehabt], um uns das anzulasten" (Z. 2565). Dennoch sei „einfach durch die Wand, durch die Wand, ohne Beweise entschieden worden" (Z. 2573 f.). Für die Eltern sei unerklärlich, warum falsche Behauptungen Beweise ersetzen können. Die negativen Erfahrungen und das Ergebnis hätten Herrn und Frau Imhoff desilusioniert. Sie hätten das Vertrauen in das deutsche Rechtssystem verloren.

> „Und da verliert man (.) alles. Also ich habe wirklich ähm (2 Sek.) am deutschen Staat alles verloren. In dem, also auf dem, vor allem in Bezug auf Familiengericht." (Z. 2581 f.)

Da das Urteil der Willkür der zuständigen Richter unterliege, seien sie bemüht, eine Wiederholung zu vermeiden. Sie seien bestrebt, nie wieder vor das Familiengericht treten zu müssen (vgl. Z. 2582 f.).

Herr und Frau Imhoff hätten sich verlassen gefühlt und den Eindruck gewonnen, dass „die ganze Welt gegen einen" (Z. 2603 f.) sei.

> „Warum ist das passiert? Ne, warum hat man uns da so (.) fallen lassen, als Eltern." (Z. 2218 f.)

Sie hätten nicht verstanden, wieso sie vorher, währenddessen und nachher von den Fachkräften nicht angemessen unterstützt worden seien. Anstatt Hilfe zu erhalten, seien ihnen Schäden zugefügt worden: „Alle Institutionen, die man irgendwo versucht hat, ins Boot zu holen, um zu helfen, haben einen angegriffen [I: Mhm.] und nicht geholfen" (Z. 2605 ff.). In ihrer Wahrnehmung hätten sie sich allein gegen die Angriffe zur Wehr setzen müssen.

Während der belastenden Zeit seien Herr und Frau Imhoff von ihren Familien, Freunden und Bekannten unterstützt worden. Die Eltern von Frau Imhoff hätten sie auf dem Weg zum OLG begleitet und an ihrer Seite gestanden, um sie direkt nach der Verhandlung emotional auffangen und unterstützen zu können (vgl. Z. 206 f.).

Im Freundes- und Bekanntenkreis hätten die Eheleute Beistand erfahren. Sie hätten die einstimmige Ablehnung des von außen erzeugten Bildes als Zuspruch erlebt.

> „Ihr im Leben nicht. Also mit Sicherheit nicht. [...] Im Leben nicht." (Z. 2461)

Im Gegensatz zu den negativen Zuschreibungen der Fachkräfte hätten sie von ihren Freunden und Bekannten Wertschätzung und Anerkennung erfahren: „So seid ihr nicht. Wir kennen euch [...] so nicht und wir haben [E2: Mhm.] euch auch so nie erlebt" (Z. 2595 f.). Die gemeinsam geteilten Erfahrungen hätten das positive Bild der Eltern bestärkt und die Vorwürfe von außen widerlegt (vgl. Z. 2599 ff.). Die Anerkennung habe ihnen Hoffnung und Kraft vermittelt (vgl. Z. 2601 f.).

Auch Außenstehende hätten ihr Unverständnis für die Herausnahme von Niko ausgesprochen: „Wir haben das gehört. Wir können das gar nicht nachvollziehen. Das gibt es doch nicht. So was in Deutschland, das gibt es doch nicht" (Z. 2609 f.).

Die weit verbreitete Empörung habe die Eltern in ihrer Einschätzung bestärkt und das Gefühl von Einsamkeit und Isolation gemildert. Die Loyalität habe ihnen gezeigt, dass sie nicht alleine dastehen (vgl. Z. 2603 f.).

Neben diesen emotionalen Aspekten sei die Ablenkung durch ihre Familie und Freunde wichtig gewesen, um auf andere Gedanken zu kommen und einen sozialen Rückzug zu vermeiden (vgl. Z. 2462 ff.).

Für die Eltern sei der gesamte Prozess bis heute nur begrenzt greifbar und verständlich. Es stelle für sie eine große Herausforderung dar, die damit einhergehenden Belastungen und Emotionen zu kommunizieren. Personen, die nicht die gleichen Erfahrungen gesammelt hätten, wären nicht zugänglich für die Gefühle und Gedanken.

> „Drei Jahre hat sich das Verfahren hingezogen. [I: Mhm.] (.) Da geht man als Eltern durch die Hölle. (2 Sek.) [I: Mhm.] Auf jeden Fall. (2 Sek.) Sodass man nachts nicht mehr schlafen kann. (2 Sek.) Gar nicht mehr. [I: Das glaube ich, mhm.] Dass man dann wirklich zum Arzt gehen muss und muss sich Beruhigungsmittel (.) verschreiben lassen, dass man (.) ja die Zeit überwinden kann." (Z. 256 ff.)

Die ersten drei bis vier Jahre seien am schlimmsten gewesen. Herr und Frau Imhoff skizzieren diese Zeit als „wirklich extrem" (Z. 692). Sie hätten häufig das Gefühl gehabt, sich an ihrer Belastungsgrenze zu bewegen, und befürchtet, der Belastung nicht länger standhalten zu können (vgl. Z. 693 f.). Auch habe der massive Stress „eine Probe für die Ehe [E2: Ja.]" (Z. 663 f.) dargestellt und sich nachhaltig auf ihr Zusammenleben ausgewirkt.

> „Wir waren ja teilweise, ganz am Anfang haben wir gar nicht miteinander gesprochen, ne? [E2: Nee, erst mal nicht.] Überhaupt nicht. Das ging nicht." (Z. 921 ff.)

Zu Beginn seien die Eheleute jeweils mit sich selbst und ihrer subjektiven Belastung beschäftigt gewesen. Während Frau Imhoff gekämpft habe, habe Herr Imhoff sich zurückgezogen. Neben den Vorwürfen von außen seien die Selbstvorwürfe belastend gewesen. Sie hätten sich wiederholt die Frage gestellt, welche Fehler sie wann begangen und welche Alternativen ihnen zur Verfügung gestanden hätten (vgl. Z. 925 ff.). Diese Situation habe sie kaputt gemacht. Zusätzlich hätten sie sich phasenweise gegenseitig Vorwürfe gemacht, einen Anteil an dem Verlauf zu haben (vgl. Z. 660 ff.). Die gegenseitigen Vorhaltungen hätten die schwierige Situation zwischen ihnen verschärft (vgl. Z. 921 ff.). Mit ärztlicher Unterstützung sei die depressive Episode von Herrn Imhoff erträglicher geworden, damit sie wieder gemeinsam kämpfen konnten (vgl. Z. 932 ff.).

Herr und Frau Imhoff resümieren die Erfahrungen rund um das Verfahren als sehr belastende Zeit, unter der alle Familienmitglieder gelitten hätten (vgl. Z. 361, 972). Mit der Kontaktaufnahme zum Jugendamt habe für die Familie ein schwieriger Lebensabschnitt begonnen. Sie seien unfreiwillig für mehrere Jahre „auseinandergerissen" worden. Als Familie hätten sie irreparable Schäden davongetragen, die aufgearbeitet werden müssten.

„Und das, das ist das, was ich damals auch schon mal gesagt habe. Wir müssen reden. Jetzt. Nicht irgendwann in zehn Jahren. [I: Mhm.] Wir müssen jetzt, es muss, irgendwann muss, ne, mit ihm, mit uns zusammen, einfach das, damit man das auch mal (.) gegeneinander mit-, er seine Meinung, wir unsere Meinung, es muss darüber gesprochen werden. Es kann nicht unter den Teppich gekehrt werden und sagen, so, ach, wird schon alles gehen, [I: Mhm.] er ist ja dann erwachsen. Er kommt zurück und das Familienleben geht weiter. Es geht nicht weiter." (Z. 1275 ff.)

Die Geschehnisse und jahrelange Trennung hätten bei allen Familienmitgliedern tiefe Spuren und Narben hinterlassen (vgl. Z. 1155). Als Familie hätten sie direkt nach der Herausnahme gemeinsame Gespräche benötigt, um sich mit den wechselseitigen Vorwürfen auseinandersetzen zu können. Ihnen sei jedoch nie die Möglichkeit gegeben worden, gemeinsam die traumatisierenden Erfahrungen im Zuge der Fremdunterbringung und des familiengerichtlichen Verfahrens professionell aufzuarbeiten. Frau Imhoff bedaure diese ungenutzte Option und sei in diesem Zusammenhang wieder enttäuscht von dem Jugendamt.

„Und es macht so eine Familie kaputt." (Z. 1269)

Nach der Rückkehr Nikos in den gemeinsamen Haushalt hätten Herr und Frau Imhoff schmerzlich erkennen müssen, dass „es […] nie wieder so wie früher" (Z. 597) werde. Sie könnten nicht mehr als Familie zusammenleben. Ihre Erfahrung zeige, dass der entstandene Riss zwischen ihnen nicht „von heute auf morgen" (Z. 616) und vielleicht nie zu kitten sei (vgl. Z. 617). Dieses Erleben sei für die Eltern traurig und bestürzend: „Und das ist dann traurig. Dass es dann im Endeffekt so endet" (Z. 1290).

Als Eltern seien sie geprägt durch ihre Erfahrungen (vgl. Z. 1155). Der Versuch, die Emotionen zu verdrängen, sei erfolglos. Jede neue Auseinandersetzung mit dem Verfahren wühle ihre Gefühle wieder auf (vgl. Z. 1244). Die Eltern hätten den Eindruck, sich in einem nicht enden wollenden Kreislauf zu befinden. Trotz des offiziellen Abschlusses sei die Belastung für die Eltern anhaltend spürbar:

„Ja. (2 Sek.) Sehr belastend. (.) Und es wird, nimmt kein Ende. Ich habe gedacht, es nimmt immer irgendwo mal ein Ende, […] aber es nimmt kein Ende. Es nimmt kein Ende. Wer so was erfährt, das nimmt kein Ende." (Z. 972)

Der Belastungszustand halte weiter an und begleite die Eltern. Zentrale Ereignisse in ihrer familiären Biografie wiederholen sich, sodass sie nicht dauerhaft die Interaktion mit dem Jugendamt vermeiden können.

„Elf Jahre Jugendamt. Ja, und es nimmt kein Ende. Man sieht es ja jetzt. Jetzt geht es weiter, es gibt die nächste Instanz, dass wir jetzt wieder Hilfe brauchen, weil es zu Hause nicht geht." (Z. 981 f.)

Sie seien bemüht, Veränderungen zu erarbeiten. Allerdings zeige Niko ihnen erneut ihre Grenze auf. Die aktuellen Schwierigkeiten im Umgang seien der Grund für die erneute Kontaktaufnahme mit dem Jugendamt. Sie würden sich in einer Endlosschleife befinden, welche die erneute Inanspruchnahme einer Hilfe erforderlich werden lasse (vgl. Z. 831 f., 1307 ff.). Trotz ihrer Befürchtung, sich in einem endlosen Kreislauf zu befinden und mit dieser Belastung leben zu müssen, formulieren die Eltern die Hoffnung auf ein Ende – auch wenn sie momentan nicht daran glauben können (vgl. Z. 1334 ff.).

„Das ist so ein Weg, den man nie (.) zu Ende gehen wird. [I: Mhm.] Das wird uns immer begleiten, unser Leben lang." (Z. 1331 f.)

In dem Erleben des familiengerichtlichen Verfahrens kristallisieren sich Widersprüche in der Erzählung von Herrn und Frau Imhoff heraus. Sie skizzieren das familiengerichtliche Verfahren einerseits als temporeichen Prozess, andererseits berichten sie von einer seit Jahren andauernden und aktuell noch bestehenden Belastung. Die Dynamik der einzelnen Verhandlungen hat ihre Handlungsfähigkeit beeinträchtigt. Vor allem die zügigen Entscheidungen und die daraus folgenden Handlungsschritte haben sie überfordert. Die längeren Phasen zwischen den Verhandlungen haben die Spannung und Belastung der Eltern erhöht. Die Eltern beschreiben, insgesamt zu keinem Zeitpunkt die Kontrolle über den Prozess gehabt zu haben.

Das familiengerichtliche Verfahren hat temporär den Lebensinhalt der Eltern gebildet und ihren familiären Alltag geprägt: Die Emotionen, Gedanken und Handlungen der Eltern wurden von den Aktivitäten rund um den Prozess determiniert. Entsprechend ihrem subjektiven Verständnis als sorgende Eltern haben sie die ihnen zur Verfügung stehenden Mittel aktiviert, um eine Rückführung ihres Sohnes zu ermöglichen. Trotz ihrer Darstellung, aktiv für ihr Ziel gehandelt zu haben, schimmert ab und an in ihren Erzählungen ein reaktives Verhalten durch: Während die übrigen Beteiligten agieren, ist es den Eltern in weiten Teilen subjektiv gefühlt nur möglich, auf Handlungen der Fachkräfte zu reagieren. Ihre Bemühungen, den Verlauf und die Entscheidungen zu beeinflussen, entfalten entweder keine für sie zufriedenstellende Wirkung oder beschleunigen negative Entwicklungen.

Die Eltern haben vorrangig negative Erfahrungen gesammelt. Für sie wiederholt sich die Erfahrung, trotz maximalen Engagements keine Erfolge in dem von außen auferlegten Kampf zu erzielen. Bei ihren Handlungen handelt es sich vor allem im Verlauf selten um konfrontative Angriffe, sondern häufiger um Abwehrstrategien und -manöver. Ihre aktiven Handlungsschritte zu Beginn zeigen eher kontraproduktive Auswirkungen und beschleunigen den negativen Trend. Die Eltern erleben sich durchgängig in einer ungünstigen Position. Sie fühlen sich zunehmend chancenlos und am Ende handlungsunfähig. Sie müssen das vermeintlich unfaire Verfahren über sich ergehen lassen und sich mit dem Urteil arrangieren. Am Ende fühlen sie sich darin bestätigt, Opfer eines willkürlichen Apparates zu sein. Ihre Rechte wurden ihnen abgesprochen. Angesichts ihrer Ausweglosigkeit haben sie resigniert.

Die Erfahrungen vor dem Familiengericht sind anknüpfungsfähig an ihre Erfahrungen im Umgang mit ihrem Sohn und in der Interaktion mit der Sachbearbeiterin des Jugendamtes und weiteren Fachkräften. Herr und Frau Imhoff fühlen sich kontinuierlich belastet. Zunächst durch den Umgang mit ihrem speziellen Sohn, später durch die Fachkraft des Jugendamtes und abschließend durch die Behandlung der Richter vor den unterschiedlichen Instanzen. Zwar zeigen sie in den verschiedenen Kontexten Anstrengungen, ihre Position und Situation zu verändern, aber sie nehmen keine positiven Wirkungen wahr. Sie erleben das Gefühl von Scheitern als eine für sie wiederkehrende Erfahrung. Sie haben das Scheitern bzw. den Misserfolg aus ihrer Sicht jedoch nicht zu verantworten, sondern andere Personen sind dafür verantwortlich: ihr Sohn, das Jugendamt, die Nachbarin und die Richter. In ihrer Wahrnehmung sind sie anwesend, aber unbeteiligt.

Der gesamte Prozess spiegelt einen sich stetig verschlechternden Prozess wider. Die Eltern erleben sich in einer „Abwärtsspirale": Schritt für Schritt verlieren sie sämtliche Entscheidungs- und Handlungsbefugnisse sowie Rechte. Da die Rolle als Eltern für sie identitätsstiftend ist, verlieren sie ein Stück ihrer Identität. Sie straucheln und können schwer loslassen. Bis heute haben sie die für sie traumatisierenden Erfahrungen nicht verarbeiten oder abschließen können. In ihrem sich selbst zugewiesenen Opferstatus klagen sie das Jugendamt an, die Verantwortung für die Zerstörung ihrer Familie zu tragen. Als Familie leiden sie anhaltend unter den Auswirkungen, sodass die Erlebnisse ständig reaktiviert werden. Das Jugendamt hat aus ihrer Sicht die nachhaltigen Auswirkungen zu verantworten, während sie mit den Folgen anhaltend leben müssen. Da wiederholt Konflikte auftreten, muss wiederholt Kontakt zum Jugendamt aufgenommen werden.

7.2 Fallstudie Katharina Tschick

„[W]ir haben ein schweres Schicksal und wieder Leute, die uns dazwischenfunken, können wir echt nicht gebrauchen. [I: Mhm.] Entweder man hilft uns (2 Sek.) nach der jahrelangen Arbeit oder man lässt uns jetzt endlich mal in Ruhe." (Z. 278 ff.)

7.2.1 Informationen über die Familie Tschick

Abb. 6: Genogramm der Familie Tschick

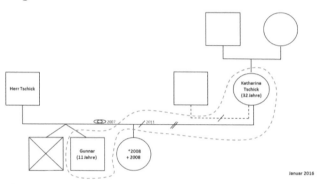

(eigene Darstellung)

Frau Tschick (32 Jahre) lebt zum Zeitpunkt des Interviews als alleinerziehende Mutter mit ihrem Sohn Gunnar (11 Jahre) in einer 3-Zimmer-Wohnung in einer Stadt, die an das Ruhrgebiet grenzt. Gunnar stammt aus einer 2004 geschlossenen Ehe. Sein Zwillingsbruder verstarb während der Schwangerschaft. 2008 verstarb die gemeinsame Tochter der Eheleute ebenfalls wenige Tage nach der Geburt. 2011 trennte sich Frau Tschick von ihrem Ehemann. Sie sind inzwischen rechtskräftig geschieden. Gunnar trifft regelmäßig seinen Vater. Nach ihrer Ehe führte Frau Tschick zeitweilig eine Beziehung. Während das Verhältnis zu ihrem Ex-Mann schwierig ist, pflegt sie zu ihrem Ex-Partner ein freundschaftliches Verhältnis.

Frau Tschick wuchs als Einzelkind auf. Sie hat positive Erinnerungen an ihre Kindheit. Während des Interviews erwähnt sie häufig ihre Mutter als wichtige Bezugsperson. Angaben zu ihrem Vater macht sie nicht. Sie hat bislang keine Ausbildung abgeschlossen. Eine von ihr begonnene Ausbildung musste sie im Laufe ihrer ersten Schwangerschaft abbrechen. Frau Tschick arbeitet aktuell als Geringqualifizierte in einem Betrieb.

Frau Tschick leidet seit Jahren an Depressionen. Sie ist medikamentös eingestellt und nimmt eine ambulante Therapie in Anspruch. Gunnar ist an Diabetes und Zöliakie (Glutenunverträglichkeit) erkrankt.

7.2.2   Bemerkungen zur Interviewsituation

Im Dezember 2015 erhielt ich die Kontaktdaten von Frau Tschick. Zuvor hatte die zuständige Fachdienstleitung des angefragten Jugendamtes die Bereitschaft der Mutter eingeholt, mir für mein Forschungsvorhaben ein Interview zu geben. Die telefonische Kontaktaufnahme gestaltete sich problemlos. Frau Tschick und ich vereinbarten zeitnah einen Termin für das Interview. Ihrem Wunsch, dieses in ihrer Wohnung zu führen, habe ich entsprochen.

Als ich Frau Tschick zu dem verabredeten Zeitpunkt in ihrer Wohnung antraf, wirkte sie überrascht über meinen Besuch. Nach meiner Vorstellung räumte sie ein, den Termin vergessen zu haben. Sie entschuldigte sich dafür, bat mich in ihre Wohnung und führte mich in die Küche. Dort stellte sie mich ihrer anwesenden Arbeitskollegin vor. Frau Tschick informierte diese über den Grund meines Besuches und erwähnte in diesem Zusammenhang, dass ihre Arbeitskollegin eine ähnliche Geschichte erlebt habe und möglicherweise auch für ein Interview zur Verfügung stehe.[80] Da Frau Tschick zeitlich sehr eingespannt war, vereinbarten wir einen neuen Termin. Der zweite Termin fand jedoch nicht statt, da Frau Tschick krankheitsbedingt um eine Terminverschiebung bat. Der dritte Versuch im Januar 2016 ist geglückt. Wir führten das Gespräch nachmittags in ihrer Wohnung.

Frau Tschick begrüßte mich freundlich, zugewandt und mit einem festen Händedruck. Bei mir entstand der Eindruck, dass sie sich über meinen Besuch freute. Sie begann direkt zu erzählen und führte mich in die Küche. Sie informierte mich, dass sie erst das Mittagessen vorbereiten und anschließend mit Gunnar speisen müsse, bevor wir mit dem Interview starten könnten. Das von ihr unterbreitete Angebot, gemeinsam mit ihnen zu essen, lehnte ich ab. Gunnar hielt sich während der Essensvorbereitung in seinem Kinderzimmer auf, das unmittelbar an die Küche grenzt. Ich begrüßte ihn und stellte mich vor. Dann nahm ich in der Küche Platz. Mehrmals suchte Gunnar Kontakt zu mir: Er bat mich immer wieder in sein Zimmer, zeigte mir verschiedene Spielzeuge und stellte Fragen. Während des Mittagessens saß ich gemeinsam mit Frau Tschick und Gunnar am Tisch, beobachtete das Gespräch zwischen Mutter und Sohn und beantwortete Fragen.

Nach dem Essen bat Frau Tschick mich, in ihrem Wohnzimmer Platz zu nehmen und zu warten, während sie kurz einen Nachbarsjungen zum Spielen

---

80   Ich habe die Chance genutzt und die Arbeitskollegin über mein Dissertationsprojekt informiert. Sie erklärte sich bereit, mir ein Interview zu geben. Wir vereinbarten direkt einen Termin. Wider Erwarten konnte ich sie zum verabredeten Zeitpunkt nicht persönlich antreffen. Meine wiederholten Versuche, sie telefonisch zu erreichen, waren erfolglos. Daher konnte ich kein Interview mit ihr führen.

abholte und eine Zigarette auf dem Balkon rauchte. Ich setzte mich auf eine der beiden Sofagarnituren in ihrem Wohnzimmer. In dem Raum befanden sich mehrere Terrarien mit Reptilienarten und an den Wänden hingen zahlreiche Fotos von wichtigen Ereignissen der Familie (Hochzeit, Geburt). Der Raum war zwar relativ vollgestellt, wirkte aber gemütlich. Frau Tschick setzte sich dann auf die zweite Couch und bot mir etwas zu trinken an.

Während der Aufklärung über die datenschutzrechtlichen Bestimmungen und die Besonderheiten des Interviewablaufes wirkte Frau Tschick aufmerksam und interessiert. Sie stellte keine Nachfragen und konnte meinen Erzählimpuls direkt verwerten. Ihre Erzählung umfasste ungefähr 35 Minuten. Anschließend nutzte sie die von mir formulierten Fragen, um Details zu erläutern. Während des gut zweieinviertelstündigen Interviews (2 Stunden, 19 Minuten, 2 Sekunden) zeigte Frau Tschick verschiedene Gefühlslagen, die sich in unterschiedlichen Sprechtempi und Lautstärken widerspiegelten. Auf mich wirkten ihre Emotionen kongruent zu den Inhalten.

Zweimal wurde das Interview unterbrochen: Einmal suchte Gunnar das Gespräch mit seiner Mutter und einmal klingelte die Nachbarin an der Tür und verwickelte Frau Tschick in ein Gespräch.

7.2.3   Fallverlauf der Abwendung einer Kindeswohlgefährdung

Abb. 7:   Zeitstrahl über das Verfahren zur Abwendung einer Kindeswohlgefährdung in der Familie Tschick

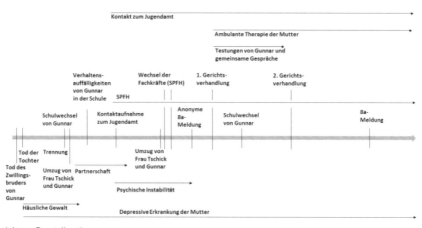

(eigene Darstellung)

Am Anfang ihrer Erzählung benennt Frau Tschick die Trennung von ihrem Ex-Mann als Auslöser für den Prozess zur Abwendung einer Kindeswohlgefährdung (vgl. Z. 11). Diese sei „nicht ganz friedlich" (Z. 13) verlaufen, da „viele (.)

Vorgeschichten" (Z. 12) die „Ehe kaputt gemacht" (Z. 13) hätten. Damit meint Frau Tschick unter anderem den Tod des Zwillingsbruders von Gunnar während ihrer ersten Schwangerschaft und den Tod der zweitgeborenen Tochter wenige Tage nach ihrer Geburt im Jahr 2008, der „dann [final] alles kaputt gemacht" (Z. 533 f.) habe. Danach sei häusliche Gewalt innerhalb der Familie präsent gewesen und ihre Ehe schrittweise in die Brüche gegangen (vgl. Z. 538 ff.). 2011 habe Frau Tschick nach einer Eskalation im häuslichen Kontext die Polizei gerufen und sich von ihrem damaligen Mann getrennt (vgl. Z. 541 ff.).

Nach ihrer Trennung sei sie mit ihrem Sohn umgezogen (vgl. Z. 14, 556). An ihrem neuen Lebensort habe Gunnar erstmalig Verhaltensauffälligkeiten im schulischen Kontext demonstriert (vgl. Z. 14 ff.). Während der Unterrichtsstunden habe er sich schlecht konzentrieren können und zappelige Verhaltensweisen gezeigt (vgl. Z. 1011 f.). Angesichts dieser neuen Entwicklung und der Qualität der Auffälligkeiten habe die Grundschule Frau Tschick vor die Wahl gestellt: Entweder sie informiere gemeinsam mit der Schule das Jugendamt und bitte um Hilfe oder die Schule melde initiativ die Auffälligkeiten beim Jugendamt. Sie habe sich für die erste Variante entschieden (vgl. Z. 16 f., 610 ff.).

Das erste Gespräch habe auf „neutralem Boden" (Z. 616) in der Schule stattgefunden (vgl. Z. 613 ff.). Frau Tschick habe dann eine ambulante Hilfe durch einen freien Träger erhalten (vgl. Z. 20 f., 622 f.). Als Anlässe für die Inanspruchnahme der Hilfe benennt Frau Tschick vielfältige Problemlagen. Vor allem der anfänglich fehlende Kontakt zwischen Gunnar und seinem Vater sei für sie belastend gewesen, da sie sich infolgedessen allein um ihren Sohn habe kümmern müssen (vgl. Z. 631 ff.). Die Anforderung, als alleinerziehende Mutter die Verantwortung zu tragen, habe angesichts ihrer damaligen fehlenden psychischen Stabilität einen zu hohen Anspruch an sie gestellt (vgl. Z. 22 f., 633). Seinerzeit habe sie außerdem gemeinsam mit Gunnar und zahlreichen Tieren in einer zu kleinen Wohnung leben müssen (vgl. Z. 634 ff.). Sie habe „kein Geld vom Amt" (Z. 636) erhalten. Die finanziellen Sorgen, die monatelangen Auseinandersetzungen mit dem Amt zwecks notwendiger finanzieller Unterstützung sowie die ständigen Diskussionen mit ihrem früheren Vermieter seien nervenaufreibend gewesen. Die Angst vor einer fristlosen Kündigung habe wiederum ihre psychische Situation beeinträchtigt (vgl. Z. 739 f.). Im Laufe der Hilfegewährung habe Frau Tschick Fortschritte in der familiären Lebenssituation sowie einen Zuwachs an psychischer Stabilität wahrgenommen (vgl. Z. 21 ff.).

Nach einem zweiten Umzug in eine andere Stadt im Herbst 2012 habe sie eine „andere Familienhilfe" (Z. 24 f.) von einem anderen freien Jugendhilfeträger erhalten. Kurze Zeit nach dem Trägerwechsel sei es zu einem weiteren Fachkräftewechsel gekommen. Im Gegensatz zu den von Frau Tschick zuvor wahrgenommenen positiven Veränderungen, habe sie in dieser Zeit wieder

Rückschritte in ihrer psychischen Entwicklung bemerkt. Phasenweise habe sie unter Antriebslosigkeit, „Panikattacken und Unruhen äh gelitten" (Z. 31 f.). Dieser Zustand habe die Erfüllung alltäglicher Anforderungen erschwert. Sie sei medikamentös eingestellt worden (vgl. Z. 30 f.). Die Medikation habe einerseits die Unruhezustände und Panikattacken reduziert, andererseits einen „Scheiß-egal-Effekt" (Z. 782 f.) bzw. eine „Ist-mir-egal-Einstellung" (Z. 785) erzeugt. Sie sei lustlos und desinteressiert gewesen (vgl. Z. 34). Frau Tschick habe sich in der damaligen Situation „einfach mal eine Auszeit" (Z. 776) gewünscht, da sie „müde von allem gewesen" (Z. 776) sei. Ihr fehlender Elan habe sich wieder nachteilig auf die Alltagsbewältigung ausgewirkt, sodass sie „oft Schwierigkeiten gehabt" (Z. 770 f.) habe, den Anforderungen gerecht zu werden. Da sie das Aufräumen vernachlässigt habe, sei es häufig „krusselig, also unordentlich" (Z. 771) gewesen. Sie habe versucht, „überhaupt irgendwas zu schaffen" (Z. 35). Dabei habe sie „die wirklich wichtigen Dinge" (Z. 786 f.), z. B. die medizinische Versorgung ihres Sohnes, stets erfolgreich bewältigt (vgl. Z. 785 f.). Von den Fachkräften sei kritisiert worden, dass sie sich ausruhe, anstatt wichtige Aufgaben zu erledigen (vgl. Z. 772 ff.). Die Situation habe sich dann langsam, aber kontinuierlich zugespitzt (vgl. Z. 27).

Bei dem Jugendamt sei in dieser Zeit eine anonyme Meldung wegen des Verdachts einer körperlichen Auseinandersetzung zwischen Mutter und Sohn eingegangen (vgl. Z. 250 ff.). Es „wurde halt gemeldet, dass […] [sie] ihn angebrüllt habe und eventuell auch geschlagen hätte. […] Gesehen hat man nichts" (Z. 260 ff.). Irgendjemand habe von draußen Lärm aus der Wohnung gehört, diese Wahrnehmung als Indiz für einen massiven Konflikt gedeutet und die Beobachtungen gemeldet. Bei der Klärung mit dem Jugendamt habe Frau Tschick zugegeben, lauter geworden zu sein, aber abgestritten, ihn geschlagen zu haben (vgl. Z. 265 ff., 929 f., 997).

Ende 2013 habe der freie Jugendhilfeträger dem Jugendamt aufgrund ihrer psychischen Instabilität eine Kindeswohlgefährdung gemeldet. Das Jugendamt habe daraufhin das Familiengericht angerufen (vgl. Z. 36 ff.). Der erste Termin vor dem Familiengericht habe Anfang 2014 stattgefunden. Frau Tschick habe die Auflagen erhalten, eine ambulante Therapie zu beginnen, bei ihrem Sohn unterschiedliche Testungen durchführen zu lassen und die Familienhilfe weiter anzunehmen (vgl. Z. 54 ff.). Ungefähr ein Jahr später, Anfang 2015, sei sie zu einem zweiten Termin im Rahmen des familiengerichtlichen Verfahrens geladen worden. Bei der zweiten Verhandlung habe die Richterin festgestellt, dass sie die Auflagen erfolgreich erfüllt habe. Daraufhin habe sie „das Urteil" (Z. 63) getroffen, dass Gunnar in dem familiären Haushalt nicht gefährdet sei und die Mutter das Sorgerecht behalte (vgl. Z. 82). Trotz Beendigung des Gerichtsverfahrens erhalte Frau Tschick eine ambulante Familienhilfe, die anhaltend von derselben Fachkraft gewährt werde.

Vor kurzer Zeit habe Gunnar in der Schule geäußert, von seiner Mutter geohrfeigt worden zu sein, weil er die Türen geknallt habe (vgl. Z. 194 ff., 956 ff.). Daraufhin sei das Jugendamt erneut im Zuge der Abwendung einer Kindeswohlgefährdung aktiv geworden. Ihr Sohn habe seine Aussage zwar zeitnah zurückgezogen (vgl. Z. 927, 997), aber unabhängig davon sei die Frequenz der Termine mit der Familienhilfe erhöht worden (vgl. Z. 218 ff., 924 f.). Zudem habe Frau Tschick die Auflage erhalten, bei möglichen blauen Flecken direkt den Arzt aufzusuchen (vgl. Z. 221 ff.).

Der Beginn des Verfahrens zur Abwendung einer Kindeswohlgefährdung wird von Frau Tschick mit einer einschneidenden familiären Umbruchsituation verknüpft. Die Trennung der Eheleute und der damit verbundene Umzug mit ihrem Sohn markieren aus ihrer Sicht eine Zäsur. Gleichzeitig können diese Ereignisse nicht isoliert betrachtet werden, da sie das Ergebnis einer Aneinanderreihung und Verkettung zahlreicher Schicksalsschläge und Belastungsmomente in den Jahren zuvor darstellen. Der sichtbare Einschnitt impliziert veränderte familiäre Bezüge und einen für die Mutter und ihren Sohn neuen, unbekannten Alltag in einer fremden Stadt. Da weder die traumatisierenden (Gewalt-)Erfahrungen während der Ehe verarbeitet noch die Herausforderungen als alleinerziehende Mutter selbstständig von Frau Tschick bewältigt werden können, beschreibt sie eine massive Überforderung. Frau Tschick kann die kumulierten Problemlagen nicht allein bewältigen, obwohl sie diese erkennt. Als Anlass für die Einleitung einer ambulanten Familienhilfe extrahiert sie in der Folge keine isolierte Problemlage, sondern fokussiert die seit Jahren bestehenden und die seit dem Umzug neu aufgetretenen Schwierigkeiten, die sich gegenseitig verstärken und das familiäre System destabilisieren. Der Sohn von Frau Tschick verweist mit seinen Verhaltensauffälligkeiten auf die hochkrisenhafte Situation innerhalb der Familie und öffnet die Tür für institutionelle Unterstützungsangebote. Durch die – nicht bewusst indizierte – Einschaltung der Schule wird eine Hilfe ermöglicht, die kompensatorisch die fehlenden Ressourcen der Mutter ausgleichen und sie in alltäglichen Angelegenheiten unterstützen kann. Frau Tschick schildert in diesem Zusammenhang, wie der Grad ihrer psychischen Stabilität über ihre Bereitschaft und realen Möglichkeiten entscheidet, die alltäglichen und erzieherischen Anforderungen zu bewältigen. Analog dazu ist ihr psychischer Zustand eng mit dem Hilfeverlauf verwoben. Fortschritte und Rückschritte in ihrer psychischen Entwicklung bilden die Dreh- und Angelpunkte der jeweiligen (Aus-)Richtung der Hilfe. In Abhängigkeit von ihrem Zustand pendelt die Hilfe in ihrer Wahrnehmung zwischen Unterstützung und Intervention. Frau Tschick konstruiert einen Prozess mit „Höhen und Tiefen". Folgerichtig kennzeichnet die Anrufung des Familiengerichts den Höhepunkt eines negativen Hilfeverlaufes und den Tiefpunkt ihrer psychischen Entwicklung. Ihren eingeleiteten (Handlungs-)Schritten und erzielten Erfolgen im Zuge des familiengerichtlichen Verfahrens schreibt sie eine vorübergehende stabilisierende Wirkung zu: Sie erlebt einen Aufschwung. Gleichzeitig verweist sie mit ihrer Darstellung des erneuten Rückschrittes auf eine bislang fehlende kontinuierliche Stabilität in dem Gesamtprozess. Dieser wird von Frau Tschick in seinem Ablauf kreisförmig skizziert: Das Ende ist offen und eine Beendigung momentan noch nicht dauerhaft greifbar. Frau Tschick erlebt eine Stagnation, wenn sie psychisch (wiederkehrend) intensiver beeinträchtigt ist.

7.2.4 Ausgewählte Themen im Erleben und Bewältigen

7.2.4.1 Persönliche und familiäre Lebenssituation

„Es ist kein normales Leben so wie andere auch einfach ein normales Leben führen, ohne Krankheiten, ohne irgendwie ein drumherum." (Z. 1290 ff.)

Das gemeinsame Leben von Gunnar und ihr entspreche nicht der Norm. Sie erzählt, „ein schweres Schicksal" (Z. 278) mit ihm zu teilen, das nur bedingt beeinflussbar sei. Die Schicksalsschläge seien unter anderem der Tod des Zwillingsbruders von Gunnar während der Schwangerschaft, der Tod der Schwester und ihre Erkrankung (vgl. Z. 199 f.). Ihrer Überzeugung, von einem Schicksal getroffen zu sein, widerspricht sie in Bezug auf den Tod des Zwillingsbruders von Gunnar einmalig: In diesem Zusammenhang habe das Schicksal es gut mit ihr gemeint, da nicht absehbar gewesen sei, wie die Situation mit Zwillingen geworden wäre. Ihre Lebens- und Familiengeschichte wäre dann möglicherweise dramatischer verlaufen (vgl. Z. 474 ff.). Angesichts dieser Prognose sei sie dem Schicksal in dieser Hinsicht dankbar. Aus den übrigen schicksalhaften Fügungen würden sich außerordentliche Herausforderungen ergeben, die von ihr zu bewältigen seien.

„Es ist nicht einfach. Es wird gemacht, [I: Mhm.] es ist für mich auch, ich sag jetzt mal selbstverständlich, aber es ist trotzdem schwer. Es ist einfach schwer." (Z. 1289 f.)

Zwar seien die Besonderheiten in ihrem Leben normal, aber gleichzeitig sehr belastend. Ihr Zusammenleben zeichne sich durch ein hohes Maß an Schwere und Härte aus. Frau Tschick beschreibt ihr Leben als ständigen und kontinuierlichen Kampf.

„Das ist richtig hart. [...] Schwierig und hart. Man hat ja nicht nur an einer Sache zu kämpfen, man hat ja, also gerade bei uns, in unserem Fall auch noch an vielen anderen Sachen zu kämpfen." (Z. 298 ff.)

Seit Jahren führe sie nicht einen einzelnen, sondern zahlreiche Kämpfe aufgrund der schwierigen schicksalhaften Gegebenheiten und der daraus resultierenden Anforderungen an sie als Mutter. „[S]eit 2011" (Z. 555) befinde sie sich immer wieder in von ihr als Kämpfe wahrgenommenen Auseinandersetzungen mit dem Jugendamt, an denen phasenweise andere Fachkräfte und Organisationen beteiligt seien (vgl. Z. 553 f.). In der Summe hätten die Erfahrungen zu dem Erleben eines permanenten Kampfes für ein Zusammenleben mit ihrem Sohn und ihr Familienglück geführt: „Aber ich sag jetzt mal wirklich bei uns, die wirklich Tag für Tag kämpfen, ne, um zusammenbleiben zu können, zu dürfen und äh generell, wie gesagt, wir haben ein schweres Schicksal" (Z. 276 ff.). Der jahrelange Kampf sei noch nicht beendet. Diese negative Sichtweise wird in ihrer Erzählung punktuell von einer positiven Sicht auf ihre Lebenssituation durchbrochen:

> „Im Prinzip leben wir jetzt eigentlich ziemlich glücklich, fühlen uns halt nur zwischendurch (.) so ein bisschen gestört, weil wir diese Hilfe halt immer noch haben. […] Wahrscheinlich auch noch weiter behalten müssen (.) aufgrund der neuen Vorgeschichte." (Z. 153 ff.)

Gunnar und sie seien – trotz herausfordernder Widrigkeiten – mit ihrem Leben zufrieden. Ihr Glück werde ausschließlich durch die stressige Fortsetzung der ambulanten Hilfe unterbrochen.

7.2.4.2 Selbstbild als Mutter

> „Ich bin ein sehr gefühlvoller Mensch, das hat meine Psychologin auch gemerkt. Sie sagt immer, ich bin unter den Gefühlsmenschen, fahre ich einen Ferrari und keinen Opel, der normal äh ist, jetzt, was das Gefühlsleben betrifft, ich bin (.) dann schon mal, dass ich schneller auf und ab bin." (Z. 363 ff.)

Frau Tschick charakterisiert sich als besonders emotionalen Menschen. Im Vergleich zu anderen Personen nehme sie bei sich eine schnellere Dynamik bei der Entstehung und eine besondere Intensität von Gefühlen wahr. Angesichts ihres Naturells seien emotionale Schwankungen normal (vgl. Z. 365 ff.). Durch den von Frau Tschick aufgegriffenen Vergleich ihrer Psychologin mit bestimmten Automarken veranschaulicht sie eine positive Sicht auf ihre Gefühlswelt: Zwar bewertet sie die Ausprägung als nicht normal, konnotiert diese Abweichung aber durch die Wahl der Autos positiv. Sie sei herausgefordert, ihre Gefühle in sozial angemessene Verhaltensweisen zu kanalisieren (vgl. Z. 367 f.).

Sie skizziert ihr Verhalten als temperamentvoll und impulsiv (vgl. Z. 1284). Wenn sie wütend sei, werde sie auch laut. Allerdings sei ihr Verhalten nicht ungewöhnlich. Ihre Reaktionen in Konflikten würden denen ihrer Bekannten gleichen (vgl. Z. 226 ff.). Sie charakterisiert sich nicht als „großartig gewalttätig" (Z. 1283 f.), sondern sehe vielmehr einen Zusammenhang zwischen ihrem Temperament und ihrem Erleben von „Durch"-Kämpfen im Laufe ihrer Biografie.

> „[I]ch bin sehr temperamentvoll, auf jeden Fall, [...] aber das liegt auch wahrscheinlich daran, dass ich so viel in meinem Leben zu kämpfen hatte. Immer wieder, von meiner Jugend aus an schon und äh, (2 Sek.) mich einfach durchzusetzen." (Z. 1284 ff.)

In ihrer Jugend habe sie begonnen, für die Verwirklichung ihrer Interessen und Ziele zu kämpfen. Sie beschreibt den Kampf als selbstverständliche Begleiterscheinung ihres Lebens. Mit Blick auf die Zukunft kündigt sie an, im Kampf alle Optionen ausschöpfen und engagiert handeln zu wollen: „Ich lasse da auch nichts unversucht, weil ähm, das ist einfach mein, mein Leben" (Z. 164). Frau Tschick bezeichnet sich als Kämpferin.

> „Ich bin ein Kämpfer, schon immer gewesen, wie meine Mama (lacht). Das habe ich wohl von ihr. Und ich kämpfe immer. Und wenn es um meinen Sohn geht, sowieso. [I: Mhm.] (.) Das schaffe ich auch." (Z. 160 ff.)

Frau Tschick betrachtet ihre Mutterrolle als frei gewählte, verbindliche „Lebensaufgabe" (Z. 101, 444, 446). Sie sehe ihre Pflicht darin, für Gunnar ein möglichst sorgenfreies und glückliches Leben zu gestalten und habe den Anspruch, für ihren Sohn da zu sein und für ihn „zu kämpfen" (Z. 102; vgl. Z. 445 f.). Frau Tschick wolle Gunnar auf seinem Lebensweg begleiten und „ihm bestimmend sagen, das ist der richtige Weg, [...] den solltest du besser gehen" (Z. 167 f.), um eine positive Entwicklung zu durchlaufen (vgl. Z. 168 f.). Als Mutter fördere sie die Selbstständigkeit ihres Sohnes und biete ihm Möglichkeiten, schrittweise Verantwortung zu übernehmen und Aufgaben alleine zu erledigen (vgl. Z. 791 ff.). Gleichzeitig könne er ihre Unterstützung und Hilfestellungen jederzeit einfordern (vgl. Z. 821 f.).

Aufgrund ihrer positiven Kindheitserfahrungen strebe sie eine vertrauensvolle und offene Beziehung zu Gunnar an. Ihre Mutter diene ihr hierbei als Vorbild (vgl. Z. 736 f.). Gunnar solle sie auch als zentrale Bezugsperson wahrnehmen, damit er mit ihr „über alles reden" (Z. 737) und sie ihm als Ansprechpartnerin stets zur Seite stehen könne (vgl. Z. 102). Sie nehme für Gunnar unterschiedliche Rollen ein, z. B. Schwester oder Freundin, damit sie seine Bedürfnisse befriedigen und ihm bei Problemen situativ helfen könne.

> „Ich gebe immer, in meinen Augen, immer über 100 Prozent für den Kleinen." (Z. 853 f.)

Seit der Geburt ihres Sohnes gebe sie stets ihr Bestes. Ihre Leistungsbereitschaft stehe für sie außer Frage. Momentan sei sie mit ihrer Leistung als Mutter zufrieden. Sie „schaffe das im Prinzip alles sehr gut" (Z. 303) im Umgang mit Gunnar, gewährleiste eine angemessene Versorgung und einen regelmäßigen Schulbesuch (vgl. Z. 302 f.). Darüber hinaus halte sie ihre Wohnung im „Normalbereich" (Z. 306). Neben dieser relativ zurückhaltenden Zufriedenheit, die erzieherischen Anforderungen und alltäglichen Aufgaben „eigentlich so ganz gut" (Z. 741 f.) zu bewältigen, finden sich in ihrer Erzählung auch deutlich positivere Einschätzungen. Frau Tschick betitelt ihr Schaffen als „Wucht" (Z. 1278). Sie leiste im Alltag Großartiges. Zu dieser Beurteilung komme sie vor allem, wenn sie die von ihr angestoßene Trennung von ihrem Mann in den Blick nehme. Auf diesen Schritt sei sie stolz, da sie als Mutter Verantwortung übernommen und die belastende Situation erfolgreich gemeistert habe (vgl. Z. 595 ff.).

Psychische Erkrankung und elterliches Engagement

> „Im Vergleich zu vorher: Ich bin schwerst depressiv gewesen, mittlerweile bin ich mäßig depressiv, habe äh viele meiner Sachen im Griff, die sonst eher äh nicht so der Fall waren, wo ich echt zu kauen dran hatte." (Z. 76 ff.)

Ihre psychische Instabilität sei nicht ein einmaliges Ereignis, sondern ein Zustand. Sie habe sich in den vergangenen Jahren in unterschiedlichen Ausprägungen gezeigt. Als Beginn ihrer psychischen Erkrankung markiert Frau Tschick den Tod ihrer Tochter. Zu dem damaligen Zeitpunkt sei sie stark in ihre Depression verfallen (vgl. Z. 533 ff.). Erst durch Gespräche mit ihr nahestehenden Personen seien Erinnerungen an diese Zeit wieder schrittweise in ihr Gedächtnis gerückt (vgl. Z. 520 ff.).

Nach der Trennung von ihrem Mann sei es psychisch anfänglich „nur noch <u>wieder</u> bergauf" (Z. 601) gegangen. Zunächst habe sie eine Verbesserung ihrer psychischen Verfassung wahrgenommen (vgl. Z. 21). Allerdings sei dieser Zustand nicht dauerhaft gewesen, da es nach ihrem Umzug eine weitere Phase in ihrem Leben gegeben habe, die sich maßgeblich durch ihre massive psychische Instabilität ausgezeichnet habe. Wiederholt habe sie unter einer starken Depression gelitten, welche die Einnahme von Medikamenten erfordert habe (vgl. Z. 30 f.). Damals habe sie sich engagiert um einen Therapieplatz bemüht. Nach einer über ein Jahr andauernden Wartezeit, die sie als „sehr hart und sehr deprimierend" (Z. 59) empfunden habe, werde sie nun seit ca. zwei Jahren von ihrer Psychologin ambulant begleitet (vgl. Z. 65 f.). Seitdem nehme sie eine positive Entwicklung bei sich wahr (vgl. Z. 76 ff.). Sie könne die erzieherischen und lebenspraktischen Anforderungen nun besser bewältigen sowie zahlreiche Angelegenheiten selbstständig klären, was in der Höchstphase ihrer Depression nicht möglich gewesen sei. Ihre Psychologin habe sie auf ihrem Weg „gut unterstützt" (Z. 73). Die Therapie gebe ihr Halt und wirke sich stabilisierend auf ihre psychische Verfassung aus. Frau Tschick erklärt, sich dessen bewusst zu sein, dass es sich bei der Reduzierung der psychischen Instabilität um einen andauernden Prozess handele. Sie befinde sich mittendrin und sei „in Arbeit" (Z. 370, 763).

Frau Tschick erläutert einen Zusammenhang zwischen ihrer psychischen Erkrankung und der Ausübung ihrer Mutterrolle. Der Einfluss ihrer Psyche auf ihre erzieherischen Kompetenzen hänge von dem Grad ihrer Instabilität ab (vgl. Z. 849 ff.). Während ihrer schweren depressiven Episoden sei ihr Zustand für ein Kind langfristig nicht tragbar gewesen (vgl. Z. 31 ff., 769 ff.). Sie sei ihren Aufgaben als Mutter kaum nachgekommen. Gunnar habe zu diesem Zeitpunkt „keinen sicheren äh Gang, Werdegang durch [...] [ihre] Psyche gehabt" (Z. 28 f.). Sie skizziert Situationen, in denen ihr die Kraft für einen aufmerksamen Umgang gefehlt und mangelnde Zuwendung vorgelegen habe (vgl. 571 ff.). Frau Tschick resümiert, aufgrund ihrer psychischen Erkrankung „gewisse Defizite" (Z. 172) und spezifische „Problematiken" (Z. 125) aufzuweisen, welche sich auf ihre Lebenssituation und ihre Mutterrolle auswirken könnten. Sie habe jedoch gelernt, damit umzugehen und ihrer Mutterrolle gerecht zu werden.

Gewalt als Erziehungsmethode

> „Ich sag, ich würde mein Kind nicht anfassen, ich würde mir die Finger vorher abhacken. Ich sag, hier, nehmen Sie mich, klar, tun Sie mich an diesen Wahrheitstest. Ich sag, machen Sie, ich sag, ich hab nichts zu verbergen. Es ist nichts da." (Z. 945 ff.)

Frau Tschick lege in ihrer Erziehung großen Wert auf „Linien und Grenzen" (Z. 236, 237). Um deren Einhaltung zu sichern, sei es akzeptabel, wenn es „auch mal lauter" (Z. 238) werde. Die Diskussionen mit ihrem Sohn über notwendige Regeln seien herausfordernd. Sie habe bereits Situationen erlebt, in denen sie an ihre Grenzen gestoßen und mit ihrem „Latein auch am Ende" (Z. 256) gewesen sei. In solchen Momenten habe sie Gunnar selbstverständlich „angemault und angebrüllt" (Z. 256 f.), um die Regeleinhaltung zu sichern. Das Jugendamt unterstelle ihr in diesem Punkt Aggressivität (vgl. Z. 240 ff.). Den Anlass habe die fachliche Beobachtung gebildet, dass sie in Konflikten laut geworden sei. Ihr Verhalten sei als Aggressivität ausgelegt und negativ konnotiert worden. Frau Tschick lehne körperliche Gewalt als Erziehungsmethode ab.

> „[M]an darf natürlich nicht schlagen, [I: Mhm.] das ist ja auch richtig." (Z. 265 f.)

> „Klar, Gewalt geht gar nicht." (Z. 232 f.)

Sie erklärt, sich darüber im Klaren zu sein, dass Schläge nicht erlaubt seien, und unterstütze dieses Verbot. Aufgrund ihrer ablehnenden Haltung gegenüber Gewalt als erzieherische Maßnahme weise sie die aktuellen Vorwürfe vehement zurück.

> „[I]ch hätte ihn nie und schon gar nicht so, so eine Mega-Backpfeife gegeben (leiser) fürs Türenschlagen." (Z. 970 ff.)

Trotz dieser massiven Ablehnung offenbart Frau Tschick im Laufe des Interviews frühere Gewaltanwendungen gegenüber ihrem Sohn. Während ihrer Ehe habe sie manchmal ihre „Hände spielen lassen" (Z. 697). Allerdings nicht, um Regeln und Grenzen durchzusetzen, sondern um die Situation für ihren Sohn zu erleichtern. Im Vergleich zu ihrem Ex-Mann habe sie schwächer „zugelangt" (Z. 698), sodass die Folgen für Gunnar nicht so schlimm gewesen seien (vgl. Z. 699 f.). Aus ihrer heutigen Perspektive und mit der aufgebauten Distanz erklärt sie, dass es „natürlich auch nicht wirklich richtig gewesen" (Z. 702) sei. In dieser Zeit sei sie ihrer Verantwortung als Mutter nicht konsequent gerecht geworden.

> „[I]ch wünschte, ich hätte es ihm ersparen können, aber es war in dem Augenblick einfach, weil wir auch viel, zu viel, ich sag jetzt mal, mit uns selbst beschäftigt waren, konnte ich ihm das auch nicht vom Hals halten, weil ich ganz andere Probleme in dem Augenblick hatte." (Z. 571 ff.)

Sie hätte ihrem Sohn das Erleben von Gewalt gerne erspart, habe ihn aber aufgrund ihrer psychischen Instabilität nicht schützen können (vgl. Z. 75, 577 ff.). Sie habe sämtliche Energie für ihre persönliche Situation benötigt und sich ausschließlich um sich selbst kümmern können. Sie sei ihrem Sohn kein Vorbild gewesen. Heute sehe sie andere Möglichkeiten, die ihr damals angesichts der massiven psychischen Belastung jedoch verschlossen geblieben seien (vgl. Z. 702 ff.). Ihr Blick auf die Situation sei eingeschränkt gewesen und mit der heutigen Beurteilung nicht vergleichbar. Sie sei betroffen und traurig darüber, dass ihr Sohn „in der Hinsicht ja auch irgendwo echt (.) zu kurz gekommen" (Z. 576) sei.

Entwicklung von und Beziehung zu Gunnar

Gunnar sei kein „Wunschkind, sondern eher eine provozierte Schwangerschaft gewesen (lacht)" (Z. 455). Ursprünglich habe sie Zwillinge erwartet, aber während der Schwangerschaft seien zahlreiche Komplikationen aufgetreten und sie habe das zweite Kind verloren und nur Gunnar lebend geboren (vgl. Z. 467 ff.).

„Zwei Kinder verloren, einmal seinen Zwillingsbruder, dann seine Schwester, was er hautnah miterlebt hat, dann die Trennung von seinem Vater." (Z. 199 f.)

In seiner frühen Kindheit sei Gunnar bereits zahlreichen Belastungen ausgesetzt gewesen. Nach dem Verlust seines Zwillingsbruders und dem Tod seiner Schwester sei er Opfer von häuslicher Gewalt geworden (vgl. Z. 540). Frau Tschick unterscheidet in ihren Ausführungen mittelbares und unmittelbares Erleben: Mittelbar sei Gunnar von häuslicher Gewalt betroffen gewesen, da er die körperlichen Übergriffe gegenüber seiner Mutter habe beobachten müssen. Er habe gesehen, wenn sie „am Hals die Wand hochgedrückt" (Z. 567) oder „an den Haaren gezogen" (Z. 568) worden sei. Auch habe er erlebt, wenn sie sich „mal eine gefangen" (Z. 568) habe. Zudem habe er nicht täglich körperliche Übergriffe, aber in der Trennungsphase jeden Tag Beschimpfungen zwischen den Eltern erlebt (vgl. Z. 570 f.). Unmittelbar sei er Opfer häuslicher Gewalt geworden, da er „selbst erfahren [...] [habe], angeschrien zu werden" (Z. 565 f.) und körperliche Übergriffe durch seine Eltern zu erleiden. Die psychische Erkrankung seiner Mutter stelle eine zusätzliche Belastung für ihn dar (vgl. Z. 32 f.). Gunnar sei besonders sensibel, aufmerksam und habe ein besonderes Gespür für das Empfinden seiner Mutter (vgl. Z. 133).

Aufgrund der traumatischen Erlebnisse sowie Verlust- und Trennungserfahrungen benötige Gunnar Unterstützung. Seine Falschaussage über ihren vermeintlich gewalttätigen Übergriff deute sie als Hilfeschrei (vgl. Z. 196). Frau Tschick betont einerseits, dass Gunnar dringend Gespräche oder eine Therapie benötige (vgl. Z. 198, 1379 f.), verneint andererseits einmalig den Hilfebedarf ihres Sohnes, indem sie erklärt, dass ihm nichts fehle (vgl. Z. 1026). Sie beschreibt ihren Sohn als einen sehr intelligenten Jungen, der gelernt habe, strategisch zu handeln, um seine Ziele zu erreichen. Er sei sich dessen bewusst, „wie er sich was drehen muss, um blöd rüber zu kommen" (Z. 1027 f.). Gunnar habe in den vergangenen Jahren gelernt, Menschen zu täuschen. Gegenüber den Fachkräften verhalte er sich zurückhaltend und verschwiegen, um einen Zugang zu seinen wahren Empfindungen zu verhindern. Die Fachkräfte könnten nicht hinter seine Fassade blicken (vgl. Z. 1209 ff.).

Gunnar sei „neugierig" (Z. 408) und habe „das Naturell von seiner Mama" (Z. 410). Ähnlich wie Frau Tschick in ihrer Kindheit könne er seine Gefühle schlecht regulieren. Beide seien stur und würden in Streitsituationen vehement und kompromisslos ihre Meinungen vertreten (vgl. Z. 413 ff.). In solchen Situationen neige Gunnar dazu, zu meckern und sich widerspenstig zu verhalten. Er knalle Türen, wenn er aufgebracht sei und seine Wut nicht anders ausdrücken könne (vgl. Z. 974 f.).

Frau Tschick erklärt, dass sie ihr Kind im Vergleich zu Fachkräften „einfach besser" (Z. 1086) kenne. Ihre Beziehung habe eine besondere Qualität, die sich deutlich von einer professionellen Arbeitsbeziehung abhebe: Sie sei natürlich und zeitlich unbegrenzt. Eine professionelle Ausbildung könne gemeinsame Erfahrungen nicht kompensieren. Ausschließlich sie als Mutter kenne die Persönlichkeit ihres Sohnes und könne am besten einschätzen, welche Anforderungen er unter Berücksichtigung seines Alters und seines Entwicklungsstandes erfolgreich umsetzen könne (vgl. Z. 1087 ff.). Sie habe einen anderen emotionalen Bezug zu ihrem Sohn und „ihn unglaublich lieb" (Z. 743). In der Beziehung zu ihm sei Nähe für sie besonders wichtig, z. B. gemeinsames Kuscheln (vgl. Z. 743 f.). Sie habe einen starken Beschützerinstinkt. In ihrer Wahrnehmung sei ihr Sohn – trotz zunehmender Kompetenzen – ein Kind, das ihrer Fürsorge und ihrer Pflege bedarf: „Er ist mein kleines Kind. Er wird immer mein Kleiner bleiben, egal, wie groß der ist" (Z. 756 f.). Aus dieser Haltung heraus sei es für sie schwierig und herausfordernd, sich als Mutter zurückzuhalten. Sie habe schrittweise lernen müssen, ihren Sohn loszulassen. So gehe sie ihrem Bedürfnis nach körperlicher Nähe nicht mehr ständig nach, sondern versuche, das Kuscheln zu dosieren und ihre Bedürfnisse nicht in den Mittelpunkt zu rücken (vgl. Z. 744 ff.).

Frau Tschick grenzt sich von normalen Personen, Biografieverläufen und Lebensentwürfen ab. Im Vergleich dazu definiert sie ihre Persönlichkeit sowie ihre Lebens- und Familiensituation als besonders. Schicksalsschläge, Krankheiten, traumatisierende Erlebnisse und Erfahrungen prägen den Charakter von Frau Tschick, die Entwicklung ihres Sohnes sowie ihre gemeinsame Lebenssituation und -gestaltung. Diese Besonderheiten implizieren außergewöhnliche Herausforderungen, die für Frau Tschick Normalität definieren. Zwar weichen die von ihr beschriebenen Eigentümlichkeiten von gesellschaftlichen Normalitätsvorstellungen ab, sind aber stimmig zu ihrem subjektiven Normalitätsverständnis.

Der gemeinsame Alltag zeichnet sich in ihrer Wahrnehmung seit Jahren durch eine besondere Schwere aus. Frau Tschick inszeniert sich und ihren Sohn als Opfer zahlreicher Belastungen. Während einige Belastungen wie Schicksalsschläge über beide hereingebrochen sind, entspringen andere äußeren Einflüssen und Handlungen weiterer Beteiligter. Frau Tschick ist sich darüber im Klaren, die Entstehung ausgewählter Belastungen (mit) zu verantworten, da sie sich beispielsweise nicht angemessen kümmern konnte oder sich übergriffig verhalten hat. Unabhängig von dem Ursprung der Belastungen fühlt sich Frau Tschick aufgefordert, sowohl die zufälligen als auch die künstlich erzeugten Belastungsmomente zu verarbeiten, um ein funktionierendes Familienleben gestalten, ihre Kompetenzen nach außen belegen und langfristig das Stresslevel für sich und ihren Sohn reduzieren zu können. Als Mutter ist sie beispielsweise besonders herausgefordert, die Erziehung ihres Sohnes angesichts seiner Krankheiten zu gewährleisten. Der Umgang mit ihm erfordert eine besondere Aufmerksamkeit, Achtsamkeit und Kreativität. Somit prägt die besondere Familien- und Lebenssituation ihr Verständnis und die konkrete Ausgestaltung ihrer Mutterrolle.

In ihrer Einschätzung der Besonderheiten spiegelt sich eine Ambivalenz wider: Während sie sich einerseits als Opfer von Schicksalsschlägen und widrigen Umständen betrachtet, die sich in außergewöhnlich hohen Anforderungen manifestieren, ist sie andererseits dankbar und glücklich über ihr Leben und stolz auf die Bewältigung der an sie gerichteten Herausforderungen. Anstatt dauerhaft mit ihrem Schicksal zu hadern oder sich diesem auszuliefern, ist sie häufig und wiederholt um einen konstruktiven Umgang damit bemüht. Die Anforderungen aktivieren einen Kampfmodus in ihr. Sie wählt den Kampf als Überlebensstrategie und präsentiert sich als aktiv Handelnde, die für sich, ihren Sohn und ihre Rechte einsteht. In ihrer Biografie hat sie an verschiedenen Fronten mit unterschiedlichem Erfolg gekämpft, z. B. gegen die Schicksalsschläge, gegen die häusliche Gewalt und gegen ihre psychische Beeinträchtigung. Der Kampfmodus ist für sie ein sich wiederholendes Muster, um mit herausfordernden Belastungen unterschiedlicher Art umzugehen. Sie berichtet stolz von ihrer Leistung und erwartet dafür Anerkennung und Respekt. Gleichzeitig dient ihre Selbstdarstellung der Illustration ihrer Kompetenzen.

Allerdings kristallisiert sich in ihrer Erzählung zwischendurch eine Diskrepanz zwischen ihrem Anspruch und der praktischen Umsetzung heraus. Sie kann die aktive Kämpferrolle aufgrund ihrer psychischen Verfassung offensichtlich nicht durchgängig ausfüllen. Phasenweise rückt sie sich in eine passive Rolle, die sie dazu bringt, Situationen und Entwicklungen zu erdulden. Diese Reaktionsweisen, die nicht stimmig zu ihrem Selbstbild sind, kann sie schwer aushalten und erklärt diese mit ihrer psychischen Verfassung. Sie verwertet ihre Instabilität als plausibles Erklärungsmuster und verringert dadurch ihren Grad der Verantwortungsübernahme. Gleichzeitig ist ihre psychische Instabilität kein für sie unveränderbarer Zustand oder ein zu erleidendes Schicksal. Sie arbeitet aktiv daran, Veränderungen herbeizuführen. Daher arrangiert sie sich nicht mit der Diagnose, sondern versucht aktiv, engagiert und beharrlich, ihren Zustand zu verbessern und – eng damit verbunden – die familiäre Situation positiv zu beeinflussen und Fortschritte zu erarbeiten.

Die Beschreibung ihres Sohnes ist – ähnlich wie ihre Selbstbeschreibung – durch Widersprüche geprägt. Während sie ihm einerseits einen Hilfebedarf aufgrund der zahlreichen Belastungen und traumatischen Erfahrungen attestiert, schreibt sie ihm andererseits eine unauffällige Entwicklung zu. Gunnar bewegt sich in einem von ihr konstruierten Spannungsfeld zwischen Normalität und Anormalität.

Frau Tschick betrachtet die Mutterschaft als ihre frei gewählte Lebensaufgabe. Diese Aufgabe ist für sie sinn- und identitätsstiftend: Sie definiert sich als Person über ihre Mutterschaft und hat eine klare Vorstellung von der Ausgestaltung der Mutterrolle und ihren Zielen für die Erziehung und Begleitung ihres Sohnes. Sie skizziert sich als aufopferungsvolle, leidenschaftliche, liebevolle und engagierte Mutter und pflegt zu ihrem Sohn eine natürliche und tiefe Beziehung. In ihrer

Rolle als Mutter wiederholt sich jedoch ihre Erfahrung, ihrem (Leistungs-)An-
spruch aufgrund ihrer psychischen Verfassung nicht durchgängig gerecht zu wer-
den. Sie erkennt einen Zusammenhang zwischen ihrer psychischen Erkrankung
und ihrer erzieherischen Performance: Je größer die psychische Instabilität, desto
größer die Diskrepanz zwischen ihrem Anspruch und ihrer Realität und desto tief
greifender die Auswirkungen für ihren Sohn.

In bestimmten Lebensphasen war die Abweichung in ihrem Erleben so groß,
dass sie sich gegenteilig zu ihrem Anspruch verhalten hat und nicht förderlich auf
die Entwicklung ihres Sohnes einwirken konnte. Exemplarisch kann ihr gewalt-
tätiges Verhalten gegenüber ihrem Sohn herangezogen werden. Während sie
heutzutage jede Form von Gewalt im erzieherischen Kontext ablehnt, hat sie
ihren Sohn in der Vergangenheit erstens nicht vor Gewalt geschützt und zweitens
selbst Gewalt ausgeübt. Ihre damaligen Verhaltensweisen sind in der heutigen
Situation nicht mehr kompatibel mit ihrer Einstellung. Daher ist die Erinnerung
für Frau Tschick schwer auszuhalten. Um diese von ihr negativ konnotierten
Verhaltensweisen in ihr Selbstbild integrieren zu können, wendet sie unterschied-
liche Strategien an. Erstens legitimiert sie ihr Verhalten mit Rationalisierungen.
Sie erklärt und rechtfertigt ihre ausgeübte Gewalt mit dem Schutz vor gravieren-
deren Übergriffen seitens des Vaters und wertet ihre somit auf. Gleichzeitig dis-
tanziert sie sich von ihrem Verhalten, indem sie wiederholt ihre psychische Insta-
bilität als Begründung nutzt.

Frau Tschick erläutert in ihrer Erzählung ihr subjektives Verständnis von
richtigen vs. falschen und guten vs. schlechten Handlungen. Sie benennt rational
schwierige Lebensphasen und fehlerhafte Verhaltensweisen im gesamten Verfah-
ren, kann diese jedoch emotional nicht (be-)greifen und aushalten. Daher fühlt
sie sich dazu gezwungen, Strategien anzuwenden, um weiterhin ihr entwickeltes
Selbstbild aufrechtzuerhalten und dessen Gefährdung von außen abzuwenden.
Sie baut Distanz zu ihren Defiziten auf, indem sie rationalisiert, kontextualisiert
und sich rechtfertigt. Gleichzeitig legt sie bewusst und mit Stolz den Schwerpunkt
auf die Handlungsvollzüge, in deren Verlauf sie Verantwortung und Stärke be-
wiesen hat.

7.2.4.3 Wahrgenommene Fremdzuschreibungen

„Ja, es ist halt nur sehr blöd, äh, dass viele Leute der Meinung sind, dass man das
nicht so bewältigen kann, weil man gewisse Defizite hat." (Z. 171 f.)

Bei der Feststellung einer Gefährdung habe es sich um eine Einschätzung gehandelt, die von unterschiedlichen Fachkräften an sie herangetragen worden sei
(vgl. Z. 39 f.). In der Vergangenheit sei ihre psychische Erkrankung ausschlaggebend für die professionelle Beurteilung gewesen, nicht fähig zu sein, den

Alltag sowie die Erziehung zufriedenstellend zu bewältigen (vgl. Z. 89 ff.). Ihre psychische Instabilität habe den Ausgangspunkt für die Anrufung des Familiengerichts gebildet.

> „[D]adurch, dass ich so instabil bin und ähm, (.) ja, haben mich dann quasi äh in ein gerichtliches Verfahren geleitet (räuspert sich), weil ich halt äh nicht gerade stabil genug für die war." (Z. 38 f.)

Durch den Zusatz „für die" verdeutlicht Frau Tschick eine wahrgenommene Diskrepanz zwischen ihrer Einschätzung und der Beurteilung von außen. Während sie die fachliche Einschätzung ihres psychischen Zustandes mehrmals bestätigt (vgl. Z. 21 f., 763), weicht ihr Urteil über mögliche Auswirkungen von der fachlichen Bewertung ab: Zwar hätten Beeinträchtigungen vorgelegen, diese seien aber nicht kindeswohlgefährdend gewesen. Sie äußert ihren Unmut über die Fremdzuschreibung, „nicht so gut klar [gekommen zu sein]" (Z. 89 f.). Die Kindeswohlgefährdung sei aus ihrer Sicht vielmehr ausgesprochen worden, weil sie die Erwartungen von außen nicht erfüllt habe.

> „[I]ch habe nicht so funktioniert, wie die das wollten und [I: Mhm.] äh bin dadurch im Prinzip in diese Kindeswohlgefährdung reingerutscht." (Z. 882 f.)

Sie habe sich nicht fremdbestimmen lassen und nicht in das vorgefertigte Schema gepasst. Die Fachkräfte hätten dann ihre damalige psychische Verfassung aktiv gegen sie verwendet: „damit haben die mich dann halt auch gekriegt" (Z. 35 f.). Sie sei für ihre Erkrankung zur Rechenschaft gezogen und in ein familiengerichtliches Verfahren manövriert worden.

Die Feststellung einer Kindeswohlgefährdung sei nicht ausschließlich auf die Diagnose zurückzuführen, sondern „aufgrund halt vielerlei Dinge" (Z. 863 f.) von den Fachkräften ausgesprochen worden. Frau Tschick benennt die nachfolgenden Vorwürfe, die gegen sie formuliert worden seien (vgl. Z. 864 ff.):

- *unzureichende Ablösung vom Kind* (vgl. Z. 744 f.)
  Frau Tschick sei vorgeworfen worden, Gunnar „klein [zu] halten" (Z. 745).
- *lieblose Begleitung des Sohnes*
  Sie habe ihren Sohn aus Sicht der Fachkräfte nicht „liebe-, liebevoll genug begleitet" (Z. 788) und ihm zu viel Verantwortung und zu viele Aufgaben übertragen. Ihr sei unterstellt worden, ihn nicht ausreichend zu unterstützen, sondern zu überfordern (vgl. Z. 804 f., 825). In diesem Zusammenhang äußert sie ihr Unverständnis wie folgt: „Sehe ich ganz anders, sehe ich heute noch ganz anders" (Z. 826). Diese Vorwürfe seien für sie nicht nachvollziehbar.

- *„Elternkonflikt"* (Z. 867)

  Im Kontext der teilweise massiven Elternkonflikte sei es Frau Tschick aus Sicht der Fachkräfte nicht gelungen, sich loyal gegenüber dem Vater und dem gemeinsamen Sohn zu verhalten (vgl. Z. 865 ff.). Sie erläutert diesbezüglich, dass sie seit der Trennung stets bemüht gewesen sei, ihre negativen Erfahrungen mit ihrem Ex-Mann unberücksichtigt zu lassen, um die Motivation ihres Sohnes, den Vater zu besuchen, zu fördern. Ihre wahren Gefühle habe sie lange Zeit für sich behalten und nicht nach außen getragen. Die Trennung zwischen ihren Gefühlen einerseits und ihren Worten und Handlungen andererseits habe aufseiten der Fachkräfte den für sie unverständlichen Vorwurf der fehlenden Loyalität begründet (vgl. Z. 872 f.).
- *unzureichende Hilfeannahme* (vgl. Z. 49)

  Die Fachkräfte hätten ihr fälschlicherweise unterstellt, die Termine mit der ambulanten Familienhilfe unzuverlässig wahrgenommen und „Stunden geschwänzt, geschlunzt" (Z. 50) zu haben.

Anhaltspunkte für eine körperliche Gefährdung habe es nicht gegeben (vgl. Z. 902 f.). Sie habe dafür gesorgt, dass er „regelmäßig Essen gekriegt [...], regelmäßig [I: Mhm.] seine Medikamente bekommen [...] [und sie] regelmäßig für ihn glutenfrei gekocht habe" (Z. 903 f.). Das Jugendamt habe ihr jedoch vorgeworfen, „Dinge vernachlässigt" (Z. 1029) zu haben. Die Beobachtungen hätten zu der fachlichen Gesamteinschätzung geführt, dass „alles ganz ultrascheiße" (Z. 1240) laufe und sie ihren Sohn „seelisch nicht heilen" (Z. 905) könne. Demnach sei eine „seelische Wohl-Gefährdung" (Z. 995 f.) festgestellt worden. Im Gegensatz dazu werde ihr aktuell eine körperliche Gefährdung vorgeworfen (vgl. Z. 996 f.).

> „Äh, das haben die mir auferlegt und das, ich fühle mich so ein bisschen wie so ein Schwerverbrecher, als ob ich mein Kind tagtäglich verprügeln würde nach Strich und Faden und [I: Mhm.] das ist für mich echt hart." (Z. 224 ff.)

Als Mutter habe sie zu keinem Zeitpunkt eine seelische oder körperliche Kindeswohlgefährdung wahrgenommen, sondern ausschließlich einen Hilfebedarf aufseiten ihres Sohnes.

> „Ich finde, ich, ich sehe eigentlich keine Kindeswohlgefährdung, ich sehe eigentlich auch äh eher, dass er Hilfe braucht, dass er Redebedarf hat, dass er Dinge einfach noch nicht aufgearbeitet hat." (Z. 1379 ff.)

Neben der Zuschreibung einer von ihr zu verantwortenden Kindeswohlgefährdung erfahre sie durch die Fachkräfte eine negative Sicht auf ihre Person.

„Ich finde immer wie gesagt das Jugendamt äh zeigt mir so ein bisschen über mich äh, ich bin ein böser Mensch." (Z. 318 f.)

Frau Tschick sei mehrmals in ein schlechtes Licht gerückt und als „richtig blöd, bescheuert dargestellt" (Z. 246) worden. Sie erlebe die Zuschreibung des Jugendamtes als Abwertung, die sich nicht auf ausgewählte Persönlichkeitsmerkmale, sondern auf sie als ganzen Menschen beziehe. Sie werde als Person infrage gestellt und auf negative Attribute reduziert, z. B. „schlechter Mensch" (Z. 247), „der böse Mensch" (Z. 1029), „der Buhmann" (Z. 1221) oder „der Arsch vom Dienst" (Z. 952 f.).

In ihrer Wahrnehmung sei diese negative Vorstellung über sie einflussreich. Sie fühle sich vom Jugendamt stigmatisiert. Das Stigma werde herangezogen, um Meldungen von außen einordnen, Situationen erklären und bestimmte Verhaltensweisen bei der Abwendung einer Kindeswohlgefährdung begründen zu können.

„Und das glaubt mir nie einer. [I: Mhm.] (.) Da bin eher ich der böse Mensch, der dann vielleicht irgendwelche Dinge vernachlässigt hat, wo erst mal nachgeguckt werden muss." (Z. 1028 ff.)

Lediglich die Erklärungen, die integriert werden könnten, seien bislang von den Fachkräften berücksichtigt worden. Im Gegensatz dazu würden alternative Erklärungen keine Beachtung bei der Klärung von Vorwürfen erfahren. Ihre Bemühungen, sich von diesem Stigma zu befreien, seien bislang gescheitert. Das auf fachlicher Seite vorherrschende Bild befördere eine einseitige Wahrnehmung von ihr als Mutter. Ergänzend dazu nutze das Jugendamt ihr Kind, um das Charakteristikum „böse" aufrechterhalten zu können: „Ihr Kind hat erzählt, Sie sind böse gewesen. Sie sind jetzt total der böse (.) Mensch" (Z. 211 f.). Die Stigmatisierungen und Schuldzuweisungen würden sich nicht auf eine spezifische Situation beschränken, sondern wiederholt auftreten. Dennoch sei sie jedes Mal erneut überrascht und aufgewühlt (vgl. Z. 1221 f.).

„Was wirklich ganz extrem schwierig war für mich, war tatsächlich echt das Jugendamt; [I: Mhm.] mit ihren blöden Äußerungen. Die, die eigentlich im Prinzip am wenigsten von uns wissen, nur aus Schreiben her, lesen, was äh Sache ist oder was Sache war und ähm, (.) dass sie meinen, sich ein Urteil darüber erlauben zu können, was hier wirklich vorläuft und äh wer wir sind und äh, dass wir dazu nicht in der Lage sind." (Z. 1247 ff.)

Frau Tschick bezeichnet die Einschätzung des Jugendamtes als anmaßend. Zwar schreibe sich das Jugendamt die Kompetenz einer Einschätzung zu („sie meinen"), aber für sie sei unverständlich, „wie die Herrschaften sich das erlauben, äh Menschen zu beurteilen, die sie eigentlich im Prinzip gar nicht kennen" (Z. 180 f.). In ihrer Wahrnehmung seien die Fachkräfte aus folgenden Gründen nicht legitimiert, ein Urteil zu treffen:

- Sie würden die betroffenen Personen nicht kennen (vgl. Z. 179 ff., 247, 1241 f.).
- Sie hätten kein Wissen über Entwicklungen, Abläufe und Strukturen in Familien (vgl. Z. 1241 f.).
- Sie hätten nur begrenzten Einblick in die Lebenswelt betroffener Familien (vgl. Z. 248 ff.).
- Sie hätten eine einseitige und defizitorientierte Sichtweise (vgl. Z. 248 ff.).
- Ihnen fehle Akzeptanz für unterschiedliche Persönlichkeiten und Lebensmodelle (vgl. Z. 179 f.).

In Anbetracht der aufgelisteten Gründe könne das Jugendamt keine passenden Urteile über sie als Mutter treffen. Die Meinung des Jugendamtes sei für sie inhaltlich kaum akzeptabel.

In ihrer Erzählung bewertet sie die Zuschreibungen als „böse Beschuldigungen" (Z. 84 f.), „Vorwürfe" (Z. 88), „blödes Gequatsche" (Z. 1515) oder „blöde[…] Äußerungen" (Z. 1248, 1253).[81] Mehrmals sei sie „zu Unrecht beschuldigt" (Z. 157) und „an den Pranger gestellt" (Z. 158) worden. Die falschen Vorwürfe seien belastend (vgl. Z. 158 f., 173). Zwar lehne Frau Tschick innerlich diese Zuschreibung ab, habe aber nicht konsequent Einwände geäußert, um sich dagegen zu wehren (vgl. Z. 241 ff.).

Im Gegensatz zu den negativen Zuschreibungen habe sie während des Verfahrens punktuell positive Zuschreibungen durch Fachkräfte erfahren. Beispielsweise habe ihre aktuelle Familienhelferin sie für ihre Kompetenzen im Umgang mit den besonderen Anforderungen durch die Erkrankungen ihres Sohnes gelobt und Bewunderung für ihre alltägliche Leistung geäußert (vgl. Z. 1279 ff.). Ähnlich positive Erfahrungen habe sie im Rahmen der Verhandlungen vor dem Familiengericht gemacht: Die Richterin sei ihr gegenüber wertschätzend aufgetreten (vgl. Z. 65 ff.). Durch diese ausgewählten positiven Zuschreibungen fühle sie sich in ihrer Selbsteinschätzung bestätigt und bestärkt.

Neben den natürlich gegebenen Belastungen werden in dem Verfahren Belastungen von außen an Frau Tschick und ihren Sohn herangetragen. Die Fremdzuschreibungen sind für die Mutter ein Beispiel für die Belastungen, die von außen

---

81 Die Begriffe Äußerung und Beschuldigung werden von Frau Tschick synonym verwendet. Auf meine Nachfrage bestätigt sie, dass sie sich mit beiden Begriffen auf denselben Sachverhalt beziehe (vgl. Z. 1252 ff.).

erzeugt und an die Familie adressiert werden. Sie fühlt sich dadurch aufgefordert, sich erstens mit der Unterstellung einer Kindeswohlgefährdung und zweitens mit den Attributen über sie als Person zu beschäftigen.

Den Dreh- und Angelpunkt für die Zuschreibung einer Kindeswohlgefährdung durch die Professionellen bildet die psychische Instabilität von Frau Tschick. Die Fachkräfte und Frau Tschick sind sich offensichtlich einig, dass diese vorliegt und Defizite aufseiten der Mutter bedingt und infolgedessen ihre Alltagsbewältigung und Erziehung ihres Sohnes tangiert. Der Dissens entsteht aufgrund der unterschiedlichen Bewertungen der tatsächlichen Auswirkungen auf die familiäre Lebenswelt und die Entwicklung ihres Kindes. Während Frau Tschick Beeinträchtigungen wahrnimmt, diese aber nicht als kindeswohlgefährdend einstuft, treffen die Fachkräfte eine andere Einschätzung. Sie definieren eine Kindeswohlgefährdung, die Frau Tschick vermeintlich zu verantworten hat. Dabei weist die Zuschreibung der Fachkräfte einen relativ hohen Differenzierungsgrad auf. Sie belegen ihre Beurteilung mit zahlreichen exemplarischen Situationen, die Frau Tschick bekannt sind, aber anders von ihr gedeutet werden. Die Diskrepanz in den Situationsdeutungen verweist auf unterschiedliche Vorstellungen einer guten Erziehung, einer guten Mutterschaft und eines guten Aufwachsens. Frau Tschick und die Fachkräfte setzen andere Bewertungsmaßstäbe, die auf divergierende Normen verweisen. In diesem Rahmen werden verschiedene Schwerpunkte gesetzt, welche Anforderungen grundlegend erfüllt sein müssen und welche Aspekte nachrangig sind. Frau Tschick ist grundsätzlich davon überzeugt, den Alltag gut zu meistern, auch wenn sie durchaus Defizite und einen Hilfebedarf aufseiten ihres Sohnes erkennt. Der Begriff Gefährdung ist für die Mutter jedoch angesichts ihrer Leistungen inakzeptabel. Sie schreibt ihm eine anklagende und störende Wirkung in der Kommunikation zu. Folglich erzeugt er auf ihrer Seite negative Emotionen und Implikationen. In der Auseinandersetzung zwischen den Fachkräften und Frau Tschick zeichnet sich ein Kampf um Deutungsmacht heraus, der auf divergierenden subjektiven Vorstellungen basiert. Die professionellen Interpretationen und Rückschlüsse aus den beobachteten Sachverhalten sind aus Sicht von Frau Tschick nicht haltbar. Sie bewertet die Deutungen des Jugendamtes über ihre Familie als defizitär.

Zusätzlich zu der relativ differenzierten Gefährdungseinschätzung erfährt Frau Tschick stigmatisierende Fremdzuschreibungen über ihre Person. In ihrer Wahrnehmung wird sie vor allem durch das Jugendamt als Person einseitig und defizitär als „böse" Person abgestempelt und abgelehnt. Die Reduktion auf negative Attribute erschwert in ihrem Erleben auf Seiten der Fachkräfte einen ganzheitlichen Blick und vor allem die Sicht auf positive Entwicklungen. Sie fühlt sich wie eine Verbrecherin. Im Umgang mit dem Jugendamt fehlt ihr eine wertschätzende Haltung ihr gegenüber. Die Fachkräfte verkennen ihre Leistung und reduzieren sie fälschlicherweise auf ihre psychische Instabilität. Die wahrgenommene Zuschreibung ist nicht stimmig zu ihrer Selbstbeschreibung. Sie fühlt sich von den

Fachkräften verurteilt und – angesichts der Wirkkraft der Zuschreibungen auf professionelle Handlungen – ungerecht behandelt. Die Fremdzuschreibungen sind für sie inakzeptabel, da die Fachkräfte nicht legitimiert sind, Urteile zu treffen. Entsprechend ihrer Argumentation lehnt sie die Fremdzuschreibungen ab, ohne in der Folge konsequent Einsprüche dagegen zu erheben. Sie geht nicht in einen offenen Konflikt, sondern duldet diese Zuschreibungen in weiten Teilen stillschweigend. Diese Reaktion ist möglich, da ihr Selbstbild aus ihrer Sicht zwischendurch von anderen Fachkräften bestätigt und das Bild des Jugendamtes somit widerlegt wird.

7.2.4.4 Interaktion mit dem Jugendamt

Vorstellungen, Erfahrungen und Rahmenbedingungen

> „[Die Kontaktaufnahme zum Jugendamt] habe ich zusammen mit der Schule gemacht, weil ich da ein bisschen Angst vor hatte, ne, das äh Klischee des Jugendamtes halt, ne. [I: Mhm.] (lacht) Wo man dann so ein bisschen Respekt und Angst vor hat." (Z. 18 ff.)

Ihre Vorstellungen von der Organisation bündelt sie in dem Begriff Klischee, der ihre Haltung gegenüber dem Jugendamt umfasst. Das Klischee besitze Gültigkeit für eine breite Gruppe („man"), da es die in der öffentlichen Meinung vorherrschenden Vorstellungen vom Jugendamt widerspiegele. Die Organisation erzeuge bei verschiedenen Personen und Personengruppen Respekt und Angst, losgelöst von individuellen Erfahrungen. Trotz ihrer Angst vor dem Jugendamt, habe Frau Tschick sich auf die Interaktion eingelassen und sich in der Zusammenarbeit auf das Jugendamt verlassen. Dieser Schritt habe sich als Fehler herausgestellt: Aufgrund ihrer negativen Erfahrungen seien ihre negativen Emotionen gegenüber der Organisation bekräftigt worden.

> „Und das geht gar nicht. Ne, das macht mich persönlich wütend, traurig, wütend. Man verlässt sich drauf und dann kommt es wieder, äh, dieses schöne Image des Jugendamtes, die machen einem Angst, die helfen einem nicht richtig, ähm, das kommt dann da-, dadurch auch zu tragen natürlich." (Z. 270 ff.)

Das Klischee, an dieser Stelle von Frau Tschick als Image bezeichnet, habe durch ihre persönliche Betroffenheit eine neue Wirkkraft entfaltet. Ihre Vorstellung vom Jugendamt sei für sie praktisch erlebbar geworden und habe sich bewahrheitet. Wut, Angst und Trauer seien ausgelöst worden. Zwangsläufig fühle sie sich in ihrer Haltung bestärkt und zweifle nicht an der Gültigkeit des Klischees. Anstatt dauerhaft eine Unterstützung durch das Jugendamt zu erfahren, habe die Organisation immer wieder gegen sie gehandelt (vgl. Z. 213, 323, 713 f.). Obwohl Frau Tschick phasenweise positive Erfahrungen mit dem Jugendamt und der Familienhilfe gemacht habe (vgl. Z. 624 f.), sei eine dauerhafte Korrektur des Images nicht gelungen. Es sei durch die mehrmaligen Enttäuschungen reaktiviert und wieder in den Mittelpunkt des Erlebens gerückt worden, wohingegen die positiven Erlebnisse in den Hintergrund gedrängt worden seien.

Frau Tschick beschreibt das Jugendamt in seinen organisationalen Bezügen als dominant, während die einzelnen Fachkräfte in ihrer Erzählung eine untergeordnete Rolle einnehmen. Sie benennt im gesamten Interview keine für sie zuständige Fachkraft des Jugendamtes namentlich. Seit der ersten Kontaktaufnahme sei sie von mindestens drei Fachkräften begleitet worden.

> „[A]uch vom Jugendamt her habe ich zwei oder, nee, drei sogar (2 Sek.) [I: Mhm.] Leute gehabt. [I: Okay.] Also ich bin da im fliegenden Wechsel rumgegangen, das ist auch nicht so schön. [I: Mhm.] Wäre schön gewesen, wenn die Geschichte unter einer Person bleibt. [I: Ja. Ja.] Ne, da fühlt man sich dann, wie Sie gerade eben sagten mit dem Datenschutz, auch so ein bisschen äh über den Haufen gerannt, weil man ja doch viele Dinge preisgibt." (Z. 665 ff.)

Die Wahrnehmung des Jugendamtes als unpersönliche Organisation hänge mit den negativ erlebten Zuständigkeitswechseln zusammen: Sie habe sich durch die zügigen Wechsel überrumpelt gefühlt und keine Arbeitsbeziehung zu einzelnen Fachkräften aufbauen können. Trotz des fehlenden persönlichen Bezugs habe sie in Gesprächen mit der jeweils temporär zuständigen Fachkraft schwierige Themen offenlegen müssen. Frau Tschick bezeichnet die Fachkräfte in ihrer Erzählung als „die Dame" (Z. 114, 118, 614) oder „die Frau" (vgl. Z. 1131). Sie bezieht diesen Ausdruck auf unterschiedliche Fachkräfte und entzieht ihm damit einen direkten persönlichen Bezug. Vielmehr erscheinen sämtliche Fachkräfte in erster Linie als Repräsentanten/Repräsentantinnen des Jugendamtes. Das fachliche Verhalten spiegele nicht Individualität, sondern die für alle dort tätigen Personen verbindlichen Verfahrensweisen des Amtes wider. Das Jugendamt als Organisation beeinflusse maßgeblich das Verhalten der Fachkräfte, die als Stellvertreter/Stellvertreterinnen der Behörde agieren. Ihr Eindruck sei durch das Erleben von Vertretungssituationen bestätigt worden.

> „[D]ie Dame, die da [in der ersten Verhandlung vor dem familiengerichtlichen Verfahren] saß, war nur in Vertretung da, d. h. sie konnte sich eigentlich gar kein wirkliches Bild, hat sich gar kein Bild von mir machen können, und [...] die Dame, die eigentlich für mich zuständig gewesen wäre, erschien nicht." (Z. 114 ff.)

Frau Tschick habe einmalig eine außergewöhnliche Erfahrung mit einer Fachkraft gesammelt. Diese habe sich von allen übrigen abgehoben und dadurch eine positive Erinnerung erzeugt.

„Also sie hat äh quasi Butter bei die Fische gegeben. [I: Mhm.] Ja, fand ich richtig
gut, also kein Drumherum oder direkt nur negativ, sondern äh hat gesagt, das findet sie gut, das findet sie nicht so gut, deswegen brauchen wir Hilfe und sie guckt,
was sie machen kann." (Z. 619 ff.)

Mit der Redewendung „Butter bei die Fische" resümiert Frau Tschick ihren
Eindruck der ersten Fachkraft. Der Fachkraft sei es mithilfe ihrer Gesprächsführung gelungen, das Wesentliche zu besprechen und die zentralen Aussagen
auf den Punkt zu bringen, ohne einen einseitigen Blick einzunehmen. Gemeinsam seien negative und positive Aspekte erläutert und zu einem Bild zusammengefügt worden (vgl. Z. 618 f.). Das Auftreten und das Vorgehen hätten Frau
Tschick überzeugt. Sie erinnert sich positiv an die durch die Fachkraft eröffnete
Chance, ihre subjektive Sichtweise darlegen zu können und habe die Fachkraft
insgesamt als „erst mal gar nicht so schlecht" (Z. 618) erlebt.

Jugendamt als Akteur

„Das lief auch alles super mit dem, mit dem Jugendamt bis dato." (Z. 624 f.)

In der ersten Zeit habe Frau Tschick positive Erfahrungen mit dem Jugendamt
und der Familienhilfe gesammelt. Ihre Einschränkung „bis dato" verweist jedoch auf eine Veränderung in der Interaktion im Laufe der Zeit. Im Gegensatz
zu ihrer anfänglichen Zufriedenheit habe sie die Organisation und die Fachkräfte im weiteren Verlauf negativ erlebt. Der anfänglich positive Eindruck
sowie die als entlastend empfundene Hilfe seien schrittweise dem Erleben einer
bewussten Schädigung gewichen. Sie berichtet über vermehrt auftretende
Streitpunkte als Anzeichen für den Wandel. Im Zuge der Hilfegewährung seien
die familiäre Lebenssituation und ihre Handlungen verstärkt kritisiert worden.
Das Erleben der Interaktion mit dem Jugendamt – und stellvertretend mit der
Familienhilfe – habe sich dann im Zuge der ersten Unterstellung einer Kindeswohlgefährdung und der Anrufung des Familiengerichts endgültig negativ
gefärbt. In dieser Situation habe sie eine Diskrepanz zwischen ihren Erwartungen und Erfahrungen wahrgenommen.

„[D]ann erwarte ich, wenn solche Sachen kommen und die uns im Prinzip eigentlich schon kennen, auch unsere Lebensgeschichten kennen, dass die äh das ein
bisschen abdämpfen und nicht noch äh Salz in die Wunden streuen. Das tun sie
aber immer wieder." (Z. 265 ff.)

Ihre Erwartung, dass das Jugendamt Meldungen aufgrund des persönlichen
Kontaktes inhaltlich passend einordne, sei nicht erfüllt worden. Stattdessen
habe das Jugendamt das Wissen über sie und ihre familiäre Situation im weite-

ren Verlauf ignoriert bzw. negativ verwertet. Trotz ihrer jahrelangen Zusammenarbeit sei sie als Mutter infrage gestellt worden. Der geäußerte Vorwurf einer Kindeswohlgefährdung habe psychische Belastungen und Unsicherheiten bei ihr erzeugt (vgl. Z. 276 ff., 1124 f.).

> „Ich habe viele Dinge auch bis heute noch nicht wirklich verstanden und fühle mich auch äh aufs Übelste verarscht, ich sage es mal so, wie es ist, [I: Mhm.] weil […] einfach auch äh die Sachen, die ich dann nicht verstanden habe, nicht richtig geklärt [wurden]." (Z. 1125 ff.)

Das Verhalten und die Reaktionen der Fachkräfte seien für sie nicht nachvollziehbar. Insbesondere der Wechsel zwischen positiven und negativen Rückmeldungen erschwere ihr Verständnis (vgl. Z. 1321 f.). Die Erfahrung von unzureichenden Begründungen und mangelhafter Informationsweitergabe habe sich wiederholt. Sie fühle sich hintergangen und übergangen. Frau Tschick kritisiert folgende Verhaltensweisen des Jugendamtes und seiner Helfershelfer/Helfershelferinnen (z. B. ihre Familienhelferin):

• *Kontrolle und Überprüfung*

> „[Mir] wird […] halt so extrem auf die Finger geguckt und ach, das war jetzt aber nicht so toll, das finde ich halt ziemlich doof." (Z. 177 ff.)

Frau Tschick habe die Interaktion mit dem Jugendamt zunehmend kontrollierend erlebt. Das Jugendamt stelle eine Instanz der Aufsicht und Prüfung dar, die erstens aufmerksam beobachte, wie sie sich verhalte, und zweitens die Beobachtungen kommentiere und als falsch oder richtig beurteile (vgl. Z. 136 f., 825 ff.). Wenn Fachkräfte Auffälligkeiten oder Abweichungen registrieren würden, steige die Kontrolle, indem beispielsweise die Frequenz der Kontakte mit der Familienhilfe erhöht werde. Das Jugendamt rechtfertige die engmaschige Begleitung mit seinem Auftrag, negative Entwicklungen oder die Wiederholung kindeswohlgefährdender Situationen auszuschließen (vgl. Z. 220 ff.).

• *Eingriffe, Störungen und Hindernisse*

Im Laufe der Zeit habe das Jugendamt ständig und wiederkehrend „dazwischen[ge]funkt" (Z. 175). Die fachlichen Beurteilungen ihres Verhaltens als Mutter seien stets mit Änderungs- und Verbesserungsvorschlägen für das Zusammenleben oder die Erziehung verbunden gewesen: „[J]a, aber das hätten Sie so regeln müssen oder können, das wäre jetzt der falsche Weg gewesen" (Z. 175 f.). Diese Hinweise seien in der Interaktion nicht ausschließlich auf ihren Wunsch, sondern auch ungefragt formuliert worden. Dabei habe sie es als problematisch erlebt, dass es sich nicht um unverbindliche Tipps, sondern eher um Auflagen gehandelt habe. Den Vorschlägen habe die Erwartung zugrunde gelegen, sich entsprechend den fachlichen Vorstellungen zu verändern: „Das sind so Dinge, äh, die ich für die ändern muss" (Z. 759 f.).

Die Formulierung von Auflagen sei prägend für die Interaktion mit dem Jugendamt. Diese seien definiert worden, wenn der Verdacht auf eine Kindeswohlgefährdung akut bestanden habe: zum Zeitpunkt der Anrufung des Familiengerichts und im Kontext der aktuellen Vorwürfe. Die Einhaltung sei nervenaufreibend, stressig und erzeuge Wut in ihr (vgl. Z. 327 f., 1123 ff.). Die fachlichen Einmischungen seien zudem hinderlich für eine selbstständige Bewältigung des Alltags.

> „Deswegen sage ich ja, also Hilfe ist das für mich nicht, das ist für mich eher das Leben schwer machen, Steine in den Weg legen, (.) Familie kaputt machen, das macht auch viel kaputt." (Z. 289 ff.)

Ihre Erfahrung, aktiv auf ihrem Weg behindert zu werden, sei nicht einmalig oder gelegentlich, sondern werde von ihr als „permanent[e]" (Z. 713) Handlungsstrategie des Jugendamtes registriert. Diese Entwicklung sei für sie schwer nachvollziehbar, da sie keine Anlässe für diese Beeinträchtigungen erkennen könne (vgl. Z. 711 ff.). Frau Tschick nehme eine besondere Qualität der Störungen wahr, die sie durch ihre Betonung – „mir so extreme Steine in den Weg zu legen" (Z. 727 f.) – verdeutlicht. Die von dem Jugendamt und der Familienhilfe erzeugten Hindernisse erlebe sie als schädigend, beeinträchtigend und belastend. Neben ihren biografischen, alltäglichen und familiären Belastungen sei sie so weiteren Bürden ausgesetzt, die das Familienleben negativ beeinflussen: „Anstatt mir zu helfen, legen sie mir wieder erneut Steine in den Weg und wieder wird es holprig für uns" (Z. 213 f.).

• Angriffe

Frau Tschick vergleicht die Interaktion mit dem Jugendamt mehrmals mit einer körperlichen Auseinandersetzung. Sie beschreibt die gegen sie gerichteten Vorwürfe und Handlungen als körperliche Angriffe, denen sie ausgesetzt sei. Mit den Ausdrücken „Tritt in die Magengegend" (Z. 348 f.), „Tritt" (Z. 1076), „Arschtritte" (Z. 1092, 1105) oder „Tritte in den Rücken" (Z. 1322) veranschaulicht sie die Kraft der Aktionen des Jugendamtes, die massive Auswirkungen auf ihre psychische und physische Verfassung hätten (vgl. Z. 1322 f.). Das Vorgehen sei für sie nicht nachvollziehbar und diese Erfahrung frustrierend und hart (vgl. Z. 226, 309 f.).

> „Und jetzt kriege ich wieder einen reingewürgt. Tatatata! Was heißt das? (seufzt) Für mich heißt das im Prinzip, glaube, traue solchen Arschlöchern nicht." (Z. 1057 f.)

Regelmäßig und wiederkehrend würden die Fachkräfte sie tadeln (vgl. Z. 71, 1057, 1239). Sie beschreibt Situationen, in denen ihr absichtlich Schaden zugefügt oder sie bloßgestellt worden sei. Da diese Verhaltensweisen für Frau Tschick relativ willkürlich und losgelöst von konkreten Situationen aufgetreten seien, könne sie den Fachkräften kein Vertrauen mehr schenken. Sie kritisiert die fehlende Aufrichtigkeit: Ihr sei in den vergangenen Jahren mehrfach „in den Rücken gefallen" (Z. 309 f., 1158) worden. Das Jugendamt und die Familienhilfe würden sich nicht authentisch verhalten. Das Erleben von hinterhältigen und tendenziell willkürlichen Verhaltensweisen sei unfair, „bitter und hart" (Z. 309).

Im Umgang miteinander richtet Frau Tschick ihren Blick auf die negativen Aspekte in der Interaktion, indem sie ausführt, dass „das Jugendamt [...] eher immer nur (.) auf die Kacke gehauen" (Z. 1148 f.) habe. In seinem Verhalten und seiner Sprache sei das Jugendamt „fies" (Z. 106, 1149). Als erstmalig die Vorwürfe einer Kindeswohlgefährdung formuliert worden seien, habe sie diese als Rüge erlebt: Die unterschiedlichen Vorwürfe „habe [...] [sie] von denen um die Ohren gehauen gekriegt" (Z. 844). Die Vorwürfe seien ihr nicht sensibel und vorsichtig vermittelt, sondern offensiv „an den Kopf geknallt" (Z. 88 f.) worden. Sie habe keine Rücksichtnahme seitens des Jugendamtes erfahren.

> „Von Ihnen allen, mich so zu behandeln. Ja, das ist halt deren Job. Die dürfen einem dann wehtun, die dürfen dann äh auf einem noch zusätzlich rumtrampeln, das ist deren Job, [I: Okay.] um zu gucken, ob man das dann aushält, aber unsereins darf da nicht so sein, wie man es gerne möchte oder wie man ist, und muss sich in diversen Dingen verstellen." (Z. 1140 ff.)

Sie erlebe keine Wertschätzung und keinen Respekt seitens des Jugendamtes. Stattdessen erfahre sie zunehmend einen kränkenden und verletzenden Umgang, der ihre persönlichen Grenzen nicht wahre.

Erklärungen für das fachliche Handeln

> „Da habe ich gesagt, das ist das, was ich immer wieder zu euch gesagt habe, ich sag, macht doch mal was. Jetzt könnt ihr mir helfen. Und ich sehe mich alleine gelassen, weil ich in der Hinsicht keine Hilfe bekomme." (Z. 209 ff.)

Während der Begleitung habe sich bei Frau Tschick schrittweise die Überzeugung herausgebildet, dass das Jugendamt ihr nicht helfen wolle. In schwierigen Situationen sei sie allein gelassen worden und habe keine Unterstützung erhalten. Hinsichtlich der notwendigen Hilfe für ihren Sohn sei sie beispielsweise enttäuscht worden, da sie als Mutter nicht gehört und folglich keine Hilfe installiert worden sei.

Auch habe sie sich häufig verlassen und alleine gefühlt, wenn es um die Ausgestaltung der Kontakte zu ihrem Ex-Mann gegangen sei.

„Und ich mich auch in der Hinsicht, ich sag jetzt mal, relativ so ein bisschen verlassen gefühlt habe. Ja [so das Jugendamt], aber Sie werden immer Kontakt mit Ihrem Ex-Mann haben, Sie haben nun mal ein gemeinsames […] Kind." (Z. 674 ff.)

Die traumatisierenden Erfahrungen, die sie während der Ehe mit ihrem Ex-Mann gemacht habe, seien vom Jugendamt nicht berücksichtigt worden. Ihr sei stattdessen auferlegt worden, sich mit ihm auseinanderzusetzen, um regelmäßige Kontakte zwischen Vater und Sohn zu ermöglichen. Die vom Jugendamt eingenommene Haltung sei für sie unverständlich, da die Fachkräfte über die Geschichte – in weiten Teilen – informiert gewesen seien (vgl. Z. 682 ff.). Der ihr auferlegte Zwang habe vor allem negative Gefühle wie Wut und Aggressionen, aber auch Unverständnis und Traurigkeit ausgelöst.

„Das [all die negativen Erfahrungen] vermittelt mir, wie gesagt, auch den Eindruck, das Jugendamt will mir persönlich nicht unbedingt helfen. Wo Hilfe angebracht ist, tun sie es vielleicht nicht. [I: Mhm.] Äh, ich fühle mich so ein bisschen ungerecht behandelt halt, ne." (Z. 383 ff.)

Frau Tschick habe den Eindruck, aus persönlichen Gründen ungerecht behandelt zu werden (vgl. Z. 173). Im Vergleich zu anderen Familien werde sie außergewöhnlich eng beobachtet, begleitet, kontrolliert und bewertet. Dieses Vorgehen sei angesichts der im Vergleich zu anderen Familien geringer ausgeprägten Probleme nicht verständlich. In Familien, in denen Kinder Opfer von Gewalt werden würden, seien solche Interventionen eher notwendig. In ihrer Familie hingegen bestehe keine Notwendigkeit für das beschriebene Auftreten des Jugendamtes (vgl. Z. 177 ff.). Sie empfinde es als ungerecht, dass sie sich wiederholt mit Vorwürfen auseinandersetzen müsse und als Mutter infrage gestellt werde, obwohl sie dem Jugendamt seit Jahren bekannt sei und ihre Kompetenzen bereits bewiesen habe (vgl. Z. 287 f.).

„Was genau die wollten, weiß ich nicht." (Z. 1184)

Die Ziele des Jugendamtes seien ihr bis heute unbekannt und für sie undurchschaubar. Sie vermutet hinter dem fachlichen Handeln des Jugendamtes negative Absichten.

„Ich glaube, die wollten mir einfach nur, in meinen Augen wollten die mir einfach nur was Böses. Die wollten mein Kind." (Z. 1184 f.)

Die Fachkräfte hätten bewusst gegen sie gearbeitet und ihre Aktionen gegen sie als Mutter gerichtet. Sie hätten ihr Schaden zufügen wollen. Ihr Gefühl sei durch das Handeln des Jugendamtes im weiteren Verlauf befördert worden (vgl. Z. 1187 f.). Sie unterstellt dem Jugendamt Missgunst.

> „Ich habe das Gefühl, äh, dass die mich einfach reizen, ausreizen wollen [I: Mhm.] oder mir das nicht gönnen oder (.) auf die Probe stellen ist das für mich schon nicht mehr, das haben sie damals [I: Ja.] gemacht, haben gemerkt, ich habe es geschafft." (Z. 215 ff.)

Die Motive des Jugendamtes hätten sich im Laufe der Zeit verändert: Früher sei sie auf die Probe gestellt worden. Diese Zielsetzung greife jetzt nicht mehr, da bekannt sei, dass sie ihrer Mutterrolle gerecht werde. Sie habe vielmehr den Eindruck, dass das Jugendamt ihr nun negativ zugewandt sei und sie provozieren wolle.

7.2.4.5 Hilfe(n) und weitere Fachkräfte

Seit Beginn der Familienhilfe habe Frau Tschick mehrere Zuständigkeitswechsel erlebt (vgl. Z. 20 ff., 651 ff.). Sie sei bislang von drei Fachkräften begleitet worden, die sie im Gegensatz zu den Fachkräften des Jugendamtes alle namentlich benennt.

Frau Tschick leitet die erste Fachkraft mit der Bezeichnung „[einer] guten Frau" (Z. 648) ein. Diese habe zu Gunnar und ihr ein gutes Verhältnis aufgebaut. Frau Tschick hebt hervor, dass sie sich noch an ihren Namen erinnern könne (vgl. Z. 649). Die Namensnennung verknüpft sie mit einer positiven Beschreibung der Fachkraft als „unglaublich tolle Frau" (Z. 651). Sie hätten „auf einer Wellenlinie" (Z. 652) gelegen. Daher sei für sie vorstellbar, dass sie sich in einem anderen Kontext mit ihr angefreundet hätte. Allerdings sei sie sich dessen bewusst, dass diese Vorstellung lediglich hypothetisch sei, da ihr die Funktion der Fachkraft zu jedem Zeitpunkt bewusst gewesen sei: „[A]ber gut, sie war jetzt äh, nicht als Freundin da, sondern (.) halt als Hilfe, ne" (Z. 656). Sie verbinde mit ihrer ersten Familienhilfe durchweg positive Assoziationen. Die Hilfe sei von Gunnar und ihr aktiv genutzt und als hilfreich erlebt worden.

Nach ihrem Umzug habe der erste Träger- und Fachkräftewechsel stattgefunden: „[D]ann gab es Frau Meyer, so hieß die gute Dame dann, die ich dann hatte" (Z. 661). Sie schreibt der zweiten Fachkraft auch ein positives Attribut zu („gute Dame"). Im Vergleich zu der Begeisterung, welche die erste Fachkraft auslöste, benennt Frau Tschick nun relativ neutral, dass die zweite Fachkraft „sehr ruhig" (Z. 663 f.) gewesen sei. Das Verhältnis zwischen Frau Tschick und Frau Meyer sei in Ordnung gewesen: „[M]it der ging es auch noch relativ gut" (Z. 663). Hier deutet sie bereits eine Veränderung an.

Im Herbst 2013 habe ihre bisherige Fachkraft den Bereich innerhalb des freien Trägers gewechselt (vgl. Z. 664 f.). Daraufhin habe Tschick „Frau Rietkamp gekriegt" (Z. 664). Sie habe keinen Einfluss auf die Wahl gehabt. Seit diesem Zeitpunkt werde sie kontinuierlich von Frau Rietkamp begleitet (vgl. 729 f.). Im Hinblick auf ihre aktuelle Fachkraft erläutert sie positive und negative Aspekte: Einerseits habe die Fachkraft viele „gute Seiten" (Z. 1149 f.). Ihre Familienhelferin sei – genauso wie die ersten beiden Fachkräfte – „eine ganz äh liebenswerte Frau" (Z. 723) und bemüht, qualitativ hochwertige Arbeit zu leisten. Sie habe Frau Tschick beispielsweise in unterschiedlichen Situationen bestmöglich unterstützt (vgl. Z. 725 ff.). Andererseits habe Frau Rietkamp ein hinterhältiges Verhalten gezeigt, indem sie Frau Tschick mehrmals in die „Scheiße geritten" (Z. 1150), sie als Mutter infrage gestellt und sie eingeschränkt habe (vgl. Z. 727 ff.). Angesichts dieser widersprüchlichen Erfahrungen zeichne sich ihr Erleben durch Spannungen aus, die belastend seien: „Da, auf der einen Seite werde ich gelobt, auf der anderen äh werde ich trotzdem infrage gestellt" (Z. 1281 f.). Das fachliche Handeln sei nicht nachvollziehbar und berechenbar. Die negativen Erfahrungen seien enttäuschend gewesen und hätten tendenziell eine negativ gefärbte Grundstimmung gegenüber der Fachkraft erzeugt. Frau Tschick sei im Umgang mit ihr unsicher und fühle sich inzwischen „alles andere wie gut aufgehoben" (Z. 725).

Mit der damaligen Entscheidung über eine Hilfe sei sie grundsätzlich zufrieden gewesen (vgl. Z. 581 f.). Die erste Zeit der Familienhilfe habe sie als „super" (Z. 21) in Erinnerung. Ihre positive Einschätzung basiere in erster Linie auf der wahrgenommenen Entlastung durch die Hilfe (vgl. Z. 21).

> „Und so haben die mir das halt ein bisschen erleichtert. [I: Mhm.] Was mir echt viel Kraft gegeben hat. Richtig viel Kraft. Ich konnte mal wieder durchatmen und äh, das war schön." (Z. 646 ff.)

Ihre Entlastung sei beispielsweise dadurch eingetreten, dass die Fachkräfte Zeit mit ihrem Sohn verbracht und sich mit ihm beschäftigt hätten (vgl. Z. 640 ff., 333 ff.). Ihr Sohn habe viel Spaß an den Ausflügen gehabt. Sie habe sich für ihn gefreut, „besondere Sachen" (Z. 333) und Erfahrungen machen zu können. Zudem habe Frau Tschick weitere positive Effekte für sich aus der Hilfe ziehen können. Der frühere Umgang mit Gunnar habe sie, unter anderem aufgrund seiner Auffälligkeiten und ihrer depressiven Episode, sehr (heraus-)gefordert (vgl. Z. 644 ff.). Er habe sich z. B. selten selbstständig beschäftigen können (vgl. Z. 734 ff.). In der freien Zeit habe sie „Luft holen" (Z. 641) und „zur Ruhe kommen" (Z. 644) können. Durch diese Auszeiten habe sie neue Kraft schöpfen und Energie tanken können (vgl. Z. 647 ff.).

Neben der Beschäftigung von Gunnar und der Entlastung von Frau Tschick habe sie gemeinsam mit der Familienhilfe nach und nach Veränderungen erarbeitet und ihre Ausgangssituation verbessert. Indem sie beschreibt, „durch die Familienhilfe natürlich auch gute Sachen erreicht" (Z. 183 f.) zu haben, bestätigt sie die positive Wirkung und den hohen Nutzen. Exemplarisch benennt sie den Lernprozess, „ein bisschen loszulassen" (Z. 751) und ihrem Sohn mehr zuzutrauen (vgl. Z. 748 ff.). Über den Fortschritt, „nicht mehr so ängstlich" (Z. 748 f.) zu sein, sei sie glücklich. Diese Veränderung sei ohne die Unterstützung ihrer Familienhilfe nicht möglich gewesen. All diese Erfahrungen hätten dazu geführt, dass sie die Hilfe prinzipiell als „schön" (Z. 648) empfunden habe.

Trotz dieser positiven Aspekte habe Frau Tschick die Begleitung nicht durchgängig als Hilfe wahrgenommen. Mit ihrer Feststellung, „zwischendurch" (Z. 343) Hilfe erhalten zu haben, verweist sie darauf, dass die Familienhilfe nicht konsequent als Unterstützung zu erkennen gewesen sei. Nur wenn die Hilfestellungen ihrem Selbstverständnis entsprochen hätten und an ihre Lebenswelt hätten anschließen können, habe sie die Hilfe gut annehmen und einen Nutzen daraus ziehen können (vgl. Z. 344).

Die positiven Wirkungen hätten die negativen Begleiterscheinungen der Familienhilfe nicht durchweg ausgleichen können. Beispielsweise sei die Freude über die Aktionen mit Gunnar nicht ungetrübt gewesen: Frau Tschick sei jedes Mal vor Augen geführt worden, dass sie ihm diese Möglichkeiten nicht „bieten" (Z. 339) könne, da ihr die Energie für Ausflüge gefehlt habe (vgl. Z. 340). Daher habe sich in die Freude auch Trauer gemischt (vgl. Z. 373 ff.). Im Vergleich zu den Fachkräften habe sie mit Blick auf neue Erfahrungen schlechter abgeschnitten. Als einen weiteren negativen Aspekt benennt Frau Tschick die Unruhe, die durch die Termine mit der Familienhilfe wiederkehrend entstanden sei (vgl. Z. 183 ff.). Die häufigen Kontakte hätten zunehmend eine Belastung dargestellt: „[Z]weimal in der Woche treffen, [...] ist schon sehr hart. Ist viel und sehr hart" (Z. 187 f.).

In mehreren Situationen und mit Blick auf verschiedene erzieherische Fragestellungen hätten sich unterschiedliche Haltungen zwischen den Fachkräften und Frau Tschick herausgebildet, die zu zahlreichen Diskussionen geführt hätten. Trotz mehrmaliger Auseinandersetzungen habe keine Annäherung stattgefunden. Frau Tschick sei stets bemüht gewesen, die Sichtweise der Fachkräfte einzunehmen. Sie wisse also, was „die denken" (Z. 754), lehne jedoch deren Einschätzungen größtenteils ab (vgl. Z. 754 ff.). Gleichzeitig sei es ihr nicht gelungen, die Fachkräfte von ihren Meinungen zu überzeugen. In den Diskussionen sei ihr kein Verständnis entgegengebracht worden. Sie habe sich unverstanden gefühlt (vgl. Z. 759). Ihr Verhalten sei gehäuft negativ bewertet worden. Beispielsweise sei sie für die Aufklärung ihres Sohnes wegen möglicher Ausgänge des familiengerichtlichen Verfahrens kritisiert worden (vgl. Z. 133 ff.): „Das fanden die falsch, das hätte ich nicht machen dürfen, weil damit mache ich dem Kind Angst" (Z. 136 f.). Gegen die Meinung der Fachkräfte habe sie keine Chance gehabt. Wenn sie die Vorschläge verworfen oder nicht direkt umgesetzt habe, sei ihr unterstellt worden, nicht zu kooperieren (vgl. Z. 346 f.). Daher habe die Familienhilfe in ihrem Verständnis Druck auf sie ausgeübt, sich unterzuordnen (vgl. Z. 349 ff.). Sie habe die Auseinandersetzung dahingehend aufgelöst, dass sie sich gebeugt habe und den Vorgaben gefolgt sei. Sie habe dabei nicht immer aus innerer Überzeugung agiert, sondern zunehmend mit der Intention, die beteiligten Fachkräfte zufriedenzustellen. Daher könne in solchen Momenten nicht von Hilfe, sondern von Zwang gesprochen werden (vgl. Z. 1123 f.).

Insgesamt seien die mit der Hilfe verbundenen Hoffnungen und Wünsche nicht eingelöst worden. Sie habe sich „die Hilfe nur ein bisschen anders vorgestellt" (Z. 582). Angesichts ihrer Erfahrungen und der erlebten Widersprüche sei eine ausschließlich positive Betrachtung nicht möglich. Sie zieht ein nüchternes Resümee: „Im Großen und Ganzen halt immer, ich sag jetzt mal, mehr negative wie positive Sachen" (Z. 341).

Zusammenarbeit von Jugendamt und Familienhilfe

> „Ja, die halten ja fest zusammen. [I: Mhm okay.] Da steht keiner, der sagt äh, ach ja, Frau Tschick, wir wissen ja, wie, wie das bei Ihnen läuft oder was. Ich bin direkt, ich bin jetzt auch wieder direkt infrage gestellt worden." (Z. 1152 ff.)

Frau Tschick schildert einen Zusammenhalt zwischen der jeweils zuständigen Familienhelferin des freien Trägers und dem Jugendamt. Im Fokus stehe die Aufrechterhaltung der Einheit und nicht die Hilfe für Familien (vgl. Z. 171 ff., 825, 880). Ihre Erfahrung zeige, dass Fachkräfte der unterschiedlichen Organisationen ihre gemeinsame Haltung nicht infrage stellen oder voneinander abweichende Meinungen formulieren würden. Die persönlichen Erfahrungen, die in der jahrelangen Zusammenarbeit mit Frau Tschick gemacht worden seien und nicht die bestehende fachliche Haltung bestätigen würden, seien nicht offen kommuniziert worden. Frau Tschick sei vor allem von dem Verhalten ihrer Familienhelferin irritiert, da „sie ja auch viel von uns mitkriegt. (.) Sieht, dass ich gewillt bin, auch Dinge auszuprobieren" (Z. 731 f.). Die in persönlichen Kontakten gewonnenen Eindrücke von Frau Tschick und das Wissen über das Leben der Familie, die den Vorwurf der Kindeswohlgefährdung entkräften könnten, seien nicht berücksichtigt worden (vgl. Z. 730 f.). Mit Ausnahme der Familienrichterin habe Frau Tschick keine Fachkraft kennengelernt, die sich aus dieser Einheit gelöst habe.

Sie nehme Parallelen in dem Vorgehen der verschiedenen Organisationen wahr: Das Jugendamt und die Familienhelferin hätten ihr „Steine in den Weg" (Z. 213, 290, 714, 728, 742) gelegt. Angesichts ihrer Erfahrungen antwortet Frau Tschick auf die Frage, wen sie unter den Ausdruck „solchen Arschlöchern" (Z. 1058) fasst, „Beide [Jugendamt und Fachkraft freier Träger], weil die hocken ja zusammen mit den Meinungen. [...] Die sind sich ja relativ einig da" (Z. 1061 ff.). Bei dieser negativen Bewertung unterscheidet Frau Tschick nicht zwischen Jugendamt und Familienhilfe. Sie begründet ihre Beurteilung mit dem von ihr wahrgenommenen Zusammenhalt und der Einigkeit in der fachlich fehlerhaften Einschätzung ihr gegenüber.

Neben dem Erleben einer Einheit von Jugendamt und den jeweiligen Fachkräften des freien Trägers differenziert Frau Tschick manchmal zwischen den Organisationen. Das Jugendamt sei während der beiden Verhandlungstage vor dem Familiengericht als einzelner Akteur in Erscheinung getreten.

> „Ja, das Jugendamt saß halt da und äh, [die Familienhilfe] [...] war gar nicht dabei, es war nur das Jugendamt." (Z. 1173 f.)

Ihre schlechten Erfahrungen mit dem Jugendamt während der beiden Verhandlungstage führen zu einer ausschließlich negativen Einschätzung des Jugendamtes als einzelner Akteur.

> „Wie gesagt, die [Fachkräfte des freien Trägers] haben auch viel Gutes getan, streite ich gar nicht ab, das Jugendamt jetzt weniger, aber äh das Jugendamt hat eher immer nur (.) auf die Kacke gehauen, sage ich jetzt mal ganz so, [I: Ja.] ganz äh (2 Sek.) fies verbal." (Z. 1146 ff.)

Mutter als Akteurin

> „Im Prinzip, das habe ich damals meiner ähm Familienhilfe auch gesagt, ich fühle mich so ein bisschen wie eine Marionette. [I: Mhm.] Ich muss spielen und ich muss es Gott und der Welt recht machen. Ich kann nicht so leben, wie ich das gerne hätte, wie ich das gerne möchte, weil es könnte wieder [...] falsch sein und es könnte wieder gegen mich verwendet werden. Und da habe ich keine Lust drauf." (Z. 321 ff.)

Frau Tschick vergleicht sich mit einer Marionette, da sie in ihrer Freiheit anhaltend eingeschränkt sei. Das Bild veranschauliche ihren erlebten Zwang, sich den professionellen Ansprüchen zu fügen. Sie nehme seit jeher ein Gefälle zwischen ihren Vorstellungen einerseits und den Erwartungen von außen andererseits wahr. In der Vergangenheit habe sie erfahren, welche Folgen es nach sich ziehe, den professionellen Erwartungen nicht gerecht zu werden (vgl. Z. 40, 324 f.). Um keinen Anlass für Kritik zu bieten und ein weiteres familiengerichtliches Verfahren zu vermeiden, habe sie sich dafür entschieden, die Forderungen zu erfüllen und sich entsprechend den Vorstellungen nach außen zu präsentieren. Sie sei bemüht, es den beteiligten Personen „recht zu machen" (Z. 1100, 1394). Dabei handele es sich jedoch nicht um ein vollständig frei von ihr gewähltes Spiel, sondern „ein Muss" (Z. 1391, 1393), das auf ihren bisherigen Erfahrungen beruhe. Sie müsse die Wünsche der Fachkräfte befriedigen und ihren Anforderungen nachkommen, um ihr subjektiv bedeutsameres Ziel, dauerhaft und nachhaltig Ruhe zu haben, erreichen zu können (vgl. Z. 185 f., 1124, 1394 f.). In der Zusammenarbeit mit dem Jugendamt sei diese Intention von zentraler Bedeutung, um dem Vorwurf einer Kindeswohlgefährdung zu entkommen und Konflikte zu umgehen. Allerdings erlebe sie in Kontakten mit dem Jugendamt seit jeher das Dilemma, den Erwartungen gerecht werden zu müssen, ohne die Inhalte der Erwartungen zu kennen oder zu verstehen: „Also ich äh (.) konnte das so gar nicht nachvollziehen, wie das Jugendamt, kann ich heute noch nicht, wie das Jugendamt mich gerne gehabt hätte" (Z. 1122 f.). Da sie keine konkrete Vorstellung von den notwendigen Veränderungen gehabt habe, sei sie den Forderungen nur bedingt nachgekommen.

Im Gegensatz zu ihrer Wahrnehmung, als Marionette funktionieren zu müssen, nehme sie sich in anderen Kontexten, z. B. bei der Ausgestaltung der Hilfe, als selbstbestimmt handelnde Person wahr.

> „Weil, wenn ich ganz ehrlich bin, ich hätte auch Arsch sein können und nicht so offen und ehrlich zu denen sein können und hätte einfach ein Spiel spielen können. (.) Habe ich aber nicht getan, weil ich möchte, dass es mir und Gunnar gut geht." (Z. 1089 ff.)

Frau Tschick beschreibt sich in diesem Kontext als offene und ehrliche Akteurin. Sie habe sich auf die Hilfe eingelassen und sich gegenüber den zuständigen Fachkräften authentisch verhalten. Sie sei sich ihrer Handlungsalternativen bewusst gewesen und habe gezielt die Variante gewählt, die eine Verbesserung der familiären Situation begünstige. Folglich habe sie sich gegen ein Spiel entschieden. Angesichts des Hilfeverlaufes und ihrer Erfahrungen betont sie ihr Durchhaltevermögen: Sie habe die Familienhilfe bis heute nicht beendet, sondern arbeite weiter an ihren Zielen. Die Fortsetzung der Hilfe basiere grundsätzlich auf ihrer freiwilligen Entscheidung und nicht auf einem von außen auferlegten Zwang (vgl. Z. 1049 ff.). Von Anfang an kooperiere sie mit den zuständigen Fachkräften (vgl. Z. 1089 ff.). So habe sie sich beispielsweise zahlreiche Vorschläge zu alternativem Erziehungsverhalten angehört und sich aktiv für oder gegen die Umsetzung entschieden: „Ja. (.) Ich habe mir immer alles angehört, aber Sachen, die für mich nicht logisch sind oder die für mich in meiner Erziehung nicht so passen, die brauche ich nicht umsetzen" (Z. 1084 ff.). Allerdings räumt sie ein, dass sie sich mit aus ihrer Perspektive sinnlosen oder unpassenden Ideen „noch nicht mal auseinandergesetzt" (Z. 1082) habe.

Gleichwohl erläutert sie – ergänzend zu ihrer Selbstbeschreibung als offene Akteurin – die wiederholte Notwendigkeit, sich manchmal unterzuordnen, um negative Konsequenzen zu umgehen (vgl. Z. 400 ff.).

„[U]nsereins darf da nicht so sein, wie man es gerne möchte oder wie man ist, und muss sich in diversen Dingen verstellen." (Z. 1142 ff.)

Während sie phasenweise durch das Handeln der Fachkräfte gezwungen sei, sich zu verstellen, entscheide sie sich in anderen Situationen bewusst dazu, nicht authentisch zu agieren, sondern den Schein zu wahren, um keine falschen Wirkungen in der Außendarstellung zu entfalten. In der Vergangenheit habe sie umsichtig und zielorientiert agiert.

„Nein, ich habe die Aggressivität ähm (.) so ein bisschen beiläufig mit reingebracht, aber auch den Missbrauch mir gegenüber und wie es letztendlich bei uns wirklich ausgesehen hat, habe ich ähm verschwiegen, weil ich halt auch Angst hatte, oh, in der Familie war, gab es Gewalt." (Z. 694 ff.)

Hier sei sie nicht bedingungslos, sondern strategisch ehrlich: Sie gebe nicht alles unmittelbar preis, sondern setze Informationen bewusst ein und lasse diese nach und nach einfließen. Auf diese Weise könne sie die Auswirkungen der Inhalte besser steuern (vgl. Z. 669 ff.).

Ihre Handlungsmöglichkeiten als Akteurin seien phasenweise beschnitten gewesen. In dieser Lage habe sie sich dann entschieden, „irgendwann nur noch Ja und Amen" (Z. 242) zu sagen, um Ruhe zu erleben (vgl. Z. 240 ff.). Durch ihre geäußerte Zustimmung gelinge es ihr, Themen abzuschließen sowie den Stress- und Konfliktpegel zu reduzieren. Als Beispiel benennt sie ein Hilfeplangespräch, in dem sie sich, trotz massiver Wutgefühle, ruhig verhalten habe, um keine Angriffsfläche zu bieten: „[I]ch bin so was von ultraruhig gewesen, im Inneren habe ich gekocht, ich wäre da am liebsten (.) ins Gesicht gesprungen der Frau" (Z. 1135 f.). In diesem Sinne bewahre sie sich ihre Selbstbestimmung, obwohl sie nicht stimmig zu ihrem Inneren agiere.

Frau Tschick skizziert hinsichtlich ihres Verhaltens in der Auseinandersetzung mit dem Jugendamt und weiteren beteiligten Fachkräften eine Weiterentwicklung.

„Weil zu Unrecht beschuldigt, zu Unrecht äh wieder mal an den Pranger gestellt zu werden, ist ähm, (2 Sek.) lasse ich nicht mit mir machen. Das war früher mal eine Zeit so, wo es mir richtig schlecht ging, aber (.) das ist vorbei. [I: Okay.] Das wird es für mich nicht mehr geben, [I: Mhm.] definitiv nicht." (Z. 157 ff.)

In der Vergangenheit habe sie sich nicht zur Wehr setzen und ihrer Selbstbeschreibung als Kämpferin nicht gerecht werden können. Aufgrund ihrer psychischen Instabilität habe sie sich viel gefallen lassen. Momentan fühle sie sich deutlich besser und lehne die in der Vergangenheit gezeigten Reaktionen ab. Sie nehme inzwischen eine andere Position im Kampf mit dem Jugendamt ein. Ihr gelinge es zunehmend häufiger, ihre Grenzen aufzuzeigen, sich zu wehren und Widerstände offen zu kommunizieren. Mit dem abschließenden Ausdruck „definitiv nicht" betont sie ihre Ablehnung der passiven Rolle. Die Veränderungen fördern ihre Zuversicht, die aktuelle Auseinandersetzung positiv zu bewältigen (vgl. Z. 159 ff.).

Die sich wiederholenden negativen Erfahrungen mit den Fachkräften veranlassen Frau Tschick zu einem Vergleich mit einem „Teufelskreis" (Z. 295, 330, 382): eine für sie ausweglose Situation. Obwohl sie als Mutter eine zentrale Rolle in dem gesamten Verlauf einnehme, könne sie die Entwicklungen und Situationen nicht maßgeblich verändern. Sie könne den Kreislauf weder beenden noch die Richtung verändern. Sie erlebe eine Diskrepanz zwischen ihrem Wunsch nach einem Ausstieg und den realen Gegebenheiten (vgl. Z. 330 f.). Das Jugendamt reagiere nicht auf ihre Anliegen und Bedürfnisse. Dieses Erleben stimme sie „sehr […] fies" (Z. 382 f.).

Die Kontaktaufnahme zum Jugendamt ist nicht voraussetzungsfrei, sondern geprägt von subjektiven Vorstellungen. Zwar hat Frau Tschick zuvor keine persönlichen Erfahrungen mit dem Jugendamt gesammelt, auf die sie zurückgreifen kann, aber ihre Vorstellungen bieten ihr einen Bezugsrahmen für ihre Erwartungshaltung gegenüber der Organisation. Ihr Image speist sich aus gesellschaftlich verbreiteten Meinungen über das Jugendamt und ist tendenziell durch negative Gefühle wie Angst und Ehrfurcht geprägt. Frau Tschick tritt dem Jugendamt skeptisch und misstrauisch gegenüber. Die Erwartung einer negativen, für sie nachteiligen Entwicklung schwingt seit jeher mit und drängt die aufkeimende Hoffnung auf positive Veränderungen im Verlauf zunehmend in den Hintergrund.

Frau Tschick erfährt das Jugendamt als eine Organisation, die von außen nur begrenzt zugänglich ist. Die Zusammenhänge zwischen den internen – für sie verschlossenen – Abläufen und den an sie adressierten Entscheidungen sind für sie weder transparent noch verständlich. In ihrem Erleben agieren die Fachkräfte im Dunkeln und informieren sie nicht ausreichend und verständlich über Hintergründe und Intentionen: Das Jugendamt tritt ihr gegenüber als „Black Box" auf. Da ihr zentrale Einblicke in die Funktionsweise der Organisation fehlen, spekuliert sie über Motive und Zielsetzungen.

Frau Tschick erlebt das Jugendamt während des gesamten Verfahrens als eine anonyme und unpersönliche Organisation. Die Subjektivität der Fachkräfte ist nicht fassbar und verschwindet weitestgehend hinter der Organisation. Das Jugendamt repräsentiert ein Kollektiv an beliebig austauschbaren Fachkräften, die primär als Repräsentanten/Repräsentantinnen organisationsbezogenen Handelns fungieren und deren Charakteristika keine Relevanz für die Ausführung der Aufgaben besitzen. Frau Tschick bezieht ihre Meinungen, Haltungen und Verhaltensweisen nicht auf einzelne Fachkräfte, sondern auf alle Personen, die im Ju-

gendamt arbeiten. Ihre subjektive Wahrnehmung unterschiedlicher Fachkräfte bleibt – mit Ausnahme einer Fachkraft zu Beginn ihrer Geschichte – undifferenziert. Frau Tschick baut keine (Arbeits-)Beziehung zu den jeweils zuständigen Fachkräften auf.

Mit Blick auf die Familienhilfe nimmt Frau Tschick eine differenziertere Einschätzung vor und löst die Entpersonalisierung auf. Durch die namentliche Nennung der Fachkräfte in Kombination mit zusätzlichen Informationen gewinnen die Personen deutlich an Kontur, anstatt hinter der Organisation zu verblassen. Vergleiche zwischen einzelnen Fachkräften sind dadurch möglich. Ihre Beurteilung hängt – im Gegensatz zu der Wahrnehmung des Jugendamtes – in erster Linie von der Person der Fachkraft ab. Das Alter, das Auftreten und die subjektive Art beeinflussen die Wahrnehmung von Frau Tschick sowie den Aufbau und die Gestaltung der (Arbeits-)Beziehung. Der Familienhilfe wird in der Zusammenarbeit eine andere Qualität als dem Jugendamt zugeschrieben, da sie den familiären Alltag erlebt und näher an der Familie ist. Die Familienhilfe darf Urteile über die Familie formulieren, wenn diese positiv ausfallen. Allerdings macht Frau Tschick die Erfahrung, dass die Einschätzung der Familienhilfe nicht von der Meinung des Jugendamtes abweicht. Die Fachkräfte vertreten, trotz unterschiedlicher Wissens- und Kenntnisstände, die gleiche Meinung und treten ihr gegenüber als untrennbare Einheit auf. Nicht die bestmögliche Begleitung, sondern eine fachlich gelungene Kooperation steht scheinbar im Mittelpunkt. Der Zusammenhalt begünstigt einheitliche Meinungen und erschwert Dissens unter den Fachkräften. Die wechselseitigen Beeinflussungsprozesse sind von außen nicht zugänglich. Frau Tschick deklariert einen Widerspruch, den sie bemängelt: Die gemeinsam geteilte Beurteilung der Fachkräfte steht im Gegensatz zu den persönlichen Bezügen zwischen den professionellen Fachkräften und ihr. In ihrer Wahrnehmung sollten geteilte Erfahrungen positive Auswirkungen auf professionelle Einschätzungen evozieren. Ihre Erwartung wird jedoch nicht erfüllt.

Anfänglich erfährt Frau Tschick durch das Jugendamt und die Familienhilfe – für sie selbst überraschend – positive Wirkungen. Sie kann die Unterstützung annehmen, für sich nutzen und den Verlauf aktiv beeinflussen. Bis zu ihrem skizzierten Wandel nimmt sie in der Interaktion mit den Fachkräften entlastende und nutzbringende Effekte wahr. Dieser Wandel tritt nicht plötzlich und unvermittelt auf, sondern deutet sich aufgrund unterschiedlicher Normvorstellungen zwischen den Akteuren früh an und baut sich nach und nach auf. Die bislang wahrgenommene Unterstützung wird im Zuge des Wandels durch Interventionen ersetzt. Das Verhalten der Fachkräfte – vor allem derjenigen, die dem Jugendamt zugehörig sind – fokussiert in dem Empfinden der Mutter kontrollierende, grenzüberschreitende und sanktionierende Handlungen anstelle von Hilfestellungen. Frau Tschick kann nicht mehr selbstständig über die Gestaltung der Begleitung entscheiden. Die produktive Zusammenarbeit der Familienhelferin, der Fachkraft des Jugendamtes und Frau Tschick mündet in einer destruktiven Interaktion, die einen Wahrnehmungswandel impliziert: Die Zufriedenheit von Frau Tschick wandelt sich in Unzufriedenheit. Angesichts der kumulativen negativen Erfahrungen erkennt sie kaum noch positive Aspekte, die sie mit dem Jugendamt und der Familienhilfe verbindet. Die negative Wahrnehmung der Fachkräfte und der Begleitung spiegelt sich in einer ablehnenden Gesamteinschätzung des Jugendamtes und in einer generellen Abwertung sämtlicher Handlungen der Organisation wider. Das Jugendamt wird von ihr zu der größten Belastung während des Verfahrens stilisiert. Von den kontraproduktiven Interventionen des Jugendamtes ist sie nicht überrascht, da ihr Klischee bestätigt wird. Die Entwicklungen repräsentieren eine Selffulfilling Prophecy. Frau Tschick kann das Verhalten nicht nachvollziehen und konstatiert daher eine personenspezifische Schädigung als Intention für das Handeln. Im Gegensatz zu der Bestätigung ihrer Erwartung an das Jugendamt ist sie über die Familienhilfe enttäuscht, da sie von ihr Zuspruch und Unterstützung erwartet hat.

Frau Tschick integriert die positiven und negativen Erfahrungen nicht in ein ganzheitliches Bild. Ihre Wahrnehmung ist relativ undifferenziert und polarisierend: vorher-nachher, positiv-negativ, entweder-oder. Diese komplexitätsreduzierenden Kategorien bilden ihren Referenzrahmen, um ihre Erfahrungen mit dem Jugendamt und der Familienhilfe einzuordnen. Frau Tschick sieht die Verantwortung für den Wandel ausschließlich bei den Fachkräften. Sie bestimmt den Träger- und zweiten Fachkräftewechsel als Beginn ihrer „Katastrophe". An dieser Stelle schreibt sie, im Gegensatz zu ihren übrigen Ausführungen, vorrangig der zuständigen Fachkraft der Familienhilfe und nicht dem Jugendamt die Verantwortung zu. Sie benennt weder eigene Anteile an dem Wandel noch mögliche (Aus-)Wirkungen ihrer Wahrnehmungen und Handlungen. Ihre subjektive Wahrnehmung ist aufgrund ihrer negativen Einstellung in der Interaktion selektiv ausgerichtet. Sie agiert nicht durchgängig offen und aufgeschlossen, sondern verhält sich punktuell strategisch.

Frau Tschick entwirft ein widersprüchliches Bild von sich als Akteurin in der Interaktion mit den Fachkräften der Familienhilfe und dem Jugendamt. In ihrer Selbstdarstellung pendelt sie zwischen einer aktiven und passiven Rolle. Ihr Verhalten bewegt sich zwischen den Polen Selbst- und Fremdbestimmung. Einerseits betont Frau Tschick, sich (selbst-)bewusst in der Auseinandersetzung mit der Familienhilfe zu präsentieren und selbstständig Entscheidungen für die Erziehung ihres Sohnes zu treffen. Andererseits skizziert sie sich als Marionette, die funktionieren und sich den Vorgaben der Fachkräfte fügen muss. Ihrem Wunsch, durchgängig als selbstbestimmte Akteurin aufzutreten, steht das zwischendurch aufkeimende, bedrückende Gefühl gegenüber, eine Gefangene der Situation zu sein. Frau Tschick nimmt doppelte Restriktionen ihrer Handlungsautonomie wahr: Erstens begrenzt das Jugendamt sie und spricht ihr basale Rechte ab, z. B. das Recht auf frei gewählte Konfliktlösungsstrategien. Zweitens ist sie durch Phasen psychischer Instabilität eingeschränkt. Diese Beschränkungen verstärken sich *gegenseitig, belasten Frau Tschick und haben einen minimalen Aktionsradius zur Folge. Angesichts der limitierten Handlungsmöglichkeiten findet die Interaktion mit den Fachkräften – losgelöst von der spezifischen Organisationszugehörigkeit – wiederholt nicht auf Augenhöhe statt. Zwischen den normativen Vorstellungen der Fachkräfte und ihren subjektiven Normen herrscht ein Ungleichgewicht. Im direkten Vergleich schreibt sich Frau Tschick weniger Deutungsmacht und Entscheidungsoptionen zu. Sie erlebt sich phasenweise in einer passiven-reagierenden Rolle und ringt um Wiedererlangung von Einflussmöglichkeiten. Sie bevorzugt die Rolle der Kämpferin, da diese zu ihrem skizzierten Naturell und ihrem Charakter passt. Gleichzeitig wiederholt sich ihre Erfahrung, Entwicklungen ausgeliefert zu sein und Zwänge erdulden zu müssen. Dieser von Frau Tschick erlebte Zwiespalt zwischen ihrem Anspruch und ihren Möglichkeiten bildet den Anlass für unterschiedliche Rechtfertigungsmechanismen. Sie begründet die Handlungs- und Reaktionsmuster in der passiven Rolle mit ihrer psychischen Instabilität, die maßgeblich für ihre opportunistischen Verhaltensweisen verantwortlich ist. Zudem bewertet sie die Anpassung als strategische Entscheidung, kurz- und langfristig Vorteile zu erleben. Somit tendiert sie dazu, ihre passive Rolle als bewusste Entscheidung zu deuten. Sie beschreibt darüber hinaus eine Weiterentwicklung in ihrer Persönlichkeit, die sich in der Dominanz aktiver und gestalterischer Handlungen niederschlägt.*

7.2.4.6 Akteure und Zusammenarbeit im familiengerichtlichen Verfahren

Jugendamt

Zu Beginn des familiengerichtlichen Verfahrens habe Frau Tschick das Jugendamt als Organisation erlebt, die ihr gegenüber „am längeren Hebel" (Z. 52) sitze. Dem Jugendamt sei es gelungen, ein familiengerichtliches Verfahren ungeachtet des Wahrheitsgehalts der formulierten Beschuldigungen einzuleiten.

Das Jugendamt habe in der ersten Verhandlung nicht nachgelassen und vehement Vorwürfe geäußert.

> „[D]as Jugendamt hat halt rumgebohrt, ich, äh, ich hätte keine Psychologin, [I: Mhm.] ich würde die Hilfe nicht annehmen und ich hätte äh Stunden geschwänzt, geschlunzt, [I: Okay.] äh, was im Prinzip alles gar nicht so war. Ich habe ja auch äh die Schriftstücke von den ganzen HPGs. [I: Mhm.] Trotz alledem, das Jugendamt sitzt am längeren Hebel, das habe ich (.) sehr stark zu spüren bekommen." (Z. 48 ff.)

Die Auseinandersetzung mit den aus ihrer Sicht falschen Beschuldigungen habe sie als unangenehm und unangemessen empfunden. Angesichts dieser negativen Erfahrungen mit dem Jugendamt vor dem Familiengericht bedauere sie die Abwesenheit der Fachkräfte des freien Trägers, die nicht geladen gewesen wären (vgl. Z. 1173 f.). Sie hätten positive Aspekte benennen können, wie beispielsweise ihre offene und ehrliche Art sowie die Bereitschaft, passende Hinweise und Empfehlungen umzusetzen (vgl. Z. 731 f., 1174 f.). Auf diese Weise wäre die Sichtweise ausgewogener gewesen und die falschen Beschuldigungen des Jugendamtes, z. B. die fehlende Hilfeakzeptanz oder die gering ausgeprägte Kooperationsbereitschaft, hätten entkräftet werden können. Das von ihr erlebte Machtgefälle sei im Kontakt mit der Richterin im weiteren Verlauf irritiert worden: Die Durchsetzungsfähigkeit und Einflussstärke, die sie dem Jugendamt als machtvolle Organisation zugeschrieben habe, sei beschnitten worden.

Richterin

> „[D]ie Richterin war von Anfang an, ja, relativ gut (.) auf meiner Seite stehend."
> (Z. 87 f.)

In dem familiengerichtlichen Verfahren habe „ein und dieselbe Richterin" (Z. 107) die zwei Verhandlungen geleitet. Frau Tschick habe die Richterin positiv in Erinnerung. Für ihre positive Bewertung seien zwei Momente maßgeblich: das Gefühl, dass die Richterin zu ihr gehalten und sie unterstützt habe, und das Erleben der Richterin als eine Person, die dem Jugendamt, unter anderem durch ihre Stellung, Grenzen aufgezeigt habe.

Die Richterin und Frau Tschick hätten ein Bündnis gebildet. Die Richterin habe ihr den Rücken gestärkt und sie ermutigt, Veränderungen zu aktivieren. Im Laufe der ersten Verhandlung habe sie beispielsweise den Vorschlag, psychologische Hilfe in Anspruch zu nehmen, positiv bekräftigt. Im Gegensatz zu dem Jugendamt habe die Richterin diese Empfehlung nicht anklagend, sondern behutsam formuliert: „[E]ine Psychologin wäre vielleicht ratsam" (Z. 54 f.). Außerdem habe die Richterin grundsätzlich während der Verhandlungen – auch konträr zu dem Jugendamt – nicht ausschließlich negative Aspekte, sondern ebenfalls positive Aspekte erwähnt. Diesen Umgang habe die Mutter als unterstützend wahrgenommen, da auf diese Weise positive Verhaltensweisen und das Engagement von Frau Tschick fokussiert worden seien (vgl. Z. 69 f.). Ihre jahrelangen Bemühungen, eine Therapie beginnen zu können, seien gewürdigt worden (vgl. Z. 55 ff.). Die Richterin habe ihren Willen und ihre Initiative zur Kenntnis genommen. Im Zuge der zweiten Verhandlung habe die Richterin die positiven Veränderungen wertschätzend kommentiert: „Wir sehen, Sie gehen mittlerweile arbeiten, Sie haben mittlerweile eine Psychologin, was wir total super finden, Ihr Auftreten hier ist selbstsicherer" (Z. 65 f.). Die Richterin habe ihre Zufriedenheit mit den Fortschritten geäußert. Diese zugewandte Haltung habe sie als positive Bestärkung ihrer Person und ihrer Bemühungen erlebt: „Und ähm, (.) weil mir das da gezeigt hat endlich äh, es hat sich was getan" (Z. 68 f.). Die Wahrnehmung der Richterin habe sich von der des Jugendamtes unterschieden: „[I]ch sehe nicht, dass Frau Tschick irgendwie verwirrt, äh, quatscht hier, sondern sie antwortet klar und deutlich, weiß, was sie sagt, weiß, was sie tut" (Z. 108 ff.). Der Eindruck der Richterin habe den Eindrücken des Jugendamtes widersprochen. Die richterliche Einschätzung sei von Frau Tschick als Zuspruch ihrerseits gewertet worden. Der Fakt, dass die Richterin sich aus ihrer distanzierten Position heraus, „ab vom Schuss" (Z. 113), einen eigenen Eindruck gebildet habe und sich nicht durch die vorgefertigten Eindrücke des Jugendamtes habe leiten lassen, bewertet Frau Tschick positiv (vgl. Z. 111 ff.).

Die Richterin habe nicht nur eine andere Haltung als das Jugendamt eingenommen, sondern das Jugendamt ebenfalls „ganz schnell in die Grenzen" (Z. 108) verwiesen. Sie habe den Fachkräften Kontra gegeben (vgl. Z. 126). Frau Tschick habe die mehrmalige und wiederholte Zurechtweisung des Jugendamtes als „schön" (Z. 112) und „toll" (Z. 68) erlebt. Diese Erfahrung habe ihr gutgetan und sich positiv auf ihr Empfinden ausgewirkt (vgl. Z. 112).

Rechtsanwältin

Frau Tschick sei froh darüber, von ihrer Anwältin in dem familiengerichtlichen Verfahren vertreten worden zu sein (vgl. Z. 1163 f.). Diese sei nach wie vor ihre Ansprechpartnerin (vgl. Z. 1164 f.). Sie habe ihre Anwältin seit jeher als „super" (Z. 1164, 1165) wahrgenommen: In Kontakt mit ihr habe sie sich stets gut beraten und unterstützt gefühlt. Sie habe ihr vertrauen können.

Ihre Anwältin zeichne sich durch ein hohes Maß an Engagement aus. Sie habe sich während des Verfahrens für Frau Tschick „ins Zeug gelegt" (Z. 1165). Gleichzeitig habe sie ihre anwaltliche Rolle nicht so verstanden, sich über die Mutter hinwegzusetzen oder sie nicht zu Wort kommen zu lassen. Ihre Anwältin habe ihr stets die Möglichkeit geboten, für sich selbst einzustehen und ihre Meinungen zu vertreten (vgl. Z. 1169 ff.). Sie attestiert ihrer Anwältin ein gutes Gespür dafür, zu entscheiden, in welchen Situationen sie eingreifen müsse und in welchen Momenten Frau Tschick die Anforderung selbstständig bewältigen könne. Frau Tschick habe die fachlichen Hilfestellungen als unterstützend erlebt. Die Anwältin habe ihr „den Rücken gestärkt" (Z. 1170), wenn es notwendig gewesen sei. Die ausgeglichene Balance zwischen der Selbstständigkeit und Unterstützung sei das entscheidende Moment, das ihrem positiven Erleben zugrunde liege. Ihre Anwältin habe ihr mit ihrer Arbeitsweise ein positives Gefühl vermittelt: „Ich habe das alles selber gemeistert" (Z. 1170 f.). Im Gegensatz zu dieser Einzelleistung hebt sie an einer anderen Stelle den Teamgedanken hervor, der in ihrem Erleben der Anwältin relevant sei: Sie hätten eine Einheit gebildet, die für ein gemeinsames Ziel gearbeitet und das Ziel in diesem Bündnis erreicht hätte (vgl. Z. 1180 f.). Sie habe kooperativ mit ihrer Anwältin zufriedenstellende Entscheidungen getroffen.

Familiengutachter/Familiengutachterin

Frau Tschick erwähnt zu keinem Zeitpunkt einen Gutachter/eine Gutachterin als beteiligte Person in dem familiengerichtlichen Verfahren. Sie berichtet lediglich über Testungen und Gespräche zwischen der ersten und zweiten Verhandlung. Mittels einer umfangreichen Diagnostik hätten die Fragen geklärt werden sollen, „ob Gunnar [bei ihr] gut aufgehoben ist und ob der vielleicht ADHS hat und ob der Hilfe braucht äh bezogen, vielleicht auch medikamentös Hilfe braucht und, ach, so viel" (Z. 1008 ff.).

Die Testungen seien ihr vom Jugendamt empfohlen und in der ersten Verhandlung von der Richterin auferlegt worden (vgl. Z. 66 f., 201 ff., 1235). Während sich „zigtausend […] Tests" (Z. 230) vorrangig auf ihren Sohn konzentriert hätten, seien ergänzend gemeinsame Gespräche mit beiden geführt worden: „Wie gesagt, die hatten Gesprächstherapien für äh, mit uns zusammen gehabt, wir haben beide gesprochen" (Z. 1206 f.).

Frau Tschick erzählt, sich an zahlreiche Termine mit unterschiedlichen Fachkräften zu erinnern (vgl. Z. 204 ff., 1206 ff.). Ob und inwieweit es sich dabei um die Erstellung eines Gutachtens gehandelt hat, kann nicht rekonstruiert werden. Im Ergebnis hätten die Fachkräfte keinen weitergehenden Unterstützungsbedarf für Gunnar erkannt und demzufolge keine Gesprächstherapie oder Hilfen empfohlen: „Und die haben das einfach nicht veranlasst. Die haben das nicht gesehen" (Z. 1209). Diese professionelle Einschätzung sei für sie nicht nachvollziehbar und „unsinnig" (Z. 207).

Mutter als Akteurin

Frau Tschick betrachtet sich in dem familiengerichtlichen Verfahren als Person, die „viel gekämpft […] [und] viel getan" (Z. 96 f.) habe. Trotzdem sei sie währenddessen unsicher gewesen, ob ihre Bemühungen erfolgreich seien. Die Angst vor einer möglichen Herausnahme sei einerseits belastend, andererseits motivierend gewesen.

> „Günni [ist] so im Prinzip das gewesen, was mich über Wasser gehalten hat mehr oder weniger. Man kämpft fürs Kind, [I: Mhm.] und ich habe mir das quasi als Lebensaufgabe gemacht, für Gunnar da zu sein und zu kämpfen." (Z. 100 ff.)

Dreh- und Angelpunkt ihrer Aktivitäten habe Gunnar dargestellt. Ihr Wunsch, gemeinsam mit ihm leben zu können, habe ihr Kraft gegeben und ihr das Durchhalten ermöglicht. Ihre Bereitschaft zu kämpfen sei weiterhin unerschöpflich: „[I]ch werde kämpfen [I: Mhm.] bis aufs Blut" (Z. 144). Sie sei bereit, alles zu tun, um ihr Ziel zu erreichen. An den Ausdruck Kampf knüpft sie die Begriffe Sieg und Gewinn. In ihrer Wahrnehmung habe sie „gekämpft […] und gesiegt" (Z. 996). Der Ausgang stelle für sie einen persönlichen Sieg dar, den sie sich hart erkämpft habe und auf den sie stolz sei: „Und äh, es tat dann schon gut, da einen Sieg rauszuholen. Ja" (Z. 125 f.). Inhaltlich habe die Familienrichterin ihre Haltung bestätigt, dass ihr Kind in ihrem Haushalt nicht gefährdet sei (vgl. Z. 82, 90 ff.). Im Ergebnis habe der Sieg sie bestärkt und ihr ein positives Gefühl vermittelt.

Trotz ihres Sieges sei sie sich ihrer dafür notwendigen Anstrengungen bewusst. Sie habe viele Aufgaben erledigen, Auflagen erfüllen und zahlreiche Auseinandersetzungen führen müssen, bevor die Entscheidung in Gunnars und ihrem Sinne getroffen worden sei. Dennoch zieht Frau Tschick das Fazit, dass das Ergebnis entscheidend sei. Dementsprechend würden ihre Bemühungen, die sie viel Kraft gekostet hätten, hinter dem Erfolg, der sie stabilisiert habe, verblassen.

> „Viel Lauferei, viele Diskussionen, aber geschafft. Geschafft ist geschafft und da bin ich sehr stolz drauf." (Z. 146 f.)

Frau Tschick habe seit jeher das Ziel verfolgt, als Mutter immer für ihren Sohn da zu sein und um ihn zu kämpfen (vgl. Z. 101 f.). Zwar sei der Weg nicht gerade verlaufen, aber sie habe Gunnar weiterhin an ihrer Seite und könne die Verantwortung für ihn übernehmen.

Nach dem ersten Kampf befinde sie sich momentan in einem zweiten Kampf, der die Erinnerungen an den letzten Kampf reaktiviere.

> „Ein neuer Kampf (.) und ich denke, ich werde wieder gewinnen. [I: Mhm.] (2 Sek.) Weil zu Unrecht beschuldigt, zu Unrecht äh wieder mal an den Pranger gestellt zu werden, ist ähm, (2 Sek.) lasse ich nicht mit mir machen." (Z. 156 ff.)

In dem neuen Kampf sei sie bestrebt, den Sieg zu wiederholen. Aufgrund ihrer bisherigen Erfahrungen sei sie zuversichtlich: „Viele (.) ja, böse Beschuldigungen, die nicht (.) ja, standhalten konnten, weil es einfach nicht bewiesen wurde" (Z 84 f.).

Ihre Wahrnehmung der beteiligten Akteure in dem familiengerichtlichen Verfahren hängt eng mit der von ihr zugewiesenen Positionierung der Personen zusammen. Während ihre Anwältin, ihre Psychologin und die Richterin auf ihrer Seite stehen, positioniert sich das Jugendamt – überwiegend gemeinsam mit der Familienhilfe – auf der anderen Seite. Diese räumliche Zuordnung spiegelt ihre positive und negative Wahrnehmung auf einer bipolaren Achse wider: Entweder die Fachkräfte sind für oder gegen sie. Sie stehen sich gegenüber. Demzufolge haben Nuancen wenig Raum. Durch ihre Unterstützerinnen erfährt sie Beistand, Hilfe und Zuspruch. Ihre Gegner/Gegnerinnen erzeugen zusätzliche Belastungen und Störungen. Diese polarisierende Wahrnehmung beeinflusst ihre Einschätzung professioneller Stellungnahmen. Während sie den Fachkräften des Jugendamtes als Gegner/Gegnerinnen abspricht, aus der distanzierten Position Beurteilungen über die familiäre Situation treffen zu können, spricht sie der Richterin als ihre Befürworterin diese Kompetenz zu, obwohl sie von dem Familienleben noch weiter entfernt ist. Die persönlich zugeschriebene Relevanz der Bewertung hängt also nicht von der Entfernung zu der Familie, sondern von der inhaltlichen Positionierung ab. Zuspruch kann Frau Tschick unabhängig von der Distanz annehmen. Kritik erfordert aus ihrer Sicht Nähe zu der Familie.

Im Verlauf nimmt Frau Tschick einen Wechsel in der Aufstellung der Akteure wahr. Während sie sich in der Interaktion mit dem Jugendamt und der Familienhilfe häufig in einer schwächeren Position wahrnimmt, erlebt sie im Laufe der Verhandlungen, wie das Jugendamt eine ähnliche Erfahrung sammelt: Während das Jugendamt gegenüber Frau Tschick in einer machtvollen Position ist, übernimmt die Richterin diese machtvolle Position im Kontakt mit dem Jugendamt.

7.2.4.7 „Überleben" – Umgang mit dem gesamten Prozess

„Das war schon ähm, für mich natürlich äh ein Kampf, der sehr schwierig war." (Z. 72)

Zweifelsohne habe es sich bei der Frage um die Perspektive für ihren Sohn um einen Kampf gehandelt. Der Kampf gegen das Jugendamt vor dem Familiengericht sei äußerst beschwerlich und hart gewesen. Auch die Dauer sei belastend gewesen: „Also das war ein harter Kampf, langer Weg. (seufzt)" (Z. 84).

In dem familiengerichtlichen Verfahren habe es „immer ein großes Hin und Her" (Z. 41) gegeben, wo der dauerhafte Lebensort ihres Sohnes sein könnte. Ihr Ex-Mann sei an diesen Überlegungen beteiligt worden. Er sei zu den Terminen geladen worden und habe an den Verhandlungen teilgenommen. Gemeinsam mit seiner Anwältin habe er sich auf der Seite von Frau Tschick positioniert (vgl. Z. 41 ff.). Trotz der konfliktreichen Trennung habe ihr Ex-Mann sich nicht gegen sie gewandt oder ihre erzieherischen Kompetenzen infrage gestellt. Vielmehr habe er geäußert, dass er mit der Wahrnehmung ihrer Mutterrolle zufrieden sei und ihr die Erziehung zutraue. Ihr Ex-Mann habe sie unterstützt, indem er Partei für sie ergriffen und für sie ausgesagt habe (vgl. Z. 123 f.).

Mit Blick auf ihr Erleben der zeitlichen Dimension grenzt Frau Tschick die zwei Verhandlungen vor dem Familiengericht als einzelne Situationen von der Dauer des gesamten Verfahrens ab. Die erste Verhandlung, zu der sämtliche Beteiligten geladen gewesen seien und in der sie gemeinsam die Situation erörtert hätten, habe „gar nicht so lange gedauert" (Z. 54). Über die Dauer der zweiten Verhandlung liegen kaum Informationen vor. Frau Tschick gibt lediglich den Hinweis, dass dieser Termin der Urteilsverkündung gegolten habe (vgl. Z. 62 f.). Im Gegensatz zu den kurzen Verhandlungen habe das gesamte Verfahren „echt lange gedauert" (Z. 1114). Zwischen dem ersten und zweiten Termin seien „ein paar Monate" (Z. 94) vergangen. Durch die lange Zwischenzeit habe Frau Tschick die beiden Verhandlungstage relativ losgelöst voneinander wahrgenommen: „dann kam ja dann irgendwann noch mal (.) kam dann dieses Zusammentreffen noch mal" (Z. 61 f.).

Das familiengerichtliche Verfahren sei emotional aufwühlend gewesen (vgl. Z. 1232).[82] Vor allem die Zeit zwischen den Verhandlungen sei belastend gewesen, da „noch die Frage offen [gewesen sei], ob er gehen muss oder nicht, ob ich ihn weggenommen bekomme, und äh das war für mich das Schlimmste" (Z. 97 ff.). Ihre Unsicherheit über die Perspektive habe die größte Belastung dargestellt und ihr Denken und Handeln maßgeblich dominiert (vgl. Z. 94 ff.). Andauernd habe sie sich mit einer möglichen Herausnahme auseinandersetzen müssen. Die Angst davor sei das zentrale Gefühl gewesen, das Gunnar und sie durchgängig begleitet habe (vgl. Z. 132 ff.): „Beide [haben] mit Angst gelebt jeden Morgen" (Z. 1188 f.). Auch der Umgang mit falschen Beschuldigungen sei schwierig gewesen. Frau Tschick habe die Situation als „sehr hart und sehr deprimierend" (Z. 59) wahrgenommen. Ihre psychische Belastung während des gesamten Prozesses habe sie als „extrem" (Z. 132) in Erinnerung.

Dennoch zieht sie ein positives Fazit über den Verlauf des familiengerichtlichen Verfahrens:

> „Und äh, das [der Kampf um Gunnar] hat eigentlich ganz gut funktioniert. Es ist immer etwas schwierig und holprig gewesen, mit vielen Situationen bergauf, bergab, das ging oft auch mal mehr bergab wie bergauf, aber im Großen und Ganzen, ja, war es halt okay." (Z. 102 ff.)

Die Verhandlungen seien anberaumt worden, um die Anschuldigungen zu klären. Sie habe schrittweise die Behauptungen entkräften und die Inhalte widerlegen können. Als Mutter habe sie bewiesen, dass die Vorwürfe nicht zutreffend seien (vgl. Z. 91 f.). Ihr vorrangiges Anliegen habe darin bestanden, sich auf ihre Kompetenzen zu konzentrieren und den übrigen Beteiligten ihre elterlichen Fähigkeiten vor Augen zu führen. Am Ende sei es ihr gelungen, die Richterin zu überzeugen, sich angemessen um ihr Kind kümmern zu können (vgl. Z. 80 ff.).

---

82 Während des Interviews werden die tief liegenden Gefühle, die sie während des Verfahrens empfand und die ihre Verhaltensweisen begründet und begleitet haben, (re-)aktiviert (vgl. Z. 412 ff.).

In dem gesamten Verfahren hätten ihr unterschiedliche Personen hilfreich zur Seite gestanden.

„[Ich] wurde von meiner Psychologin gut unterstützt, von meiner Familie, von meiner Mutter, gerade von meiner Mutter gut unterstützt." (Z. 72 ff.)

Sie beschreibt die Begleitung durch ihre Psychologin und ihre Familie positiv. Frau Tschick unterscheidet nicht zwischen professioneller und familiärer Unterstützung. Von ihrer Familie sei sie stets ermutigt und positiv bestärkt worden. Ihre Familie habe nie daran gezweifelt, dass sie ihren Alltag gut meistere und die Belastung durch das familiengerichtliche Verfahren positiv bewältige. Ihre Familie habe den Blick auf ihre Fortschritte gelenkt, ihre Leistung als Mutter betont und ihr Mut zugesprochen, an sich zu glauben und nicht die von den professionellen Fachkräften formulierten Zweifel zu übernehmen. Frau Tschick hebt ihre „Mam" (Z. 587, 589, 1310) mehrmals als Einzelperson hervor. Ihre Mutter habe eine Gegenposition zu dem Jugendamt eingenommen und die Aussagen der Fachkräfte relativiert und korrigiert (vgl. Z. 74 ff.). Diesbezüglich sei ihre Mutter besser in der Lage, ihre Entwicklung einzuschätzen, da sie sie im Vergleich zu den Fachkräften über einen deutlich längeren Zeitraum kenne. Ihre Mutter habe ihr den Rücken gestärkt und sie ermutigt, ihre Wahrnehmung auf die positiven Entwicklungen zu richten. Neben ihrer Mutter sei ihr Ex-Freund eine zuverlässige Ressource gewesen.

„Meine Mama und mein, der Freund zu der Zeit, mein jetziger Ex-Freund, wo ich auch immer noch Kontakt zu habe." (Z. 1267 f.)

Ihre Mutter und ihr Ex-Freund seien diejenigen, die sie während dieser massiv belastenden Zeit am engsten begleitet hätten. Frau Tschick erinnert sich gerne an ihre Unterstützung, die ihr viel Energie gegeben habe: „Und die beiden, die haben mir besonders viel Kraft gegeben. Ja. Das sind ganz tolle Menschen in meinem Leben, die ich auch nicht missen möchte" (Z. 1270 f.). Bis heute schreibt sie beiden eine besondere Stellung in ihrem Leben zu. Sowohl über die Unterstützung in der damaligen Zeit als auch für die anhaltende Bereicherung sei sie glücklich.

„Dass ich einfach mal als Person so genommen werde, wie ich bin." (Z. 1282 f.)

Frau Tschick formuliert den Wunsch, von den Fachkräften als Person und Mutter akzeptiert zu werden. Dieser Wunsch impliziere die Möglichkeit, nicht mehr als Marionette fungieren zu müssen, sondern ihre Vorstellungen konsequent ausleben zu dürfen. Zudem beinhalte ihre Vision den Anspruch an Fachkräfte, ein ganzheitliches Bild von Familien zu entwickeln und Personen nicht auf ausgewählte Vorwürfe zu reduzieren.

„Einfach mal zu sehen, was ich wirklich auch leiste. Und nicht einfach nur irgendwie blödes Gequatsche, ja, Sie sind jetzt im roten Bereich, Sie haben angeblich Ihr Kind geschlagen. Blablabla. Einfach mal sehen, was ich auch wirklich mache." (Z. 1296 ff.)

In diesem Kontext erwähnt Frau Tschick, dass Fachkräfte Fehler nicht zum Anlass nehmen sollten, die gesamte Person infrage zu stellen. Der im Kontext einer Kindeswohlgefährdung tendenziell einseitige Blick müsste geweitet werden. Parallel dazu müsste eine höhere Akzeptanz von Fehlern geschaffen werden, damit keine verkürzten Urteile getroffen werden (vgl. Z. 1276 ff.).

Mit Blick auf ihre Lebenswelt äußert Frau Tschick den Wunsch, „einfach endlich mal in Ruhe (.) mit meinem Sohn leben […] und zur Ruhe kommen [zu] können." (Z. 185 f.)

Eine zentrale Voraussetzung sei die reduzierte Begleitung durch die Familienhilfe und das Jugendamt. Auf dieses Ziel richte sie sämtliche Anstrengungen aus (vgl. Z. 279 f.). Gleichzeitig warte sie relativ verhalten ab: „Tja, mal gucken, wann das jetzt sein wird" (Z. 281). Ob und wann sie mit Gunnar aus dem für sie belastenden Teufelskreis aus negativen Erfahrungen aussteigen und auf diese Weise „zur Ruhe kommen" (Z. 186) könne, sei für sie nicht einschätzbar und absehbar (vgl. Z. 295 f., 330).

Das Verfahren stellt für Frau Tschick und ihren Sohn nachhaltig eine massive Belastung dar. Vor allem die permanente Unsicherheit über die dauerhafte Perspektive ihres Sohnes ist als Belastungsmoment während des familiengerichtlichen Prozesses für sie omnipräsent. Frau Tschick hat zwar sämtliche ihr zur Verfügung stehenden Ressourcen für das Verfahren aktiviert und eingesetzt, konnte aber zu keinem Zeitpunkt den Verlauf und das Ergebnis einschätzen. Vor allem die dem Jugendamt zugeschriebene Macht hat ihre Sicherheit über den Ausgang des familiengerichtlichen Prozesses reduziert. Das familiengerichtliche Verfahren repräsentiert für Frau Tschick die wichtigste Etappe in ihrem persönlichen Kampf gegen das Jugendamt und um ihren Sohn, über den die Richterin entschieden hat. In dem Prozess erlebt sie Höhen und Tiefen. Am Ende ist sie stolz und erleichtert über ihren Sieg. Dadurch erfährt sie eine (vorübergehende) Stärkung ihres Selbstbewusstseins.

Den familiengerichtlichen Prozess als zentrale Etappe in dem Verfahren hat Frau Tschick in ihrem Erleben erfolgreich bewältigt. Gleichzeitig schafft das Ergebnis, empfunden als persönlicher Sieg, keine dauerhafte Stabilität, da der Prozess vor dem Familiengericht nur einen kleinen Ausschnitt ihrer Geschichte abbildet. Das gesamte Verfahren zur Abwendung einer Kindeswohlgefährdung ist in der Wahrnehmung von Frau Tschick noch nicht abgeschlossen. Erneut befindet sie sich in einem Kampf mit dem Jugendamt, bei dem das Ende offen ist. Daher kann das Verfahren nicht trennscharf in unterschiedliche Phasen differenziert werden. Vielmehr gleicht es einem ständigen „Auf und Ab": Positive Entwicklungen werden von negativen Entwicklungen in den Hintergrund gedrängt und Fortschritte wechseln sich mit Rückschritten ab (und umgekehrt).

Erlebte Belastungen und bedrohliche Situationen in der Interaktion mit dem Jugendamt und der Familienhelferin wiederholen sich. Frau Tschick erlebt die Auseinandersetzung mit dem Jugendamt und der Familienhilfe als Teufelskreis. Sie befindet sich unfreiwillig in dem Kreislauf und kann nicht aussteigen. Die Wiederholung stellt aus ihrer Sicht ein weiteres Moment der ungerechten Behandlung dar und richtet sich speziell gegen sie als Person. Sie inszeniert sich als Opfer fachlichen Handelns. In ihrem Deutungsmuster bleiben die Entwicklungen innerhalb der Familie weitestgehend unberücksichtigt. Gleichzeitig spiegelt sich in ihrer Erzählung eine Interdependenz zwischen Ereignissen und Entwicklungen innerhalb der Familie auf der einen Seite und Entscheidungen und Aktionen innerhalb des Helfer-/Helferinnensystems auf der anderen Seite wider. Die unterschiedlichen Aktionen und Reaktionen der Akteure wirken untrennbar miteinander verwoben. Die fachliche Begleitung des Jugendamtes und der Familienhilfe pendelt – je nach familiärer Situation und psychischer (In-)Stabilität von Frau Tschick – zwischen akzeptierter Prävention und ungewollter Intervention. Frau Tschick entkoppelt jedoch aktuell die Handlungen der Fachkräfte von ihrem Verhalten und ihrer Familien- und Lebenssituation. Dennoch ist ihr Kampfmodus (re-)aktiviert.

Während sie prinzipiell zwischen Optimismus und Pessimismus schwankt, gewinnt die Zuversicht mit zunehmender psychischer Stabilität die Oberhand. Der Erfolg in dem ersten Verfahren erzeugt auf ihrer Seite das Gefühl eines Aufschwungs. Allerdings kann dieses Gefühl nicht durchgängig aufrechterhalten werden und spiegelt so ihre zentrale Grundproblematik weder: das Pendeln zwischen ambivalenten Wahrnehmungen und Deutungen.

7.3 Fallstudie Olaf Sawatzki und Pauline Cebeci

„[Ich] würde [...] mir wünschen, (.) dass niemand anders so was widerfährt, he, ne, [...] wie uns. Ne? Und dass endlich mal, äh, äh, äh, das gerecht wird, und nicht, äh, äh, äh, Leute, die wirklich, äh, an ihre, ihr-, ihre Kinder lieben [I: Mhm.] und denen nie was zuleide tun wollen, und, äh, äh, auch gut auf die aufpassen, dass denen die, das, die Kinder nicht entzogen wor-, werden." (Z. 1859 ff.)

7.3.1 Informationen über die Familie Sawatzki/Cebeci

Abb. 8: Genogramm der Familie Sawatzki/Cebeci

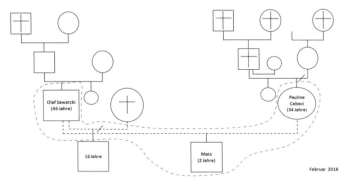

(eigene Darstellung)

Olaf Sawatzki (46 Jahre) und Pauline Cebeci (34 Jahre) führen eine mehrjährige Beziehung und leben zum Zeitpunkt des Interviews in einer Stadt im Ruhrgebiet. Beide haben bei dem Einwohnermeldeamt einen eigenen Wohnsitz angemeldet, verbringen den Alltag aber überwiegend in der 3-Zimmer-Wohnung von Frau Cebeci, die den Lebensmittelpunkt der Familie bildet. Ihre Wohnungen befinden sich in einem „sozialen Brennpunkt" der Stadt.

Herr Sawatzki und Frau Cebeci sind die leiblichen Eltern von Mats (2 Jahre). Frau Cebeci ist die alleinige Inhaberin weiter Teile des Sorgerechts, da die Eltern weder miteinander verheiratet sind noch eine Sorgeerklärung abgegeben haben. Ausschließlich die Gesundheitsfürsorge obliegt dem vom Familiengericht bestellten Ergänzungspfleger. Die Gründe für die Übertragung der Gesundheitsfürsorge sind unbekannt, sie werden von den Eltern nicht erläutert.

Herr Sawatzki hat aus einer früheren Beziehung einen 16-jährigen Sohn, mit dem er jedoch nie zusammengelebt hat. Als Kleinkind wurde sein Sohn aus dem mütterlichen Haushalt in Obhut genommen und dauerhaft in eine Pflegefamilie vermittelt. Das Sorgerecht wurde einem Vormund des damals zuständigen Jugendamtes übertragen. Seit der Herausnahme hat Herr Sawatzki seinen Sohn nicht mehr gesehen. Die leibliche Mutter ist verstorben.

Herr Sawatzki wuchs im Ruhrgebiet auf und verbrachte seine Kindheit und Jugend im Haushalt seiner Großeltern. Sein Großvater väterlicherseits verstarb, als Herr Sawatzki gerade volljährig war. Seine Eltern leben im Ruhrgebiet. Herr Sawatzki hat eine Schwester. Er hat Kontakt zu seinen Eltern, einer Großmutter und seiner Schwester.

Frau Cebeci hat zu ihrer Herkunftsfamilie keinen Kontakt. Ihre Eltern haben sich früh getrennt. Im Jahr 2014 verstarben ihr Großvater väterlicherseits und ihr Vater; im Sommer 2015 ihre Großmutter väterlicherseits. Sie erwähnt ihre Mutter ausschließlich im Kontext des Todes der Großmutter mütterlicherseits. Ihre Schwester und andere Familienmitglieder leben in einer anderen Stadt.

Herr Sawatzki hat die mittlere Reife erworben. Nach der Schule arbeitete er phasenweise im Bergbau. Über den schulischen und beruflichen Werdegang von Frau Cebeci liegen keine Informationen vor. Als Familie leben sie momentan von Arbeitslosengeld II und einer Erbschaft von Frau Cebeci.

In der Vergangenheit waren beide Elternteile drogenabhängig. Zum Zeitpunkt des Interviews sind sie laut eigener Aussage clean und konsumieren nicht länger Heroin oder Substitutionsmedikamente. Herr Sawatzki raucht jedoch ab und zu Cannabis. Er war in der Vergangenheit, unter anderem wegen Drogenhandel, jahrelang inhaftiert.

7.3.2 Bemerkungen zur Interviewsituation

Der Kontakt zu Herrn Sawatzki wurde über meine ehemalige Arbeitskollegin der Fachhochschule Münster vermittelt, die in einem inhaltlich angrenzenden Forschungsprojekt gearbeitet und mir seine Kontaktdaten zur Verfügung gestellt hat. Ich konnte Herrn Sawatzki telefonisch sehr gut erreichen und zeitnah einen Termin mit ihm vereinbaren. Entsprechend seinem Wunsch wurde vereinbart, das Interview in seiner Wohnung zu führen.

Als ich an dem vereinbarten Tag im Februar 2016 die Adresse erreichte, konnte ich die Wohnung nicht finden, da keine Namensschilder an den Klingeln befestigt waren. Als ich Herrn Sawatzki daraufhin anrief, wirkte er überrascht. Er gestand, nicht mehr an den Termin gedacht zu haben. Unterdessen erklärte er mir den Weg zu der fußläufig erreichbaren Wohnung seiner Lebensgefährtin, um dort das Gespräch führen zu können. Die Wohngegend wirkte auf mich relativ trist. An dem Wohnhaus seiner Lebensgefährtin waren die Briefkästen defekt und das Glas der Wohnungstür gesprungen. Das Treppenhaus wirkte sanierungsbedürftig; zudem roch es unangenehm.

Als Herr Sawatzki mir die Wohnungstür öffnete, stürmte bellend ein großer Hund auf mich zu. Ich war erschrocken, bis er den Hund mit seiner lauten Stimme beruhigte. Unter anderem aufgrund seiner markanten Stimme wirkte

Herr Sawatzki auf mich dominant. Im Wohnungsflur stellte sich Frau Cebeci als Lebensgefährtin und Mutter von Mats, dem ebenfalls anwesenden Sohn, vor. Herr Sawatzki und Frau Cebeci baten mich, in das Wohnzimmer zu gehen. Auf dem Weg beobachtete ich, dass der Hund Mats mehrmals zur Seite drängte. Das Wohnzimmer machte einen unaufgeräumten Eindruck. Als ich mich auf die Couch setzte, formulierten Herr Sawatzki und Frau Cebeci den Wunsch, gemeinsam teilzunehmen. Ich war überrascht, da Herr Sawatzki zuvor nicht erwähnt hatte, dass seine Lebensgefährtin auch an dem Interview teilnehmen wollte. Ich willigte ein, mit beiden das Gespräch zu führen.

Während der Vorbereitung auf das Interview wirkten Herr Sawatzki und Frau Cebeci unruhig. Mindestens einer von ihnen wechselte ständig zwischen dem Wohnzimmer und anderen Räumen in der Wohnung. Sie kochten sich einen Kaffee, rauchten oder beschäftigten sich mit ihrem Handy. Unabhängig von ihrem Standort und ihrer Tätigkeit führten sie kontinuierlich ein Gespräch mit mir. Als ich meine Unterlagen ausgepackt und die Formalitäten mit ihnen geklärt hatte, nahm Herr Sawatzki auf dem zweiten Sofa Platz. Mats forderte viel Aufmerksamkeit ein. Er war interessiert und fasste neugierig Dinge an, die mir gehörten und ihm unbekannt waren. Beide Elternteile rauchten kontinuierlich. Da die Fenster geöffnet waren, wurde es relativ schnell kalt. Auch während des Interviews verließen Herr Sawatzki und Frau Cebeci jeweils mehrmals den Raum. Beide nahmen also nicht durchgängig an dem Interview teil. Dadurch entstand eine gewisse Unruhe.

Zu Beginn des Gespräches hatte Herr Sawatzki einen deutlich höheren Redeanteil als Frau Cebeci, die sich zunächst zurückhielt und um Mats kümmerte. Allerdings verließ sie in dieser Phase nicht den Raum. Auf meiner Seite entstand der Eindruck, dass sie dabei sein und Präsenz zeigen wollte. Vereinzelte Versuche von ihr, einen höheren Gesprächsanteil einzunehmen, scheiterten anfänglich. Ihre Ergänzungen nahm Herr Sawatzki zwar auf, um seine Erzählung fortzusetzen, er ließ sie aber selten ausführlich zu Wort kommen. An einer Stelle ermahnte er sie, ihn reden zu lassen, damit sie die Geschichte nicht verdrehe (vgl. Z. 158 f.). Ich hatte das Gefühl, dass zwischen den Eltern derweil ein Zwist darüber entstand, wer ihre Geschichte besser erzählen kann. Im Laufe des Gespräches veränderte sich das Verhältnis der Gesprächsanteile: Frau Cebeci übernahm sukzessiv mehr Anteile, sodass Herr Sawatzki und sie sich im weiteren Verlauf zunehmend abwechselten. Dabei fiel es jedoch beiden schwer, den anderen ausreden zu lassen. Sie fielen sich zwischenzeitig gegenseitig ins Wort, wiederholten die Aussagen des anderen und ergänzten sich. Dadurch war es phasenweise schwierig für mich, der jeweiligen Person angemessen zu folgen.

Erstmalig benannte Herr Sawatzki nach ca. 39 Minuten eine Schlusskoda, „Ja, und das war so unsere Geschichte" (Z. 460 f.). Entgegen dieser Ankündigung beendete er jedoch nicht seine Narration, sondern ergänzte sie um weitere für ihn relevante Aspekte. Nach ca. 87 Minuten wiederholte er diese Aussage und beendete seine Erzählung: „Das war so die Geschichte. [I: Mhm.] (3 Sek.) Ich hoffe, wir konnten Ihnen damit helfen" (Z. 878 f.). Frau Cebeci ergriff jedoch diese Chance und verstrickte sich in eine weitere Erzählung. Erneut wurde die besondere Dynamik des Interviews deutlich: Beide hatten das Verlangen, ihre subjektiven Erfahrungen mitzuteilen. Nach einer Stunde und 36 Minuten konnte ich Nachfragen formulieren. Das gesamte Interview dauerte ca. zweidreiviertel Stunden (2 Stunden, 48 Minuten, 13 Sekunden).

7.3.3 Fallverlauf der Abwendung einer Kindeswohlgefährdung

Abb. 9: Zeitstrahl über das Verfahren zur Abwendung einer Kindeswohlgefährdung in der Familie Sawatzki/Cebeci

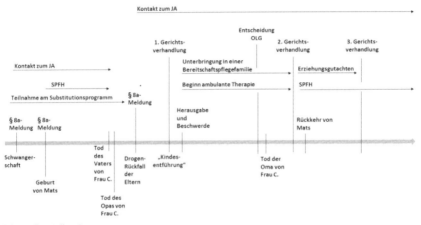

(eigene Darstellung)

Herr Sawatzki und Frau Cebeci gehen relativ weit in die Vergangenheit zurück, um den Beginn des Verfahrens zur Abwendung einer Kindeswohlgefährdung zu erfassen. Der erste Kontakt zum Jugendamt habe während der Schwangerschaft, einen Monat vor Mats Geburt, stattgefunden. Seinerzeit habe Frau Cebeci keinen festen Wohnsitz gehabt, sondern sich in der Wohnung eines Bekannten aufgehalten. Nach einem Polizeieinsatz in dieser Wohnung sei das Jugendamt von den Einsatzkräften über diese Situation aufgeklärt worden. Frau Cebeci sei aufgefordert worden, zeitnah einen dauerhaften Wohnsitz zu begründen. Dieser Aufforderung sei sie umgehend nachgekommen, sodass der erste Kontakt folgenlos geblieben sei (vgl. Z. 1281 ff.).

Beide Elternteile erinnern sich, dass dann „das Ganze ja schon an[gefangen sei], wo der Kleine nur 24 Stunden alt" (Z. 1501 f.) war. Kurz nach der Geburt sei die erste anonyme Meldung bei dem Jugendamt eingegangen (vgl. Z. 1489 ff.). Eine Person habe gemeldet, dass der Vater seinen Sohn zum Dealen mitnehme. Diesen Vorwurf hätten die Eltern im Zuge eines unangemeldeten Hausbesuches entkräften können (vgl. Z. 1497 f.). Allerdings habe die Fachkraft auf den seltsamen Geruch in der Wohnung hingewiesen und Herr Sawatzki habe daraufhin seinen Cannabiskonsum offengelegt (vgl. Z. 1500 ff.). In der Folge habe das Jugendamt unangekündigte Hausbesuche durchgeführt (vgl. Z. 1326 f.). Zu dieser Zeit hätten Herr Sawatzki und Frau Cebeci erfolgreich an einem Methadonprogramm teilgenommen. Durch die regelmäßigen Urinkontrollen sei ein möglicher Beigebrauch weiterer Substanzen überprüft und ausgeschlossen worden (vgl. Z. 14 f.). Sie seien „sauber" (Z. 15) gewesen. Parallel dazu seien sie von einer Familienhilfe begleitet worden, die nach der Geburt von Mats und nach der ersten anonymen Meldung im Dezember 2013 durch das Jugendamt eingeleitet worden sei (vgl. Z. 17 f., 1142 f.). Die ambulante Begleitung habe die unangekündigten und angekündigten Hausbesuche fortgesetzt (vgl. Z. 1328). Im August 2014 sei die Familienhilfe auf Wunsch der Eltern und mit Zustimmung sämtlicher Fachkräfte erfolgreich beendet worden (vgl. Z. 19, 1142, 1149).

Diese bis dahin positive Entwicklung sei durch den Tod des Vaters von Frau Cebeci unterbrochen worden. Der plötzliche Tod, zu dem die Eltern unterschiedliche zeitliche Angaben machen[83], habe den Prozess zur Abwendung einer Kindeswohlgefährdung eingeleitet (vgl. Z. 14 f.). Herr Sawatzki und Frau Cebeci berichten übereinstimmend, dass sie Ende November bzw. Anfang Dezember 2014 „dann […] rückfällig geworden" (vgl. Z. 20) seien und zwei Rückfälle erlitten hätten (vgl. Z. 1149 f.). Innerhalb von drei Wochen seien bei dem Jugendamt zwei Meldungen eingegangen: Zunächst habe eine Person anonym gemeldet, dass die Eltern wieder Drogen konsumieren würden und „wieder voll drauf" (Z. 41) wären. In der Folge würde Mats in der Wohnung „in der Scheiße [von Welpen] rumlaufen und rumkrabbeln" (Z. 42). Die Eltern seien nicht in der Lage, sich angemessen um ihren Sohn zu kümmern. Um die Inhalte der Meldung zu überprüfen, hätten zwei Fachkräfte zeitnah einen Hausbesuch durchgeführt und das Gespräch mit Herrn Sawatzki und Frau Cebeci gesucht. Die Eltern hätten die Vorwürfe entkräften können, sodass die Fachkräfte keine weiteren Handlungsschritte eingeleitet hätten (vgl. Z. 42 f.). Kurze Zeit später habe die Ärztin der Mutter das Jugendamt über einen im Urin nachgewiesenen Drogenrückfall informiert (vgl. Z. 22 f., 45 f.). Frau Cebeci habe gegenüber dem Jugendamt unmittelbar die zwei Rückfälle eingeräumt

---

83 Herr Sawatzki erklärt, dass erst die Familienhilfe beendet worden und dann der Vater verstorben sei. Frau Cebeci berichtet hingegen, dass ihr Vater und ihr Großvater vor dem Ende der Familienhilfe verstorben seien (vgl. Z. 952 ff.). Diese Diskrepanz lässt sich abschließend nicht auflösen.

(vgl. Z. 1151 f.). Auch Herr Sawatzki habe seinen erneuten Drogenkonsum zugegeben (vgl. Z. 612 ff.).

Dann habe „das Drama" (Z. 26, 34) angefangen: Das Jugendamt habe sich direkt an das Familiengericht gewandt und eine Anhörung beantragt (vgl. Z. 58). In den zehn Tagen zwischen der Anrufung des Familiengerichts und dem Anhörungstermin habe sich niemand bei den Eltern gemeldet und ein Gespräch gesucht (vgl. Z. 151 f., 163 f.).

Wenige Tage vor Weihnachten 2014 habe die Anhörung vor dem Familiengericht stattgefunden (vgl. Z. 1170 f.). Die Eltern hätten in diesem Rahmen geleugnet, rückfällig geworden zu sein (Z. 1303 ff.). Die Richterin habe entschieden, Frau Cebeci das alleinige Sorgerecht zu entziehen und Mats durch das zuständige Jugendamt in Obhut nehmen zu lassen (vgl. Z. 146 ff.). Ein Vormund sei bestellt worden. Den Eltern sei die Chance eröffnet worden, bis zu der nächsten Verhandlung die Einmaligkeit des Rückfalls in Form von Drogenfreiheit nachzuweisen. Die Inobhutnahme habe jedoch nicht umgesetzt werden können, da Herr Sawatzki während der Gerichtsverhandlung seinen Kollegen, der mit Mats im Auto vor dem Gerichtsgebäude gewartet habe, aufgefordert habe, gemeinsam mit seinem Sohn in seine Wohnung zu fahren, damit er ihn später dort abholen könne (vgl. 1211 ff.). Im Anschluss an die Gerichtsverhandlung habe Herr Sawatzki erfolglos mit den Fachkräften des Jugendamtes über eine Verschiebung der Inobhutnahme diskutiert (vgl. Z. 1223 ff.). Dann habe er Mats zu seinen Eltern gebracht, die zugesichert hätten, den Jungen nicht herauszugeben (vgl. Z. 202 ff.). Nachdem Mats von den Fachkräften in der Wohnung mütterlicherseits nicht gefunden worden sei (vgl. Z. 1220 ff.), habe der bestellte Vormund die Eltern wegen Kindesentführung angezeigt (vgl. Z. 216 ff.). Beim Amtsgericht habe er den Beschluss erwirkt, dass die Eltern entweder 25.000 Euro Bußgeld zahlen oder für mindestens ein halbes Jahr inhaftiert werden, wenn sie den gemeinsamen Sohn „weiterhin zurückhalten" (Z. 1241) und nicht zeitnah den Behörden übergeben würden. Angesichts der später erfolgten Festnahme von Frau Cebeci habe Herr Sawatzki sich am selben Tag dazu entschlossen, Mats freiwillig zu übergeben (vgl. Z. 222, 230). Der gemeinsame Sohn sei von einer Bereitschaftspflegefamilie aufgenommen worden (vgl. Z. 234 f., 320, 328). Über die Bereitschaftspflegefamilie sprechen Herr Sawatzki und Frau Cebeci lediglich am Rande, da sie „nichts über die Frau oder so [wissen]. Die hat auch sich nicht, äh, äh, äh, irgendwie über irgendeine Sache geäußert" (Z. 332 f.).

Nach der Übergabe habe Herr Sawatzki sich einen Anwalt genommen und um die „Besuchsgenehmigung" (Z. 236) gekümmert. Gemeinsam mit Frau Cebeci habe er ein Besuchsrecht erwirkt (vgl. Z. 109 f., 235 f.) Parallel dazu hätten sie beim OLG „Beschwerde" (Z. 658) gegen den Entzug des Sorgerechts eingereicht. Das OLG habe schriftlich das „Urteil für ungültig erklärt"

(Z. 1541), in der Folge wegen Verfahrensfehlern aufgehoben und das Familiengericht aufgefordert, den Sachverhalt neu zu verhandeln (vgl. Z. 125 ff., 1542 f.).
Im März 2015 seien die Eltern zu einem zweiten Termin geladen worden. Herr Sawatzki habe aufgrund eines Krankenhausaufenthaltes nicht persönlich teilnehmen können und sich durch seinen Anwalt vertreten lassen (vgl. Z. 267 ff., 1329 f., 1362). Frau Cebeci habe mithilfe eines „Clean-Schein[s]" (Z. 119) belegt, in der Zwischenzeit erfolgreich eine Entgiftung abgeschlossen zu haben und nun „sauber" (Z. 1342) zu sein (vgl. Z. 129 f.). Auch habe sie zu dem damaligen Zeitpunkt bereits eine ambulante Therapie begonnen (vgl. Z. 1342 f.). Im Ergebnis sei Mats zu ihnen zurückgeführt worden. Seine Rückkehr in den elterlichen Haushalt sei mit Auflagen verbunden gewesen: Unter anderem sei den Eltern auferlegt worden, an der Erstellung eines „Erziehungsgutachten[s]" (Z. 121) mitzuwirken (vgl. Z. 171, 261 f.). Darüber hinaus seien unangemeldete und angemeldete Besuche seitens des Jugendamtes und die erneute Einleitung einer Familienhilfe festgelegt worden. Frau Cebeci habe sich verpflichtet, die ambulante Therapie fortzusetzen (vgl. Z. 1596 f.). Da der Vater nicht sorgeberechtigt sei, habe die Richterin keine Auflagen an ihn gerichtet. Herr Sawatzki habe sich jedoch freiwillig einer Entgiftung unterzogen (vgl. Z. 132). Die dritte Verhandlung habe im November 2015 vor dem Familiengericht stattgefunden und der Überprüfung der Einhaltung der Auflagen gedient (vgl. Z. 1477). Frau Cebeci habe nachweisen können, dass sie die ambulante Therapie fortgesetzt, aber aufgrund des Todes ihrer Großmutter noch nicht erfolgreich beendet habe (vgl. Z. 1596 f.). Nach Erörterung des inzwischen vorliegenden Erziehungsgutachtens seien alle Teile des Sorgerechts, mit Ausnahme der Gesundheitsfürsorge, die weiterhin dem ehemaligen Vormund als Ergänzungspflegschaft obliegt, auf Frau Cebeci zurückübertragen worden. Den Eltern seien abschließend zwei Auflagen erteilt worden: Erstens habe Frau Cebeci ihre Bereitschaft erklären müssen, bei Bedarf für Urinkontrollen zur Verfügung zu stehen (vgl. Z. 1593 f.). Zweitens sei die Zustimmung beider Elternteile zur Fortsetzung der Familienhilfe eingeholt worden (vgl. Z. 1601 f.). Zum Zeitpunkt des Interviews werde die Familie anhaltend durch eine Familienhilfe begleitet.

Das Verfahren zur Abwendung einer Kindeswohlgefährdung beginnt aus Sicht von Herrn Sawatzki und Frau Cebeci bereits vor der Geburt des gemeinsamen Kindes. Die Eltern rücken aufgrund ihrer Lebensumstände und ihres Verhaltens ungewollt in den Fokus der Aufmerksamkeit des Jugendamtes. Die Kontaktaufnahme der Fachkräfte zu ihnen wurde von außen initiiert, indem sowohl den Eltern bekannte Fachkräfte als auch unbekannte Personen das Jugendamt über die spezifische Lebenssituation, beobachtete Entwicklungen innerhalb des familiären Gefüges und aus ihrer Sicht gefährdende Situationen informieren. Die Eltern sehen zu keinem Zeitpunkt einen Anlass für die Inanspruchnahme einer ambu-

lanten Familienhilfe, obwohl sie sich auf die Begleitung durch das Jugendamt und eine Familienhilfe einlassen. Ihr Einverständnis ist jedoch kein Ausdruck für eine von ihnen erlebte Belastung in ihrer Lebenssituation oder ein Problembewusstsein, sondern strategisches Kalkül, um als Familie dauerhaft ohne die von ihnen befürchteten intensiveren Einmischungen des Jugendamtes leben zu können. Ansonsten benennen sie keine Anliegen oder Bedarfe.

Die unangekündigten und angekündigten Hausbesuche, die seit der Geburt anfänglich von Fachkräften des Jugendamtes, später von der eingesetzten Familienhelferin durchgeführt werden, akzeptieren die Eltern, um die von ihnen anvisierte Beendigung der Familienhilfe zeitnah erreichen zu können. Die unangekündigten Hausbesuche verdeutlichen, dass die gewährte Hilfe sich ebenfalls durch ein kontrollierendes Element auszeichnet: Neben optionalen Hilfestellungen, welche die Eltern jedoch als solche nicht annehmen und für sich nutzen können, kristallisieren sich obligatorische Kontrollen durch das Jugendamt für den Schutz des Kindes heraus. Unabhängig von diesem Spannungsfeld zwischen Hilfe und Kontrolle nimmt die Familienhilfe aus Sicht der Eltern einen positiven Verlauf: Sie konnten die Fachkräfte zufriedenstellen und einen für alle Beteiligten erfolgreichen Abschluss gestalten.

Der für alle Beteiligten befriedigende Status quo kann von den Eltern jedoch aufgrund familiärer Entwicklungen und Schicksalsschläge nicht aufrechterhalten werden. Ihre erlebten Drogenrückfälle bringen die erarbeitete Stabilität ins Wanken und führen erneut zu Meldungen an das Jugendamt. Trotz der vermeintlich positiven Entwicklung im Laufe der ersten Familienhilfe rückt beim zweiten Mal nicht die Unterstützung der Eltern, sondern einzig die Sorge um das Kind in den Mittelpunkt der Aktivitäten des Jugendamtes. Aufgrund der Rückfälle begegnet das Jugendamt den Eltern augenscheinlich ausschließlich mit einer eindimensionalen, gerichtlich konfrontativen Handlungsstrategie. Die Eltern sind enttäuscht und wütend darüber, dass ihnen weder ein weiteres Hilfeangebot unterbreitet wird noch Auflagen definiert werden. Stattdessen wird gegen ihren Willen das Familiengericht angerufen. Diese aus ihrer Sicht unpassende Handlungsstrategie und besondere Härte des Jugendamtes sind ihnen unverständlich. Die erste Entscheidung vor dem Familiengericht veranschaulicht den maximalen Eingriff in ihre elterliche Autonomie: Die Herausnahme ihres Sohnes wird beschlossen. Nach diesem Tiefpunkt werden den Eltern im weiteren Verlauf sukzessiv wieder mehr Teile der elterlichen Sorge zurückgegeben – allerdings nicht bedingungslos, sondern unter Auflagen.

7.3.4 Ausgewählte Themen im Erleben und Bewältigen

7.3.4.1 Persönliche und familiäre Lebenssituation

„Es ist alles in Ordnung bei uns." (Z. 156)

Diese Aussage von Frau Cebeci trifft den Kern der gemeinsam mit Herrn Sawatzki geteilten Einschätzung ihrer damaligen und heutigen Lebenssituation. Sie wiederholen diese Beurteilung in unterschiedlichen Zusammenhängen. In der Vergangenheit sei ihre Bewertung im Laufe des Verfahrens zur Abwendung einer Kindeswohlgefährdung von außenstehenden Personen bestätigt worden (vgl. Z. 43, 119 f., 607 ff.).

Im Gegensatz zu dieser positiven und zufriedenstellenden Beschreibung erinnert sich Frau Cebeci in ihren Ausführungen an unterschiedliche Situationen und Entwicklungen, welche die familiäre Ordnung gestört hätten. Die Schwangerschaft mitsamt der Geburt ihres gemeinsamen Sohnes sei eine schwierige Zeit gewesen. Während ihrer Schwangerschaft habe sie an einem Substitutionsprogramm teilgenommen und sei in das Präventionskonzept „Beginn mit Hindernissen" vermittelt worden (vgl. Z. 1074).

> „ ,Beginn mit Hindernissen', halt Familien, die halt einen schweren Start haben, [I: Mhm.] sozusagen, [E1: Ja, ja, ja, ja.] also, die Probleme haben wie wir, Drogenprobleme. [E1: Die kümmern sich dann, ähm...] Genau, um Amtsgänge, [E1: Mit den Dingens.] Jugendämtern [E1: Genau.] und so weiter, darum kümmern die sich." (Z. 1106 ff.)

Frau Cebeci räumt ein, als Familie anfänglich Schwierigkeiten gehabt zu haben. Die Drogensucht habe sich zu Beginn der Familiengründung auf das Zusammenleben und die Gestaltung des Alltags ausgewirkt. Die speziellen Herausforderungen im Zusammenhang mit der Drogensucht seien in dem Projekt jedoch keine Besonderheit, sondern ein verbindendes Element der Zielgruppe. Folglich habe sie ihre Drogenproblematik nicht als Stigma, sondern als Voraussetzung für die Inanspruchnahme erlebt.

Ebenso resümiert sie, dass 2014 nicht durchgängig alles in Ordnung gewesen sei: „[A]lso 2014 hatte es in sich" (Z. 954 f.). Das Jahr habe sich durch zahlreiche Erlebnisse ausgezeichnet, die sie als Familie belastet hätten. Sie habe innerhalb weniger Monate erst ihren Vater und dann ihren Großvater verloren. Zum Zeitpunkt des Todes ihres Großvaters sei sie gesundheitlich angeschlagen gewesen und habe aufgrund einer Medikamentenunverträglichkeit einen Kreislaufkollaps erlitten (vgl. Z. 938 f.). Die Todesfälle hätten Herrn Sawatzki und Frau Cebeci aufgewühlt und Unruhe in ihr familiäres System gebracht, die sich unter anderem in ihren Drogenrückfällen niedergeschlagen habe (vgl.

Z. 20 f.). Frau Cebeci äußert, sich dessen bewusst zu sein, dass in jener Zeit nicht alles in Ordnung gewesen sei: „[D]as war nicht in Ordnung, Rückfall, ne" (Z. 1729 f.). Als negativer Abschluss des Jahres sei Mats aus der Familie genommen worden.

Gesellschaftliche Einordnung

> „[W]ie wir, die sozial Schwächeren. […] Die werden sehr, werden am meisten benachteiligt." (Z. 1885 f.)

Aufgrund ihrer aktuellen Lebenssituation ordnet Herr Sawatzki seine Familie den „sozial Schwächeren" (Z. 1885) zu, die häufig von negativen Zuschreibungen und gesellschaftlichen Benachteiligungen betroffen seien. Sein Erleben von Benachteiligung durch die Gruppenzugehörigkeit habe sich durch das Verfahren zur Abwendung einer Kindeswohlgefährdung bestätigt. Das Jugendamt befasse sich ausschließlich mit Familien, die nicht privilegiert seien. Meldungen über Familien „in so Nobelgegenden" (Z. 1878) seien wirkungslos, weil diese Familien von dem Jugendamt nicht beachtet würden. Das Bild der Behörde von „solchen Leuten" (Z. 1884) sei verzerrt und fehlerhaft.

Herr Sawatzki und Frau Cebeci seien bereits mehrmals als „asozial" (Z. 524) bezeichnet worden. Anlass sei seine Entscheidung, Arbeitslosengeld II in Anspruch zu nehmen. Er hole sich jedoch „nur das zurück, was meine Familie in Jahrzehnten, äh, hier an Steuern einbezahlt" (Z. 526) habe. Herr Sawatzki gehe nicht arbeiten, da es massive finanzielle Forderungen ihm gegenüber gebe (vgl. Z. 513 ff.). Zwar habe er alles in allem nicht so viele Schulden, aber die Forderungen des Jugendamtes wegen Unterhaltszahlungen für seinen ersten Sohn seien die Ausnahme. Er habe in dieser Hinsicht „so viele Schulden" (Z. 517), dass er diese in seinem Leben voraussichtlich nicht mehr abbezahlen könne (vgl. Z. 552 ff.). Die Höhe der Schulden verhindere die Aufnahme einer Erwerbstätigkeit: Seinem Wunsch, „gerne arbeiten [zu] gehen" (Z. 519), stehe sein Wissen gegenüber, durch die Aufnahme einer Beschäftigung unter dem Existenzminimum leben zu müssen (vgl. Z. 520 ff.). Sein potenzielles Einkommen werde umgehend vom Jugendamt „weggepfändet" (Z. 522). Daher seien keine physischen oder psychischen Gründe für die fehlende Erwerbstätigkeit verantwortlich, sondern seine Entscheidung, eine Pfändung zu vermeiden (vgl. Z. 523). Er zahle für seine Kinder monatlich einen bestimmten Betrag, der nicht gepfändet werde, um ihnen im Rahmen seiner Möglichkeiten finanzielle Unterstützung zu bieten. Zurzeit tilge er keine Schulden (vgl. Z. 528 ff.).

Ergänzend zu den staatlichen Leistungen stehe Herrn Sawatzki und Frau Cebeci eine Erbschaft zur Verfügung. Obwohl Frau Cebeci offiziell die Erbin sei (vgl. Z. 540), skizziert sich Herr Sawatzki als gleichberechtigten Erben: „Wir haben eine gute Erbschaft gemacht" (Z. 106 f.). Beide Elternteile würden im

Alltag davon profitieren: „Und, äh, davon können wir ja jetzt ganz gut leben"
(Z. 541 f.). Mit einem Teil dieser Erbschaft habe Herr Sawatzki sich an einer
Kneipe beteiligt. Seine Beteiligung laufe „natürlich unter der Hand" (Z. 544).
Offiziell habe er dort eine geringfügige Beschäftigung angemeldet (vgl. Z. 546).

Drogensucht

> „Was ist denn, was ist denn dabei, ich sag, wir, wir, ich sag, (.) wir sind eben zwei
> Süchtige, das ist wie beim Alkoholiker: Einmal süchtig, immer süchtig. Einmal Alko-
> holiker, immer Alkoholiker [...]. Es gibt Alkoholiker, die nach zwanzig Jahren wieder
> rückfällig werden, sag ich. Und so kann das auch mit einem Drogensüchtigen sein.
> Ich sag, da gibt's keine Garantie für." (Z. 616 ff.)

Mit seiner eingangs formulierten rhetorischen Frage „Was ist denn dabei?"
verdeutlicht Herr Sawatzki seine entspannte Haltung gegenüber der Drogensucht, die sie als Personen sowie ihre Familien- und Lebenssituation aus-
zeichne. Trotz ihrer aktuellen Drogenabstinenz definiert er Frau Cebeci und
sich als süchtig, da es keine Sicherheit für eine kontinuierliche und nachhaltige
Abstinenz gebe. Sie müssten sich für ihre Sucht nicht schämen. Frau Cebeci
ordnet Herrn Sawatzki und sich ebenfalls der Gruppe der Menschen mit einer
Drogenproblematik zu. Während Herr Sawatzki durchgängig eine unbe-
schwerte Einstellung in seinen Schilderungen offenbart, benennt Frau Cebeci
punktuell potenzielle Schwierigkeiten im Zusammenhang mit der Drogenproblematik, wie die obigen Ausführungen zu dem Projekt „Beginn mit Hindernissen" veranschaulichen (vgl. Z. 1106 ff.).

Herr Sawatzki berichtet ausführlich über seine Drogensucht. In seiner
Selbstbeschreibung distanziert er sich von der gesellschaftlich verbreiteten Vorstellung eines gewöhnlichen Drogenabhängigen: „[I]ch bin jetzt nicht so der
klassische Drogensüchtige, äh, äh, wie, wie das so im Fernsehen oder so gezeigt
wird, ne?" (Z. 560 f.). Das medial vermittelte Bild treffe nicht auf ihn zu. In
seiner Biografie hätten, im Gegensatz zu der öffentlichen Vorstellung, keine
besonderen Probleme den Beginn seiner Drogensucht verursacht (vgl.
Z. 561 f.). Vielmehr habe er in seiner Kindheit und Jugend einen guten Lebens-
standard genossen (vgl. Z. 563 f.). Der Tod des Großvaters stelle den Startpunkt
seiner Drogensucht dar: „[U]nd so bin ich drogensüchtig geworden, aber das
verstehen die, <u>ähm</u>, alle nicht so" (Z. 589 f.). Während der Beginn und Verlauf
für ihn nachvollziehbar sei, begegne ihm von Außenstehenden häufig Unverständnis.[84] Im Laufe seiner Drogensucht habe er „auch Scheiße gemacht"

---

84 Herr Sawatzki gibt keine Informationen über den Beginn und die (Weiter-)Entwicklung
    seiner Drogenabhängigkeit preis. Er definiert ausschließlich den Tod seines Großvaters als
    Dreh- und Angelpunkt.

(Z. 588). Zu Beginn habe er unter anderem ein Sparbuch geplündert (vgl. Z. 588). Im weiteren Verlauf habe er „natürlich" (Z. 590) mit dem Drogenhandel begonnen. Dafür seien zwei Gründe bedeutsam: Erstens der Zustand, in dem er sich als Drogenabhängiger befunden habe, d. h. die Situation, „wenn man drauf" (Z. 591) sei, und zweitens die fehlenden Alternativen. Er habe sich für diese Handlungen entschieden, da er nicht der Typ sei, „der eine alte Oma beraubt oder klauen geht" (Z. 591 f.). Wegen unterschiedlicher Taten, die in Konflikt mit dem Gesetz gestanden hätten, sei er für 13 Jahre inhaftiert worden (vgl. Z. 74, 592 f.).

Er konsumiere seit Jahrzehnten und fortwährend Cannabis: „[I]ch rauche seit dreißig Jahren Haschisch und Gras" (Z. 674 f.). Sein Konsum habe sich im Laufe der Zeit verändert und inzwischen deutlich nachgelassen: „[I]ch rauche, äh, so gut wie gar nicht mehr, äh, mehr, wie gesagt, ich rauche nur ab und zu mal, äh, einen Joint oder so, ne, aber das war es auch, [I: Mmh.] ne?" (Z. 682 ff.). Da er keine Probleme hinsichtlich seines Cannabiskonsums sehe, habe er in Kontakt mit dem Jugendamt oder anderen Fachkräften immer mit offenen Karten gespielt (vgl. Z. 1201 f.).

> „[D]a hab ich gesagt, wollen sie, äh, haben, äh, sagen sie doch, hier riecht es nach Cannabis. Ich weiß doch, was Sie sagen wollen. Äh, äh, äh, ne, äh. [I: Okay.] Ich sage, ja, und wenn das so wäre, was ist denn das (Tür wird geschlossen) Problem da dran, sage ich. Andere trinken jeden Tag fünf Flaschen Bier oder [I: Mhm.] äh eine Flasche Schnaps. [E2: Ja.] Ich sage, ich rauch mir ab und zu eine Pfeife oder rauche einen Joint, ne? Habe ich, habe ich ja auch gar keinen Hehl draus gemacht." (Z. 1502 ff.)

Herr Sawatzki bezweifelt in seiner Erzählung, dass die Fachkräfte jemals registriert hätten, wenn er etwas genommen habe (vgl. Z. 675 f.). Sie hätten sich inzwischen mit seinem Haschischkonsum arrangiert: „Aber damit haben die sich abgefunden, da haben sie auch nichts gegen gesagt, ne?" (Z. 684 f.). Er habe die zuständigen Fachkräfte offensichtlich davon überzeugt, dass diese Form des Drogenkonsums keine nennenswerten Auswirkungen auf seine elterlichen Kompetenzen und die Bewältigung der Alltagsaufgaben habe.

Mit Blick auf ihre gesundheitliche Situation erzählt Herr Sawatzki, dass beide an Hepatitis C erkrankt seien. Ihre Infizierung bedinge momentan jedoch keine Einschränkungen im Alltag (vgl. Z. 344 ff.).

7.3.4.2 Selbstbild als Eltern

„Wir haben alles gemacht. Und wir machen auch alles für das Kind." (Z. 359)

Herr Sawatzki betont, dass sie als Eltern alles für ihr Kind tun würden. Diese Überzeugung unterstreicht Frau Cebeci wie folgt: „Aber ich, wir machen [...] alles für den Kleinen, es ist alles in Ordnung" (Z. 1696 f.). Sie könnten sich angemessen und fürsorglich um ihr Kind kümmern. Zudem beschreiben sie sich im Umgang mit ihrem Sohn als fähig und kompetent.

> „Sag ich, [...] d. h. doch lange nicht, dass sich jemand, der Drogen nimmt oder irgendwas anderes, sich nicht um das Kind mehr kümmern kann. [I: Mhm.] Äh, äh, äh, weil, (.) das wird auch hinterher zur Gewohnheit." (Z. 620 ff.)

Herr Sawatzki wehrt sich mit seinen Ausführungen gegen den aus seiner Perspektive fehlerhaften Zusammenhang zwischen einer Drogensucht und defizitären elterlichen Kompetenzen. Seine Drogensucht habe ihn nie an der Ausübung seiner Elternrolle behindert. Er habe die erzieherischen und alltäglichen Aufgaben jederzeit erfolgreich bewältigt. Die ihnen vermittelte professionelle Annahme, dass eine Drogensucht die erzieherischen Kompetenzen beeinträchtige, sei nicht haltbar und treffe nicht auf sie und ihre Lebenssituation zu. Bei der Hypothese handele es sich vielmehr um eine unreflektierte Behauptung, die er als Bestätigung für einen defizitären Wissensstand über die Auswirkungen von Drogen wertet. Zur Veranschaulichung vergleicht er den Konsum von Drogen und Substitutionsmedikamenten:

> „Und da, da, äh, da ist das, sag ich ja, da ist das Polamidon, (.) wirkt stärker. Wenn man das in der Anfangszeit nimmt, [I: Mhm.] merkt man das, schläft man wirklich ein auch davon. Wird man richtig müde, ne? Deshalb sag ich, das, die vergleichen, (Klopfen auf Holz) das ist genau das Gleiche, [I: Mhm.] äh, wie als wenn ich, äh, Dingens nehme. Dann müssten sie jedem, der Polamidon nimmt, auch das Kind abnehmen, [I: Ja, ja.] praktisch. Die könnten sich dann ja auch nicht darum kümmern, weil sie Drogen nehmen. [I: Mhm.] Deshalb, ist unlogisch ist das. Ne?" (vgl. Z. 731 ff.)

Angesichts der vergleichbaren Auswirkungen könnten süchtige Personen sich unabhängig von der Art der Drogen theoretisch nicht angemessen um ein Kind kümmern. Um diese Logik zu entkräften, bezieht er diesen Gedankengang auf ihre Erfahrungen: Während der Substitution sei den Eltern nie unterstellt worden, den Anforderungen im Umgang mit dem Kind und im Alltag nicht gewachsen zu sein. Ihnen sei vielmehr bescheinigt worden, dass alles in Ordnung sei (vgl. Z. 14 ff., 605 ff.). Die Fachkräfte seien ihnen gegenüber positiv eingestellt und bei den Hilfeplangesprächen zufrieden gewesen (vgl. Z. 1115 ff.,

1144). Im Gegensatz dazu sei ihnen unmittelbar nach ihrem Rückfall unterstellt worden, sich nicht länger ausreichend um Mats kümmern zu können. Angesichts ähnlicher Effekte sei dieser Einstellungswechsel unverständlich. In diesem Zusammenhang nimmt Herr Sawatzki zugleich Bezug auf die aktuelle Qualität verfügbarer Drogen: „So ein Zeug gibt es gar nicht, was mich dicht in der Ecke, äh, äh, wovon ich dicht in der Ecke liegen würde, sag ich, na ja, weil das, so eine Qualität kriegt man heute nicht mehr" (Z. 724 ff.). Die Qualität von Heroin habe mit zunehmendem Preisabfall stetig nachgelassen. Auf dem Markt gebe es nicht mehr die Qualität, die dazu führe, dass er dicht werde und sich nicht angemessen um seinen Sohn kümmern könne. Deshalb seien der Vorwurf und die dahinterliegende Argumentation ohnehin nicht überzeugend.

Herr Sawatzki habe stets dafür gesorgt, dass sein Sohn seine Drogensucht nicht bemerke und nicht mit Drogen in Berührung komme. Er habe den Zugang für Mats verhindert, indem er die Drogen und Substitutionsmedikamente an einem für seinen Sohn unzugänglichen Ort aufbewahrt habe.

„Ich hab zu denen gesagt, wo wir noch Polamidon [genommen haben], ich sag: unser Kind kann an die gar nicht dran, erst mal haben wir, äh, keine Tabletten, […] wir haben Flüssiges. […] Und da sind Kindersicherheitsverschlüsse dran, (.) (Kugelschreiberklacken) der kriegt das gar nicht auf. [E2: Ne, das haben wir immer abends weggestellt gehabt.] Und dann haben wir die in, in, dann haben wir die so hoch im Kühlschrank, ne, ich sag, und wenn (.) der so weit ist, (.) dass, äh, jetzt ha-, haben wir die, äh, äh, äh, Sorge ja nicht mehr, [E2: Nein.] ich sag, wenn er so weit sein sollte, dass er da drankommt und wir, [E2: Und das aufmachen kann.] sag ich, dann kauf ich einen Schrank, den man abschließen kann, sag ich, […] und häng den so hoch, äh, äh, äh, dass er da nicht mehr dran, dass er da gar nicht drankommen kann. […] Dass nur ich da rankommen kann." (Z. 697 ff.)

Herr Sawatzki wisse, wie er mögliche Gefahrenquellen ausschalte, und habe gut im Blick, wie er sein Kind schütze. Momentan bestehe ohnehin keine Gefahr, da sich keine Drogen in der Wohnung befinden würden. In der Vergangenheit habe er außerdem dafür gesorgt, dass sein Sohn nicht miterlebe, wie seine Eltern Drogen konsumieren: „[A]ber, sag ich, der Junge so, der kriegt [I: Ja.] so was nicht mit" (Z. 677 f.). Er habe seinen Konsum vor seinem Sohn erfolgreich verbergen können. Haschisch rauche er ausschließlich bei Freunden oder Bekannten (vgl. Z. 676 f.).

Im Gegensatz zu dieser gänzlich positiven Sicht formuliert Frau Cebeci die Meinung, dass Drogenkonsum im Zusammenleben mit Kindern durchaus kritisch bewertet werden könnte.

„Ich meine, klar, Drogen und so weiter, ist nicht gut mit Kind, aber …" (Z. 1614 f.)

Sie wehrt sich in ihrer Narration aber gegen allgemeine und vereinfachende Verurteilungen, da weitere Kompetenzen für die Erziehung und Versorgung eines Kindes notwendig seien. In ihren Ausführungen schildert sie, sich darüber im Klaren zu sein, dass diese Rahmenbedingung zwar nicht optimal sei, aber auch nicht zwingend eine Gefährdung für ein Kind darstelle. Mit Blick auf ihren Drogenkonsum nehme sie keine Vorbildfunktion für ihr Kind ein. Da sie allerdings ansonsten alles tue, wolle sie nicht darauf reduziert werden (vgl. Z. 1696 ff.).

Entwicklung von und Beziehung zu Mats

„Dem Kleinen geht es super." (Z. 834)

Mats fühle sich in dem familiären Haushalt wohl und wirke glücklich. Bislang hätten sie bei ihrem Sohn keine nachhaltigen Auffälligkeiten in seiner Entwicklung beobachtet. Die Eltern betonen die positive Entwicklung ihres Sohnes und weisen mögliche Schwierigkeiten durch die Geburt von sich (vgl. Z. 382), indem sie die ungewöhnlich kurze Aufenthaltsdauer von Mats im Krankenhaus erwähnen und als positives Zeichen für ihre Kompetenzen werten. Als Eltern seien sie stolz auf die zügige Entlassung, da sie darüber informiert gewesen seien, dass die Substitution während der Schwangerschaft Auswirkungen auf die kindliche Entwicklung haben könnte (vgl. Z. 1079 ff.). Umso glücklicher seien sie über den bisherigen Entwicklungsverlauf: „[W]ir sind ja auch froh, […], weil wir wissen, dass er eigentlich keine so Defizite hat" (Z. 1424 ff.).

Mats zeige keine nennenswerten Schäden, sondern habe sich „super entwickelt" (Z. 855). Allerdings gebe es eine Einschränkung: Bei ihrem Sohn sei eine Augenerkrankung diagnostiziert worden, die jedoch seinen Alltag nicht beeinträchtige (vgl. Z. 353, 1949 ff.). Seit der Geburt hätten Herr Sawatzki und Frau Cebeci Initiative gezeigt, die notwendigen Schritte eingeleitet und ihrem Sohn eine gute Diagnostik und Behandlung ermöglicht (vgl. Z. 358 ff.). Ihre Einschätzung der Entwicklung von Mats werde von seinem Kinderarzt unterstützt. Der Kinderarzt habe sich stets zufrieden über seinen Entwicklungsstand geäußert. Die formulierten Vorwürfe, z. B. eine schlechte körperliche Verfassung, Unterernährung, Entwicklungsauffälligkeiten oder Spuren von Misshandlungen, habe der Kinderarzt immer zurückgewiesen (vgl. Z. 154 ff., 1782 ff.). Er habe „das Kind nie traumatisiert erlebt" (Z. 1783), sondern ihm eine gute körperliche Verfassung und eine normale, „altersgerecht[e]" (Z. 1784) Entwicklung attestiert. In seinem Gutachten habe er außerdem bestätigt, dass innerhalb der Familie „alles in Ordnung" (Z. 155) sei und die Eltern alle notwendigen medizinischen Untersuchungen wahrnehmen würden (vgl. Z. 157). Trotz seiner positiven Entwicklung hätten sie für ihren Sohn aktuell Frühförderung beantragt, um ihm eine bestmögliche Unterstützung zu vermitteln (vgl. Z. 341 f.).

Herr Sawatzki und Frau Cebeci erläutern keine inhaltlichen Gründe für die Beantragung. Der Kinderarzt habe ein „Gefälligkeitsgutachten" (Z. 343) geschrieben, um die Chancen für die Genehmigung zu erhöhen.

Frau Cebeci und Herr Sawatzki würden seit jeher eine „richtig gute Bindung" (Z. 310) zu ihrem Sohn wahrnehmen (vgl. Z. 1550 f.). Mats habe sich während seiner Unterbringung nicht von ihnen entfremdet, sondern sie während ihrer Besuche direkt wiedererkannt und zu ihnen Kontakt gesucht (vgl. Z. 309 ff.). Die gute Bindung sei ebenso von den Fachkräften registriert worden: „[D]ie sehen ja auch, [...] was der für eine Bindung zu uns hatte" (Z. 832 f.).

Im Gegensatz zu den positiven Äußerungen über seine Entwicklung und sein momentanes Befinden, hätten die Eltern während der Unterbringung in der Bereitschaftspflegefamilie und unmittelbar nach seiner Rückführung in den elterlichen Haushalt vorübergehende Auffälligkeiten wahrgenommen. In dieser Zeit habe ihr Sohn massiv gelitten. Herr Sawatzki habe im Nachhinein erfahren, dass Mats zwei Wochen durchgängig geweint und geschrien habe (vgl. Z. 306 f.). Im Anschluss an ihre Besuche sei er erkrankt und habe weder essen noch schlafen können (vgl. Z. 312 f.). In der Folge habe Mats aus elterlicher Perspektive definitiv „einen kleinen Schaden erlitten" (Z. 370 f.). Die zweimonatige Trennung von seinen Eltern habe ihn verunsichert und überfordert. Nach seiner Rückkehr hätten sie anfangs beobachtet, dass Mats sich nicht mehr getraut habe, auf andere Menschen zuzugehen. Er habe sich nicht auf fremde Personen einlassen können, da er offensichtlich befürchtet habe, erneut von seinen Eltern getrennt zu werden (vgl. Z. 371 ff.). Die anfänglichen Schwierigkeiten hätten sie intensiv bearbeitet. Gleichzeitig relativiert Herr Sawatzki die negativen Folgen: Die kurze Dauer der Unterbringung habe dramatischere Auswirkungen verhindert. Sie seien glücklich, dass Mats keinen „schweren Knacks" (Z. 388) erlitten habe.

Herr Sawatzki erzählt, dass Mats einen starken Willen besitze, der sein Verhalten maßgeblich steuere. Von außen könne sein Sohn nicht motiviert oder gezwungen werden, etwas zu tun, was nicht seinem Willen entspreche. Mats entscheide, wozu er bereit sei und womit er sich beschäftige (vgl. Z. 1435 ff.). Angesichts seines Durchsetzungsvermögens und der bisherigen Erfahrungen seien die Eltern im Umgang mit ihrem Sohn wenig begrenzend: Sie würden „ihn auch gewähren" (Z. 1437) lassen. Herr Sawatzki erklärt, dass ihre Strategie nicht für eine mangelhafte Beschäftigung stehe, sondern für ihren Anspruch, seinem Charakter gerecht zu werden. Die Eltern beschreiben Mats als offenes und zugewandtes Kind. Er könne sich sehr gut selbstständig beschäftigen, wenn sie sich mal nicht mit ihm beschäftigen könnten (vgl. Z. 1441 f.). Die an sie herangetragene Unterstellung, dass die Beschäftigung und der Umgang mit ihrem Sohn für die Eltern überfordernd seien, lehnt Herr Sawatzki an mehreren Stellen des Interviews vehement ab (vgl. Z. 1400 ff.).

Momentan formulieren sie den Wunsch, dass ihr Sohn häufiger Kontakt mit Kindern habe, da ihm die Auseinandersetzung mit diesen gut tue (vgl. Z. 1438 f.). Das Wohl ihres Sohnes sei ausschlaggebend für ihre Bemühungen um einen zeitnahen Kindergartenbesuch. Gleichzeitig befriedige ein Kindergartenbesuch das Bedürfnis der Eltern nach mehr Freizeit: „Wir, hm, möchten ja auch ein bisschen Freizeit haben" (Z. 1439). Dementsprechend hätten sie sowohl ihren Sohn als auch sich selbst im Blick.

Herr Sawatzki und Frau Cebeci haben ein Ordnungssystem entwickelt, um ihre Wahrnehmungen kategorisieren und Struktur schaffen zu können. Sie differenzieren zwei sich grundsätzlich ausschließende Pole, z. B. arm vs. reich, wir vs. die oder Süchtige vs. Nicht-Süchtige, und ordnen sich den subjektiv konstruierten Polen zu. Die Gegenüberstellungen reduzieren die Komplexität und erhöhen die Überschaubarkeit ihrer Lebenswelt. Die Zuordnungen sind verknüpft mit moralischen und normativen Einschätzungen, die wiederum von ihren subjektiven Relevanzsystemen abhängen. Ihre polarisierende Wahrnehmung lässt grundsätzlich wenig Raum für Besonderheiten und Abweichungen. Innerhalb ihres Ordnungssystems nehmen Vergleiche auf und zwischen den Polen einen besonderen Stellenwert ein. Herr Sawatzki und Frau Cebeci vergleichen erstens sich und ihre Lebenssituation mit anderen Eltern und Familienkonstellationen und kontrastieren zweitens ihre Selbstwahrnehmungen mit den von ihnen wahrgenommenen Fremdzuschreibungen. Den Vergleichen liegt ihr normatives Relevanzsystem zugrunde, das tendenziell von gesellschaftlichen Normen abweicht. Die Vergleiche erfüllen unterschiedliche Funktionen für die Eltern. Sie dienen beispielsweise dazu, ihre Gedanken, Argumentationen und Einstellungen nachvollziehbar zum Ausdruck zu bringen. Gleichzeitig bieten sie die Basis für eine Aufwertung ihrer Kompetenzen und eine positive Selbstpräsentation. Durch die Vergleiche mit anderen Drogenabhängigen versuchen sie beispielsweise, sich bewusst von dieser gesellschaftlich mehrheitlich negativ konnotierten Gruppierung abzugrenzen.

Die momentane Selbstzuordnung von Herrn Sawatzki zu der Gruppe der „sozial Schwächeren" ist für ihn nicht natürlich gegeben, sondern das Ergebnis biografischer Ereignisse, Entscheidungen und Verläufe. In seinen biografischen Einblicken deutet er einen sozialen Abstieg an, der weitreichende Folgen für seine Selbstwahrnehmung und die ihm vermittelte Fremdzuschreibung hat. Die Zuordnung zu den „sozial Schwächeren" schafft für ihn den Rahmen, sich als Opfer von Benachteiligung zu definieren. Diese Zugehörigkeit wird als zentraler Grund für den Beginn und Ablauf des Verfahrens zur Abwendung einer Kindeswohlgefährdung inszeniert. Die Belastungsmomente, die von den Eltern nicht beeinflusst oder gesteuert werden konnten, rücken in ihrer Bedeutung für die familiäre Unordnung und das Verfahren in den Hintergrund. Die Todesfälle in ihrem engen familiären Umfeld konnten weder von Herrn Sawatzki noch von Frau Cebeci konstruktiv bearbeitet werden. Sie wurden rückfällig und die Welt der Familie geriet temporär aus den Fugen. Diese Entwicklung – den Handlungen des Jugendamtes vorgeschaltet – skizzieren sie in ihrer Selbstbeschreibung nicht.

Die Drogensucht ist in der Selbstbeschreibung allgegenwärtig. Herr Sawatzki und Frau Cebeci sind sich einig, als Mensch und Familie von ihren Erfahrungen mit Drogen geprägt zu sein, schreiben der Sucht jedoch einen unterschiedlichen Stellenwert zu. Herr Sawatzki definiert sich und seine Lebensgefährtin als „zwei Süchtige". Im Gegensatz zu Frau Cebeci versteht er die Drogensucht nicht als temporär begrenztes oder flankierendes Problem, sondern als identitätsstiftende Charaktereigenschaft. Ein Rückfall wird hierbei von ihm als optionale Begleiterscheinung entworfen und entdramatisiert. Er definiert Cannabis nicht als Drogen und bagatellisiert tendenziell den Konsum und die Auswirkungen von Drogen sowie Substitutionsmedikamenten. Herr Sawatzki präsentiert sich als Person, welche die Drogen beherrschen und kontrollieren kann. Aufgrund seiner jahrzehntelangen Erfahrungen schätzt er seine Drogensucht als unproblematisch ein. Seine positive Haltung erschwert ihm eine kritische Reflexion negativer Auswirkungen oder Beeinträchtigungen. Explizit thematisiert er z. B. keinen Zusammenhang zwischen seinem erlebten sozialen Abstieg und den Beginn und Verlauf seiner Drogensucht. Im Allgemeinen werden negative Konsequenzen im Zusammenhang mit seinem Drogenkonsum von ihm negiert, umgedeutet oder als natürlich gegeben akzeptiert. Während Herr Sawatzki Begleiterscheinungen und Folgewirkungen in seinen Ausführungen nicht erläutert, erkennt Frau Cebeci punktuelle Belastungsmomente oder Schwierigkeiten, die im Zuge der Drogensucht aufgetreten sind, wertet deren Relevanz aber mit dem Hinweis auf ihre elterlichen Kompetenzen ab. Die erlebten Schwierigkeiten verlieren im Vergleich zu ihren Fähigkeiten an Aussagekraft. Unter der Formel „alles in Ordnung" subsumiert sie ihre Einschätzung der Familien- und Lebenssituation.

Mit Blick auf ihre Erziehungskompetenzen identifizieren die Eltern bei sich keine Auswirkungen der Drogensucht. Sie nehmen sich als engagierte und motivierte Eltern wahr, deren Bemühungen von ausgewählten Personen – z. B. von ihrem Kinderarzt – gesehen, erkannt und anerkannt werden. Die positive und altersgerechte Entwicklung ihres Sohnes bestätigt ihre Sichtweise der vermeintlichen Normalität ihres Familienlebens. Die temporären Auffälligkeiten ihres Sohnes erklären sie mit dem Verhalten der Fachkräfte. Dem Jugendamt wird folglich primär die Verantwortung für die Störungen ihres Sohnes zugeschrieben. Mit Blick auf die Einschätzung ihrer Drogensucht und die potenziellen Folgen nehmen Herr Sawatzki und Frau Cebeci Unterschiede zwischen der gesellschaftlichen und ihrer subjektiven Haltung wahr. Während sie für die an sie herangetragenen Problemzuschreibungen nicht zugänglich sind, werden ihre eigenen Einschätzungen nicht verstanden und/oder akzeptiert. Das ihnen entgegengebrachte Unverständnis bestärkt ihre Empfindung, Opfer von Benachteiligung und Ungerechtigkeit zu sein.

Sie inszenieren sich einerseits als süchtige Personen, grenzen sich andererseits von der gesellschaftlichen Vorstellung von Drogensüchtigen ab. An dieser Stelle wird ihre polarisierende Wahrnehmung zwischen süchtig und nicht süchtig brüchig. Die Kategorisierung bedingt eine selektive Wahrnehmung, die nicht auf ihre Lebensrealität zutrifft. Sie bewegen sich auf dem Kontinuum und lösen sich tendenziell von ihrer selbstgewählten Zuordnung. Sie sind „besondere Süchtige", auf die die in Medien und Gesellschaft vermittelten Bilder und negativen Assoziationen nicht zutreffen. Am Beispiel ihres Umgangs mit ihren Rückfällen wird das Dilemma ihrer Suchbewegungen zwischen den Polen deutlich. Aus ihrer Perspektive sind die Rückfälle kein großes Problem, da sie ihre Kompetenzen als Eltern nicht tangieren und keine nachhaltigen Auswirkungen auf die familiäre Lebenssituation haben. Konsequenterweise dürfte ihr Geständnis nicht nachteilig für sie sein. Im Gegensatz dazu werden die Rückfälle aus gesellschaftlicher Sicht negativ bewertet und sanktioniert. Ihre Erfahrung bestätigt ihre Haltung, aufgrund gesellschaftlicher Zuschreibungen und nicht aufgrund selbstgewählter Entscheidungen und Handlungen von dem Vorwurf einer Kindeswohlgefährdung betroffen zu sein. Sie schreiben der gesellschaftlichen Haltung gegenüber ihrer sozioökonomischen Situation und ihrer Drogensucht, die sich in dem Reaktionsmuster des Jugendamtes widerspiegelt, die Verantwortung für das Verfahren zu. Die Eltern betrachten sich als Opfer des Systems. Sie sind ungerechtfertigt in die Mühlen der Institutionen geraten. Somit schreiben sie den zuständigen Fachkräften die Verantwortung zu.

Bei Herrn Sawatzki zeigen sich Tendenzen, gesellschaftlich negativ konnotierte Verhaltensweisen umzudeuten: Hinsichtlich seiner kriminellen Vergangenheit und seiner Inhaftierung räumt er ein, sich gesetzeswidrig verhalten zu haben. Seine kriminellen Handlungen deutet er als natürliche Nebenwirkungen seiner Drogensucht. Da er diese als logisch und unausweichlich betrachtet, übernimmt er dafür nur bedingt Verantwortung. Zwar erkennt er die Normabweichung seiner Kriminalität an, wertet diese aber, im Vergleich mit sonstigen kriminellen und aus seiner Sicht schwerwiegenderen Alternativen, auf. Er grenzt seine kriminellen Aktivitäten explizit von anderen illegalen Taten ab. Aus seiner Perspektive kann und muss einzelnen Facetten von Kriminalität eine unterschiedliche Bewertung zugesprochen werden. Gesetze oder gesellschaftliche Normen haben eine nachrangige Bedeutung für Herrn Sawatzki, da seine persönliche Intention den Maßstab für seine eigene Bewertung von Verhalten bildet. Den Widerspruch zwischen legalem und illegalem Verhalten sowie zwischen Wahrheit und Lüge balanciert er aus, indem er sein Verhalten für sich plausibel begründet. Eine nachvollziehbare Erklärung hebelt nach Meinung von Herrn Sawatzki das geltende Recht als Handlungsorientierung bzw. Maßstab für Handlungen aus.

7.3.4.3   Wahrgenommene Fremdzuschreibungen

> „Wie jemand, de-, der sein Kind, was weiß ich, das Schlimmste angetan hat, und man weiß, man hat dem Kind [I: Mhm.] nie was getan, wird aber von denen [so] behandelt." (Z. 1665 ff.)

Während Herr Sawatzki und Frau Cebeci davon überzeugt seien, keine (nennenswerten) Fehler begangen und ihrem Kind nie etwas Negatives zugefügt zu haben, seien sie von außen anders be- und verurteilt worden. Ihnen sei vorgeworfen worden, sich als „schlechte Eltern" (Z. 1736) sowohl gefährdend als auch vernachlässigend zu verhalten. In der Folge seien sie wie „Schwerverbrecher" (Z. 1665) behandelt worden.

> „Weil, du gehst echt im Gerichtssaal, du weißt, du hast, äh, äh, bis auf diese, äh, äh, zwei positiven, äh, äh, UKs [Urinkontrollen], die du auch zugegeben hast, dir nix zuschulden kommen lassen, [I: Mhm.] nix, mit deinem Mann. Die sehen an die Berichte etc. ist alles in Ordnung und äh, äh, äh, dann heißt es auf einmal hier, Kind raus, Thema Ende, [I: Mhm.] Sorgerechtsentzug. Du stehst da und denkst dir, (2 Sek.) äh, kann mir mal bitte [jemand] eine klatschen, mich mal wachrütteln, wie, die nehmen mir jetzt das Kind weg?" (Z. 1722 ff.)

Die fehlende Vereinbarkeit ihrer Selbstwahrnehmung mit wahrgenommenen Fremdzuschreibungen habe Frau Cebeci belastet. Sie sei verunsichert gewesen und habe phasenweise den Eindruck gewonnen, nicht in der Realität verhaftet zu sein. Sie habe nicht verstanden, was in dem Prozess vor sich gehe und warum die Sorgen und das Kümmern der Eltern ignoriert worden seien. Die Wahrnehmung des Jugendamtes habe ausschließlich die negativen Aspekte fokussiert, die zwar nicht der Wahrheit entsprochen, aber trotzdem das Bild von ihnen definiert hätten. Sie seien stigmatisiert bzw. abgestempelt worden (vgl. Z. 1641 f., 1700). Diese Erfahrung teile sie mit Herrn Sawatzki. Ihm sei der Stempel einer aggressiven und gewalttätigen Persönlichkeit aufgedrückt worden, den er mittels verschiedener Beispiele eindeutig von sich weist.

> „[I]ch bin kein aggressiver oder gewalttätiger Mensch, [I: Mhm.] aber dem hätte ich echt an die Gurgel gehen können, wirklich." (Z. 783 f.)

Er deutet zwar Situationen an, in denen er gedanklich seiner Selbstcharakterisierung nicht gerecht worden sei, aber in der Realität gelinge es ihm, seine Wünsche zu regulieren und seine Gedanken nicht in Handlungen zu übersetzen: „[I]ch habe mich da zusammengerissen. Ich bin kein gewalttätiger Mensch" (Z. 1804 f.). Er bestätigt, sich über die Abweichung von Fremd- und Selbstwahrnehmung im Klaren zu sein: „Obwohl die Leute immer denken, dass ich aggressiv bin, hm, hm, weil ich so eine laute Stimme habe" (Z. 1806 f.). Er begründet die aus seiner Sicht falsche Fremdwahrnehmung mit seiner Stimmlautstärke, die mit seiner beruflichen Tätigkeit unter Tage zusammenhänge. Dort sei er „ohne Gehörschutz" (Z. 1809) tätig gewesen. In der Folge sei sein Hörvermögen verringert und die Regulation seiner Stimmlautstärke gestört. Von Frau Cebeci sei er bereits mehrfach darauf hingewiesen worden, seine Lautstärke drosseln zu müssen, um keine negative Außenwirkung zu entfalten (vgl. Z. 1809 ff.).

Herr Sawatzki und Frau Cebeci werden mit zahlreichen Zuschreibungen konfrontiert, die nicht mit ihrer Selbstwahrnehmung kompatibel sind. Diese Attribute werden ihnen entweder in der Interaktion direkt mitgeteilt oder indirekt über spezifische Verhaltensweisen der Fachkräfte vermittelt. Die Widersprüche in den Einschätzungen von außen und ihren subjektiven Deutungen nehmen die Eltern wahr. Sie wissen, dass sie nicht den gängigen Normen und Werten entsprechen. Ihre Abweichung werten sie jedoch nicht negativ. Die Fremdzuschreibungen hingegen lösen negative Emotionen aus. Die Eltern sind wütend über die aus ihrer Sicht abwertenden und unpassenden Zuschreibungen. Das Gefühl, von anderen falsch oder nicht verstanden zu werden, wird durch die Fremdzuschreibungen verstärkt. Sie fühlen sich in ihrer Besonderheit und Individualität nicht gesehen und ernst genommen. Darüber hinaus erleben sie bestimmte Attribute als anmaßend und willkürlich.

Herr Sawatzki entwirft das Selbstbild eines kontrollierten und selbstbeherrschten Mannes. Seine aggressiven und gewalttätigen Impulse gewinnen nicht dauerhaft die Oberhand. Stattdessen folgt er seinen definierten Zielen. Er wägt ab, welche Schritte zur Zielerreichung förderlich und hinderlich sind. Seine Entscheidung für oder gegen ein spezifisches Verhalten hängt in erster Linie von seinen persönlichen Interessen und Vorteilen ab; moralischen oder rechtlichen Überlegungen misst er einen untergeordneten Stellenwert bei. Von außen auferlegte Begrenzungen und Zurückweisungen sind für ihn schwer aushaltbar. Die erlebte Einschränkung seiner Autonomie und Deutungshoheit im Umgang mit seinem Sohn führt – entgegen seiner Selbstbeschreibung – zu oppositionellem und tendenziell aggressivem Verhalten.

Die Eltern verteidigen ihre Selbstbilder konsequent gegen die ihnen vermittelten Fremdzuschreibungen. Sie nehmen zwar die Perspektive der Fachkräfte ein, um einen Zugang zu deren Gedanken und Haltungen zu erhalten, aber das Verständnis bedingt nicht die Akzeptanz oder Übernahme der Attribute. Gemeinsam korrigieren sie die Zuschreibungen mit plausiblen Erklärungen für ihr Verhalten. Herr Sawatzki und Frau Cebeci konstruieren alternative Begründungszusammenhänge für ihre Entscheidungen und Handlungen. Während ihnen beispielsweise bei der Entscheidung für den Kindergartenbesuch von außen defizitäre Erziehungskompetenzen und selbstbezogene Motive unterstellt werden, begründen sie ihre Entscheidung damit, dem Wohl des Kindes zu dienen. Spezifische

Einschätzungen ihrer Erziehungskompetenzen werten die Eltern als irrelevant ab und blenden diese Aussagen aus. Als eine präventive Strategie im Umgang mit Fremdzuschreibungen zeigen die Eltern vermeidende Verhaltensweisen. Ihre Sorge vor weiteren (anonymen) Meldungen beim Jugendamt führt zu einer selbst gewählten Einschränkung ihrer Freiheit. Sie wollen sich „unsichtbar machen" und nicht mit weiteren Vorwürfen auseinandersetzen müssen. Um Außenstehenden keine Angriffsfläche zu bieten, begrenzen sie ihren Aktionsradius. Ihr Handeln ist durch das Streben nach Vermeidung weiterer Meldungen motiviert. In der Folge können sie sich nicht frei bewegen. Gleichzeitig ist es ihnen mithilfe der genannten Strategien möglich, ihr Selbstbild aufrechtzuerhalten und keine Korrekturen vornehmen zu müssen.

7.3.4.4 Interaktion mit dem Jugendamt

Vorstellungen, Erfahrungen und Rahmenbedingungen

> „[I]ch bin der Meinung, (.) das Jugendamt hier in Deutschland hat viel zu viel Macht. (.) Ne? [I: Mhm.] Die können einfach ein Kind aus der Familie reißen, (.) ohne überhaupt mal großartig was, ne?" (Z. 462 ff.)

Herr Sawatzki äußert mehrmals seine Überzeugung, dass das Jugendamt mit zu viel Macht ausgestattet sei. Diese Haltung beziehe sich nicht ausschließlich auf die beiden Jugendämter, mit denen er als Vater in Berührung gekommen sei, sondern auf alle Jugendämter in Deutschland. Die Bundesrepublik Deutschland nehme im Vergleich zu anderen Ländern eine Sonderstellung ein.

> „Deutschland ist das einzige (.) Land, wo das Jugendamt so viel Macht hat. (.) Ne? Kein anderes Land hat, äh, hat das Jugendamt so viel Macht über, äh, äh, äh, sein eigen Fleisch und Blut zu sti-, bestimmen wie hier in Deutschland." (Z. 1466 ff.)

Ausschließlich in Deutschland könne die Organisation über Kinder und Jugendliche entscheiden, als ob es sich um leibliche Nachkommen der Behörde handele. Der Europäische Gerichtshof habe nach seinem Kenntnisstand bereits mehrfach die Regierung aufgefordert, diese Situation zu verändern und das Machtverhältnis zu korrigieren (vgl. Z. 1463 ff.).

Die ungleiche Machtverteilung spiegele sich in seinen Beobachtungen und Erfahrungen wider. Für Jugendämter und die dort zuständigen Fachkräfte sei es unproblematisch, Kinder von ihren Familien zu trennen. Jugendämter müssten keine besonderen Anforderungen für diese machtvolle Intervention erfüllen, da die Begründung für eine Herausnahme nachrangig sei. Die Handlungen müssten nicht bzw. selten legitimiert werden. Auch in ihrem Fall sei die Herausnahme ihres Sohnes für die Eltern unbegründet und nicht legitimiert erfolgt.

Sie sei ein Beispiel für die unkritische Ausübung der Machtposition des Jugendamtes (vgl. Z. 1449 f.). Seinen Standpunkt, dass es sich bei den ungleich verteilten Machtverhältnissen nicht ausschließlich um ein Einzelphänomen, sondern um ein deutschlandweites Problem handele, sieht er bestätigt, wenn er medial vermittelte Fälle betrachte (vgl. Z. 709 ff.). Herr Sawatzki sei überrascht darüber, dass die Jugendämter bislang noch nicht mit unangenehmen Reaktionen konfrontiert worden seien (vgl. Z. 1457 f.). Er befürchte, bei unveränderten Rahmenbedingungen, negative Reaktionen (vgl. Z. 1449 ff.). Vor allem in Situationen, in denen das Jugendamt Kinder aus Familien nehme, in denen die Eltern „wirklich nichts gemacht" (Z. 1451) hätten, könne er sich gut vorstellen, dass Betroffene „irgendwann durchdrehen" (Z. 1447). Er habe Verständnis für diese Personen, die – genauso wie er – ohne eigenen Anteil unter der Macht des Jugendamtes leiden müssten (vgl. Z. 1449 ff.).

Ergänzend dazu formuliert er den Vorwurf an Jugendämter und dort tätige Fachkräfte, „keine Verantwortung mehr übernehmen" (Z. 664 f.) zu wollen. Er definiert den medial aufbereiteten Fall Chantal – ein Mädchen, das bei seinen Pflegeeltern Methadon geschluckt habe und daran gestorben sei – als Anlass für die Veränderung. Seitdem habe die Bereitschaft der Fachkräfte, Verantwortung zu übernehmen, abgenommen.

> „Und wie gesagt, äh, äh, die hatten ja keine Handhabe, äh, praktisch den Jungen wegzunehmen. Aber die wollen (.) keine Verantwortung. Keiner im Amt will mal sagen, komm, ich nehm' das auf meine Kappe, wenn was passiert. […] Nein, weil das san-, weil die dann denken, ich krieg die Schuld dann. Ich bin dann Schuld, dass das und das war. [I: Mhm.] So. Und das ist das, seitdem das da in Hamburg passiert ist mit diesem Kind, was bei diesen Pflegeeltern war […] und die Methadon, äh, äh, äh, da […] geschluckt haben, ne?" (Z. 689 ff.)

Die fehlende Verantwortungsübernahme fördere übereilte und inhaltlich unbegründete Handlungen. Herr Sawatzki habe erlebt, dass Fachkräfte ihre Entscheidungen auf Prognosen fußen. Die Angst vor möglichen negativen Entwicklungen oder plötzlich auftretenden Ereignissen, für die die Fachkräfte die Verantwortung zugeschrieben bekommen könnten, sei für sie handlungsleitend. Die Fachkräfte würden befürchten, dass unvorhergesehene Entwicklungen auf sie zurückgeführt werden könnten und sie sich dafür erklären müssten. Die Angst vor Schuldzuweisungen verhindere die Verantwortungsübernahme, eine Zusammenarbeit mit betroffenen Eltern und die Eröffnung von Chancen für die Eltern.

> „Und das war, äh, Jugendamt Münster, ich habe gedacht, die sind schon hart. Aber hier in Castrop-Rauxel, die haben sie ja wirklich nicht alle auf dem Christbaum, was? [I: Mhm.] Ne? Ich habe echt gedacht, in Münster, die haben echt den Vogel

abgeschossen, aber meine, äh (.) andere Lebensgefährtin [Mutter des ersten Sohnes], die war drauf wie Jupp." (Z. 393 ff.)

Hinsichtlich seiner Erfahrungen mit zwei Jugendämtern resümiert Herr Sawatzki, dass er von dem aktuellen Jugendamt enttäuscht sei. Während der Verhandlung um seinen ersten Sohn habe er das damals zuständige Jugendamt als außergewöhnlich streng erlebt. Im Vergleich zu seinen aktuelleren Erfahrungen müsse er diesen Eindruck jedoch korrigieren: Zu dem damaligen Zeitpunkt habe seine ehemalige Lebensgefährtin dem zuständigen Jugendamt einen Anlass geboten, das Kind herauszunehmen. Sie habe den gemeinsamen Sohn mehrfach freiwillig abgegeben (vgl. Z. 395 ff.). Die damals zuständigen Fachkräfte hätten den gemeinsamen Sohn dann dauerhaft herausgenommen, um ihn vor möglichen Gefährdungen im Zusammenleben mit der Mutter zu schützen. Dem aktuellen Jugendamt wiederum fehle jegliche Grundlage für das unnachgiebige und unangemessene Handeln. Mithilfe eines Vergleiches veranschaulicht er die Willkür der Fachkräfte.

„In, in großen Städten wären die niemals auf u-, äh, [I: Mhm.] zu uns hingekommen. Kein Amt [I: Ja.] wäre zu uns hingekommen. [E2: ()] Da haben die ganz andere, äh, ganz andere Sorgen wie so was. Aber hier ist es ein Dorf, hier erzählen sie sich ja schon, wenn, wenn, ähm, drüben einer eingebrochen ist, dann, am nächsten Tag weiß das hier die ganze Siedlung, sage ich jetzt mal, ne. Und am anderen Tag weiß das halb Castrop-Rauxel, ne?" (Z. 1845 ff.)

Das Jugendamt in einer größeren Stadt hätte nicht so einen Aufwand wegen den Meldungen betrieben, da die Vorwürfe im Vergleich zu anderen Problemlagen als belanglos eingeschätzt worden wären. Folglich hätten die Fachkräfte in Großstädten wahrscheinlich keinen Kontakt zu ihnen aufgebaut. Sie müssten sich mit schwierigeren Themen auseinandersetzen.

Jugendamt als Akteur

Die Aussagen und Handlungen des Jugendamtes seien für die Eltern in unterschiedlichen Situationen nicht durchgängig stimmig gewesen. Ihr Erleben von widersprüchlichen und intransparenten Vorgehensweisen habe sich seit Eingang der Meldungen nach ihren Rückfällen verstärkt. Das fachliche Handeln sei für sie im weiteren Verlauf irritierend und unverständlich gewesen. Sie nennen unterschiedliche Vorwürfe gegenüber dem Jugendamt und der zuständigen Fachkraft.

Im Allgemeinen kritisieren Herr Sawatzki und Frau Cebeci den fachlichen Umgang mit den aufeinanderfolgenden Meldungen und die daraus resultierenden unverhältnismäßigen Folgen für sie als Eltern.

„Da ruft da irgend so ein Idiot anonym an, da kommen die hier sofort angerannt und machen hier (Hundelärm) [E2: Hey, Feierabend jetzt!] ein Trara. (.) Ne, als ob, äh, die, äh, wir das Kind misshandeln würden, dem, äh, nichts zu essen geben würden oder dem hier, äh, äh, Drogen verabreichen würden, ne, oder so, ne, um den ruhigzustellen oder was, was auch immer die denken, ne, äh, was, was, was [E2: Vor allen Dingen, äh, man hat, äh...] wir mit dem Kind machen." (Z. 298 ff.)

Den anonymen Meldungen sei zu viel Beachtung geschenkt worden, die sich in den Aktionen der Fachkräfte widergespiegelt habe. Seine Einschätzung begründet Herr Sawatzki mit dem Tempo der Reaktionen („sofort angerannt") und der fehlenden Verhältnismäßigkeit der Handlungsschritte (vgl. Z. 1090). Die Meldungen hätten die Aufmerksamkeit nicht verdient, da sie absurd gewesen seien. Der meldenden Person sei mehr geglaubt worden als ihnen (vgl. Z. 608, 1117 f.). Die Aufwertung anonymer Meldungen bei gleichzeitiger Abwertung zuvor nachgewiesener Erziehungskompetenzen und positiver Rückmeldungen sei für beide Elternteile unverständlich (vgl. Z. 64 f., 600).

„Die kriegen 'n anonymen Anruf, (2 Sek.) klar, okay, die gucken, haben geguckt und, äh, alles in Ordnung. Und dann gehen sie trotzdem auf den nächsten, gehen sie trotzdem wieder ein [I: Mhm.]. Da hab ich denen, äh, auch zu denen gesagt, ich sag, passen Sie mal auf, wenn Sie einen anonymen Anruf kriegen, dann können Sie doch erst mal Dingens und uns fragen, hm, ist da was Wahres dran (Klopfen auf Holz). [I: Mhm.] Kommt vorbei [I: Genau.] und fragt, ist da [I: Ja, klar.] was Wahres dran, äh, Dingens. (.) Und dann können wir sagen, ja, okay, da Dingens, aber nicht, (.) als ob wir den Kleinen in Scheiße hier kriechen lassen, äh, äh, würden, weil wir hier dicht in der Ecke liegen, sag ich." (Z. 717 ff.)

Die Eltern hätten das Jugendamt als wenig kompromissbereit und kooperativ erlebt. Beispielsweise sei ihre Idee, Mats vorübergehend in den Haushalt der Eltern väterlicherseits unterzubringen, abgelehnt worden (vgl. Z. 690 ff., 1270 ff., 1096 ff.). Die zuständige Fachkraft sei nach der zweiten Meldung nicht mehr zu einem Gespräch mit ihnen bereit gewesen. Herr Sawatzki habe kein Verständnis für die fehlende Auseinandersetzung mit ihnen als Eltern und für den offensichtlichen Einstellungswandel der Fachkraft. Auf Vorschläge habe sie unflexibel reagiert und auf die Wünsche der Eltern habe sie sich nicht eingelassen (vgl. Z. 635 f.).

„Hätten sie jetzt z. B. angenommen, die wären hier gewesen, hätten mit uns das Gespräch gesucht, ja? Und wir wären wieder rückfällig, wieder rückfällig, also sagen wir jetzt mal die hätten uns jetzt eine Chance gegeben, und wir wären, und sie hätten gesagt, hören Sie zu, sehen Sie das als Warnschuss, wir kommen jetzt jeden Tag, und wir wären danach noch mal positiv oder zweimal gewesen, und die hätten das dann dem Familiengericht gemeldet, dann hätte ich es vielleicht noch nachvollziehen können. Hätte ich gesagt, (.) okay, die haben uns vorgewarnt, die haben uns eine Chance gegeben." (Z. 637 ff.)

Frau Cebeci kritisiert, als Mutter keine Chance erhalten zu haben. Die Handlungsweisen des Jugendamtes seien nicht angemessen, sondern willkürlich. Ihr hätten Hinweise auf konkrete Folgen ihres Verhaltens gefehlt. Sie hätte sich Auflagen gewünscht, um sich als Mutter beweisen zu können.

Das Verhalten der zuständigen Fachkraft zwischen dem Zeitpunkt der Anrufung des Familiengerichts und der Durchführung der Anhörung sei ebenfalls irritierend. Für beide Elternteile sei nicht einleuchtend, warum das Jugendamt die mögliche Gefährdung von Mats während der Anhörung als so massiv eingeschätzt habe, obwohl sich niemand in den Tagen zuvor ein eigenständiges Bild gemacht habe. In dieser Zeit sei „keiner vom Jugendamt" (Z. 152) bei ihnen gewesen. Die Fachkräfte hätten den Eltern offensichtlich zugetraut, das Wohl des Kindes zu gewährleisten (vgl. Z. 153 ff., 162 ff.). Im Widerspruch dazu stehe das Verhalten während der Verhandlung. Die fachliche Befürchtung, dass der Junge plötzlich von seinen Eltern verwahrlost werden könnte, werde von Frau Cebeci infrage gestellt: „[D]as […] [passt] von vorn bis hinten nicht [zusammen], was die begründet haben. […] Das ist, die haben das Kind […] ohne Grund rausgerissen […], ohne Grund in dem Sinne" (Z. 653 ff.). Angesichts der erfolgreich beendeten Familienhilfe seien sie davon überzeugt, dass das Jugendamt jederzeit gewusst habe, dass sie als Eltern die Verantwortung für ihren Sohn übernehmen können (vgl. Z. 600 f.).

„Alle Nase lang haben wir jemand Neues hier vom Jugendamt gesagt. Der eine sagt, hier riecht es nach Kräutern, hat er den Anderen erzählt." (Z. 671 f.)

Seit Beginn ihrer Kontaktaufnahme mit dem Jugendamt hätten sie fortwährend unterschiedliche Fachkräfte erlebt. Zu Beginn der unangekündigten und angekündigten Hausbesuche durch das Jugendamt sei „fast jede Woche oder alle zwei Wochen immer eine Neue dabei" (Z. 1323 f.) gewesen. Als Eltern hätten sie sich zwangsläufig und wiederkehrend auf neue Fachkräfte einstellen müssen. Mit der für die Anrufung des Familiengerichts zuständigen Fachkraft seien sie aus unterschiedlichen Gründen besonders unzufrieden gewesen. Ihr Wissen über mögliche Auswirkungen einer Drogensucht sei unzureichend.

„[E2: Vor allem […] die wir da hatten, die hatte ja keine Ahnung davon, die kennt das nur alles aus Film und Fernsehen.] Ja, hier von, hier, Trai-, [E2: Das ist die.] Trainspotting, so-, so was hat die uns da erzählt." (Z. 627 ff.)

Frau Cebeci vermutet, dass die ehemalige Fachkraft ihr Wissen aus einem Film habe. Ihre fachlichen Vorstellungen hätten keinen Bezug zu ihrer familiären

Lebenswelt aufgewiesen. Auch seien Herr Sawatzki und Frau Cebeci enttäuscht von der Vorgehensweise der Fachkraft auf die Meldung hin (vgl. Z. 630 ff.). Sie habe versäumt, die Meldung der Ärztin gemeinsam mit ihnen zu klären. Zwar habe die Fachkraft sich auf Nachfrage bei Frau Cebeci entschuldigt, aber ihr Verhalten mit den verbindlichen Dienstanweisungen und Vorgaben innerhalb des Jugendamtes gerechtfertigt: „[S]ie hat direkt zu mir gesagt, ja, tut mir leid Frau Cebeci, wir müssen das direkt dem Familiengericht melden" (Z. 633 f.). Die Eltern kritisieren ebenso die fehlende Berufserfahrung sowie das Alter der ehemals zuständigen Fachkraft.

> „Wie sie schon sagte, die [...] war ziemlich neu. [E2: Ja. Eben.] Vom Sozialen Dienst beim Jugendamt, [I: Mhm.] [E2: Ja.] äh, äh, äh, also ich bin 46, ne, äh, wenn sie, [E2: Die war höchstens mal 30.] (.) wenn sie drei-, äh, 30 war, [E2: Ja.] sag ich mal, war das schon, äh, äh, äh, war die, äh, hab ich die schon hoch geschätzt. Die ist jetzt in, äh, Gott sei Dank, äh, äh, äh, in [E2: Mutterschaft.] Mutterschaft [E2: Ja.] gegangen." (Z. 665 ff.)

Diese vermeintlichen Defizite hätten ihren Respekt für die Fachkraft geschmälert. Folglich seien sie erleichtert über den weiteren Zuständigkeitswechsel.

> „Und jetzt haben wir (2 Sek.) Gott sei Dank eine Vernünftige, äh, äh, äh, gekriegt, mal, ne, äh, die, die ist wohl neu da." (Z. 669 f.)

Mit der neu zuständigen Fachkraft seien sie zufrieden. Sie erwecke einen kompetenten Eindruck, obwohl sie noch nicht so lange bei dem Jugendamt aktiv sei. Sie seien glücklich über die Information, langfristig von ihr begleitet zu werden (vgl. Z. 1317 f.).

Erklärungen für das fachliche Handeln

Laut Aussage von Herrn Sawatzki und Frau Cebeci „muss irgendwas anderes dahinterstecken" (Z. 1130). Für die Herausnahme ihres Sohnes ziehen sie subjektive Erklärungen heran: Dem Jugendamt sei es in der Situation nicht um sie als Eltern oder um ihre Kompetenzen als Erziehungsberechtigte gegangen, sondern Mats sei in den Fokus der Aufmerksamkeit gerückt. Die Fachkräfte hätten „unbedingt unser Kind da haben [wollen] [...]. Aus welchem Grund auch immer" (Z. 189). Der Vorwurf einer Kindeswohlgefährdung sei zwar eine nahe liegende Erklärung, aber nicht die vorrangige Ursache für das Verhalten des Jugendamtes: „[D]as ging nicht nur um das Wohl des Kindes. Das kann ich sagen. Weil die haben gegen das Wohl des Kindes gehandelt" (Z. 1092 ff.). Die Vorgehensweise könne nicht mit der Abwendung einer möglichen Kindeswohlgefährdung begründet werden.

Sie erklären, unterschiedliche Gründe heranzuziehen, um das Anliegen der Fachkräfte, ausgerechnet ihren Sohn aus der Familie zu nehmen, in Ansätzen begreifen zu können (vgl. Z. 1133 f.). Die finanzielle Vergütung biete einen Erklärungsansatz für die Vermittlung in eine Pflegefamilie: „Wir haben auch schon gesagt, ob da Geld geflossen ist, ob da irgendein Paar war, das unbedingt ein Kind wollte oder so" (Z. 1134 f.). Sie vermuten eine enge Kooperation zwischen dem Jugendamt und Paaren mit unerfülltem Kinderwunsch. Für sie sei vorstellbar, dass die zuständige Fachkraft einen finanziellen Anreiz im Sinne einer Provision von betroffenen Paaren erhalte: „[I]ch habe manchmal das Gefühl, die, äh, äh, äh, die haben Leute, äh, die unbedingt ein Kind haben wollen, (Hund bellt) dass die dafür Geld" (Z. 189 ff.) bezahlen. Da ihnen auch Familien bekannt seien, in denen das Jugendamt kein erhöhtes Interesse daran zeige, Kinder aus der Familie zu nehmen, seien sie davon überzeugt, dass weitere Aspekte das Interesse an einer Herausnahme beeinflussen (vgl. Z. 191 ff., 201, 495 f.). Neben finanziellen Anreizen seien Charakteristika des Kindes bedeutsam (vgl. Z. 198 f.). Frau Cebeci habe erfahren, dass das Alter das Ausmaß des Interesses an einem Kind beeinflusse.

> „Ab einem gewissen Alter, weiß ich, haben die kein Interesse nicht mehr, […] äh, äh, äh, mehr an den Kindern, weil es dann, äh, äh, äh, das in ein Heim muss, das kostet, äh, äh, äh, ja dann nur Geld, da kann ja keiner mehr daran, -aran, -aran, etwas verdienen." (Z. 496 ff.)

Kinder könnten nur in einem bestimmten Alter gut in eine Pflegefamilie vermittelt werden. Wenn die Kinder ein gewisses Alter überschritten hätten, sinke der finanzielle Anreiz für die Fachkräfte. Mit zunehmendem Alter sei eine Herausnahme folglich nicht mehr lukrativ, da die dann unausweichliche Heimerziehung finanzielle Einbußen bedinge. Demzufolge seien insbesondere jüngere Kinder davon bedroht, aus der Familie herausgenommen zu werden. Allerdings greife das Alter als Erklärung ebenfalls zu kurz, da sie Familien kennen würden, „die auch kleine Kinder haben und da habe […] [das Jugendamt] kein Interesse dran, komischerweise. Da lassen […] [die Fachkräfte] das so laufen" (Z. 192 f.). Diese Beobachtung könne nicht mit dem Wissen von Frau Cebeci erklärt werden. Der Entwicklungsstand und das Auftreten eines Kindes seien ebenso von Bedeutung für das fachliche Handeln (vgl. Z. 1864 f.). Herr Sawatzki formuliert den Verdacht, dass das Jugendamt eine Auswahl an Kindern treffe. Die Fachkräfte würden entscheiden, welches Kind den Ansprüchen genüge, um durch die Vermittlung in eine Pflegefamilie einen finanziellen Profit zu ermöglichen. Die Fachkräfte hätten kein Interesse an Kindern, die „dull" (Z. 196) oder „unterentwickelt" (Z. 199) seien. Mats sei ausgewählt worden, weil er ein „aufgewecktes Kerlchen" (Z. 202) sei.

„Wir haben uns selbst um alles gekümmert." (Z. 1075)

Herr Sawatzki beteuert mit Zustimmung von Frau Cebeci mehrmals, dass sie sich als Eltern selbstständig und eigeninitiativ um alles gekümmert hätten (vgl. Z. 1076 f., 1113 f.). Der Begriff „alles" bezieht sich auf die Inanspruchnahme des Projektes „Beginn mit Hindernissen", die Kontaktaufnahme zum Jugendamt sowie die Einleitung einer Familienhilfe (vgl. Z. 1076 ff.). Sie hätten die Informationen über Unterstützungsmöglichkeiten nicht initiativ eingefordert, da sie kein Interesse an Hilfe gehabt hätten. Die Hinweise seien vielmehr von außen an sie herangetragen worden.

Während der Schwangerschaft hätten die Eltern gegenüber der Frauenärztin den Wunsch geäußert, das Jugendamt „gerne raushalten" (Z. 1073) zu wollen. Ihrem Anliegen habe die Frauenärztin jedoch nicht entsprochen, da die Einschaltung des Jugendamtes für die verantwortliche Ärztin unvermeidlich gewesen sei (vgl. Z. 1071 ff.). Seine persönlichen Erfahrungen mit einer Herausnahme in der Vergangenheit habe die Motivation von Herrn Sawatzki befördert, den Kontakt mit dem Jugendamt aktiv zu gestalten. Beide Elternteile seien sich darüber im Klaren, „dass die ratzfatz, äh, äh, […] einem das Kind abnehmen" (Z. 1077 f.) können. Die Furcht vor einer Herausnahme und das Wissen über den Einfluss von Fachkräften des Jugendamtes auf den Verbleib des Kindes hätten ihn ermutigt, sich kooperativ zu verhalten. Er habe die Gefahr einer möglichen Herausnahme reduzieren wollen.

Die Frauenärztin habe Frau Cebeci während der Schwangerschaft über das Projekt „Beginn mit Hindernissen" informiert. Daraufhin habe die Mutter eigenständig den Kontakt zu Fachkräften des Projektes hergestellt. Im Laufe der Zusammenarbeit hätten die Fachkräfte Herrn Sawatzki und Frau Cebeci über weitergehende Hilfen informiert und den Kontakt zum Jugendamt vermittelt. Sie hätten die Familienhilfe nicht aktiv eingefordert, sondern dem fachlichen Vorschlag zugestimmt (vgl. Z. 1084 ff.). Beide hätten sich einverstanden erklärt, obwohl sie für sich keinen unmittelbaren Nutzen erkannt hätten. Aus der Perspektive von Frau Cebeci sei die Familienhilfe vom Jugendamt geschickt worden, um sich einen Eindruck von dem häuslichen Umfeld zu machen (vgl. Z. 1766 ff., 1929 f.). Von beiden wird nicht explizit der Anlass für die unangekündigten Besuche benannt. Unmittelbar nach dem Start hätten die Eltern sich bereits die Beendigung der Familienhilfe gewünscht (vgl. Z. 18).

„Und dann hatten wir auch diese Familienhilfe hier [I: Mhm.] und die wollten wir, dass die eingestellt wird." (Z. 17 f.)

Im Verlauf der ersten Familienhilfe seien die Eltern bemüht gewesen, die Erwartungen zu erfüllen, um ihr Ziel, die Hilfebeendigung, zu erreichen. Sie hätten „alles gemacht, was, was die [Fachkräfte] wollten" (Z. 605), sämtliche Vereinbarungen eingehalten und sich nichts zuschulden kommen lassen, um den Fachkräften grundsätzlich keinen Anlass für Unzufriedenheit oder Kritik zu geben. Frau Cebeci ergänzt, alle erforderlichen Untersuchungen für ihren Sohn wahrgenommen und die Empfehlungen umgesetzt zu haben (vgl. Z. 604 f.). Allerdings deutet Herr Sawatzki an, dass sie spezifische Untersuchungen ausschließlich vollzogen hätten, um keine Nachteile zu erfahren und die äußeren Anforderungen zu erfüllen: Damals „haben wir das wegen denen gemacht, aber jetzt machen wir das von uns aus" (Z. 1957 f.). Erst später hätten sie den Sinn erkennen und die unter Zwang begonnene Aufgabe freiwillig fortsetzen können.

Sie hätten sich als Eltern fehlerfrei und vorbildlich verhalten, sodass die Rückmeldungen ausnahmslos positiv gewesen seien: „Alle Berichte [I: Genau.] waren immer top [E1: Immer positiv.] in Ordnung" (Z. 1143). Es habe keinen Anlass für Kritik oder Hinweise auf notwendige Veränderungen gegeben. Der Wohnungszustand sei stets in Ordnung gewesen (vgl. Z. 1146 ff.). Auch hätten die Fachkräfte die Eltern niemals unter Drogeneinfluss im häuslichen Kontext angetroffen (vgl. Z. 1143 f.). Die Familienhelferin habe nach ca. einem halben Jahr geäußert, dass es keine Anlässe für eine Fortsetzung gebe und die Beendigung angezeigt sei. Da alle Beteiligen mit der Situation zufrieden gewesen seien, sei dem Wunsch der Eltern entsprochen und die Familienhilfe beendet worden (vgl. Z. 19, 605 ff., 1115 ff.).

Die Basis für den positiven Verlauf habe ihre Offenheit und Kooperationsbereitschaft gebildet: „Die Türen standen immer offen" (Z. 1145). Da sie in ihrer Wahrnehmung „alles freiwillig gemacht" (Z. 1916) hätten, seien sie umso irritierter gewesen, als ihnen im Nachhinein vom Jugendamt unterstellt worden sei, die Hilfe nicht angenommen zu haben (vgl. Z. 1916 ff.). Diesen Vorwurf habe Herr Sawatzki als „kackendreist" (Z. 1916) empfunden. Frau Cebeci könne diese Anschuldigung ebenfalls nicht verstehen. Sie räumt ein, dass die Situation zwischen dem Jugendamt und ihnen seit der Anrufung des Familiengerichts verständlicherweise gereizt gewesen sei (vgl. Z. 1926 ff.). Diese Spannung habe sich jedoch nicht in einer fehlenden Kooperationsbereitschaft oder mangelnden Hilfeakzeptanz niedergeschlagen. Sie seien „trotzdem weiterhin immer offen für die" (Z. 1929) Fachkräfte gewesen. Sie wiederholt, alle Termine wahrgenommen und den Fachkräften immer Zutritt zur Wohnung ermöglicht zu haben. Deshalb sei dieser Vorwurf nicht haltbar (vgl. Z. 1919 f.).

„Dann sag ich, was fragen sie denn, was unsere Ziele sind? Dass alles eingestellt wird und wir vor euch Ruhe haben." (Z. 1524 ff.)

Seit jeher seien die Hilfebeendigung und die Ruhe vor dem Jugendamt die offen formulierten Ziele der Eltern. Zwar sei es Herrn Sawatzki und Frau Cebeci inzwischen gelungen, vor dem Jugendamt Ruhe zu haben (vgl. Z 1478), aber die Familienhilfe begleite sie anhaltend: „[D]ie vom Jugendamt [...] geben jetzt mittlerweile, äh, äh, da Ruhe, die kommen nur noch zum Hilfeplangespräch, aber wir haben eine Familienhilfe" (Z. 262 ff.). Grundsätzlich würde Herr Sawatzki lieber auf die Familienhilfe verzichten, dennoch sei seine Akzeptanz der Hilfe momentan höher, da er die Fachkraft im direkten Vergleich mit der damals eingesetzten Fachkraft als vernünftiger einschätze. Die aktuelle Fachkraft habe bereits über zwei Jahrzehnte Berufserfahrung. Deshalb formuliert er, dass „die wenigstens äh, äh, äh, ein bisschen Ahnung" (vgl. Z. 339) habe. Er erlebe die Fachkraft als „fähig" (Z. 341), könne die „Hilfe annehmen" (Z. 340) und die Begleitung zulassen, z. B. habe die Familienhilfe die Eltern zu der Frühförderung begleiten dürfen (vgl. Z. 341).

Die Interaktion mit dem Jugendamt wurde von außen initiiert und ist durch eine klare Haltung der Eltern gegenüber der Organisation geprägt. Herr Sawatzki und Frau Cebeci stehen dem Jugendamt seit Beginn mehr oder weniger offensichtlich ablehnend gegenüber. Die Eltern zweifeln an der Glaubwürdigkeit der Fachkräfte, vertrauen ihnen nicht und können zahlreiche professionelle Handlungen nicht verstehen. Während der gesamten Zeit gelingt es den Beteiligten nicht, die elterlichen Zweifel miteinander zu klären, das Misstrauen ab- und eine vertrauensvolle Arbeitsbeziehung aufzubauen.

Die Interaktion zeichnet sich durch konträre Sichtweisen auf die Situation aus, die wiederum auf unterschiedliche Relevanzsysteme der Beteiligten verweisen. Die von den Eltern geäußerten Vorurteile über das Jugendamt sowie die ihnen vermittelten fachlichen Vorstellungen von ihnen als Eltern beeinträchtigen die Interaktion. Offensichtlich werden sie von den Fachkräften auf ihre Drogensucht reduziert und entpuppen sich in diesem Zusammenhang fälschlicherweise als Repräsentant und Repräsentantin medial inszenierter Vorstellungen. Solch eine verzerrte Wahrnehmung erschwert aus ihrer Sicht den ganzheitlichen Blick auf sie als Personen und die Besonderheiten der familiären Situation. Der professionell einseitige und defizitorientierte Blick auf sie als „Süchtige" und „sozial Schwächere" ist für die Eltern inakzeptabel und ein Beispiel für die verzerrte und unvollständige Wahrnehmung des Jugendamtes. Zudem haben die Fachkräfte aus ihrer Sicht einen defizitären Wissensstand über Auswirkungen von Drogenkonsum und fehlende Erfahrungen im Umgang mit Drogensüchtigen. Herr Sa-

watzki und Frau Cebeci fühlen sich diesbezüglich den Fachkräften überlegen. Basierend auf ihrer Einschätzung nehmen die Eltern die Beurteilungen der Professionellen nicht ernst.

Die Eltern erleben das Jugendamt und die erste Familienhilfe nicht als Unterstützung, sondern als zusätzliche Belastung. Ihre Wahrnehmung konzentriert sich auf die Gefahren, die von dem Jugendamt und der Familienhilfe ausgehen. Die fokussierte und reduzierte Wahrnehmung der Eltern birgt das Risiko, bestimmte Handlungen und Potenziale des Jugendamtes zu übersehen.

Im Kontext der Herausnahme von Kindern registrieren Herr Sawatzki und Frau Cebeci zwei auf den ersten Blick widersprüchlich erscheinende Reaktionsmuster aufseiten der Behörde: Einerseits reagiert das Jugendamt nicht, obwohl eine Intervention notwendig ist. Andererseits nimmt das Jugendamt zu viele Kinder unbegründet aus Familien. Aus ihrer Sicht entscheidet die soziale Stellung von Familien darüber, in welche Richtung das Jugendamt pendelt: Bei sozial schwachen Familien reagieren die Fachkräfte nicht auf real bestehende Gefährdungen, sondern handeln auf Verdacht. Ihre besondere Machtposition gegenüber Eltern erleichtert dieses Vorgehen. Das professionelle Ziel, sämtliche Gefahren präventiv zu vermeiden, spiegelt sich in unverhältnismäßigen Eingriffen wider. Sozial schwachen Eltern wird vermeintlich keine Chance auf Veränderung eröffnet. Ihre elterlichen Einschätzungen des Handelns des Jugendamtes finden in den persönlichen Erfahrungen der Eltern ihre Bestätigung. Das Jugendamt hat die Herausnahme ihres Sohnes aus ihrer Sicht nicht mit einer realen Gefahr begründet, sondern mit der Möglichkeit eines weiteren Rückfalls. Da Herr Sawatzki und Frau Cebeci in ihrer Wahrnehmung ihr Kind nie gefährdet haben, fühlen sie sich ungerecht behandelt: Die Intervention ist für sie unverständlich und trifft die falschen Personen. Sie fühlen sich vom Jugendamt grundlos schikaniert. Die Herausnahme ihres Kindes repräsentiert eine Selffulfilling Prophecy, da sich ihre Befürchtung, die seit der ersten Kontaktaufnahme wirkt, bestätigt.

In der Interaktion mit dem Jugendamt verhalten sich die Eltern nicht durchgängig kongruent. Sie richten ihr Verhalten an den Erwartungen des Gegenübers aus. Dabei orientieren sie sich an sozial erwünschten Verhaltensweisen. Zwischen dem nach außen dargebotenen Verhalten und den inneren Emotionen und Haltungen erleben sie eine Spannung. Dieses Spannungsfeld balanciert insbesondere Herr Sawatzki aus, indem er seine Emotionen reguliert und seine von außen wahrnehmbaren Verhaltensweisen und Äußerungen steuert. Er ordnet seine Gefühle und Einstellungen seinen Zielen unter. Herr Sawatzki stellt sich als rationalen, pragmatischen und überwiegend kontrollierten Menschen dar. Seine aggressiven Impulse beherrscht er in weiten Teilen. Er ist sich dessen bewusst, dass seine impulsiven Verhaltensweisen häufig negative Auswirkungen haben. Deshalb tendiert er zu angepasstem Verhalten, das positive Effekte auf den weiteren Verlauf hervorbringt. Eine Ausnahme bilden Situationen, die ihm entgleiten und in denen er keine Kontrolle und Entscheidungsbefugnisse hat. In solchen

Situationen reagiert er impulsiv. Die Kindesentführung veranschaulicht exemplarisch seine Impulsivität: Nach der ersten Anhörung hat er sein Kind nicht direkt herausgegeben – trotz des familiengerichtlichen Beschlusses.

Da die Eltern keine Anlässe für die Herausnahme in ihrem Verhalten wahrnehmen, schreiben sie die Verantwortung dem Jugendamt zu und unterstellen der Organisation, grundlos ihr Kind an sich zu nehmen. Bis heute ist für beide Elternteile unklar, welche Motive das Handeln der Fachkräfte des Jugendamtes gelenkt haben. Die professionellen Gedanken bilden eine „Black Box".

7.3.4.5 Akteure und Zusammenarbeit im familiengerichtlichen Verfahren

Jugendamt

Das Jugendamt ist in dem Erleben der Eltern omnipräsent: Die Behörde habe das Verfahren angestrebt und die Herausnahme letztendlich zu verantworten. Herr Sawatzki zweifle an der Glaubwürdigkeit bestimmter Aussagen während des familiengerichtlichen Verfahrens. Exemplarisch benennt er die Situation während der ersten Anhörung, in der anwesende Fachkräfte des Jugendamtes ihre Furcht vor ihm geäußert hätten.

> „Das Jugendamt hat dann gesagt, äh, die hätten so eine Angst vor mir, ich habe 13 Jahre in Haft gesessen. Ne, äh, äh, äh, haben sie das so ausgelegt." (Z. 73 ff.)

Die Anwesenheit der Polizei sei aus Sicht der beteiligten Fachkräfte notwendig gewesen, um die von ihnen wahrgenommene Bedrohung reduzieren und Sicherheit herstellen zu können. Die Angst habe sich jedoch in den Augen von Herrn Sawatzki ausschließlich darauf bezogen, dass seine Reaktion auf die geplante Trennung von seinem Sohn nicht kalkulierbar gewesen sei. Um ihr Vorhaben ungestört durchführen zu können, hätten die Fachkräfte sich absichern wollen (vgl. Z. 75).

Im weiteren Verlauf des familiengerichtlichen Verfahrens hätten die Fachkräfte des Jugendamtes relativ schnell registriert, „mit der Drogengeschichte" (Z. 123) nicht ihr Ziel erreichen zu können. Dementsprechend hätten sie, so die Meinung der Eltern, ihre fachliche (Handlungs-)Strategie angepasst und ein Erziehungsgutachten angestrebt (vgl. Z. 121). Sie seien nicht bereit gewesen, aufzugeben (vgl. Z. 1785 f.). Um ihre Interessen durchzusetzen, hätten sie versucht, die schwindenden Erfolgsaussichten mit neuen Beschuldigungen zu erhöhen. Die Fachkräfte hätten akribisch nach Aspekten geforscht, die gegen die Eltern verwendet werden könnten (vgl. Z. 1923 ff.). Frau Cebeci habe bis heute das Gefühl, dass die Fachkräfte nach Gründen suchen, um den Verdacht einer möglichen Kindeswohlgefährdung bestätigen und „das Kind wieder rausnehmen" (Z. 1934 f.) zu können (vgl. Z. 1933 ff.). Herr Sawatzki wertet die unterschiedlichen Behauptungen als Versuch, die Eltern in einem schlechten Licht erscheinen zu lassen und die eigene Position zu stärken.

> „[Die] haben gesehen […], dass ihre Felle davonschwimmen, und haben immer was Neues gesucht, immer was Neues gesucht. [I: Mhm.] Ne? Und, äh, sie ko-, konnten, haben aber nichts gefunden." (Z. 1922 ff.)

Erst spät hätten die Fachkräfte registriert, dass ihre Chancen anhaltend abnehmen und sie am Ende „ja gar keine Möglichkeit mehr" (Z. 1548 f.) gehabt hätten, die Familienrichterin von ihrer Haltung zu überzeugen.

> „[D]ie haben es sogar noch bei der letzten Verhandlung noch mal versucht, noch mal so eine, äh, äh, äh, dass die Richterin, äh, äh, sich noch mal umstimmen lässt, dass sie den Jungen, [E2: Ja.] [I:()] äh, äh, äh, Dingens. Das haben sie noch mal versucht. Aber die hatten keine Chance mehr." (Z. 1313 ff.)

Das Scheitern des Jugendamtes vor dem Familiengericht habe zu einem Zuständigkeitswechsel geführt.

> „Und wie gesagt, und die, die das versucht haben, die sind auch nicht mehr jetzt, die kommen auch nicht mehr hier hin dann. Darum haben sie uns jetzt eine Neue, äh, äh, äh, [E2: Ja.] gegeben [I: Vom Jugendamt jetzt?], weil die hätte ich auch nicht mehr hier reingelassen [E2: Ja.]." (Z. 1316 ff.)

Dieser Schritt sei aus Sicht von Herrn Sawatzki notwendig gewesen, da die Basis für eine gute Zusammenarbeit nicht länger vorhanden gewesen sei. Wenn das Jugendamt nicht initiativ die Zuständigkeit verändert hätte, hätte Herr Sawatzki sich erstmalig geweigert, die bisher zuständigen Personen in seine Wohnung hereinzulassen.

Ärztin

Die Ärztin von Frau Cebeci nehme für den Beginn des familiengerichtlichen Prozesses ebenfalls einen hohen Stellenwert ein. Mit ihrer Meldung habe sie die Anrufung des Familiengerichts maßgeblich herbeigeführt (vgl. Z. 22 f.).

> „Die hat ihre Schweigepflicht gebrochen, […] hat sie die Schweigepflicht […] gebrochen, und das mehrfach." (Z. 24 ff.)

Herr Sawatzki erläutert, dass die Ärztin ihre Schweigepflicht mehrfach ignoriert und das Jugendamt nachweislich ohne das Wissen der Eltern über die positive Urinprobe informiert habe (vgl. Z. 45 ff., 57 f.). Frau Cebeci habe ihre Ärztin ausschließlich für die Zeit der Inanspruchnahme der Familienhilfe von der

Schweigepflicht entbunden. Mit Beendigung der Maßnahme habe sie „diese Schweigepflichtentbindung zurückgezogen" (Z. 1153 f.). Daher sei die Kontaktaufnahme der Ärztin zum Jugendamt nicht rechtens gewesen. Herr Sawatzki ergänzt, dass sie im Nachhinein erfahren hätten, dass es zwischen der Fachkraft und der Ärztin eine für die Eltern damals nicht offen kommunizierte Absprache gegeben habe, dass die Ärztin sich unmittelbar an das Jugendamt wende, wenn sie nach Abschluss der Hilfe eine Auffälligkeit bei der Mutter wahrnehme (vgl. Z. 1120 ff., 1156). Diese von dem Vater als „Deal" (Z. 1121) bezeichnete Vereinbarung erzeuge Wut bei ihm. Diese „heimlich[e]" (Z. 1131) Verabredung sei nicht zulässig und erfordere streng genommen eine Anzeige. Allerdings fühle er sich momentan nicht dazu in der Lage, er sei „zu müde" (Z. 1124).

Vormund

Im Zuge der ersten Anhörung sei eine Vormundschaft eingerichtet worden. Der Vormund habe als erste Amtshandlung die Anzeige wegen Kindesentführung gegen sie als Eltern erstattet. Die Eltern schreiben ausschließlich dem Vormund die Verantwortung für die Anzeige zu, die für Herrn Sawatzki bis heute unverständlich sei, da der Tatbestand einer Kindesentführung nie vorgelegen habe (vgl. Z. 216 ff.). Folgerichtig seien sie als Eltern nicht verurteilt worden: „[D]a haben wir nichts für gekriegt, weil das ja praktisch keine Kindesentführung war" (Z. 1242 f.). Herr Sawatzki bezeichnet die Anzeige als absurd und „lächerlich" (Z. 1243).

Neben der eindeutigen Abgrenzung des Vormunds durch die Anzeige hätten sie eine enge Zusammenarbeit zwischen Vormund und Fachkräften des Jugendamtes erlebt. Beispielhaft schildert Herr Sawatzki die Erfahrung, dass Vermutungen der zuständigen Fachkräfte unmittelbar an den Vormund weitergetragen worden seien (vgl. Z. 673 f.). Anstatt Herrn Sawatzki und Frau Cebeci als Eltern mit den Vorwürfen zu konfrontieren oder gemeinsam mit ihnen Lösungen zu erarbeiten, sei der Vormund kontaktiert worden. Während der Austausch zwischen Fachkraft des Jugendamtes und Vormund eng gewesen sei, seien sie als Eltern nicht beteiligt worden. Übereinstimmend hätten die staatlichen Akteure ähnliche Anforderungen an die Familie herangetragen. Nach der Rückführung seien sie in der Kooperation weiterhin vor allem daran interessiert, Gründe zu finden, um eine weitere Herausnahme durchsetzen zu können (vgl. Z. 1930 ff.).

Verfahrensbeistand

„Und dann sage ich: Hören Sie mal, wer sind Sie überhaupt, habe ich den dann gefragt, ne. [I: Ja.] [E2: Ja.] Ja, und dann sagten die zu mir, das wäre der Verfahrensbeistand. Ich sage, wieso, ich kann mir für meinen Sohn einen eigenen Verfahrensbeistand suchen, wenn ich das will. Ich brauche nicht einen, der mit dem Jugendamt zusammenarbeitet. [...] Nee, er wäre privat." (Z. 93 ff.)

Den Verfahrensbeistand hätten die Eltern erstmalig bei der Anhörung gesehen. Seine Anwesenheit habe sie anfänglich irritiert, da sie nicht gewusst hätten, welche Rolle er einnehme. Dementsprechend habe Herr Sawatzki diese Information aktiv eingefordert (vgl. Z. 98 f.). Er habe seit jeher vermutet, dass der Verfahrensbeistand mit dem Jugendamt kooperiere, anstatt parteilich für seinen Sohn zu arbeiten. Angesichts seiner fehlenden Neutralität sei er für Herrn Sawatzki entbehrlich. Er habe erfolglos den Wunsch geäußert, bei Bedarf selbstständig einen unabhängigen und für seinen Sohn parteilichen Verfahrensbeistand zu engagieren.

Der Verfahrensbeistand habe in dem Verfahren die gleiche Haltung wie das Jugendamt eingenommen und sich gegen einen Verbleib von Mats in den familiären Bezügen ausgesprochen. Er habe befürchtet, dass die Eltern durch einen möglichen weiteren Drogenkonsum abstürzen und sich nicht angemessen um ihren Sohn kümmern könnten (vgl. Z. 92 f.). In der zweiten Gerichtsverhandlung sei der Verfahrensbeistand mit der Entwicklung der Eltern unzufrieden gewesen. Den erfolgreichen Abschluss des Substitutionsprogramms habe er skeptisch registriert. Er sei weiterhin „unsicher" (Z. 820) gewesen, ob die Eltern dauerhaft drogenfrei leben und das Zusammenleben entsprechend dem Kindeswohl gestalten könnten (vgl. Z. 817 ff.). Deshalb habe er die von der Familienrichterin geplante Rückführung als „Experiment" (Z. 819) bezeichnet. Seine Haltung sei für Frau Cebeci nicht nachvollziehbar. Sie sei verwirrt gewesen über die willkürlich erscheinenden Einstellungen, die lediglich darauf zielten, das Verhalten der Eltern als fehlerhaft erscheinen zu lassen (vgl. Z. 821 ff.).

In den Erzählungen von Herrn Sawatzki und Frau Cebeci spiegeln sich differente Einschätzungen des Einflusses des Verfahrensbeistandes wider. Frau Cebeci schreibt ihm die Verantwortung für das Urteil der Anhörung und somit für die Herausnahme zu: „Ja und aufgrund von der Aussage von dem Olbrich, oder hauptsächlich durch die Aussage von dem Olbrich [...] nur dadurch wurde das Kind auch entzogen" (Z. 1202 ff.). Im Gegensatz dazu schätzt Herr Sawatzki dessen Einfluss deutlich geringer ein: „Der hat mit der Sache da schon gar nichts zu tun. Da, das Ding war ja geschrieben" (Z. 1210 f.). Der Verfahrensbeistand habe zwar das anvisierte Urteil der Fachkraft des Jugendamtes bestärkt, aber seine Meinung sei lediglich pro forma aufgenommen worden.

Dennoch äußert Herr Sawatzki Vorwürfe gegen den Verfahrensbeistand. Dieser sei mehrfach von der Wahrheit abgewichen und habe den Vater „kackendreist" (Z. 100) angelogen. Nach der ersten Anhörung habe der Verfahrensbeistand darum gebeten, ihn nicht erneut zu kontaktieren, sondern sämtliche Anliegen ausschließlich über den gerichtlichen Weg zu klären, um dem Vorwurf der Befangenheit frühzeitig entgegenzuwirken (vgl. Z. 101, 770 ff.).

Diesen Hinweis habe Herr Sawatzki als Zurückweisung erlebt. Der Verfahrensbeistand habe mit den anderen beteiligten Akteuren Kontakt gepflegt und sich offensichtlich nur nicht mit dem Vater beschäftigen wollen. Auch während der zweiten Verhandlung habe der Verfahrensbeistand gelogen. Er habe behauptet, die Eltern erfolglos kontaktiert zu haben. Seine angeblichen Kontaktversuche hätten die Eltern gemeinsam mit ihrem Anwalt widerlegen können (vgl. Z. 270 ff.). Herr Sawatzki sei glücklich und zufrieden, ihn als „Lügner […] enttarnt" (Z. 824) zu haben.

Herr Sawatzki kritisiert, dass der Verfahrensbeistand sie als Eltern getäuscht habe. Anfänglich habe der Vater den Eindruck gewonnen, dass der Verfahrensbeistand sich aufrichtig für sie und ihre Anliegen interessiere. Im Laufe der Telefonate sei Herr Sawatzki zunehmend skeptischer geworden und sein Eindruck habe sich gewandelt. Inzwischen unterstellt er dem Verfahrensbeistand, die Eltern bewusst geblendet zu haben. Herr Sawatzki habe sein wahres Gesicht erkannt: „Da habe ich schon gemerkt, was das für ein, in Wirklichkeit für ein Arschloch ist, ne?" (Z. 774 f.). Der Verfahrensbeistand habe ein Urteil getroffen, obwohl er weder Interesse an der Familie gezeigt noch tiefer gehende Informationen erhoben habe. Zu keinem Zeitpunkt habe der Verfahrensbeistand außerhalb des Gerichtsgebäudes Kontakt zu ihnen gesucht, um einen Einblick in die familiären Strukturen zu erhalten und die Lebenswelt von Mats kennenzulernen.

> „Im Gericht kannte er uns, nur uns beide, vom Sehen. [E2: Vom Sehen, aber meint ein Urteil, ein Urteil abzugeben.] Aber mit uns gesprochen hat er nicht. Aber, aber hat, aber meint, sich ein Urteil über uns bilden zu können." (Z. 294 ff.)

Er sei seiner Aufgabe als Anwalt des Kindes also nicht gerecht geworden, da er nie Kontakt zu ihrem Sohn aufgenommen und ihn weder gesehen noch mit ihm gesprochen habe: „Wie gesagt, der hat das Kind, der hat das Kind auch nie, nicht einmal gesehen" (Z. 290). Vor diesem Hintergrund habe Herr Sawatzki das Verhalten des Verfahrensbeistandes während der Verhandlungen als anmaßend erlebt.

> „Der Mann war nicht einmal (haut leicht auf den Tisch) hier gewesen, […] hat die Lebensumstände und das Kind nicht gesehen und war immer wieder, […] wenn etwas mit dem Gericht war, hat der immer wieder seinen Mund aufgerissen." (Z. 102 ff.)

Da ihm die Familie unbekannt sei, habe er kein Recht, sich ein Urteil zu erlauben, an der Perspektivenklärung zu beteiligen oder Empfehlungen auszusprechen. Trotz dieser fehlenden Legitimation sei er in jeder Verhandlung zu Wort gekommen und habe wiederkehrend eine Einschätzung mitsamt einer Empfehlung formuliert (vgl. Z. 757 ff.). In den Augen der Eltern habe er sich profilieren wollen. Sein Verhalten erzeuge Wut bei ihnen.

Gutachter

> „Mit dem Erziehungsgutachten [...] wollten wir natürlich auch nicht, ne? Haben wir uns nicht drum gekloppt, [...] ne, aber wir haben auch versucht, ob wir das da rumkommen, aber da haben die drauf bestanden." (Z. 1364 ff.)

Herr Sawatzki und Frau Cebeci hätten die Einholung eines Erziehungsgutachtens selbstverständlich erst einmal abgelehnt. Ihre Anstrengungen, das Erziehungsgutachten zu umgehen, seien jedoch gescheitert. Die beteiligten Fachkräfte und vor allem das Jugendamt als treibende Kraft hätten das Erziehungsgutachten für notwendig erachtet (vgl. Z. 120 f.).

Das Erziehungsgutachten sei insgesamt „positiv [...] ausgefallen" (Z. 171) und habe die Position der Eltern gestärkt. Es habe dazu beigetragen, dass das Jugendamt mit seiner Haltung, das Kind aus der Familie nehmen zu wollen, „gar keine Möglichkeit mehr" (Z. 1548 f.) gehabt hätte. Trotzdem nehmen Herr Sawatzki und Frau Cebeci eine differenzierte Sicht auf die Erstellung des Gutachtens und auf das Gutachten selbst ein.

Herr Sawatzki berichtet, dass das Gutachten von zwei Fachkräften angefertigt worden sei. Ein Gutachter sei ihm aus anderen Kontexten bekannt gewesen. Er habe jedoch keine Einwände gegen seine Beauftragung geäußert (vgl. Z. 1368 ff.). Bei der zweiten Person habe es sich um einen anerkannten „Gerichtsgutachter" (Z. 1373) gehandelt. Er sei der Vorgesetzte des ihm bekannten Gutachters gewesen. Mit Blick auf die wahrgenommenen Termine mit den Gutachtern kritisiert Herr Sawatzki, dass diese wenig flexibel vorgegangen seien. In erster Linie hätten theoretische und wissenschaftliche Überlegungen die Quelle für ihre Erkenntnisse gebildet. Solch ein lebensfremder Blick zeichne Gutachter/Gutachterinnen im Allgemeinen aus: „[D]ie gehen ja immer nach Büchern" (Z. 1377). Sie hätten ihre Perspektive kaum für Ausnahmen und Besonderheiten in der Praxis geweitet, sondern ihr „Programm runtergespult" (Z. 1397). Die Situationen mit dem jeweiligen Gutachter und die beobachteten Interaktionen zwischen ihrem Sohn und ihnen hätten auf Herrn Sawatzki künstlich gewirkt: „Dann sollten wir mit ihm spielen [...]. Auf Knopfdruck" (Z. 1397 f.). Die individuellen Eigenschaften der Beteiligten und die besonderen Aspekte der Situation seien nicht ausreichend berücksichtigt worden.

Beide Gutachter hätten die Rückführung zu ihnen befürwortet: „Die haben gesagt, [I: Mhm.] das Kind kann zurück. Ne? Äh, ja, da sind v-, wir haben zwar paar Defizite gesehen, so ne, müssen sie sagen, aber das Kind kann zurück" (Z. 1549 f.). Folgende Defizite seien benannt worden:

- Die Gutachter hätten eine „*unsichere Bindung*" (Z. 1564) zwischen Mats und seiner Mutter wahrgenommen.

- Die Wahrnehmung einer Spielsequenz von Herrn Sawatzki und Mats habe den gutachterlichen Eindruck befördert, dass Herr Sawatzki *nicht in der Lage* sei, sich vernünftig und sinnvoll *mit Mats zu beschäftigen* (vgl. Z. 1400 f.).

- Herr Sawatzki und Frau Cebeci könnten sich nicht emotional auf das Kind einstellen und die kindlichen *Bedürfnisse nicht angemessen befriedigen* (vgl. Z. 1577 ff.).

Die diagnostizierten Defizite hätten Herrn Sawatzki und Frau Cebeci nicht überzeugen können. Auch die dahinterliegenden fachlichen Erklärungen seien für die Eltern nicht nachvollziehbar. Sie hätten sich zwar damit auseinandergesetzt, würden die Wahrnehmungen der Gutachter aber anders einordnen. Frau Cebeci erklärt beispielsweise die Ablösung ihres Sohnes, die von den Gutachtern als Indiz für ein unsicheres Bindungsverhalten bewertet worden sei, mit Mats Persönlichkeitsstruktur. Sie erlebe seine Unabhängigkeit positiv, da sie dadurch Freiräume für andere Aufgaben erhalte. Die Eltern formulieren subjektive Erklärungen, die für ihr Zusammenleben passend seien und gut in ihre Wahrnehmung integriert werden können (vgl. Z. 1559 f.).

Zwar sei die Empfehlung der Rückführung förderlich für den positiven Ausgang des familiengerichtlichen Verfahrens gewesen, aber in dem Gutachten gebe es zahlreiche Ausführungen, die von den Eltern negativ bewertet werden (vgl. Z. 172 ff.). Bei bestimmten Formulierungen handele es sich um Unterstellungen (vgl. Z. 182 f.). Deshalb habe Herr Sawatzki das Gutachten zunächst nicht anerkennen wollen (vgl. Z. 1388 f.). Sein Anwalt habe ihm jedoch geraten, keine weiteren Schritte einzuleiten, da die Details für den Gesamterfolg nicht bedeutsam seien: „[D]as ist eh Pillepalle" (Z. 1393). Mit dem Wissen, ihr Ziel erreicht zu haben, sei es Herrn Sawatzki gelungen, Distanz zu den vermeintlichen Lügen und Anschuldigungen aufzubauen (vgl. Z. 1389 ff.). Frau Cebeci habe ebenfalls den Eindruck, dass „viele Dinge verdreht" (Z. 174) worden seien und die Gutachter sich regelmäßig selbst widersprochen hätten (vgl. Z. 1575 f.). Die Inhalte des Gutachtens seien nicht stimmig. Allerdings habe sie sich damit arrangiert. Entscheidend sei für sie, dass Mats zu ihnen zurückgekehrt sei (vgl. Z. 1587 ff.). Alles Weitere sei „uninteressant" (Z. 1560).

Richterin

Das Erleben der Richterin habe sich im Verlauf des familiengerichtlichen Verfahrens gewandelt. Die Richterin habe als einzige Fachkraft ihre Position verändert. Bei der ersten Anhörung sei sie von den Eltern negativ wahrgenommen worden. Herr Sawatzki und Frau Cebeci seien von ihr ignoriert worden: Sie habe sie weder „angeguckt" (Z. 78, 82) noch Interesse an ihren elterlichen Aussagen gezeigt (vgl. Z. 86 f.). Ihr Auftreten gegenüber den Eltern habe sich jedoch zum Positiven verändert: „[B]eim neuen Termin lief es dann ja ganz anders. Da war die Richterin auf einmal auf unserer Seite, ne? [E2: Ja, da war sie auf einmal ganz nett gewesen.]" (Z. 264 ff.). In der zweiten Verhandlung habe die Richterin eine neue Position eingenommen. Statt gemeinsam mit den übrigen Fachkräften gegen die Eltern zu agieren, habe sie die Seite gewechselt und sich auf die Seite der Eltern gestellt. Diese Veränderung habe sich positiv auf den Umgang mit den Eltern ausgewirkt. Die Richterin habe, so die Meinung des Vaters, gemerkt, dass ihr Verhalten in der ersten Anhörung nicht richtig gewesen sei (vgl. Z. 662 f.). Diese Erkenntnis sei wahrscheinlich nicht nur durch eigene Gedanken, sondern von der Entscheidung des OLG maßgeblich beeinflusst oder angesichts des Drucks von oben erzeugt worden (vgl. Z. 1331). In der zweiten Verhandlung habe sie erkannt, dass bei Herrn Sawatzki und Frau Cebeci „alles in Ordnung" (Z. 1341) sei und keine Gründe gegen eine Rückführung vorliegen.

Zusammenarbeit der Akteure

> „Und so bin ich mir sicher, dass die alle unter einer Decke gesteckt haben, sich gegenseitig abgesprochen haben, die wollten unbedingt unser Kind da haben." (Z. 187 ff.)

In dem familiengerichtlichen Verfahren hätten die Akteure im Geheimen eng miteinander kooperiert. Mit Ausnahme des OLG hätten alle Fachkräfte anfänglich die Herausnahme von Mats beabsichtigt. Herr Sawatzki und Frau Cebeci erzählen, dass zur Zielerreichung zahlreiche Absprachen und Entscheidungen hinter ihrem Rücken diskutiert und getroffen worden seien. Als Eltern seien sie nicht in die Zusammenarbeit und Entscheidungsprozesse integriert, sondern bewusst ausgeschlossen worden. Das Jugendamt habe hierbei den Dreh- und Angelpunkt gebildet.

> „So, und, äh, wie gesagt, und, äh, (2 Sek.) mit den Gerichten, da bin ich der festen Überzeugung, dass die auch mit den Ämtern zusammenarbeiten. Wenn die da hingehen, wir wollen das und das, dass die das dann so machen." (Z. 739 ff.)

Herr Sawatzki nehme zwischen den Gerichten und Ämtern eine enge Zusammenarbeit wahr. Er habe Richter/Richterinnen in unterschiedlichen Kontexten als Handlanger/Handlangerinnen der Ämter erlebt. Das jeweilige Gericht erfülle in der Regel die Erwartungen der beteiligten Organisationen. Die richterliche Neutralität sei für ihn daher zweifelhaft. Basierend auf seinen Erfahrungen lehne er Fachkräfte ab, die mit dem Jugendamt kooperieren oder vom Jugendamt engagiert und somit vom Amt abhängig seien (vgl. Z. 96 f.).

Zwar grenze Herr Sawatzki die Fachkräfte wegen ihrer eigenständigen Aufgabenbereiche und Verantwortlichkeiten in dem Verfahren voneinander ab, aber die Grenzen würden in dem konkreten Erleben und der direkten Auseinandersetzung mit den jeweiligen Personen verschwimmen. Die Fachkräfte würden eine Einheit bilden.

Eltern als Akteure

> „[W]eil die (.) Leuten wie uns (.) praktisch nicht glauben, ne? Wenn ein Arzt da sitzt, dem glauben sie natürlich, ne?" (Z. 1127 f.)

Während des familiengerichtlichen Verfahrens hätten die Eltern im Vergleich mit anderen Beteiligten eine schwierigere Position gehabt, weil sie weniger angesehen gewesen seien. Sie seien aufgrund ihrer sozialen Stellung benachteiligt worden. Aus Sicht von Herrn Sawatzki entscheide die berufliche Position – in Kombination mit der damit verbundenen gesellschaftlichen Anerkennung – über den Wahrheitsgehalt getroffener Aussagen. Als Eltern hätten sie sich den falschen Beschuldigungen stellen müssen, obwohl sie von vornherein schriftlich belegt hätten, dass bei ihnen alles in Ordnung sei.

> „Weil du gehst dahin, denkst, komm, [I: Mhm.] die werden dir jetzt sagen, hier Frau Cebeci, Sie wissen, das war nicht in Ordnung, Rückfall, ne, ist ja auch richtig so. Se-, sehen Sie das hier als Warnung. Wir geben Ihnen jetzt die Chance. Sie kriegen jetzt, keine Ahnung, [I: Mhm.] ich habe damit gerechnet, dass die sagen, Sie kriegen wieder Familienhilfe, die wird jetzt dreimal die Woche jetzt kommen, ne, statt einmal die Woche. Äh, geben Sie jeden Tag UK [Urinkontrollen] ab, oder dreimal die Woche oder halt solche Auflagen. [I: Mhm.] Ne? Aber nicht, dass direkt kommt, innerhalb von zwanzig Minuten, zack, Kind raus, das kann da nicht in der Familie bleiben, weil wir ja angeblich ja so schlechte Eltern sind. Also, da versteht man [I: Mhm.] die ganze Welt nicht mehr." (Z. 1728 ff.)

Bei den Verhandlungen vor dem Familiengericht sei den Eltern insbesondere die erste Anhörung als belastende Situation im Gedächtnis geblieben. Hier habe sich ein Widerspruch zwischen ihren Erwartungen und Vorstellungen einerseits und der Realität andererseits gezeigt.

Die Eltern hätten die Anrufung des Familiengerichts anfänglich nicht einordnen können. Sie seien nicht darüber informiert gewesen, welche Bedeutung eine Anhörung habe und was sie vor Ort erwarte. Deshalb hätten sie recherchiert, „nochmal gefragt und [...] [sich] erkundigt" (Z. 59). Die Eltern seien davon ausgegangen, dass sie im Zuge der Anhörung die Chance erhalten, ihre Sichtweise zu den Vorwürfen zu äußern, Stellung zu beziehen und die Situation zu erklären (vgl. Z. 66 f.). Herr Sawatzki habe erwartet, dass die Familienrichterin erstens mit ihnen schimpfe und sie zweitens darauf verweise, dass die Situation sich nicht wiederholen dürfe (vgl. Z. 69, 1772).

Im Laufe der Anhörung habe sich die Situation aus Sicht von Frau Cebeci „zugespitzt" (Z. 140): Die Fachkräfte hätten sich geschlossen gegen sie als Eltern gewandt. Im Gegensatz zu ihren Vorstellungen seien sie „nur fünf Minuten gerade mal befragt" (Z. 141) worden. Nachdem sie die Rückfälle bestritten hätten, sei das Gespräch mit ihnen unterbrochen worden (vgl. Z. 143 f., 1303 ff.). Ihnen sei unterstellt worden, „uneinsichtig" (Z. 162) zu sein. Die anwesenden Fachkräfte hätten sich ausschließlich untereinander ausgetauscht (vgl. Z. 163 f.). Sie seien als Eltern zwar anwesend gewesen, hätten aber keinen Einfluss ausüben können. Die Richterin und die Fachkräfte des Jugendamtes hätten „sich auf nichts eingelassen" (Z. 1302) und „aus der Anhörung direkt ein Sorgerechtsding gemacht" (Z. 1161).

Diese Einschätzung teilt Herr Sawatzki: Er schreibt dem Jugendamt die Verantwortung für diesen Wandel zu (vgl. Z. 532 ff.). Nach ca. zwanzig Minuten sei den Eltern das Ergebnis mitgeteilt worden (vgl. Z. 647, 1309): „[D]ann fielen nur noch die Sätze, das Kind wird sofort rausgenommen, sofort rausgeben, Sorgerechtsentzug etc." (Z. 649 f.). In der Wahrnehmung von Frau Cebeci sei binnen kürzester Zeit entschieden worden. Die Eltern hätten diesen Verlauf nicht verhindern können (vgl. Z. 81).

Das Ergebnis der Anhörung sei nicht offen gewesen, sondern vorab zwischen den Fachkräften beschlossen worden (vgl. Z. 187 f.). Die Anwesenheit der Polizei habe ihre Vermutung verstärkt. Ein weiteres Indiz für ihre Annahme, dass es sich um eine „beschlossene Sache" (Z. 76, 77, 81, 1209) gehandelt habe, sieht Herr Sawatzki darin, dass das Urteil den Beteiligten innerhalb von fünf Minuten nach der Verhandlung schriftlich vorgelegen habe (vgl. Z. 79 f.). Das Urteil sei für die Eltern unverständlich. Die Argumentation, dass ein Zusammenleben der Eltern und Mats aufgrund der Rückfälle nicht zu verantworten sei, könne unter Berücksichtigung des erfolgreichen Abschlusses der Familienhilfe nicht ernst genommen werden. Die von den Fachkräften aufgeworfene Frage, „wenn […] [die Eltern] jetzt über Weihnachten rückfällig werden würden, ne, wer, was ist dann mit dem Kind?" (Z. 166 f.), bestätige die fehlende Bereitschaft der Fachkräfte, Verantwortung zu übernehmen. Gleichzeitig unterstellt Herr Sawatzki den Fachkräften, sich darüber im Klaren gewesen zu sein, dass die Eltern kurz vor den Feiertagen handlungsunfähig seien (vgl. Z. 1171 ff.).

„Ich meine, die anderen Verhandlungen, die sind ja […] ruhig verlaufen und im, äh, da war sie auf unserer Seite, aber von der Ersten her, das ist, Wahnsinn." (Z. 1786 f.)

Im Vergleich mit ihren Erfahrungen während der ersten Anhörung sei der weitere Verlauf des familiengerichtlichen Verfahrens entspannter gewesen. Sie hätten mehr Zuspruch und Raum erhalten. Vor allem nach der Rückmeldung des OLG habe sich die richterliche Sicht auf sie verändert. Während das Jugendamt anhaltend bemüht gewesen sei, ihnen das Sorgerecht dauerhaft zu entziehen, habe die Richterin sich nicht mehr darauf eingelassen (vgl. Z. 1329 ff.). Über den letzten, als „endgültige[n] Termin" (Z. 1349) bezeichneten Verhandlungstag, äußern sich Herr Sawatzki und Frau Cebeci nur am Rande.

Da Herr Sawatzki in der Vergangenheit die Erfahrung gemacht habe, im familiengerichtlichen Verfahren nicht gehört, sondern nur über das Urteil informiert worden zu sein (vgl. Z. 404 ff.), habe er Frau Cebeci davon überzeugt, einen Anwalt zu nehmen (vgl. Z. 61 f.). Außerdem habe er einen Plan B entworfen: „Ich habe direkt vorsichtshalber gesagt, der Junge wartet im Auto mit einem Kollegen, ne?" (Z. 63 f.). Auf diese Weise habe er unterschiedliche Optionen vorbereitet. Angesichts des Verlaufes der Anhörung habe er die zweite Variante umgesetzt und das Jugendamt nach der Anhörung unter Druck gesetzt.

> „[D]ann habe ich gesagt, ja ich bin bereit das [Kind] nach Weihnachten rauszugeben, sag ich, aber vorher habt ihr keine Möglichkeit. Ihr erfahrt auch nicht, ihr könnt mich einsperren, sage ich, habe ich zu denen auch gesagt, ich sitze das auf einer Backe ab, sage ich. Nach einer Woche nehme ich die andere." (Z. 1229 ff.)

Er habe das Urteil der ersten Anhörung nicht ohne Weiteres akzeptiert und die Herausgabe von Mats verzögert. Anstatt sein Kind herauszugeben, habe er nach der Anhörung mit der Fachkraft des Jugendamtes diskutiert: „Ah, pass auf, dann habe ich ja noch angerufen da und mit dem, wollte mit dem verhandeln" (Z. 1223 f.). Mit dem Ziel, eine flexible Umsetzung des Beschlusses zu bewirken, habe er seine Bereitschaft signalisiert, seinen Sohn nach Weihnachten herauszugeben. Jedoch habe er Wert darauf gelegt, den Zeitpunkt selbst zu bestimmen. Gegenüber der Fachkraft sei er provokant aufgetreten: Er habe offengelegt, den aktuellen Aufenthaltsort seines Sohnes zu kennen, diesen aber nicht preiszugeben und so die Herausgabe offensiv verweigert (vgl. Z. 1229 ff.). Die Fachkräfte hätten sich jedoch nicht unter Druck setzen lassen. Nach der Festnahme von Frau Cebeci habe er eingelenkt, seinen Sohn den Behörden übergeben und entschieden, auf eine andere Art und Weise um seinen Sohn zu kämpfen.

> „[D]a habe ich gesagt, komm, wir kämpfen lieber so. Wir haben uns ja nichts zuschulden kommen lassen. Und ich wusste das ja, dass, äh, äh, dass wir im Recht waren. Und ich war mir sicher, dass wir das Kind wiederkriegen. Aber dass, dass das so einen Kampf geben würde, das hätte ich eigentlich nicht gedacht." (Z. 257 ff.)

Mit seiner Aussage verweist er auf eine bewusst von ihnen herbeigeführte Veränderung in ihrem Verhalten. Der Ausdruck „lieber so" impliziert eine Abkehr von ihrer bisherigen Strategie hin zu anderen Möglichkeiten, die sich ihnen im Rahmen des familiengerichtlichen Verfahrens eröffnen. Beide Elternteile seien sich dessen bewusst gewesen, unschuldig zu sein. In ihrer Wahrnehmung hätten sie nichts getan, was das Handeln der professionellen Akteure legitimiere. Angesichts der Überzeugung, sich nicht unrecht verhalten und das Kind nicht gefährdet zu haben, sei sich Herr Sawatzki sicher gewesen, dass Mats zu ihnen zurückkehren werde. Mit dem Wissen ihrer Unschuld und der Sicherheit, ihre Interessen durchsetzen zu können, hätten sie als Eltern gemeinsam beschlossen, auf legalem Weg um ihr Kind zu kämpfen und zeitnah eine Rückführung zu ermöglichen. Dieser Kampf habe für beide Elternteile oberste Priorität gehabt.

> „Aber da werden wir kämpfen bis zum Letzten. Ich hätt-, wir hätten hier alles verkauft, [I: Mhm.] um den besten Anwalt zu bezahlen, um das Kind wiederzuholen. Weil wir, das war das, was einem den, den Auftrieb gegeben hat." (Z. 1752 ff.)

Das Ziel der Rückführung habe Energie freigesetzt und sie motiviert, nicht aufzugeben. Seit der Herausgabe habe sich ihr Kampf dadurch ausgezeichnet, ihre Rechte durchsetzen zu wollen. Das Eintreten für seine Rechte und die Inanspruchnahme unterschiedlicher Möglichkeiten zur Durchsetzung von Rechten seien für Herrn Sawatzki selbstverständlich: „[W]ir sind natürlich dagegen in Beschwerde gegangen" (Z. 657 f.). Die Einschaltung der nächsthöheren Instanz sei folgerichtig, da die Entscheidung vor dem Familiengericht nicht ihr Verständnis von Recht und Gerechtigkeit widergespiegelt habe. Allerdings seien die Bemühungen der Eltern nicht durchgängig erfolgreich gewesen. Ihnen seien auch Grenzen aufgezeigt worden. Herr Sawatzki sei beispielsweise mit der Bewilligung eines begleiteten Besuches wöchentlich für eine Stunde unzufrieden gewesen, habe aber keine andere Option umsetzen können (vgl. Z. 116 ff.). Vor allem die fehlende Kooperations- und Kompromissbereitschaft des Jugendamtes habe den Kampf der Eltern erschwert. Herr Sawatzki formuliert Gewaltfantasien gegen sämtliche Personen, die sich in dem Verfahren gegen ihn gestellt hätten. Diese Wünsche seien nicht auf die Vergangenheit begrenzt, sondern anhaltend präsent. Allerdings sei er dem Wunsch nicht gefolgt, sondern habe seine Optionen abgewogen.

> „[I]ch hätte die, […] hätte die auch am liebsten angegriffen, aber ich hab, ich weiß zwar, dass das auch keine Lösung ist, ne, [I: Mhm.] dadurch hätte ich das Kind auch nicht wieder gekriegt. Im Gegenteil, wahrscheinlich, äh, äh, eher (.) […], (3 Sek.) […] aber das ist ja, äh, das hätte mir das Kind auch nicht zurückgebracht." (Z. 1815 ff.)

Der Vater skizziert hier seinen Abwägungsprozess. Er habe konsequent das Ziel verfolgt, sein Kind wieder in seinen familiären Haushalt aufnehmen zu können. Diesem Anliegen habe er seine Fantasie untergeordnet und sich seinen Bedürfnissen widersetzt. Mehrmals erwähnt der Vater, dass er sich unterschiedlicher Handlungsoptionen bewusst gewesen sei. In bestimmten Situationen habe er definitiv „was machen können" (Z. 1624). Allerdings habe er „da drauf verzichtet" (Z. 1626), um das positive Ergebnis nicht zu gefährden. Diese Entscheidung habe er wohlüberlegt getroffen. Lediglich bei dem Verfahrensbeistand habe er eine Ausnahme gemacht und negative Kritiken im Internet geschrieben. In einem Forum habe er die von ihm erlebte Ungerechtigkeit beschrieben und den Verfahrensbeistand öffentlich kritisiert. Er habe Eltern davor gewarnt, Kontakt zu ihm aufzunehmen oder mit ihm zu kooperieren (vgl. Z. 762 ff., 1627 f.).

> „Also war, musste man da eine Lösung finden, [I: Mhm.] (Lautäußerung von Mats) ne, die, äh, äh, die (.) wir ja auch gefunden haben, [I: Genau.] um das Kind zurückzukriegen, äh, das war, äh, das war, (Mobiltelefon ertönt) (.) ich konnte, so, sonst hätte ich meinen Eltern, sage ich mal, nicht mehr in die Augen gucken können. [I: Mhm.] So, das wäre es gewesen. Dann hätten die mich ja auch als Lügner, äh, äh, hätten die gesagt. Aber die haben mir auch geglaubt, und dadurch war ich mir sicher, dass ich das, äh, Kind zurückkriege. Ne? [I: Mhm.] (.) Weil zur Not hätten die auch noch Anwälte eingeschaltet [I: Ja.] und so. Ne? Aber wie gesagt, (Lautäußerung von Mats) dann wären wir da mit drei oder vier Anwälten aufgetaucht. Da hätten wir mal gesehen, was los ist." (Z. 1820 ff.)

Frau Cebeci ergänzt, dass es ihr nicht erfolgreich gelungen sei, sich während der ersten Anhörung ruhig und sachlich zu verhalten: „[I]ch hab mich auch hinterher bei der Richterin schon, ich bin natürlich im Gericht ausgeflippt" (Z. 1249 f.). Im Umgang mit den Fachkräften habe Frau Cebeci wiederkehrend Frustrationen erlebt. Anforderungen seien willkürlich formuliert worden. Als Eltern hätten sie es den Fachkräften nicht recht machen können (vgl. Z. 821 f.). Wenn sie eine Anforderung erfüllt hätten, sei ein neuer Aspekt benannt worden, der noch nicht zufriedenstellend sei und von ihnen verändert werden müsse. Die Erfüllung einer Erwartung gewährleiste folglich nicht die Zufriedenheit der Beteiligten.

Anwalt und Anwältin

> „Ja, und (2 Sek.) eins weiß ich, ohne verrech-, vernünftigen Rechtsanwalt (Kugelschreiberklacken) hat man, äh, äh, äh, äh, gegen, äh, äh, äh, die keine Chance." (Z. 752 f.)

Herr Sawatzki schreibt der anwaltlichen Begleitung einen besonders hohen Stellenwert für den Verlauf und den Ausgang des familiengerichtlichen Verfahrens zu. Der Beistand durch einen Rechtsanwalt/eine Rechtsanwältin bilde die Voraussetzung, um elterliche Rechte durchsetzen und eine Chance gegen die Fachkräfte haben zu können. Der Rechtsbeistand müsse selbstständig engagiert werden, um die Erfolgsaussichten zu erhöhen (vgl. Z. 754 ff.).

Nach der Benachrichtigung über die anstehende Anhörung sei Herr Sawatzki anfänglich unsicher über die Notwendigkeit und Relevanz einer anwaltlichen Begleitung gewesen. Er habe sich ausschließlich „vorsichtshalber" (Z. 60) um den Anwalt und die Anwältin gekümmert (vgl. Z. 60). Seine Sicherheitsvorkehrung habe sich im Nachgang ausgezahlt. Während Frau Cebeci von einer Anwältin begleitet worden sei, habe Herr Sawatzki einen männlichen Anwalt engagiert: „Und ich habe mir dann auch einen Anwalt genommen, einen Vernünftigen" (Z. 106). Herr Sawatzki habe bei der Wahl seines Anwalts einer Empfehlung vertraut. Die Erbschaft seiner Lebensgefährtin habe es ihm ermöglicht, einen guten und bekannten Anwalt zu nehmen (vgl. Z. 106 ff.). Mit seinem Anwalt sei Herr Sawatzki sehr zufrieden, er finde ihn „wirklich klasse" (Z. 471). Sein Anwalt sollte die für beide Elternteile unbekannte Anwältin von Frau Cebeci unterstützen sowie den Verlauf des Verfahrens beobachten und kontrollieren. Mögliche Verfahrensfehler oder Verzögerungen sollten vermieden und der korrekte Ablauf gewährleistet werden (vgl. Z. 136 ff.).

Während des gesamten Verfahrens habe sein Anwalt sie unterstützt. Er habe Herrn Sawatzki in seiner Annahme bestärkt, dass es nicht ausschließlich um das Wohl des Kindes gehe. In Übereinstimmung mit Herrn Sawatzki habe er Verfahrensfehler vermutet. Insbesondere angesichts der ausschließlich positiven Berichte über den Verlauf der Familienhilfe sei für seinen Anwalt nicht nachvollziehbar gewesen, welche Gründe zu der Anrufung geführt haben. Mögliche Anzeichen für eine Gefährdungssituation des Kindes hätten sich für ihn nicht erschlossen (vgl. Z. 471 ff.).

Bei den einzelnen Verhandlungen habe der Anwalt unterschiedliche Aufgaben erfolgreich bewältigt. Er habe Herrn Sawatzki während der ersten Anhörung seine Grenzen aufgezeigt, indem er den Vater vor folgende Wahl gestellt habe (vgl. Z. 776 f.): Entweder Herr Sawatzki verändere sein Verhalten oder sein Anwalt lege sein Mandat nieder. Angesichts dieser Optionen sei es Herrn Sawatzki glücklicherweise gelungen, sich zu begrenzen und ruhig zu verhalten (vgl. Z. 777 f.). Als den Beteiligten das Erziehungsgutachten zur Verfügung gestellt worden sei, habe der Anwalt den Eltern empfohlen, die Inhalte hinzunehmen, den Erfolg anzuerkennen und nicht zu gefährden. Er habe den Blick auf das Ergebnis und nicht auf persönliche Befindlichkeiten gelenkt (vgl. Z. 172 ff.). An dem zweiten Termin habe der Anwalt Herrn Sawatzki, der aus gesundheitlichen Gründen nicht teilnehmen konnte, vertreten und erfolgreich die Interessen des Vaters durchgesetzt (vgl. Z. 659 ff.). Er habe den Verfahrens-

beistand in seine Grenzen verwiesen und „ihn dann mundtot gemacht"
(Z. 828).

Herr Sawatzki und Frau Cebeci seien mit der Anwältin von Frau Cebeci
ebenfalls zufrieden:

> „[D]ie Anwältin und, äh, äh, äh, im Min-, im Nachhinein haben wir erfahren, dass
> sie, äh, sie auch eine ganz Gute ist, [I: Ja.] (.) obwohl sie auch mal mit dem Ju-
> gendamt, äh, früher zusammengearbeitet hat. Aber, [I: Okay] da mittlerweile wohl
> nicht mehr." (Z. 746 ff.)

Frau Cebeci erinnert sich, dass ihre Anwältin angesichts ihrer bisherigen Erfahrungen die Situation anfänglich als nicht so dramatisch betrachtet und den
Eltern daher Zuversicht zugesprochen habe: „Die hat auch gesagt, äh, äh, also
meine Anwältin, machen Sie sich keine Sorgen. Das Kind wird nicht abgenommen" (Z. 1773 f.). Angesichts der dargebotenen Fakten habe sie die Situation offensichtlich ebenfalls anders eingeschätzt als das Jugendamt (vgl.
Z. 71 ff.).

*An dem familiengerichtlichen Verfahren sind zahlreiche Personen mit diversen
Funktionen und Aufgaben beteiligt. Die Fachkräfte treten in und zwischen den
Verhandlungen vor dem Familiengericht in Erscheinung. Die Rolle des Verfahrensbeistandes ist den Eltern anfänglich nicht klar und erschließt sich nur bedingt. Gleichzeitig wirken die Fachkräfte des ASD und der Vormund, trotz unterschiedlicher und voneinander abgegrenzter Aufgabengebiete, auf die Eltern wie
eine Phalanx, die von außen nicht erschüttert werden kann. Im Mittelpunkt steht
das Jugendamt, das die übrigen Fachkräfte um sich sammelt. Die Fachkräfte
bilden aus Sicht der Eltern eine untrennbare Einheit und treten in der Folge als
Mannschaft bzw. Team gegen sie an. Herr Sawatzki und Frau Cebeci stehen
dieser wahrgenommenen Front mit ihrer Anwältin und ihrem Anwalt gegenüber.
Der engagierte rechtliche Beistand ist angesichts seines Mandats konsequent
aufseiten der Eltern. Herr Sawatzki und Frau Cebeci sind sich dessen bewusst,
dass sie erstens in der Unterzahl sind und zweitens ihre Position nicht so einflussreich ist. Dennoch akzeptieren sie die richterliche Entscheidung nicht ohne Wenn
und Aber, sondern wollen Lösungen in ihrem Interesse finden.*

*Die Anhörung ist für die Eltern extrem belastend. Anlass ist die große Diskre-
panz zwischen ihren Vorstellungen und der Realität. Die Eltern erleben sich als
einfluss- und machtlos. Sie werden als uneinsichtig bezeichnet – ohne die Zuschreibung verstehen zu können. Die von den Eltern erläuterte Falschaussage
wird von ihnen in keinen Zusammenhang mit den anschließenden Reaktionen
von außen gebracht.*

*In den wahrgenommenen fachlichen Haltungen gegenüber den Eltern regis-
trieren Herr Sawatzki und Frau Cebeci Unterschiede: Die Fachkräfte des Jugend-*

amtes, der Verfahrensbeistand und der Vormund vertreten übereinstimmend und anhaltend die Haltung, dass die Eltern aufgrund ihrer Rückfälle eine Kindeswohlgefährdung zu verantworten haben und das Kind dauerhaft aus der Familie genommen werden muss. Die Gutachter sprechen sich zwar für eine Rückkehr des Kindes zu seinen Eltern aus, üben aber gleichzeitig Kritik an Herrn Sawatzki und Frau Cebeci. Die Richterin vor dem Familiengericht ist die einzige Person, die ihre Meinung über die Eltern im Verlauf des familiengerichtlichen Verfahrens zugunsten der Eltern verändert. Das OLG unterstützt die Haltung der Eltern.

Die elterliche Einschätzung des fachlichen Handelns hängt maßgeblich von der Positionierung der Fachkräfte im familiengerichtlichen Verfahren ab. Flankierend haben die Arbeitsweisen und der Umgang mit den Eltern einen Stellenwert für deren subjektive Beurteilung. Vor allem der Verfahrensbeistand wird negativ bewertet, da er sich konsequent gegen die Eltern ausspricht, ohne von ihnen legitimiert worden zu sein. Die Positionierung für die Eltern impliziert eine positive elterliche Einschätzung der Fachlichkeit und Qualität, während die gegensätzliche Positionierung Kritik und fehlende Wertschätzung der Eltern impliziert.

7.3.4.6 „Überleben" – Umgang mit dem gesamten Prozess

Mit den Worten „bis jetzt ist es gut ausgegangen" (Z. 335) resümieren Herr Sawatzki und Frau Cebeci den Verlauf. Allerdings sei für sie momentan unklar, ob ggf. weitere Schritte folgen würden oder ob tatsächlich das Ende erreicht sei. Mit dem bisherigen Ausgang seien sie zufrieden. Sie äußern Freude über die Zielerreichung: „Wir hatten das erreicht, was wir, wofür wir gekämpft haben" (Z. 1363 f.). Mit dem Resultat könne Herr Sawatzki gut leben (vgl. Z. 1829 f.).

Während der Zeit des familiengerichtlichen Verfahrens seien Herr Sawatzki und Frau Cebeci von seinen Eltern unterstützt worden. Sie hätten ihren Enkel, gegen die Rechtsprechung, bei sich aufgenommen. Außerdem hätten sie sich bereit erklärt, ihn offiziell vorübergehend bei sich unterzubringen (vgl. Z. 1096 ff.). Neben diesen Hilfestellungen habe Herr Sawatzki jedoch auch Druck wahrgenommen, seine Eltern nicht enttäuschen zu dürfen. Seine Eltern hätten ihm vermittelt, dass er wieder „die gleiche Scheiße" (Z. 1647) baue. Herr Sawatzki sei bemüht gewesen, diese Sichtweise zu korrigieren. Mats zurückzubekommen, sei bedeutsam gewesen, um sich vor seinen Eltern nicht schämen zu müssen. Es sei ihm ein zentrales Anliegen gewesen, dass seine Eltern seinen Ausführungen Glauben schenken und ihn nicht als Lügner verurteilen. Der Zuspruch seiner Eltern habe ihm Kraft und Motivation für den Kampf gegeben. Emotional sei die Unterstützung durch seine Eltern notwendig gewesen, um die Sicherheit weiterhin haben zu können.

Die Auseinandersetzung mit dem Jugendamt und anderen Fachkräften in dem Verfahren zur Abwendung einer Kindeswohlgefährdung habe bei den Eltern – insbesondere bei Frau Cebeci – im Umgang mit ihrem Sohn und mit Blick auf die Gestaltung ihres Alltags Spuren hinterlassen. Frau Cebeci beschreibt zahlreiche emotionale Auswirkungen.

> „[I]ch mache mir jetzt sogar Sorgen, (.) wenn er hinfällt oder er hat eine Beule. Da mache ich mir schon Sorgen, [E1: Ja.] bitte lass jetzt nicht das [E1: Ja, genau.] Jugendamt kommen. [E1: Genau.] Nicht dass es heißt, ich habe das Kind geschlagen." (Z. 1669 ff.)

Seit ihrer Erfahrung sei der Umgang nicht mehr unbeschwert. Jeder Sturz oder zufällige Verletzung ihres Kindes sorge die Mutter: „Man macht [...] sich bei jeder Beule eine, eine Sorge [E1: Ja.]" (Z. 1675 f.). Sie befürchte die Kontaktaufnahme seitens des Jugendamtes und die Unterstellung, gegenüber ihrem Sohn gewalttätig zu sein. Aufgrund ihrer Angst vor weiteren Auseinandersetzungen sei Frau Cebeci im Alltag sehr vorsichtig geworden (vgl. Z. 1677 ff.). Sie fühle sich nicht mehr frei und könne nicht mehr angstfrei handeln: „Man hat immer, ständig Angst, das Kind [...] zu verlieren und das ist ..." (Z. 1684 f.). Ihre Angst beziehe sich in erster Linie darauf, ihren Sohn zu verlieren. Sie vermeide Situationen, welche die Aufmerksamkeit des Jugendamtes erregen könnten. Sie traue sich beispielsweise nicht, für einige Tage die Stadt zu verlassen, da sie befürchte, „dass es dann heißt, die Familie ist nicht erreichbar. Wer weiß, was schon wieder ist. Drogenabsturz. [...] Wir sind übervorsichtig geworden" (Z. 1681 ff.). Sie wolle unauffällig leben und dem Jugendamt keinen Anlass für Kritik bieten. Frau Cebeci habe den Eindruck, sich für ihr erzieherisches Verhalten zunehmend erklären zu müssen: „Man rechtfertigt [...] sich viel mehr" (Z. 1676 f.). Sie fühle sich weiterhin angeklagt und stehe unter besonderer Beobachtung (vgl. Z. 1687).

Das gesamte Verfahren repräsentiert ein Kräftemessen zwischen den Eltern und den Fachkräften des Jugendamtes. Das Kräftemessen spitzt sich im Verlauf zu und erfordert die Aktivierung weiterer Akteure, welche das Kräfteverhältnis neu bestimmen. Der Gesamtprozess gleicht einem Tauziehen zwischen Eltern und Jugendamt. Die Richterin wechselt während des Verfahrens die Seite. Die übrigen Fachkräfte stehen auf der Seite des Jugendamtes, die Eltern von Herrn Sawatzki sowie der beauftragte rechtliche Beistand sind auf der Seite der Eltern. Die Akteure ringen um die Definition von Kindeswohlgefährdung, von Recht und Unrecht sowie um die (fehlende) Legitimation von Interventionen. Beide Parteien bringen sich im Zuge der Interaktion in Position und rufen durch eigene Handlungen unmittelbar Aktionen und Reaktionen der gegnerischen Partei hervor. In dem Verlauf kristallisieren sich unterschiedliche Phasen heraus, die durch ver-

schiedene Positionierungen, Verarbeitungsprozesse und Interaktionsmuster charakterisiert sind und das „Hin und Her" veranschaulichen. In dieses Geflecht sind die subjektiven Bewältigungsstrategien von Herrn Sawatzki und Frau Cebeci eingebunden.

Phase 1: Unausweichliche Kontaktaufnahme und Hilfegewährung mit intendierter Beendigung

Seit Beginn der Interaktion lehnen die Eltern einen Einblick in ihr familiäres Zusammenleben ab. Allerdings können sie, aufgrund ihrer Teilnahme an dem Substitutionsprogramm, die Kontaktaufnahme nicht verhindern, da sie offenbar keinen Einfluss auf die Informationsweitergabe an das Jugendamt haben. Trotz ihrer ablehnenden Haltung beugen sie sich den Vorschriften und akzeptieren die Einschaltung des Jugendamtes. Die Beweggründe liegen in der Erfahrung von Herrn Sawatzki, eine Herausnahme in der Vergangenheit erlebt zu haben, und der Angst von Vater und Mutter vor einer Wiederholung. Sie fühlen sich latent bedroht und sind besorgt. Die Angst richtet sich auf die Folgen der Abweichung von den gesellschaftlich akzeptierten Normen und Vorstellungen. Daher gehen sie kein Risiko ein, zeigen ihre Ablehnung nicht offen und vermeiden Konflikte. Sie sind vordergründig motiviert, freiwillig sämtliche Hilfen in Anspruch zu nehmen. Ihre Hilfeannahme ist extrinsisch motiviert. Sie sehen keine Notwendigkeit für die Hilfe, da sie über kein entsprechendes Problembewusstsein verfügen. Die Diskrepanz zwischen ihren eigenen und den fachlichen Einschätzungen der Anforderungen an die Erziehung des Kindes und Gestaltung des Alltags kann im gesamten Verlauf nicht aufgelöst werden. Herr Sawatzki und Frau Cebeci balancieren die Widersprüche aus, indem sie ihre persönlichen Widerstände vorerst zur Seite schieben und ihrem Ziel, das Jugendamt loszuwerden, unterordnen. Die Eltern haben relativ schnell einen konstruktiven Umgang mit der unvermeidbaren Kommunikation gefunden. Entgegen ihrer Überzeugung nehmen sie die Hilfe an, verhalten sich sozial erwünscht und erfüllen die Anforderungen. So demonstrieren sie nach außen, dass alles in Ordnung und eine Fortsetzung der Hilfe nicht legitimiert ist. Sie erreichen ihr Ziel und gewinnen (vorläufig) Ruhe vor dem Jugendamt.

Phase 2: Rückfälle als „Point of no Return" und Einleitung des familiengerichtlichen Verfahrens

Die zweite Phase, die ungewollt durch die Drogenrückfälle der Eltern eingeleitet wird, weist eine neue Qualität in der Interaktion zwischen dem Jugendamt und den Eltern auf. Die zwei Meldungen über ihre Rückfälle begründen die erneute Kontaktaufnahme seitens des Jugendamtes. Spätestens nach der Meldung der Ärztin, dem sogenannten „Point of no Return", findet keine direkte Auseinandersetzung mehr zwischen dem Jugendamt und den Eltern statt. Die Interaktion wird seitens des Jugendamtes auf die Information über die Einschaltung des Familiengerichts reduziert. Mit diesem Schritt weicht das Miteinander, das in der vorherigen Phase oberflächlich und zweckgebunden möglich war, einem Gegeneinander. Die Aktivierung des Familiengerichts als weiterer Akteur stellt den Höhepunkt einer misslungenen Interaktion dar. Die weitere Instanz wird hinzugezogen, um das Kräfteverhältnis neu bestimmen zu können. Die Eltern erleben, keinen Einfluss auf den Verlauf und die Einschaltung weiterer Akteure zu haben. Die Handlungsschritte der Fachkraft prägen den Verlauf. Allerdings gewinnen die Eltern durch die Terminierung der Anhörung Zeit. Sie bereiten sich inhaltlich vor und organisieren sich Anwälte. Sukzessiv gewinnen sie Handlungsfähigkeit und Zuversicht zurück.

Die Anhörung stellt unerwartet den Höhepunkt der Ohnmacht der Eltern dar. Die Familienrichterin stärkt die Position des Jugendamtes. Herr Sawatzki und Frau Cebeci haben trotz ihrer Vorbereitungen keinen unmittelbaren Einfluss auf den Verlauf und das Ergebnis der Anhörung. Nachdem sie ihre Rückfälle geleugnet haben, werden sie in die Rolle von Statisten gedrängt. Sie sind zwar anwesend, aber nicht beteiligt, da die Fachkräfte mutmaßlich kein Interesse an ihrer Meinung zeigen. Die Fachkräfte gehen nicht auf ihre Aussagen, das Leugnen der Rückfälle, ein. Die Eltern sehen sich als Opfer eines Komplotts, das vom Jugendamt geplant und von der Familienrichterin und dem Verfahrensbeistand umgesetzt wird. Der Beschluss ist für die Eltern inakzeptabel. Daher erleben sie den Druck, Alternativen abzuwägen. Sie entscheiden impulsiv, das Kind gegen den Beschluss nicht herauszugeben, sondern bei seinen Großeltern unterzubringen. In ihrer dadurch gewonnenen Machtposition verhandelt der Vater nach der offiziellen Verhandlung inoffiziell mit dem Jugendamt – aus elterlicher Sicht Drahtzieher des vermeintlichen Komplotts – über die Herausgabe des Kindes. Bei diesen Verhandlungen erkennen die Eltern, dass die Herausgabe unvermeidbar ist. Dennoch geben sie nicht auf, sondern ringen nach dieser Erkenntnis um den Zeitpunkt der Herausgabe, bis die bestellte Vormundschaft sich als weitere Instanz einschaltet und einen Beschluss erwirkt. Am Ende der selbst initiierten Eskalation wird der Vater vor die Option gestellt, entweder eine Haftstrafe für seine festgenommene Lebensgefährtin zu akzeptieren oder das Kind herauszugeben.

Phase 3: Strategiewechsel, Entscheidung des Oberlandesgerichts und Fortführung einer Hilfe

Mit der Entscheidung, sich den Gegebenheiten zu fügen, die Herausnahme zuzulassen und mit legalen Mitteln für ihren Sohn zu kämpfen, leiten Herr Sawatzki und Frau Cebeci die dritte Phase ein. Sie entscheiden sich dafür, nach gesellschaftlich anerkannten Regeln zu kämpfen, und legen Beschwerde gegen das Urteil ein. Ab diesem Zeitpunkt handeln sie – analog zur Phase 1 – wieder rational und überlegt. Sie wägen unterschiedliche Optionen ab, bevor sie agieren. Als Wendepunkt kann das Urteil des OLG betrachtet werden. Die schriftliche Anweisung an das Amtsgericht, das Verfahren dort erneut zu verhandeln, erleben Herr Sawatzki und Frau Cebeci als Bestätigung ihrer Position. Sie fühlen sich in ihrer Entscheidung, „lieber so" zu kämpfen, bestärkt und erleben sich nun (wieder) als selbstwirksam. Die Stellung der Beteiligten in dem Verfahren verändert sich: Während die Richterin sich nun auf ihrer Seite positioniert, verliert das Jugendamt an Durchsetzungsvermögen. Es steht den Eltern im weiteren Verlauf augenscheinlich chancenlos gegenüber. Das Kind wird zurückgeführt, ihr Ziel ist erreicht. Nach der zweiten Verhandlung ist sukzessiv eine Interaktion mit dem Jugendamt – mit neuen Fachkräften – möglich. Erstmalig akzeptieren sie – in dem vorgegebenen Rahmen – die Fachkraft des Jugendamtes und die Familienhelferin und beurteilen sie als kompetent und hilfreich. So reduziert sich ihre Kooperation nicht auf die Erfüllung von Anforderungen von außen, sondern sie nutzen die Hilfe, um eigene Anliegen zu bearbeiten.

Die Eltern nehmen die Interaktion mit dem Jugendamt jedoch anhaltend als bedrohlich wahr und befürchten, dass das Verfahren zur Abwendung einer Kindeswohlgefährdung noch nicht final abgeschlossen ist. Trotz des positiven Endes vor dem Familiengericht erleben die Eltern ihre aktuelle Situation als ambivalent: Einerseits sind sie zufrieden mit dem Ausgang des Prozesses, da sie ihr Ziel, die Rückkehr ihres Kindes in ihren Haushalt, erreicht und sich mit dem Ergebnis arrangiert haben. Andererseits erhöht ihr Wissen über die Fragilität des aktuellen Zustandes ihre Anspannung. Die Angst vor einer erneuten Stigmatisierung und Herausnahme ihres Kindes belastet beide Elternteile. Die Angst führt zu unterschiedlichen Umgangsweisen. Frau Sawatzki verhält sich übervorsichtig im Umgang mit ihrem Sohn. Vom Jugendamt fühlt sie sich angeklagt und reagiert darauf mit Rechtfertigungen jeglicher Art. Bei Herrn Sawatzki hat die latente Bedrohung primär ein angepasstes Verhalten im Umgang mit dem Jugendamt zur Folge. Trotz unterschiedlicher Auffassungen übt er keine Kritik, sondern schweigt. Die momentan von den Eltern erlebte eingeschränkte Handlungsautonomie basiert sowohl auf der von außen herangetragenen Auflage, die Familienhilfe anzunehmen, als auch auf ihrem subjektiven Streben, dauerhaft Ruhe vor dem Jugendamt zu haben, um autark den Alltag gestalten zu können. Die Begrenzungen sind somit von außen und innen auferlegt. Als Familie wollen sie zukünftig frei und ungestört von jeglichen Interventionen leben. Sie begrenzen ihren Aktionsradius, um ihre Zielerreichung nicht zu gefährden. Im Sinne einer präventiven Selbstfürsorge regulieren sie ihre Impulse.

Herrn Sawatzki und Frau Cebeci stehen während des Prozesses zur Abwendung einer Kindeswohlgefährdung wenige soziale Ressourcen zur Verfügung. Mit Blick auf ihre sozialen Ressourcen benennen sie ausschließlich seine Eltern als hilfreiche Personen. Diese halten zu ihnen und bestärken sie emotional. Herr

Sawatzki und Frau Cebeci erwähnen keine engen Freunde, die sie in dieser Zeit als emotionale Unterstützung aktivieren können. Der relativ unverbindliche und lose Kontakt zu Kollegen/Kolleginnen wird von ihnen genutzt, wenn sie konkrete Anliegen haben. Herr Sawatzki verbringt seine Freizeit mit ihnen und erledigt mit ihnen anstehende Aufgaben (z. B. Handwerkstätigkeiten). Diese Kontakte sind eher zweckgebunden und haben einen konkreten Nutzen für sie. Die Kollegen/Kolleginnen stehen ihnen nicht als emotionale Stütze, sondern als instrumentelle Ressource zur Verfügung.

Herr Sawatzki und Frau Cebeci sind im Umgang mit dem gesamten Prozess daher vorrangig auf sich allein gestellt. Sie sind gezwungen, ihre personalen Ressourcen zu aktivieren. Primär helfen ihnen die Zuversicht und die Überzeugung, dass ihr Sohn zu ihnen zurückkehrt. Herr Sawatzki und Frau Cebeci nehmen sich übereinstimmend als Kämpfer und Kämpferin wahr. Sie sind bereit, als Team unermüdlich zu kämpfen. Ihre Bewältigungs- und Kampfstrategien lassen sich auf einem Kontinuum von aktiv-konfrontativen bis hin zu passiv-resignierenden Verhaltensweisen einordnen. Sie schöpfen nicht ausschließlich legale Rechtsmittel aus, sondern nutzen auch illegale Optionen, um ihr Ziel zu erreichen. Herr Sawatzki ist im Kampf der Eltern die treibende Kraft und trifft die Entscheidungen darüber, welche Handlungsschritte eingeleitet und umgesetzt werden. Die Eltern wenden in dem gesamten Verfahren zu unterschiedlichen Zeitpunkten zwei unterschiedliche Strategien an: Sie demonstrieren erstens ihre Macht mithilfe von provokanten und grenzüberschreitenden Verhaltensweisen und fügen sich zweitens den Anforderungen, indem sie sich angepasst verhalten. Die Eltern stellen weder das normenverletzende noch das angepasste Verhalten infrage, sondern legitimieren die jeweilige Ausrichtung mit den ihnen zur Verfügung stehenden Möglichkeiten. Entscheidend für sie ist, dass die Strategie dem Ziel angemessen ist.

Ein weiterer Bewältigungsversuch im Verborgenen sind Gewaltfantasien, die Herr Sawatzki sowohl in früheren Phasen als auch aktuell gegen beteiligte Fachkräfte richtet. Seine Fantasien umfassen unterschiedliche Szenarien, die losgelöst von der Realität sind. Die darin enthaltenen Aggressionen werden von ihm nicht offen ausgelebt. Neben eigenen Gewaltfantasien projiziert er aggressive Reaktionen auf andere Betroffene. Anderen Personen, denen Ähnliches widerfährt, schreibt er stellvertretend für sich die Bereitschaft zu, Gewaltfantasien umzusetzen. Er grenzt sich bewusst ab und hält so das Bild eines kontrollierten Mannes aufrecht. Er kehrt die negativen Fantasien in ein positives Bild, indem er seine Gelassenheit und seine Ruhe im Umgang mit dem Jugendamt – im Vergleich zu den unkontrollierten Betroffenen – hervorhebt.

8. Diskussion der Erlebens- und Bewältigungsmuster in der Zusammenschau

In dem vorherigen Kapitel standen die individuellen Fallgeschichten und -verläufe mitsamt ihren einzigartigen Entwicklungen und Ereignissen im Mittelpunkt des Auswertungsinteresses. Ausgehend von den subjektiven Perspektiven der drei ausgewählten Eltern wurde das von ihnen konstruierte Erleben und Bewältigen fallspezifisch rekonstruiert und analysiert. In diesem Kapitel werden nun Erlebens- und Bewältigungsmuster in den Mittelpunkt gestellt und theoretisch erläutert. Die Muster orientieren sich an den drei Einzelfällen, erfassen aber fallübergreifende Strukturen.

Der Konzeption von Mustern liegt das Ziel zugrunde, sich „in die [...] handelnden und interagierenden Akteure, in die Sinngebung und die Relevanzsetzung für ihr Handeln [...] hineinversetzen [zu] können, um sie besser zu verstehen" (Faltermeier 2001, S. 131). Muster umfassen wiederkehrende Schemata, die beispielsweise dazu dienen, Erleben und Bewältigen als Phänomene in ihrer eigenen Logik zu erfassen und zu erklären. In Bezug auf mein Erkenntnisinteresse geben sie Antworten auf die folgenden Fragen, welche die Frage nach dem Erleben und Bewältigen von Verfahren zur Abwendung einer Kindeswohlgefährdung konkretisieren (siehe Kapitel 6.5):

- Wie schätzen Eltern ihre Lebenssituation ein?
- Wie stellen sie mögliche Probleme dar?
- Wie erleben Eltern Fachkräfte in dem Verfahren und wie begründen sie bestimmte professionelle Handlungsschritte?
- Wie erleben und erklären Eltern ihre Beziehung zu Fachkräften?
- Wie bewältigen sie den Eingriff in ihre elterliche Autonomie?
- Welche Ressourcen stehen ihnen zur Verfügung?

Die Erkenntnisse stellen Informationen zur Verfügung, wie betroffene Eltern mit spezifischen Situationen und Fachkräften umgehen und welche Beweggründe ihren Wahrnehmungen, Deutungen sowie Handlungen zugrunde liegen. Die Muster ermöglichen, ausgewählte Facetten ihres Erlebens und Bewältigens zu begreifen. Sie beziehen sich auf die nachfolgenden Themen, die sich an den Forschungsfragen orientieren:

- Persönliche und familiäre Lebenssituation
- Selbstbild als Eltern
- Wahrgenommene Fremdzuschreibungen
- Interaktion mit dem Jugendamt
- Hilfe(n) und weitere Fachkräfte
- Akteure und Zusammenarbeit im familiengerichtlichen Verfahren
- „Überleben" – Umgang mit dem gesamten Prozess

Diese Bereiche des Erlebens und Bewältigens betroffener Eltern sind miteinander verflochten und stehen in einer interdependenten Beziehung zueinander. Die inhaltlichen Ausprägungen werden nachfolgend „analytisch differenziert und kontrastiv-fallübergreifend herausgearbeitet" (Faltermeier 2001, S. 132). Dazu werden die zentralen Aussagen der drei analysierten Fälle zu den oben genannten Themen miteinander verglichen. Unterschiede und Gemeinsamkeiten in den subjektiven Wahrnehmungen und Deutungen werden diskutiert. Dabei werden wiederkehrende Muster in der Auseinandersetzung mit dem subjektiven Erleben und Bewältigen herausgearbeitet, um grundlegende Zusammenhänge skizzieren zu können. Die Erkenntnisse aus dem Vergleich der Einzelfälle werden punktuell um Ergebnisse aus weiteren Interviews ergänzt. Die Heranziehung weiterer Fälle dient der Verdichtung der Ergebnisse.

Die empirisch gewonnenen Einsichten in das Erleben und Bewältigen betroffener Eltern werden an ausgewählten Stellen in theoretische Kontexte eingebettet. Die theoretische Einbindung wird dabei bewusst von dem Fließtext abgegrenzt, indem sie eine andere Formatierung aufweist *(„kursive Schriftart")*.

8.1 Persönliche und familiäre Lebenssituation

Die Selbstbeschreibungen der Eltern beinhalten ihr Erleben als fühlende, denkende und handelnde Personen in ihrer Lebenswelt. Sie bieten erstens den Referenzrahmen für die Wahrnehmung und Deutung der von ihnen wahrgenommenen Fremdzuschreibungen und hängen zweitens mit ihrer Deskription als Akteure in dem Prozess zur Abwendung einer Kindeswohlgefährdung zusammen. Daher ist es von besonderem Interesse, ausgewählte Muster ihrer Selbstbeschreibung nachzuzeichnen.

Die Wahrnehmung und Darstellung der persönlichen und familiären Lebenssituation bewegen sich zwischen Normalitätssehnsucht und dem Arrangement mit Besonderheiten.

Die ausgewählten Eltern sind sich dessen bewusst, dass die in ihren Familien vorliegenden Konstellationen nicht typisch, sondern speziell sind. Die von ihnen wahrgenommene und erläuterte Normalitätsabweichung, die sich in einem oder mehreren Schicksalsschlägen, einem besonderen Belastungsmoment oder einer stark empfundenen Benachteiligung manifestiert, nimmt in ihrem Selbstverständnis einen hohen Stellenwert ein und ist identitätsstiftend.

In ihren Erzählungen setzen die Väter und Mütter sich reflexiv mit ihren Vorstellungen von Normalität auseinander. Sie grenzen sich entsprechend ihrem subjektiven Verständnis von normalen Lebenssituationen ab, da sie in ihrer Lebenswelt Besonderheiten wahrnehmen, die ihr Familienleben, ihr/e Kind/er und/oder ihre Persönlichkeit prägen. Angesichts der Vielschichtigkeit der Familien- und Lebenssituationen können die von den Eltern jeweils erlebten Abweichungen auf unterschiedlichen Ebenen liegen: bei ihnen, bei ihrem Kind/ihren Kindern oder in ihrer Lebenswelt. Während manche Besonderheiten als natürlich gegebene Rahmenbedingungen skizziert werden (z. B. Krankheiten oder Todesfälle), stellen andere eine Folge von getroffenen Entscheidungen und/oder selbstgewählten Handlungen (z. B. Drogenkonsum) und/oder Verhalten Dritter (z. B. abwertendes oder stigmatisierendes Verhalten, künstlich inszenierte Probleme) dar. Die wahrgenommene Normabweichung wird in dem subjektiven Relevanzsystem der Eltern zu ihrer alltäglichen Normalität. Im Laufe ihrer Erzählung findet eine Identifikation mit den Besonderheiten statt, z. B.: Wir sind süchtig; Wir sind Eltern eines außergewöhnlich schwierigen Kindes.

Die Eltern aus den Fallstudien erleben sich im selbstgewählten Vergleich zu anderen Personen oder Eltern in einer benachteiligten Position. Die von ihnen wahrgenommene Benachteiligung kann sich auf ihre gesellschaftliche Schichtzugehörigkeit beziehen, ihren Ursprung in biografischen Erfahrungen haben oder ein Ergebnis des Vergleiches mit gewöhnlichen Anforderungen an Eltern darstellen. Das Gefühl einer aktuellen oder früheren Benachteiligung ist in ihrem Erleben präsent und wird durch das Verfahren zur Abwendung einer Kindeswohlgefährdung (re-)aktiviert. In diesem Sinne gelten ihnen der Verlauf und das Ergebnis des Verfahrens als Beispiel für ihre Benachteiligung.

Die Eltern bemühen sich um einen Umgang mit den für sie selbstverständlichen Abweichungen und erlebten Benachteiligungen. Mögliche Bewältigungsformen bewegen sich zwischen aktivem Kämpfen und passivem Erleiden. Frau Tschick skizziert sich und ihren Sohn zwar als Opfer belastender Besonderheiten, ergibt sich diesen aber nicht, sondern nimmt die Herausforderungen zuversichtlich an. Sie aktiviert ihren Kampfmodus und kämpft für ihre Ziele und

Veränderungen. In ihrem Arrangement mit den besonderen Anforderungen erlebt sie sich überwiegend als handlungsfähig, selbstwirksam und erfolgreich. Sie kann die schicksalhaften Gegebenheiten mitsamt den auftretenden Belastungen für sich erfolgreich bewältigen. Im Gegensatz dazu hadern die Eheleute Imhoff mit ihrem Schicksal und verharren in einer Opferrolle. Ihre Bemühungen um einen positiven Umgang mit ihrem Sohn zeigen keine nachhaltigen Wirkungen: Sie leiden, sind zunehmend resigniert und agieren verzweifelt gegenüber den besonderen Herausforderungen, die das Schicksal an sie stellt. Sie erleben, Situationen nicht steuern zu können und fühlen sich infolgedessen ausgeliefert. Während Frau Tschick also ein positives Arrangement mit ihren individuellen Besonderheiten entwickelt und ihren Alltag in weiten Teilen erfolgreich meistert, sehnen die Eheleute Imhoff sich nach Normalität. Die Nachteile der von ihnen beschriebenen Auffälligkeiten ihres Sohnes bestimmen ihr Erleben und fördern ihr Bedürfnis nach Alltäglichkeit.

8.2 Selbstbild als Eltern

Die Eltern haben grundsätzlich eine positive Sicht auf die Ausübung ihrer Elternrolle und ringen um Akzeptanz und Anerkennung ihres Elterndaseins und ihrer Lebenssituation.

Das Bewusstsein für die Normabweichung bildet den Rahmen für ihre subjektiven Einschätzungen ihrer Performance als Eltern sowie ihrer Bewältigung alltäglicher und spezieller Herausforderungen. Trotz oder wegen der Besonderheiten ihrer Lebenssituation und/oder Biografie, die von gesellschaftlichen Normvorstellungen abweichen, sind sie bestrebt, Normalität auf ihre Art und für sich herstellen und als zentrales Element in ihr Selbstbild als Eltern integrieren zu können. Die Fähigkeit, die Rolle als Eltern auszuüben, wird von ihnen einheitlich als natürlich gegeben betrachtet. Temporär begrenzte Defizite oder Schwächen erklären sie durch äußere und außergewöhnliche Umstände, die von ihnen nur begrenzt zu verantworten sind (z. B. psychische Erkrankung oder Normabweichung des Sohnes).

Alle befragten Eltern sind gewillt, ihrer Elternrolle gerecht zu werden. Ihre jahrelang prinzipiell erfolgreich angewandten (Über-)Lebensstrategien dienen ihnen als Beleg, die Versorgung und Erziehung ihres Kindes/ihrer Kinder bestmöglich gewährleisten zu können. Dieses grundsätzliche Selbstverständnis findet sich mit einer Ausnahme bei allen 18 interviewten Eltern. Lediglich eine Mutter offenbart in der Rückschau, dass sie aufgrund ihrer Alkoholerkrankung in der Vergangenheit phasenweise nicht den Anforderungen an gute Elternschaft gerecht wurde.

Für die Eltern aus den Fallstudien, die betonen, sich für das Elternsein ent-schieden zu haben, impliziert die Übernahme der Elternrolle eine bedeutsame Aufgabe, die sie entsprechend ihren Vorstellungen und Möglichkeiten ausge-stalten wollen. Die Eltern haben für sich Auffassungen von guten Eltern, guter Erziehung und gutem Aufwachsen entwickelt. Ihren Ansprüchen werden sie aus ihrer Sicht in weiten Teilen gerecht. Die Eltern beteuern, ihr Kind/ihre Kinder zu lieben. Sie nehmen die elterlichen Pflichten ernst und wollen diese erfüllen. Zudem identifizieren sie sich mit der Vater- bzw. Mutterrolle, haben eine positive Sicht auf Elternschaft und präsentieren sich als gute Eltern, indem sie in erster Linie positive Attribute in ihr Selbstbild integrieren. Sie beschreiben sich als bemüht, motiviert und engagiert und versichern, sich bestmöglich um ihr Kind zu kümmern. In ihrer Lebensgeschichte kämpfen sie seit jeher für ihr Kind/ihre Kinder und das gemeinsame Zusammenleben.

Ihre individuellen Einschätzungen möglicher Folgen der Spezifika auf ihre erzieherischen Kompetenzen und die Situation ihres Kindes/ihrer Kinder vari-ieren: Während Herr Sawatzki keine nennenswerten Effekte wahrnimmt, be-schreiben Frau Tschick und die Eheleute Imhoff Auswirkungen auf ihre Handlungen. Frau Tschick erkennt einen Zusammenhang zwischen ihrer psy-chischen Erkrankung und ihren erzieherischen Fähigkeiten: Ihre (In-)Stabilität steht in einem Verhältnis zu dem Maß an Aufmerksamkeit und Zuwendung für ihren Sohn. Die Eheleute Imhoff nehmen angesichts der Verhaltensauffällig-keiten ihres Sohnes eine Überforderung wahr. Frau Tschick und die Eheleute Imhoff betonen ihren verantwortlichen Umgang mit den Folgewirkungen so-wie ihre Bemühungen, Lösungen zu finden und Veränderungen zu erarbeiten. Ihre jeweiligen Beschreibungen von Überforderungsmomenten münden in der Entwicklung eines Problembewusstseins. Die Problemeinsicht schmälert jedoch nicht ihre Überzeugung, grundsätzlich über ausreichende Fähigkeiten zu verfü-gen, um die erzieherischen und alltäglichen Herausforderungen dauerhaft be-wältigen zu können. Aus ihrer Sicht handelt es sich nicht um permanente Ein-schränkungen, sodass sie die Besonderheiten mitsamt den Auswirkungen nicht als ernsthafte Bedrohung für die Ausübung ihrer Elternrolle bewerten. Die Wahrnehmung von Herrn Sawatzki und Frau Cebeci weicht hingegen deutlich ab: Sie erkennen hinsichtlich der erzieherischen Anforderungen keine Schwie-rigkeiten.

Die Besonderheiten ihrer Lebenssituation dienen den Eheleuten Imhoff und Frau Tschick als Beleg für ihre außergewöhnlich hohe Leistungsbereitschaft und -fähigkeit. In ihrer Wahrnehmung erbringen sie im Vergleich zu typischen Eltern mehr Leistungen, um ihren von der Norm abweichenden Alltag erfolg-reich meistern zu können. Herr und Frau Imhoff haben im Umgang mit den Verhaltensauffälligkeiten ihres Sohnes alle ihnen zur Verfügung stehenden Handlungsoptionen ausgeschöpft und die ihnen vermittelten fachlichen Emp-fehlungen – bis auf wenige Ausnahmen – umgesetzt. Angesichts ihrer Bemühungen und ihres Einsatzes sind auch Frau Tschick sowie Herr Sawatzki und Frau Cebeci mit ihrer Leistung als Eltern grundsätzlich zufrieden. Die Eltern erwarten von außenstehenden Personen Anerkennung, Wertschätzung und Respekt für ihre Bemühungen.

Die Eltern aus den Fallstudien akzentuieren ihre Anstrengungen: Indem sie das Kümmern um ihr Kind/ihre Kinder in den Mittelpunkt ihrer Selbstbeschreibung rücken, können sie das positive Bild engagierter Eltern aufrechterhalten. Dieses Selbstbild erschwert zugleich eine kritische und reflexive Auseinandersetzung mit eigenen Anteilen an schwierigen Situationen oder Entwicklungen. Die Eltern lehnen eine Abwertung ihrer Fähigkeiten ab. In der Folge richten sie ihren Blick vorrangig auf die besonderen Umstände, um die Verantwortung nach außen verlagern und Erklärungen außerhalb ihres Kompetenzbereiches finden zu können. Herr und Frau Imhoff betonen beispielsweise vehement, dass sich die Überforderungsmomente im Umgang mit ihrem Sohn nicht mit unzureichenden Kompetenzen auf ihrer Seite, sondern ausschließlich mit dem Grad der Abweichung ihres Sohnes begründen lassen. Dementsprechend umfasst Problemeinsicht bzw. das Erkennen von Belastungs- und Überforderungsmomenten nicht automatisch ein Bewusstsein eigener Anteile.

Das Selbsterleben umfasst die Kompetenz, zu definieren, was das Ich auszeichnet, indem Antworten auf die Fragen „Wer bin ich?" und „Was kann ich?" gegeben werden (vgl. Goller 2009, S. 32). Die individuelle Selbstbeschreibung beeinflusst wahrgenommene Handlungsoptionen (vgl. Langfeldt/Nothdurft 2015, S. 153). In der Lebenswelt von Menschen ist der Handlungsspielraum begrenzt: Äußere und innere Beschränkungen limitieren die individuellen Handlungsmöglichkeiten. Dementsprechend ist Handlungsfreiheit nicht absolut, sondern relativ innerhalb eines vorgegebenen Handlungsspielraums. Auf der einen Seite entscheidet das Individuum relativ selbstbestimmt, ob und wie es handelt. Auf der anderen Seite werden subjektive Bedürfnisse objektiven und äußeren Ansprüchen und Zwängen untergeordnet. Zwischen diesen Polen bewegen sich die Handlungen von Individuen (vgl. Goller 2009, S. 160 f.). Die Eltern aus den Fallstudien sind bestrebt, den ihnen zur Verfügung stehenden Handlungsspielraum bestmöglich zum Wohl ihres Kindes/ihrer Kinder zu nutzen. Zwar erkennen sie punktuell Begrenzungen in der Ausgestaltung ihrer Elternrolle, diese fallen aber in ihrer Wahrnehmung nicht in ihren Verantwortungsbereich. Sie schätzen ihre Fähigkeiten und Kompetenzen in weiten Teilen positiv ein.

Die elterlichen Selbstbeschreibungen repräsentieren die für sie gültigen Alltagstheorien. Alltagstheorien sind individuell konstruierte Überzeugungen, die subjektiv eine innere Logik aufweisen (vgl. Waldschmidt 2012, S. 79). Im Gegensatz zu wissenschaftlich gültigen Theorien handelt es sich bei Alltagstheorien um subjektive Beurteilungen und Konstrukte, die objektiv nicht auf ihren Wahrheits- oder Richtigkeitsgehalt überprüft werden können.

Menschen entwickeln mithilfe ihrer Alltagstheorien kognitive Ideen und Bilder von Themen und Sachverhalten, „die so in Beziehung zueinander stehen, dass sie ein individuell sinnvolles Geflecht an Aussagen bilden" (Klewin 2006, S. 40). Die subjektiven Anschauungen und Erklärungen können von einer Person – bewusst oder unbewusst – vertreten und/oder von einer spezifischen Gruppe geteilt werden (vgl. ebd., S. 43). Alltagstheorien liefern Deutungsmuster im Sinne von „Argumentationszusammenhänge[n]" (Schäfer 2012, S. 16), die Wahrnehmungen, Zuschreibungen, Haltungen und das Verhalten einzelner Personen und/oder Personengruppen beeinflussen.

Alltagstheorien werden biografisch herausgebildet, indem Menschen ihre persönlichen und sozialisationsbezogenen Erfahrungen sowie Erlebnisse in Interaktionen und Handlungsabläufen sukzessiv zu Deutungsmustern abstrahieren. Flankierend prägen gesellschaftlich vermittelte Normen die Muster (vgl. Klewin 2006, S. 42). Neue Erfahrungen und Situationen werden im Lichte der in dem Deutungsmuster gebündelten generalisierten Sichtweisen und Überzeugungen wahrgenommen und ggf. integriert. Da Individuen in erster Linie bestrebt sind, ihre Deutungsmuster aufrechtzuerhalten, sind Alltagstheorien relativ stabil (vgl. Schäfer 2012, S. 17, 22).

Alltagstheorien erfüllen unterschiedliche Funktionen: Sie bieten Orientierung in einer unübersichtlichen Welt, da sie die Komplexität der Welt mithilfe von Kategorien reduzieren. Menschen neigen dazu, Beobachtungen und Erfahrungen, die sie in der Auseinandersetzung mit der Umwelt machen, zu sortieren und Zusammenhänge herzustellen. Als Ordnungssystem repräsentieren Alltagstheorien ein Schema zur Einordnung von Erfahrungen. Individuen bauen „Alltagswissensbestände" (ebd., S. 22) auf, die Erwartungen an das Verhalten anderer Personen und an eigene Reaktions- und Handlungsmuster umfassen. Sie nehmen Reaktionen des Gegenübers vorweg und wägen eigene Handlungsoptionen ab. Alltagstheorien legitimieren zudem bestimmte Handlungen (vgl. Klewin 2006, S. 42 ff.).

Die Alltagstheorien der befragten Eltern werden maßgeblich durch ihre biografischen Erfahrungen und ihre Lebenswelt geprägt. Daher weisen ihre Vorstellungen von Elternschaft nicht zwingend eine Übereinstimmung mit gesellschaftlichen Vorstellungen auf. Die Eltern ziehen ihre subjektiv entwickelten und für sie gültigen Alltagstheorien heran, um ihre Handlungen plausibel darstellen und begründen zu können. Auf diese Weise steigt ihre Handlungsfähigkeit und -sicherheit. Angesichts ihres Bestrebens, ihre Identität zu wahren, lässt sich bei den Eltern aus den Fallstudien tendenziell „eine Wahrnehmungsselektion und -interpretation" (Schäfer 2012, S. 24) beobachten. Diese in der Regel nicht bewusste Strategie dient der Bestätigung und dem Schutz ihres Selbstwertes und führt dazu, spezifische Situationen und Ereignisse primär im Sinne ihres konstruierten Selbstbildes zu deuten (vgl. Klewin 2006, S. 44). Ohne eine von außen herangetragene Auseinandersetzung überprüfen die Eltern selten die Gültigkeit *ihrer Alltagstheorien, da sie diese – losgelöst von gesellschaftlichen oder normativen Erwartungen – als valide betrachten (vgl. Schäfer 2012., S. 22).*

Zur Aufrechterhaltung ihres Selbstbildes als gute Eltern – trotz widriger Umstände – deuten sie ihre definierten Normabweichungen um.

Frau Tschick sowie Herr und Frau Imhoff ziehen die Besonderheiten heran, um ihre Handlungen zu erklären. Sie legitimieren erzieherische Einschränkungen oder Überforderungen im Umgang mit ihrem Kind oder in der Ausgestaltung des Alltags mit den außergewöhnlich hohen Anforderungen der Normabweichung. Die Eltern verbindet, dass sie angesichts der besonderen Herausforderungen in ihrem Leben nicht durchgängig ihre eigenen Ansprüche erfüllen konnten. In spezifischen Situationen waren sie aus ihrer Sicht gezwungen, entgegen ihren Überzeugungen zu agieren, um situativ erfolgreich zu handeln. Frau Tschick sowie Herr und Frau Imhoff haben in der Vergangenheit Gewalt in der Erziehung ausgeübt. In ihren Ausführungen zeigt sich eine große Diskrepanz zwischen ihrer heutigen Ablehnung von Gewalt und früheren Gewaltanwendungen. Heutzutage distanzieren sie sich von Gewalttätigkeiten in der Erziehung, indem sie diese als untypisch für ihre Persönlichkeit bewerten und folglich als situations- und kontextgebundene Reaktion deuten. Frau Tschick definiert beispielsweise ihre psychische Erkrankung als Kontextbedingung für ihre ausgeübte Gewalt. In diesem von ihr geschaffenen Rahmen rationalisiert sie ihre Gewaltanwendungen zudem als Schutz ihres Sohnes vor schlimmeren Gewaltanwendungen. Auf diese Weise gelingt ihr eine Neubewertung. Herr und Frau Imhoff erkennen zwar auch Fehler in ihrem Verhalten, wollen dafür aber nicht die alleinige Verantwortung übernehmen. Sie nutzen den Vergleich mit ihrer „normalen" Tochter, um die Abweichung ihres Sohnes – im negativen Sinne – und ihre elterliche Normalität zu veranschaulichen: Sie stilisieren ihren Sohn zum Außenseiter in der Familie und geben ihm aufgrund seiner Auffälligkeiten und Provokationen die Schuld für ihr gewalttätiges Verhalten. Sie haben in Konfliktsituationen im Sinne von Notwehr und ohne alternative Handlungsoptionen agiert. Aus ihrer Perspektive trägt ihr Sohn die Verantwortung für die Konflikte, da sich sein Verhalten – in ihrer Wahrnehmung – seit jeher gegen sie richtet. Diese Schuldzuweisung im Sinne einer Parentifizierung entlastet die Eltern und ermöglicht ihnen, an ihrem Bild von normalen Eltern festzuhalten und sich als Opfer zu betrachten.

Die von manchen Eltern erkannten defizitären erzieherischen Verhaltensweisen, z. B. Gewaltanwendungen, können nicht ohne Weiteres in ihr Selbstbild als gute Eltern integriert werden. Ihrem Anspruch, als Eltern normal zu sein und zu agieren, werden sie nicht durchgängig gerecht. Die erlebte Spannung zwischen ihren Überzeugungen und Handlungen enthält kognitive Dissonanzen, die von ihnen gemanagt werden müssen. Die Theorie der kognitiven Dissonanz von Festinger beinhaltet die Annahme, dass alle Menschen nach Konsistenz von Einstellungen, Verhaltensweisen und Emotionen streben, da das Auftreten von Dissonanzen einen negativen emotionalen und kognitiven Zustand erzeugt.[85] Die fehlende Passung zwischen Verhalten einerseits und Werten, Normen oder Ansichten andererseits bedroht das Selbstbild. Daher evozieren kognitive Dissonanzen den Impuls, sie zu verringern und den unangenehmen Zustand abzuwenden (vgl. Fengler 2017, S. 291). Die befragten Eltern wenden unterschiedliche Strategien an, um die Unstimmigkeiten zwischen ihrem Idealbild und der Realität zu redu-zieren: Sie rationalisieren und bagatellisieren ihre problematischen Reaktionen und Handlungen und führen die Normabweichungen und außergewöhnlich hohen Anforderungen als Rechtfertigung für unangemessene Verhaltensweisen, Unsicherheiten oder Überforderungen an. Die typische Besonderheit wird in-strumentalisiert, um ihr positives Selbstbild aufrechterhalten zu können. Die Bearbeitung kognitiver Dissonanzen wird häufig von Wahrnehmungs-, Denk-, Beurteilungs- und Beobachtungsfehlern begleitet, mit denen sich die Betroffenen nur selten bewusst auseinandersetzen (vgl. ebd., S. 291; Raab et al. 2010, S. 44). Provokant könnten die Ausführungen der betroffenen Eltern daher als „Beschöni-gungen" gedeutet werden, die ihnen dabei helfen, die Dissonanzen emotional aushalten und kognitiv managen zu können.

8.3 Wahrgenommene Fremdzuschreibungen

Alle interviewten Eltern werden während des Verfahrens zur Abwendung einer Kindeswohlgefährdung mit Fremdzuschreibungen konfrontiert, die von außen entweder unmittelbar oder mittelbar an sie herangetragen werden.[86] Dabei können zwei Bezugspunkte differenziert werden: Erstens werden den Vätern und Müttern als Personen unterschiedliche Attribute zugeschrieben. Zweitens werden sie im Verlauf mit der Behauptung einer Kindeswohlgefährdung in ihrer familiären Lebenssituation konfrontiert. Beide Aspekte beziehen sich

---

85 Festinger veröffentlichte seine Theorie der kognitiven Dissonanz 1978. Seine Überlegungen wurden seitdem von diversen Wissenschaftlern/Wissenschaftlerinnen aufgenommen, mo-difiziert und erweitert. In der Folge haben sich bis heute verschiedene konsistenztheoreti-sche Theorien etabliert, die unterschiedliche Schwerpunkte setzen, z. B. die Balance-Theo-rie von Heider sowie die Reformulierung von Irle (vgl. Raab et al. 2010, S. 50 ff.).

86 Die von den Eltern wiedergegebenen Fremdzuschreibungen beziehen sich in erster Linie auf die Einschätzungen der zuständigen Fachkräfte des Jugendamtes. Diese professionellen Beurteilungen sind in dem Erleben der Eltern omnipräsent und werden von ihnen maß-geblich für den weiteren Verlauf des Verfahrens zur Abwendung einer Kindeswohlgefähr-dung verantwortlich gemacht.

letztlich auf die Ausübung ihrer Elternrolle und können daher in der Praxis nicht trennscharf voneinander abgegrenzt werden.

In der Wahrnehmung der Eltern sind die Fremdzuschreibungen wahrnehmungs- und handlungsleitend für die Fachkräfte.

Die befragten Eltern realisieren einen Zusammenhang zwischen ihren wahrgenommenen Fremdzuschreibungen, den Haltungen ihnen gegenüber und der Interaktion mit den Fachkräften und/oder der Organisation Jugendamt. Die professionellen Fremdzuschreibungen haben aus ihrer Sicht eine starke und lang andauernde Wirkung. Sie zeigen sich vorrangig in einer selektiven und reduzierten Wahrnehmung und beeinflussen das fachliche Handeln. So haben Herr und Frau Imhoff eine besondere Vorsicht der Fachkräfte im Umgang mit ihnen als Eltern wahrgenommen. Frau Tschick teilt diese Erfahrung: Sie hat in unterschiedlichen Kontexten wiederkehrend Skepsis ihr gegenüber registriert. Herr Sawatzki erlebt, dass die für ihn charakteristischen Selbstbeschreibungen, z. B. als sozial schwach und drogensüchtig, in der Fremdwahrnehmung negativ assoziiert werden. In der Konsequenz wird ihm vermittelt, dass seine Gruppenzugehörigkeiten maßgeblich die negative Wahrnehmung und Zuschreibung bei den Fachkräften hervorrufen.

Zugleich haben die wahrgenommenen Fremdzuschreibungen Einfluss auf die den Eltern zur Verfügung gestellten Handlungsoptionen. Aus ihrer Sicht ist die von ihnen erlebte Abwertung ihres Elternseins mit Einschränkungen ihrer Handlungsautonomie verbunden, wohingegen die Anerkennung ihrer Person einen Zuwachs an Handlungsoptionen bedingt. Exemplarisch beschreiben die Eheleute Imhoff die nach der Fremdunterbringung ihres Sohnes sukzessiv zunehmende Reglementierung ihrer Befugnisse: Anstatt ihre Elternschaft frei gestalten zu können, erleben sie durch die Fachkräfte eine Kontrolle, die aus ihrer Perspektive einer Diskreditierung ihrer Elternrolle gleichkommt. Sie erleben, in der Bedeutung für ihren Sohn nicht anerkannt zu werden. Erst die mit dem Zuständigkeitswechsel erfahrene Aufwertung eröffnet ihnen neue und erweiterte Handlungsspielräume.

Die Eltern werden aus ihrer Sicht von Fachkräften auf ein zentrales Merkmal („Stigma") reduziert und in der Folge als Person(en) abgewertet.

Die Eltern aus den Fallstudien registrieren, dass Fachkräfte der besonderen familiären Ausgangslage eine ähnlich hohe Bedeutung wie die Eltern selbst beimessen: Die Abweichung von gesellschaftlichen Normen bildet den Dreh- und Angelpunkt fachlicher Einschätzungen und Handlungen. Die vermittelten Fremdzuschreibungen über die Eltern in ihrer Elternrolle und über die Situation ihrer Kinder sind in weiten Teilen nicht kompatibel mit dem selbst entworfenen Selbstbild der Väter und Mütter.

Alle befragten Eltern haben den Eindruck, dass die Fachkräfte sie als belastet, überfordert und hilfebedürftig wahrnehmen. Infolgedessen vermitteln die Fachkräfte den Eltern, dass diese in der Ausübung ihrer Elternrolle Hilfe benötigen, um ihren Rechten und Pflichten gegenüber ihrem Kind/ihren Kindern angemessen nachkommen und die aus fachlicher Sicht erforderlichen Veränderungen erarbeiten zu können. Die Fachkräfte benennen je nach Fallkonstellation, -verlauf und fallspezifischen Besonderheiten unterschiedliche Probleme in der Lebenswelt der Familie und/oder Schwierigkeiten im Umgang zwischen Eltern und ihrem Kind/ihren Kindern. Die fachlichen Einschätzungen eines Hilfe- und Unterstützungsbedarfs werden nicht zwingend von den Eltern geteilt. Während Herr Sawatzki und Frau Cebeci – analog zu einer anderen befragten Mutter – keine Gründe für eine Unterstützung sehen, erkennen Herr und Frau Imhoff sowie Frau Tschick Belastungsmomente, aus denen sie mehr oder weniger selbstständig einen Hilfebedarf ableiten.

Die teilweise geteilten Sichtweisen auf familiäre Eigenarten oder das Vorliegen von besonderen Belastungsmomenten und Anforderungen im Rahmen der Erziehung und in der Bewältigung des Alltags führen jedoch nicht zwangsläufig zu gleichen Bewertungen. Vielmehr weisen fachliche und elterliche Erklärungs- und Deutungsmuster über Ursachen und Folgen häufig eine große Diskrepanz auf. Die Fachkräfte nehmen beispielsweise – in Übereinstimmung mit den Eheleuten Imhoff – die Auffälligkeiten des Sohnes wahr, deuten diese allerdings anders, da sie den Eltern und nicht dem Sohn die Verantwortung dafür zuschreiben. In den Fällen von Frau Tschick sowie Herrn Sawatzki und Frau Cebeci schätzen die Fachkräfte die Auswirkungen der Besonderheiten (psychische Erkrankung und Drogenkonsum) anders ein als die betroffenen Elternteile. Die Väter und Mütter nutzen subjektive Erklärungen, um ihre Sichtweisen behaupten zu können. Da sie die – zumindest phasenweise wahrgenommenen – Auswirkungen im Alltag mehr oder weniger selbstständig erfolgreich bewältigen, sind die negativen Deutungen für sie nicht haltbar.

In den Fallstudien spiegeln Fremd- und Selbstzuschreibungen differente Sichtweisen auf elterliche Kompetenzen, persönliche Lebenssituationen und Entwicklungen des Kindes/der Kinder wider. Die Fremd- und Selbstzuschreibungen stehen sich aus Sicht der Eltern zunächst unvereinbar gegenüber. Den Selbstbeschreibungen der Eltern als engagiert und sich kümmernd widerspricht eine fachlich-negative Fremdzuschreibung. Die Eltern erleben eine Stigmatisierung, da sich aus ihrer Perspektive der fachliche Blick auf negative Attribute konzentriert und reduziert. Ihnen wird ein Stigma angeheftet. Der Stempel, z. B. als drogenabhängig (Herr Sawatzki und Frau Cebeci), psychisch krank und instabil (Frau Tschick) oder gewalttätig (Herr und Frau Imhoff), lenkt den fachlichen Blick und das Handeln der Fachkräfte im weiteren Verlauf. Aufseiten der Fachkräfte nehmen die Eltern aus den Fallstudien zunehmend eine negative Betrachtungsweise ihnen gegenüber wahr. Die fachlich einseitige

Sichtweise verhindert die Wahrnehmung von weiteren (positiven) Dimensionen. Die Eltern fühlen sich in ihrer Elternrolle degradiert und erleben zunehmend Eingriffe in die Ausübung ihrer Elternrolle.

Die an die Väter und Mütter herangetragene Behauptung einer Kindeswohlgefährdung ist für die Eltern zu keinem Zeitpunkt verständlich und akzeptabel.

Die Zuschreibung einer Kindeswohlgefährdung ist das Ergebnis eines Wahrnehmungs- und Bewertungsprozesses. Den fachlichen Deutungen einerseits und den Interpretationen der befragten Eltern andererseits liegen verschiedenartige Auffassungen geltender Normen zugrunde, die sich in abweichenden Einschätzungen abzeichnen. Basierend auf den unterschiedlichen Relevanzsystemen und Haltungen legen Fachkräfte und Eltern keinen einheitlichen Bewertungsmaßstab an. Der Unterschiede sind sich die Eltern aus den Fallstudien bewusst. In den 18 Fallverläufen kann zwischen Fachkräften und Eltern situativ kein Konsens über kindeswohlgefährdende Aspekte hergestellt werden, da beide Seiten sich auf ihre unterschiedlichen normativen Orientierungsmuster beziehen bzw. zurückziehen. Fachkräfte und Eltern haben in allen Fällen offensichtlich ein differentes Verständnis von Kindeswohlgefährdung. Alle interviewten Eltern haben jeweils eine individuelle Vorstellung von Kindeswohlgefährdung, die deutlich von der Sichtweise der Fachkräfte abweicht. Die befragten Väter und Mütter berufen sich auf medial inszenierte oder ihnen bekannte Familienkonstellationen und erzieherische Handlungen, die ihre Vorstellungen von Kindeswohlgefährdung wiedergeben, und grenzen sich konsequent davon ab, als Eltern solche oder ähnliche kindeswohlgefährdende Situationen zu verantworten. Zwar erkennen einige Eltern die von außen als schwierig oder belastend bewerteten persönlichen oder familiären Situationen, beurteilen diese aber nicht als kindeswohlgefährdend. Während Fachkräfte die interviewten Eltern mit dem Vorwurf einer Kindeswohlgefährdung in ihrem Haushalt konfrontieren, benennen die Väter und Mütter aus den Fallstudien gefährdende Momente oder Aktionen, die von dem Jugendamt initiiert werden und daher von der Organisation oder den Fachkräften zu verantworten sind, z. B. die vermeintlich willkürliche Herausnahme des Kindes/der Kinder.

Die fachliche Einschätzung einer Kindeswohlgefährdung ist – mit einer Ausnahme – für alle befragten Eltern weder in ihrer damaligen Situation noch im Rückblick sachlich und inhaltlich nachvollziehbar. Das Konstrukt Kindeswohlgefährdung ist für sie nicht greifbar und bleibt ein „Phantom". Die Väter und Mütter aus den Fallstudien sind sich einig, dass bei ihnen keine Gefährdung vorlag bzw. vorliegt und erleben die Unterstellung, ihr Kind zu gefährden, folglich als nicht gerechtfertigte Verleumdung und Diskriminierung. Zum einen sehen sie sich mit dem Vorwurf konfrontiert, den Schutz vor einem ande-

ren Elternteil, anderen Personen und Gefährdungsmomenten nicht gewährleisten zu können und somit tendenziell passiv eine Gefährdung zuzulassen,
zum anderen werden die Eltern in ihrer Wahrnehmung als Personen betrachtet, von denen aktiv eine Gefährdung für das Kind ausgeht. Sie werden zu „Ge-
fährdern/Gefährderinnen" ihres Kindes/ihrer Kinder stilisiert und auf die Rolle
eines Täters/einer Täterin im Sinne einer gefährdenden Person beschränkt. Die
Eltern aus den Fallstudien erleben den Vorwurf als Schuldzuweisung, die durch
die Verwendung des Begriffs Kindeswohlgefährdung verschärft wird und ihr
Belastungserleben erhöht. Der Vorwurf Kindeswohlgefährdung schafft Distanz
zwischen Eltern und Fachkräften, erschwert ein Gespräch auf Augenhöhe sowie
eine vertrauensvolle Kooperation. Dementsprechend beeinträchtigt der Begriff
die ohnehin fragile Arbeitsbeziehung und Kommunikation.

Folgerichtig kennzeichnet der von den Fachkräften verwendete Terminus
Kindeswohlgefährdung aus elterlicher Sicht den Höhepunkt falscher – und mit
ihrer Selbstbeschreibung inkompatibler – Fremdzuschreibungen. Der Ausdruck
erzeugt bei allen befragten Eltern negative Assoziationen und Abwehr. Die
Eltern lehnen den Gefährdungsbegriff zur Beschreibung ihrer familiären Lebenssituation ab. Die Bezeichnung wird nur dann von ihnen akzeptiert, wenn
sie aus ihrer Sicht nicht verantwortlich sind, da die Gefährdung ausschließlich
einer anderen Person zugeschrieben werden kann. Frau Tschick erkennt beispielsweise, dass im Laufe ihrer Geschichte eine vorübergehende Gefährdung
ihres Sohnes vorlag. Allerdings schreibt sie dem Vater die Schuld zu, während
sie sich selbst und ihrem Sohn die Rolle von Opfern zuschreibt. Angesichts
dieser Darstellung hat sie die gefährdende Situation nicht zu verantworten,
sondern gemeinsam mit ihrem Sohn zu überstehen.

*Die negativen Fremdzuschreibungen werden von den Eltern als künstlich
erzeugte Belastung bewertet, die sie im weiteren Verlauf zu strategischem
Handeln „zwingt".*

Angesichts der hohen Divergenz zwischen professionellen Fremdzuschreibungen und subjektiven Selbstbeschreibungen können betroffene Eltern die fachlichen Beurteilungen nicht unverarbeitet in ihr Selbstbild integrieren. Sie sind
daher aufgefordert, einen Umgang mit den Fremdzuschreibungen zu finden,
um sich in dem erlebten Spannungsfeld zwischen Selbst- und Fremdbeschrei-
bungen positionieren und behaupten zu können. Diese Aufforderung erleben
sie als von außen produzierte Belastung, die sie zusätzlich zu alltäglichen und
speziellen Anforderungen bewältigen müssen. Neben dem Arrangement von
Besonderheiten in ihrer Lebenssituation erfordert die Verteidigung ihres
Selbstbildes Energie, die nicht länger zur Bewältigung des Alltags sowie zur
Erziehung und Versorgung des Kindes/der Kinder zur Verfügung steht.

Die Eltern ringen – in Konkurrenz mit den Fachkräften – um Definitionsmacht hinsichtlich ihres Elternverständnisses und der Deutung ihrer Lebenssituation. Während des Verfahrens zur Abwendung einer Kindeswohlgefährdung
ist die elterliche Deutungsmacht bedroht. Den ihnen vermittelten einseitigen
und defizitorientierten Blick bewerten sie als Angriff auf ihr elterliches Selbstverständnis. Aufgrund der temporär erlebten Dominanz der Fremdzuschreibungen verstärkt sich bei den Eltern die Angst, ihren Elternstatus zu verlieren
und entmündigt zu werden. Einhellig schildern die Eltern, von den Fachkräften
nicht ausreichend gesehen, gehört und verstanden zu werden. Die befragten
Väter und Mütter erleben sich als Opfer negativer Zuschreibungen und ungerechter Behandlungen. Im Verlauf fühlen sie sich in der Ausgestaltung ihrer
erzieherischen Aufgaben und Handlungsautonomie beschränkt.

Im Umgang mit den Fremdzuschreibungen zeigen die Eltern aus den Fallstudien unterschiedliche Strategien. Sie orientieren ihr Handeln nicht ausschließlich an einer Strategie, sondern wechseln oder verknüpfen situations-
und kontextgebunden verschiedene Strategien. Auf diese Weise versuchen sie,
die erlebte Abwertung und Bedrohung ihrer Identität als Eltern abzuwenden
und ihr konstruiertes und positiv konnotiertes Selbstbild aufrechtzuerhalten.
Die Auseinandersetzung findet in zwei Kontexten statt. Erstens strengen die
Eltern sich an, im privaten Raum, d. h. für sich und miteinander, einen Umgang damit zu finden. Zweitens müssen die Eltern sich „offiziell" gegenüber
Fachkräften, welche die Fremdzuschreibungen ihnen gegenüber formulieren,
verhalten. Die Umgangsweisen in den unterschiedlichen Settings können sich
ähneln, aber auch unterscheiden.

Manche Fremdzuschreibungen lösen aufseiten der Eltern eine Auseinandersetzung mit den Inhalten aus. In diesen Fällen sind die Väter und Mütter bemüht, die Perspektive der Fachkräfte einzunehmen und die Hintergründe der
Fremdzuschreibungen zu verstehen. Der Perspektivwechsel führt allerdings
nicht zu einer Akzeptanz der Fremdzuschreibungen und einer Integration in
das Selbstbild. Zwar teilen die Eltern spezifische Beobachtungen der Fachkräfte
über typische Besonderheiten ihrer Lebenswelt, schreiben ihnen aber eine andere (Be-)Deutung zu. Sie bewerten die Besonderheiten – häufig im Gegensatz
zu den Fachkräften – nicht negativ, sondern fokussieren diejenigen Interpretationen, die eine positive Sicht auf ihr Elterndasein und ihr Handeln zulassen.
Auf diese Weise rationalisieren sie die Zuschreibungen mithilfe unterschiedlicher, für ihre Lebenswelt plausibler und verständlicher Deutungsmuster. Im
Ergebnis führt diese Form der Auseinandersetzung zu einer Umdeutung, die
der Korrektur der Fremdzuschreibungen zugunsten ihrer Selbstbeschreibungen
dient. Mithilfe ihrer Erklärungen halten die Eltern an ihren Selbstbeschreibungen fest und behaupten diese.

Im Gegensatz dazu ist die Ablehnung von Fremdzuschreibungen eine weitere Strategie. Wenn Zuschreibungen als irrelevant eingeschätzt werden, kön-

nen sie ohne inhaltliche Auseinandersetzung abgelehnt und verworfen werden. Die Ablehnung ist mit einer Abwertung oder Geringschätzung der Inhalte verbunden. Die Vorwürfe werden fortan ignoriert.

Als eine weitere Strategie im Umgang mit wahrgenommenen Fremdzuschreibungen nutzen sie den Vergleich zu anderen ihnen bekannten Familien, denen sie desolate Verhältnisse zuschreiben. Der Vergleich wertet sie als Eltern in ihrer Elternrolle auf.

In den ausgewählten Fällen zweifeln die Eltern an der Legitimation der formulierten Fremdzuschreibungen. Die Väter und Mütter sind sich einig, dass vor allem die Fachkräfte des Jugendamtes nicht legitimiert sind, sie oder ihre Familien zu beurteilen. Sie sprechen ihnen die Kompetenz und das Recht ab, eine fachlich adäquate Einschätzung von außen und aus der Distanz abzugeben. In Abhängigkeit von dem individuellen Fallverlauf und der Fallkonstellation wird die fehlende Berechtigung mit defizitärem Wissen über die Familienmitglieder und das Familienleben, unzureichenden Einblicken in die Lebenswelt, mangelhaften Kenntnissen über Krankheiten oder fehlender Empathie begründet. Die Fachkräfte des Jugendamtes vermitteln den Eltern das Gefühl, unterschiedliche Persönlichkeiten und Lebensmodelle nur begrenzt zu akzeptieren. Unwissenheit bedingt aus elterlicher Sicht beispielsweise falsche oder defizitäre Vorstellungen. In ihrem Erleben widerlegen positive Einschätzungen weiterer, ausgewählter Fachkräfte, z. B. Richter/Richterin oder Fachkräfte freier Träger, die vorherrschenden negativen Fremdzuschreibungen. Die Eltern schreiben diesen Beurteilungen eine höhere Wertigkeit zu, da sie ihre Selbsteinschätzungen bestätigen.

Zwar lehnen die Eltern aus den Fallstudien allesamt die an sie herangetragenen Fremdzuschreibungen seitens des Jugendamtes ab, zeigen diese Abwehr aber nicht durchgängig in der Interaktion mit Fachkräften. Im Umgang mit professionellen Akteuren zeigen sie eine Bandbreite von Verhaltensweisen, die von vermeintlicher Zustimmung bis zu offener Ablehnung reicht. Die Positionierung hängt mit der psychischen Verfassung, den kommunikativen Kompetenzen und den strategischen Überlegungen der Eltern zusammen.

Frau Tschick ist ein Beispiel für äußere Zustimmung trotz innerer Ablehnung, d. h. für einen Widerspruch zwischen Einstellung und Verhalten. Sie lehnt die Fremdzuschreibungen als unpassend ab, zeigt diese Ablehnung jedoch nicht nach außen. In der Interaktion mit Fachkräften hat sie laut eigener Aussage gelernt, dass Widerworte negativ bewertet werden und sich negativ auswirken. Basierend auf diesem Lerneffekt geht sie nicht in den offenen Widerstand, sondern verhält sich angepasst, um den Eindruck zu erwecken, sich mit den Zuschreibungen arrangiert zu haben.

Im Gegensatz dazu lehnen Herr und Frau Imhoff offen und vehement die jeweiligen Fremdzuschreibungen ihrer Person ab. Sie sind bestrebt, diese zu widerlegen und die zuständige Fachkraft von ihrem Selbstbild zu überzeugen.

Zu diesem Zweck setzen sie sich aktiv und öffentlich mit den Vorwürfen auseinander. Sie lassen sich in eine Rechtfertigungsposition manövrieren, indem sie sämtliche Verhaltensweisen schriftlich erklären. Auch nutzen sie die ambulante Familienhilfe zur Selbstdarstellung und Korrektur der Fremdzuschreibungen.

Herr Sawatzki und Frau Cebeci wechseln die Strategien im Umgang mit Fremdzuschreibungen. Sie zeigen sowohl Tendenzen zu opportunistischen als auch zu kämpferischen Verhaltensweisen. Ihr Verhalten gegenüber Fachkräften hängt davon ab, welcher Strategie sie eine höhere Erfolgswahrscheinlichkeit zusprechen.

Eine weitere Strategie im Umgang mit Fremdzuschreibungen, die von sämtlichen befragten Eltern – mindestens temporär begrenzt – in der Auseinandersetzung mit Fachkräften angewandt wird, ist der bewusste Rückzug. Sie wollen sich mehr oder weniger unsichtbar machen. Diese Strategie dient der Prävention. Die Väter und Mütter wollen außenstehenden Personen, Professionen und Organisationen keine weiteren Ansatzpunkte für Kritik oder Vorwürfe bieten und weitere Konflikte vermeiden.

„Alles, was wir sagen und tun, wird von den Beteiligten daraufhin interpretiert, wer wir sind und als was wir gelten." (Langfeldt/Nothdurft 2015, S. 149)

In der Interaktion konstruieren Fachkräfte und Eltern wechselseitig Bilder voneinander, die ihre Eindrücke vom Gegenüber in einen Zusammenhang bringen und bündeln (vgl. ebd., S. 161). Der jeweils individuelle Wahrnehmungsprozess der anderen Person wird von zahlreichen Mechanismen und Prinzipien beeinflusst. Angesichts der subjektiven Prägung des konstruierten Bildes sagt „die Wahrnehmung eines Menschen manchmal mehr über den Wahrnehmenden aus […] als über den Wahrgenommenen" (ebd., S. 162). Eltern und Fachkräfte wissen, dass Selbst- und Fremdbilder auf die Interaktion wirken: Sie agieren und reagieren entsprechend den konstruierten Bildern.

„In diesem Wechselspiel und Spannungsverhältnis zwischen eigenem Handeln und Reaktion der Anderen bilden sich Fremd- und Selbstbilder der Beteiligten im Verlauf von Interaktion aus." (ebd., S. 150)

Die aufmerksame Wahrnehmung des Gegenübers ist wichtig, da die Handlungen Ansatzpunkte für die Entschlüsselung der Fremdwahrnehmungen bieten. Basierend auf den gewonnenen Erkenntnissen können die Fremdwahrnehmungen aktiv beeinflusst und ggf. gelenkt werden. Die Eltern beschäftigt die Frage, wie Fachkräfte sie wahrnehmen, d. h. welche Vorstellungen das Bild umfasst und inwieweit diese Vorstellungen zu ihrer Selbstwahrnehmung passen. Gemäß dem Konzept von Alltagstheorien bestimmt Schäfer Selbstdefinitionen als spezifische

Deutungsmuster über die eigene Person, die Elemente der Selbst- und Fremdwahrnehmung einer Person integrieren: „Sie bieten einer Person die Möglichkeit zur intrapersonalen Selbstvergewisserung und zur externen Selbstinszenierung" (Schäfer 2012, S. 29). Selbstdefinitionen einer Person spiegeln das Ergebnis eines Aushandlungsprozesses innerer und äußerer Wahrnehmungen und Zuschreibungen wider. Sie stellen im besten Fall eine ausgewogene Balance zwischen außen und innen dar, sodass nicht eine einseitige Anpassung Handlungen erschwert (vgl. ebd., S. 28).

Die vermittelte Fremdwahrnehmung wird mit der konstruierten Selbstwahrnehmung in Relation gesetzt. Dabei zeigt sich, dass „Selbst- und Fremdwahrnehmung differieren" (Langfeldt/Nothdurft 2015, S. 165). Neben kognitiven Dissonanzen erleben die Eltern eine große Diskrepanz zwischen außen und innen, zwischen ihrem Selbstbild und dem Bild professionell Handelnder. Offensichtlich gelingt es den Eltern nicht direkt und unmittelbar, ihr konstruiertes Selbstbild erfolgreich nach außen zu vermitteln und sich als kompetente und leistungsbereite Eltern zu präsentieren. Im Gegenteil: Konträr zu ihrer subjektiven Überzeugung, die Elternrolle bestmöglich auszufüllen, wird ihnen von außen zurückgemeldet, den gesellschaftlich vorherrschenden Erwartungen und Ansprüchen nicht gerecht zu werden. Die an sie herangetragenen Fremdwahrnehmungen widersprechen ihrem Selbstbild in solch hohem Ausmaß, dass Bewältigungsstrategien für die Aufrechterhaltung ihrer Identität angewandt werden müssen. Dabei kann nicht ausgeschlossen werden, dass die nach außen präsentierte Selbstdarstellung nicht kongruent mit der Selbstwahrnehmung ist (vgl. Schäfer 2012, S. 22).

In den Ausführungen der Eltern zeichnen sich Erfahrungen von Stigmatisierung ab. Stigmatisierung bezieht sich auf die Zuschreibung von spezifischen Merkmalen und somit auf den Prozess der Einordnung und Kategorisierung. Stigmatisierung hat Folgen auf sozialer und personaler Ebene: Sie prägt Interaktionen und gesellschaftliche Positionierung und erfordert eine individuelle Auseinandersetzung zwecks Identitätsbildung und -aufrechterhaltung.

Goffman betrachtet ein Stigma als soziales Phänomen und versteht darunter einen individuellen Makel, der in Interaktionen eine diskriminierende Wirkung entfaltet (vgl. von Engelhardt 2010, S. 124). Er differenziert drei Formen von Stigmata, die negative Reaktionen auslösen können: körperliche Beeinträchtigungen, psychosoziale Eigenschaften und spezifische Gruppenzugehörigkeiten. Allerdings evozieren nicht die Formen an sich die diskreditierende Wirkung, sondern die Stigmatisierung setzt eine Konfrontation mit gesellschaftlichen Normalitätsvorstellungen in Interaktionen voraus (vgl. ebd., S. 131). Daher kennzeichnet das Stigma den Abstand des Makels von gültigen Normen (vgl. von Kardoff 2009, S. 140). Wenn ein Mensch die definierten Normalitätsvorstellungen nicht erfüllt, resultiert daraus häufig eine Diskreditierung. Der/die Betroffene wird zu einer „Person mit einer beschädigten Identität" (von Engelhardt 2010, S. 135). Der Umgang mit Normabweichungen hängt von der subjektiven Relevanzsetzung der gültigen Normvorstellungen und der Bewertung des Stigmas ab. Diese beiden Faktoren determinieren maßgeblich das Verhalten der von Stigmatisierung betroffenen Personen (vgl. ebd., S. 135 f.).

Die befragten Eltern erleben sich als Opfer von Stigmatisierungsprozessen, da sie aus ihrer Sicht von den Fachkräften auf eine körperliche oder psychische Erscheinung, ein Persönlichkeitsmerkmal, eine Gruppenzugehörigkeit, eine spezifische Situation oder eine Handlung reduziert und in der Folge diskreditiert werden. In ihrer Wahrnehmung werden ihnen von der zuständigen Fachkraft des Jugendamtes ausschließlich negative Attribute zugewiesen. Der Stigmatisierungsprozess mündet in der Zuschreibung als kindeswohlgefährdende Eltern. Infolgedessen nehmen die Eltern kaum Wertschätzung und Anerkennung für ihre Leistungen als Eltern wahr. Sie sehen sich in ihrer Rolle als Eltern abgewertet und nicht als vollwertige Interaktionspartner/Interaktionspartnerinnen akzeptiert. Je nach Verlauf werden ihnen bestimmte Rechte oder Privilegien abgesprochen. Die betroffenen Väter und Mütter erfahren sich als diskreditierte und herabgesetzte Personen. Angesichts des massiven Verlustes an Respekt erleben sie ihr Verhalten in Interaktionen mit Fachkräften nicht als zufällig, sondern als zwangsläufig: Sie sind gezwungen, das Stigma zu managen und ihren Selbstwert zu erhalten.

Im Umgang mit dem Stigma wenden die Eltern aus den Fallstudien – bewusst oder unbewusst – unterschiedliche Strategien an. Die Reaktionen und Aktionen reichen von äußerlicher Übernahme bis zur vehementen und offenen Ablehnung der Fremdwahrnehmungen (vgl. Langfeldt/Nothdurft 2015, S. 150). Die betroffenen Väter und Mütter reduzieren ihre Bewältigungsanstrengungen nicht auf eine exklusive Handlung, sondern kombinieren unterschiedliche Strategien: Korrektur der ihnen vermittelten Fremdbilder, Darstellung oder Präsentation besonderer Leistungen als Kompensation, Rückzug und Vermeidung als defensive Strategie oder offener, konfrontativer Umgang. Angesichts des fallübergreifenden Wunsches nach Ruhe und Sicherheit sind alle Eltern im Verlauf bestrebt, die Facetten ihres vermeintlich inakzeptablen Andersseins zu verbergen, um keine weitergehenden Nachteile erleiden zu müssen.

8.4 Interaktion mit dem Jugendamt

Die Auseinandersetzung mit Fachkräften des Jugendamtes oder dem Jugendamt als Organisation dominiert das elterliche Erleben des Verfahrens zur Abwendung einer Kindeswohlgefährdung.

In allen mit den Eltern geführten Gesprächen zeigt sich, dass das Verfahren zur Abwendung einer Kindeswohlgefährdung nicht auf den familiengerichtlichen Prozess reduziert werden kann. Da die Eltern den Beginn ihrer Geschichte früher datieren, schließt das Verfahren Erfahrungen ein, welche der Anrufung des Familiengerichts vorausgehen, diese beeinflussen oder bedingen. Daher entspricht eine Eingrenzung auf den familiengerichtlichen Prozess nicht dem Erleben betroffener Eltern, die diesem gegenüber der Interaktion mit dem Jugendamt eine untergeordnete Rolle beimessen. Die Anrufung des Familiengerichts sowie die Verhandlungen mit dem Familienrichter/der Familienrichterin sind lediglich Ausschnitte des aus ihrer Sicht länger andauernden und komplexen Verfahrens zur Abwendung einer Kindeswohlgefährdung. Der Interaktion mit dem Jugendamt – oder stellvertretend mit den zuständigen Fachkräften – wird im Vergleich zu anderen beteiligten Professionen und Organisationen eine außergewöhnlich hohe Relevanz zugesprochen: Sie steht im Mittelpunkt elterlichen Erlebens.

Dieser hohe Stellenwert basiert insbesondere auf der von allen befragten Eltern geteilten Erfahrung, dass der Anrufung ein Kontakt mit dem Jugendamt vorausgeht. Den originären Beginn verbinden sie mit der freiwilligen oder unfreiwilligen Interaktion mit dem Jugendamt. Der exakte Startpunkt variiert von Einzelfall zu Einzelfall, da die Eltern den Beginn in Abhängigkeit von ihrem subjektiven Erleben definieren.[87] Darüber hinaus deckt sich das Ende des familiengerichtlichen Prozesses in ihrer Wahrnehmung nicht mit dem Ende des Verfahrens. Die Interaktion mit dem Jugendamt schafft den Rahmen: Sie ist vor und nach Beteiligung des Familiengerichts präsent und bildet den Dreh- und Angelpunkt des familiengerichtlichen Verfahrens.

In allen Fällen ruft das Jugendamt das zuständige Familiengericht an. Angesichts dieses Handlungsschrittes stilisieren die Eltern das Jugendamt bzw. die Fachkraft zum Drahtzieher/zur Drahtzieherin des Verfahrens. Sie schreiben der Organisation also eine entscheidende Rolle für den Beginn und Verlauf des familiengerichtlichen Prozesses zu. Dementsprechend ist die hohe Relevanzsetzung ebenso mit Zuschreibung von Macht verbunden. Das Jugendamt wird, mehr als die übrigen beteiligten Organisationen und Fachkräfte, als machtvolle Organisation wahrgenommen, die maßgeblich das Wirken der übrigen Beteiligten indirekt oder direkt steuert.

Dem ersten Kontakt zum Jugendamt liegen vielfältige Anlässe und Rahmenbedingungen zugrunde, die innen (in der Familie) und außen (in der Lebenswelt) wahrgenommen werden.

In den meisten Fällen gibt es nicht einen singulären Anlass, der zu einer Kontaktaufnahme zum Jugendamt führt, sondern eine Gemengelage unterschiedli-

---

87 Bei der Bestimmung des Anfangs handelt es sich um eine subjektive Einschätzung. Die individuelle Wahrnehmung ist perspektiven- und zeitabhängig. Die Eltern nennen während des Interviews diverse Startpunkte, denen sie in ihrer Erzählung unterschiedliche Bedeutungen zusprechen.

cher, fallspezifischer Faktoren. Die Betrachtung einer isolierten Herausforderung an die Eltern greift zu kurz, da ein Konglomerat an Problemen wirksam ist. In dem familiären Kontext zeichnen sich wiederkehrend besondere Herausforderungen oder kritische Lebensereignisse[88] ab, die bewältigt werden müssen. Die in den Fallstudien vorgestellten Eltern eint das Bestreben, die an sie gestellten Anforderungen zunächst selbstständig oder mithilfe eigenständig aktivierter, informeller Hilfen lösen zu wollen. Diesem Anspruch können die Eltern über einen gewissen Zeitraum gerecht werden. Sie können die Anforderungen solange erfolgreich bewältigen, bis überraschende Ereignisse, Übergangs- oder Umbruchsituationen einen Wendepunkt in der Familiengeschichte herbeiführen und sie in diesem neuen Setting mit ihren bisherigen Bewältigungsstrategien an Grenzen stoßen. Die Kumulation von Problemen leitet einen Zusammenbruch des Systems in seiner bisherigen Form ein. Da die ihnen bekannten Handlungsstrategien nicht mehr greifen, sind die Eltern gezwungen, neue Wege zu gehen. Die kritischen Lebensereignisse und komplexen Entwicklungen bewirken jedoch nicht isoliert die Kontaktaufnahme. Vielmehr bilden sie in Kombination mit informellen oder formellen (Rück-)Meldungen von Personen und/oder Organisationen den Hintergrund dafür, dass das Jugendamt erstmalig in Erscheinung tritt.

In den Erzählungen der Eltern dominiert die Behauptung, den Kontakt hergestellt und gestaltet zu haben oder aktiv gestalten zu wollen.

Nicht in allen Fällen liegt bei den Vätern und Müttern ein Problembewusstsein vor. Während Frau Tschick und die Eheleute Imhoff Belastungs- und Überforderungsmomente als Anlässe und die Erwartungen auf Verbesserungen als Motor für die Kontaktaufnahme benennen, sehen Herr Sawatzki und Frau Cebeci in ihrer positiven Sichtweise auf ihre Lebenswelt keine Schwierigkeiten in ihrem Familienleben, die eine Kontaktaufnahme zum Jugendamt inhaltlich und eigeninitiativ notwendig erscheinen lassen. Die Kontaktaufnahme von betroffenen Eltern kann daher auf einem Kontinuum zwischen freiwilliger Kontaktaufnahme durch die Betroffenen und erzwungener und von außen initiierter Kontaktaufnahme verortet werden. Zwischen diesen Polen variieren die Kontaktaufnahmen in den Fallstudien und den übrigen Fällen. Die unterschiedlichen Varianten lassen sich mithilfe der Initiatoren/Initiatorinnen der Kontaktaufnahme, der kommunizierten Hintergründe und Anlässe sowie Anliegen und Hoffnungen der Eltern auf dem Kontinuum lokalisieren.

---

88 Der Ausdruck kritische Lebensereignisse bezieht sich z. B. auf die Geburt eines Kindes, Umzüge oder Todesfälle im nahen Umfeld. In diesem Zusammenhang ist das Adjektiv kritisch nicht negativ konnotiert, sondern es verweist auf die Bedeutsamkeit der Ereignisse für die betroffene Person (vgl. Fengler 2017, S. 104).

In den ausgewählten Fällen wird der Kontakt von den Eltern, beteiligten Organisationen oder Fachkräften und/oder dem Jugendamt selbst hergestellt. Dabei ist die Einordnung nicht trennscharf: Die Eltern kontaktieren entweder alleine (Herr und Frau Imhoff) oder in Kooperation mit beteiligten Fachkräften (Frau Tschick) das Jugendamt. Dabei fordert und fördert in den letztgenannten Fällen die externe Organisation Schule die Kontaktaufnahme. Lehrer/Lehrerinnen fordern diese, um den Auffälligkeiten ihrer Schüler/Schülerinnen mit Hilfeangeboten zu begegnen. Sie fördern die Kontaktaufnahme, indem sie den Eltern zwar Vermittlung, Unterstützung und Begleitung anbieten, ihnen aber die Verantwortung für die Kontaktgestaltung überlassen. Die Entscheidung der Eltern ist jedoch nur begrenzt frei, da die Alternative darin besteht, dass die Schule den Kontakt zum Jugendamt sucht. Der Einfluss Dritter hat also zur Folge, dass die Eltern nicht frei über den Zeitpunkt bestimmen können, da sie sich zu den vermittelnden Eindrücken positionieren und vor diesem Hintergrund die Kontaktaufnahme realisieren müssen. Bei Herrn Sawatzki und Frau Cebeci zeigen sich im Fallverlauf unterschiedliche Varianten: Während anfänglich das Jugendamt ungefragt den Kontakt zu ihnen aufnimmt, um Meldungen im Kontext des Schutzauftrages zur Abwendung einer Kindeswohlgefährdung zu klären, nimmt später die Frauenärztin Kontakt zum Jugendamt auf. Beide von außen initiierten Kontaktaufnahmen entziehen sich dem Einfluss der Eltern. Die Kontaktaufnahmen bilden das Spannungsfeld zwischen Hilfe und Kontrolle ab. Während in den erstgenannten Fällen vorrangig die Unterstützung und Beratung der Eltern intendiert wird, steht bei der aufgedrängten Kontaktaufnahme der Schutz des Kindes zunächst im Mittelpunkt.

Neben der Frage nach dem Initiator/der Initiatorin haben der Grad der Einflussnahme und Freiwilligkeit der Kontaktaufnahme Auswirkungen auf die Ausgestaltung der Interaktion. Den Eltern bieten sich unterschiedliche Chancen, sich als aktiv Handelnde zu erfahren. Der Grad der Freiwilligkeit ist besonders relevant, da er mit ihrem Problembewusstsein und ihren Anliegen zusammenhängt, die wiederum mit ihrer Motivation zur Inanspruchnahme einer Hilfe verwoben sind. Die Betrachtung des Initiators/der Initiatorin liefert dazu nur begrenzt Hinweise, da unterschiedliche Personen und/oder Organisationen die Kontaktaufnahme mehr oder minder beeinflussen. Deshalb ist die subjektive Einschätzung der Eltern darüber, ob und inwieweit sie sich frei in ihrer Entscheidung erleben und wie hoch die wahrgenommene Fremdbestimmung ist, ein entscheidender Indikator. In den vorliegenden Fällen liegt ein unterschiedliches Maß an Selbst- und Fremdbestimmung vor. Herr Sawatzki und Frau Cebeci erleben die Kontaktaufnahme als unausweichlich und fremdbestimmt. Sie sind aber in dem vordefinierten Rahmen bemüht, den Kontakt aktiv zu gestalten und ihren Einfluss sukzessiv zurückzugewinnen. Die forcierte Aktivierung des Jugendamtes durch beteiligte Organisationen, Fachkräfte oder Privatpersonen in den Fällen Tschick und Imhoff eröffnet einen unterschiedlichen Grad an Entscheidungsfreiheit für die Eltern. Ihr Erleben des Handelns der Fachkräfte schwankt zwischen dem Gefühl von Bevormundung und Kooperation. Die „Androhung" der Einschaltung des Jugendamtes kann als Druckmittel oder als Zuwachs an Handlungsoptionen erlebt werden.

Bereits beim ersten Kontakt zwischen den befragten Eltern als Sorgeberechtigte und dem Jugendamt ist die Organisation keine „tabula rasa", sondern kognitiv und emotional besetzt.

Die Kontaktaufnahme zwischen Eltern und Jugendamt ist nicht voraussetzungslos. Alle befragten Eltern treten dem Jugendamt nicht neutral, sondern voreingenommen gegenüber. Ihre Wahrnehmung der Organisation wird von subjektiven Vorstellungen, Emotionen, Erwartungen und bisherigen Erfahrungen mit dem Jugendamt beeinflusst.

Bei den Eltern, die bislang keine unmittelbaren Erfahrungen mit dem Jugendamt gesammelt haben (Eheleute Imhoff, Frau Tschick), wird der Erstkontakt von spezifischen und in der Wahrnehmung der Eltern gesellschaftlich weit verbreiteten Vorstellungen vom Jugendamt begleitet. Diese sind tendenziell negativ, z. B.: Das Jugendamt hilft nicht, schränkt die elterliche Autonomie ein, verfügt über zu viel Macht oder ist nicht bereit, Verantwortung zu übernehmen, und speisen sich aus unterschiedlichen Quellen, wie beispielsweise medial vermittelte Fälle oder beobachtete Erfahrungen im Familien-, Freundes- oder Bekanntenkreis („Hörensagen" oder „lesen über"). Ihre subjektiven Anschauungen prägen ihre Emotionen und Haltungen, die während der Kontaktaufnahme mit dem Jugendamt aktiviert werden und im weiteren Verlauf wirken, z. B. Hoffnung, Angst, Vorsicht, Skepsis, Zurückhaltung oder strategische Überlegungen. Auch wenn nicht alle Bilder und Emotionen offen kommuniziert werden, dienen sie den Eltern unter anderem als Maßstab zur Einordnung von fachlichen Vorgehensweisen und Handlungen.

Wesentliches Merkmal ihrer elterlichen Vorstellung ist das Bewusstsein für die mutmaßliche Macht des Jugendamtes. Die negative Vorstellung einer kontrollierenden und sanktionierenden Organisation, die bei Herrn Sawatzki dominiert, wird bei Frau Tschick und den Eheleuten Imhoff durch das Bild einer helfenden Organisation ergänzt: Der Angst vor negativen Folgen steht somit die Hoffnung auf Unterstützung gegenüber. Trotz ihrer Bedenken und ihres Unbehagens darüber, dass sie der falschen Klientel zugeordnet werden, lassen sich Frau Tschick und die Eheleute Imhoff auf Hilfe ein und hoffen auf positive Veränderungen. Sie sammeln Erfahrungen mit dem Jugendamt und vergleichen diese mit ihren Vorstellungen. Folglich beeinflussen sich Erfahrungen und Vorstellungen wechselseitig, z. B. verfestigen negative Erfahrungen und Enttäuschungen tendenziell negativ geprägte Bilder und erhöhen die Gefahr einer selektiven Wahrnehmung, die positive Aspekte nicht (mehr) erfasst. In den

Fallstudien werden die negativen Vorstellungen durch die Erfahrungen in weiten Teilen bestätigt. Die positiven Erfahrungen, die beispielsweise Frau Tschick zu Beginn macht, erzeugen zwar eine positive Erwartung gegenüber der Organisation, die aber im Verlauf nicht erfüllt wird. Die negativen Erfahrungen drängen die positiven Erfahrungen in den Hintergrund.

Darüber hinaus prägen vergangene Erfahrungen mit dem Jugendamt Vorstellungen von der und Erwartungen an die Organisation. Im Allgemeinen können die Erfahrungen differenziert werden in Erfahrungen als Kind oder Jugendliche/Jugendlicher und in Erfahrungen als Eltern. In den vorliegenden Fallstudien konzentriert sich die Begleitung durch das Jugendamt ausschließlich auf den Lebensabschnitt Elternschaft.[89] Die Eltern aus den Fallstudien werden in ihrer Rolle als Eltern entweder kurzfristig im Kontext einer möglichen Gefährdungslage ihres Kindes/ihrer Kinder unterstützt oder längerfristig begleitet. Ihre Erfahrungen weisen eine hohe Spannweite auf (positiv, negativ, ambivalent). Wenn Väter und Mütter in der Vergangenheit negative Erfahrungen mit dem Jugendamt gemacht haben, exemplarisch Herr Sawatzki, können diese eine besondere Vorsicht im Umgang mit den Fachkräften bzw. der Organisation erzeugen („Negativ-Spirale"): Herr Sawatzki ist seit Beginn misstrauisch und erwartet keine positiven Effekte.

Darüber hinaus beeinflusst die elterliche Einschätzung der Lebenssituation ihre Erwartungshaltung. Wenn die Eltern über ein Problembewusstsein verfügen, formulieren sie Ziele oder zumindest Wünsche. Ihre Anliegen können sich auf die Erziehung, auf persönliche Schwierigkeiten oder auf beide Aspekte beziehen. Frau Tschick und die Eheleute Imhoff erwarten durch die Aktivierung des Jugendamtes Unterstützung. In ihrem Denkmuster ist das Jugendamt ein Anker für Hilfestellungen. Wenn die Eltern kein Problembewusstsein haben und ihnen ausschließlich eine fachliche Problemdeutung übergestülpt wird, wollen sie tendenziell so schnell wie möglich wieder ohne Jugendamt und Hilfe leben. Dieser Wunsch spiegelt sich in den Erzählungen von Herrn Sawatzki und Frau Cebeci wider.

---

89 In weiteren Fällen schwankt die Dauer der Begleitung zwischen einer kontinuierlichen (Lebens-)Begleitung und einer zeitlich begrenzten Betreuung durch das Jugendamt. Einige Eltern berichten von einer Begleitung durch das Jugendamt, die sich mit wenigen Ausnahmen durch ihre gesamte Biografie zieht. Eine Mutter datiert den Beginn der Kontaktaufnahme beispielsweise auf ihre Geburt. Ihre Herkunftsfamilie wurde kontinuierlich in ihrer Kindheit und Jugend durch das Jugendamt betreut. Sie berichtet, mit Blick auf ihre Biografie, dass die Phasen der Begleitung durch das Jugendamt deutlich länger waren als die Phasen ohne Begleitung. Über ähnliche Erfahrungen berichtet eine andere Mutter, die in ihrer Kindheit durch das Jugendamt begleitet wurde und in einer stationären Einrichtung aufwuchs. In diesen Fällen bildet das Jugendamt eine feste biografische Größe.

Die Erwartungshaltung verändert sich im Laufe der Interaktion. Das Einlassen auf die Arbeitsbeziehung und das Sammeln neuer Erfahrungen führen zu neuen und ggf. modifizierten Erwartungen. Diese beziehen sich vor allem auf die Ausgestaltung der Kooperation und den Umgang miteinander. Angesichts der vorgeprägten Einstellungen und der unterschiedlichen Settings der Kontaktaufnahme ist die Interaktion zwischen Jugendamt und Eltern komplex und voraussetzungsreich.

Die Eltern nehmen das Jugendamt als institutionalisierte bzw. die Fachkräfte als personale „Black Box" wahr, deren Innenleben ihnen weitgehend verschlossen bleibt.

In der Auseinandersetzung und der Interaktion mit dem Jugendamt bzw. mit zuständigen Fachkräften zeichnen sich bei den Eltern unterschiedliche Wahrnehmungsmuster ab:

(1) *Das Jugendamt* – Wahrnehmung des Jugendamtes als Organisation
Das Jugendamt als Organisation steht im Mittelpunkt der subjektiven Wahrnehmung. Die Eltern können sich nicht an einzelne Fachkräfte erinnern, da die Organisation aus ihrer Sicht ein entpersonalisiertes und anonymes Gebilde darstellt. Die Fachkräfte bleiben unspezifisch und sind beliebig austauschbar. Frau Tschick nimmt das Jugendamt als unpersönliche Organisation wahr. Sie benennt keine Fachkraft namentlich.

(2) *„Die" vom Jugendamt* – Wahrnehmung der Fachkraft als Repräsentant/Repräsentantin oder Funktionär/Funktionärin des Jugendamtes
Aus dieser Perspektive nehmen Eltern nicht die Individualität der Fachkräfte wahr, sondern sie betrachten die Fachkräfte ausschließlich als Teil der Organisation, die mit ihren Strukturen und Vorgaben das fachliche Verhalten steuert. In diesem Wahrnehmungsmuster werden die Fachkräfte der Organisation untergeordnet. Dieses Muster liegt größtenteils bei Herrn Sawatzki und Frau Cebeci vor.

(3) *Frau XY* – Wahrnehmung der Fachkraft als Person
In dieser personenbezogenen Wahrnehmung betrachten Eltern die Fachkräfte als Individuen, während die Zugehörigkeit zu der Organisation Jugendamt verblasst. Die Fachkraft und die Arbeitsbeziehung zu ihr stehen im Mittelpunkt elterlichen Erlebens. Das Handeln der Fachkraft hängt aus dieser Perspektive von ihren individuellen Entscheidungen und Vorstellungen ab. Diese Wahrnehmung findet sich vorrangig bei Herrn und Frau Imhoff.

Die Wahrnehmung betroffener Eltern kann zwischen den unterschiedlichen Mustern pendeln. In Abhängigkeit von dem dominierenden Wahrnehmungsmuster wird entweder der Organisation oder der zuständigen Fachkraft die Gestaltungs- und Entscheidungskompetenz für das Verfahren zur Abwendung einer Kindeswohlgefährdung zugesprochen. Im ersten und zweiten Muster geht die Bedrohung aus Sicht der Eltern von der Organisation aus, während das dritte Wahrnehmungsmuster die Bedrohung bei der Fachkraft verortet. Die eingenommene Perspektive beeinflusst die Gefühle der Eltern: Während die Konzentration auf die Organisation organisationsbezogene Anschuldigungen begünstigt, fördert die Fokussierung auf die Person der zuständigen Fachkraft personalisierte Schuldzuweisungen. Die Fachkraft bildet im letztgenannten Fall die Projektionsfläche für sämtliche Emotionen.

Die ausgewählten Eltern kritisieren übereinstimmend das Handeln der Organisation und/oder der zuständigen Fachkräfte als widersprüchlich und unverständlich. Unzureichende Informationen, Intransparenz und fehlende Zugänglichkeit der Organisation befördern den Eindruck unberechenbarer und unverhältnismäßiger Handlungsschritte. Da Anlässe und Motive der professionellen Handlungen in ihrer Wahrnehmung nicht offen und verständlich vermittelt werden, sind sie aus ihrer Sicht gezwungen, die für sie fachlich fragwürdigen Handlungsschritte mithilfe ihrer subjektiven Alltagstheorien zu deuten. Die Eltern formulieren Ex-post-Erklärungen, um das Verfahren insgesamt sowie ihr eigenes Verhalten und das Verhalten von Fachkräften und der Organisation einordnen zu können. Den Eltern aus den Fallstudien ist suspekt und unerklärlich, warum sie von dem Verfahren zur Abwendung einer Kindeswohlgefährdung betroffen sind. Die fachlichen Handlungen sind für sie nicht mit rationalen und inhaltlichen Gründen legitimierbar. Im Verlauf der Interaktion gewinnen sie den Eindruck, dass das Jugendamt oder die Fachkraft ihnen Schaden zufügen möchte. Deshalb werten sie das Handeln final als persönlichen Angriff gegen sie als Eltern.

Frau Tschick beschreibt ausgewählte Handlungen explizit als hinterhältige und unverhältnismäßige Übergriffe. Sie unterstellt dem Jugendamt hinter der ihr vermittelten Zielsetzung, ihr Kind zu schützen, die Absicht, ihr als Mutter schaden zu wollen. Sie erlebt sich wiederholt als Opfer einer ungerechten Behandlung und fühlt sich nicht gehört, sondern vom Jugendamt alleingelassen. Deshalb erlebt sie die Organisation als böse, verletzend und kränkend. Für Herrn Sawatzki und Frau Cebeci ist der Anspruch der Fachkräfte, die Kindeswohlgefährdung abzuwenden, lediglich ein Vorwand, hinter dem die wahren Gründe verborgen liegen. Die Eltern sehen das vorrangige Ziel des Jugendamtes und der zuständigen Fachkräfte darin, das Kind aus der Familie zu nehmen. Bis heute ist für sie jedoch rational nicht verständlich, welche Gründe die Handlungen motiviert haben. Sie sind davon überzeugt, dass die Fachkräfte zu jedem Zeitpunkt die Kompetenzen der Eltern wahrgenommen haben und folglich andere Gründe dem fachlichen Interesse an ihrem Kind und dem systematischen Vorgehen zugrunde liegen. Sie vermuten finanzielle Anreize.

Trotz unterschiedlicher Annahmen, die dem Jugendamt und den Fachkräften vorrangig eine schädigende und negative Motivation attestieren, bleibt das professionelle Handeln für die betroffenen Eltern eine „Black Box", die angesichts fehlender Transparenz von ihnen nicht vollständig entschlüsselt werden kann. Den Vätern und Müttern aus den Fallstudien bleiben die wahren Motive der zuständigen Fachkräfte und/oder der Organisation bis heute weitestgehend verschlossen. Sie benennen mögliche Ursachen, sind sich aber dessen bewusst, dass es sich dabei um Vermutungen handelt, über die sie keine Klarheit haben. Sie schreiben den staatlichen Akteuren ein planvolles und zielorientiertes Handeln zu, das eine Belastung für die betroffenen Eltern erzeugt und sie in ihrem Empfinden verletzt.

Alle befragten Eltern erleben im Laufe der Interaktion mit dem Jugendamt eine irgendwie geartete Enttäuschung, die auf der erlebten Diskrepanz zwischen ihren Erwartungen und persönlichen Erfahrungen basiert.

Die befragten Eltern erleben im Laufe der Interaktion eine für sie unverständliche und tendenziell vermeidbare Enttäuschung. Rückblickend nehmen sie einen Widerspruch zwischen ihren Vorstellungen, den anfangs vermittelten Hilfeangeboten, den beobachteten Erfahrungen in anderen, ihnen bekannten oder medial inszenierten Familien und ihren subjektiven Erfahrungen wahr. Das Jugendamt bewegt sich aus ihrer Sicht zwischen einem nicht nachvollziehbaren Aktionismus in ihrem Fall und allgemeinem Versagen, das in den Medien beschrieben wird und/oder ihnen aus ihrem sozialen Umfeld bekannt ist. Die Eltern aus den Fallstudien ordnen das Handeln des Jugendamtes jeweils zwei gegenüberliegenden Polen zu: zu wenig vs. zu viel und zu früh vs. zu spät. Die jeweilige Zuordnung verstärkt das Unverständnis der Aktionen und Reaktionen des Jugendamtes und ihre Vorwürfe gegenüber der Organisation. Ihre negative Einstellung wird durch ihre Überzeugung, nicht der typischen Klientel zugehörig zu sein, verstärkt. Sie sind enttäuscht und wütend über die aus ihrer Sicht in ihrem Fall überflüssigen Aktionen des Jugendamtes. Die fehlende Transparenz wird als ungerechte Behandlung erlebt und die persönlichen Erfahrungen als besonders dramatisch skizziert. Die Interaktion mit den Fachkräften und das Verhältnis zu ihnen zeichnet sich aus Sicht der Eltern aus den Fallstudien durch Misstrauen und (wechselseitiges) Unverständnis aus.

Die Eheleute Imhoff sind enttäuscht davon, dass ihr Hilfebedarf im Umgang mit ihrem Sohn im gesamten Verfahren nicht angemessen befriedigt wird und sich ihre familiäre Situation, aus ihrer Sicht durch die „falsche" Hilfe, kontinuierlich verschlechtert. Herr Sawatzki und Frau Cebeci sowie Frau Tschick werden im Laufe der Zeit mit weiteren Meldungen konfrontiert, die das Jugendamt wiederholt auf den Plan rufen. Übereinstimmend sind sie über den Umgang mit anonymen Meldungen in bekannten Familien enttäuscht. Die Eltern wünschen sich, dass die gemeinsam gemachten Erfahrungen positiv berücksichtigt werden. Aus ihrer Sicht ist es sinnvoll und zielführend, dass Fachkräfte ihr Wissen über Familien für die Abklärung von Vorwürfen Dritter verwenden. Allerdings erleben sie, dass ihre Erwartung enttäuscht wird: Obwohl sie bereits Kontakt mit Fachkräften haben, wird ihnen die Möglichkeit vorenthalten, die Vorwürfe gemeinsam zu klären. Sie haben in ihrer Wahrnehmung keinen Einfluss auf die Interaktion, da ihre Wünsche und Ideen ignoriert werden.

Der Vorwurf einer Kindeswohlgefährdung leitet einen Wandel in der Interaktion zwischen dem Jugendamt – oder stellvertretend den Fachkräften – und den Eltern ein, deren Dynamik von den Eltern aus ihrer Sicht nur noch begrenzt und mit enormem Aufwand beeinflusst werden kann.

In ihrem persönlichen Fallverlauf nehmen alle Eltern verschiedene Etappen in der Interaktion wahr, die im Nachgang als konfliktverschärfende Vorfälle oder Entwicklungen beschrieben werden. In ihren Erzählungen kristallisiert sich eine Aneinanderreihung von Ereignissen heraus, die letztlich in der dramatischen Zuspitzung – dem Vorwurf einer Kindeswohlgefährdung – mündet. Mit dieser von außen herangetragenen Beschuldigung verändert sich das Erleben der Interaktion mit dem Jugendamt grundlegend: An die Stelle von Hilfe und Unterstützung rücken Kontrolle und Eingriffe. Sie erleben, als Eltern auf dem Prüfstand zu stehen, da ihre Kompetenzen angezweifelt und sie in Bezug auf die Förderung der kindlichen Entwicklung als Erziehungspersonen infrage gestellt werden.

Das negative Ergebnis dieses Interaktionsverlaufes spiegelt aus Sicht der ausgewählten Eltern eine Selffulfilling Prophecy wider. Sie fühlen sich in ihren Annahmen und Befürchtungen bekräftigt. Die Angst von Herrn Sawatzki und Frau Cebeci erweist sich aus ihrer Sicht als berechtigt, da ihr Kind vorübergehend herausgenommen wird. Das Klischee von Frau Tschick bestätigt sich in ihrer Wahrnehmung in dem Auftreten des Jugendamtes ihr gegenüber und die Erfahrungen der Eheleute Imhoff legitimieren ihr Unbehagen gegenüber dem Jugendamt. Die Eltern schreiben dem Jugendamt oder stellvertretend den zuständigen Fachkräften die Schuld für diese destruktive und kontraproduktive Entwicklung zu. Sie selbst sind nur begrenzt in der Lage, eigene Anteile an der zunehmenden Brisanz in der eskalierenden Interaktion reflexiv zu beleuchten. Sie übersehen den Beitrag, den sie mit ihrem Verhalten möglicherweise geleistet haben bzw. leisten. Mit ihren Verhaltensweisen bieten sie dem Jugendamt bewusst oder unbewusst Ansatzpunkte und Argumente, um das Verfahren zur Abwendung einer Kindeswohlgefährdung zu forcieren. Entsprechend einer selbsterfüllenden Voraussage hat ihr Verhalten Einfluss auf das Verhalten der zuständigen Fachkräfte und schließlich auf den Eintritt der Prophezeiung.

In den Verläufen der Fallstudien wird den Eltern entweder während der Begleitung oder im Nachgang – dann beim familiengerichtlichen Verfahren – eine fehlende oder unzureichende Kooperations- und Veränderungsbereitschaft bzw. -fähigkeit vorgeworfen. Laut Aussagen von Frau Tschick und den Eheleuten Imhoff werden sie beispielsweise für die fehlende Umsetzung fachlicher Empfehlungen kritisiert. Diesbezüglich zeigen die Fachkräfte aus elterlicher Sicht kein Interesse an möglichen (Hinter-)Gründen für ihre ablehnende Haltung, sondern reduzieren ihre Wahrnehmung auf die vermeintlich fehlende Kooperation. Den Eltern wird ferner unterstellt, nicht offen und ehrlich gegenüber den Fachkräften zu sein. Sie werden mit den fachlichen Zweifeln konfrontiert, die Hilfe nicht annehmen oder Veränderungen nicht erarbeiten zu wollen. Die Eheleute Imhoff berichten über die ihnen vermittelte Anschuldigung, fachliche Entscheidungen bewusst zu torpedieren. Herr Sawatzki und Frau Cebeci betonen, trotz ihrer Skepsis, kooperativ agiert zu haben. Allerdings haben sie ihre Kooperationsbereitschaft ausschließlich nach außen orientiert. Sie haben weder das Problemverständnis geteilt noch intrinsisch motivierte Veränderungswünsche gehegt. Sie haben alles getan, um ihr Ziel, ein vom Jugendamt befreites Leben als selbstbestimmte Eltern, zu erreichen. Der Vorwurf einer gering ausgeprägten Kooperationsbereitschaft könnte ein Indiz dafür sein, dass die Fachkräfte erkannt haben, dass die gezeigte Kooperationsbereitschaft der Eltern zweckgebunden und opportunistisch ist.

Das Erleben als Akteur in der Interaktion mit dem Jugendamt bewegt sich zwischen Ausweglosigkeit und Hoffnung.

Die Selbstbeschreibung der Eltern als Akteure pendelt zwischen den Polen Handelnde und Erleidende. Sie steht mit zahlreichen Faktoren in einer interdependenten Beziehung. Die nachfolgenden vier Einflussgrößen haben einen besonders hohen Stellenwert für die Einordnung auf dem Kontinuum:

• Grad der Kontrolle und Steuerbarkeit
  Die internalisierte Kontrollüberzeugung der befragten Eltern bezieht sich sowohl auf die Interaktion mit dem Jugendamt als auch auf den Verlauf des familiengerichtlichen Verfahrens zur Abwendung einer Kindeswohlgefährdung. Sie oszilliert zwischen ihrer Annahme, die Abläufe aus eigener Kraft – und/oder mit Unterstützung aktiv genutzter Ressourcen – kontrollieren und steuern zu können, und dem Gefühl, diesen ausgeliefert zu sein. Zwischen diesen Extremen liegen zahlreiche Varianten, die in Abhängigkeit von weiteren Einflussgrößen das Erleben der Eltern in unterschiedlichen Situationen kennzeichnen. Je nach Ausprägung der Kontrollüberzeugung legen die befragten Eltern verschiedene Einschätzungen des Verfahrens offen: Während wenige Eltern fortwährend von einem positiven Ausgang überzeugt

sind (Herr Sawatzki und Frau Cebeci), dominiert in dem Gefühl der meisten Eltern – vor allem im Verlauf der Interaktion – Unsicherheit über das Ergebnis (Frau Tschick).

- Grad der Einflussnahme
  Alle befragten Väter und Mütter verfolgen mit ihren Handlungen spezifische Ziele. Vorrangig wollen sie bei den Fachkräften das Bild ihrer Elternrolle verbessern. Im Verlauf erfahren sie, welche Wirkungen sie auf professionelle Wahrnehmungen und Handlungen haben. Die vermittelten Fremdwahrnehmungen entsprechen nicht immer ihrer originären Intention, sodass die Eltern ebenso mit den von ihnen unbeabsichtigten (Neben-)Wirkungen umgehen müssen.

- Deutungs- und Entscheidungskompetenzen
  Während der Interaktion mit dem Jugendamt kristallisiert sich ein Ringen um Deutungs- und Entscheidungsmacht heraus. Den Eltern wird fallspezifisch ein unterschiedliches Maß an Deutungs- und Entscheidungskompetenz zugewiesen. Die zugewiesenen Möglichkeiten beeinflussen ihre Emotionen und Handlungen.

- Handlungsautonomie
  In der Interaktion mit dem Jugendamt erleben alle Eltern einen zunehmenden Eingriff in die Ausübung ihrer Elternrolle. Dabei unterscheidet sich ihre Wahrnehmung darin, ob sie den Eindruck haben, trotz der vermeintlichen Übergriffe von außen in der Interaktion tendenziell frei und selbstbestimmt handeln zu können oder unter Zwängen und fremdbestimmt reagieren zu müssen.

Wenn mehrere Einflussgrößen die Handlungsspielräume betroffener Eltern beeinträchtigen, erhöht sich die Gefahr des Erlebens fehlender (Selbst-)Wirksamkeit. Väter und Mütter aus den Fallstudien beschreiben in ihrem Handeln eine Spannbreite zwischen selbst- und fremdbestimmten Verhaltensweisen.

Die Eltern pendeln zwischen Selbst- und Fremdbestimmung sowie zwischen Angriffs- und Abwehrstrategien in ihren Versuchen, Handlungsautonomie zurückzugewinnen und ihre Steuerungspotenziale auszuschöpfen.

Die Eltern erleben sich in der Interaktion mit dem Jugendamt bzw. den zuständigen Fachkräften übereinstimmend in einer benachteiligten Position. Aus ihrer Sicht befinden sie sich zumindest vorübergehend nicht auf Augenhöhe mit ihrem Gegenüber. Alle Eltern wollen ihre Handlungsautonomie zurückgewinnen und frei über die Ausgestaltung ihrer Elternrolle entscheiden.

Den Ausgangspunkt ihres Verhaltens bildet das Bestreben der Eltern, ihre Situation aus ihrer Sicht erfolgreich zu bewältigen, handlungsfähig zu bleiben oder (wieder) zu werden und Einfluss auf die Interaktion zu nehmen. Alle Eltern verstehen unter dem Begriff „erfolgreich" das Ziel, nach außen zu belegen, für ihr Kind/ihre Kinder sorgen zu können. Sie wollen den Vorwurf einer Kindeswohlgefährdung abwehren. Die Eltern eint das formulierte Ziel, als Familie dauerhaft ohne Jugendamt leben zu wollen. Diesem Ziel ordnen die Eltern aus den Fallstudien ihr Verhalten unter. Sie nutzen die ihnen zur Verfügung stehenden Möglichkeiten und Ressourcen, um ihr Ziel zu erreichen. Dabei schätzen die Väter und Mütter die Relevanz ihrer verfügbaren Ressourcen unterschiedlich ein. Bei allen Eltern nimmt der Partner/die Partnerin eine zentrale Rolle ein.

Die Eltern richten ihr Handeln entweder bereits zu Beginn oder im Laufe der Interaktion nach außen aus und streben durch sozial erwünschte und akzeptierte Verhaltensweisen danach, nicht aufzufallen, was von ihnen eine Abwägung von Fremdwahrnehmungen und den Folgen möglicher Handlungen erfordert.

Die Eltern beschäftigen sich vor und während der Interaktion mit dem Jugendamt und weiteren beteiligten Fachkräften mit ihrer Außenwirkung. Das Streben nach einer für sie passenden und angenehmen Außendarstellung beeinflusst ihr Denken und Handeln.

Die Eheleute Imhoff befürchten eine Rufschädigung und eine negative Beurteilung, sobald sie in Kontakt mit dem Jugendamt treten. Ähnliche Empfindungen und Überlegungen beschäftigen Herrn Sawatzki und Frau Cebeci, die bereits zu Beginn der Interaktion umsichtig handeln, indem sie sich unter Berücksichtigung ihrer vergangenen Erfahrungen für die Zusammenarbeit mit der Organisation entscheiden, obwohl sie keinen Sinn darin erkennen. Auch Frau Tschick nimmt selbstständig Kontakt auf, um einen guten Eindruck zu erwecken. Im Gegensatz dazu agieren Herr und Frau Imhoff in ihrer Wahrnehmung anfänglich relativ unbedacht. Ihre Unbekümmertheit führt jedoch zu unbeabsichtigten Nebenwirkungen, z. B. fachlichen Fehldeutungen ihres Verhaltens und Sanktionen. Diese Erfahrung schürt ihre Angst vor weiteren negativen Folgen. Ab diesem Zeitpunkt wägen sie ihre Handlungen ab und handeln vorsichtig und bedacht, um keine Fehler zu machen und zu funktionieren. Ihre weiteren Strategien sind der Rückzug und Rechtfertigungen.

Im Umgang mit dem Jugendamt sind die befragten Eltern grundsätzlich bemüht, sich als offen und ehrlich gegenüber den Fachkräften darzustellen. Sie sind jedoch angesichts drohender negativer Konsequenzen aus ihrer Sicht punktuell aufgefordert, nicht offen zu agieren, um Nachteile vermeiden und ihre Ziele erreichen zu können. Die Eltern aus den Fallstudien bekennen sich also zu einer strategischen Offenheit, indem sie beispielsweise entscheiden, wann sie wem was mitteilen. Frau Tschick offenbart z. B. lediglich sukzessiv bestimmte Aspekte aus der Vergangenheit, da sie negative Zuschreibungen fürchtet. Auch entscheidet sie sich scheinbar frei für die Fortsetzung der Hilfe, beugt sich aber den fachlichen Vorstellungen und Anforderungen, um weiteren Diskussionen auszuweichen. Die äußere Anpassung entspricht nicht ihrer inneren Haltung, sondern ist ein strategisches Mittel, mit dem sie ihr Ziel erreichen will. In ihrer Wahrnehmung gleicht ihr Streben nach sozialer Erwünschtheit dem Handeln einer Marionette. Zwar verurteilt sie ihr eigenes Handeln, sieht sich aber dazu gezwungen, um Sanktionen abzuwehren.

Die aufgeführten Beispiele veranschaulichen das strategische Kalkül betroffener Väter und Mütter. Die Eltern aus den Fallstudien zeigen sich nicht durchgängig authentisch. Sie handeln sozial erwünscht und sind bemüht, sich den von außen an sie herangetragenen Erwartungen anzupassen. Zwischen ihrem Verhalten nach außen und ihren Gefühlen besteht folglich nicht zwingend eine Kongruenz. Die Eltern aus den Fallstudien agieren in der Interaktion umsichtig, um den Ansprüchen der Fachkräfte gerecht zu werden, ihre Position zu stärken und ihre Ziele zu erreichen. Sie weichen durch wohlüberlegtes Handeln einer weiteren Verurteilung ihrer Person oder negativen Folgen aus. Dieser Anspruch überfordert die Eltern dann, wenn ihnen laut eigener Aussage die Erwartungen der Fachkräfte nicht bekannt sind oder diese sich stetig verändern. Frau Tschick kann die fachlichen Anforderungen an ihre Person bis heute inhaltlich nicht exakt nachzeichnen. Auch Frau Cebeci erwähnt, es den Fachkräften nicht recht machen zu können, da fortwährend neue Ansprüche formuliert werden.

Im Verlauf der Interaktion nehmen die Eltern mit Blick auf ihr Verhalten eine Weiterentwicklung wahr. Diese hängt mit ihrer distanzierten Position zusammen. Herr und Frau Imhoff erklären, dass sie mit ihrem aktuellen Wissensstand anders handeln würden: Sie tendieren zu taktischerem Verhalten und lehnen ihre angewandten Rechtfertigungszwänge ab. Frau Tschick skizziert eine Weiterentwicklung dahingehend, dass sie nicht länger eine passive, sondern eine aktive Rolle einnimmt.

In der Forschung und Literatur gibt es „unterschiedliche Betrachtungsweisen zwischenmenschlicher Kommunikation" (Langfeldt/Nothdurft 2015, S. 131), die sich in zahlreichen Modellen und Theorien widerspiegeln. In Verfahren zur Abwendung einer Kindeswohlgefährdung wird Kommunikation als soziale Interaktion betrachtet, die ein „System aufeinander bezogener Handlungen" (ebd., S. 135) umfasst und besondere Eigendynamiken aufweist. Die Äußerungen und Handlungen der betroffenen Eltern auf der einen und die des Jugendamtes bzw. der Fachkräfte auf der anderen Seite befinden sich in einem interaktiven „Wechselspiel" (ebd., S. 134). Damit Interaktion gelingen kann, werden wechselseitig die Handlungen des Gegenübers antizipiert. Das subjektive Verhalten wird auf die erwarteten Reaktionen des Gegenübers ausgerichtet (vgl. ebd., S. 132 ff.). Die Schwierigkeit besteht darin, dass Ursachen und Intentionen von Äußerungen und Handlungen in Interaktionen prinzipiell mehrdeutig und/oder ambivalent sind. Die Zuschreibungen basieren in erster Linie auf dem situativen, normativen und kulturellen Kontext sowie der impliziten Ergänzung mithilfe von aufgebauten Hintergrundwissen und Vorstellungen (vgl. ebd., S. 141). Die Deutungen sind nicht deckungsgleich mit den Intentionen, sondern lediglich ein Versuch, sich anzunähern.

„Für jede zwischenmenschliche Begegnung gilt das Moment der wechselseitigen Abhängigkeit und der Situationsoffenheit." (ebd., S. 156)

Die enge Verwobenheit von Reaktionen und Aktionen veranschaulicht die gegenseitige Abhängigkeit der Akteure. Die Beteiligten stimmen ihr Verhalten aufeinander ab und berücksichtigen die antizipierten Erwartungen des Gegenübers, die sie aus den gezeigten Reaktionen ableiten. Im Idealfall findet eine authentische Anpassung des Verhaltens statt (vgl. ebd., S. 138 ff.). Dabei sind die Interaktionsteilnehmer/Interaktionsteilnehmerinnen grundsätzlich bestrebt, ihr Selbst zu schützen. Eine Gefahr besteht darin, ausschließlich die Erwartungen von außen zu erfüllen, anstatt das Selbst auszuleben. Eine mögliche Folge wäre eine „entwicklungsbeeinträchtigende Inkongruenz" (ebd., S. 61).

Aus Sicht der Eltern ist die Wechselseitigkeit in der Interaktion mit staatlichen Akteuren nur begrenzt gegeben. Diese wird unter anderem durch die fehlende Transparenz aufseiten des Jugendamtes bzw. der Fachkräfte und der erlebten Asymmetrie in der Ausgestaltung der Interaktion konterkariert. Die Eltern richten ihr Verhalten – mehr oder weniger – einseitig auf die Fachkräfte aus und erleben tendenziell eine einseitige Abhängigkeit. Dabei sind sie bemüht, diese aktiv zu gestalten. Ihr Verhalten kann mit der Theorie des kommunikativen Handelns von Habermas erklärt werden. In seiner Theorie nimmt Habermas die Perspektive der Teilnehmer/Teilnehmerinnen ein, um Kommunikation auf einer abstrakten Ebene zu analysieren (vgl. Burkhart/Lang 2011, S. 40). Seinen Analysen liegt die Überzeugung zugrunde, dass ein wechselseitiges Verständnis – im Sinne einer Konsensbildung bei Meinungsverschiedenheiten – das Ziel von Kommunikation bildet. Dabei differenziert er zwischen verständigungsorientierter und strategischer Kommunikation. Bei der verständigungsorientierten Kommunikation liegen der Einigung keine äußeren Zwänge zugrunde, wohingegen das Einverständnis in der strategischen Kommunikation auf Formen von Zwang zurückzuführen ist, z. B. Drohungen, Druck oder Täuschungen (vgl. ebd., S. 45 f.). Nach Habermas kann im zweiten Fall nicht von einem Einverständnis gesprochen werden, da der Zustimmung kein Verständnis, keine (inhaltliche) Überzeugung und keine rationalen Erklärungen zugrunde liegen. Kommunikation ist also nicht per se für die Beteiligten erfolgreich und wirkungsvoll. Ange-

sichts der Ergebnisoffenheit ist entscheidend, Gelingensfaktoren für eine von Zwängen freie Kommunikation herauszuarbeiten (vgl. ebd., S. 149).

Die Erfahrungen betroffener Eltern verweisen auf einen destruktiven Interaktionsverlauf als Beispiel für misslungene Interaktion, die sich in erster Linie durch das Erleben einer Asymmetrie auszeichnet. In dem Verfahren zur Abwendung einer Kindeswohlgefährdung können die Eltern die Haltung der Fachkräfte nicht verstehen. Dennoch beugen sie sich den Anforderungen und Erwartungen, um negative Konsequenzen zu vermeiden. Ihr strategisch ausgerichtetes Handeln ist ausschließlich an den Folgen und – im Sinne ihrer Zielformulierung – an ihrem subjektiv definierten Erfolg orientiert. Dabei legen sie ihre Strategie nicht zwingend offen, sondern handeln verdeckt mit dem Ziel, die Fachkräfte nach außen zufriedenzustellen. Die Interaktion zeichnet sich durch ein fehlendes Verständnis für die jeweils andere Sichtweise aus. Die Kommunikation zwischen Fachkräften bzw. Organisation und Eltern scheitert im Verlauf.

8.5 Hilfe(n) und weitere Fachkräfte

Die Inanspruchnahme von Hilfe(n) durch die Eltern pendelt je nach Motivlage zwischen Ablehnung und Akzeptanz.

In den Fallstudien basiert die elterliche Zustimmung zu einer Hilfe zur Erziehung auf unterschiedlichen Anlässen und Beweggründen. Frau Tschick und die Eheleute Imhoff wünschen sich Unterstützung. Dabei stehen ihrer intrinsischen Motivation nach einer Reduktion familiärer oder persönlicher Probleme und einem veränderten Umgang mit ihrem Kind/ihren Kindern extrinsische Motive, z. B. die Erfüllung gesellschaftlicher Erwartungen, gegenüber. Insofern wollen Frau Tschick und die Eheleute Imhoff sowohl die familiäre Situation verändern als auch nach außen belegen, gute Eltern zu sein. Die beiden Motive schließen sich nicht aus, sondern ergänzen und verstärken sich in der Praxis. Herr Sawatzki und Frau Cebeci sind ausschließlich extrinsisch motiviert. Ihre Motivation besteht darin, möglichst schnell wieder ohne Jugendamt leben und frei handeln zu können. In diesem Sinne repräsentiert die Hilfe ausschließlich das Mittel zum Zweck.

Die Erwartungen der Eltern an das Jugendamt und die Fachkräfte sind diffus. Die Väter und Mütter aus den Fallstudien haben wenig konkrete Ideen und Vorstellungen von Möglichkeiten und Grenzen der Hilfegestaltung. Daher beschreiben sie ihre Erwartungen mit relativ allgemeinen Begriffen und Konzepten, z. B. Entlastung, Ruhe oder Leben ohne Jugendamt. Frau Tschick resümiert, andere Vorstellungen von der Hilfegewährung gehabt zu haben, ohne diese jedoch näher auszuführen. Einzig die Eheleute Imhoff haben sich vorab über unterschiedliche Hilfeangebote informiert. Basierend auf ihrem Wissensstand begründen sie ihren Wunsch nach einer speziellen Hilfeform.

Die Haltung gegenüber der professionell erbrachten Hilfe hängt von zahlreichen Rahmenbedingungen und Aspekten ab. So beeinflussen z. B. die Sicht auf die Hilfe als Chance oder Belastung, die Erwartungen an die Unterstützung oder die Gründe für die Inanspruchnahme die Einstellung der Eltern. Diese Einflussgrößen sind interdependent miteinander verflochten und zeigen fallspezifische Wirkungen im Hilfeverlauf. Die subjektive Sicht der Eltern auf die Hilfe steht auch in einer wechselseitigen Beziehung mit ihrem Verhalten dem Helfer/der Helferin und der Organisation gegenüber. In den Erzählungen zeigt sich, dass aufseiten der Eltern das Bewusstsein für solche Zusammenhänge nicht zwingend vorhanden ist.

Die Haltung der Eltern gegenüber der gewährten Hilfe verändert sich im Laufe der Zeit, da sie einen Zwiespalt erleben zwischen dem Wunsch nach Hilfe und der Erfahrung fehlender Hilfestellungen.

Die Wahrnehmungs- und Denkmuster der Eltern zeichnen sich vorrangig durch eine bipolare Struktur aus, z. B. Schwarz-Weiß-, Vorher-Nachher oder Entweder-oder-Denken. Aufgrund ihrer gemachten Erfahrungen und ihrer emotionalen Betroffenheit in dem Verfahren zur Abwendung einer Kindeswohlgefährdung fällt es ihnen schwer, Nuancen zwischen diesen Polen zu erkennen und zu benennen. In ihrem Erleben von Hilfe(n) kristallisiert sich folglich ein zweipoliges Wahrnehmungsmuster heraus: Hilfe als Hilfe vs. Hilfe als Nicht-Hilfe.

• *Hilfe als Hilfe*

Eine Hilfe wird als hilfreich wahrgenommen, wenn die betroffenen Eltern einen Nutzen für sich erkennen und unmittelbar erfahren. Frau Tschick bezeichnet die erste Zeit der ambulanten Familienhilfe als unterstützend, da sie durch die erlebte Entlastung Energie und Kraft geschöpft hat. Diese positiven Effekte haben ihre Zufriedenheit mit der Ausgestaltung begründet und ihre Mitarbeit gefördert. Auch Herr und Frau Imhoff sind über die aus ihrer Sicht korrigierende Erfahrung mit ihrer Familienhilfe und den positiven Verlauf der ambulanten Begleitung glücklich. Sie fühlen sich – im Gegensatz zu ihren Erfahrungen mit den anderen ihnen vermittelten Hilfestellungen – als Eltern in ihrer Rolle und Bedeutung für ihr Kind erstmalig konsequent ernst genommen und wertgeschätzt.

Von zentraler Bedeutung ist aus Sicht der Eltern, dass die Hilfeangebote an die von ihnen benannten Probleme anknüpfen. Die Hilfen können in ihrer Wahrnehmung nur produktiv verwertet werden, wenn sie sich an ihren subjektiven Alltagstheorien und Handlungsmustern ausrichten. Die vermittelten

Hilfestellungen und Empfehlungen müssen von ihnen als anknüpfungsfähig an ihre Lebenswelt wahrgenommen und in ihr Selbstbild integriert werden. Sie benötigen ausreichend Raum und Zeit, um Inhalte selbstständig erproben zu können. Frau Tschick betont beispielsweise die mit ihrer Familienhilfe erarbeiteten Veränderungen, die ihren Alltag bis heute positiv beeinflussen. Sie bewertet die Veränderungen als Fortschritte und akzeptiert sie seit jeher in vollem Umfang. Wenn die Ratschläge der Fachkräfte nicht mit den Logiken der Eltern kompatibel sind, werden sie als nutzlos verworfen und nicht umgesetzt.

- *Hilfe als Nicht-Hilfe*

Hilfen haben unbeabsichtigte Nebenwirkungen oder Begleiterscheinungen, wenn sie nicht an die Lebenswelt der Eltern anschließen. Bei den Eltern entsteht ein Gefühl von Belastung, wenn die Hilfe nicht an ihren Bedürfnissen und Interessen ausgerichtet wird und deshalb nicht optimal in ihren Alltag integriert werden kann. Die Hilfe wandelt sich in der Wahrnehmung der Eltern zu einer Bedrohung. Frau Tschick erlebt beispielsweise die Frequenz der Termine als Stress und daher die ambulante Familienhilfe als unruhestiftend und störend. Auch Herr Sawatzki und Frau Cebeci nehmen die Familienhilfe als überflüssige Belastung wahr.

Auch wird die Hilfe als Nicht-Hilfe wahrgenommen, wenn der individuelle Bedarf nicht erfüllt wird. Die Eheleute Imhoff berichten, dass ihr Hilfebedarf lange Zeit nicht in ein passgenaues Hilfesetting übersetzt wurde. Den Eltern fehlt seit jeher eine Passung zwischen ihrem Bedarf und den (teil)stationären Hilfeangeboten. Aus ihrer Sicht sind die (teil)stationären Hilfeformen, Tagesgruppe und Diagnostikgruppe, für die kontinuierliche Verschlechterung ihrer familiären Situation verantwortlich. Deshalb werden sie als nicht passend und nicht hilfreich eingeschätzt.

Das negative Erleben reduziert bei den Eltern aus den Fallstudien ihre Akzeptanz der Hilfe(n) bzw. der Helfer/Helferinnen und – bewusst oder unbewusst – ihre Motivation, aktiv mitzuarbeiten.

Das wahrgenommene Maß der Selbst- und/oder Fremdbestimmung bei der Ausgestaltung der Elternrolle und der zugewiesene Grad der Einflussmöglichkeiten bei der Umsetzung von Hilfe(n) beeinflussen die elterliche Einschätzung von Hilfe(n).

Die Möglichkeit, die Ausgestaltung und den Verlauf von Hilfe(n) aktiv zu beeinflussen, ist entscheidend für die Hilfeeinschätzung der Eltern. Eine positive Bewertung setzt ihre Erfahrung voraus, engagiert an der Durchführung mitwirken zu dürfen und zu können. Die ihnen zugesprochenen Optionen, die Rolle als gestaltende Akteure zu übernehmen und selbstbestimmt Entscheidungen zu treffen, sind zentrale Bedingungen aus Sicht aller befragten Eltern.

Wenn die Eltern nicht frei entscheiden dürfen, welche Probleme bearbeitet und welche Veränderungen in ihrer familiären Lebenswelt angestrebt werden, ist ihr Blick auf die Hilfe tendenziell negativ gefärbt und sie erleben diese eher als grenzüberschreitend. Ferner erhöhen Kritik, Unverständnis und eine negative Beurteilung ihrer Leistungen als Erziehungsberechtigte den Stresspegel der Eltern aus den Fallstudien. Jegliche Form unerbetener Einmischung wird negativ beurteilt. Ihr Eindruck, dass ihnen fachliche Hinweise aufoktroyiert werden, wirkt sich auf ihre Haltung gegenüber der Hilfe und deren Effekte aus: Vorschläge, die nicht von den Eltern befürwortet werden, und Empfehlungen, die für sie den Charakter von Auflagen haben, zeigen eine gering ausgeprägte Wirkung für nachhaltige Veränderungen. Diskussionen, die nicht ergebnisoffen sind, sondern einer Auflagenvermittlung gleichen, werden ebenfalls abgelehnt. Sie evozieren bei den Eltern das Gefühl, dass die Interaktion nicht auf Augenhöhe stattfindet und die Ausgestaltung der Elternrolle von außen definiert wird – ein für sie inakzeptabler Zustand. Die Gefahr steigt, dass die Eltern sich in Opposition zu den Fachkräften stellen. Die Beschneidung elterlicher Autonomie wird durchgängig negativ bewertet.

Die Fachkraft als Person beeinflusst maßgeblich die elterliche Bewertung der Hilfe. Den Eltern wird im Hilfeverlauf von der Fachkraft eine professionelle Haltung vermittelt, die großen Einfluss auf die Einstellung und das Handeln der Eltern hat. Wertschätzung, Respekt und Akzeptanz ihres Elternseins sind Voraussetzungen für die Akzeptanz der Fachkraft und der durch sie geleisteten Hilfe. Alle Eltern wollen, dass sie ernst genommen und ihre Entscheidungen akzeptiert werden. Die Eltern aus den Fallstudien wünschen sich in der Interaktion eine vorurteilsfreie Begegnung auf Augenhöhe. Sie erwarten Loyalität und Solidarität, die sie danach bewerten, ob ihr Selbstbild bestätigt wird.

Die Eltern nehmen eine bipolare Sicht auf die Fachkräfte ein: Sobald deren Hilfe nicht oder nicht länger als „reine" Hilfe erlebt wird, wechselt die Wahrnehmung von positiv zu negativ.

Eltern beschreiben Fachkräfte mit zahlreichen positiven und negativen Attributen. Ihre elterliche Einschätzung hängt von unterschiedlichen Aspekten ab und ist in hohem Maße individuell und situativ geprägt. Dennoch repräsentieren die nachfolgenden Merkmale und Eigenschaften von Fachkräften fallübergreifend Anhaltspunkte, die von den befragten Eltern als Bewertungsmaßstäbe herangezogen werden:

- Normvorstellungen und Haltungen (im Vergleich zu dem elterlichen Normensystem)
- Alter
- Berufserfahrung

- eigene Elternschaft
- Haltung gegenüber Eltern (Akzeptanz vs. Ablehnung)
- Sicht auf familiäre Lebenssituationen

Ähnliche Normvorstellungen und Einstellungen sind aus Sicht der ausgewählten Eltern für eine positive Arbeitsbeziehung hilfreich. Die Bewertung des Alters weist fallspezifische Besonderheiten auf: Während Herr Sawatzki das junge Alter der ersten Helferin kritisiert, bewertet Frau Tschick das ähnliche Alter ihrer ersten Familienhelferin positiv. Das Wissen über eine Elternschaft von Helfern/Helferinnen befördert fallübergreifend die elterliche Akzeptanz. Die Eltern kritisieren eine reduzierte und einseitige Sichtweise der zuständigen Fachkräfte auf sie.

Von den Eltern aus den Fallstudien werden folgende Vorwürfe gegenüber Fachkräften und/oder ihrem Vorgehen formuliert:

- Desinteresse
- Wissensdefizite
- fehlendes Engagement
- falsche Vorwürfe
- starre Haltung
- fehlende Aufrichtigkeit
- mangelnde Empathie

Herr Sawatzki und Frau Cebeci unterstellen der ehemals für sie zuständigen Familienhelferin ein Defizit an Wissen über die realen Auswirkungen ihrer Drogensucht sowie fehlende Berufserfahrung. Entsprechend beschweren sie sich über ihr junges Alter. Sie fühlen sich durch den Vergleich mit ihrer aktuellen Helferin, der sie Kompetenzen und Fähigkeiten zuschreiben, die eine Hilfeannahme von ihrer Seite begünstigt, in ihrer allgemeinen negativen Beurteilung bestätigt. Auf diese Weise bestätigen sie, dass der Grad der Akzeptanz der Fachkraft mit dem Grad der Akzeptanz und Annahme der Hilfe in Relation steht. Zwar betonen sie, sich in der Vergangenheit stets kooperativ verhalten zu haben, erwähnen aber auch, dank ihrer neuen Fachkraft leichter Hilfe annehmen zu können.

Die Einschätzung der Arbeit unterschiedlicher Helfer/Helferinnen hängt mit ihrer Positionierung – für oder gegen die Eltern – zusammen. Entweder die Fachkräfte sind aus Sicht der Eltern auf ihrer Seite und positiv zu bewerten oder sie sind nicht auf ihrer Seite und somit negativ besetzt. Je nach Positionierung nehmen die Eltern aus den Fallstudien die Helfer/Helferinnen als Handlanger/Handlangerinnen des Jugendamtes oder als Unterstützer/Unterstützerinnen ihrer Familie wahr. In der Rolle als Helfershelfer/Helfershelferinnen bilden sie aus Sicht der Eltern eine Einheit mit dem Jugendamt. Zwar betont Frau

Tschick, dass die Familienhilfe tiefere Einblicke in das Familienleben hat und daher eher ihre Leistung als Mutter beurteilen kann, aber dieser Wissensvorsprung wird aus ihrer Sicht nicht genutzt. Die Familienhilfe übernimmt die Einschätzung des Jugendamtes. Zwischen den beiden Organisationen ist in der Folge kaum ein Unterschied bemerkbar.

Wenn Kritikpunkte vorliegen, wirken diese im Einzelfall als Konglomerat und erzeugen ein für die Eltern unverständliches Vorgehen. In solchen Konstellationen beschreiben die Eltern aus den Fallstudien das fachliche Handeln als sinnlos und für sie inakzeptabel. Vor allem beim Vorwurf einer Kindeswohlgefährdung sind die Eltern mit Eingriffen konfrontiert, die für sie unerklärlich sind. Das Erleben von intransparenten Handlungen fördert eine negative Sichtweise auf die Fachkräfte der freien Träger und des öffentlichen Trägers. Ihr Wunsch nach authentischen, berechenbaren und verbindlichen Handlungsschritten wird enttäuscht.

Die Kategorisierung der Welt birgt die Gefahr einer bipolaren Wahrnehmung. Mit dem Vorwurf einer Kindeswohlgefährdung – als Grenze zwischen vorher und nachher – wird diese vereinfachende Wahrnehmung bei den betroffenen Müttern und Vätern befördert. Ihr Denken zeichnet sich vorrangig durch dichotome Strukturen aus. In ihren Einschätzungen zeigt sich eine Tendenz zum Schwarz-Weiß- oder zum Entweder-oder-Denken. Die polarisierende Wahrnehmung und die Alltagstheorien stehen in einem interdependenten Verhältnis zueinander: Sie unterstützen sich wechselseitig und fördern die Aufrechterhaltung des subjektiv konstruierten Selbstbildes. Die polarisierende Wahrnehmung erschwert eine differenzierte und nuancierte Betrachtungsweise, die ohnehin in stressigen Situationen eine (zu) hohe Herausforderung darstellt. Die Alltagstheorien implizieren eine gewisse Voreingenommenheit der befragten Eltern. Diese Voreingenommenheit darf jedoch nicht zwingend mit Vorurteilen gleichgesetzt werden.

Analog zu ihrer bipolaren Wahrnehmung nehmen die befragten Eltern im Laufe der Interaktion aufseiten der Fachkräfte ebenfalls zweipolige Zuschreibungen wahr. Aus elterlicher Sicht kategorisieren die Fachkräfte sie als Eltern als kooperativ vs. nicht kooperativ, fähig vs. nicht fähig oder gefährdend vs. nicht gefährdend. Die Eltern kritisieren die Fachkräfte gehäuft wegen deren selektiver und einseitiger Wahrnehmung. Die professionellen Raster wirken – vergleichbar mit den Alltagstheorien der Eltern – handlungsleitend und -begründend. In der Interaktion nehmen die Fachkräfte aus Sicht der Eltern verstärkt nur die Handlungsweisen wahr, die ihre professionellen Einschätzungen bestätigen. Abweichende Handlungs- und Reaktionsweisen werden zur Kenntnis genommen, aber nicht in ihr professionelles Raster integriert, das den Dreh- und Angelpunkt fachlicher Handlungsschritte bildet. Dieser Kreislauf gewinnt an Brisanz, wenn berücksichtigt wird, dass bei den Eltern ebenfalls die Gefahr von Selektion besteht.

Aus den vorliegenden Erkenntnissen lassen sich Anforderungen an die Ausgestaltung professioneller Unterstützung ableiten, die nur unter bestimmten Voraussetzungen wirkt. Böhnisch hat dafür den Begriff der „funktionale[n] Äquivalente" (Böhnisch 2016, S. 120) eingeführt. Funktionale Äquivalente stellen einen Gegenentwurf zu bislang angewandten, teilweise destruktiven Verhaltensweisen dar. Fachkräfte schaffen Räume und Settings, in denen Adressaten/Adressatinnen schrittweise lernen, alternative Handlungen zu verfolgen, um Selbstwirksamkeit, Anerkennung und Selbstwert zu erfahren. In diesem Zusammenhang besteht die Herausforderung darin, die bereits praktizierten Verhaltensweisen nicht negativ zu bewerten oder zu stigmatisieren. Klienten/Klientinnen sollten vielmehr erfahren und unmittelbar erleben, dass sie nicht länger auf diese Verhaltensweisen angewiesen sind (vgl. Böhnisch 2017, S. 301 f.). Eltern, Kindern und Jugendlichen sollten Hilfen nicht oktroyiert werden, da Hilfen vor allem wirksam sind, wenn sie an die Problembewältigungsmuster der Familie und deren Lebenswelt anknüpfen.

8.6 Akteure und Zusammenarbeit im familiengerichtlichen Verfahren

Die Anrufung des Familiengerichts markiert den Endpunkt der misslungenen Interaktion zwischen dem zuständigen Jugendamt bzw. der zuständigen Fachkraft und den Eltern und wird als persönlicher Affront erlebt.

Die Eltern binden das familiengerichtliche Verfahren in die Interaktion mit dem Jugendamt ein. Die Einschaltung des Familiengerichts bildet den Tiefpunkt der eskalierenden Interaktion: Die Kommunikation zwischen Eltern und Fachkraft hat sich zugespitzt, die Fronten sind verhärtet. Unter diesen Bedingungen kann weder eine geteilte Situationsdeutung noch eine gemeinsame Lösung entwickelt werden.

Zum Zeitpunkt der Anrufung wird die unterstellte Gefährdung ihres Kindes/ihrer Kinder von allen befragten Eltern bestritten. Aus Sicht der befragten Eltern sind die Gründe für die Anrufung des Familiengerichts in der gescheiterten Interaktion zwischen ihnen und dem Jugendamt zu suchen. Die Anrufung wird als persönlicher Angriff bzw. Kampfansage gegen sie als Eltern gedeutet. Das Jugendamt bzw. die zuständige Fachkraft wendet sich nach dieser Lesart an das Familiengericht, weil die Eltern sich nicht den fachlichen Empfehlungen beugen, die mithilfe der Anrufung nun unter Druck durchgesetzt werden sollen. Die Väter und Mütter schreiben ausschließlich den staatlichen Akteuren die Verantwortung für die Anrufung des Familiengerichts zu, die den Kampf um Deutungsmacht auf die Spitze treibt.

Der aus fachlicher Sicht notwendige Handlungsschritt wird übereinstimmend als misslungene Problemlösung des Jugendamtes oder der Fachkraft gedeutet. Die dramatische Zuspitzung der Situation wird mit ausdrucksstarken Begriffen beschrieben, z. B. „Albtraum", „Katastrophe" oder „Drama". Die Termini zeigen eine neue Qualität in dem Verfahren. Im Zuge dieses Prozesses geraten Kinder und Jugendliche – Anlass für die fachlichen Sorgen – aus dem Blickwinkel der Beteiligten. Das vom Jugendamt proklamierte Ziel, das Wohl des Kindes/der Kinder zu sichern, sehen die betroffenen Eltern als nicht eingelöst, sondern durch das Jugendamt konterkariert.

Familienrichter/Familienrichterinnen werden von den Eltern zu Beginn des Verfahrens nicht als neutrale Vermittler/Vermittlerinnen, sondern als ein Machtinstrument des Jugendamtes wahrgenommen, um fachliche Deutungen gegen die Sichtweisen der Eltern durchzusetzen.

Das Familiengericht wird angerufen, damit der Richter/die Richterin als externe Fachkraft die Situation klären und eine Entscheidung herbeiführen kann. Der Familienrichter/die Familienrichterin übernimmt aus elterlicher Sicht in dem Verfahren die Rolle als Schiedsrichter/Schiedsrichterin zwischen Jugendamt und ihnen. Die Bewertung des Ergebnisses hängt davon ab, ob der Beschluss die Position der Eltern stützt oder schwächt.

Zwar können die befragten Eltern unterschiedliche Rollen in dem Verfahren benennen, aber die einzelnen Akteure treten ihnen gegenüber in weiten Teilen des Verfahrens als Phalanx – unter Führung des Jugendamtes – auf.

Das Jugendamt wird in allen Fällen als Drahtzieher des Verfahrens zur Abwendung einer Kindeswohlgefährdung identifiziert. Daneben gibt es aus Sicht der Eltern sogenannte Komplizen/Komplizinnen bzw. Helfershelfer/Helfershelferinnen, die mit dem Jugendamt kooperieren und mit ihm „unter einer Decke stecken".

Das Verhältnis zwischen Jugendamt sowie beteiligten Organisationen und Fachkräften wird von den Eltern in weiten Teilen als geschlossene Einheit verstanden. Das Jugendamt kooperiert sowohl mit Helfern/Helferinnen als auch mit beteiligten Akteuren im Verlauf des familiengerichtlichen Prozesses. Die Eltern erleben diese Kooperation häufig als Phalanx, zu der sie weitestgehend keinen Zutritt haben. Sie nehmen die Position gegen „die Anderen" ein. Die Fachkräfte agieren in ihrer Wahrnehmung häufig ohne Rücksicht auf die Wünsche und Vorstellungen der Eltern. In diesem Rahmen erleben die Eltern das Verhalten der Akteure als problematisch: Die Handlungen der Fachkräfte scheinen aus ihrer Sicht aufeinander bezogen und dem Ziel zu dienen, den Eltern unter dem Deckmantel der Abwendung einer Kindeswohlgefährdung Schaden zuzufügen. Die betroffenen Eltern aus den Fallstudien erleben lediglich in Ausnahmefällen frei und selbstständig handelnde Akteure, welche die elterliche Wahrnehmung der Phalanx durch Einzelaktionen aufbrechen. Diese Ausnahmen stellen sogenannte „signifikante Andere" dar, die z. B. in Erscheinung treten, wenn eine einzelne Fachkraft Partei für die betroffenen Eltern ergreift und sich ihnen gegenüber loyal verhält. Auch die Richter/Richterinnen lösen sich punktuell vom Jugendamt und weisen die zuständigen Fachkräfte in die Schranken.

Herr und Frau Imhoff konstruieren ausschließlich einen sogenannten „geschlossenen Bewusstseinskontext". Die Richter vor dem Amtsgericht und dem OLG bilden aus ihrer Sicht ein Bündnis mit dem Jugendamt und weiteren Beteiligten, in das betroffene Eltern nicht integriert werden. Väter und Mütter haben in ihrer Wahrnehmung keine Chance, zu Wort zu kommen. Herr Sawatzki und Frau Cebeci nehmen ebenfalls einzelne Fachkräfte als geschlossene Einheit wahr (Ärztin, Vormund, Verfahrensbeistand, Richterin und Jugendamt). In dieser Einheit übernimmt das Jugendamt die Rolle des Drahtziehers und die übrigen Akteure sind als Handlanger/Handlangerinnen aktiv. Sie arbeiten dem Jugendamt zu oder erfüllen Aufgaben des Jugendamtes. Erst unter Hinzuziehung des OLG wird die Phalanx erschüttert. Das OLG agiert als Korrektiv und verändert das Kräfteverhältnis. In der Folge wird die bis dahin geschlossene Einheit von außen aufgebrochen. Unter dem Zwang seiner Autorität findet eine neue Positionierung statt. Das Verhältnis der Beteiligten wird neu kalibriert. Die Richterin ist nun auf Seite der Eltern, wodurch das Jugendamt an Macht verliert.

Angesichts ihres geringen Einflusses auf den Ablauf des familiengerichtlichen Verfahrens haben einige Eltern, exemplarisch Herr Sawatzki und Frau Cebeci sowie die Eheleute Imhoff, den Eindruck, dass die Entscheidung entweder vorab unter den beteiligten Akteuren ausgehandelt worden ist oder ohnehin bereits feststeht, weil dem Jugendamt die Entscheidungsgewalt obliegt. Deshalb schreiben sie der ersten Verhandlung den Charakter einer Farce zu. Sie werfen den Experten/Expertinnen vor, nicht authentisch, sondern hinterhältig zu agieren. Die Aussagen der Eltern werden aus ihrer Perspektive falsch gedeutet und „verdreht". Herr Sawatzki und die Eheleute Imhoff sind davon überzeugt, Opfer von Verfahrensfehlern zu sein, da der Ablauf und die Ergebnisse des familiengerichtlichen Verfahrens für sie andauernd nicht verständlich sind. Da sie mit ihren rationalen Erklärungen an Grenzen stoßen, formulieren sie zudem Verschwörungstheorien.

Frau Tschick sieht sich – vor allem zu Beginn des Verfahrens – auch in einer gegenüber dem Jugendamt benachteiligten Position. Sie schreibt dem Jugendamt eine machtvollere Position zu. Diese Wahrnehmung wandelt sich durch das Auftreten der zuständigen Richterin. Frau Tschick entwickelt aus ihrer Perspektive mit der Richterin direkt zu Beginn des Verfahrens ein Arbeitsbündnis. In diesem Bündnis ist das Jugendamt nicht integriert, sondern außenstehend.

Im Allgemeinen beurteilen die Eltern aus den Fallstudien die Akteure in dem Verfahren zur Abwendung einer Kindeswohlgefährdung in Abhängigkeit von deren Positionierung. Die Experten/Expertinnen können für oder gegen die Eltern sein. Die betroffenen Eltern bewerten professionell Handelnde negativ, wenn sie elterliche Aussagen nicht registrieren oder nicht ernst nehmen. Wenn die Eltern sich nicht wertgeschätzt fühlen, ist die Kooperation zudem erschwert. Akteure, die gegenüber den Eltern loyal sind oder eine ähnliche Haltung vertreten, werden positiv wahrgenommen. In diesem Sinne bewerten Herr Sawatzki und Frau Cebeci sowie Frau Tschick die Unterstützung durch ihre anwaltliche Begleitung als positiv. Diese Bewertung teilen die Eheleute Imhoff mit Einschränkungen.

8.7 „Überleben" – Umgang mit dem gesamten Prozess

In dem Verfahren sehen sich die Eltern – zumindest phasenweise – in einer benachteiligten Position. Ihre erlebte Benachteiligung bezieht sich sowohl auf die Interaktion mit dem Jugendamt als auch auf den familiengerichtlichen Prozess zur Abwendung einer Kindeswohlgefährdung. Das Verfahren ist für Herrn Sawatzki ein Beispiel für die Auswirkungen von Benachteiligungen in seiner Biografie. Er ergibt sich jedoch nicht dieser Ungleichbehandlung, sondern ist bestrebt, möglichst selbstbestimmt zu agieren.

Im Laufe der Interaktion und des familiengerichtlichen Prozesses werden die Eltern in ihrer Wahrnehmung in die Rolle von „Schwerverbrechern" gedrängt. Diese Rollenzuschreibung dient aus ihrer Sicht der fachlichen Legitimation, nicht respektvoll und wertschätzend mit ihnen umzugehen.

Das Verfahren löst bei den betroffenen Eltern unterschiedliche Emotionen aus, die gleichzeitig, nacheinander oder wechselhaft auftreten. Die Gefühle bewegen sich anfänglich zwischen mehr oder weniger hoffnungsvollen bis skeptischen Erwartungen und im weiteren Verlauf zwischen Resignation und Wut. Ihre Emotionen können die betroffenen Eltern nur bedingt mitteilen und ausleben, da sie Konsequenzen fürchten. Angst bildet das zentrale Moment aller Eltern. Die Angst hat unterschiedliche Bezugspunkte, z. B. Angst vor dem Jugendamt, vor einer weiteren Herausnahme oder vor negativen Zuschreibungen. Die Angst hält z. T. nach dem familiengerichtlichen Verfahren (noch) an.

Der Verlust von Hoffnung führt bei Herrn und Frau Imhoff zu einem Zusammenbruch. Sie werden in ihrem Glauben erschüttert und verlieren das Vertrauen in sämtliche Institutionen. Die Eheleute berichten von anhaltenden und irreparablen Schäden, die sie aufgrund des Verfahrens zur Abwendung einer Kindeswohlgefährdung als Familie erlitten haben. Sie haben zu keinem Zeitpunkt Hilfen oder Unterstützung zur Seite gestellt bekommen, um die Auswirkungen aufzuarbeiten.

Das Verfahren zur Abwendung einer Kindeswohlgefährdung wird von den Eltern aus den Fallstudien als sich stetig steigernde – und im weiteren Verlauf– familienexistenzbedrohliche Belastung erlebt. Phasenweise nehmen die betroffenen Väter und Mütter im Verlauf eine gewisse Ausweglosigkeit wahr: Sie fühlen sich als „Gefangene in der Situation", „Verlierer" oder „benachteiligte Personen". Alle Fallverläufe eint die Erfahrung der Eltern, eine negative Entwicklung nur in Ausnahmefällen und unter immensen Anstrengungen aufhalten zu können. Die Dynamik der als unaufhaltsam wahrgenommenen Entwicklung kann unterschiedlich bezeichnet werden:

- „Abwärtsspirale" (Herr und Frau Imhoff)
- „Auf und Ab" (Frau Tschick)
- „Hin und Her" (Herr Sawatzki und Frau Cebeci)

Die Eltern betrachten das Ergebnis des Verfahrens zur Abwendung einer Kindeswohlgefährdung als paradox. In ihrer Narration haben sie mehr oder weniger freiwillig Hilfe(n) in Anspruch genommen oder zumindest kooperiert. Sie haben sich im Großen und Ganzen den fachlichen Anforderungen gefügt und die ihnen bekannten Erwartungen in weiten Teilen erfüllt. Trotzdem tritt an die Stelle einer von ihnen erhofften Verbesserung eine Verschlechterung der familiären und individuellen Situation, die sich unter anderem in der Eskalation der Zwistigkeiten zwischen ihnen und dem Jugendamt bzw. den Fachkräften manifestiert. Herr und Frau Imhoff erleben, dass der von ihnen angemeldete Hilfebedarf nicht berücksichtigt wird und sich ihre Ausgangslage verschlimmert. Bei Frau Tschick hat die Begleitung eine Verschärfung der Problemlagen und eine Eskalation der Situation zur Folge. Auch Herr Sawatzki und Frau Cebeci geraten im Laufe des Prozesses in eine Zwangslage und erfahren verhärtete Fronten zwischen sich und den Fachkräften.

Die Eltern skizzieren sich als kämpfende Personen. Sie kämpfen um ihr Kind/ihre Kinder und um Deutungsmacht.

In dem Erleben der Eltern aus den Fallstudien gibt es nach dem Wendepunkt – dem Vorwurf der Kindeswohlgefährdung – in der Interaktion mit dem Jugendamt kein Miteinander, sondern ausschließlich ein Gegeneinander. Die Väter und Mütter nehmen sich übereinstimmend, zumindest phasenweise, als Kämpfer/Kämpferinnen wahr. Sie kämpfen um ihr Kind, um Anerkennung, um ihren Ruf und um ihr Verständnis von Wahrheit und Recht. Sie kämpfen gegen das Jugendamt bzw. die zuständige Fachkraft und (anfänglich) gegen „die Anderen", die von dem Jugendamt als Gegner/Gegnerinnen ins Boot geholt werden. Die Eltern und das Jugendamt ringen um Durchsetzung ihrer jeweiligen Deutung von Realität. Die Auseinandersetzung mit dem Jugendamt bzw. den Fachkräften um die Wahrheit zeigt widersprüchliche Auswirkungen: Einerseits erleben die Eltern aus den Fallstudien durch diesen Kampf einen Auftrieb und die Mobilisierung ihrer Kräfte, andererseits kostet er die betroffenen Eltern Zeit, Geld und Energie. Trotz ihrer intensiven Bemühungen können sie nicht durchgängig ihre Intentionen umsetzen. Ihre Verhaltensweisen zeigen sowohl intendierte Wirkungen als auch nicht-intendierte Nebenwirkungen. Vor allem die unbeabsichtigten und für sie unangenehmen Nebenwirkungen befördern einen destruktiven Prozess.

Ihrem Kampf liegen unterschiedliche Selbsteinschätzungen zugrunde. Herr Sawatzki und Frau Cebeci sind während des gesamten Prozesses davon überzeugt, ihren Sohn zurückzubekommen. Die Gewissheit ihrer Unschuld stützt ihre Sicherheit über die Rückführung ihres Sohnes. Der Kampf motiviert sie. Im Gegensatz dazu ist Frau Tschick durchgängig unsicher über den Ausgang. Ihre Unsicherheit setzt einerseits Kräfte frei und evoziert andererseits Belastungen. Herr und Frau Imhoff sind fast durchgängig zuversichtlich, stoßen aber angesichts der finalen Enttäuschung an ihre emotionalen und finanziellen Belastungsgrenzen.

Das familiengerichtliche Verfahren beeinträchtigt den Alltag aller Familien in hohem Maße und prägt das Leben der betroffenen Eltern beträchtlich. Phasenweise beherrscht es den Alltag in weiten Teilen, sodass die aufgebrachte Kraft bzw. Energie für die Versorgung und Erziehung ihres Kindes/ihrer Kinder fehlt. Auch nach der Beendigung haben die Erfahrungen anhaltende Folgen für die Eltern und die übrigen Familienmitglieder. Herr Sawatzki äußert, einerseits mit dem Ausgang zufrieden zu sein, da das Ziel der Rückführung erreicht wurde, andererseits ist der Zustand anhaltend belastend, da sie nicht frei leben können. Entsprechend fühlt sich Frau Cebeci weiterhin als Angeklagte. Sie hat keine Ruhe. Im Anschluss an das Verfahren bleibt das Gefühl von Unsicherheit über die Ausgestaltung der Elternrolle.

Die Eltern setzen sich – zumeist unaufgefordert – in ihrer Erzählung mit der Frage auseinander, wie es zukünftig weitergeht, vor allem mit Blick auf die Begleitung durch das Jugendamt. Die Eltern in den Fallstudien wünschen sich Ruhe. Der Begriff Ruhe impliziert für sie die Abwesenheit des Jugendamtes. Sie streben nach der Umsetzung ihres Bildes von einer „heilen Familie", das nicht mit einer externen Begleitung vereinbar ist. Da die Begleitung durch das Jugendamt für sie ein Angriff auf ihr Ideal ist, liegt ihrem Wunsch nach Ruhe die Zurückeroberung von Handlungsautonomie zugrunde, welche aus ihrer Sicht eine Grundvoraussetzung für die Sicherung des Kindeswohls darstellt. Diesem Verständnis steht aus ihrer Sicht die ihnen vermittelte professionelle Handlungslogik gegenüber. Das Jugendamt bzw. die zuständige Fachkraft fordert von ihnen die Gewährleistung des Kindeswohls, bevor ihnen die Autonomie wieder zugesprochen wird. Im Gegensatz zu Herrn Sawatzki und Frau Cebeci sind Frau Tschick und die Eheleute Imhoff skeptisch, aus der Interaktion mit dem Jugendamt selbstständig, dauerhaft und nachhaltig aussteigen zu können. Sie fürchten einen nicht endenden Kreislauf.

Die Bewältigungsversuche der Eltern weisen eine hohe Bandbreite von aktiven und passiven Strategien auf, um die Belastung durch das Verfahren reduzieren und Handlungsfähigkeit zurückgewinnen zu können.

Die befragten Väter und Mütter zeigen vielschichtige Verhaltensweisen, die keinem einheitlichen Muster folgen, sondern differenziert betrachtet werden müssen.

Die Eltern verfügen über unterschiedliche Handlungs- und Bewältigungsstrategien, die einerseits im legalen Bereich und andererseits im illegalen Bereich liegen. Zum ersten Bereich gehören die Aktivierung einer anwaltlichen Begleitung und die Beschwerde gegen familiengerichtliche Beschlüsse. Im Gegensatz dazu gehört die Kindesentführung – als besonders außergewöhnliche Handlung – mitsamt den daran anknüpfenden Diskussionen mit den Fachkräften zur zweiten Kategorie. Die Eltern aus den Fallstudien sind flexibel und wenden die Strategie an, die ihnen am erfolgversprechendsten erscheint. In diesem Sinne sind sie auch im familiengerichtlichen Verfahren ergebnisorientiert und wägen unterschiedliche Handlungsoptionen ab.

Sie zeigen in der Interaktion mit dem Jugendamt und in dem Umgang mit dem familiengerichtlichen Verfahren aktive und passive Bewältigungsversuche. Dabei wenden die befragten Eltern nicht nur eine Strategie an, sondern erproben unterschiedliche Methoden.

Die aktiven Strategien umfassen z. B. die nachfolgenden Verhaltensweisen:

- Kampf
- Widerstand und Rebellion
- Selbstbehauptung
- Strategisches Handeln (täuschen, spielen)
- Inanspruchnahme von (externen) Hilfen

Die passiven Strategien beziehen sich eher auf die nachfolgenden reaktiven bzw. reagierenden Verhaltensweisen der Eltern:

- Schweigen
- Anpassung (Gehorsam/Fügsamkeit)

- Flucht (z. B. aus der belastenden Situation oder in Gedanken bzw. Fantasien)
- Selbstaufgabe
- Rückzug (nichts tun oder sagen)

Die Eltern aus den Fallstudien bewegen sich in einem Dilemma zwischen ihrem Wunsch nach Selbstbestimmung und der Notwendigkeit, sich der Fremdbestimmung zu fügen. In ihren Erzählungen schildern sie einerseits Handlungen, die sie in ihrer Fantasie durchspielen, und andererseits praktisch ausgeführte Reaktions- und Verhaltensweisen. Übereinstimmend setzen sich die Eltern gedanklich intensiv mit zahlreichen Möglichkeiten auseinander, z. B. Öffentlichkeitsarbeit, Gewaltandrohungen und -anwendungen oder Umzüge, ohne diese Überlegungen immer in die Tat umzusetzen bzw. umsetzen zu können. Die personalen und sozialen Ressourcen sowie die angenommenen (Aus-)Wirkungen beeinflussen die Entscheidungen für die Bewältigungsstrategien und deren Ausprägungen. Dabei sind insbesondere die Kontrollüberzeugung, die Selbstwirksamkeitserwartung, das Kohärenzgefühl, der Optimismus sowie Resilienz entscheidend (vgl. Klauer 2012, S. 267 f.).

Die Bewältigungsstrategien können im Spiegel des Lebensbewältigungskonzeptes von Böhnisch gelesen werden. Das Verfahren zur Abwendung einer Kindeswohlgefährdung zeichnet sich durch widersprüchliche Perspektiven und Positionen aus. Der Vorwurf einer Kindeswohlgefährdung und in einem weiteren Schritt die Anrufung eines Familiengerichts sind in den vorliegenden Fällen Eingriffe von außen, mit denen die Väter und Mütter konfrontiert werden und zu denen sie sich verhalten müssen. Anlass ist die fachliche Einschätzung, dass die betroffenen Eltern die ihnen gesetzlich übertragenen Rechte und Pflichten nicht angemessen erfüllen. Sie werden also in der Ausübung ihrer Elternrolle kritisiert. Die von den Eltern angewandten Erziehungsstrategien erscheinen aus gesellschaftlicher Sicht kindeswohlgefährdend. Als Maßstab der Bewertung gelten gesellschaftliche Normen und Werte, von denen das Verhalten der Eltern aus Sicht der Fachkräfte zu stark abweicht. Da die Verhaltensweisen als gesellschaftlich inakzeptabel gelten, erwarten die Fachkräfte eine Verhaltensänderung, die eine Anpassung an gesellschaftliche Normen impliziert. Allerdings bleibt bei dieser Forderung die Sichtweise der Eltern häufig unberücksichtigt. Von außen ist nicht ohne Weiteres ersichtlich, welche Normen für die Eltern handlungsleitend sind. Die Eltern geraten vielmehr durch das fachliche Handeln des Jugendamtes – als verlängerter Arm der Gesellschaft – in eine zusätzliche Belastungssituation, die Bewältigungsverhalten auslöst. Sie müssen sich mit den Vorwürfen und dem auferlegten und für sie fremden Verfahren auseinandersetzen und einen Umgang damit finden.

Die Vorwürfe berühren den Selbstwert betroffener Eltern: Sie erhalten für ihre bisherige Ausgestaltung der Elternrolle kaum Anerkennung oder Wertschätzung.

Angesichts der Kritik kann bei ihnen der Eindruck entstehen, „dass ihnen die gesellschaftlich erwartete Fähigkeit, eine ,gute Mutter' zu sein, abgesprochen wird" (Böhnisch 2016, S. 58). Sie erleben, wie ihre Integrität infrage gestellt und sie als Mutter oder Vater stigmatisiert und herabgesetzt werden. Die Eltern sind in der Regel bestrebt, das bestehende Ungleichgewicht zwischen ihrer persönlichen und der fachlichen Einschätzung zu reduzieren. Dazu müssen sie Stellung beziehen und die Pole des Spannungsverhältnisses – soziale Integration und individuelle Handlungsfähigkeit – ausbalancieren. Sie bewegen sich zwischen der individuellen Handlungsfähigkeit in ihrem Milieu und der Integration in gesellschaftliche Strukturen. Die Integration ist notwendig, damit sie langfristig autark und frei vom Jugendamt leben können. Handlungsfähigkeit benötigen sie, um sich als Eltern selbstwirksam und kongruent verhalten zu können. Je weiter die Pole voneinander entfernt sind, desto größer ist die wahrgenommene Belastung. Aufseiten der Eltern steigt der Druck, sich zwischen äußeren und inneren Anforderungen zu positionieren. Ihr Streben nach Handlungsfähigkeit trifft auf Kontrolle und Handlungszwänge, die wiederum Ablehnung bei ihnen auslösen. Sie müssen Normalität präsentieren und ihre Leistungen als Eltern offenlegen (vgl. ebd., S. 59).

Analog zu den Grundannahmen von Böhnisch streben die befragten Eltern nach Handlungsautonomie und Selbstbehauptung. Sie ringen um Deutungsmacht und wollen ihre subjektiven Vorstellungen von Elternschaft nach außen durchsetzen. Das Selbstbild der Eltern beeinflusst ihre Gedanken, Gefühle und Handlungen und definiert quasi ihre Identität, die sie nach außen tragen (vgl. Künzel-Schön 2000, S. 41). Die Väter und Mütter sind aufgefordert, sich als fähige und kompetente Eltern zu präsentieren, um die Sichtweise der Fachkräfte erweitern und ggf. korrigieren zu können. Dabei müssen die Eltern die Frage für sich klären, wie sie die Erwartungen erfüllen können, ohne ihre Identität und ihre Lebenswelt leugnen zu müssen. Die besondere Herausforderung besteht darin, dass sämtliche Verhaltensweisen unmittelbar beobachtet und bewertet werden. Dieser Kreislauf kann das Belastungsgefühl verstärken.

Die Analyse des elterlichen Erlebens und Bewältigens von Verfahren zur Abwendung einer Kindeswohlgefährdung weist Ähnlichkeiten auf mit dem Konzept der Verlaufskurve, das von Fritz Schütze entwickelt wurde. Im Mittelpunkt stehen hierbei unterschiedliche Möglichkeiten der Verarbeitung schwieriger Erfahrungen und Situationen, die betroffenen Menschen zur Verfügung stehen. Die „Verlaufskurven des Erleidens beschreiben Lebensprozesse, in denen Menschen unter einem biographischen und sozialen Chaos leiden, das oft in der Verbindung mit Erlebnissen des Scheiterns so übermächtig erscheint, dass sie überwältigt von diesem Prozess das Gefühl eines unaufhebbaren Verhängnisses und Gefangenseins in konditioneller Gesteuertheit entwickeln" (Wujciak 2010, S. 22 f.). Der Ausdruck Erleiden bezeichnet einen Prozess der stetigen Verschlechterung oder eine Verkettung negativer Umstände. Gleichzeitig kann – unter bestimmten Um-

ständen – am Ende das aktive Handeln stehen, das der betroffene Mensch aus einer anderen Position heraus wiedererlangt. Die Verlaufskurve baut sich sukzessiv auf und folgt in der Regel einer retrospektiv herauszuarbeitenden Logik, die nicht zwingend linear verläuft (siehe Abb. 10: Ablaufmodell der Verlaufskurve). In der Lebenswirklichkeit betroffener Menschen zeigen sich vielmehr Abweichungen und subjektive Besonderheiten.

Abb. 10: Ablaufmodell der Verlaufskurve

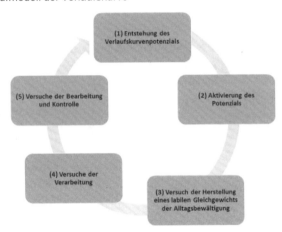

(eigene Darstellung)

Das Verlaufskurvenkonzept kann auf das von den befragten Eltern konstruierte Verfahren zur Abwendung einer Kindeswohlgefährdung übertragen werden. Trotz individueller Besonderheiten der jeweiligen Fallkonstellation kristallisieren sich fallübergreifend Strukturähnlichkeiten heraus. Zwischen den einzelnen Phasen der Verlaufskurve erleben die Eltern eine Entwicklung, die sich aus ihrer Perspektive verselbstständigt und die sich maßgeblich ihrer Beeinflussung entzieht. Der Prozess nimmt eine besondere Gestalt und außergewöhnliche Dynamik an (vgl. Schütze 2006, S. 216).

1. Entstehung des Verlaufskurvenpotenzials

In den Biografien der Eltern zeichnen sich zahlreiche belastende Erfahrungen und Entwicklungen ab, die sie zum Zeitpunkt des Interviews (noch) nicht abschließend oder dauerhaft verarbeitet haben. Solche herausfordernden und leidvollen Erfahrungen werden von Schütze als Verletzungsdispositionen bezeichnet. Sie werden bei den betroffenen Eltern durch Bürden in ihrer aktuellen Familien- und Lebenssituation aktiviert (vgl. Schütze 2006, S. 215). Das Zusammentreffen leidvoller biografischer Erfahrungen und kumulierender Problemlagen, die in einer interdependenten Beziehung zueinanderstehen, wirkt sich negativ auf die Bewältigungskompetenzen aus. Den Eltern ist in dieser Situation nicht zwingend be-

wusst, welche Kräfte wirken. Daher können sie keine isolierte Ursache für den Verlauf herausfiltern (vgl. Wujciak 2010, S. 31). Gleichzeitig stoßen sie aufgrund der Zuspitzung an Belastungsgrenzen, die mit habitualisierten Verhaltensweisen nicht bewältigt werden können. Daher sind sie aufgefordert, die an sie gestellten Herausforderungen mit für sie neuen Handlungsweisen zu bewältigen. Die in dieser belastenden Situation unausweichliche Kontaktaufnahme mit dem Jugendamt, ihre vermeintlich selbstgewählte Entscheidung, schafft die Basis für die zweite Phase, die Aktivierung des Potenzials.

2. Aktivierung des Potenzials

Im Laufe der Interaktion mit dem Jugendamt und ggf. weiteren Fachkräften wird das bis dahin unbewusst brodelnde Verlaufskurvenpotenzial wirksam. Anlass für die Aktivierung bietet in allen Fällen der von den zuständigen Fachkräften geäußerte Vorwurf einer Kindeswohlgefährdung. Dieser repräsentiert den Wendepunkt, den sogenannten „Point of no Return". Er ist Dreh- und Angelpunkt des Wandels der Interaktion: Das subjektive Erleben von Belastungen steigt überproportional. Ab diesem Zeitpunkt wird die Interaktion mit dem Jugendamt ausschließlich negativ und destruktiv erlebt. Die Eltern sind mit einer Verkettung von Ereignissen konfrontiert. Sie haben das Gefühl, die Dynamik nicht aufhalten und ihre Handlungsabsichten nur begrenzt umsetzen zu können (vgl. Schütze 2006, S. 215). Die Handlungsfähigkeit der Eltern wird zumindest vorübergehend außer Kraft gesetzt. Bisher erfolgreich angewandte Handlungsmuster und -logiken greifen nicht mehr. Da sie den Prozess zunehmend nicht mehr aktiv gestalten und beeinflussen können, erleben sie sich in einer reaktiven Rolle. Konditionale oder unüberlegte Reaktionen der Eltern erzeugen weitere (un-)geplante Handlungen aufseiten des Jugendamtes und Situationen, die weitreichende – vorrangig negative – Folgen für sie haben. Die Eltern sind allesamt nicht in der Lage, den Vorwurf und das weitere Prozedere erfolgreich und ohne die Anrufung des Familiengerichts abzuwenden. Diese für sie neue Erfahrung löst einen Schock und Desorientierung aus.

3. Versuch der Herstellung eines labilen Gleichgewichts der Alltagsbewältigung

Die Eltern erleben einen krisenhaften Zustand, der sich unter anderem durch anhaltend gering ausgeprägte Steuerungs- und Kontrollmöglichkeiten in dem Verfahren auszeichnet. Sie nehmen die Interaktion mit dem Jugendamt als undurchsichtig wahr (vgl. Wujciak 2010, S. 23). Unabhängig von ihren Gefühlen sind sie gezwungen, sich mit dem fachlichen Vorwurf und den damit verbundenen Handlungsschritten auseinanderzusetzen und sich in diesem von außen gesetzten Setting zurechtzufinden, um ein (neues) Gleichgewicht herzustellen. Das Zurechtfinden in diesem für sie häufig neuen und bis dahin unbekannten Umfeld erfordert viel Kraft von ihnen. Angesichts der Erfahrung eines temporären Kontrollverlustes erleben sie sich wenig selbst- und vielmehr fremdbestimmt. Ihr Handeln orientiert sich fast ausschließlich an den Erwartungen von außen. Die zusätzlichen Belastungen von außen erschweren die Bewältigung alltäglicher Herausforderungen aufseiten der Eltern. Da die Eltern die alltäglichen und besonderen Belastungen – in der fachlichen Bewertung – zunächst nicht erfolgreich bewältigen und der Vorwurf der Kindeswohlgefährdung nicht aufgelöst werden kann, ist das Verlaufskurvenpotenzial weiter wirksam und determiniert ihr Handeln. Sie fühlen sich nicht frei in ihrem Handeln und haben nur begrenzt Vertrauen in das Handeln anderer Personen und in sich selbst.

4. Versuche der Verarbeitung

Als Folge sind die Eltern punktuell über sich selbst und ihr Handeln irritiert. Sie reagieren und handeln nach außen gerichtet, sodass sich das Handeln tendenziell von ihrer Identität entfernt. Ihr Verhalten ist für sie nur unter Berücksichtigung der Rahmenbedingungen verständlich: Sie dürfen und können phasenweise nicht so handeln, wie sie in der Vergangenheit agiert haben, da ihre bisherigen Strategien von außen negativ bewertet werden. Sie müssen sich in dieser unübersichtlichen Situation orientieren und gleichzeitig neue Handlungsmuster anwenden (vgl. Schütze 2006, S. 216). Die betroffenen Eltern bemühen sich, den bisherigen Verlauf – d. h. die Interaktion bis zum Zeitpunkt der Anrufung des Familiengerichts – zu rekonstruieren. Sie suchen nach Erklärungen für die aus ihrer Sicht unverständliche Entwicklung. Da sie den Vorwurf der Kindeswohlgefährdung nicht annehmen können, schreiben sie Fachkräften und anderen Beteiligten die Schuld für diesen kontraproduktiven Prozess zu. Sie lehnen die Fremdzuschreibung ab und beklagen sich darüber, nicht gesehen und gehört zu werden. In den drei Fällen zeigt sich, dass eine Neubewertung ihrer Lebenslage nicht gelingt. Die Eltern bleiben bei ihrer Einschätzung, um ihre Identität zu schützen. Gleichzeitig haben die gemachten Erfahrungen während des Prozesses nachhaltige (Aus-)Wirkungen auf ihre Alltags- und Lebenswelt.

5. Versuche der Bearbeitung und Kontrolle

Das Erleiden ist ein schmerzhafter Prozess für die betroffenen Eltern und kann unterschiedliche Folgen haben. Die Wahrscheinlichkeit des Auftretens von nachhaltigen Auswirkungen steigt, wenn bis hierhin keine produktive Auseinandersetzung oder Verarbeitung stattfand. Den Eltern stehen unterschiedliche Möglichkeiten zur Verfügung, die Verlaufskurve zu bearbeiten und (im besten Fall) wieder Kontrolle zu erlangen: Flucht, Ausrichten des Lebens auf die Verlaufskurve und Herauslösen aus der Verlaufskurve. Die Eltern lehnen anhaltend den Vorwurf ab, sind gleichzeitig (tendenziell) hoffnungslos, dauerhaft das Jugendamt loszuwerden. Im schlimmsten Fall tangiert das Verfahren zur Abwendung einer

Kindeswohlgefährdung den Alltag der betroffenen Eltern. Sie sind nicht mehr durchgängig in der Lage, ihren Alltag und ihre Elternschaft nach ihren Vorstellungen und Wünschen zu leben. Die Verlaufskurve hat also Auswirkungen auf ihre Identität. Die Eltern unternehmen unterschiedliche Lösungsversuche, die Interaktion mit dem Jugendamt und das familiengerichtliche Verfahren in ihrer Biografie und Identität zu integrieren. In allen Fällen sind das Urteil und die Auswirkungen auf das familiäre Zusammenleben noch präsent. Daher kann nicht von einer abgeschlossenen Bewältigung gesprochen werden (keine akzeptable Lösung, Akzeptanz, aktive Bewältigung). Die Eltern sind in ihrem Erleben weiterhin Gefangene der (potenziellen) Interaktion mit dem Jugendamt (vgl. Schütze 2006, S. 216).

9. Fazit

Die zentralen Ergebnisse der vorliegenden Arbeit bilden den Ausgangspunkt für einen Ausblick für Forschung und Praxis. Die Darstellung wesentlicher Erkenntnisse darüber, wie Eltern das Verfahren zur Abwendung einer Kindeswohlgefährdung erleben und bewältigen, bietet Anknüpfungspunkte für weitergehende Forschungen. Abschließend werden Herausforderungen an die Praxis der Kinder- und Jugendhilfe formuliert, um Belastungen betroffener Väter und Mütter im Kontext des intervenierenden Kinderschutzes zu reduzieren. Dabei stellen die Überlegungen und Ideen keine Standards oder Verfahrensanweisungen dar, sondern können als Impulse für eine kritische Reflexion fachlichen Handelns gelesen werden, die in der Praxis eigenwillig verarbeitet werden können.

Die vorliegende Arbeit belegt die gewaltigen Auswirkungen, die das Verfahren zur Abwendung einer Kindeswohlgefährdung bei betroffenen Eltern verursacht. Übereinstimmend skizzieren alle befragten Väter und Mütter die mit dem Verfahren gemachten Erfahrungen als besondere Belastung, die ihr persönliches und familiäres Leben nachhaltig beeinflusst. Das subjektive Belastungsempfinden bezieht sich nicht ausschließlich auf ein singuläres Ereignis, sondern vielmehr auf die auf längere Sicht angelegte Interaktion mit dem Jugendamt, die sich im Verlauf sukzessiv zuspitzt und phasenweise weitere Beteiligte einschließt. Die Eskalation spiegelt die Entstehung und Verfestigung einer vermeintlich unauflöslichen Diskrepanz zwischen fachlichen und subjektiven Vorstellungen von guter Elternschaft, gutem Aufwachsen und Kindeswohlgefährdung wider. Den Ausgangspunkt der zunehmenden Destruktivität in der Interaktion zwischen Fachkräften und Eltern bilden also diskrepante Konstruktionen, die auf unterschiedliche Normen und Wertigkeiten verweisen.

Der Vorwurf der Kindeswohlgefährdung und die in den vorliegenden Fällen daran gekoppelte Anrufung des Familiengerichts markieren die miteinander verbundenen Höhepunkte des Prozesses. Die Eltern fühlen sich in ihrem Selbstbild und ihrer Identität bedroht. Diese krisenhafte Entwicklung zeichnet sich fallübergreifend durch folgende Merkmale aus (vgl. Reißig 2010, S. 55):

- Der von den Eltern registrierte Dissens greift ihre Person-Umwelt-Passung an und erzeugt ein von ihnen empfundenes psychosoziales Ungleichgewicht.
- Die Väter und Mütter haben vornehmlich den Eindruck, den Verlauf der Interaktion und damit die für sie schädliche Entwicklung nicht beeinflussen und kontrollieren zu können.

- Die Eltern schreiben ihrem eigenen Handeln eine begrenzte Wirkung auf das Gegenüber, vor allem auf das Jugendamt oder die zuständige Fachkraft, und den Ablauf zu.
- In der Interaktion mit dem Jugendamt bzw. der zuständigen Fachkraft erleben die betroffenen Elternteile willkürliche und intransparente Handlungen, die ihre eigene Handlungsfähigkeit beeinträchtigen.
- Für alle Eltern ist besonders belastend, dass ihre subjektiven – bislang unhinterfragten – Alltagstheorien, die ihnen bisher eine gewisse Selbst- und Handlungssicherheit vermittelten, von außen erschüttert werden.
- Angesichts dieser Erfahrung entstehen bei den Vätern und Müttern unangenehme und negative Gefühle, z. B. Angst vor negativen Zuschreibungen und Beurteilungen, vor Verlusten und vor Einschränkungen ihrer Elternautonomie. In einigen Fällen verfestigen sich diese Emotionen und wirken über das Verfahren hinaus in ihren Alltag hinein (vgl. Filipp/ Aymanns 2010, S. 13).

Die Charakteristika des subjektiven Erlebens skizzieren das Verfahren zur Abwendung einer Kindeswohlgefährdung als eine belastende und kritische Lebensphase. Sie implizieren keine Kausalität, da das Erleben aufseiten der Eltern „eine je spezifische Konfiguration einzelner Merkmale auf[weist]" (ebd., S. 42) und prädominant von ihren individuellen Wahrnehmungs- und Deutungsprozessen beeinflusst wird.

Auch wenn ihr Erleben je nach Fallkonstellation und -verlauf in vielfältigen Formen zum Ausdruck kommt, eint die Eltern das Gefühl, die Anrufung des Familiengerichts als persönlichen Angriff zu erleben. Die Anrufung zementiert den Dissens zwischen Fachkräften und Eltern und verschärft das Druck erzeugende Ungleichgewicht. Die Organisation Jugendamt bzw. die Fachkraft als Person löst maßgeblich dieses Belastungsgefühl aus und wird zum Gegner/zur Gegnerin stilisiert. In der Wahrnehmung der Eltern verändert sich die (Arbeits-)Beziehung zwischen Fachkraft und ihnen grundlegend und verschärft die Situation für alle Beteiligten: Anstelle eines zuvor fragilen Miteinanders tritt ein emotionales Gegeneinander, das jedoch – auf beiden Seiten – nicht zwingend offen ausgelebt werden kann. Auf der Suche nach Erklärungen für die Entstehung und den Verlauf des Verfahrens stehen nicht fachlich-inhaltliche, sondern persönlich-emotionale Aspekte im Vordergrund. Die emotional aufgeladene Beziehung zwischen Jugendamt und Eltern dominiert das subjektive Erleben und drängt rational-sachliche Argumente in den Hintergrund.

In ihrem Erleben haben die Eltern den „Kampf" zwar nicht zu verantworten, müssen aber einen passenden Umgang mit dem Angriff auf ihre Identität als Eltern finden. Sie zeigen keine universellen Muster im Umgang mit der für sie belastenden und kritischen Lebensphase, sondern entwickeln zahlreiche individuelle Bewältigungsversuche, die ihr Verhalten sowie ihre Gedanken und

Emotionen einschließen. Ihre Bewältigung findet in Auseinandersetzung mit der Umwelt statt, die wiederum den jeweiligen Verlauf in seiner Einzigartigkeit prägt (vgl. Reißig 2010, S. 56 f.).

Die Eltern sind gleichwohl fallübergreifend darum bemüht, mit unterschiedlichen Strategien Definitionsmacht und Handlungsfähigkeit zurückzuerlangen, stoßen aber wiederkehrend an Grenzen. Sie pendeln – in Übereinstimmung mit dem Lebensbewältigungskonzept von Böhnisch – zwischen biografisch geprägten (Handlungs-)Möglichkeiten und gesellschaftlichen Erwartungen an integrative Handlungen im Sinne einer (äußerlichen) Anpassung an die Gegebenheiten. Dabei halten sie in weiten Teilen an ihren subjektiven Alltagstheorien fest. Ihr geteilter Wunsch nach Ruhe impliziert für sie, ihre subjektiv gültigen Argumentationsmuster aufrechterhalten und in ihrer Lebenswelt autark handeln zu können. In der Wahrnehmung der betroffenen Eltern stellt die Kinder- und Jugendhilfe nur in Ausnahmefällen Ressourcen für sie zur Verfügung, um eigene alternative Bewältigungsversuche zu entwickeln; vielmehr sabotieren Fachkräfte derartige Versuche. In ihren Narrationen dominiert die Erfahrung von zusätzlichen Belastungen, die von Fachkräften erzeugt werden.

Ausblick für die Forschung

Die Ergebnisse leisten einen Beitrag dazu, individuelle Wahrnehmungen und Deutungen von betroffenen Eltern in krisenhaften – und von außen als kindeswohlgefährdend bezeichneten – Situationen besser zu verstehen. Sie öffnen den Blick für ihre subjektiven Weltanschauungen und deren Relevanz für ihr Denken, Fühlen und Handeln. Die analysierten Sichtweisen zeigen Differenzen zwischen gesellschaftlichen bzw. fachlichen und subjektiven Einschätzungen der Eltern, die sich nicht allein auf das Verfahren zur Abwendung einer Kindeswohlgefährdung beschränken, sondern weitreichendere Themenkomplexe, z. B. Elternschaft oder das Aufwachsen von Kindern, tangieren.

Die Erzählungen der Eltern demonstrieren, dass sie in der Interaktion mit dem Jugendamt eine Enttäuschung erleben, die den Wandel der Interaktion mitverursacht und einen negativen Verlauf befördert. Elterliche Erwartungen, die sich vorrangig auf eine Passung zwischen Fachkraft und ihnen respektive Hilfestellungen und selbst definierten Problemlagen beziehen, bleiben in den vorliegenden Fällen dauerhaft bzw. im Verlauf unerfüllt. Der Anrufung des Familiengerichts geht mehrheitlich eine misslungene Hilfegeschichte voraus. Umso mehr stellt sich daher für Forschungsvorhaben die Frage, welche Haltungen, Methoden und Vorgehensweisen erstens hinderlich und förderlich für die Ausgestaltung gelungener Hilfeverläufe sind und zweitens die kooperative Bewältigung krisenhafter Situationen ermöglichen. Flankierend dazu ist es vor allem für eine reflexive Ausgestaltung von Interaktionen im intervenierenden Kinderschutz notwendig, die vielschichtigen (Aus-)Gestaltungen von Kontrollhandlungen zu erfassen. Trotz der überwiegend negativen Assoziationen und den in der vorliegenden Arbeit negativen Reaktionen der befragten Eltern, müssen Kontrollprozesse in der Praxis nicht automatisch negativ erlebt und bewertet werden. Bislang ist noch nicht ausreichend erforscht, unter welchen Bedingungen aus Sicht von Eltern Kontrolle eine positive Wirkung entfalten kann.

Der Verdacht und die Beschuldigung einer Kindeswohlgefährdung erzeugen Abwehr und Ablehnung aufseiten aller befragten Eltern. Sie haben eine subjektive Vorstellung von Kindeswohl und Kindeswohlgefährdung, die offenkundig von der der Fachkräfte abweicht. Die Erkenntnisse zeigen, dass ein gemeinsames Begriffsverständnis nicht vorausgesetzt und in den 18 Fallverläufen nicht erzielt werden kann. Daher stellt sich – für Praxis und Forschung – die Frage nach der Relevanz des Terminus Kindeswohlgefährdung für die Arbeit mit Familien: Welche Hintergründe und Intentionen liegen der Verwendung zugrunde? Dabei sollten vor allem die beabsichtigten und unbeabsichtigten Nebenwirkungen, die durch die Begriffsverwendung in der Interaktion auftreten, exploriert werden.

Mit Blick auf die Interaktion zwischen Fachkräften und Eltern im Kontext von Verfahren zur Abwendung einer Kindeswohlgefährdung sind insbesondere die von den Eltern entwickelten Erklärungen für den fachlichen Vorwurf einer Kindeswohlgefährdung und deren Unverständnis für die professionellen Handlungsschritte für sozialpädagogische Forschung relevant. Die Eltern schreiben den Fachkräften oder der Organisation vorwiegend die insgeheime Intention zu, sie mittels der Anschuldigungen in ihrer Elternrolle beschränken und/oder ihnen persönlich Schaden zufügen zu wollen. Sie benennen neben beziehungs- und emotionsorientierten Aspekten keine für sie sachlich überzeugenden Begründungen für die ihnen vermittelten Vorhaltungen. Daher stellen sich für weitere Forschungsvorhaben, die sich mit Verfahren zur Abwendung einer Kindeswohlgefährdung befassen, nachfolgende Fragen:

- Welche fachlichen oder sonstigen Erklärungen für den Vorwurf einer Kindeswohlgefährdung sind den Eltern darüber hinaus bekannt bzw. für sie vorstellbar?
- Wie sehen Eltern – auch unabhängig von ihrem Fall – im Allgemeinen den Handlungsauftrag des Jugendamtes und einzelner Fachkräfte?

Ergänzend dazu ist es interessant, die Vorstellungen der Eltern zum Thema Kindeswohlgefährdung exklusiv und tiefer gehend zu ermitteln. Untersuchungen über ihre subjektiven Einschätzungen sowie Erklärungs- und Lösungsansätze legen detailliert Differenzen zwischen Betroffenen und Fachkräften offen und bieten für Fachkräfte in der Praxis Anknüpfungspunkte für einen konstruktiven Aushandlungsprozess. Der sozialpädagogische Blick kann so auf bislang ungenutzte, auf elterliche Sichtweisen rekurrierende Argumentationen gerichtet werden. Darüber hinaus legt ein Vergleich elterlicher Einschätzungen der Hintergründe, Formen, Kennzeichen und Folgen von Kindeswohlgefährdung mit den von ihnen konstruierten – oder empirisch zu erhebenden – fachlichen Bewertungen Unterschiede hinsichtlich möglicher Einflüsse auf Wahrnehmungs- und Bewertungsprozesse offen. Die Erkenntnisse über Diskrepanzen hinsichtlich bestehender Alltagstheorien und normativer Vorstellungen eröffnen eine kritische Auseinandersetzung mit inhaltlichen Abweichungen zwischen Fachkräften und Eltern.

Zukünftige Forschungsprojekte sollten sich daher nicht ausschließlich auf die Adressaten-/Adressatinnenforschung begrenzen. Neben dem Blick auf Eltern als Klienten/Klientinnen ist der Blick auf Emotionen, Haltungen und Verhalten von Fachkräften zu richten, um Hintergründe und Intentionen spezifischer Verhaltensweisen aller Beteiligten zu analysieren. Die unterschiedlichen Sichtweisen können kritisch gegenübergestellt, beleuchtet und miteinander verschränkt werden. Solch eine Triangulation legt individuelle Begründungszusammenhänge und Erklärungsmuster für das Verhalten der Beteiligten offen. Kenntnisse über subjektive Wahrnehmungs- und Deutungsprozesse offenbaren zudem Einflüsse auf die Interaktionsdynamik. Der Vergleich erweitert das Wissen über wechselseitige Zuschreibungen und schafft die Basis für einen fachlichen Diskurs darüber, wie Störfaktoren sukzessiv ausgeschaltet werden können.

Angesichts der von den Eltern beeindruckend geschilderten wahrgenommenen Fremdzuschreibungen von Fachkräften und weiterer Beteiligten über sie, drängt sich eine empirische Auseinandersetzung mit in der Praxis vorherrschenden Vorstellungen und Konstruktionen von Eltern und Elternschaft auf. Die Eltern erleben, wie gesellschaftlich geprägte Bilder über sie die fachlichen Vorstellungen offenkundig dominieren und das professionelle Handeln in der Kinder- und Jugendhilfe lenken. Die fachlichen und nicht-fachlichen Einstellungen und Emotionen, die maßgeblich professionelles Handeln beeinflussen, müssen zum Untersuchungsgegenstand qualitativ-rekonstruktiver Untersuchungen gemacht werden, um sukzessiv dechiffriert zu werden. Eine angeleitete Reflexion von impliziten und expliziten Wahrnehmungs- und Deutungsmustern aufseiten der Fachkräfte ist notwendig, um die Zusammenarbeit mit Eltern professionell zu gestalten.

Die betroffenen Eltern registrieren fallübergreifend während des Verfahrens zur Abwendung einer Kindeswohlgefährdung unterschiedliche Sichtweisen und Positionen. Allerdings stellt das Gegenüber für sie eine „Black Box" dar, weil Wahrnehmungen, Deutungen und Handlungen des Jugendamtes und der Fachkräfte für sie weder verständlich noch berechenbar sind. Deshalb ist ein Forschungsblick auf „die andere Seite" angezeigt: Mit dem Ziel, die „Black Box" zu öffnen, müssen Entscheidungsprozesse in den Mittelpunkt von Forschungsvorhaben gerückt werden. Die Fragen, wie fachliche Entscheidungen nach innen und außen begründet werden und wer welche Entscheidung mit wem und wann trifft, sind noch nicht zufriedenstellend beantwortet.

Die Wahrnehmungen und Deutungen der befragten Eltern bekräftigen die in anderen Forschungskontexten erhobenen Ergebnisse, dass Interaktionen in krisenhaften, kindeswohlgefährdenden Situationen von Fachkräften nicht ohne Weiteres partizipativ ausgerichtet und ausgestaltet werden können. Solche Situationen stellen an die Professionalität außergewöhnlich hohe Anforderungen, vor allem, weil aufseiten der Fachkräfte der Druck lastet, den gesellschaftlichen Erwartungen an den intervenierenden Kinderschutz gerecht zu werden. Das Erleben der befragten Eltern deutet an, dass dieser Druck an sie weitergeleitet bzw. auf sie übertragen wird, indem Kontrollen und Auflagen die dominierenden fachlichen Handlungen innerhalb der Interaktion darstellen. Eine solche Konstellation widerspricht der professionstheoretischen Haltung, dass guter Kinderschutz Eltern, Kinder und Jugendliche beteiligt, um im gemeinsamen Diskurs herausgebildet werden zu können. Mit diesem Widerspruch ist umzugehen. Deshalb wird dafür plädiert, „die Ausgestaltung dieser vielschichtigen Dialogbeziehungen und ihrer sozialen Einbettung immer wieder auf den wissenschaftlichen und professionsreferenziellen Prüfstand" (Köttig 2014, S. 12) zu stellen.

Ausblick für die Praxis

Das Wissen über Selbstbeschreibungen und Deutungen von Eltern kann nicht ausschließlich für das Verfahren zur Abwendung einer Kindeswohlgefährdung, sondern ebenso für andere Kontexte, z. B. Beratung, Begleitung und Unterstützung, verwendet werden. In dem elterlichen Erleben offenbart sich eine natürlich gegebene „Milieufremdheit zwischen Sozialarbeiter_innen und [...] [ihnen]" (Franz 2014, S. 56). Zwar kann die Fremdheit nicht gänzlich aufgelöst, aber – im Gegensatz zu den vorliegenden Erfahrungen der Eltern – produktiv verwertet werden. Fachkräfte und Adressaten/Adressatinnen sind aufgefordert, ein Bewusstsein von Anderssein zu entwickeln, das Akzeptanz von Unterschieden einschließt. Die fachliche Reflexion von Fremdheit kann Achtsamkeit und Interesse für die Lebenswelt von Familien in der Kinder- und Jugendhilfe fördern. Ein sozialpädagogischer Blick schafft Räume für die Subjektivität von Adressaten/Adressatinnen. Fachkräfte sollten sich den Biografien und Lebenswelten von Kindern, Jugendlichen und Eltern authentisch zuwenden, um ein Verstehen ihrerseits zu ermöglichen. Dabei bedeutet Verstehen nicht bedingungsloses Einverständnis, sondern die aufrichtige Auseinandersetzung mit Perspektiven von Eltern und die fachliche Anerkennung ihrer subjektiven Sichtweisen und Eigenlogiken. Der Perspektivwechsel impliziert ein bewusstes Zurücknehmen einer gegenüber den Eltern machtvolleren Position als Experte/Expertin und die Hinwendung zu einem Verständnis von Sozialer Arbeit als „alltags- und adressat_innenbezogene [...] Profession" (Köttig et al. 2014, S. 45). Allerdings ist es nicht ausreichend, wenn Anerkennung einseitig ausgestaltet wird. Auch Eltern müssen im Kontext der Kinder- und Jugendhilfe lernen können, sich mit divergierenden fachlichen Einschätzungen ihrer familiären Situation kritisch auseinanderzusetzen.

Das analysierte Erleben betroffener Eltern legt jedoch eher den Verdacht nahe, dass, „wenn das Kindeswohl auf dem Spiel steht, [...] anscheinend eine von Offenheit geprägte Diskursbereitschaft der Fachkräfte keinen Platz" (Arbeitsgruppe Sozialarbeit 2013, S. 85) hat. In den Interaktionen erleben die befragten Eltern mitunter Stigmatisierungen und Diskriminierungen. Einen Ansatzpunkt für Veränderungen in der Interaktionsgestaltung bietet die Theorie des kommunikativen Handelns von Habermas. Neben der potenziellen Beteiligung der Betroffenen, den gleichen Argumentationschancen für alle Akteure und der Konsenstauglichkeit von Problemlösungen als zentrale Voraussetzungen für eine „ideale Diskurssituation" (ebd., S. 86) ist in der vorliegenden Arbeit und angesichts der gewonnenen Erkenntnisse der Aspekt „der Vermeidung des strategischen Versuchs, die eigene Position durchzusetzen" (ebd., S. 86) relevant. Dieser Aspekt bezieht sich auf den Umgang mit divergierenden Sichtweisen: An die Stelle des Kampfes um Deutungsmacht tritt im Idealfall ein wechselseitiges Verstehen-Wollen von Argumenten als zentrale Grundhaltung aufseiten der Fachkräfte und der Eltern. Der Anspruch erfordert eine kritische (Selbst-)Reflexion von eigenen Positionen und Vorbehalten, damit diese nicht unhinterfragt das Denken und Handeln der Beteiligten lenken und den Eintritt einer beidseitigen Selffulfilling Prophecy begünstigen. Fachkräfte und Eltern müssen aus der Spirale gegenseitiger Vorwürfe und Schuldzuweisungen aussteigen und eine Interaktion mit offener „Verhandlungskultur" (ebd., S. 84) und diskursivem „Aushandlungsmodus" (ebd., S. 84) gestalten (vgl. Mey 2008, S. 169). Nicht eine einseitige Anpassung ist erstrebenswert, sondern ein gemeinsam getragenes Ergebnis des Diskurses über subjektive und fachliche Deutungen handlungsleitend. Dazu müssen Eltern und Fachkräfte bereit sein, ihre Position offenzulegen und gemeinsam unterschiedliche Logiken und Deutungen zu diskutieren. Die Eigenlogik muss entschlüsselt werden, damit „diese zu einem Gewinn für die gemeinschaftliche Sorge um das Kindeswohl umgewandelt werden kann" (Wutzler 2017, S. 307).

Solch eine Interaktionsgestaltung ermöglicht, dass Eltern auch in krisenhaften Situationen Anerkennung, Wertschätzung und emotionale Zuwendung in ihrer Elternrolle erfahren. Nicht sie als Personen stehen auf dem Prüfstand, sondern ausschließlich ihre auf ihr Kind/ihre Kinder bezogenen Handlungen. Dies impliziert die Abkehr von einer Stigmatisierung der Eltern als gefährdende Personen und die Hinwendung zu der Vorstellung von Eltern als aktiv Handelnden, die sich darum bemühen, sich in ihrer subjektiven Lebenswelt zurechtzufinden (vgl. ebd., S. 307). Verhaltensweisen, die von außen als problematisch oder abweichend eingestuft werden, dürfen nicht zu einer diskriminierenden Bewertung der entsprechenden Person führen, sondern sind als mehr oder weniger zielführende Bewältigungsversuche schwieriger Lebenslagen und -situationen anzuerkennen. Folgerichtig rückt die Schaffung von stabilen Lebensverhältnissen in einer Risikogesellschaft als zentrale Aufgabe wieder vermehrt in das Zentrum von Jugendhilfe, die betroffenen Kindern, Jugendlichen und Eltern auf diese Weise zusätzliche Ressourcen zur Verfügung stellt (vgl. Winkler 2012, S. 109).

In Verfahren zur Abwendung einer Kindeswohlgefährdung steht – zu Recht – das Wohl von Kindern und Jugendlichen im Mittelpunkt des Interesses. Allerdings darf diese Aufmerksamkeitsrichtung nicht den Blick auf das „Elternwohl" verschließen. Eltern nehmen eine entscheidende Rolle für ihre Kinder ein. Damit sie weiterhin eine dem Wohl des Kindes förderliche Rolle einnehmen können, benötigen sie passgenaue Unterstützung und Begleitung. Während die Stigmatisierungen von Eltern als gefährdenden Eltern und Familien als gefährlichen Orten eine Kontrolle indizieren, intendiert die Betrachtung als aktiv Handelnde eine verstehende Herangehensweise, die maßgeblich durch Anerkennung geprägt wird. Die Aussagen der befragten Eltern bestätigen, dass sie sich eine wertschätzende und anerkennende Begleitung wünschen und von dieser ggf. auch profitieren konnten. Eltern ist in Aushandlungsprozessen Sicherheit und Selbstwirksamkeit zu vermitteln, die sie wiederum auf ihren Alltag übertragen und so ihre Handlungsfähigkeit stärken können. Basierend auf zentralen Aussagen der Eltern und übereinstimmend mit Ergebnissen empirischer Studien sind die nachfolgenden Bedingungen für eine produktive Zusammenarbeit förderlich:

• Aufklärung über Möglichkeiten und Grenzen von Kinder- und Jugendhilfe,
• Ermöglichung von elterlicher Kontrolle der Gestaltung von Hilfebeziehungen und -verläufen,
• Förderung der elterlichen Handlungsautonomie (z. B. in Bezug auf die Ausgestaltung der Elternrolle und der Alltagsbewältigung),
• Zutrauen in elterliche Kompetenzen und
• Transparenz über Einfluss- und Kontrollmöglichkeiten.

Im Kontext von Kinderschutz müssen Eltern eine Chance erhalten, sich und ihre Sichtweisen einzubringen. Sie müssen erleben, den Verlauf beeinflussen und ihre Elternrolle aktiv gestalten zu können (vgl. Wutzler 2017, S. 307). Daher abschließend meine für manche vielleicht provokante These: Die Fachkräfte benötigen den Mut, Eltern Handlungsautonomie zuzusprechen, damit diese Hilfen annehmen und Veränderungen erarbeiten können. Eltern brauchen eine positive Ansprache und Wertschätzung, um ihre Anstrengungen auf die Abwendung einer (möglichen) Gefährdung fokussieren zu können. Dieser Mut ermöglicht die Erfahrung und Gestaltung einer neuen Beziehungskonfiguration zwischen Jugendamt und Eltern.

Literaturverzeichnis

Ackermann, Timo (2012): Aus Fehlern lernen im Kinderschutz. Die Arbeit im ASD als Interaktions-, Dokumentations- und Organisationspraxis. In: Thole, Werner/Retkowski, Alexandra/Schäuble, Barbara (Hg.): Sorgende Arrangements. Kinderschutz zwischen Organisation und Familie. Wiesbaden: Springer VS Verlag für Sozialwissenschaften. S. 121–142.

Ackermann, Timo (2017): Über das Kindeswohl entscheiden. Eine ethnographische Studie zur Fallarbeit im Jugendamt. Pädagogik. Bielefeld: Transcript Verlag.

Alberth, Lars/Bühler-Niederberger, Doris/Eisentraut, Steffen (2014): Wo bleiben die Kinder im Kinderschutz? Die Logik der Intervention bei Sozialarbeitern, Ärzten und Hebammen. In: Bühler-Niederberger, Doris/Alberth, Lars/Eisentraut, Steffen (Hg.): Kinderschutz. Wie kindzentriert sind Programme, Praktiken, Perspektiven? Weinheim und Basel: Beltz Juventa. S. 26–63.

Alberth, Lars/Eisentraut, Steffen (2012): Eine interaktionistische Perspektive auf Standardisierungsprozesse in der Kinder- und Jugendhilfe: professionelles Handeln bei Kindeswohlgefährdung. In: Zeitschrift für Sozialreform. 58. Jg. Heft 4. S. 427–449.

Arbeitsgruppe Sozialarbeit (2013): Hilfe und Herrschaft – eine Fallanalyse im Jugendamt. In: Sozialmagazin. 38. Jg. Heft 12. S. 78–87.

Arbeitsstelle Kinder- und Jugendhilfestatistik (AKJStat) (2017): Empirische Befunde zur Kinder- und Jugendhilfe. Analysen zum Leitthema des 16. Deutschen Kinder- und Jugendhilfetages. URL: http://www.akjstat.tu-dortmund.de/fileadmin/Analysen/Jugendhilfe_insgesamt/AKJStat_-_Empirische_Befunde_DJHT_2017.pdf (zuletzt geprüft am 18.07.2018).

Arbeitsstelle Kinder- und Jugendhilfestatistik (AKJStat) (2018): Monitor Hilfen zur Erziehung 2018. Datenbasis 2016. URL: http://hzemonitor.akjstat.tu-dortmund.de/ (zuletzt geprüft am 17.07.2018).

Arbeitsstelle Kinder- und Jugendhilfestatistik (AKJStat) (2019): 2. Inanspruchnahme und Adressat(inn)en der erzieherischen Hilfen. 2.1 Mehr Hilfen zur Erziehung im Jahr 2017 – 1.118.347 junge Menschen erhielten Leistungen. URL: http://hzemonitor.akjstat.tu-dortmund.de/kapitel-2/1-erneut-ueber-1-mio-junge-menschen-in (zuletzt geprüft am 11.06.2019).

Autorengruppe Bildungsberichterstattung (2018): Bildung in Deutschland 2018. Ein indikatorengestützter Bericht mit einer Analyse zu Wirkungen und Erträgen von Bildung. URL: https://www.bildungsbericht.de/de/bildungsberichte-seit-2006/bildungsbericht-2018/pdf-bildungsbericht-2018/bildungsbericht-2018.pdf (zuletzt geprüft am 17.07.2018).

Baldwin, Helen/Biehal, Nina (2018): Parental perspectives on the English child protection system. Universität York. URL: http://www.projecthestia.com/wp-content/uploads/2018/07/Briefing-paper-English-interview-with-parents-project-Hestia.pdf (zuletzt geprüft am 20.05.2019).

Bange, Dirk (2018): Haben sich die Eingriffsschwellen beim Kinderschutz verändert? Eine Analyse der Kinder- und Jugendhilfestatistik und einschlägiger Untersuchungen. In: Neue Praxis. Zeitschrift für Sozialarbeit, Sozialpädagogik und Sozialpolitik. 48. Jg. Heft 4. S. 325–341.

Bastian, Pascal/Schrödter, Mark (2014): Professionelle Urteilsbildung in der Sozialen Arbeit. Übersicht zur Forschung über den Vollzug und die Herstellung professioneller Urteile. In: Soziale Passagen. 6. Jg. Heft 2. S. 275–297.

Bastian, Pascal/Schrödter, Mark (2015): Fachliche Einschätzung bei Verdacht auf Kindeswohlgefährdung. In: Neue Praxis. Zeitschrift für Sozialarbeit, Sozialpädagogik und Sozialpolitik. 45. Jg. Heft 3. S. 224–242.

Becker-Lenz, Roland/Busse, Stefan/Ehlert, Gudrun/Müller-Hermann, Silke (Hg.) (2013): Professionalität in der Sozialen Arbeit. Standpunkte, Kontroversen, Perspektiven. 3. Auflage. Edition Professions- und Professionalisierungsforschung. Band 2. Wiesbaden: Springer VS.

Becker-Lenz, Roland/Busse, Stefan/Ehlert, Gun/Müller-Hermann, Silke (Hg.) (2015): Bedrohte Professionalität. Einschränkungen und aktuelle Herausforderungen für die Soziale Arbeit. Wiesbaden: Springer Fachmedien.

Biesel, Kay (2009): Professioneller Selbstschutz statt Kinderschutz? In: Sozialmagazin. 34. Jg. Heft 4. S. 50–57.

Biesel, Kay (2011): Wenn Jugendämter scheitern. Zum Umgang mit Fehlern im Kinderschutz. Bielefeld: Transcript Verlag.

Bindel-Kögel, Gabriele/Hoffmann, Helena (2017): Zum Forschungsstand im Untersuchungsfeld. In: Münder, Johannes (Hg.): Kindeswohl zwischen Jugendhilfe und Justiz: Zur Entwicklung von Entscheidungsgrundlagen und Verfahren zur Sicherung des Kindeswohls zwischen Jugendämtern und Familiengerichten. Weinheim und Basel: Juventa Verlag. S. 69–90.

Bindel-Kögel, Gabriele/Hoffmann, Helena (2017a): Untersuchungsdesign und methodisches Vorgehen. In: Münder, Johannes (Hg.): Kindeswohl zwischen Jugendhilfe und Justiz: Zur Entwicklung von Entscheidungsgrundlagen und Verfahren zur Sicherung des Kindeswohls zwischen Jugendämtern und Familiengerichten. Weinheim und Basel: Juventa Verlag. S. 98–106.

Bitzan, Maria/Bolay, Eberhard/Thiersch, Hans (Hg.) (2006): Die Stimme der Adressaten. Empirische Forschung über Erfahrungen von Mädchen und Jungen mit der Jugendhilfe. Edition Soziale Arbeit. Weinheim und München: Juventa.

Bitzan, Maria/Boly, Eberhard/Thiersch, Hans (2006a): Die Stimme der AdressatInnen. Biographische Zugänge in den Ambivalenzen der Jugendhilfe. In: Bitzan, Maria/Bolay, Eberhard/Thiers, Hans (Hg.): Die Stimme der Adressaten. Empirische Forschung über Erfahrungen von Mädchen und Jungen mit der Jugendhilfe. Edition Soziale Arbeit. Weinheim und München: Juventa. S. 257–288.

Blandow, Jürgen (2004): Herkunftseltern als Klienten der Sozialen Dienste: Ansätze zur Überwindung eines spannungsgeladenen Verhältnisses. In: Sozialpädagogisches Institut im SOS-Kinderdorf e. V. (Hg.): Herkunftsfamilien in der Kinder- und Jugendhilfe – Perspektiven für eine partnerschaftliche Zusammenarbeit. München: Dokumentation 3 der SPI-Schriftenreihe: Onlineausgabe. URL: https://d-nb.info/1002980372/34 (zuletzt geprüft am 15.01.2019). S. 8–32.

Blandow, Jürgen (2006): Zwischen Stagnation und neuem Aufbruch – das Pflegekinderwesen in der fachlichen und jugendhilfepolitischen Diskussion. Referat zur Tagung „Facetten der Modernisierung. Das Pflegekinderwesen zwischen Milieu, Professionalisierung und Selbststagnation". Zentrum für Planung und Evaluation Sozialer Dienste der Universität Siegen und der Internationalen Gesellschaft für erzieherische Hilfen. Universität Siegen am 27.09.2006. URL: https://mbjs.brandenburg.de/media_fast/6288/blandow.vortrag_2006.pdf (zuletzt geprüft am 18.07.2018).

Bock, Karin/Miethe, Ingrid (Hg.) (2010): Handbuch qualitative Methoden in der Sozialen Arbeit. Opladen & Farmington Hills: Verlag Barbara Budrich.

Bode, Ingo/Marthaler, Thomas/Bastian, Pascal/Schrödter, Mark (2012): Rationalitätenvielfalt im Kinderschutz – Eine Einführung. In: Marthaler, Thomas/Bastian, Pascal/Bode, Ingo/Schrödter, Mark (Hg.): Rationalitäten des Kinderschutzes. Kindeswohl und soziale Intervention aus pluraler Perspektive. Wiesbaden: Springer VS Verlag für Sozialwissenschaften. S. 1–16.

Bode, Ingo/Eisentraut, Steffen/Turba, Hannu (2012a): Kindeswohlgefährdung als Systemfrage. In: Thole, Werner/Retkowski, Alexandra/Schäuble, Barbara (Hg.): Sorgende Arrangements. Kinderschutz zwischen Organisation und Familie. Wiesbaden: Springer VS Verlag für Sozialwissenschaften. S. 39–50.

Bode, Ingo/Turba, Hannu (2014): Organisierter Kinderschutz in Deutschland. Strukturdynamiken und Modernisierungsparadoxien. Wiesbaden: Springer VS Fachmedien Wiesbaden.

Bohler, Karl Friedrich (2006): Familie und Jugendhilfe in krisenhaften Erziehungsprozessen. In: Zeitschrift für qualitative Bildungs-, Beratungs- und Sozialforschung. 7. Jg. Heft 1. S. 47–68.

Bohler, Karl Friedrich (2008): Das Verhältnis von Fallanalyse und konditioneller Matrix in der rekonstruktiven Sozialforschung. In: Sozialer Sinn. 9. Jg. Heft 2. S. 219–250.

Bohler, Karl Friedrich/Engelstädter, Anna (2008): Die soziale Konstruktion der Wirklichkeit in der Jugendhilfe. Zur Typisierung von Fällen und ihren Folgen. In: Zeitschrift für Sozialpädagogik. 6. Jg. Heft 2. S. 114–143.

Bohler, Karl Friedrich/Franzheld, Tobias (2010): Der Kinderschutz und der Status der Sozialen Arbeit als Profession. In: Sozialer Sinn. 11. Jg. Heft 2. S. 187–217.

Bohler, Karl Friedrich/Franzheld, Tobias (2015): Problematische Professionalität der Sozialen Arbeit im Kinderschutz. In: Becker-Lenz, Roland/Busse, Stefan/Ehlert, Gun/Müller-Hermann, Silke (Hg.): Bedrohte Professionalität. Einschränkungen und aktuelle Herausforderungen für die Soziale Arbeit. Wiesbaden: Springer Fachmedien. S. 189–212.

Böhnisch, Lothar (2012): Sozialpädagogik der Lebensalter. Eine Einführung. 6. überarbeitete Auflage. Grundlagentexte Pädagogik. Weinheim und Basel: Beltz Juventa.

Böhnisch, Lothar (2012a): Lebensbewältigung. In: Schröer, Wolfgang/Schweppe, Cornelia (Hg.): Enzyklopädie Erziehungswissenschaft Online (EEO). Weinheim und Basel: Beltz Juventa. S. 1–22.

Böhnisch, Lothar (2012b): Lebensbewältigung. Ein sozialpolitisch inspiriertes Paradigma für die Soziale Arbeit. In: Thole, Werner (Hg.): Grundriss Soziale Arbeit. Ein einführendes Handbuch. 4. Auflage. Wiesbaden: VS Verlag für Sozialwissenschaften. S. 219–233.

Böhnisch, Lothar (2016): Lebensbewältigung. Ein Konzept für die Soziale Arbeit. Zukünfte. Weinheim und Basel: Beltz Juventa.

Böhnisch, Lothar (2016a): Der Weg zum sozialpädagogischen und sozialisationstheoretischen Konzept Lebensbewältigung. In: Litau, John/Walther, Andreas/Warth, Annegret/Wey, Sophia (Hg.): Theorie und Forschung zur Lebensbewältigung. Methodologische Vergewisserungen und empirische Befunde. Übergangs- und Bewältigungsforschung. Weinheim und Basel: Beltz Juventa. S. 18–38.

Böhnisch, Lothar (2017): Sozialpädagogik der Lebensalter. Eine Einführung. 7. überarbeitete und erweiterte Auflage. Grundlagentexte Pädagogik. Weinheim und Basel: Beltz Juventa.

Böhnisch, Lothar/Schefold, Werner (1985): Lebensbewältigung. Soziale und pädagogische Verständigungen an den Grenzen der Wohlfahrtsgesellschaft. Weinheim und München: Juventa Verlag.

Böhnisch, Lothar/Schröer, Wolfgang (2004): Stichwort: Soziale Benachteiligung und Bewältigung. In: Zeitschrift für Erziehungswissenschaft. 7. Jg. Heft 4. S. 467–478.

Bohnsack, Ralf (2000): Rekonstruktive Sozialforschung. Einführung in Methodologie und Praxis qualitativer Forschung. 4. durchgesehene Auflage. Lehrtexte. Opladen: Leske + Budrich.

Bohnsack, Ralf/Marotzki, Winfried/Meuser, Michael (Hg.) (2011): Hauptbegriffe qualitativer Sozialforschung. 3. durchgesehene Auflage. Opladen & Farmington Hills: Verlag Barbara Budrich.

Böllert, Karin (Hg.) (2011): Soziale Arbeit als Wohlfahrtsproduktion. Wiesbaden: VS Verlag für Sozialwissenschaften.

Böllert, Karin/Wazlawik, Martin (2012): Kinderschutz als Dienstleistung für Kinder und Jugendliche. In: Thole, Werner/Retkowski, Alexandra/Schäuble, Barbara (Hg.): Sorgende Arrangements. Kinderschutz zwischen Organisation und Familie. Wiesbaden: Springer VS Verlag für Sozialwissenschaften. S. 19–38.

Bouma, Helen/Grietens, Hans/Knorth, Erik/López López, Mónica/Middel, Floor (2018): „Dat ik kinderen gewoon een hele goeie toekomst gun!". Ervaringen van ouders die met de jeugd-bescherming in aanraking kwamen. Universität Groningen. URL: http://www.projecthestia.com/wp-content/uploads/2018/06/HESTIA-onderzoeksrapport-ervaringen-van-ouders.pdf (zuletzt geprüft am 01.06.2019).

Breuer, Franz (2003): Subjekthaftigkeit der sozial-/wissenschaftlichen Erkenntnistätigkeit und ihre Reflexion: Epistemologische Fenster, methodische Umsetzungen. In: Forum Qualitative Sozialforschung/Forum: Qualitative Social Research. 4. Jg. Heft 2. Art. 25. o. S. URL: http://www.qualitative-research.net/index.php/fqs/article/view/698/1508 (zuletzt geprüft am 01.06.2019).

Breuer, Franz (2010): Reflexive Grounded Theory. Eine Einführung für die Forschungspraxis. Unter Mitarbeit von Dieris, Barbara/Lettau, Antje. 2. Auflage. Lehrbuch. Wiesbaden: VS Verlag für Sozialwissenschaften/GWV Fachverlage GmbH.

Breuer, Franz/Mruck, Katja/Roth, Wolff-Michael (2002): Subjektivität und Reflexivität: Eine Einleitung. In: Forum Qualitative Sozialforschung/Forum: Qualitative Social Research. 3. Jg. Heft 3. Art. 9. o. S. URL: http://www.qualitative-research.net/index.php/fqs/article/view/822/1782 (zuletzt geprüft am 01.06.2019).

Britz, Gabriele (2014): Entscheidungen des BVerfG zu Fremdunterbringungen in Zahlen. In: JAmt. 87. Jg. Heft 11. S. 550–552.

Britz, Gabriele (2014a): Das Grundrecht des Kindes auf staatliche Gewährleistung elterlicher Pflege und Erziehung – jüngere Rechtsprechung des Bundesverfassungsgerichts. In: Juristenzeitung. 69. Jg. Heft 22. S. 1069–1074.

Brüderl, Leokadia (Hg.) (1988): Theorien und Methoden der Bewältigungsforschung. Weinheim und München: Juventa Verlag.

Brüderl, Leokadia/Halsig, Norbert/Schröder, Annette (1988): Historischer Hintergrund, Theorien und Entwicklungstendenzen der Bewältigungsforschung. In: Brüderl, Leokadia (Hg.): Theorien und Methoden der Bewältigungsforschung. Weinheim und München: Juventa Verlag. S. 25–45.

Brüderl, Leokadia/Riessen, Ines/Zens, Christine (2005): Therapie-Tools Selbsterfahrung. Mit E-Book inside und Arbeitsmaterial. Beltz Verlag: Weinheim und Basel.

Bude, Heinz (2011): Fallrekonstruktion. In: Bohnsack, Ralf/Marotzki, Winfried/Meuser, Michael (Hg.): Hauptbegriffe qualitativer Sozialforschung. 3. durchgesehene Auflage. Opladen & Farmington Hills: Verlag Barbara Budrich. S. 60–62.

Bühler-Niederberger, Doris/Alberth, Lars/Eisentraut, Steffen (Hg.) (2014): Kinderschutz. Wie kindzentriert sind Programme, Praktiken, Perspektiven? Weinheim und Basel: Beltz Juventa.

Bühler-Niederberger, Doris/Alberth, Lars/Eisentraut, Steffen (2014a): Das Wissen vom Kind – generationale Ordnung und professionelle Logik im Kinderschutz. In: Bütow, Birgit/Pomey, Marion/Rutschmann, Myriam/Schär, Clarissa/Studer, Tobias (Hg.): Sozialpädagogik zwischen Staat und Familie. Alte und neue Politiken des Eingreifens. Wiesbaden: Springer VS Fachmedien. S. 111–132.

Bundesjugendkuratorium (2009): Kinderarmut in Deutschland: Eine drängende Handlungsaufforderung an die Politik. URL: https://www.bundesjugendkuratorium.de/assets/pdf/press/bjk_2009_3_stellungnahme_ kinderarmut.pdf (zuletzt geprüft am 01.06.2019).

Bundesministerium für Familie, Senioren, Frauen und Jugend (BMFSFJ) (Hg.) (2002): Bereitschaftspflege – Familiäre Bereitschaftsbetreuung. Empirische Ergebnisse und praktische Empfehlungen. Schriftenreihe Band 231. Stuttgart: W. Kohlhammer GmbH.

Bundesministerium für Familie, Senioren, Frauen und Jugend (BMFSFJ) (2019): Mitreden und Mitgestalten. Die Zukunft der Kinder- und Jugendhilfe. URL: https://www.mitreden-mit-gestalten.de/informationen (zuletzt geprüft am 01.06.2019).

Burkart, Roland/Hömberg, Walter (Hg.) (2011): Kommunikationstheorien. Ein Textbuch zur Einführung. 5. verbesserte und aktualisierte Auflage. Studienbücher zur Publizistik- und Kommunikationswissenschaft. Band 8. Wien: Braumüller.

Burkart, Roland/Lang, Alfred (2011): Die Theorie des kommunikativen Handelns von Jürgen Habermas – Eine kommentierte Textcollage. In: Burkart, Roland/Hömberg, Walter (Hg.): Kommunikationstheorien. Ein Textbuch zur Einführung. 5. verbesserte und aktualisierte Auflage. Studienbücher zur Publizistik- und Kommunikationswissenschaft. Band 8. Wien: Braumüller. S. 42–71.

Bütow, Birgit/Pomey, Marion/Rutschmann, Myriam/Schär, Clarissa/Studer, Tobias (Hg.) (2014): Sozialpädagogik zwischen Staat und Familie. Alte und neue Politiken des Eingreifens. Wiesbaden: Springer VS Fachmedien.

Bütow, Birgit/Pomey, Marion/Rutschmann, Myriam/Schär, Clarissa/Studer, Tobias (2014a): Einleitung: Politiken des Eingreifens – Zwischen Staat und Familie. In: Bütow, Birgit/Pomey, Marion/Rutschmann, Myriam/Schär, Clarissa/Studer, Tobias (Hg.): Sozialpädagogik zwischen Staat und Familie. Alte und neue Politiken des Eingreifens. Wiesbaden: Springer VS Fachmedien. S. 1–25.

Coelen, Thomas/Otto, Hans-Uwe (Hg.) (2008): Grundbegriffe Ganztagsbildung. Das Handbuch. Wiesbaden: VS Verlag für Sozialwissenschaften.

Coester, Michael (2015): Autonomie der Familie und staatliches Wächteramt. In: Frühe Kindheit. 18. Jg. Heft 3. S. 12–21.

Combe, Arno/Helsper, Werner (Hg.) (1997): Pädagogische Professionalität. Untersuchungen zum Typus pädagogischen Handelns. 9. Auflage. Suhrkamp-Taschenbuch Wissenschaft. Band 1230. Suhrkamp: Frankfurt am Main.

Conen, Marie-Luise (2014): Kinderschutz: Kontrolle oder Hilfe zur Veränderung? Ein systemischer Ansatz. Soziale Arbeit kontrovers. Band 9. Freiburg: Lambertus Verlag.

Corbin, Juliet (2011): Grounded Theory. In: Bohnsack, Ralf/Marotzki, Winfried/Meuser, Michael (Hg.): Hauptbegriffe qualitativer Sozialforschung. 3. durchgesehene Auflage. Opladen & Farmington Hills: Verlag Barbara Budrich. S. 70–75.

Corbin, Juliet/Strauss, Anselm (2010): Weiterleben lernen. Verlauf und Bewältigung chronischer Krankheit. 3. überarbeitete Auflage. Handbuch Gesundheitswissenschaften. Bern: Verlag Hans Huber.

Czerner, Frank (2012): Optimierung des staatlichen Schutzauftrages bei (vermuteter) Kindeswohlgefährdung durch die Novellierungsgesetze vom KICK (01.10.2005) bis zum BKiSchG (01.01.2012)? (Teil 2). In: Zeitschrift für Kindschaftsrecht und Jugendhilfe. 7. Jg. Heft 8. S. 301–305.

Czerner, Frank (2012a): Novellierungsgesetze vom KICK bis zum BKiSchG – Optimierung des staatlichen Schutzauftrages bei (vermuteter) Kindeswohlgefährdung? In: Marthaler, Thomas/Bastian, Pascal/Bode, Ingo/Schrödter, Mark (Hg.): Rationalitäten des Kinderschutzes. Kindeswohl und soziale Intervention aus pluraler Perspektive. Wiesbaden: Springer VS Verlag für Sozialwissenschaften. S. 47–78.

Deutscher Kinderschutzbund Landesverband (DKSB) NRW e. V. (Hg.) (2018): Kinderschutz im Wandel. Die Definition des Begriffs der Kindeswohlgefährdung unter Berücksichtigung der Kinderrechte. Unter Mitarbeit von Müller, Margareta. Wuppertal: Eigenverlag.

Deutsches Institut für Jugendhilfe und Familienrecht (DIJuF) e. V. (Hg.) (2004): Zusammenarbeit zwischen Familiengerichten und Jugendämtern bei der Verwirklichung des Umgangs zwischen Kindern und Eltern nach Trennung und Scheidung. Dokumentation einer Veranstaltungsreihe des Bundesministeriums der Justiz und des Bundesministeriums für Familie, Senioren, Frauen und Jugend. URL: https://www.dijuf.de/tl_files/downloads/2010/fachzeitschrift_das_jugendamt/Tagungsdokumentation_JA_FamG.pdf (zuletzt geprüft am 15.01.2019).

Deutsches Institut für Jugendhilfe und Familienrecht e. V. (DIJuF) (2010): Situation, Perspektiven und Entwicklungsbedarf verlässlicher Qualitätsstandards und klarer Rollengestaltung im familiengerichtlichen Verfahren im Kinderschutz. Positionspapier. URL: https://www.dijuf.de/tl_files/downloads/2011/2012/Positionspapier_SKF_2.pdf (zuletzt geprüft am 15.01.2019).

Deutsches Institut für Jugendhilfe und Familienrecht e. V. (DIJuF) (2014): Im Mittelpunkt und doch aus dem Blick? „Das Kind" im familiengerichtlichen Verfahren bei Kindeswohlgefährdung. Positionspapier. URL: http://www.kinderschutz-niedersachsen.de/doc/doc_download.cfm?uuid=AF40D7CD03F67A7E19E40D9810AD39A5 (zuletzt geprüft am 15.01.2019).

Deutsches Institut für Urbanistik gGmbH (Hg.) (2010a): Das aktive Jugendamt im familiengerichtlichen Verfahren. Dokumentation der Fachtagung in Kooperation mit dem Deutschen Institut für Jugendhilfe und Familienrecht e. V. (DIJuF), Heidelberg am 01. und 02. Oktober 2009 in Berlin. Aktuelle Beiträge zur Kinder- und Jugendhilfe 74. Berlin: Deutsches Institut für Urbanistik gGmbH.

Deutsches Institut für Urbanistik gGmbH (Hg.) (2010): 20 Jahre Kinder- und Jugendhilfegesetz. Kritische Würdigung, Bilanz und Ausblick. Dokumentation der Fachtagung am 30. Juni und 01. Juli 2010. Aktuelle Beiträge zur Kinder- und Jugendhilfe 77. Berlin: Deutsches Institut für Urbanistik gGmbH.

Devereux, Georges (1967): Angst und Methode in den Verhaltenswissenschaften. München: Carl Hanser Verlag.

Dewe, Bernd/Ferchhoff, Wilfried/Olaf-Radtke, Frank (Hg.) (1992): Erziehen als Profession. Zur Logik professionellen Handelns in pädagogischen Feldern. Opladen: Leske + Budrich.

Dittmann, Alice (2014): Praxis und Kooperation der an familiengerichtlichen Verfahren beteiligten Professionen. Eine zweistufige qualitative Untersuchung. In: Zeitschrift für Kindschaftsrecht und Jugendhilfe. 9. Jg. Heft 5. S. 180–185.

Dittmann, Alice (2014a): Praxis und interdisziplinäres Zusammenwirken in etablierten Kooperationsmodellen. In: Zeitschrift für Kindschaftsrecht und Jugendhilfe. 9. Jg. Heft 10. S. 353–357.

Dollinger, Bernd/Schmidt-Semisch, Henning (Hg.) (2011): Gerechte Ausgrenzung? Wohlfahrtsproduktion und die neue Lust am Strafen. Wiesbaden: VS Verlag für Sozialwissenschaften/Springer Fachmedien Wiesbaden GmbH.

Ernst, Rüdiger (2007): Familiengerichtliche Maßnahmen zur Abwendung drohender Kindeswohlgefährdungen und ihre Auswirkungen auf die Praxis. In: Sozialpädagogisches Institut im SOS-Kinderdorf e. V. (Hg.): Kinderschutz, Kinderrechte, Beteiligung. Dokumentation zur Fachtagung „Kinderschutz, Kinderrechte, Beteiligung – für das Wohlbefinden von Kindern sorgen". 15. bis 16. November 2007 in Berlin. Dokumentation 6 der SPI-Schriftenreihe: Onlineausgabe. URL: https://www.sos-kinderdorf.de/resource/blob/8608/ac3179486ce3c6bcc7d10589217ffd0a/dokumentation6-data.pdf (zuletzt geprüft am 15.01.2019). S. 74–89.

Faltermeier, Josef (2001): Verwirkte Elternschaft? Fremdunterbringung – Herkunftseltern – Neue Handlungsansätze. Munster: Votum Verlag.

Faltermeier, Toni (1988): Notwendigkeit einer sozialwissenschaftlichen Belastungskonzeption. In: Brüderl, Leokadia (Hg.): Theorien und Methoden der Bewältigungsforschung. Weinheim und München: Juventa Verlag. S. 46–62.

Faltermeier, Josef/Glinka, Hans-Jürgen/Schefold, Werner (2003): Herkunftsfamilien. Empirische Befunde und praktische Anregungen rund um die Fremdunterbringung von Kindern. Frankfurt/Main: Eigenverlag des Deutschen Vereins für öffentliche und private Fürsorge.

Fannrich, Isabel/Jung, Christian (2015): Mit dem Herzen bei der Sache. In: Impulse. Das Wissenschaftsmagazin der Volkswagenstiftung. Heft 2. S. 22–35.

Fatke, Reinhard (1995): Fallstudien in der Pädagogik. Einführung in den Themenschwerpunkt. In: Zeitschrift für Pädagogik. 41. Jg. Heft 5. S. 675–680.

Fatke, Reinhard (1995a): Das Allgemeine und das Besondere in pädagogischen Fallgeschichten. In: Zeitschrift für Pädagogik. 41. Jg. Heft 5. S. 681–695.

Feldhoff, Kerstin (2015): Rechtliche Aspekte des Kinderschutzes durch freie Träger. In: Schone, Reinhold/Tenhaken, Wolfgang (Hg.): Kinderschutz in Einrichtungen und Diensten der Jugendhilfe. Ein Lehr- und Praxisbuch zum Umgang mit Fragen der Kindeswohlgefährdung. 2. überarbeitete Auflage. Basistexte Erziehungshilfen. Weinheim: Beltz Juventa. S. 78–111.

Fendrich, Sandra/Pothmann (2010): Einblicke in die Datenlage zur Kindesvernachlässigung und Kindesmisshandlung in Deutschland. Möglichkeiten und Grenzen von Gesundheits-, Kriminal- und Sozialstatistiken. In: Bundesgesundheitsblatt – Gesundheitsforschung – Gesundheitsschutz. 53. Jg. Heft 10. S. 1002–1010.

Fendrich, Sandra/Pothmann, Jens/Tabel, Agathe (2018): Aktuelle Entwicklungen in den Hilfen zur Erziehung. Datenbasis 2017. Weiterer Anstieg der Hilfen zur Erziehung, aber 2017 geringere Zuwächse in der Heimerziehung. URL: www.akjstat.tu-dortmund.de/fileadmin/ Analysen/HzE/Kurzanalyse_HzE_2017_AKJStat.pdf (zuletzt geprüft am 02.06.2019).

Fengler, Janne (2017): Pädagogisches Handeln in der Sozialen Arbeit. 1. Auflage. Grundwissen Soziale Arbeit. Band 16. Stuttgart: W. Kohlhammer GmbH.

Filipp, Sigrun-Heide/Aymanns, Peter (2010): Kritische Lebensereignisse und Lebenskrisen: vom Umgang mit den Schattenseiten des Lebens. Stuttgart: W. Kohlhammer GmbH.

Finke, Bettina (2015): Die Perspektive von Eltern. Nebenwirkungen der Rechtsvorschriften im Verhältnis Eltern – Kind – Staat. In: Nachrichtendienst des Deutschen Vereins für öffentliche und private Fürsorge (NDV). 95. Jg. Heft 1. S. 26–32.

Finkel, Margarete (2013): Sozialpädagogische Adressatenforschung und biographierekonstruktive Verfahren. In: Graßhoff, Gunther (Hg.): Adressaten, Nutzer, Agency. Akteursbezogene Forschungsperspektiven in der Sozialen Arbeit. Wiesbaden: Springer VS. S. 53–68.

Flemming, Winfried/Profitlich, Gregor (2010a): Neue Anforderungen an die Kooperation von Familiengericht und Jugendhilfe: Aufgabenklärung und Rollenverständnis. In: Deutsches Institut für Urbanistik gGmbH (Hg.): Das aktive Jugendamt im familiengerichtlichen Verfahren. Dokumentation der Fachtagung in Kooperation mit dem Deutschen Institut für Jugendhilfe und Familienrecht e. V. (DIJuF), Heidelberg am 01. und 02. Oktober 2009 in Berlin. Aktuelle Beiträge zur Kinder- und Jugendhilfe 74. Berlin: Deutsches Institut für Urbanistik gGmbH. S. 45–48.

Forschungsverbund Deutsches Jugendinstitut (DJI) e. V./Technische Universität (TU) Dortmund (2019): Staatlicher Schutzauftrag. Gefährdungseinschätzungen in Jugendämtern. Daten zum gesunden und sicheren Aufwachsen von Kindern. URL: http://ifh. forschungsverbund.tu-dortmund.de/staatlicher-schutzauftrag/gefaehrdungseinschaetzungen-in-jugendaemtern/ (zuletzt geprüft am 23.05.2019).

Franz, Julia (2014): Deutungsmuster überwinden durch Erfahrungswissen? Zum rekonstruktiven Paradigma in der Sozialen Arbeit. In: Köttig, Michaela/Borrmann, Stefan/Effinger, Herbert/Gahleitner, Silke Birgitta/Kraus, Björn/Stövesand, Sabine (Hg.): Soziale Wirklichkeiten in der Sozialen Arbeit. Wahrnehmen – analysieren – intervenieren. Theorie, Forschung und Praxis der Sozialen Arbeit. Band 9. Leverkusen: Verlag Barbara Budrich. S. 51–60.

Franzheld, Tobias (2013): Eine Ethnographie der Sprachpraxis bei Kindeswohlgefährdung und ihre Bedeutung für einen interdisziplinären Kinderschutz. In: Soziale Passagen. 5. Jg. Heft 1. S. 77–96.

Frindt, Anja (2006): Prozesse in der Sozialpädagogischen Familienhilfe aus unterschiedlichen Perspektiven. Eine Einzelfallstudie. Herausgegeben vom Zentrum für Planung und Evaluation Sozialer Dienste. ZPE-Schriftenreihe 18. Siegen: Universi – Universitätsverlag.

Fröhlich-Gildhoff, Klaus/Engel, Eva-Maria/Rönnau, Maike/Kraus, Gabriele (Hg.) (2006): Forschung und Praxis in den ambulanten Hilfen zur Erziehung. Beiträge zur Kinder- und Jugendforschung. Band 1. Freiburg: FEL Verlag Forschung – Entwicklung – Lehre.

Glinka, Hans-Jürgen (1998): Das narrative Interview. Eine Einführung für Sozialpädagogen. Weinheim und München: Beltz Juventa.

Glinka, Hans-Jürgen (2016): Das narrative Interview. Eine Einführung für Sozialpädagogen. 4. Auflage. Edition Soziale Arbeit. Weinheim und Basel: Beltz Juventa.

Goblirsch, Martina (2010): Biographien verhaltensschwieriger Jugendlicher und ihrer Mütter. Mehrgenerationale Fallrekonstruktionen und narrativ-biographische Diagnostik in Forschung und Praxis. Wiesbaden: VS Verlag für Sozialwissenschaften.

Goller, Hans (2009): Erleben, Erinnern, Handeln. Eine Einführung in die Psychologie und ihre philosophischen Grenzfragen. KON-TEXTE. Wissenschaften in philosophischer Perspektive. Stuttgart: W. Kohlhammer GmbH.

Gräbedünkel, Heike (2017): Inobhutnahme bei Kindeswohlgefährdung. Eine rekonstruktive Studie zu Binnenperspektiven und Handlungsstrategien betroffener Eltern. URL: https://d-nb.info/1141230615/34 (zuletzt geprüft am 15.01.2019).

Graßhoff, Gunther (Hg.) (2013): Adressaten, Nutzer, Agency. Akteursbezogene Forschungsperspektiven in der Sozialen Arbeit. Wiesbaden: Springer VS.

Graßhoff, Gunther (2015): Adressatinnen und Adressaten der Sozialen Arbeit. Eine Einführung. Wiesbaden: Springer Fachmedien Wiesbaden.

Greese, Dieter (2001): Fachlichkeit sichern und Kinderschutz gewährleisten. In: Sozialpädagogisches Institut im SOS-Kinderdorf e. V. (Hg.): Jugendämter zwischen Hilfe und Kontrolle. Autorenband 5 der SPI-Schriftenreihe: Onlineausgabe. URL: https://www.sos-kinderdorf.de/resource/blob/8688/9d221-dab526e10c16a1a929dea49ced6/autorenband5-data.pdf (zuletzt geprüft am 15.01.2019). S. 7–21.

Greve, Werner (1997): Sparsame Bewältigung – Perspektiven für eine ökonomische Taxonomie von Bewältigungsformen. In: Tesch-Römer, Clemens/Salewski, Christel/Schwarz, Gudrun (Hg.): Psychologie der Bewältigung. Weinheim: Beltz Psychologie Verlags Union (PVU). S. 18–41.

Groddeck, Norbert/Schumann, Michael (Hg.) (1994): Modernisierung Sozialer Arbeit durch Methodenentwicklung und -reflexion. Freiburg im Breisgau: Lambertus Verlag.

Grundmann, Thomas/Lehmann, Stefanie (2012): Das neue Bundeskinderschutzgesetz und dessen Umsetzung in den Statistiken der Kinder- und Jugendhilfe. Herausgegeben vom Statistischen Bundesamt Wirtschaft und Statistik. URL: https://www.destatis.de/DE/Publikationen/WirtschaftStatistik/Sozialleistungen/UmsetzungKinderschutzgesetz032012.pdf;jsessionid=CFD9D79B20B930C00AEA702FE9D0B2C5.   nternetLive2?__blob= publicationFile (zuletzt geprüft am 20.05.2019).

Haase, Wolfgang (2006): Wie arbeitet das Familiengericht in Fällen der Kindeswohlgefährdung? In: Kindler, Heinz/Lillig, Susanna/Blüml, Herbert/Meysen, Thomas/Werner, Annegret (Hg.): Handbuch Kindeswohlgefährdung nach § 1666 BGB und Allgemeiner Sozialer Dienst (ASD). München: DJI e. V. S. 118-1–118-3.

Haller, Dieter (2019): Schützen, Klären, Kooperieren. In: Impuls. Magazin des Departements Soziale Arbeit der Berner Fachhochschule BFH. Heft 1. S. 18–19.

Haller, Dieter/Kalter, Birgit (2016). Förderliche und hinderliche Faktoren in Kindesschutzverläufen. In: Impuls. Magazin des Departements Soziale Arbeit der Berner Fachhochschule BFH. Heft 2. S. 28–31.

Haller, Dieter/Kalter, Birgit (2017): MehrNetzWert. Forschen für die Praxis des Kindesschutzes. In: Impuls. Magazin des Departements Soziale Arbeit der Berner Fachhochschule BFH. Heft 3. S. 20–22.

Hammer, Stephan (2014): Das BVerfG, die Familiengerichte und die Jugendämter auf der Suche nach dem rechten Maß im Kindesschutz – Besprechung von BVerfG. Kammerbeschluss vom 22.5.2014 – 1 BvR 2882/13. In: Forum Familienrecht. 18. Jg. Heft 11. S. 428–433.

Harnach-Beck, Viola (2003): Psychosoziale Diagnostik in der Jugendhilfe. Grundlagen und Methoden für Hilfeplan, Bericht und Stellungnahme. Soziale Dienste und Verwaltung. Weinheim und München: Juventa-Verlag.

Hartung, Gerald/Herrgen, Matthias (Hg.) (2018): Interdisziplinäre Anthropologie. Jahrbuch 5/2017: Lebensspanne 2.0. Interdisziplinäre Anthropologie. Wiesbaden: Springer VS Fachmedien.

Heiland, Silke (2013): Mädchen in Krisen. Die Bewältigung von Krisen unter Berücksichtigung des sozialen Netzwerks „Mädchen in der Inobhutnahme". Weinheim und Basel: Beltz Juventa.

Heinitz, Stefan (2009): Kooperation in Krisen und die Krisen in der Kooperation. Zu den (Un-)Möglichkeiten der Zusammenarbeit im Kinderschutz. In: Sozialmagazin. 34. Jg. Heft 4. S. 58–63.

Helming, Elisabeth (2002): Die Eltern: Erfahrungen, Sichtweisen und Möglichkeiten. In: Bundesministerium für Familie, Senioren, Frauen und Jugend (BMFSFJ) (Hg.): Bereitschaftspflege – Familiäre Bereitschaftsbetreuung. Empirische Ergebnisse und praktische Empfehlungen. Schriftenreihe Band 231. Stuttgart: W. Kohlhammer GmbH. S. 139–275.

Helming, Elisabeth (2008): Alles im Griff oder Aufwachsen in gemeinsamer Verantwortung? Paradoxien des Präventionsanspruchs im Bereich früher Hilfen. Schriftliche Fassung des Vortrags auf der Fachtagung „Frühe Hilfen für Eltern und Kinder" der Evangelischen Akademie Tutzing in Kooperation mit dem Nationalen Zentrum Frühe Hilfen in Tutzing am 18.04.2008.

Helming, Elisabeth (2010): Herkunftsfamilien im Jugendhilfesystem. In: Kindler, Heinz/ Helming, Elisabeth/Meysen, Thomas/Jurczyk, Karin (Hg.): Handbuch Pflegekinderhilfe. München: DJI e. V. S. 525–540.

Hirschauer, Stefan (2011): Konstruktivismus. In: Bohnsack, Ralf/Marotzki, Winfried/Meuser, Michael (Hg.): Hauptbegriffe qualitativer Sozialforschung. 3. durchgesehene Auflage. Opladen & Farmington Hills: Verlag Barbara Budrich. S. 102–104.

Hollstein, Tina (2017): Illegale Migration und transnationale Lebensbewältigung. Eine qualitativ-empirische Studie. Wiesbaden: Springer VS.

Homfeldt, Hans Günther/Schulze-Krüdener, Jörgen (Hg.) (2007): Elternarbeit in der Heimerziehung. München: Ernst Reinhardt Verlag.

Hong, Moonki (2016): Kinderschutz in institutionellen Arrangements. Deutschland und Südkorea in international vergleichender Perspektive. Kasseler Edition Soziale Arbeit. Band 2. Wiesbaden: Springer VS.

Hönigswald, Richard (1927): Über die Grundlagen der Pädagogik. Ein Beitrag zur Frage des pädagogischen Universitäts-Unterrichts. 2. umgearbeitete Auflage. München: Reinhardt.

Institut für Sozialarbeit und Sozialpädagogik (e. V.) (ISS) (Hg.) (2012): Vernachlässigte Kinder besser schützen. Sozialpädagogisches Handeln bei Kindeswohlgefährdung. 2. überarbeitete und ergänzte Auflage. München: Ernst Reinhardt Verlag.

Institut für Sozialforschung und Gesellschaftspolitik (ISG) GmbH (2010): Riskante Lebenssituationen von Kindern im Spiegel von Elternbefragungen. In: Ministerium für Generationen, Familie, Frauen und Integration des Landes Nordrhein-Westfalen (Hg.): Studie Kindeswohlgefährdung – Ursachen, Erscheinungsformen und neue Ansätze der Prävention. Abschlussbericht. URL: http://www.forschungsverbund.tu-dortmund.de/fileadmin/Files/ Hilfen_zur_Erziehung/Kindeswohlgefaehrdung_NRW.pdf (zuletzt geprüft am 15.03. 2019). S. 139–179.

Jordan, Erwin (Hg.) (2008): Kindeswohlgefährdung. Rechtliche Neuregelung und Konsequenzen für den Schutzauftrag der Kinder- und Jugendhilfe. Weinheim und München: Juventa Verlag.

Jörissen, Benjamin/Zirfas, Jörg (Hg.) (2010): Schlüsselwerke der Identitätsforschung. Wiesbaden: VS Verlag für Sozialwissenschaften/GWV Fachverlage GmbH.

Jud, Andreas (2008): Akteure: Kinder und ihre Eltern. Gefährdung der kindlichen Entwicklung. In: Voll, Peter/Jud, Andreas/Mey, Eva/Häfeli, Christoph/Stettler, Martin (Hg.): Zivilrechtlicher Kindesschutz: Akteure, Prozesse, Strukturen. Eine empirische Studie mit Kommentaren aus der Praxis. Luzern: Interact. S. 25–42.

Jüttemann, Gerd/Thomae, Hans (Hg.) (1998): Biographische Methoden in den Humanwissenschaften. Weinheim: Beltz Psychologie Verlags Union (PVU).

Kaufhold, Gudula/Pothmann, Jens (2016): Neue Wissensbasis mit Verbesserungspotenzial – „8a-Statistik" auf dem Prüfstand. In: KOMDat. 19. Jg. Heft 1. S. 7–10.

Kaufhold, Gudula/Pothmann, Jens (2017): Knapp 45.800 Kindeswohlgefährdungen im Jahr 2016 – jedes dritte 8a-Verfahren durch Jugendämter bestätigt Gefährdungsverdacht. In: KOMDat. 20. Jg. Heft 2/3. S. 1–5.

Kaufhold, Gudula/Pothmann, Jens (2018): Aus dem Schatten der Dienstleistungsorientierung – der Kinderschutz und seine Wiederentdeckung. In: KOMDat. 21. Jg. Heft 1. S. 22–26.

Kavšek, Michael Josef (1992): Alltagsbewältigung im Jugendalter. Klassifikation und Analyse. Studien zur Kindheits- und Jugendforschung. Hamburg: Kovač.

Kelle, Udo/Kluge, Susann (2010): Vom Einzelfall zum Typus. Fallvergleich und Fallkontrastierung in der qualitativen Sozialforschung. 2. überarbeitete Auflage. Qualitative Sozialforschung Praktiken – Methodologien – Anwendungsfelder. Band 15. Wiesbaden: VS Verlag für Sozialwissenschaften/Springer Fachmedien Wiesbaden GmbH.

Kergel, David/Heidkamp, Birte (Hg.) (2016): Forschendes Lernen 2.0. Partizipatives Lernen zwischen Globalisierung und medialem Wandel. Wiesbaden: Springer Fachmedien Wiesbaden.

Kinderschutz-Zentrum Berlin e. V. (2009): Kindeswohlgefährdung. Erkennen und Helfen. 11. überarbeitete Auflage. Berlin: Kinderschutz-Zentrum Berlin e. V.

Kindler, Heinz (2007): Kinderschutz in Deutschland stärken. Analyse des nationalen und internationalen Forschungsstandes zu Kindeswohlgefährdung und die Notwendigkeit eines nationalen Forschungsplanes zur Unterstützung der Praxis (Expertise). Herausgegeben vom Informationszentrum Kindesmisshandlung/Kindesvernachlässigung. URL: https://www.dji.de/fileadmin/user_upload/bibs/KindlerExpertiseGesamt.pdf (zuletzt geprüft am 01.06.2019).

Kindler, Heinz (2009): Kindeswohlgefährdung: Ein Forschungsupdate zu Ätiologie, Folgen, Diagnostik und Intervention. In: Praxis der Kinderpsychologie und Kinderpsychiatrie. 58. Jg. Heft 10. S. 764–785.

Kindler, Heinz (2010): Kinderschutz in Europa. Philosophien, Strategien und Perspektiven nationaler und transnationaler Initiativen zum Kinderschutz. In: Müller, Regine/Nüsken, Dirk (Hg.): Child Protection in Europe. Von den Nachbarn lernen – Kinderschutz qualifizieren. Münster: Waxmann Verlag GmbH. S. 11–30.

Kindler, Heinz (2016): Frühe Hilfen und interventiver Kinderschutz – eine Abgrenzung. In: Mall, Volker/Friedmann, Anna (Hg.): Frühe Hilfen in der Pädiatrie. Bedarf erkennen – intervenieren – vernetzen. Heidelberg: Springer. S. 13–26.

Kindler, Heinz/Helming, Elisabeth/Meysen, Thomas/Jurczyk, Karin (Hg.) (2010): Handbuch Pflegekinderhilfe. München: DJI e. V.

Kindler, Heinz/Lillig, Susanna/Blüml, Herbert/Meysen, Thomas/Werner, Annegret (Hg.) (2006): Handbuch Kindeswohlgefährdung nach § 1666 BGB und Allgemeiner Sozialer Dienst (ASD). München: DJI e. V.

Kindler, Heinz/Suess, Gerhard (2010): Forschung zu Frühen Hilfen. Eine Einführung in Methoden. In: Nationales Zentrum Frühe Hilfen (NZFH) (Hg.): Forschung und Praxisentwicklung Früher Hilfen. Modellprojekte begleitet vom Nationalen Zentrum Frühe Hilfen. Unter Mitarbeit von Renner, Ilona/Sann, Alexandra. Köln: Eigenverlag.

Klatetzki, Thomas (Hg.) (2010): Soziale personenbezogene Dienstleistungsorganisationen. Soziologische Perspektiven. Organisation und Gesellschaft. Wiesbaden: VS Verlag für Sozialwissenschaften.

Klatetzki, Thomas (2010): Zur Einführung: Soziale personenbezogene Dienstleistungsorganisation als Typus. In: Klatetzki, Thomas (Hg.): Soziale personenbezogene Dienstleistungsorganisationen. Soziologische Perspektiven. Organisation und Gesellschaft. Wiesbaden: VS Verlag für Sozialwissenschaften. S. 7–24.

Klauer, Thomas (2012): Stressbewältigung. In: Psychotherapeut. 57. Jg. Heft 3. S. 263–277.

Klewin, Gabriele (2006): Alltagstheorien über Schülergewalt. Perspektiven von LehrerInnen und SchülerInnen. 1. Auflage. Schule und Gesellschaft. Band 36. Wiesbaden: VS Verlag für Sozialwissenschaften.

Kloster-Harz, Doris (2006): Was zeichnet das Verhältnis zwischen dem ASD und dem Familiengericht aus? In: Kindler, Heinz/Lillig, Susanna/Blüml, Herbert/Meysen, Thomas/ Werner, Annegret (Hg.): Handbuch Kindeswohlgefährdung nach § 1666 BGB und Allgemeiner Sozialer Dienst (ASD). München: DJI e. V. S. 116-1–116-2.

Kloster-Harz, Doris (2006a): Wann und auf welcher rechtlichen Grundlage entscheidet das Familiengericht? In: Kindler, Heinz/Lillig, Susanna/Blüml, Herbert/Meysen, Thomas/ Werner, Annegret (Hg.): Handbuch Kindeswohlgefährdung nach § 1666 BGB und Allgemeiner Sozialer Dienst (ASD). München: DJI e. V. S. 117-1–117-3.

Knoblauch, Hubert (2011): Transkription. In: Bohnsack, Ralf/Marotzki, Winfried/Meuser, Michael (Hg.): Hauptbegriffe qualitativer Sozialforschung. 3. durchgesehene Auflage. Opladen & Farmington Hills: Verlag Barbara Budrich. S. 159–160.

Köngeter, Stefan (2009): Relationale Professionalität. Eine empirische Studie zu Arbeitsbeziehungen mit Eltern in den Erziehungshilfen. Grundlagen der sozialen Arbeit. Band 22. Baltmannsweiler: Schneider Verlag Hohengehren.

Köttig, Michaela (2014): Einleitung. In: Köttig, Michaela/Borrmann, Stefan/Effinger, Herbert/ Gahleitner, Silke Birgitta/Kraus, Björn/Stövesand, Sabine (Hg.): Soziale Wirklichkeiten in der Sozialen Arbeit. Wahrnehmen – analysieren – intervenieren. Theorie, Forschung und Praxis der Sozialen Arbeit. Band 9. Leverkusen: Verlag Barbara Budrich. S. 11–18.

Köttig, Michaela/Borrmann, Stefan/Effinger, Herbert/Gahleitner, Silke Birgitta/Kraus, Björn/ Stövesand, Sabine (Hg.) (2014): Soziale Wirklichkeiten in der Sozialen Arbeit. Wahrnehmen – analysieren – intervenieren. Theorie, Forschung und Praxis der Sozialen Arbeit. Band 9. Leverkusen: Verlag Barbara Budrich.

Köttig, Michaela/Gahleitner, Silke Brigitta/Kunz, Thomas, Thiessen, Barbara/Völter, Bettina (2014a): „Ich sehe was, was Du nicht siehst" – eine multiperspektivische Zusammenschau auf den Fall Faruk Zadek. In: Köttig, Michaela/Borrmann, Stefan/Effinger, Herbert/ Gahleitner, Silke Birgitta/Kraus, Björn/Stövesand, Sabine (Hg.): Soziale Wirklichkeiten in der Sozialen Arbeit. Wahrnehmen – analysieren – intervenieren. Theorie, Forschung und Praxis der Sozialen Arbeit. Band 9. Leverkusen: Verlag Barbara Budrich. S. 33–50.

Krüger, Heinz-Hermann/Marotzki, Winfried (Hg.) (2006): Handbuch erziehungswissenschaftliche Biografieforschung. 2. überarbeitete und aktualisierte Auflage. Wiesbaden: VS Verlag für Sozialwissenschaften.

Kruse, Elke/Tegeler Evelyn (Hg.) (2007): Weibliche und männliche Entwürfe des Sozialen. Wohlfahrtsgeschichte im Spiegel der Genderforschung. Opladen & Farmington Hills: Verlag Barbara Budrich.

Kruse, Jan (2014): Qualitative Interviewforschung. Ein integrativer Ansatz. Grundlagentexte Methoden. Weinheim und Basel: Beltz Juventa.

Kuhlmann, Carola (2008): „So erzieht man keinen Menschen!". Lebens- und Berufserinnerungen aus der Heimerziehung der 50er und 60er Jahre. 1. Auflage. Wiesbaden: VS Verlag für Sozialwissenschaften/GWV Fachverlage GmbH.

Künzel-Schön, Marianne (2000): Bewältigungsstrategien älterer Menschen. Grundlagen und Handlungsorientierungen für die ambulante Arbeit. Grundlagentexte Soziale Berufe. Weinheim und München: Juventa Verlag.

Küsters, Ivonne (2009): Narrative Interviews: Grundlagen und Anwendungen. 2. Auflage. Wiesbaden: VS Verlag für Sozialwissenschaften.

Lack, Katrin/Heilmann, Stefan (2014): Kinderschutz und Familiengericht. Verfassungsrechtliche Vorgaben für die familiengerichtliche Intervention bei Kindeswohlgefährdung. In: Zeitschrift für Kindschaftsrecht und Jugendhilfe. 9. Jg. Heft 7. S. 308–330.

Lampe, Wiebke (2017): Kindeswohlverfahren im Erleben der betroffenen Eltern, Kinder und Jugendlichen. Die Sicht und das Erleben von Eltern in Kindeswohlverfahren. In: Münder, Johannes (Hg.): Kindeswohl zwischen Jugendhilfe und Justiz: Zur Entwicklung von Entscheidungsgrundlagen und Verfahren zur Sicherung des Kindeswohls zwischen Jugendämtern und Familiengerichten. Weinheim und Basel: Juventa Verlag. S. 389–421.

Langfeldt, Hans-Peter/Nothdurft, Werner (2015): Psychologie. Grundlagen und Perspektiven für die Soziale Arbeit. 5. aktualisierte Auflage. München: UTB. Ernst Reinhardt Verlag.

Lazarus, Richard S./Folkman, Susan (1984): Stress, appraisal, and coping. New York: Springer.
Lenz, Karl (1986): Alltagswelten von Jugendlichen. Eine empirische Studie über jugendliche Handlungstypen. Campus Forschung. Band 475. Frankfurt am Main: Campus Verlag.
Lenz, Karl (1988): Die vielen Gesichter der Jugend. Jugendliche Handlungstypen in biographischen Portraits. Frankfurt am Main: Campus Verlag.
Litau, John/Walther, Andreas/Warth, Annegret/Wey, Sophia (Hg.) (2016): Theorie und Forschung zur Lebensbewältigung. Methodologische Vergewisserungen und empirische Befunde. Übergangs- und Bewältigungsforschung. Weinheim und Basel: Beltz Juventa.
Lohse, Katharina/Meysen, Thomas (2015): Zu früh oder zu spät im Kinderschutz. Aktuelle Rechtsprechung des Bundesverfassungsgerichts zu Sorgerechtsentzügen. In: Frühe Kindheit. 18. Jg. Heft 3. S. 23–27.
Lubrich, Oliver/Stodulka, Thomas/Liebal, Katja (2018): Affekte im Feld – Ein blinder Fleck der Forschung? In: Hartung, Gerald/Herrgen, Matthias (Hg.): Interdisziplinäre Anthropologie. Jahrbuch 5/2017: Lebensspanne 2.0. Interdisziplinäre Anthropologie. Wiesbaden: Springer VS Fachmedien. S. 179–197.
Mack, Wolfgang (2008): Bewältigung. In: Coelen, Thomas/Otto, Hans-Uwe (Hg.): Grundbegriffe Ganztagsbildung. Das Handbuch. Wiesbaden: VS Verlag für Sozialwissenschaften. S. 146–154.
Mall, Volker/Friedmann, Anna (Hg.) (2016): Frühe Hilfen in der Pädiatrie. Bedarf erkennen – intervenieren – vernetzen. Heidelberg: Springer.
Marotzki, Winfried (2011): Biografieforschung. In: Bohnsack, Ralf/Marotzki, Winfried/Meuser, Michael (Hg.): Hauptbegriffe qualitativer Sozialforschung. 3. durchgesehene Auflage. Opladen & Farmington Hills: Verlag Barbara Budrich. S. 22–24.
Marthaler, Thomas/Bastian, Pascal/Bode, Ingo/Schrödter, Mark (Hg.) (2012): Rationalitäten des Kinderschutzes. Kindeswohl und soziale Intervention aus pluraler Perspektive. Wiesbaden: Springer VS Verlag für Sozialwissenschaften.
Meinhold, Marianne/Matul, Christian (2011): Qualitätsmanagement aus der Sicht von Sozialarbeit und Ökonomie. Baden-Baden: Nomos (Studienkurs Management in der Sozialwirtschaft).
Merchel, Joachim (1998): Hilfeplanung bei den Hilfen zur Erziehung. § 36 SGB VIII. München: Boorberg.
Merchel, Joachim (2011): Der „Kinderschutz" und das rechtliche Steuerungskonzept: Anmerkungen anlässlich des Regierungsentwurfs zu einem „Bundeskinderschutzgesetz". In: Recht der Jugend und des Bildungswesens. 59 Jg. Heft 2. S. 189–203.
Meuser, Michael (2011): Rekonstruktive Sozialforschung. In: Bohnsack, Ralf/Marotzki, Winfried/Meuser, Michael (Hg.): Hauptbegriffe qualitativer Sozialforschung. 3. durchgesehene Auflage. Opladen & Farmington Hills: Verlag Barbara Budrich. S. 140–142.
Mey, Eva (2008): Prozesse: Die Zusammenarbeit im Dreieck Eltern – Behörden – Mandatsträger. Das Zusammenspiel von Eltern, Sozialarbeitenden und Behörden – Ergebnisse aus den Fallanalysen. In: Voll, Peter/Jud, Andreas/Mey, Eva/Häfeli, Christoph/Stettler, Martin (Hg.): Zivilrechtlicher Kindesschutz: Akteure, Prozesse, Strukturen. Eine empirische Studie mit Kommentaren aus der Praxis. Luzern: Interact. S. 143–169.
Meysen, Thomas (2008): Steuerungsverantwortung des Jugendamts nach § 36 SGB VIIII: Anstoß zur Verhältnisklärung oder anstößig? In: FamRZ. 54 Jg. Heft 6. S. 562–570.
Meysen, Thomas (2012): Das Recht zum Schutz von Kindern. In: Institut für Sozialarbeit und Sozialpädagogik (e. V.) (ISS) (Hg.): Vernachlässigte Kinder besser schützen. Sozialpädagogisches Handeln bei Kindeswohlgefährdung. 2. überarbeitete und ergänzte Auflage. München: Ernst Reinhardt Verlag. S. 17–57.
Meysen, Thomas/Eschelbach, Diana (2012): Das neue Bundeskinderschutzgesetz. 1. Auflage. NomosPraxis. Baden-Baden: Nomos.

Miethe, Ingrid (2014): Wahrnehmen, Analysieren, Intervenieren. Zugänge zu sozialen Wirklichkeiten – eine Annäherung. In: Köttig, Michaela/Borrmann, Stefan/Effinger, Herbert/ Gahleitner, Silke Birgitta/Kraus, Björn/Stövesand, Sabine (Hg.): Soziale Wirklichkeiten in der Sozialen Arbeit. Wahrnehmen – analysieren – intervenieren. Theorie, Forschung und Praxis der Sozialen Arbeit. Band 9. Leverkusen: Verlag Barbara Budrich. S. 19–32.

Ministerium für Generationen, Familie, Frauen und Integration des Landes Nordrhein-Westfalen (Hg.) (2010): Studie Kindeswohlgefährdung – Ursachen, Erscheinungsformen und neue Ansätze der Prävention. Abschlussbericht. URL: http://www.forschungsverbund.tu-dortmund.de/fileadmin/Files/Hilfen_zur_Erziehung/Kindeswoh-lgefaehrdung_NRW.pdf (zuletzt geprüft am 01.06.2019).

Misoch, Sabina (2015): Qualitative Interviews. Berlin: De Gruyter Oldenbourg.

Mruck, Katja/Mey, Günter (1998): Selbstreflexivität und Subjektivität im Auswertungsprozeß biographischer Materialien: zum Konzept einer „Projektwerkstatt qualitativen Arbeitens" zwischen Colloquium, Supervision und Interpretationsgemeinschaft. In: Jüttemann, Gerd/ Thomae, Hans (Hg.): Biographische Methoden in den Humanwissenschaften. Weinheim: Beltz Psychologie Verlags Union (PVU). S. 284–306.

Muckel, Petra (2016): Lernen zu forschen: Ideen der Grounded-Theory-Methodologie für eine Konzeption des Forschungsprozesses im forschungsbasierten Lernen. In: Kergel, David/Heidkamp, Birte (Hg.): Forschendes Lernen 2.0. Partizipatives Lernen zwischen Globalisierung und medialem Wandel. Wiesbaden: Springer Fachmedien Wiesbaden. S. 213–227.

Mühlmann, Thomas (2017): Wie hängen „Kinderarmut" und Ausgaben für Hilfen zur Erziehung zusammen? In: KOMDat. 20. Jg. Heft 1. S. 4–7.

Müller, Regine (2010): „Child protective Service" im Vergleich. Ein Modell der wohlfahrtsstaatlichen Verortung der Fachkräfte im Kinderschutz. In: Müller, Regine/Nüsken, Dirk (Hg.): Child Protection in Europe. Von den Nachbarn lernen – Kinderschutz qualifizieren. Münster: Waxmann Verlag GmbH. S. 31–54.

Müller, Regine/Nüsken, Dirk (Hg.) (2010): Child Protection in Europe. Von den Nachbarn lernen – Kinderschutz qualifizieren. Münster: Waxmann Verlag GmbH.

Münder, Johannes (2002): Jugendhilfe als soziale Dienstleistung – Anregungen zur Struktur und Organisation der Leistungserbringung. In: Sozialpädagogisches Institut im SOS-Kinderdorf e. V. (Hg.): Jugendhilfe als soziale Dienstleistung – Chancen und Probleme praktischen Handelns. Dokumentation zur Fachtagung des SOS-Kinderdorf e. V. Jugendhilfe als soziale Dienstleistung – Chancen und Probleme praktischen Handelns. 16. und 17. November 2000, SOS-Berufsausbildungszentrum Berlin. Band 2 der SPI-Materialien: Onlineausgabe. URL: https://www.sos-kinderdorf.de/resource/blob/8708/b06a2d9b05346f 77702339cbd286a6cb/jugendhilfe-als-soziale-dienstleistung-data.pdf (zuletzt geprüft am 07.01.2019). S. 6–17.

Münder, Johannes (2007): Kindeswohl als Balance von Eltern- und Kinderrechten. In: Sozialpädagogisches Institut im SOS-Kinderdorf e. V. (Hg.): Kinderschutz, Kinderrechte, Beteiligung. Dokumentation zur Fachtagung „Kinderschutz, Kinderrechte, Beteiligung – für das Wohlbefinden von Kindern sorgen". 15. bis 16. November 2007 in Berlin. Dokumentation 6 der SPI-Schriftenreihe: Onlineausgabe. URL: https://www.sos-kinderdorf.de/ resource/blob/8608/ac3179486ce3c6bcc7d10589217 ffd0a/dokumentation6-data.pdf (zuletzt geprüft am 15.01.2019). S. 8–22.

Münder, Johannes (Hg.) (2017): Kindeswohl zwischen Jugendhilfe und Justiz: Zur Entwicklung von Entscheidungsgrundlagen und Verfahren zur Sicherung des Kindeswohls zwischen Jugendämtern und Familiengerichten. Weinheim und Basel: Juventa Verlag.

Münder, Johannes (2017a): Gesetzliche Veränderungen. In: Münder, Johannes (Hg.): Kindeswohl zwischen Jugendhilfe und Justiz: Zur Entwicklung von Entscheidungsgrundlagen und Verfahren zur Sicherung des Kindeswohls zwischen Jugendämtern und Familiengerichten. Weinheim und Basel: Juventa Verlag. S. 39–68.

Münder, Johannes (2019): Einleitung. In: Münder, Johannes/Meysen, Thomas/Trenczek, Thomas (Hg.): Frankfurter Kommentar zum SGB VIII. Kinder- und Jugendhilfe. 8. vollständig überarbeitete Auflage. NomosKommentar. Baden-Baden: Nomos. S. 61–76.

Münder, Johannes/Mutke, Barbara/Schone, Reinhold (2000): Kindeswohl zwischen Jugendhilfe und Justiz. Professionelles Handeln in Kindeswohlverfahren. Münster: Votum Verlag.

Münder, Johanes/Wiesner, Reinhard/Meysen, Thomas (2011): Kinder- und Jugendhilferecht. Handbuch. 2. Auflage. NomosPraxis. Baden-Baden: Nomos.

Münder, Johannes/Bindel-Kögel, Gabriele/Hoffmann, Helena/Lampe, Wiebke/Schone, Reinhold/Seidenstücker, Barbara (2017): Kindeswohl zwischen Jugendhilfe und Justiz – Zusammenfassung und Perspektiven. In: Münder, Johannes (Hg.): Kindeswohl zwischen Jugendhilfe und Justiz: Zur Entwicklung von Entscheidungsgrundlagen und Verfahren zur Sicherung des Kindeswohls zwischen Jugendämtern und Familiengerichten. Weinheim und Basel: Juventa Verlag. S. 423–451.

Münder, Johannes/Meysen, Thomas (2019): § 1 Recht auf Erziehung, Elternverantwortung, Jugendhilfe. In: Münder, Johannes/Meysen, Thomas/Trenczek, Thomas (Hg.): Frankfurter Kommentar zum SGB VIII. Kinder- und Jugendhilfe. 8. vollständig überarbeitete Auflage. NomosKommentar. Baden-Baden: Nomos. S. 78–85.

Münder, Johannes/Meysen, Thomas/Trenczek, Thomas (Hg.) (2019): Frankfurter Kommentar zum SGB VIII. Kinder- und Jugendhilfe. 8. vollständig überarbeitete Auflage. NomosKommentar. Baden-Baden: Nomos.

Munsch, Chantal (2015): Subjektive Erfahrungen der im Feld verstrickten Forschenden. In: Zeitschrift für Sozialpädagogik. 13. Jg. Heft 4. S. 420–440.

Nanchen, Christian (2008): Aus der Praxis: Der Kindesschutz und die „Theorie der Schwarzwäldertorte". In: Voll, Peter/Jud, Andreas/Mey, Eva/Häfeli, Christoph/Stettler, Martin (Hg.): Zivilrechtlicher Kindesschutz: Akteure, Prozesse, Strukturen. Eine empirische Studie mit Kommentaren aus der Praxis. Luzern: Interact. S. 70–76.

Nationales Zentrum Frühe Hilfen (NZFH) (Hg.) (2010): Forschung und Praxisentwicklung Früher Hilfen. Modellprojekte begleitet vom Nationalen Zentrum Frühe Hilfen. Unter Mitarbeit von Renner, Ilona/Sann, Alexandra. Köln: Eigenverlag.

Nationales Zentrum Frühe Hilfen (NZFH) (Hg.) (2013): Qualitätsindikatoren für den Kinderschutz in Deutschland. Analyse der nationalen und internationalen Diskussion – Vorschläge für Qualitätsindikatoren. Beiträge zur Qualitätsentwicklung im Kinderschutz. Band 6. Expertise. Unter Mitarbeit von Kindler, Heinz. Köln: Eigenverlag.

Nationales Zentrum Frühe Hilfen (NZFH) (Hg.) (2013a): Befunde und Einschätzungen zum deutschen Kinderschutzsystem – Wissenschaft, Praxis und Politik diskutieren Empfehlungen zur Qualitätsentwicklung im Kinderschutz. Beiträge zur Qualitätsentwicklung im Kinderschutz. Band 7. Werkstattbericht. Köln: Eigenverlag.

Nationales Zentrum Frühe Hilfen (NZFH) (Hg.) (2018): Nationaler Forschungsstand und Strategien zur Qualitätsentwicklung im Kinderschutz. Beiträge zur Qualitätsentwicklung im Kinderschutz. Band 8. Expertise. Unter Mitarbeit von Schmutz, Elisabeth/de Paz Martinez, Laura. Köln: Eigenverlag.

Niermann, Debora (2013): Grounded-Theory-Methodologie. URL: https://quasus.ph-freiburg.de/grounded-theory/ (zuletzt geprüft am 14.04.2019).

Nohl, Arnd-Michael (2011): Komparative Analyse. In: Bohnsack, Ralf/Marotzki, Winfried/Meuser, Michael (Hg.): Hauptbegriffe qualitativer Sozialforschung. 3. durchgesehene Auflage. Opladen & Farmington Hills: Verlag Barbara Budrich. S. 100–101.

Oelerich, Gertrud/Schaarschuch, Andreas (2006): Zum Gebrauchswert Sozialer Arbeit. Konturen sozialpädagogischer Nutzerforschung. In: Bitzan, Maria/Bolay, Eberhard/Thiersch, Hans (Hg.): Die Stimme der Adressaten. Empirische Forschung über Erfahrungen von Mädchen und Jungen mit der Jugendhilfe. Edition Soziale Arbeit. Weinheim und München: Juventa. S. 185–214.

Oelkers, Nina (2011): Kindeswohlgefährdung: Selektive Korrektur elterlicher Erziehungs-praktiken in der Kinder- und Jugendhilfe. In: Dollinger, Bernd/Schmidt-Semisch, Henning (Hg.): Gerechte Ausgrenzung? Wohlfahrtsproduktion und die neue Lust am Strafen. Wiesbaden: VS Verlag für Sozialwissenschaften/Springer Fachmedien Wiesbaden GmbH. S. 263–279.

Oevermann, Ulrich (1997): Theoretische Skizze einer revidierten Theorie professionalisierten Handelns. In: Combe, Arno/Helsper, Werner (Hg.): Pädagogische Professionalität. Untersuchungen zum Typus pädagogischen Handelns. 9. Auflage. Suhrkamp-Taschenbuch Wissenschaft. Band 1230. Frankfurt am Main: Suhrkamp. S. 70–182.

Olk, Thomas/Otto, Hans-Uwe (Hg.) (2003): Soziale Arbeit als Dienstleistung. Grundlegungen, Entwürfe und Modelle. München: Luchterhand.

Pfadenhauer, Michaela/Scheffer, Thomas (Hg.) (2009): Profession, Habitus und Wandel. Frankfurt am Main: Peter Lang GmbH. Internationaler Verlag der Wissenschaften.

Pluto, Liane/Gadow, Tina/Seckinger, Mike/Peucker, Christian (2012): Gesetzliche Veränderungen im Kinderschutz – empirische Befunde zu § 8a und § 72a SGB VIII. Perspektiven verschiedener Arbeitsfelder. Projekt Jugendhilfe und sozialer Wandel – Leistungen und Strukturen. München: DJI e. V.

Pritz, Alfred (Hg.) (2008): Einhundert Meisterwerke der Psychotherapie. Ein Literaturführer. Wien: Springer.

Przyborski, Aglaja/Wohlrab-Sahr, Monika (2010): Qualitative Sozialforschung. Ein Arbeitsbuch. 3. korrigierte Auflage. Lehr- und Handbücher der Soziologie. München: Oldenbourg Wissenschaftsverlag GmbH.

Raab, Gerhard/Unger, Alexander/Unger, Fritz (2010): Marktpsychologie. Grundlagen und Anwendung. 3. überarbeitete Auflage. Gabler Lehrbuch. Wiesbaden: Gabler.

Rauschenbach, Thomas/Pothmann, Jens/Wilk, Agathe (2009): Armut, Migration, Alleinerziehend – HzE in prekären Lebenslagen. Neue Einsichten in die sozialen Zusammenhänge der Adressaten der Kinder- und Jugendhilfe. In: KOMDat. 12. Jg. Heft 1. S. 9–11.

Rauschenbach, Thomas/Betz, Tanja/Borrmann, Stefan/Müller, Matthias/Pothmann, Jens/ Prein, Gerald (2009a): Prekäre Lebenslagen von Kindern und Jugendlichen – Herausforderungen für die Kinder- und Jugendhilfe. Expertise zum 9. Kinder- und Jugendbericht des Landes Nordrhein-Westfalen. URL: https://www.pedocs.de/volltexte/2016/11836/pdf/ Betz_et_al_2011_Prekaere_Lebenslagen.pdf (zuletzt geprüft am 18.07.2018).

Rauschenbach, Thomas (2010): Kritische Würdigung des Kinder- und Jugendhilfegesetzes aus sozialwissenschaftlicher Sicht. In: Deutsches Institut für Urbanistik gGmbH (Hg.): 20 Jahre Kinder- und Jugendhilfegesetz. Kritische Würdigung, Bilanz und Ausblick. Dokumentation der Fachtagung am 30. Juni und 01. Juli 2010. Aktuelle Beiträge zur Kinder- und Jugendhilfe 77. Berlin: Deutsches Institut für Urbanistik gGmbH. S. 83–88.

Reismann, Hendrik (2001): 10 Jahre KJHG: Wende von der obrigkeitsstaatlich orientierten zur dienstleistungsorientierten Jugendhilfe. Eine Zwischenbilanz (II). In: Theorie und Praxis der Sozialen Arbeit. 52. Jg. Heft 2. S. 49–53.

Reißig, Birgit (2010): Biographien jenseits von Erwerbsarbeit. Prozesse sozialer Exklusion und ihre Bewältigung. Wiesbaden: VS Verlag für Sozialwissenschaften/Springer Fachmedien Wiesbaden GmbH.

Retkowski, Alexandra/Schäuble, Barbara/Thole, Werner (2011): „Diese Familie braucht mehr Druck …" Praxismuster im Allgemeinen Sozialen Dienst – Rekonstruktion der Bearbeitung eines Kinderschutzfalles. In: Neue Praxis. Zeitschrift für Sozialarbeit, Sozialpädagogik und Sozialpolitik. 6. Jg. Heft 5. S. 485–504.

Retkowski, Alexandra/Schäuble, Barbara (2012): Inszenierung kindlicher Lebensräume – Beziehungen im Kinderschutz. In: Thole, Werner/Retkowski, Alexandra/Schäuble, Barbara (Hg.): Sorgende Arrangements. Kinderschutz zwischen Organisation und Familie. Wiesbaden: Springer VS Verlag für Sozialwissenschaften. S. 237–247.

Retkowski, Alexandra/Schäuble, Barbara (2012a): „Relations that matter." Kinderschutz als professionelle Relationierung und Positionierung in gewaltförmigen Beziehungen. In: Soziale Passagen. Journal für Empirie und Theorie der Sozialen Arbeit. 2. Jg. Heft 2. S. 197–213.

Retkowski, Alexandra/Schäuble, Barbara/Thole, Werner (2012): Sorgende Arrangements im Kinderschutz. In: Thole, Werner/Retkowski, Alexandra/Schäuble, Barbara (Hg.): Sorgende Arrangements. Kinderschutz zwischen Organisation und Familie. Wiesbaden: Springer VS Verlag für Sozialwissenschaften. S. 9–18.

Riegner, Klaus (2014): Verfassungsrechtliche Anforderungen an die Trennung des Kindes von den Eltern wegen Kindeswohlgefährdung. In: Neue Zeitschrift für Familienrecht. 1. Jg. Heft 14. S. 625–630.

Riemann, Gerhard (2011): Chicagoer Schule. In: Bohnsack, Ralf/Marotzki, Winfried/Meuser, Michael (Hg.): Hauptbegriffe qualitativer Sozialforschung. 3. durchgesehene Auflage. Opladen & Farmington Hills: Verlag Barbara Budrich. S. 26–29.

Riemann, Gerhard (2011a): Narratives Interview. In: Bohnsack, Ralf/Marotzki, Winfried/Meuser, Michael (Hg.): Hauptbegriffe qualitativer Sozialforschung. 3. durchgesehene Auflage. Opladen & Farmington Hills: Verlag Barbara Budrich. S. 120–122.

Riemann, Gerhard (2011b): Zugzwänge des Erzählens. In: Bohnsack, Ralf/Marotzki, Winfried/Meuser, Michael (Hg.): Hauptbegriffe qualitativer Sozialforschung. 3. durchgesehene Auflage. Opladen & Farmington Hills: Verlag Barbara Budrich. S. 167.

Rosenboom, Esther (2006): Die familiengerichtliche Praxis in Hamburg bei Gefährdung des Kindeswohls durch Gewalt und Vernachlässigung nach §§ 1666, 1666a BGB – eine qualitative Untersuchung. Bielefeld: Verlag Ernst und Werner Gieseking.

Salewski, Christel (1997): Formen der Krankheitsverarbeitung. In: Tesch-Römer, Clemens/Salewski, Christel/Schwarz, Gudrun (Hg.): Psychologie der Bewältigung. Weinheim: Beltz Psychologie Verlags Union (PVU). S. 42–57.

Schäfer, Dirk (2012): „Darum machen wir das …". Pflegeeltern von Kindern mit Behinderung – Deutungsmuster und Bewältigungsstrategien. 2. aktualisierte Auflage. Herausgegeben vom Zentrum für Planung und Evaluation Sozialer Dienste. ZPE-Schriftenreihe 28. URL: https://dokumentix.ub.uni-siegen.de/opus/volltexte/2016/1002/pdf/Schaefer_Darum_machen_wir_das.pdf (zuletzt geprüft am 09.08.2018).

Schimke, Hans-Jürgen (2003): Der Dienstleistungsansatz im KJHG. In: Olk, Thomas/Otto, Hans-Uwe (Hg.): Soziale Arbeit als Dienstleistung. Grundlegungen, Entwürfe und Modelle. München: Luchterhand. S. 117–129.

Schmidt, Andreas (2008): Georges Devereux: Angst und Methode in den Verhaltenswissenschaften. In: Pritz, Alfred (Hg.): Einhundert Meisterwerke der Psychotherapie. Ein Literaturführer. Wien: Springer. S. 48–50.

Schneider, Karlheinz/Toussaint, Patricia/Cappenberg, Martina (2014): Kindeswohl zwischen Jugendhilfe, Justiz und Gutachter. Eine empirische Untersuchung. Wiesbaden: Springer Fachmedien.

Schone, Reinhold (2001): Familien unterstützen und Kinder schützen – Jugendämter zwischen Sozialleistung und Intervention. In: Sozialpädagogisches Institut im SOS-Kinderdorf e. V. (Hg.): Jugendämter zwischen Hilfe und Kontrolle. Autorenband 5 der SPI-Schriftenreihe: Onlineausgabe. URL: https://www.sos-kinderdorf.de/resource/blob/8688/9d221-dab526e 10c16a1a929dea49ced6/autorenband5-data.pdf (zuletzt geprüft am 15.01.2019). S. 51–89.

Schone, Reinhold (2008): Kontrolle als Element von Fachlichkeit in den sozialpädagogischen Diensten der Kinder- und Jugendhilfe. Expertise. Berlin: AGJ.

Schone, Reinhold (2015): Kindeswohlgefährdung – Was ist das? In: Schone, Reinhold/Tenhaken, Wolfgang (Hg.): Kinderschutz in Einrichtungen und Diensten der Jugendhilfe. Ein Lehr- und Praxisbuch zum Umgang mit Fragen der Kindeswohlgefährdung. 2. überarbeitete Auflage. Basistexte Erziehungshilfen. Weinheim: Beltz Juventa. S. 13–49.

Schone, Reinhold/Tenhaken, Wolfgang (Hg.) (2015): Kinderschutz in Einrichtungen und Diensten der Jugendhilfe. Ein Lehr- und Praxisbuch zum Umgang mit Fragen der Kindeswohlgefährdung. 2. überarbeitete Auflage. Basistexte Erziehungshilfen. Weinheim: Beltz Juventa.

Schorn, Ariane (2000): Das „themenzentrierte Interview". Ein Verfahren zur Entschlüsselung manifester und latenter Aspekte subjektiver Wirklichkeit. In: Forum Qualitative Sozialforschung/Forum: Qualitative Social Research. 1. Jg. Heft 2. Art. 23. o. S. URL: http://www.qualitative-research.net/index.php/fqs/article/view/1092/2393 (zuletzt geprüft am 01.06. 2019).

Schrapper, Christian (2012): Kinder vor Gefahren für ihr Wohl schützen – Methodische Überlegungen zur Kinderschutzarbeit sozialpädagogischer Fachkräfte in der Kinder- und Jugendhilfe. In: Institut für Sozialarbeit und Sozialpädagogik (e. V.) (ISS) (Hg.): Vernachlässigte Kinder besser schützen. Sozialpädagogisches Handeln bei Kindeswohlgefährdung. 2. überarbeitete und ergänzte Auflage. München: Ernst Reinhardt Verlag. S. 58–102.

Schröer, Sebastian/Schulze, Heike (2010): Grounded Theory. In: Bock, Karin/Miethe, Ingrid (Hg.): Handbuch qualitative Methoden in der Sozialen Arbeit. Opladen & Farmington Hills: Verlag Barbara Budrich. S. 277–288.

Schröer, Wolfgang/Schweppe, Cornelia (Hg.) (2012): Enzyklopädie Erziehungswissenschaft Online (EEO). Weinheim und Basel: Beltz Juventa.

Schulze, Heike (2006): Familienrichter zwischen Entscheidungszentrierung und Kindesperspektive. In: Zeitschrift für Kindschaftsrecht und Jugendhilfe. 1. Jg. Heft 12. S. 538–541.

Schulze, Heike (2007): Handeln im Konflikt. Eine qualitativ-empirische Studie zu Kindesinteressen und professionellem Handeln in Familiengericht und Jugendhilfe. Bibliotheca Academica. Reihe Soziologie. Band 4. Würzburg: Ergon. Verlag in der Nomos Verlagsgesellschaft.

Schulze, Heike (2009): Kindeswohlorientierung im Familiengericht. Das Auseinandertreten von Habitus und Feld. In: Pfadenhauer, Michaela/Scheffer, Thomas (Hg.): Profession, Habitus und Wandel. Frankfurt am Main: Peter Lang GmbH. Internationaler Verlag der Wissenschaften. S. 129–153.

Schuttner, Sabina/Kindler, Heinz (2013): Kinderschutzforschung zwischen Evidenz und Desiderat. In: Sozialwissenschaftliche Literaturrundschau. 36. Jg. Heft 67. S. 61–67.

Schütz, Alfred (1971): Gesammelte Aufsätze. 1 Das Problem der sozialen Wirklichkeit. Den Haag: Martinus Nijhoff.

Schütze, Fritz (1983): Biografieforschung und narratives Interview. In: Neue Praxis. Zeitschrift für Sozialarbeit, Sozialpädagogik und Sozialpolitik. 3. Jg. Heft 13. S. 283–306.

Schütze, Fritz (1987): „Das" narrative Interview in Interaktionsfeldstudien. 1 Kurseinheit 1/3-fach Kurs. Hagen: Fernuniversität.

Schütze, Fritz (1992): Sozialarbeit als „bescheidene" Profession. In: Dewe, Bernd/Ferchhoff, Wilfried/Olaf-Radtke, Frank (Hg.): Erziehen als Profession. Zur Logik professionellen Handelns in pädagogischen Feldern. Opladen: Leske + Budrich. S. 132–170.

Schütze, Fritz (1994): Ethnographie und sozialwissenschaftliche Methoden der Feldforschung: eine mögliche methodische Orientierung in der Ausbildung und Praxis der Sozialen Arbeit? In: Groddeck, Norbert/Schumann, Michael (Hg.): Modernisierung Sozialer Arbeit durch Methodenentwicklung und -reflexion. Freiburg im Breisgau: Lambertus Verlag. S. 189–297.

Schütze, Fritz (2006): Verlaufskurven des Erleidens als Forschungsgegenstand der interpretativen Soziologie. In: Krüger, Heinz-Hermann/Marotzki, Winfried (Hg.): Handbuch erziehungswissenschaftliche Biografieforschung. 2. überarbeitete und aktualisierte Auflage. Wiesbaden: VS Verlag für Sozialwissenschaften. S. 205–237.

Schwarz, Gudrun/Salewski, Christel/Tesch-Römer, Clemens (1997): Einleitung. In: Tesch-Römer, Clemens/Salewski, Christel/Schwarz, Gudrun (Hg.): Psychologie der Bewältigung. Weinheim: Beltz Psychologie Verlags Union (PVU). S. 1–6.

Sievers, Britta (2013): Kinderschutz transnational denken? In: Sozialmagazin. 38. Jg. Heft 9. S. 51–60.

Sommer, Anja (2012): Das Verhältnis von Familiengericht und Jugendamt. Kooperation zum Wohle des Kindes? Studien zum deutschen und internationalen Familien- und Erbrecht. Band 13. Frankfurt am Main: Peter Lang GmbH. Internationaler Verlag der Wissenschaften.

Sozialpädagogisches Institut im SOS-Kinderdorf e. V. (Hg.) (2001): Jugendämter zwischen Hilfe und Kontrolle. Autorenband 5 der SPI-Schriftenreihe: Onlineausgabe. URL: https://www.sos-kinderdorf.de/resource/blob/8688/9d221-dab526e10c16a1a929dea49ced6/autorenband5-data.pdf (zuletzt geprüft am 15.01.2019).

Sozialpädagogisches Institut im SOS-Kinderdorf e. V. (Hg.) (2002): Jugendhilfe als soziale Dienstleistung – Chancen und Probleme praktischen Handelns. Dokumentation zur Fachtagung des SOS-Kinderdorf e. V. Jugendhilfe als soziale Dienstleistung – Chancen und Probleme praktischen Handelns. 16. und 17. November 2000, SOS-Berufsausbildungszentrum Berlin. Band 2 der SPI-Materialien: Onlineausgabe. URL: https://www.sos-kinderdorf.de/resource/blob/8708/b06a2d9b05346f77702339cbd 286a6cb/jugendhilfe-als-soziale-dienstleistung-data.pdf (zuletzt geprüft am 07.01.2019).

Sozialpädagogisches Institut im SOS-Kinderdorf e. V. (Hg.) (2004): Herkunftsfamilien in der Kinder- und Jugendhilfe – Perspektiven für eine partnerschaftliche Zusammenarbeit. München: Dokumentation 2 der SPI-Schriftenreihe: Onlineausgabe. URL: https://d-nb. info/1002980372/34 (zuletzt geprüft am 15.01.2019).

Sozialpädagogisches Institut im SOS-Kinderdorf e. V. (Hg.) (2007): Kinderschutz, Kinderrechte, Beteiligung. Dokumentation zur Fachtagung „Kinderschutz, Kinderrechte, Beteiligung – für das Wohlbefinden von Kindern sorgen". 15. bis 16. November 2007 in Berlin. Dokumentation 6 der SPI-Schriftenreihe: Onlineausgabe. URL: https://www.sos-kinderdorf.de/resource/blob/8608/ac3179486ce3c6bcc7d10589217 ffd0a/dokumentation6-data.pdf (zuletzt geprüft am 15.01.2019).

Stäudel, Thea/Weber, Hannelore (1988): Bewältigungs- und Problemlöseforschung: Parallelen, Überschneidungen, Abgrenzungen. In: Brüderl, Leokadia (Hg.): Theorien und Methoden der Bewältigungsforschung. Weinheim und München: Juventa Verlag. S. 63–79.

Strübing, Jörg (2011): Theoretisches Sampling. In: Bohnsack, Ralf/Marotzki, Winfried/Meuser, Michael (Hg.): Hauptbegriffe qualitativer Sozialforschung. 3. durchgesehene Auflage. Opladen & Farmington Hills: Verlag Barbara Budrich. S. 154–156.

Suess, Gerhard J. (2010): Kinderschutz im Praxisfeld von Praxis und Wissenschaft – eine entwicklungspsychologische Perspektive. In: Suess, Gehard J./Hammer, Wolfgang (Hg.): Kinderschutz. Risiken erkennen, Spannungsverhältnisse gestalten. Fachbuch Klett-Cotta. Stuttgart: Klett-Cotta. S. 212–233.

Suess, Gehard J./Hammer, Wolfgang (Hg.) (2010): Kinderschutz. Risiken erkennen, Spannungsverhältnisse gestalten. Fachbuch Klett-Cotta. Stuttgart: Klett-Cotta.

Tabel, Agathe/Pothmann, Jens/Fendrich, Sandra (2017): HzE Bericht 2017. Entwicklungen bei der Inanspruchnahme und den Ausgaben erzieherischer Hilfen in Nordrhein-Westfalen. Datenbasis 2015. Münster und Köln: Eigenverlag.

Tabel, Agathe/Pothmann, Jens/Fendrich, Sandra (2018): HzE Bericht 2018. Entwicklungen bei der Inanspruchnahme und den Ausgaben erzieherischer Hilfen in Nordrhein-Westfalen. Erste Ergebnisse. Datenbasis 2016. Herausgegeben von der Arbeitsstelle Kinder- und Jugendhilfestatistik. URL: http://www.akjstat.tu-dortmund.de/fileadmin/Analysen/HzE/HzE-Bericht-2018-Erste-Ergebnisse-WEB.pdf (zuletzt geprüft am 23.05.2019).

Tesch-Römer, Clemens/Salewski, Christel/Schwarz, Gudrun (Hg.) (1997): Psychologie der Bewältigung. Weinheim: Beltz Psychologie Verlags Union (PVU).

Teuber, Kristin (2002): Wer erbringt eigentlich wem gegenüber welche Dienstleistung? Ein Trialog zwischen Peter Büttner, Erwin Jordan und Hubertus Schröer. In: Sozialpädagogisches Institut im SOS-Kinderdorf e. V. (Hg.): Jugendhilfe als soziale Dienstleistung – Chancen und Probleme praktischen Handelns. Dokumentation zur Fachtagung des SOS-Kinderdorf e. V. Jugendhilfe als soziale Dienstleistung – Chancen und Probleme praktischen Handelns. 16. und 17. November 2000, SOS-Berufsausbildungszentrum Berlin. Band 2 der SPI-Materialien: Onlineausgabe. URL: https://www.sos-kinderdorf.de/

resource/blob/8708/b06a2d9b05346f77702339cbd286a6cb/jugendhilfe-als-soziale-dienst-leistung-data.pdf (zuletzt geprüft am 07.01.2019). S. 18–33.

Thiersch, Hans (2012): Macht und Gewalt. Zur Neujustierung sozialpädagogischen Handelns angesichts des Bekanntwerdens sexualisierter Gewalt in Institutionen. In: Thole, Werner/Retkowski, Alexandra/Schäuble, Barbara (Hg.): Sorgende Arrangements. Kinderschutz zwischen Organisation und Familie. Wiesbaden: Springer VS Verlag für Sozialwissenschaften. S. 51–70.

Thole, Werner (Hg.) (2012): Grundriss Soziale Arbeit. Ein einführendes Handbuch. 4. Auflage. Wiesbaden: VS Verlag für Sozialwissenschaften.

Thole, Werner/Retkowski, Alexandra/Schäuble, Barbara (Hg.) (2012): Sorgende Arrangements. Kinderschutz zwischen Organisation und Familie. Wiesbaden: Springer VS Verlag für Sozialwissenschaften.

Thole, Werner/Retkowski, Alexandra/Schäuble, Barbara/Huberle, Andreas (2010): Brüche und Unsicherheiten in der sozialpädagogischen Praxis – UsoPrax – Professionelle Umgangsformen im Falle familialer Gewalt gegen Kinder und Jugendliche. Abschlussbericht. URL: http://www.boeckler.de/pdf_fof/S-2007-47-4-3.pdf (zuletzt geprüft am 20.05.2019).

Trautmann-Sponsel, Rolf Dieter (1988): Definition und Abgrenzung des Begriffs „Bewältigung". In: Brüderl, Leokadia (Hg.): Theorien und Methoden der Bewältigungsforschung. Weinheim und München: Juventa Verlag. S. 14–24.

Turba, Hannu (2012): Grenzen „begrenzter Rationalität" – Politisch-administrative Steuerungsambitionen im Kinderschutz. In: Marthaler, Thomas/Bastian, Pascal/Bode, Ingo/Schrödter, Mark (Hg.): Rationalitäten des Kinderschutzes. Kindeswohl und soziale Intervention aus pluraler Perspektive. Wiesbaden: Springer VS Verlag für Sozialwissenschaften. S. 79–104.

Uhlendorff, Uwe/Cinkl, Stephan/Marthaler, Thomas (2008): Sozialpädagogische Familiendiagnosen. Deutungsmuster familiärer Belastungssituationen und erzieherischer Notlagen in der Jugendhilfe. Materialien. 2. korrigierte Auflage. Weinheim und München: Juventa Verlag.

Urban, Ulrike (2004): Professionelles Handeln zwischen Hilfe und Kontrolle. Sozialpädagogische Entscheidungsfindung in der Hilfeplanung. Reihe Votum. Weinheim und München: Juventa Verlag.

Van Santen, Eric/Kindler, Heinz/Witte, Susanne/Miehlbradt, Laura (2017): Kinderschutzsysteme im europäischen Vergleich – Vorstellung des internationalen Forschungsprojektes HESTIA. 23. Jg. Heft 1. S. 46–49.

Voll, Peter (2008): Vorwort. In: Voll, Peter/Jud, Andreas/Mey, Eva/Häfeli, Christoph/Stettler, Martin (Hg.): Zivilrechtlicher Kindesschutz: Akteure, Prozesse, Strukturen. Eine empirische Studie mit Kommentaren aus der Praxis. Luzern: Interact. S. 6–7.

Voll, Peter/Jud, Andreas/Mey, Eva/Häfeli, Christoph/Stettler, Martin (2008): Einleitung: eine akteurtheoretische Perspektive auf den zivilrechtlichen Kindesschutz. In: Voll, Peter/Jud, Andreas/Mey, Eva/Häfeli, Christoph/Stettler, Martin (Hg.): Zivilrechtlicher Kindesschutz: Akteure, Prozesse, Strukturen. Eine empirische Studie mit Kommentaren aus der Praxis. Luzern: Interact. S. 11–24.

Voll, Peter/Jud, Andreas/Mey, Eva/Häfeli, Christoph/Stettler, Martin (Hg.) (2008): Zivilrechtlicher Kindesschutz: Akteure, Prozesse, Strukturen. Eine empirische Studie mit Kommentaren aus der Praxis. Luzern: Interact.

Von Engelhardt, Michael (2010): Erving Goffman: Stigma. Über Techniken der Bewältigung beschädigter Identität. In: Jörissen, Benjamin/Zirfas, Jörg (Hg.): Schlüsselwerke der Identitätsforschung. Wiesbaden: VS Verlag für Sozialwissenschaften/GWV Fachverlage GmbH. S. 123–140.

Von Kardorff, Ernst (2009): Goffmans Stigma-Identitätskonzept – neu gelesen. In: Willems, Herbert (Hg.): Theatralisierung der Gesellschaft. Band 1: Soziologische Theorie und Zeitdiagnose. Wiesbaden: VS Verlag für Sozialwissenschaften/GWV Fachverlage GmbH. S. 137–161.

Wabnitz, Reinhard Joachim (2009): Vom KJHG zum Kinderförderungsgesetz. Die Geschichte des Achten Buches Sozialgesetzbuch von 1991 bis 2008. Recht. Berlin: AGJ.

Waldschmidt, Anne (2012): Selbstbestimmung als Konstruktion. Alltagstheorien behinderter Frauen und Männer. 2. korrigierte Auflage. Wiesbaden: VS Verlag für Sozialwissenschaften.

Wazlawik, Martin (2011): AdressatInnen der Kinderschutzdebatte. In: Böllert, Karin (Hg.): Soziale Arbeit als Wohlfahrtsproduktion. Wiesbaden: VS Verlag für Sozialwissenschaften. S. 15–30.

Weber, Hannelore (1997): Zur Nützlichkeit des Bewältigungskonzeptes. In: Tesch-Römer, Clemens/Salewski, Christel/Schwarz, Gudrun (Hg.): Psychologie der Bewältigung. Weinheim: Beltz Psychologie Verlags Union (PVU). S. 7–16.

Weber, Iris (2012): Gestörte Eltern – gestörte Jugendhilfe. Interaktion im Helfer-Klient-System mit Blick auf die professionellen Helfer. Weinheim und Basel: Beltz Juventa.

Welter-Enderlin, Rosmarie/Hildenbrand, Bruno (2004): Systemische Therapie als Begegnung. Unter Mitarbeit von Waeber, Reinhard/Wäschle, Robert. 4. völlig überarbeitete und erweiterte Auflage. Konzepte der Humanwissenschaften. Stuttgart: Klett-Cotta.

Werner, Heinz-Hermann (2008): Die besondere Situation des Jugendamtes bei Kindeswohlgefährdung. In: Jordan, Erwin (Hg.): Kindeswohlgefährdung. Rechtliche Neuregelung und Konsequenzen für den Schutzauftrag der Kinder- und Jugendhilfe. Weinheim und München: Juventa Verlag. S. 129–148.

Wiesner, Reinhard (1998): Zwischen Anspruch und Wirklichkeit. Acht Jahre Kinder- und Jugendhilfegesetz in Kraft. In: Jugendpolitik. 24. Jg. Heft 4. S. 9–10.

Wiesner, Reinhard (2004): Fortschritt durch Recht! In: Zentralblatt für Jugendrecht. Kindheit. Jugend. Familie. 91. Jg. Heft 7/8. S. 241–249.

Wiesner, Reinhard (2004a): Möglichkeiten und Grenzen der Kooperation von Jugendamt und Familiengericht. In: Deutsches Institut für Jugendhilfe und Familienrecht (DIJuF) e. V. (Hg.): Zusammenarbeit zwischen Familiengerichten und Jugendämtern bei der Verwirklichung des Umgangs zwischen Kindern und Eltern nach Trennung und Scheidung. Dokumentation einer Veranstaltungsreihe des Bundesministeriums der Justiz und des Bundesministeriums für Familie, Senioren, Frauen und Jugend. URL: https://www.dijuf.de/tl_files/downloads/2010/fachzeitschrift_das_jugendamt/Tagungsdokumentation_JA_FamG.pdf (zuletzt geprüft am 15.01.2019). S. 30–38.

Wiesner, Reinhard/Schindler, Gila/Schmid, Heike (2006): Das neue Kinder- und Jugendhilferecht. Einführung, Texte, Materialien. Köln: Bundesanzeiger.

Wigger, Annegret (2013): Der Aufbau eines Arbeitsbündnisses in Zwangskontexten – professionstheoretische Überlegungen im Licht verschiedener Fallstudien. In: Becker-Lenz, Roland/Busse, Stefan/Ehlert, Gudrun/Müller-Hermann, Silke (Hg.): Professionalität in der Sozialen Arbeit. Standpunkte, Kontroversen, Perspektiven. 3. Auflage. Edition Professions- und Professionalisierungsforschung. Band 2. Wiesbaden: Springer VS. S. 143–158.

Wilde, Christina-Elisa (2014): Eltern. Kind. Herausnahme. Zur Erlebensperspektive von Eltern in den Hilfen zur Erziehung. Herausgegeben vom Zentrum für Planung und Evaluation Sozialer Dienste. ZPE-Schriftenreihe 35. Siegen: Universi – Universitätsverlag.

Willems, Herbert (Hg.) (2009): Theatralisierung der Gesellschaft. Band 1: Soziologische Theorie und Zeitdiagnose. Wiesbaden: VS Verlag für Sozialwissenschaften/GWV Fachverlage GmbH.

Willutzki, Siegfried (2004): Aufgaben und Rechtsgrundlagen der familiengerichtlichen Tätigkeit. In: Deutsches Institut für Jugendhilfe und Familienrecht (DIJuF) e. V. (Hg.): Zusammenarbeit zwischen Familiengerichten und Jugendämtern bei der Verwirklichung des Umgangs zwischen Kindern und Eltern nach Trennung und Scheidung. Dokumentation einer Veranstaltungsreihe des Bundesministeriums der Justiz und des Bundesministeriums für Familie, Senioren, Frauen und Jugend. URL: https://www.dijuf.de/tl_files/downloads/2010/fachzeitschrift_das_jugendamt/Tagungsdokumentation_JA_FamG.pdf (zuletzt geprüft am 15.01.2019). S. 25–29.

Winkler, Michael (2007): Familienarbeit in der Heimerziehung – Überlegungen zu einer Theorie in kritischer Absicht: Da werden Sie geholfen! In: Homfeldt, Hans Günther/ Schulze-Krüdener, Jörgen (Hg.): Elternarbeit in der Heimerziehung. München: Ernst Reinhardt Verlag. S. 196–232.

Winkler, Michael (2012): Erziehung in der Familie. Innenansichten des pädagogischen Alltags. Pädagogik. Stuttgart: W. Kohlhammer GmbH.

Witte, Susanne (2019): HESTIA – Policies and responses with regard to child abuse and neglect in England, Germany and the Netherlands. A comparative multi-site study. DJI e. V. URL: https://www.dji.de/ueber-uns/projekte/projekte/hestia-policies-and-responses-with-regard-to-child-abuse-and-neglect-in-england-germany-and-the-netherlands.html (zuletzt überprüft am 20.05.2019).

Wolf, Klaus (1999): Machtprozesse in der Heimerziehung. Eine qualitative Studie über ein Setting klassischer Heimerziehung. Forschung und Praxis in der Sozialen Arbeit. Band 2. Münster: Votum.

Wolf, Klaus (2006): Sozialpädagogische Familienhilfe aus der Sicht der Klientinnen und Klienten – Forschungsergebnisse und offene Fragen. In: Fröhlich-Gildhoff, Klaus/Engel, Eva-Maria/Rönnau, Maike/Kraus, Gabriele (Hg.): Forschung und Praxis in den ambulanten Hilfen zur Erziehung. Beiträge zur Kinder- und Jugendforschung. Band 1. Freiburg: FEL Verlag Forschung – Entwicklung – Lehre. S. 83–100.

Wolf, Klaus (2007): Die Belastungs-Ressourcen-Balance. In: Tegeler, Elke/Kruse, Evelyn (Hg.): Weibliche und männliche Entwürfe des Sozialen. Wohlfahrtsgeschichte im Spiegel der Genderforschung. Opladen & Farmington Hills: Verlag Barbara Budrich. S. 281–291.

Wolf, Klaus (2008): Was kann Soziale Arbeit gegen die Entmutigung von deprivierten Familien tun? URL: http://www.armutskonferenz.at/files/wolf_gegen_entmutigung_deprivierter_familien-2008.pdf (zuletzt geprüft am 16.10.2018).

Wolf, Klaus (2014): Vorwort. In: Wilde, Christina-Elisa: Eltern. Kind. Herausnahme. Zur Erlebensperspektive von Eltern in den Hilfen zur Erziehung. Herausgegeben vom Zentrum für Planung und Evaluation Sozialer Dienste. ZPE-Schriftenreihe 35. Siegen: Universi – Universitätsverlag. S. 9–11.

Wolff, Reinhart (2006): Wie kann während der Antragstellung mit der Familie gearbeitet werden? In: Kindler, Heinz/Lillig, Susanna/Blüml, Herbert/Meysen, Thomas/Werner, Annegret (Hg.): Handbuch Kindeswohlgefährdung nach § 1666 BGB und Allgemeiner Sozialer Dienst (ASD). München: DJI e. V. S. 120-1–120-3.

Wolff, Reinhart (2012): Psychohygiene im Kinderschutz. Organisationale Gesundheitsförderung als Herausforderung für Fachkräfte, Teams und Institutionen. In: Thole, Werner/ Retkowski, Alexandra/Schäuble, Barbara (Hg.): Sorgende Arrangements. Kinderschutz zwischen Organisation und Familie. Wiesbaden: Springer VS Verlag für Sozialwissenschaften. S. 217–236.

Wolff, Reinhart/Flick, Uwe/Ackermann, Timo/Biesel, Kay/Brandhorst, Felix/Heinitz, Stefan/ Patschke, Mareike/Röhnsch, Gundula (2013): Aus Fehlern lernen – Qualitätsmanagement im Kinderschutz. Konzepte, Bedingungen, Ergebnisse. Herausgegeben vom Nationalen Zentrum Frühe Hilfen. Opladen, Berlin & Toronto: Verlag Barbara Budrich.

Wujciak, Moritz (2010): Verlaufskurven als Aspekt des Fallverstehens in der Beratung von Alkoholabhängigen. Hamburg. URL: http://edoc.sub.uni-hamburg.de/haw/volltexte/2011/1144/pdf/WS.Soz.BA.11.1.pdf (zuletzt überprüft am 17.07.2018).

Wutzler, Michael (2017): Falldynamiken und die Aushandlung von Kindeswohl im Kinderschutz. In: Sozialer Sinn. 18. Jg. Heft 2. S. 281–313.

Anhang

Die Anhänge 1 bis 10, auf die in dem Text hingewiesen wird, sind online abrufbar unter: www.beltz.de.

Danksagung

Es scheint immer unmöglich, bis es vollbracht ist.
(Nelson Mandela)

In dem Bewusstsein, dass ich die vorliegende Arbeit nur dank der Unterstützung zahlreicher Menschen verwirklichen konnte, möchte ich diesen danken:

An erster Stelle gilt mein tiefer Dank den Vätern und Müttern, die sich bereit erklärt haben, mit mir ihre biografischen Erfahrungen zu teilen. Ohne ihr Engagement und ihren Mut hätte ich diese Arbeit nicht realisieren können. Dank ihres entgegengebrachten Vertrauens kann ich ihrem Wunsch nachkommen und ein Nachdenken anregen.

Ganz besonders danke ich meinem Erstgutachter, Prof. Dr. Klaus Wolf, dessen Unterstützung und Zuspruch diese Arbeit ermöglicht haben. Seine Hinweise, Anregungen und Empfehlungen waren für mich stets eine fachliche und persönliche Bereicherung. Mein herzlicher Dank gilt Prof. Dr. Albrecht Rohrmann für seine spontane und kurzfristige Bereitschaft, die Zweitbegutachtung zu übernehmen.

Mein spezieller Dank gebührt Prof. Dr. Reinhold Schone. Er hat mir die Chance eröffnet, einen neuen Blick auf die Praxis einzunehmen und mein Forschungsinteresse umzusetzen. Ganz besonders möchte ich mich bei Prof. em. Dr. Helmut Mair für seine Beratung und Unterstützung während der gesamten Bearbeitungsphase bedanken. Die Gespräche, Ratschläge und Anmerkungen haben mich immer motiviert, meine Arbeit weiterzuentwickeln.

Darüber hinaus danke ich den Teilnehmern/Teilnehmerinnen des Doktorandenkolloquiums für die fachlichen Diskussionen, das konsequente Nachfragen sowie die konstruktiven Anregungen. Meinen Kollegen/Kolleginnen der Fachhochschule Münster danke ich herzlich für die kritische Auseinandersetzung mit meinen Ideen, den produktiven Austausch, die nicht wissenschaftlichen Gespräche und ermunternden Worte.

Abschließend möchte ich ganz besonders meiner Familie und Martin für die unermüdliche und bedingungslose Unterstützung, das Zutrauen und das offene Ohr danken. Auch danke ich meinen Freunden/Freundinnen sowie mir nahestehenden Personen für ihr Dasein, Sosein und ihr Aushalten von Höhen und Tiefen während dieser Zeit.

Münster, im Juli 2019